2 실력 향상을 위한 다양한 문제 풀이

문제로 실력 점검! 기출 문제를 분석하여 뽑아낸 다양한 유형의 문제를 풀어 보면서 시험에 대비할 수 있습니다.

- 실력 탄탄 핵심 문제
- 서술형 문제
- 시험 적중 마무리 문제

3 또 한 권의 책 '정답 친해'

더 이상 모르는 문제는 없다! 가려운 곳을 콕 짚어 자세하게 설명했으므로 문제를 완벽하게 이해할 수 있습니다.

- 정확한 답과 친절한 해설
- 중요한 자료는 입체적으로 해설
- 상세한 오답 풀이

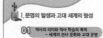

완자네 새주소

자율학습시
비상구
미니완자로
53

중등 역사

1

미니완자로
오삼~

visang

자율학습시 비상구 미니완자로 53

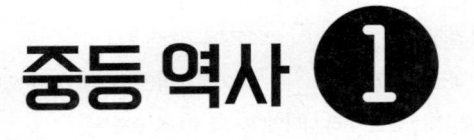

중등 역사 **1**

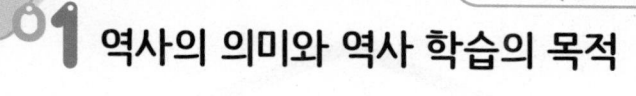
01 역사의 의미와 역사 학습의 목적

1 역사의 의미

(1) **역사**: 과거에 실제로 일어난 사실, 인류가 남긴 모든 발자취

(2) **사실로서의 역사와 기록으로서의 역사**

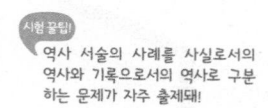

시험 꿀팁!
역사 서술의 사례를 사실로서의 역사와 기록으로서의 역사로 구분하는 문제가 자주 출제돼!

사실로서의 역사	과거에 일어난 사실, 객관적
기록으로서의 역사	과거에 일어난 사실에 대한 기록 → 역사가의 관점과 해석이 반영됨, 주관적

2 역사 연구의 방법

(1) **사료**

① **사료의 의미**: 과거 사람들이 남긴 기록이나 흔적(문자 기록, 유적과 유물, 설화 등), 과거 사실을 짐작하는 기반이 됨

② **사료의 분석**: 사료 비판을 통해 검증된 사료를 바탕으로 고고학, 문화 인류학 등의 연구 방법과 역사적 상상력을 동원하여 과거 상황 분석

(2) **역사 서술**: 역사가가 사료를 토대로 당시의 상황을 분석·해석하여 역사 서술

3 역사 학습의 목적

(1) **정체성 확인**: 우리의 현재 상황과 우리가 누구인지를 이해할 수 있음

(2) **역사적 사고력과 비판력 향상**: 사료 해석, 비판적 평가 등을 통해 역사 사건의 인과 관계를 파악하는 능력과 비판력 양성

(3) **교훈 획득**: 삶의 지혜와 교훈 습득, 미래를 전망하는 안목 양성

(4) **상호 존중의 자세 확립**: 세계사 학습을 통해 우리의 위상 파악과 진로 모색 가능, 여러 나라의 역사와 문화를 이해하고 존중하는 자세 양성

💡 시험에 꼭 나와!

1 〔   〕란 과거에 실제로 일어난 사실로, 인류가 남긴 모든 발자취를 말한다.

2 과거 사람들이 남긴 기록이나 흔적을 〔   〕라고 한다.

3 사료는 그 내용이 진실인지 거짓인지 검증하는 〔   〕의 과정을 거쳐야 한다.

4 사료를 해석하고 비판적 평가를 하는 과정을 통해 〔   〕 사고력과 비판력을 향상할 수 있다.

5 세계사 학습을 통해 우리의 위상을 파악하는 한편, 여러 나라의 역사와 문화를 존중하는 〔   〕의 자세를 확립할 수 있다.

답 1 역사 2 사료 3 사료 비판 4 역사적 5 상호 존중

2 인류의 진화와 선사 문화

1 인류의 출현과 진화

(1) **인류의 등장**: 남아프리카에서 오스트랄로피테쿠스 아파렌시스 등장

(2) **인류의 진화**

인류	등장 시기	특징
오스트랄로피테쿠스 아파렌시스	약 390만 년 전	직립 보행, 간단한 도구 사용
호모 에렉투스	약 180만 년 전	불과 간단한 언어 사용
호모 네안데르탈렌시스	약 40만 년 전	시체 매장
호모 사피엔스	약 20만 년 전	동굴 벽화 제작, 현생 인류인 크로마뇽인 등장

2 구석기 시대와 신석기 시대

> 시험 꿀팁!
> 구석기 시대와 신석기 시대의 생활 모습을 구분하는 문제가 자주 출제돼!

구분	구석기 시대	신석기 시대
시기	인류가 등장한 때부터 약 1만 년 전까지	약 1만 년 전부터 시작
도구	뗀석기(주먹도끼, 찍개, 찌르개 등 → 긁개, 밀개, 자르개 등)	간석기, 토기, 뼈바늘 등
경제	사냥, 물고기잡이, 식물의 뿌리나 열매 채집으로 식량 마련	농경과 목축 시작
사회	무리 생활, 이동 생활(동굴, 바위 그늘, 막집 등에 거주), 평등 사회	정착 생활, 움집을 짓고 마을 형성, 씨족 사회와 부족 형성, 평등 사회
문화	시체 매장, 예술품 제작(다산과 풍요, 사냥의 성공 기원)	태양, 특정 동물, 영혼 등 숭배

💡 시험에 꼭 나와!

1 최초의 인류는 약 390만 년 전에 등장한 [   ]이다.

2 [   ]는 동굴 벽화를 제작하였으며, 현생 인류의 조상이다.

3 구석기 시대에는 돌을 깨뜨려 만든 주먹도끼, 찍개 등의 [   ]를 사용하였다.

4 [   ]에는 사냥, 물고기잡이, 식물의 뿌리나 열매 채집 등으로 식량을 마련하였기 때문에 주로 이동 생활을 하였다.

5 신석기 시대에는 [   ]과 목축이 시작되어 자연을 이용하여 식량을 생산하는 단계에 이르렀다.

답 1 오스트랄로피테쿠스 아파렌시스 2 호모 사피엔스 3 뗀석기 4 구석기 시대 5 농경

3 고대 문명

1 문명의 발생

(1) **배경**: 큰 강 유역에서 관개 농업 실시, 청동기 사용(사유 재산제와 계급 발생), 문자 사용, 도시 국가 형성

(2) **4대 문명의 형성**: 메소포타미아 문명, 이집트 문명, 인도 문명, 중국 문명 발생

2 4대 문명

시험 꿀팁! 4대 문명의 특징을 비교하는 문제가 자주 출제돼!

메소포타미아 문명	• 수메르인의 도시 국가: 기원전 3500년경 티그리스강과 유프라테스강 사이에 건설, 지구라트(신전) 건축, 신권 정치, 현재의 삶 중시, 쐐기 문자 사용 • 바빌로니아 왕국: 아무르인이 건설, 함무라비왕 때 전성기 이룩(함무라비 법전 편찬) → 히타이트에 멸망
이집트 문명	• 형성: 기원전 3000년경 나일강 유역에서 통일 왕국 성립 • 사회: 파라오가 신권 정치, 영혼 불멸과 사후 세계 신봉(미라·「사자의 서」 제작, 피라미드 건설), 상형 문자 사용, 천문학·수학·측량법·토목 기술 발달
인도 문명	• 드라비다인: 기원전 2500년경 인더스강 유역에 계획도시 건설(하라파, 모헨조다로 등), 농경·목축 생활, 그림 문자 사용, 메소포타미아 지역과 교역 • 아리아인: 철기 사용, 카스트제(바르나) 시행, 브라만교 성립
중국 문명	• 형성: 황허강 유역을 중심으로 도시 국가 형성 • 상: 기원전 1600년경 황허강 중류에서 성장, 신권 정치(갑골 문자 사용) • 주: 천명사상을 토대로 군주에게 절대적 권위 부여, 봉건제 실시

3 페니키아와 헤브라이

페니키아	기원전 1200년경 지중해 동부에서 페니키아인이 건국, 해상 활동으로 식민 도시 건설, 표음 문자 사용(→ 그리스에 전해져 알파벳의 기원이 됨)
헤브라이	팔레스타인 지방에서 헤브라이인이 헤브라이 왕국 건설, 유대교 창시

시험에 꼭 나와!

1 수메르인이 일군 [   ] 문명에서는 지구라트를 건축하고 쐐기 문자를 사용하였다.

2 바빌로니아 왕국의 [   ]은 법전을 편찬하고 전성기를 이루었다.

3 이집트 문명에서는 사후 세계를 믿어 무덤에 죽은 사람을 위한 안내서인 [   ]를 넣었다.

4 아리아인이 인도 지역에 이동한 이후 [   ]라는 신분 제도를 만들었다.

5 주는 수도 부근은 왕이 다스리고 나머지 지역은 제후에게 다스리도록 하는 [   ]를 실시하였다.

4 고대 서아시아 세계

1 아시리아

(1) **성립**: 메소포타미아 지역의 티그리스강 상류에서 성립

(2) **서아시아 통일**: 기원전 7세기경 우수한 철제 무기, 기마 전술, 전차 등을 토대로 서아시아 세계를 최초로 통일 → 정복지를 강압적으로 통치 → 각지에서 반란이 일어나 멸망

2 페르시아의 발전

시험 꿀팁! 다리우스 1세의 정책을 묻는 문제가 자주 출제돼!

(1) **아케메네스 왕조 페르시아**

발전	• 키루스 2세: 기원전 6세기경 서아시아 세계를 재통일 • 다리우스 1세: 전국 20여 개 주에 총독 파견, '왕의 눈'·'왕의 귀'라고 불리는 감찰관 파견, '왕의 길'과 역참 정비, 화폐와 도량형 등 통일
관용 정책	세금을 내면 피정복민의 고유한 풍습 존중, 자치 인정

(2) **파르티아**: 기원전 3세기 중엽에 이란계 유목 민족이 건국, 동서 무역으로 번영

(3) **사산 왕조 페르시아**

성립	3세기 초 페르시아(아케메네스 왕조)의 부흥을 내세우며 성립
발전	중앙 집권적 통치 체제 수립, 동서 무역 주도, 로마 제국과 경쟁

3 페르시아의 문화와 종교

문화	국제적 성격의 문화 발전 → 페르세폴리스 궁전 건축, 공예 발달(금속 세공품, 유리 공예품 등이 유럽, 이슬람 세계, 동아시아 지역까지 전파)
종교	조로아스터교: 조로아스터가 창시, 선한 신인 아후라 마즈다 신봉, 최후의 심판·천국과 지옥·구세주 출현을 믿음 → 다리우스 1세의 후원으로 확산, 사산 왕조 페르시아에서 국교로 채택

시험에 꼭 나와!

1 기원전 7세기경 우수한 철제 무기와 기마 전술을 갖춘 (　　　　)가 서아시아 세계를 처음 통일하였다.

2 아케메네스 왕조 페르시아의 (　　　　)는 전국 20여 개 주에 총독을 파견하고, '왕의 눈', '왕의 귀'라고 불리는 감찰관을 보내 총독을 감시하게 하였다.

3 3세기 초에 페르시아(아케메네스 왕조)의 부흥을 내세우며 (　　　　)가 성립되었다.

4 페르시아에서는 (　　　　) 성격의 문화가 발달하였는데, 페르세폴리스 궁전이 대표적이다.

5 조로아스터가 창시한 (　　　　)는 선한 신인 아후라 마즈다를 믿었다.

답 1 아시리아 2 다리우스 1세 3 사산 왕조 페르시아 4 국제적 5 조로아스터교

05 고대 동아시아 세계

1 춘추 전국 시대

사회	철제 농기구와 소를 이용한 농사법 보급, 상업과 수공업 발달, 도시와 시장 성장, 화폐 사용, 철제 무기 사용(→ 전쟁의 규모 확대 및 빈도 증가)
문화	제자백가 출현: 유가(공자·맹자, 인과 예 강조), 묵가(묵자, 차별 없는 사랑 강조), 법가(한비자, 엄격한 법과 제도 강조), 도가(노자·장자, 무위자연 추구) 등

2 진과 한의 중국 통치

(1) 진

① **중국 통일**: 법가 사상을 토대로 부국강병 이룩 → 최초로 중국 통일(기원전 221)

② **시황제의 정책**: 군현제 실시, 도로망 정비, 화폐·도량형·문자·수레바퀴의 폭 등 통일, 사상 탄압(분서갱유 단행), 만리장성 축조

③ **멸망**: 대규모 토목 공사에 백성 동원, 가혹한 백성 통치 → 시황제 사후 농민 반란으로 멸망

(2) 한

① **변천**

> **시험 꿀팁!**
> 한 무제의 주요 정책과 그 목적을 묻는 문제가 자주 출제돼!

한	• 고조: 한 건국 후 중국 재통일(기원전 202), 군국제 시행 • 무제: 군현제의 전국적 실시, 통치 이념으로 유교 채택, 장건의 서역 파견, 소금과 철의 전매 제도 실시
신	외척 왕망이 건국(8), 토지 국유화 등 추진
후한	유수(광무제)가 건국(25), 호족 성장(대토지 소유) → 농민 반란, 호족의 봉기 → 멸망

② **문화**: 유학 발달(태학과 오경박사 설치, 훈고학 발달), 사마천의 『사기』 편찬, 채륜의 제지술 개량 → 비단길을 따라 동서 문화 교류 활발

(3) 흉노 제국

기원전 3세기경 유목 제국 건설, 묵특 선우가 만리장성 이북의 초원 지대 통합·한 압박 → 한 고조가 흉노와 화친 조약 체결 → 한 무제의 공격으로 쇠퇴(남과 북으로 분열)

💡 시험에 꼭 나와!

1 춘추 전국 시대에 유가, 도가, 법가, 묵가 등 [　　　　　]가 등장하여 현실 문제 해결에 힘썼다.

2 진의 [　　　　　]는 군현제를 실시하고 도로망을 정비하였으며 법가 이외의 사상을 탄압하였다.

3 한의 [　　　　　]는 유교를 통치 이념으로 정하고 흉노를 정벌하기 위해 장건을 서역에 파견하였다.

4 한에서는 유교의 경전을 정리·해석하고 주석을 다는 [　　　　　]이 발달하였다.

5 한대에 사마천이 편찬한 역사서 [　　　　　]는 이후 중국 역사 서술의 모범이 되었다.

6 그리스·헬레니즘 세계와 로마 제국

1 그리스 세계와 헬레니즘 세계

시험 꿀팁!
그리스와 로마의 정치 체제를 묻는 문제가 자주 출제돼!

(1) 그리스 세계

성립	폴리스 형성: 아테네(민주 정치 발달), 스파르타(강력한 군사 통치) 등
발전	그리스·페르시아 전쟁에서 승리 → 아테네 중심으로 번영 → 펠로폰네소스 전쟁으로 쇠퇴
문화	합리적·인간 중심적 문화 발전 → 호메로스의 『일리아드』 편찬, 그리스 양식 발달(조화와 균형 중시), 철학에서 소피스트·소크라테스 등장, 역사학 발달

(2) 헬레니즘 세계: 알렉산드로스의 동방 원정으로 대제국 건설

정책	동서 융합 정책: 알렉산드리아 건설 및 그리스인 이주 등
문화	헬레니즘 문화: 개인주의·세계 시민주의적, 스토아학파·에피쿠로스학파 등장

2 로마 제국의 발전

(1) 로마의 발전

공화정	기원전 6세기 말 수립 → 평민권 확대(평민회 구성, 호민관 선출) → 포에니 전쟁 이후 귀족의 대농장(라티푼디움) 경영 → 그라쿠스 형제의 개혁(자영농 몰락 방지 목적, 실패)
제정	옥타비아누스의 집권('아우구스투스' 칭호 획득) → 로마의 평화 시대 → 군인 황제 시대, 이민족 침입 → 디오클레티아누스·콘스탄티누스 대제의 중흥 노력

(2) 로마의 문화

실용적 문화	• 건축: 대형 건축물 건립(콜로세움, 수도교, 개선문 등), 제국을 연결하는 도로망 건설 • 법률: 관습법 → 시민법(12표법) → 만민법 → 『유스티니아누스 법전』 편찬
종교	크리스트교: 사랑과 평등 설교, 제국 내 확산 → 황제 숭배 거부로 박해를 받음 → 콘스탄티누스 대제의 밀라노 칙령으로 공인 → 테오도시우스 황제 때 국교 채택

💡 시험에 꼭 나와!

1 그리스의 [   ]에서는 페리클레스 시대에 민주 정치의 황금기를 맞았다.

2 알렉산드로스 제국에서는 개인주의와 세계 시민주의 경향을 띤 [   ] 문화가 발달하였다.

3 로마 [   ]은 기원전 6세기 말 귀족들이 수립하였고, 평민권이 확대되면서 발전하였다.

4 [   ]는 로마의 실질적인 제정을 열었으며, 원로원으로부터 '아우구스투스' 칭호를 얻었다.

5 로마의 [   ]는 밀라노 칙령을 반포하여 크리스트교를 공인하였다.

답 1 아테네 2 헬레니즘 3 공화정 4 옥타비아누스 5 콘스탄티누스 대제

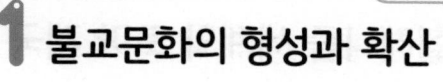

01 불교문화의 형성과 확산

1 불교의 성립과 확산

배경	철기 문화 보급 → 크샤트리아와 바이샤의 성장, 브라만교와 카스트제에 대한 비판
성립	기원전 6세기경 고타마 싯다르타(석가모니)가 불교 창시 → 해탈·자비·평등 강조
확산	크샤트리아·바이샤 세력의 지원으로 인도 각지에 전파

2 마우리아 왕조의 성립과 발전

> 시험 꿀팁!
> 마우리아 왕조와 쿠샨 왕조 시기의 불교 발전 내용을 비교하여 묻는 문제가 자주 출제돼.

성립	찬드라굽타 마우리아가 마우리아 왕조를 세우고 최초로 북인도 통일
발전 (아소카왕)	• 영토 확장: 칼링가 왕국 정복, 남부를 제외한 인도 대부분 통일 • 중앙 집권 체제 정비: 도로망과 관개 시설 정비, 전국에 관리 파견 • 불교 장려: 산치 대탑 건립, 개인의 해탈을 강조하는 상좌부 불교 발전(실론과 동남아시아 등지로 전파)

3 쿠샨 왕조의 성립과 발전

성립	1세기경 이란 계통의 유목민(쿠샨족)이 건국 → 인도 북부 재통일
발전 (카니슈카왕)	• 영토 확장: 북인도에서 중앙아시아에 이르는 영토 차지, 중국·인도·서아시아를 잇는 동서 무역로 장악 → 중계 무역으로 번영 • 불교 장려: 사원과 탑 건립, 많은 사람(중생)의 구제를 강조하는 대승 불교 발전(동아시아에 전파)
문화	간다라 양식(간다라 미술)의 발달: 알렉산드로스의 원정 이후 간다라 지방에 그리스인 정착, 헬레니즘 문화의 영향을 받은 불상 제작 → 간다라 지방에서 인도 문화와 헬레니즘 문화가 융합된 간다라 양식 발달 → 대승 불교와 함께 동아시아에 전파

시험에 꼭 나와!

1 기원전 6세기경 [   ]가 불교를 창시하였다.

2 불교는 크샤트리아와 [   ] 세력의 지원을 받아 인도 각지에 전파되었다.

3 마우리아 왕조의 [   ]은 칼링가 왕국을 정복하였으며, 불교를 장려하여 산치 대탑 등을 세웠다.

4 쿠샨 왕조의 카니슈카왕 때 많은 사람의 구제를 강조하는 [   ]가 발전하여 동아시아에 전파되었다.

5 쿠샨 왕조 시기에 인도 문화와 헬레니즘 문화가 융합된 [   ]이 발달하였다.

답 1 고타마 싯다르타(석가모니) 2 바이샤 3 아소카왕 4 대승 불교 5 간다라 양식(간다라 미술)

2 힌두교 문화의 형성과 확산

1 굽타 왕조의 성립과 발전

성립	찬드라굽타 1세가 인도 북부 통일, 굽타 왕조 건국(320)
발전(찬드라굽타 2세)	북인도 대부분 차지, 인도 중부까지 세력 확장, 활발한 해상 무역으로 경제적 번영, 종교와 문화 발달
멸망	5세기 이후 에프탈의 침략, 왕위 계승 분쟁으로 쇠퇴 → 6세기 중엽에 멸망

2 힌두교의 등장과 발전

(1) **등장**: 굽타 왕조 시기 브라만교를 바탕으로 민간 신앙과 불교가 융합하면서 **힌두교** 성립

(2) **발전**: 복잡한 제사 의식 지양, 요가·고행·선행 등을 통한 해탈 주장, 왕의 권위를 뒷받침하여 왕실의 보호를 받아 성장

(3) **특징**: 카스트제의 신분 차별과 의무 수행 인정(→ 카스트제 정착), 『마누 법전』 정비(카스트를 비롯한 각종 의례·관습·법 등 기록)

3 인도 고전 문화의 발전과 인도 문화의 전파

> **시험꿀팁!** 인도 고전 문화의 내용을 묻는 문제가 자주 출제돼요.

(1) **인도 고전 문화의 발전**

문학	산스크리트 문학 발달: 『마하바라타』, 『라마야나』, 『샤쿤탈라』 등
미술	굽타 양식 발달: 간다라 양식과 인도 고유의 양식이 융합, 아잔타 석굴 사원과 엘로라 석굴 사원의 불상·벽화가 대표적
자연 과학	• 천문학: 원주율을 이용하여 지구 둘레 계산, 지구가 둥글고 자전한다는 사실을 밝힘 • 수학: 최초로 '0(영)' 숫자 창안, 10진법 사용 • 영향: 이슬람 세계의 자연 과학 발달에 기여

(2) **인도 문화의 동남아시아 전파**: 인도네시아의 보로부두르 사원(대승 불교 유적), 캄보디아의 앙코르 와트(힌두교·불교의 영향), 미얀마의 파간 불탑(상좌부 불교의 영향) 등

💡 시험에 꼭 나와!

1 찬드라굽타 1세가 인도 북부를 통일하고 [   ]를 세웠다.

2 굽타 왕조 시기에는 브라만교를 바탕으로 민간 신앙과 불교가 융합된 [   ]가 등장하였다.

3 굽타 왕조 시기에 정비된 [   ]은 카스트를 비롯하여 각종 의례와 관습, 법 등을 기록하였다.

4 아잔타 석굴 사원의 벽화는 간다라 양식과 인도 고유의 양식이 융합된 [   ]을 대표하는 작품이다.

5 샤일렌드라 왕조가 세운 [   ]은 인도네시아의 대표적인 대승 불교 유적이다.

답 1 굽타 왕조 2 힌두교 3 마누 법전 4 굽타 양식 5 보로부두르 사원

3 동아시아 문화의 형성과 확산

1 위진 남북조 시대

정치·경제	• 변천: 삼국 시대(위·촉·오) → 진(晉)이 삼국 통일 → 5호 16국 시대(북방 민족이 화북 지방에 여러 나라 건설, 진의 강남 이주) → 남북조 시대 • 북조의 발달: 북위가 화북 지방 통일 → **효문제의 한화 정책** 실시(선비족의 복장과 언어 금지, 한족의 성씨 사용, 한족과의 결혼 장려) • 남조의 발달: 강남에서 동진에 이어 한족 국가 수립 → 화북 지방에서 이주해 온 한족이 **강남 개발** → 농업 생산력 크게 증대
사회	문벌 귀족 사회 형성: 9품중정제 실시 → 지방 호족이 중앙 관리로 진출 → 대대로 관직을 독차지하며 문벌 귀족 형성(비슷한 가문끼리 혼인하여 지위 강화)
문화	• 불교: 왕실과 귀족의 보호를 받으며 발전, 윈강·룽먼에 대규모 석굴 사원 조성, 고구려와 백제에 불교 전파 • 도교: 노장사상과 신선 사상, 민간 신앙을 결합한 도교가 성립하여 유행 • 청담 사상: 남조에서 유행, 세속을 떠나 자유로운 정신세계 추구 • 귀족 문화: 남조에서 도연명의 시, 고개지의 그림, 왕희지의 서예가 유명

2 수의 건국과 멸망

(1) **문제**: 수 건국 → 중국 통일(589), 토지 제도와 군사 제도 정비, 과거제 실시
(2) **양제**: 대운하 완성(화북 지방과 강남 지방 연결), 고구려 원정 시도·실패 → 각 지역의 반란으로 멸망(618)

3 당의 발전과 문화

> **시험 꿀팁!**
> 당의 통치 제도별 정비 내용과 당 문화의 특징에
> 대해 묻는 문제가 자주 출제돼.

건국과 발전	• 건국: 이연(고조)이 장안을 수도로 당 건국(618) • 발전: 태종 때 율령 체제 완성, 중앙아시아와 동돌궐 정벌 → 고종 때 신라와 연합하여 백제와 고구려를 멸망시킴 • 멸망: 탈라스 전투 패배와 안사의 난으로 위기 → 중앙의 권력 다툼, 절도사의 권한 강화 → 황소의 난으로 혼란 가중 → 절도사 주전충에게 멸망(907)
통치 체제	중앙 제도로 3성 6부 운영, 지방 제도로 주현제 실시, **균전제**를 토대로 **조용조**와 **부병제** 실시, 과거제 시행 → 7세기 말 이후 균전제 붕괴로 장원 증가, 안사의 난 이후 장원제 성행, 양세법과 모병제 실시
문화	• 귀족적 문화: 시에서 이백·두보 등 활약, 왕유의 산수화와 구양순의 서예 유명, 『오경정의』 편찬 • 국제적 문화: 외래 종교가 전래되어 장안에 여러 사원 건립, **당삼채** 유행 • 불교: 현장 등의 승려가 인도 순례 후 불교 경전을 들여와 번역 • 도교: 왕실의 보호를 받아 성장, 각지에 도교 사원 건립

4 만주, 한반도와 일본의 고대 국가

시험 꿀팁!
일본의 나라 시대와 헤이안 시대에 있었던 일을 구분하는 문제가 자주 출제돼.

만주, 한반도		고조선 등장 → 고구려·백제·신라가 중앙 집권 국가로 발전 → 신라의 삼국 통일 이후 남북국 시대 전개
일본	야마토 정권	• 4세기경 야마토 정권이 주변 소국 통일 • 아스카 시대: 중국·한반도의 선진 문물 수용, 쇼토쿠 태자의 불교 장려 → 아스카 문화 발전 • 다이카 개신(645): 당의 율령을 받아들여 통치 체제 정비
	나라 시대	8세기 초 헤이조쿄(나라)로 천도, 불교의 융성(도다이사 등 사찰 건립), 『고사기』·『일본서기』 편찬, 견당사 파견
	헤이안 시대	8세기 말 헤이안쿄(교토)로 천도, 장원 확대로 중앙 집권 체제 붕괴(→ 무사 등장), 견당사 파견 중단, 국풍 문화 발달(가나 문자 제작 등)

5 동아시아 문화권의 형성

(1) **배경**: 당과 주변국의 교류 확대 → 한국·일본·베트남 등이 당의 선진 문화 수용

(2) **동아시아 문화권의 공통 요소**

한자	이두(한국), 가나 문자(일본), 쯔놈 문자(베트남)의 형성에 영향을 줌
율령	발해·일본이 당의 3성 6부제를 토대로 통치 체제 정비, 당의 장안성을 본떠 수도 조성
유교	한반도의 삼국과 일본이 정치 이념으로 삼음, 사회 질서의 형성과 유지에 기여
불교	한국과 일본 등에 전래, 왕실의 보호를 받으며 성장, 학문과 예술 발달에 기여

시험에 꼭 나와!

1 북위의 효문제는 선비족의 복장과 언어를 금지하는 등 [   ]을 실시하였다.

2 위진 남북조 시대에 관리 선발을 위해 [   ]를 실시하면서 문벌 귀족 사회가 형성되었다.

3 수 양제 때 화북 지방과 강남 지방을 연결하는 [   ]를 완성하였다.

4 당은 [   ]를 실시하여 농민에게 일정한 토지를 나누어 주고 그 대가로 조용조의 세금을 거두고 부병제를 실시하였다.

5 당에서는 서역과 교류하면서 백색, 갈색, 녹색의 유약을 사용하여 구운 [   ]가 유행하였다.

6 일본에서는 7세기 중반 [   ]이 일어나 당의 율령을 받아들여 통치 체제를 정비하였다.

7 동아시아 문화권의 국가들은 한자, [   ], 유교, 불교 등의 문화 요소를 공유하였다.

답 1 한화 정책 2 9품중정제 3 대운하 4 균전제 5 당삼채 6 다이카 개신 7 율령

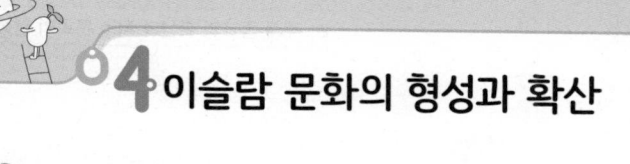

4 이슬람 문화의 형성과 확산

1 아라비아반도의 변화

(1) **동서 교역로의 변화**: 6세기경 사산 왕조 페르시아와 비잔티움 제국의 대립 → 아라비아반도를 지나는 새로운 교역로 이용 → 메카와 메디나가 무역의 중심지로 번영

(2) **사회적 갈등 심화**: 빈부 격차 심화, 교역로를 차지하기 위한 여러 부족 간 전쟁 빈번

2 이슬람교의 성립과 발전

(1) **이슬람교의 성립**

창시	7세기 초 메카의 상인 무함마드가 이슬람교 창시
교리	유일신 알라 숭배 및 절대복종, 우상 숭배 금지, 신 앞에 모든 인간의 평등 강조

(2) **이슬람교의 발전**: 메카 귀족들의 무함마드 탄압 → 무함마드가 신자들과 함께 메카에서 메디나로 근거지 이동(헤지라, 622) → 메디나에서 종교와 정치가 일체화된 이슬람 공동체 조직 → 메카 정복 → 아라비아반도 대부분 통일

3 이슬람 제국의 발전

> **시험 꿀팁!**
> 이슬람 제국의 시기별 발전 내용을 묻는 문제가 자주 출제돼.

정통 칼리프 시대	• 시기: 무함마드가 죽은 후 이슬람 세계의 지도자로 칼리프 선출 → 네 명의 칼리프를 차례로 선출 • 영토 확장: 시리아와 이집트 점령, 사산 왕조 페르시아 정복, 아프리카 북부 점령 • 이슬람교의 확산: 정복지 주민들에게 이슬람교를 강요하지 않음, 이슬람교로 개종하면 세금(인두세) 감면
우마이야 왕조	• 성립: 4대 칼리프 알리의 암살 → 우마이야 가문이 칼리프를 세습하며 우마이야 왕조 성립(661) → 이슬람교도들이 시아파와 수니파로 나뉘어 대립 • 발전: 다마스쿠스를 수도로 삼아 정복 활동 → 중앙아시아에서 북부 아프리카, 이베리아반도에 걸친 대제국 건설 • 멸망: 아랍인 우대 정책 실시, 비아랍인 이슬람교도 차별 → 아바스 왕조에게 멸망(750)
아바스 왕조	• 성립: 이란 지방을 중심으로 아바스 왕조 성립(750) • 아랍인 우대 정책 폐지: 비아랍인 이슬람교도에게 부과하던 세금 면제, 비아랍인도 관리나 군인으로 임명 • 동서 교역로 장악: 당과의 탈라스 전투에서 승리(751) → 동서 교역로 장악, 국제 무역으로 번영, 수도 바그다드가 국제도시로 성장 • 멸망: 여러 왕조로 분열되며 쇠퇴 → 13세기 몽골의 침입으로 멸망
여러 이슬람 왕조	• 후우마이야 왕조: 우마이야 왕조의 남은 세력이 이베리아반도에 수립 • 파티마 왕조: 아프리카 북부에서 성장

4 이슬람 사회와 경제

사회	『쿠란』과 『하디스』가 일상생활의 규범으로 작용 → 돼지고기를 먹지 않는 식생활, 일정한 시간마다 행하는 예배 의식, 자선 활동 등
경제	• 발달 배경: 이슬람 사회가 상업 활동을 긍정적으로 인식, 교역로 장악 등 • 동서 교역 활발: 비단길과 바닷길을 이용하여 동서 교역 주도 → 바그다드 번성, 금융 산업 발달, 동서 문화 교류 촉진, 이슬람교가 빠르게 확산

5 이슬람 문화권의 형성

> **시험 꿀팁!**
> 이슬람 문화 중 모스크의 특징에 대해 묻는 문제가 자주 출제돼.

문학	산문·설화 문학 발달: 『아라비안나이트(천일야화)』가 유명
건축	모스크 발달: 돔·아치·뾰족한 탑이 특징, 내부는 아라베스크와 아랍어 글씨로 장식
학문	• 신학, 철학, 법학: 『쿠란』의 해석 과정에서 발달 • 역사학: 이븐할둔의 『역사서설』 저술 • 지리학: 이븐 바투타의 『여행기』 편찬
자연 과학	• 천문학: 지구 둘레 계산, 지구가 둥글다는 것 증명 • 화학: 연금술 유행 → 화학 실험 방법 발전, 화학 용어 형성 • 수학: 인도로부터 '0(영)' 도입 → 아라비아 숫자 완성 • 의학: 제국 내 병원 설립, 이븐 시나의 『의학전범』 저술

💡 시험에 꼭 나와!

1 7세기 초 메카의 상인 무함마드가 [   ]를 창시하였다.

2 무함마드가 신자들과 함께 메카에서 메디나로 근거지를 이동한 사건을 [   ]라고 한다.

3 무함마드가 죽은 후 이슬람 세계는 새로운 지도자로 [   ]를 선출하였다.

4 [   ]는 이베리아반도까지 영토를 확장하였으나 아랍인 우대 정책을 실시하여 사람들의 불만을 샀다.

5 아바스 왕조의 수도 [   ]는 국제도시로 성장하였으며, 상업과 학문의 중심지가 되었다.

6 이슬람 사회에서는 무함마드가 받은 알라의 계시를 정리한 [   ]이 일상생활의 규범으로 작용하였다.

7 이슬람교의 예배당인 [   ]는 돔, 아치, 뾰족한 탑을 특징으로 하며, 내부를 아라베스크로 장식하였다.

8 이슬람 세계에서는 금속을 이용하여 보석이나 불로장생의 약을 만드는 [   ]이 유행하였다.

답 1 이슬람교 2 헤지라 3 정통 칼리프 4 우마이야 왕조 5 바그다드 6 쿠란 7 모스크 8 연금술

5 중세 서유럽 세계

1 프랑크 왕국

성립	4세기 말 훈족의 압박으로 게르만족 이동 → 원 거주지에서 멀지 않은 지역에서 성립
발전	5세기 크리스트교 개종 이후 로마 교회의 지지 → 8세기 초 이슬람 세력의 침입 격퇴 → 8세기 후반 카롤루스 대제 때 전성기 이룩(옛 서로마 제국 영토의 대부분 정복, 로마 교황에게 서로마 황제의 관을 받음, 서유럽 문화의 기틀 마련)
분열	카롤루스 대제 사후 내분 → 서프랑크·중프랑크·동프랑크로 분열

2 봉건제의 성립

> 시험 꿀팁!
> 중세 서유럽의 주종 관계, 장원제의 특징을 묻는 문제가 자주 출제돼.

주종 관계	서로의 의무를 성실히 지킬 것을 약속한 계약 관계 → 봉신은 주군에게 충성과 봉사 맹세, 주군은 기사에게 토지(봉토)를 주어 봉신으로 삼음
장원제	• 장원의 특징: 봉신이 주군에게 받은 봉토의 운영 형태, 자급자족의 농촌 공동체 • 농노의 생활: 영주의 토지 경작, 거주 이전의 자유가 없음, 영주에게 시설 사용료 및 각종 세금 부담, 결혼 가능, 집·토지 등 약간의 재산 소유 가능

3 크리스트교의 확산과 서유럽 문화

(1) **교회의 세속화**: 교회가 왕과 제후로부터 봉토를 받음, 왕과 제후가 성직자 임명권 행사 → 성직자의 혼인과 성직 매매 등 → 클뤼니 수도원을 중심으로 교회 개혁 운동 전개

(2) **교황과 황제의 대립**: 성직자 임명권을 둘러싸고 교황과 신성 로마 제국 황제가 대립 → 카노사의 굴욕(1077) → 교황권 강화

(3) **크리스트교 중심의 서유럽 문화**

학문	신학 중심, 스콜라 철학 유행(토마스 아퀴나스의 『신학대전』)
건축	로마네스크 양식(돔·반원 아치가 특징) → 고딕 양식(뾰족한 탑·스테인드글라스가 특징)
문학	기사도 문학 유행(예 『아서왕 이야기』, 『롤랑의 노래』 등)

시험에 꼭 나와!

1 4세기 말 훈족의 압박을 받은 [   ]은 로마 영토로 대규모 이동을 하였다.

2 프랑크 왕국의 [   ]는 로마 교황에게 서로마 황제의 관을 받았다.

3 중세 서유럽에서 장원의 [   ]는 영주에게 예속되어 시설 사용료 및 각종 세금을 부담하였다.

4 중세 서유럽에서는 건축에서 뾰족한 탑과 스테인드글라스가 특징적인 [   ]이 유행하였다.

정답 1 게르만족 2 카롤루스 대제 3 농노 4 고딕 양식

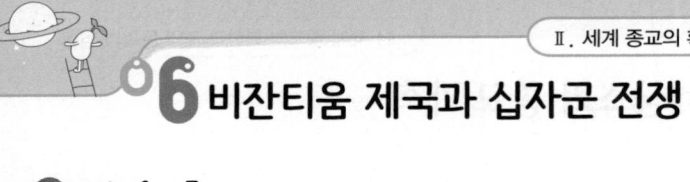

6 비잔티움 제국과 십자군 전쟁

1 비잔티움 제국

발전	• 황제 중심의 중앙 집권 체제 확립: 황제가 정치적·군사적 통치권과 종교적 권한 행사 • 유스티니아누스 황제(6세기): 옛 로마 제국 영토의 상당 부분 회복, 『유스티니아누스 법전』 편찬, 성 소피아 대성당 건립 • 동서 교회의 분열: 성상 숭배 문제로 대립 → 로마 가톨릭교회와 그리스 정교로 분리
문화	• 내용: 그리스 정교를 바탕으로 그리스·로마 문화와 헬레니즘 문화 융합, 『유스티니아누스 법전』 완성(로마법 집대성), 그리스어를 공용어로 사용, 비잔티움 양식 발달 (거대한 돔과 모자이크 벽화가 특징, 성 소피아 대성당 등) • 영향: 슬라브족에 영향을 주어 동유럽 문화의 바탕이 됨

2 십자군 전쟁

> 시험 꿀팁!
> 십자군 전쟁으로 나타난 유럽 세계의 변화를 묻는 문제가 자주 출제돼.

배경	셀주크 튀르크의 예루살렘 점령 → 로마 교황의 성지 회복 호소
전개	제후·기사·상인·농민 등이 호응하며 십자군 전쟁(십자군 원정) 시작(1096) → 한때 예루살렘 점령 → 점차 상업적 이익을 중시하여 성지 회복에 실패
결과	교황의 권위 약화, 제후·기사의 세력 약화, 왕권은 상대적으로 강화, 동방과의 교역 활발(지중해 무역 발달), 상공업 발달 및 도시 성장, 비잔티움·이슬람 문화 유입

3 중세 유럽의 변화

(1) **도시의 발달**: 동방 무역으로 지중해 연안의 도시 번성, 북유럽 도시들이 한자 동맹 결성, 도시의 자치권 획득, 도시 상인과 수공업자들이 길드 형성

(2) **장원의 해체**: 상업과 도시 발달로 화폐 사용 증가(영주가 농노에게 화폐로 지대 수취), 14세기 흑사병 유행으로 노동력이 부족해지면서 농민의 지위 향상

(3) **중앙 집권 국가의 등장**: 백년 전쟁, 장미 전쟁 → 프랑스와 영국이 중앙 집권 국가로 성장

💡 시험에 꼭 나와!

1 [ ]는 옛 로마 제국 영토의 상당 부분을 회복하는 등 비잔티움 제국의 전성기를 이끌었다.

2 동서 교회는 성상 숭배 문제를 두고 대립하다가 로마 가톨릭교회와 [ ]로 분리되었다.

3 비잔티움 제국은 [ ]을 완성하여 로마법을 집대성하였다.

4 셀주크 튀르크가 예루살렘을 점령하면서 성지 예루살렘을 회복하기 위한 [ ]이 시작되었다.

5 14세기 [ ]의 유행으로 노동력이 부족해지자 영주들이 농노의 처우를 개선해 주었다.

7 르네상스와 종교 개혁

① 르네상스

(1) 의미: 고대 그리스·로마 문화를 부활하여 인간 중심의 새로운 문화를 만들려고 한 문예 부흥 운동, 인문주의를 바탕으로 인간의 개성과 능력 중시

> **시험 꿀팁!**
> 이탈리아와 알프스 이북 르네상스의 특징을 비교하는 문제가 자주 출제돼.

(2) 이탈리아의 르네상스

배경	고대 로마의 문화유산 보존, 지중해 무역으로 경제적 번영, 비잔티움 제국 멸망 이후 이주해 온 학자들의 활발한 고전 문화 연구 → 14~16세기 르네상스 시작
내용	• 문학: 페트라르카의 서정시, 보카치오의 『데카메론』 • 미술: 레오나르도 다빈치, 미켈란젤로 등이 인체의 아름다움을 사실적으로 표현 • 건축: 르네상스 양식 발전(예 성 베드로 대성당)

(3) 알프스 이북의 르네상스

특징	16세기 이후 알프스 이북으로 르네상스 확산, 현실 사회와 교회의 부패 비판
내용	• 에라스뮈스의 『우신예찬』: 교황과 성직자의 부패 지적 • 토머스 모어의 『유토피아』: 영국 사회의 현실 비판, 이상적 사회 제시

(4) 르네상스 시기의 과학 기술 발달: 코페르니쿠스와 갈릴레이가 지동설 주장, 구텐베르크가 활판 인쇄술 발명 등

② 종교 개혁과 종교 전쟁

종교 개혁	독일	교황의 면벌부 판매 → 루터가 「95개조 반박문」을 발표하여 교회와 교황 비판(1517) → 독일 전역에 확산 → 아우크스부르크 화의에서 루터파 공식 인정(1555)
	스위스	칼뱅이 예정설 주장, 근면과 절약 강조 → 상공업자들의 지지
	영국	헨리 8세가 국왕이 영국 교회의 수장임 선포 → 영국 국교회 성립
종교 전쟁		로마 가톨릭교회(구교)와 신교의 대립 → 독일에서 30년 전쟁 발발 → 베스트팔렌 조약 체결(칼뱅파의 공식 인정)

💡 시험에 꼭 나와!

1 [   ]는 그리스·로마 문화를 부활하여 인간 중심의 새로운 문화를 만들려고 한 문예 부흥 운동이다.

2 [   ]는 우신예찬에서 교황과 성직자의 부패를 지적하였다.

3 르네상스 시기 [   ]는 활판 인쇄술을 발명하여 새로운 지식과 사상의 보급에 기여하였다.

4 독일의 루터는 [   ]을 발표하여 교황의 면벌부 판매를 비판하였다.

정답 1 르네상스 2 에라스뮈스 3 구텐베르크 4 95개조 반박문

01 몽골 제국과 문화 교류

1 북방 민족의 성장

(1) 성립과 발전
① 거란(요): 야율아보기가 건국(916), 연운 16주 차지, 발해 정복, 고려 공격
② 서하: 탕구트족이 건국(1038), 동서 무역로 장악, 송 압박
③ 금: 아구다가 건국(1115), 송과 함께 요 정복, 송의 수도 카이펑 함락, 화북 지방 차지
(2) 통치와 문화: 이중 통치(부족제, 군현제 병행), 고유문화 수호 노력(문자 제작 등)

2 송의 건국과 발전

성립	조광윤(태조)이 카이펑을 수도로 건국(960)
정치	문치주의(과거제 개혁, 문신 우대) → 사대부 성장, 군사력 약화·재정 악화 → 왕안석의 개혁 추진·실패 → 금의 공격을 피해 이동(남송 성립)
경제	• 농업과 상공업: 창장강 하류 지역 개간, 상공업 발달(동업 조합 조직), 교자 사용 • 해상 교역: 조선술, 항해술, 지도 제작 기술 발전 → 시박사 설치, 해상 교역 전개
문화	성리학 발달, 서민 문화 발달, 화약 무기·나침반·활판 인쇄술 발명·실용화

3 몽골의 대제국 건설

시험 꿀팁! 몽골 제국 시기 동서 교류가 확대된 배경과 그 내용이 자주 출제돼!

(1) 몽골 제국: 테무친(칭기즈 칸)이 수립 → 정복 활동으로 대제국 건설 → 여러 울루스로 분열
(2) 원

성립	쿠빌라이 칸이 대도 천도 후 국호를 '원'으로 변경(1271) → 남송 멸망, 중국 전역 지배
통치	몽골 제일주의로 통치(몽골인·색목인이 지배 계층, 한인·남인이 피지배 계층 형성)
경제	농업 기술 보급, 목화 재배 확대, 상업 발달(→ 도시 번영, 교초 사용)
문화	서민 문화 발달(구어체 소설과 희곡 인기, 잡극 유행)

(3) 동서 교류: 역참제 실시, 대운하 및 해상 운송로 정비 → 동서 교류 확대

시험에 꼭 나와!

1 야율아보기가 부족을 통일하고 건국한 [　　　]은/는 연운 16주를 차지하고 송과 대립하였다.
2 송의 태조는 [　　　] 정책을 실시하여 과거제를 개혁하고 문신을 우대하였다.
3 원은 제국을 통치하면서 [　　　]를 내세워 몽골인을 가장 우대하였다.
4 몽골 제국은 주요 교통로에 [　　　]을 세우고 관리나 사신에게 숙식과 말을 제공하였다.

02 동아시아 지역 질서의 변화

1 명·청의 건국과 발전

(1) 명·청의 성립과 발전

시험꿀팁! 명·청대의 무역 정책과 서양인들의 활동 사례가 자주 출제돼!

명	• 홍무제(주원장, 태조): 명 건국(1368), 재상제 폐지, 이갑제 실시, 한족의 유교 전통 회복 • 영락제: 베이징 천도, 정화의 함대 파견(→ 여러 나라와 조공 관계 체결)
청	• 성립과 발전: 누르하치(태조)가 후금 건국(1616) → 홍타이지(태종)가 몽골 정복, 국호를 청으로 변경 → 강희제·옹정제·건륭제 시기 전성기 이룩 • 한족 통치: 회유책(만한 병용제 실시 등), 강경책(변발과 호복 강요 등) 병행

(2) 명·청의 경제, 사회, 문화

경제	• 농업과 상공업: 새 작물 유입, 비단·면직물·도자기 생산 증가 • 조세 제도: 은의 유입 증가 → 은으로 세금 납부(명의 일조편법, 청의 지정은제 실시)
사회	신사가 사회 주도(중앙 관리로 진출하거나 향촌 질서 유지)
문화	양명학(명)·고증학(청) 발달, 서민 문화 발달
대외 교류	• 명: 초기 해금 정책 → 유럽 선교사의 방문(마테오 리치의 「곤여만국전도」 제작 등) • 청: 서양 국가에 광저우만 개방(공행 무역) → 아담 샬 등 활동(서양의 과학 기술 전래)

2 한반도와 일본 무사 정권

(1) 한반도: 고려(왕건이 건국, 한반도 재통일) → 조선(이성계가 건국, 성리학을 통치 이념으로 채택)

(2) 일본 무사 정권

가마쿠라 막부	12세기 말에 미나모토노 요리토모가 수립, 봉건제 시행
무로마치 막부	14세기에 아시카가 다카우지가 수립, 명과 조공 관계 체결, 조선과 국교 체결
전국 시대	다이묘들의 대립으로 혼란 → 도요토미 히데요시의 통일, 조선 침략
에도 막부	도쿠가와 이에야스가 수립(1603), 막번 체제 성립(산킨코타이 제도 실시), 조닌 문화 발달, 통신사와 교류·네덜란드에 나가사키 개방(→ 난학 발달)

💡 시험에 꼭 나와!

1 명의 영락제는 [   ]의 함대를 동남아시아와 인도에 파견하여 여러 나라와 조공 관계를 맺었다.

2 명에서는 왕양명이 지행합일을 강조한 [   ]을 발전시켰다.

3 청은 서양 국가에 광저우 한 곳만 개방하고 [   ]을 통한 무역을 허용하였다.

4 [   ]는 막번 체제를 수립하고 산킨코타이 제도로 다이묘를 통제하였다.

답 1 정화 2 양명학 3 공행 4 에도 막부

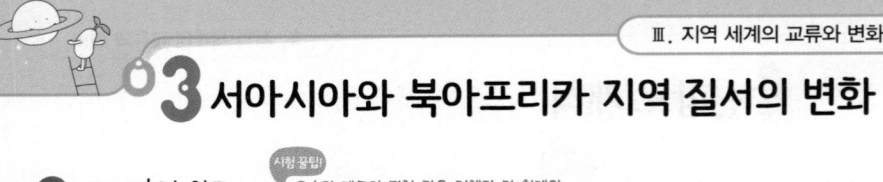

3 서아시아와 북아프리카 지역 질서의 변화

1 여러 이슬람 왕조

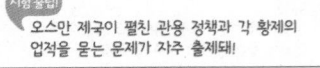
> **시험 꿀팁!**
> 오스만 제국이 펼친 관용 정책과 각 황제의
> 업적을 묻는 문제가 자주 출제돼!

셀주크 튀르크	11세기경 바그다드 정복(→ 지배자가 술탄의 칭호 획득), 서아시아에서 중앙 아시아에 이르는 대제국 건설 → 비잔티움 제국과 대립, 십자군 전쟁 발발
훌라구 울루스	훌라구가 아바스 왕조를 정복하고 수립(1258), 국교로 이슬람교 채택
티무르 왕조	티무르가 건국(1307), 몽골 제국의 부활 표방, 중계 무역으로 번영
사파비 왕조	이스마일 1세가 건국(1501), 페르시아 제국의 부활 표방, 페르시아 문화 부흥에 힘씀, 중계 무역으로 번영, 아바스 1세 때 전성기 이룩
오스만 제국	• 발전: 오스만 튀르크족이 건국 → 메흐메트 2세 때 콘스탄티노폴리스 정복 → **술탄 칼리프 제도 확립** → 술레이만 1세 때 전성기 이룩 • 통치: 관용 정책(지즈야만 내면 종교·언어·풍습 인정), 티마르 제도 실시, 데 브시르메 제도 실시(우수한 인재를 예니체리로 육성), 능력에 따라 관리 등용 • 문화: 이슬람·페르시아·비잔티움·튀르크 문화가 융합하여 발달 → 술탄 아흐메트 사원 건립, 세밀화·아라베스크 무늬 발달 • 동서 교류: 이스탄불이 동서 무역의 중심지로 번영 → 시장(그랜드 바자르) 발달

2 무굴 제국

성립	바부르가 델리 술탄 왕조를 무너뜨리고 인도 지역에 건국(1526)
통치	• 아크바르 황제: 영토 확장, 중앙 집권 체제 확립(토지 조사, 관료 제도 정비, 도로 건설), 관용 정책 추진(다른 종교 존중, **지즈야 폐지**) • 아우랑제브 황제: 최대 영토 차지, 이슬람 제일주의 정책(→ 각지에서 반란 발생)
경제	도시 번성, 상공업 발달, 인도양 무역 주도, 은의 유입으로 화폐 경제 발달
문화	인도·이슬람 문화 발전 → **시크교 발전**, 우르두어 널리 사용, 인도·이슬람 양식 발전 (타지마할 건축), 무굴 회화 발달

💡 시험에 꼭 나와!

1 셀주크 튀르크는 바그다드를 정복하고 아바스 왕조의 칼리프로부터 [   ]의 칭호를 받았다.

2 이스마일 1세는 페르시아 제국의 부활을 내세우며 [   ]를 건국하였다.

3 오스만 제국의 [   ]는 콘스탄티노폴리스를 정복하고 비잔티움 제국을 멸망시켰다.

4 무굴 제국의 [   ]는 힌두교도에게 걷던 지즈야를 폐지하는 등 관용 정책을 펼쳤다.

5 무굴 제국에서는 힌두교와 이슬람교를 절충한 [   ]가 발전하였다.

답 1 술탄 2 사파비 왕조 3 메흐메트 2세 4 아크바르 황제 5 시크교

4 신항로 개척

1 신항로 개척의 배경과 전개

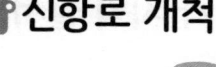

시험꿀팁! 신항로 개척의 지도를 제시하고 이를 주도한 인물을 묻는 문제가 자주 출제돼!

배경	동방에 대한 관심 증가, 이슬람과 이탈리아 상인의 동방 물품 독점(→ 새로운 교역로 필요), 과학 기술 발달로 먼 거리 항해 가능
전개	• 포르투갈의 지원: 바르톨로메우 디아스가 희망봉에 도착(1488), 바스쿠 다 가마가 인도로 가는 항로 개척(1498) • 에스파냐의 지원: 콜럼버스의 서인도 제도 도착(1492), 마젤란 일행의 세계 일주 성공 (1519~1522)

2 신항로 개척 이후의 변화

(1) 유럽

무역 중심지 이동	지중해에서 대서양으로 이동 → 대서양 연안 국가들 번영, 대서양 무역 발달(유럽, 아메리카, 아프리카를 잇는 삼각 무역의 형태로 전개)
새로운 작물 전래	아메리카에서 담배·감자·옥수수, 동방에서 차·면직물 등 전래
가격 혁명	아메리카 대륙에서 많은 양의 금·은 유입 → 물가 급등
상업 혁명	금융 제도 마련, 상공업과 금융업 발달, 근대적 기업 등장

(2) 아메리카와 아프리카

아메리카	• 고대 문명 파괴: 에스파냐인이 아스테카 제국과 잉카 제국 정복 • 인구 감소: 에스파냐인의 원주민 노동력 착취(플랜테이션 경영), 유럽에서 전염병 전래 → 원주민의 인구수 급감
아프리카	노예 무역 성행 → 인구수 감소, 남녀 성비 불균형, 부족 간 갈등 심화

(3) 세계적 교역망 형성: 신항로 개척 이후 포르투갈과 에스파냐가 아시아와 직접 교역, 네덜란드·영국·프랑스 등이 아시아 시장에 진출 → 은을 매개로 세계적 교역망 형성

💡 시험에 꼭 나와!

1 〔   〕는 희망봉을 거쳐 인도로 가는 항로를 개척하였다.

2 에스파냐의 후원을 받은 〔   〕는 아메리카 대륙의 서인도 제도에 도착하였다.

3 신항로 개척 이후 무역의 중심지가 지중해에서 〔   〕으로 이동하였다.

4 유럽에서는 신항로 개척으로 아메리카 대륙의 금·은이 유입되어 물가가 급등하는 〔   〕이 일어났다.

5 〔   〕의 코르테스와 피사로가 각각 아스테카 제국과 잉카 제국을 무너뜨렸다.

답 1 바스쿠 다 가마 2 콜럼버스 3 대서양 4 가격 혁명 5 에스파냐

5 절대 왕정

1 절대 왕정 🗨시험 꿀팁! 여러 절대 군주의 주요 정책을 비교하는 문제가 자주 출제돼!

성립	16~18세기 중앙 집권적 통일 국가 등장, 국왕이 강력한 권한 행사
기반	• 왕권신수설 제시: 왕권 강화의 사상적 기반 마련 • 관료제 운영: 국왕의 명령에 따라 국가 업무를 효율적으로 처리 • 상비군 육성: 왕이 언제든지 동원할 수 있는 군대 육성 • 재정 기반: 중상주의 정책(수출 장려, 수입 억제, 해외 식민지 개척), 상공 시민 계층의 재정적 지원을 받음

2 서유럽과 동유럽의 절대 왕정

(1) **서유럽**: 국왕이 귀족과 성직자들의 권한 장악, 시민 계층을 지지 기반으로 삼음

에스파냐	펠리페 2세: 가장 먼저 절대 왕정 확립, 아메리카 식민지에서 들여온 금·은을 바탕으로 국력 확대, 무적함대를 만들어 지중해 해상권 장악
영국	엘리자베스 1세: 에스파냐의 무적함대 격파, 동인도 회사를 설립하여 인도에 진출, 영국 국교회 확립, 국내 산업 육성(모직물 공업 등)
프랑스	루이 14세: '태양왕' 자처, 콜베르를 등용하여 중상주의 정책 추진, 상비군 육성, 베르사유 궁전 축조

(2) **동유럽**: 도시와 상공업의 발달 부진, 상공 시민 계층의 성장 미약 → 17세기 중엽에 성립

오스트리아	마리아 테레지아: 중앙 집권화 추진, 근대 산업 육성, 교육 제도의 개혁 추진
러시아	표트르 대제: 서구화 정책 추진(서유럽의 제도와 문물 적극 수용), 스웨덴과의 전쟁에서 승리(→ 발트해 진출, 부동항 획득), 수도 상트페테르부르크 건설
프로이센	프리드리히 2세: 계몽 군주 자처, 오스트리아와의 전쟁을 통해 슐레지엔 지방 차지, 종교적 관용 정책 전개, 상수시 궁전 축조

💡 시험에 꼭 나와!

1 왕권은 신이 내려 준 것이므로 왕에게 절대복종해야 한다는 [   ]은 절대 왕정의 사상적 기반이 되었다.

2 절대 군주들은 [   ] 정책을 펼쳐 수출을 장려하고 수입을 억제하였다.

3 에스파냐의 [   ]는 무적함대를 만들어 지중해 해상권을 장악하였다.

4 [   ]는 콜베르를 등용하여 중상주의 정책을 추진하고 베르사유 궁전을 축조하였다.

5 프로이센에서 계몽 군주를 자처한 [   ]는 종교적 관용 정책을 펼쳤다.

답 1 왕권신수설 2 중상주의 3 펠리페 2세 4 루이 14세 5 프리드리히 2세

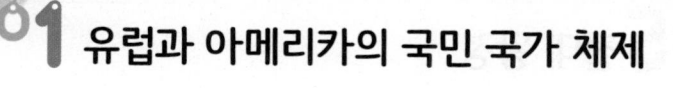

유럽과 아메리카의 국민 국가 체제

① 청교도 혁명과 크롬웰의 독재 정치

(1) 청교도 혁명(1642~1649)

배경	젠트리와 시민 계급의 성장, 제임스 1세와 찰스 1세의 전제 정치
전개	찰스 1세가 의회의 동의 없이 세금 부과 → 의회의 권리 청원 제출, 찰스 1세의 승인 → 찰스 1세의 의회 탄압 및 해산 → 의회파와 왕당파의 내전, 의회파 승리
결과	찰스 1세 처형, 공화정 수립

(2) 크롬웰의 정치: 항해법 제정으로 대외 무역 확대, 청교도 윤리를 앞세운 독재 정치 실시 → 국민의 반감 고조 → 크롬웰 사후 왕정 부활, 찰스 2세 즉위

② 명예혁명과 의회 정치의 발전

(1) 명예혁명(1688)

배경	찰스 2세와 제임스 2세의 전제 정치 강화
전개	의회가 제임스 2세 폐위 → 메리와 윌리엄을 공동 왕으로 추대 → 왕의 권리 장전 승인
결과	절대 왕정 붕괴, 의회를 중심으로 한 입헌 군주제의 토대 마련

(2) 의회 정치의 발전: 앤 여왕이 잉글랜드와 스코틀랜드를 통합하여 대영 제국 수립 → 조지 1세 즉위(하노버 왕조 수립), '왕은 군림하나 통치하지 않는다.'라는 영국식 전통 형성, 내각 책임제 시작

③ 미국 혁명과 민주 공화국의 수립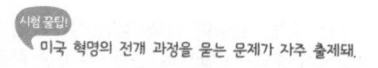

시험 꿀팁! 미국 혁명의 전개 과정을 묻는 문제가 자주 출제돼.

배경	17세기 이후 영국인이 정치적·종교적 탄압을 피해 북아메리카로 이주, 13개의 식민지 건설, 영국의 중상주의 정책 실시
전개	보스턴 차 사건 발발(1773) → 식민지 대표의 독립 선언문 발표 → 식민지군의 요크타운 전투 승리 → 영국과 파리 조약 체결(13개 식민지의 독립 인정, 1783)
결과	헌법 제정(연방제, 국민 주권의 원리, 삼권 분립의 원칙 규정), 아메리카 합중국(미국) 탄생

④ 미국의 발전

남북 전쟁	남부와 북부의 경제 구조 차이로 인한 대립 심화 → 노예제 확대를 반대한 링컨의 대통령 당선 → 남부의 여러 주가 연방 탈퇴 → 남북 전쟁 발발(1861) → 북부의 노예 해방 선언 발표, 북부 승리
미국의 발전	대륙 횡단 철도 개통(1869), 19세기 말 세계 최대 공업국으로 성장

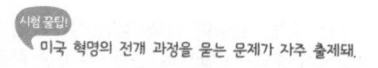

5 프랑스 혁명의 전개

(1) **혁명의 배경**: 구제도의 모순, 시민 계급의 성장

> **시험꿀팁!**
> 프랑스 혁명 당시 일어난 주요 사건을 시기
> 순서대로 나열하는 문제가 자주 출제돼.

(2) **혁명의 전개**

삼부회 소집	루이 16세의 삼부회(전국 신분회) 소집 → 표결 방식을 두고 대립
국민 의회	제3 신분이 테니스코트의 서약 발표 → 봉건제 폐지 선언, '인간과 시민의 권리 선언(인권 선언)'발표(1789) → 헌법 제정 → 새로운 헌법에 따라 입법 의회 구성
입법 의회	오스트리아, 프로이센과 혁명전쟁 시작 → 물가 상승, 식량 부족으로 파리 민중의 왕궁 습격 → 왕권 정지, 입법 의회 해산, 국민 공회 수립
국민 공회	• 공화정 선포 → 루이 16세 처형 • 로베스피에르의 공포 정치: 공안 위원회, 혁명 재판소 설치
총재 정부	5명의 총재가 정치 주도 → 국내외 혼란 지속 → 나폴레옹의 쿠데타(1799)

6 나폴레옹 시대

통령 정부	• 나폴레옹이 쿠데타로 총재 정부를 무너뜨리고 통령 정부 수립, 제1 통령 취임 • 내정 개혁: 프랑스 국립 은행 설립, 국민 교육 제도 도입, 『나폴레옹 법전』 편찬
제1 제정	국민 투표로 나폴레옹이 황제에 즉위(1804)
나폴레옹 전쟁	• 전개: 오스트리아, 프로이센, 러시아 등을 격파하여 유럽 대부분 장악 → 대륙 봉쇄령 선포(영국 고립 목적) → 러시아 원정 단행(1812) → 러시아 원정 실패, 대프랑스 동맹에 패배 • 의의: 프랑스 혁명의 자유주의 이념 전파, 각국의 민족주의 자극

💡 시험에 꼭 나와!

1 찰스 1세가 의회의 동의 없이 세금을 부과하자 의회는 [   ]을 제출하였다.

2 영국에서는 메리와 윌리엄이 권리 장전을 승인하면서 의회를 중심으로 한 [   ]의 토대가 마련되었다.

3 미국 혁명 당시 식민지군은 영국과 [   ]을 맺어 독립을 인정받았다.

4 프랑스 혁명 당시 국민 의회는 봉건제 폐지를 선언하고 [   ]을 발표하였다.

5 [   ]는 공안 위원회와 혁명 재판소를 통해 혁명에 반대하는 사람들을 처형하는 공포 정치를 실행하였다.

6 나폴레옹은 영국을 고립시키기 위해 [   ]을 선포하였다.

02 자유주의와 민족주의의 확산

❶ 빈 체제의 성립

(1) **빈 회의**: 오스트리아의 재상 메테르니히가 주도 → 유럽의 영토와 지배권을 프랑스 혁명 이전으로 되돌리는 데 합의 → 빈 체제 성립

(2) **빈 체제**: 보수주의 표방, 열강의 세력 균형 강조 → 유럽에 옛 왕조 부활, 자유주의·민족주의 운동이 탄압을 받음 → 라틴 아메리카 각국과 그리스의 독립으로 균열 → 프랑스 2월 혁명 이후 오스트리아에서 메테르니히가 추방되면서 사실상 붕괴

❷ 자유주의의 확산

(1) **프랑스의 7월 혁명과 2월 혁명**

구분	7월 혁명(1830)	2월 혁명(1848)
배경	샤를 10세의 전제 정치	새 왕정의 선거권 제한
전개	자유주의자들과 파리 시민들의 혁명 → 입헌 군주제 수립(루이 필리프 즉위)	중소 시민층과 노동자들이 선거권 확대를 요구하며 혁명 → 공화정 수립

(2) **영국의 자유주의 발전**: 의회의 점진적 개혁을 통해 발전

① 가톨릭교도에 대한 차별 폐지: 가톨릭교도에게 시민권 부여, 종교의 자유 인정

② 노동자의 권리 보호: 공장법 제정 → 어린이와 부녀자의 노동 시간 제한

③ 선거권 확대: 제1차 선거법 개정(1832) → 노동자들이 차티스트 운동 전개

④ 자유주의 경제 체제 확립: 곡물법과 항해법 폐지

❸ 민족주의의 확산

시험 꿀팁!
이탈리아와 독일의 통일 운동을 주도한 인물을 묻는 문제가 자주 출제돼.

(1) **이탈리아의 통일 운동**: 사르데냐의 재상 카보우르가 이탈리아 중북부 병합 → 가리발디가 시칠리아·나폴리 점령 후 사르데냐 왕에게 바침 → 이탈리아 왕국 수립(1861) → 베네치아 병합 → 로마 교황령 병합

(2) **독일의 통일 운동**: 프로이센 주도로 관세 동맹 체결 → 프랑크푸르트 의회 개최 → 비스마르크의 철혈 정책(강력한 군비 확장 정책) → 오스트리아 격파, 북독일 연방 결성 → 프랑스 격파, 남독일의 여러 나라들이 연방에 참여 → 독일 제국 수립(1871)

💡 시험에 꼭 나와!

1 나폴레옹 몰락 이후 오스트리아의 재상 메테르니히의 주도로 [   ]가 개최되었다.

2 1830년 프랑스에서는 샤를 10세의 전제 정치가 원인이 되어 [   ]이 일어났다.

3 [   ]의 철혈 정책을 바탕으로 독일은 오스트리아와 프랑스를 물리치고 통일을 이루었다.

답 1 빈 회의 2 7월 혁명 3 비스마르크

3 러시아의 개혁과 라틴 아메리카의 독립

1 러시아의 개혁

(1) 19세기 초 러시아의 상황: 차르의 전제 정치와 농노제 유지, 데카브리스트의 봉기 진압 후 남하 정책 추진(→ 오스만 제국과의 크림 전쟁에서 패배)

(2) 알렉산드르 2세의 개혁

전개	농노 해방령 발표(1861), 지방 의회 구성, 군사 제도 개혁 등 실시
결과	알렉산드르 2세의 암살 → 전제 정치 강화, 자유주의 운동 탄압

(3) 브나로드 운동: 러시아 지식인들의 농촌 계몽 운동 → 성과를 얻지 못함

2 라틴 아메리카의 독립운동

> 시험 꿀팁!
> 라틴 아메리카에서 최초로 독립한 국가와 라틴 아메리카의 독립을 이끌었던 주요 인물을 묻는 문제가 자주 출제돼.

(1) 배경: 미국 혁명·프랑스 혁명·계몽사상의 영향을 받음, 나폴레옹 전쟁으로 에스파냐 등 식민지 본국의 간섭 약화, 크리오요들이 본국의 억압과 수탈에 반발

(2) 확산: 영국의 라틴 아메리카 독립 지지, 미국의 먼로주의(먼로 선언) 발표로 가속화

(3) 각국의 독립: 아이티(라틴 아메리카에서 최초로 독립, 1804), 멕시코(이달고 신부의 민중 봉기 등으로 독립), 브라질(포르투갈 황태자의 독립 선언), 베네수엘라·콜롬비아·볼리비아·페루·아르헨티나 등(크리오요 출신인 볼리바르와 산마르틴의 활약으로 독립)

3 라틴 아메리카의 변화

(1) 독립 이후 라틴 아메리카의 상황

① **다양한 주민 구성:** 원주민, 흑인, 유럽 이주민 등이 섞임 → 국민 의식 형성이 어려움

② **독재 정권의 출현:** 독립 이후 크리오요가 권력 독점 → 군부를 형성하여 정권 장악

③ **빈부 격차 심화:** 크리오요가 대지주로 성장, 대다수는 빈곤에 시달림

④ **취약한 경제 구조:** 농업과 공업의 불균형 발전, 미국·유럽에 경제적으로 크게 의존

⑤ **외세의 간섭:** 영국의 이권 차지, 미국의 쿠바 보호국화 및 파나마 운하 관리 등

(2) 사회 혼란 해결을 위한 노력: 유럽의 영향을 받은 정당 정치 등장, 미국·유럽의 영향에서 벗어나기 위해 원주민 문명의 우수성 부각(→ 민족의식 성장)

💡 시험에 꾹 나와!

1 러시아의 [   ]는 농노 해방령을 발표하고 지방 의회를 구성하는 등 개혁을 실시하였다.

2 미국이 [   ]를 발표하면서 라틴 아메리카의 독립운동이 가속화되었다.

3 프랑스의 지배를 받던 [   ]가 라틴 아메리카에서 최초로 독립하였다.

4 라틴 아메리카의 독립을 주도하였던 [   ]는 독립 이후 권력을 독점하여 군부를 형성하였다.

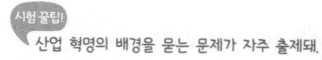

4 유럽의 산업화와 19세기 문화

1 산업 혁명의 배경과 전개

시험꿀팁!
산업 혁명의 배경을 묻는 문제가 자주 출제돼.

배경	18세기 후반 영국의 정치적 안정, 풍부한 자본과 지하자원, 인클로저 운동으로 도시에 노동력 유입, 넓은 식민지 확보 → 가장 먼저 산업 혁명이 시작됨
전개	• 면직물 공업의 기계화(방적기·방직기 등), 제임스 와트의 증기 기관 개량 → 공장제 기계 공업 확산 • 교통과 통신의 발달(증기 기관차, 증기선, 유선 전신, 전화 등) → 산업화 확산
확산	• 19세기 이후 프랑스, 벨기에, 미국, 독일, 러시아, 일본 등지로 산업화 확산 • 19세기 후반 중공업 중심으로 산업 성장(제2차 산업 혁명) → 독일, 미국이 주도

2 산업 혁명의 결과

(1) **산업 혁명에 따른 사회 변화**: 풍요롭고 편리해진 생활, 사회 구조 변화(농업 중심 사회 → 산업 사회), 도시화 진행, 자본주의 체제 확립(자본가와 노동자 계급 등장)

(2) **사회 문제의 발생과 해결 노력**

사회 문제	빈부 격차 심화, 도시 문제 발생(주택·환경·위생 문제), 노동 문제 대두
해결 노력	• 노동 운동의 전개: 러다이트 운동, 노동조합 결성 등 • 사회주의 사상 등장: 자본주의 체제 비판, 사유 재산 제도 부정, 평등 사회 건설 주장(오언, 마르크스 등)

3 19세기 유럽과 미국의 문화

(1) **과학과 기술의 발전**: 라듐 발견(퀴리 부부), X선 발견(뢴트겐), 진화론 주장(다윈), 유전 법칙 발견(멘델), 가정용 전구와 축음기 발명(에디슨), 가솔린 자동차 발명(벤츠)

(2) **사상과 학문의 발전**: 공리주의 주장(벤담), 실증주의 제시(콩트), 근대 역사학 성립(랑케), 자유 방임주의 주장(애덤 스미스)

(3) **예술의 발전**: 낭만주의(인간의 감정과 상상력 중시), 사실주의·자연주의(현실을 있는 그대로 묘사), 인상주의(화가의 주관적 인상과 빛의 색채 강조)

시험에 꼭 나와!

1 영국에서는 [   ]으로 토지를 잃은 농민들이 도시로 이동하여 공장에 노동력을 제공하였다.

2 산업 혁명 이후 자본주의 체제를 비판하는 [   ] 사상이 등장하였다.

3 애덤 스미스는 정부의 간섭 없이 자유로운 경제 활동을 보장해야 한다는 [   ]를 주장하였다.

답 1 인클로저 운동 2 사회주의 3 자유방임주의

5 제국주의 열강의 침략

❶ 제국주의의 등장

(1) 등장 배경: 19세기 후반 서양에서 자본주의 발전 → 원료 공급지, 상품 판매 시장, 자본 투자 시장으로 식민지 필요

(2) 지배 논리: 사회 진화론, 인종주의 → 강대국의 약소국 지배를 정당화

(3) 제국주의 열강의 경쟁

영국	종단 정책과 3C 정책 추진 → 아프리카를 북에서 남으로 점령
프랑스	횡단 정책 추진 → 아프리카의 알제리에서 마다가스카르까지 점령
독일	3B 정책 추진 → 발칸 지역과 서아시아, 아프리카 지역으로 세력 확장

❷ 제국주의 열강의 침략

> **시험 꿀팁!**
> 제국주의 열강 중 영국과 프랑스의 활동을 묻는 문제가 자주 출제돼.

(1) 아시아·태평양 지역 침략: 동남아시아 대부분이 식민지화(타이 제외)

영국	인도 지배, 말레이반도 지역으로 진출, 오스트레일리아·뉴질랜드 지배
프랑스	인도차이나반도에서 세력 확장(베트남, 캄보디아 등 점령)
기타	네덜란드의 인도네시아 지배, 미국의 필리핀·하와이·괌 병합 등

(2) 아프리카 침략: 아프리카 대부분이 식민지화(라이베리아, 에티오피아 제외)

전개	• 영국: 케이프타운 차지, 이집트 보호국화 → 종단 정책 추진 • 프랑스: 알제리를 거점으로 세력 확대 → 횡단 정책 추진
열강의 충돌	파쇼다 사건(영국 ↔ 프랑스), 모로코 사건(독일 ↔ 프랑스)

❸ 아프리카·동남아시아의 민족 운동

(1) 아프리카의 민족 운동: 마흐디 운동(수단), 메넬리크 2세의 개혁과 아도와 전투(에티오피아), 이산들와나 전투(줄루 왕국), 헤레로족의 봉기(나미비아) 등

(2) 동남아시아의 민족 운동: 라마 5세의 근대적 개혁(타이), 판보이쩌우의 동유 운동(베트남), 호세 리살과 아기날도의 저항(필리핀), 카르티니의 여성 교육 운동(인도네시아) 등

💡 시험에 꼭 나와!

1 제국주의 열강인 [   ]은 종단 정책과 3C 정책을 추진하였다.

2 동남아시아에서는 [   ]를 제외한 대부분의 국가들이 제국주의 열강의 식민지가 되었다.

3 아프리카에서 세력을 확장하던 영국과 프랑스는 수단의 [   ]에서 충돌하였다.

답 1 영국 2 타이 3 파쇼다

6 서아시아의 국민 국가 건설 운동

1 오스만 제국의 쇠퇴와 개혁

(1) **오스만 제국의 쇠퇴**: 술탄 중심의 중앙 집권 체제 동요, 제국 내 여러 민족들의 독립 요구 → 영국·러시아 등 강대국의 압박 → 그리스의 독립, 이집트의 자치 허용, 유럽 지역 내 영토 상실

(2) **오스만 제국의 개혁**

탄지마트 (1839~1876)	민족적·종교적 차별 폐지, 각종 제도 개혁, 서양식 의회 개설, 근대적 헌법 제정 등 → 보수 세력의 반발, 열강의 간섭으로 실패 → 전제 정치 강화
청년 튀르크당의 혁명(1908)	젊은 장교·관료·지식인들이 청년 튀르크당 결성, 무력 혁명으로 정권 장악 → 헌법 부활, 근대적 개혁 추진, 외세 배척 운동 전개

2 아랍과 이란의 민족 운동

(1) **아랍의 민족 운동**

와하브 운동	이븐 압둘 와하브가 주도, 이슬람교 본래의 순수성을 회복하자고 주장 → 아랍 민족 운동의 기반 형성, 20세기 전반 사우디아라비아 왕국 건설의 계기
아랍 문화 부흥 운동	19세기 초 해외 문학 작품을 아랍어로 번역, 아랍 고전 연구 → 아랍 민족주의의 기반 형성

(2) **이란의 민족 운동**: 19세기 영국·러시아가 이란의 영토와 이권 약탈 → 담배 불매 운동 전개 → 입헌 혁명(20세기 초) → 영국·러시아의 무력 간섭으로 실패(이란 영토 분할)

3 이집트의 근대화와 민족 운동

> **시험꿀팁!**
> 수에즈 운하의 건설 과정과 그 결과를 묻는 문제가 시험에 자주 출제돼.

(1) **이집트의 근대화 운동**: 무함마드 알리의 근대화 정책 → 오스만 제국으로부터 자치권 인정받음 → 수에즈 운하 건설 → 이집트의 재정 상태 악화 → 영국·프랑스의 내정 간섭

(2) **아라비 파샤의 민족 운동**: 열강의 내정 간섭 지속 → 아라비 파샤를 중심으로 한 군부가 민족주의자들을 이끌고 혁명 시도 → 영국군에 의해 진압 → 이집트가 영국의 보호국으로 전락

시험에 꼭 나와!

1 19세기에 대내외적인 위기에 부딪힌 오스만 제국은 1839년부터 [   ]라는 개혁을 실시하였다.

2 이븐 압둘 와하브가 주도한 [   ]은 사우디아라비아 왕국 건설의 계기가 되었다.

3 19세기 이란에서 전개된 [   ]은 입헌 혁명의 중요한 계기가 되었다.

4 이집트는 [   ]의 건설로 재정 상태가 악화되자 영국과 프랑스의 내정 간섭을 받게 되었다.

답 1 탄지마트 2 와하브 운동 3 담배 불매 운동 4 수에즈 운하

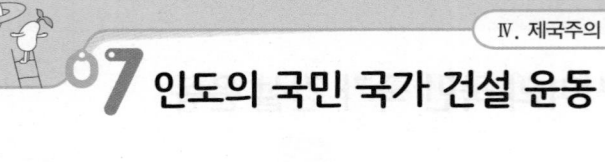

7 인도의 국민 국가 건설 운동

① 유럽 열강의 인도 침략

배경	18세기에 무굴 제국 쇠퇴 → 유럽 여러 나라들의 침략 경쟁 시작
전개	영국·프랑스가 동인도 회사를 앞세워 인도 진출, 인도 무역의 주도권을 두고 충돌 → 영국의 플라시 전투 승리(1757) → 영국이 벵골 지역의 통치권 차지
결과	19세기 중엽 영국이 인도의 거의 모든 지역 점령 → 영국이 인도인에게 영국산 면직물 판매(→ 인도의 면직업 몰락), 힌두교·이슬람교 간 종교적 대립 조장

② 세포이의 항쟁

배경	영국의 침략과 지배 방식에 대한 인도인의 불만 고조
전개	영국 동인도 회사 세포이들의 주도로 무장 투쟁(1857) → 대규모 민족 운동으로 확산 → 내부 분열과 영국의 반격으로 실패(1859)
결과	영국이 무굴 제국 황제 폐위(무굴 제국 멸망, 1858), 동인도 회사 해체 → 영국령 인도 제국 수립(1877)

③ 인도 국민 회의의 반영 운동

> **시험 꿀팁!** 벵골 분할령 발표 이후 인도 국민 회의가 주장한 4대 강령을 묻는 문제가 자주 출제돼.

(1) 인도 국민 회의 결성: 인도 민족 운동의 확산 → 영국이 인도인의 불만을 잠재우기 위해 중상류층 인도인의 정치 참여 지원 → 인도 국민 회의 결성(1885)

(2) 벵골 분할령과 인도인의 저항

과정	영국의 벵골 분할령 발표(1905) → 인도 국민 회의가 콜카타 대회 개최, 영국 상품 배척·스와라지(자치)·스와데시(국산품 애용)·국민 교육 실시의 4대 강령 채택, 반영 운동 주도 → 대규모 민족 운동으로 발전
결과	영국의 벵골 분할령 취소(1911), 명목상 인도인의 자치 인정

💡 시험에 꼭 나와!

1 영국은 [   ]에서 프랑스를 물리치고 벵골 지역의 통치권을 장악하였다.

2 세포이의 항쟁을 진압한 영국은 1877년 [   ]을 수립하였다.

3 영국은 중상류층 인도인의 정치 참여를 지원하여 1885년 [   ]를 결성하였다.

4 영국이 [   ]을 발표하자 인도 국민 회의는 4대 강령을 채택하여 반영 운동을 주도하였다.

8 동아시아의 국민 국가 건설 운동

1 중국의 개항과 근대화 운동

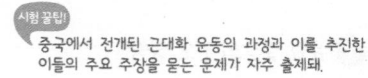

시험꿀팁! 중국에서 전개된 근대화 운동의 과정과 이를 추진한 이들의 주요 주장을 묻는 문제가 자주 출제돼.

(1) 아편 전쟁과 중국의 문호 개방

① 배경: 영국이 인도산 아편을 청에 밀수출(삼각 무역) → 청의 은 유출, 아편 중독자 증가

② 전개

제1차 아편 전쟁	임칙서의 아편 몰수 → 영국의 청 공격 → 청의 패배 → 난징 조약 체결(상하이 등 5개 항구 개항, 홍콩 할양, 배상금 지불 등)
제2차 아편 전쟁	애로호 사건 → 영국·프랑스의 청 공격 → 청의 패배 → 톈진·베이징 조약 체결 (추가 개항, 외국 공사의 베이징 주재, 크리스트교의 포교 허용 등)

(2) 중국의 근대화 운동

태평천국 운동	• 홍수전이 만주족을 몰아내고 한족의 국가를 세우자고 주장하며 전개 • 토지 균등 분배, 남녀평등, 악습 폐지 등 주장 → 농민의 지지 확보
양무운동	• 이홍장 등 한인 관료 중심으로 중체서용을 주장하며 부국강병 정책 주도 • 근대적 해군 창설, 각종 산업 시설 설치, 유학생 파견 등 추진
변법자강 운동	• 캉유웨이, 량치차오 등이 일본의 메이지 유신을 모방한 개혁 주장 • 의회 설립, 입헌 군주제 확립, 근대 교육 실시, 신식 군대 양성 등 추진
의화단 운동	• 산둥성 중심으로 비밀 결사인 의화단 조직 • 부청멸양을 내걸고 선교사·교회·철도 등 공격, 베이징의 외국 공관 습격

(3) 신해혁명

배경	의화단 운동 이후 혁명 운동 확산, 쑨원의 중국 동맹회 결성(1905)·삼민주의 주장
전개	청 정부의 민간 철도 국유화 시도 → 우창에서 신식 군대가 봉기 → 전국 여러 지역으로 확산(신해혁명, 1911) → 쑨원의 임시 대총통 취임, 중화민국 수립(1912)

(4) 신해혁명 이후 정치적 변화

청 정부의 위안스카이 파견 → 위안스카이가 청 황제를 퇴위시키고 중화민국의 대총통에 취임 → 위안스카이가 혁명파 탄압, 황제 체제의 부활 시도 → 위안스카이 병사 이후 각지에서 군벌 세력 등장 → 정치적 혼란

2 일본의 개항과 근대화 운동

(1) 일본의 개항과 에도 막부의 붕괴

일본의 개항	배경	에도 막부가 미국 페리 제독 함대의 무력시위에 굴복
	전개	미일 화친 조약(1854), 미일 수호 통상 조약(1858) 체결
에도 막부의 붕괴	배경	막부의 굴욕적인 외교 정책 비판, 백성의 불만 고조
	전개	존왕양이 운동이 막부 타도 운동으로 발전 → 에도 막부 붕괴

(2) 일본의 근대화 운동(메이지 유신)

중앙 집권화 정책	에도를 도쿄로 개명하여 수도로 삼음, 지방의 번을 폐지하고 현 설치
근대화 정책	신분제 폐지, 토지와 조세 제도 개혁, 징병제 실시, 유학생과 사절단 파견, 서양식 교육 제도 실시, 서양 과학 기술 도입, 상공업 육성 등
천황제 국가 확립	메이지 정부의 자유 민권 운동 탄압, 일본 제국 헌법 제정(1889)

3 일본의 제국주의 침략

시험 꿀팁!
청일 전쟁과 러일 전쟁의 전개 과정과 결과를 묻는 문제가 자주 출제돼.

(1) 일본의 대외 침략: 조선을 압박하여 개항시킴, 류큐 병합(→ 오키나와현으로 삼음)

(2) 청일 전쟁과 러일 전쟁

구분	청일 전쟁(1894~1895)	러일 전쟁(1904~1905)
배경	청과 일본의 대립	러시아와 일본의 대립
전개	청과 일본이 조선에 군대 파견(1894) → 일본의 청 기습 공격 → 일본의 승리	일본의 러시아 공격(1904) → 영국·미국의 지원으로 일본 승리
결과	시모노세키 조약 체결(일본의 배상금 획득, 랴오둥반도와 타이완을 넘겨받음)	포츠머스 조약 체결(일본이 한반도에 대한 지배권을 인정받음)

4 조선의 개항과 근대화 운동

(1) 조선의 개항: 일본이 운요호 사건을 일으킴 → 강화도 조약 체결(1876)

(2) 개화 정책의 추진과 반발: 정부의 개화 정책 추진(별기군 창설 등) ↔ 위정척사 운동, 임오군란

(3) 조선의 근대화 운동: 갑신정변 → 동학 농민 운동 → 갑오개혁 → 독립 협회의 활동

(4) 대한 제국의 근대화 운동: 대한국 국제 반포(1899), 군사 제도 개혁·상공업 진흥 정책 등 실시

(5) 국권 침탈과 국권 수호 운동: 을사늑약 체결(1905) → 의병 운동·애국 계몽 운동 전개

시험에 꼭 나와!

1 제1차 아편 전쟁에서 패한 청은 [   ]을 체결하고 상하이 등 5개 항구를 개항하였다.

2 이홍장 등 한인 관료들은 중체서용을 주장하며 [   ]을 전개하였다.

3 1911년에 중국에서 일어난 [   ]의 결과 1912년 중화민국이 수립되었다.

4 에도 막부는 미국 함대의 무력시위에 굴복하여 미일 화친 조약과 [   ]을 체결하였다.

5 러일 전쟁에서 승리한 일본은 러시아와 [   ]을 체결하여 한반도에 대한 지배권을 인정받았다.

답 1 난징 조약 2 양무운동 3 신해혁명 4 미일 수호 통상 조약 5 포츠머스 조약

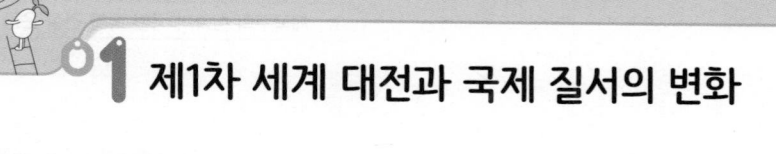

01 제1차 세계 대전과 국제 질서의 변화

1 제1차 세계 대전의 발생과 전개

배경	제국주의 국가의 대립, 범게르만주의와 범슬라브주의의 대립
전개	사라예보 사건 발생(1914) → 오스트리아·헝가리 제국이 세르비아에 선전 포고 → 영국의 해상 봉쇄 → 독일의 무제한 잠수함 작전 전개 → 미국이 연합국 편으로 참전(1917) → 러시아의 전쟁 중단 → 독일 항복(1918)
특징	총력전·참호전 양상, 신무기의 등장 등

2 러시아 혁명과 소련의 수립

시험꿀팁! 3월 혁명과 11월 혁명을 비교하는 내용이 자주 출제돼.

(1) 피의 일요일 사건(1905)

배경	러일 전쟁으로 노동자와 농민의 생활 악화
전개	노동자들이 개혁을 요구하며 평화 시위 전개 → 정부의 무력 진압으로 사상자 발생
결과	차르 니콜라이 2세의 개혁 약속 → 개혁의 성과 미흡, 전제 정치 강화

(2) 러시아 혁명의 전개

3월 혁명	• 배경: 차르의 개혁 성과 미흡, 제1차 세계 대전 참전으로 러시아의 경제 상황 악화 • 전개: 노동자와 군인의 소비에트 결성 • 결과: 전제 군주제 붕괴, 임시 정부 수립
11월 혁명	• 배경: 임시 정부의 개혁 부진, 전쟁 지속 • 전개: 레닌을 중심으로 한 볼셰비키가 무장봉기를 일으킴 • 결과: 임시 정부 타도, 소비에트 정부 수립

(3) 소련의 수립

① 레닌의 정책: 사회주의 개혁 추진(공산당 일당 독재 선언, 코민테른 결성 등), 신경제 정책(NEP)실시, 소비에트 사회주의 공화국 연방(소련) 수립(1922)

② 스탈린의 정책: 경제 개발 5개년 계획 추진(중공업 발전 목표), 공산당 독재 체제 강화

3 베르사유 체제의 형성

(1) 파리 강화 회의

① 목적: 연합국이 전후 문제를 처리하기 위해 개최

② 원칙: 미국 대통령 윌슨이 제안한 14개조 평화 원칙을 바탕으로 논의 진행

(2) 베르사유 조약 체결

① 내용: 파리 강화 회의 결과 연합국과 독일이 체결(독일의 영토 축소, 해외 식민지 상실, 군대 보유 제한, 배상금 지불 등)

② 결과: 베르사유 체제 성립

4 평화 구축을 위한 노력

국제 연맹 창설(1920)	• 목적: 국제 평화와 안전을 확보하기 위해 설립 • 한계: 미국과 소련 등 강대국의 불참, 분쟁을 막을 군사적 수단 미비
각국의 노력	워싱턴 회의 개최(전쟁 방지와 군비 축소를 위한 논의 진행, 1921~1922), 제노바 회의 개최(전쟁 배상금 문제와 외교 관계 수립에 대해 논의), 로카르노 조약 체결(독일의 국제 연맹 가입 합의, 1925), 켈로그·브리앙 조약 체결(미국 프랑스 등이 전쟁 포기 선언, 1928), 독일의 배상금 축소(도스안과 영안을 통해 결정)

5 아시아·아프리카의 민족 운동

🔔 **시험꿀팁!** 각 나라의 민족 운동을 묻는 문제가 자주 출제돼.

아시아	한국(3·1 운동), 중국(5·4 운동, 제1·2차 국공 합작)
인도	간디의 비폭력·불복종 운동, 네루의 반영 운동
베트남	호찌민이 베트남 공산당 조직 → 반프랑스 운동 전개
인도네시아	수카르노가 인도네시아 국민당 결성 → 반네덜란드 운동 전개
오스만 제국	무스타파 케말이 튀르키예 공화국 수립, 근대적 개혁 추진
이집트	와프드당을 중심으로 반영 운동 전개 → 영국이 수에즈 운하 관리권과 군대 주둔권을 유지하는 조건으로 이집트의 독립 인정

💡 시험에 꼭 나와!

1 제1차 세계 대전 당시 독일의 [   ]으로 미국이 연합국 편으로 참전하였다.

2 레닌을 중심으로 한 [   ]는 임시 정부를 무너뜨리고 소비에트 정부를 세웠다.

3 [   ]은 공산당 일당 독재 선언을 하고 코민테른을 결성 하는 등 사회주의 개혁을 추진하였다.

4 전후 문제 처리를 위해 개최된 파리 강화 회의는 미국 대통령 [   ]이 제안한 14개조 평화 원칙을 바탕으로 진행되었다.

5 미국과 프랑스의 제안으로 체결된 [   ]을 통해 전쟁을 국가 분쟁의 해결 수단으로 사용하지 않겠다고 규정하였다.

6 베트남의 [   ]은 베트남 공산당을 조직하여 반프랑스 운동을 전개하였다.

7 오스만 제국의 [   ]은 튀르키예 공화국을 수립하고 근대적 개혁을 추진하였다.

2 대공황과 제2차 세계 대전

1 대공황의 발생과 전체주의의 등장

(1) 대공황의 발생

배경	제1차 세계 대전 이후 미국의 경제 호황, 세계 경제 시장 주도 → 소비가 생산을 따라가지 못하며 재고 증가, 기업의 생산 활동 위축
전개	미국 뉴욕 증권 거래소의 주가 폭락(1929) → 수많은 은행과 기업 파산, 실업자 증가 → 전 세계로 경제 위기 확산
극복 노력	뉴딜 정책 추진(미국), 블록 경제 형성(영국과 프랑스)

(2) 전체주의의 등장

① 의미: 개인의 모든 활동은 민족이나 국가와 같은 전체의 발전을 위하여 존재한다는 이념을 바탕으로 국가 권력이 국민 생활을 통제하는 독재 체제

② 양상

이탈리아	무솔리니의 파시스트당 결성, 로마 진군을 통해 정권 장악, 일당 독재 체제 강화
독일	히틀러가 이끄는 나치스가 바이마르 공화국을 무너뜨리고 일당 독재 체제 수립
일본	대공황 이후 군부의 군국주의 강화, 대륙 침략 본격화

2 제2차 세계 대전의 발생과 전개

시험꿀팁! 제2차 세계 대전의 전개 과정을 묻는 문제가 자주 출제돼.

배경	독일·일본·이탈리아의 추축국 형성, 파시즘 국가 간의 결속력 강화
전개	독일과 소련의 불가침 조약 체결(1939) → 독일의 폴란드 침공 → 일본의 진주만 기습 공격 → 미국의 참전(태평양 전쟁 발발, 1941) → 미국의 미드웨이 해전 승리, 소련의 스탈린그라드 전투 승리 → 노르망디 상륙 작전으로 파리 수복(1944) → 독일 항복 → 미국이 일본에 원자 폭탄 투하, 일본 항복(1945)
결과	수많은 인명 피해와 재산 피해, 반인륜적 범죄 등 발생
전후 처리	미국·영국·프랑스·소련의 독일 분할 점령, 카이로 회담·얄타 회담·포츠담 회담 개최, 대서양 헌장 발표(국제 연합(UN) 창설 결정 등)

시험에 꼭 나와!

1 대공황이 발생하자 미국은 [   ]을 추진하였다.
2 연합국은 1944년 [   ]으로 독일군을 몰아내고 파리를 되찾았다.
3 제2차 세계 대전 이후 미국과 영국은 대서양 헌장을 발표하고 [   ] 창설을 결정하였다.

답 1 뉴딜 정책 2 노르망디 상륙 작전 3 국제 연합(UN)

3 민주주의의 확산

1 정치 체제의 변화
> 시험 꿀팁!
> 제1차 세계 대전 이후 유럽의 정치 체제의 변화를 묻는 문제가 자주 출제돼.

(1) **공화국의 수립**: 제1차 세계 대전 이후 유럽 각국에서 왕정 폐지, 헌법과 의회를 갖춘 공화정 채택

독일	제헌 의회에서 바이마르 헌법 제정(1919), 바이마르 공화국 수립
오스트리아·헝가리 제국	베르사유 조약으로 해체 → 왕정이 사라지고 민주 공화국 탄생
오스만 제국	시리아·이라크·팔레스타인 등으로 분리, 튀르키예 공화국 수립

(2) **신생 독립국의 탄생**: 제1차 세계 대전 이후 식민 지배를 받던 국가들의 독립 요구 증가 → 패전국의 식민지였던 폴란드, 체코슬로바키아 등이 민족 자결주의 원칙에 따라 독립 → 대부분 민주주의 헌법 채택

2 경제 체제의 변화

미국	많은 인구, 풍부한 자원, 높은 소득 수준을 바탕으로 1920년대 자본주의가 발전함
유럽	전후 각종 평화 조약과 배상금 삭감 등으로 정치 안정, 경제 발전
기타	일본, 인도, 라틴 아메리카는 미국과 교류하며 산업을 발전시킴

3 여성의 정치적 권리 확대

배경	제1차 세계 대전 중 여성의 직간접적인 전쟁 참여 → 여성의 사회적·경제적 참여 확대
영향	미국(1920), 영국(1928) 등 각 나라에서 여성의 참정권 허용

4 노동자의 권리 확대

(1) **배경**: 제1차 세계 대전 전후 자본주의의 발달로 노동자들의 경제적 역할 확대, 전쟁에 협조하면서 노동자의 사회적 지위 상승

(2) **영향**: 노동조합 결성(파업에 대한 권리 보장), 메이데이(노동절) 제정, 국제 노동 기구(ILO) 설립(노동자의 권리를 확보하는 데 중요한 역할 담당), 복지 정책 시행(공장법, 와그너법 등), 사회주의 정당 등장(사회 민주당, 노동당 등)

시험에 꼭 나와!

1 오스트리아·헝가리 제국은 베르사유 조약으로 해체되어 왕정이 사라지고 [   ]이 탄생하였다.

2 제1차 세계 대전 이후 패전국이 식민지들은 [   ] 원칙에 따라 독립하였다.

3 1919년에 설립된 [   ]는 노동자의 권리를 확보하는 데 중요한 역할을 담당하였다.

(답) 1 민주 공화국 2 민족 자결주의 3 국제 노동 기구(ILO)

4 인권 회복과 평화 확산을 위한 노력

1 전쟁의 참상

(1) 대량 학살

① **대량 살상 무기 사용**: 제1차 세계 대전 때 독가스, 탱크, 전투기 등 신무기 사용, 제2차 세계 대전 때 미국이 일본에 원자 폭탄 투하 등 → 민간인 거주 지역 폭격(독일이 영국의 런던과 주변 도시 폭격, 연합군이 독일의 드레스덴 폭격 등)

② **홀로코스트**: 독일의 나치스가 자행한 유대인 대학살 → 제2차 세계 대전 중 유대인을 수용소에 가두고 강제 노동을 시킴

③ **난징 대학살**: 중일 전쟁 당시 일본이 난징을 점령한 후 민간인 및 부녀자를 학살함

(2) 인권 유린

① **독일**: 사회적 약자와 소수 인종을 사회에서 제거 → 수용소에 가둔 사람들을 대상으로 잔인한 동상 실험, 외과 실험 등 자행

② **일본**: 만주에 설치한 731 부대에서 조선인과 중국인 등을 대상으로 신체 해부, 냉동 실험과 같은 각종 비인간적·비인륜적 실험 자행, 일본군이 주둔한 곳곳에 군대 위안소를 설치하고 수만 명의 여성을 일본군 '위안부'로 강제 동원

2 평화 확산을 위한 노력

> **시험 꿀팁!**
> 제2차 세계 대전 이후 평화 확산을 위한 노력을 묻는 문제가 자주 출제돼.

국제 전범 재판	• 뉘른베르크 재판(1945~1946): 독일의 주요 전쟁 범죄자와 조직 재판 → 평화 파괴죄, 전쟁 범죄, 반인륜적인 범죄 등으로 전쟁 범죄자들을 기소 (→ 나치스 전범 12명에게 사형 판결) • 극동 국제 군사 재판(도쿄 재판, 1946~1948): 제2차 세계 대전 당시 일본의 주요 전쟁 범죄자 재판(주요 전범에 사형과 종신형 선고) → 일본 천황이 기소되지 않고 731 부대의 범죄 행위를 덮은 한계가 있음
국제기구 설립	• 국제 연맹: 제1차 세계 대전 이후 국제적 평화와 안전을 목표로 창설 • 국제 연합(UN): 제2차 세계 대전 이후 영토 불확대, 민족 자결 등을 규정한 대서양 헌장의 정신에 따라 창설, 군사적인 수단 동원 가능

시험에 꼭 나와!

1 제2차 세계 대전 중 독일의 나치스가 자행한 유대인 대학살을 [ ]라고 한다.

2 1946년 도쿄에서 열린 [ ]은 일본 천황이 기소되지 않은 채 진행되었고, 731 부대의 범죄 행위를 덮었다는 한계점을 갖는다.

3 제1차 세계 대전 이후 국제적 평화와 안전을 목표로 [ ]이 창설되었다.

정답 1 홀로코스트 2 극동 국제 군사 재판 3 국제 연맹

01 냉전 체제와 제3 세계의 형성

1 냉전 체제의 성립과 전개

시험 꿀팁! 자본주의 진영과 공산주의 진영의 대립 구도를 묻는 문제가 자주 출제돼.

성립	• 자본주의 진영(미국 중심): 트루먼 독트린 발표(1947), 마셜 계획 추진, 북대서양 조약 기구(NATO) 결성 • 공산주의 진영(소련 중심): 코민포름(공산당 정보국) 조직, 코메콘(경제 상호 원조 회의) 조직, 바르샤바 조약 기구(WTO) 결성
전개	• 유럽에서의 대립: 베를린 봉쇄 → 독일이 서독·동독으로 분단 → 베를린 장벽 설치 • 열전: 중국 국민당과 공산당 간 내전, 6·25 전쟁, 베트남 전쟁, 쿠바 미사일 위기 등

2 아시아·아프리카 국가들의 독립

인도	영국으로부터 독립 → 종교 갈등으로 인도와 파키스탄으로 분리
동남아시아	베트남이 프랑스로부터 독립(제네바 협정 체결) → 베트남 전쟁, 인도네시아가 네덜란드와의 전쟁에서 승리하여 독립
서아시아	시리아·레바논 등 독립, 팔레스타인 지역에서 유대인이 이스라엘 건국(1948)
아프리카	1960년 17개국이 독립('아프리카의 해'), 이집트에서 나세르가 공화정 수립 등

3 제3 세계의 형성과 냉전 체제의 완화

(1) **제3 세계의 형성**: 비동맹 중립 노선 추구, '평화 5원칙' 합의 → 아시아·아프리카 회의(반둥 회의)에서 '평화 10원칙' 결의(1955)

(2) **냉전 체제의 완화**

국제 질서의 다극화	동유럽 국가들의 소련 반대 운동, 중국과 소련이 이념·국경 문제로 갈등, 프랑스의 북대서양 조약 기구(NATO) 탈퇴, 제3 세계 등장, 유럽 통합 운동 등
긴장 완화의 분위기	닉슨 독트린 발표(1969) → 닉슨이 중국과 국교 수립, 미국과 소련의 전략 무기 제한 협정(SALT) 체결, 동독과 서독의 국제 연합(UN) 동시 가입 등

💡 시험에 꼭 나와!

1 미국은 트루먼 독트린 발표 이후 [   ]을 추진하여 서유럽에 경제적 지원을 하였다.

2 베트남은 [   ]로부터 독립한 이후 남북으로 분단되어 베트남 전쟁을 벌였다.

3 아시아와 아프리카 29개국 대표들은 아시아·아프리카 회의(반둥 회의)에서 [   ]을 결의하였다.

4 닉슨 대통령은 아시아에서 일어나는 군사적 분쟁에 미국이 개입하지 않겠다는 [   ]을 발표하였다.

2 세계화와 경제 통합

1 소련의 해체와 동유럽·독일의 변화

소련	• 고르바초프의 개혁: 개혁(페레스트로이카)과 개방(글라스노스트) 정책 추진 • 소련의 해체: 소련 내 공화국들의 독립 선언 → 소련 해체, 독립 국가 연합(CIS) 결성(1991)
동유럽	소련의 동유럽 국가들에 대한 불간섭 선언 → 동유럽 여러 국가에서 민주화 운동 전개 → 공산 정권 붕괴, 민주 정부 수립
독일	베를린 장벽 붕괴(1989) → 서독과 동독의 통일(1990)

2 중국의 변화와 개혁·개방

> 시험꿀팁! 냉전 체제가 해체되면서 소련, 동유럽, 중국 등 각국에서 어떤 변화가 나타났는지 묻는 문제가 자주 출제돼.

마오쩌둥	대약진 운동(인민공사 설립을 통한 농업의 집단화 추진) → 문화 대혁명(홍위병을 앞세워 전통문화와 자본주의 부정)
덩샤오핑	1970년대 후반부터 개혁·개방 정책 실시(시장 경제 제도 도입) → 높은 경제 성장 이룩 → 개혁·개방 정책 이후 민주화 요구 확산 → 톈안먼 사건(1989)

3 새로운 세계 질서의 형성

(1) 세계화와 신자유주의 경제 체제
① 자유 무역의 확대: '관세 및 무역에 관한 일반 협정(GATT)' 체결 → 세계 무역 기구(WTO) 결성, 자유 무역 협정(FTA) 체결 확산
② 신자유주의 경제 체제 형성: 1970년대 석유 파동 이후 경제 불황 → 정부의 경제 개입을 줄이고 무역의 자유화와 시장 개방 추구
③ 세계화로 인한 변화: 다국적 기업 성장, 국가 간 경제 의존도 증가, 노동자의 국제 이주 증가, 활발한 문화 이동, 문화 획일화 현상 등

(2) 지역 단위의 협력 노력: 유럽 연합(EU) 등 지역별 경제 협력체 구성

시험에 꼭 나와!

1 소련의 [   ]는 개혁(페레스트로이카)과 개방(글라스노스트) 정책을 추진하였다.

2 냉전 체제가 해체되는 과정에서 독일에서는 [   ]이 붕괴되고 서독과 동독이 통일되었다.

3 중국의 [   ]은 1970년대 후반부터 시장 경제 제도를 도입하는 개혁·개방 정책을 펼쳤다.

4 1970년대의 두 차례 석유 파동 이후 정부의 경제 개입을 줄이고 시장 개방을 추구하는 [   ] 경제 체제가 형성되었다.

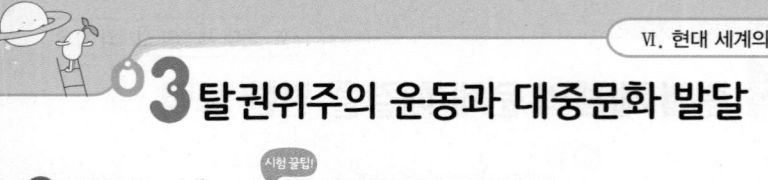

03 탈권위주의 운동과 대중문화 발달

1 탈권위주의 운동

시험 꿀팁!
학생 운동, 민권 운동, 여성 운동의 특징을
묻는 문제가 자주 출제돼.

학생 운동	• 전개: 1960년대 이후 기성세대에 저항 → 미국·독일에서 대학 내 정치 발언의 자유를 요구하는 운동 전개, 프랑스에서 68 운동(68 혁명) 전개 • 영향: 반전 및 국가 권력에 저항하는 운동으로 확대
민권 운동	• 흑인 민권 운동: 미국에서 마틴 루서 킹이 주도(→ 민권법 통과, 투표권법 발효), 남아프리카 공화국에서 넬슨 만델라가 주도(→ 인종 차별 금지법 제정) • 민주화 운동: 한국, 멕시코 등에서 독재 정권에 맞선 민주화 운동 전개
여성 운동	• 배경: 제2차 세계 대전 이후 여성에 대한 고등 교육 실시, 취업의 기회 확대 등 • 전개: 1960년대 이후 출산·육아를 위한 휴직 보장과 교육·취업의 기회 균등 요구, 직장 내 성 차별에 저항, 신체적 자기 결정권 주장 등

2 대중 사회

(1) **대중 사회의 형성**: 제2차 세계 대전 이후 산업화·도시화의 가속화, 대량 생산 체제 구축, 대중의 영향력 확대 → 대중이 사회의 주체가 되어 영향력을 행사하는 대중 사회 형성 → 극단적 개인주의, 물질 만능주의 등 사회 문제 대두

(2) **대중 매체의 등장**: 라디오·텔레비전·인터넷 등 대중 매체를 통해 정보를 얻고 여론 형성 → 대중의 영향력 증대

3 대중문화

등장	대중 사회의 출현, 대중 매체의 발달 → 대중문화 등장
발달	1920년대 라디오 보급 → 영화·텔레비전 등장 → 1960년대 청년 문화 형성 → 인터넷 보급으로 실시간 쌍방향 소통 가능
문제점	문화의 획일화 현상, 문화의 상업적 변질, 물질적 가치 중시 등

시험에 꼭 나와!

1 프랑스에서는 1968년 대학생들이 대학 개혁과 민주화를 주장하며 [   ]을 일으켰다.

2 미국에서는 [   ]이 흑인 민권 운동을 주도하여 민권법 통과에 기여하였다.

3 제2차 세계 대전 이후 대중이 사회의 주체가 되어 영향력을 행사하는 [   ]가 형성되었다.

4 특정 지역의 문화가 대중 매체를 통해 전 세계로 확산되면서 각 지역의 문화가 고유성을 잃는 [   ] 현상이 나타나기도 하였다.

1 68운동(68 혁명) 2 마틴 루서 킹 3 대중 사회 4 문화의 획일화

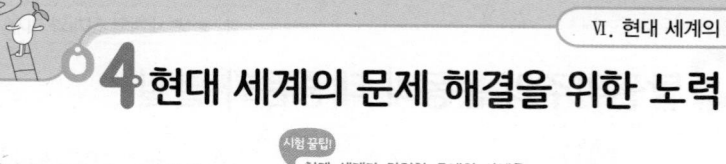

4 현대 세계의 문제 해결을 위한 노력

1 현대 세계의 당면 문제

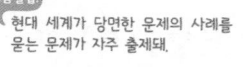

시험 꿀팁! 현대 세계가 당면한 문제의 사례를 묻는 문제가 자주 출제돼.

분쟁과 국제 갈등	• 분쟁: 냉전 해체 이후 인종, 종교, 부족의 차이 등으로 분쟁 발생(카슈미르 분쟁, 팔레스타인 분쟁, 아프리카의 내전, 9·11 테러 등) • 난민 문제: 박해나 분쟁 등을 피해 다른 지역으로 탈출하는 난민 발생 • 대량 살상 무기의 위협: 핵전쟁의 위험, 방사능 오염 피해 등
빈곤 문제	• 남북문제: 선진 공업국과 개발 도상국 사이의 경제적 차이로 발생 • 선진국 내 빈부 격차
질병 문제	아프리카·아시아 개발 도상국의 각종 질병 문제, 새로운 질병 확산 등
환경 문제	산업화·도시화·인구 증가 등으로 생태계 파괴, 지구의 자정 능력 약화 → 지구 온난화, 사막화, 기상 이변, 오존층 파괴 등 발생

2 현대 세계의 문제 해결을 위한 노력

(1) 국제 사회의 노력

분쟁과 국제 갈등 해결	국제 연합(UN)의 평화 유지군(PKF) 파견, 핵 확산 금지 조약(NPT)·생물 무기 금지 협약(BWC) 등 국제 협약 체결, 반전 평화 운동 전개 등
빈곤 문제 해결	국제 부흥 개발 은행(IBRD)·국제 통화 기금(IMF)을 통해 개발 도상국에 기술 및 자금 지원, 공적 개발 원조(ODA) 제공, 공정 무역 실시 등
질병 문제 해결	세계 보건 기구(WHO)의 질병 퇴치 연구 활동 및 긴급 구호 활동, 국경 없는 의사회(MSF) 등 비정부 기구(NGO)의 활동 등
환경 문제 해결	• 국제 협약: 환경과 개발에 관한 공동 선언(리우 선언) 발표 → 교토 의정서 체결 → 파리 기후 협정 체결 • 신·재생 에너지 개발, 그린피스 등 비정부 기구의 활동

(2) 우리의 자세: 빈곤 지역을 돕는 기부에 동참, 국제적인 자원 봉사 활동에 참여, 다문화·다인종 사회에 대한 인정과 존중하는 태도 필요, 에너지 절약 실천 등

시험에 꼭 나와!

1 [　　　　　] 건국을 놓고 팔레스타인 분쟁이 일어나고 있다.

2 북반구의 선진 공업국과 남반구의 개발 도상국 간 경제적 차이로 발생하는 문제를 [　　　　　]라고 한다.

3 [　　　　　]은 세계 각지의 분쟁 문제 해결을 위해 평화 유지군(PKF)을 분쟁 지역에 파견하고 있다.

4 온실가스 배출로 [　　　　　] 현상이 계속되자 세계 각국은 교토 의정서, 파리 기후 협정을 체결하였다.

답 1 이스라엘 2 남북문제 3 국제 연합(UN) 4 지구 온난화

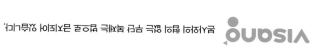

구성과 특징

"내용이 너무 간략해서 이해가 잘 안 돼요."
"내용이 너무 많아서 뭐가 중요한지 모르겠어요~"

역사가 어려운 학생들은 완자 역사로 공부해요!
완자 역사는 복잡한 내용을 개념 카드로 세분화하고, 풍부한 시각 자료와 함께 구성했어요.
짧은 시간에 개념을 이해하고, 오래 기억할 수 있어요.
선생님 강의처럼 상세한 설명이 주석으로 달려 있어서 선생님이 옆에 계신 듯 혼자서도 쉽게 공부할 수 있어요.
완자 역사는 '내 옆의 선생님'이에요.

내 옆의 선생님 완자
· 교과 내용을 세분화한 개념 카드
· '개념 카드 + 확인 문제' 세트 구성
· 자세한 문제 해설

혼자서도 쉽게 공부할 수 있는 자율 학습서

---

1 '개념 카드 + 확인 문제' 세트 구성

개념 이해는 공부의 첫걸음! 개념 카드를 공부하고, 문제로 바로 확인하면 한 번에 빠르게 이해할 수 있습니다.

○ 복잡한 내용을 개념 카드로 세분화
○ 그림과 도표로 시각화
○ 한눈에 보이는 핵심과 친절한 설명
○ 개념을 바로바로 확인하는 시스템

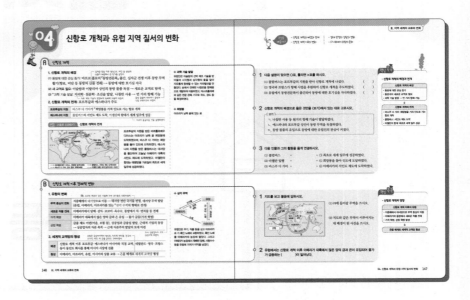

완벽한 자율학습서

완자

자율학습시 비상구 완자로 53

중등 역사

세상이 변해도
배움의 즐거움은
변함없도록

시대는 빠르게 변해도
배움의 즐거움은
변함없어야 하기에

어제의 비상은
남다른 교재부터
결이 다른 콘텐츠
전에 없던 교육 플랫폼까지

변함없는 혁신으로
교육 문화 환경의 새로운 전형을
실현해왔습니다.

비상은 오늘, 다시 한번
새로운 교육 문화 환경을 실현하기 위한
또 하나의 혁신을 시작합니다.

오늘의 내가 어제의 나를 초월하고
오늘의 교육이 어제의 교육을 초월하여
배움의 즐거움을 지속하는 혁신,

바로, 메타인지 기반 완전 학습을.

상상을 실현하는 교육 문화 기업 비상

메타인지 기반 완전 학습
초월을 뜻하는 meta와 생각을 뜻하는 인지가 결합한 메타인지는
자신이 알고 모르는 것을 스스로 구분하고 학습계획을 세우도록 하는
궁극의 학습 능력입니다. 비상의 메타인지 기반 완전 학습 시스템은
잠들어 있는 메타인지를 깨워 공부를 100% 내 것으로 만들도록 합니다.

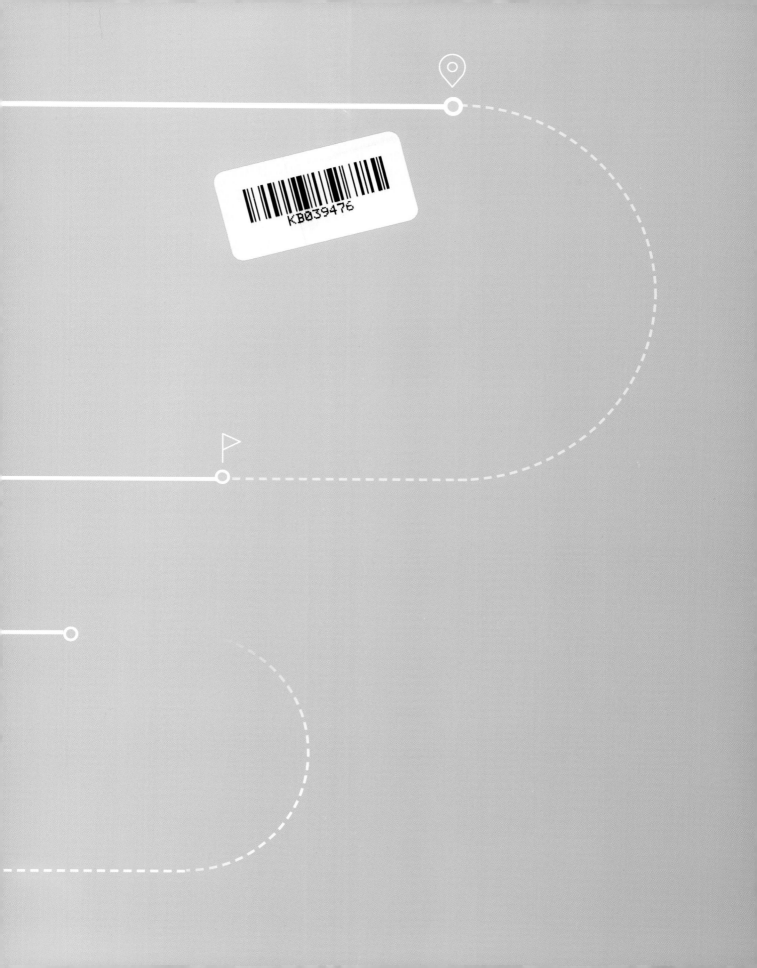

차례

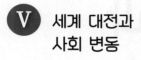
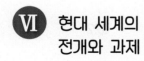

I

문명의 발생과
고대 세계의 형성

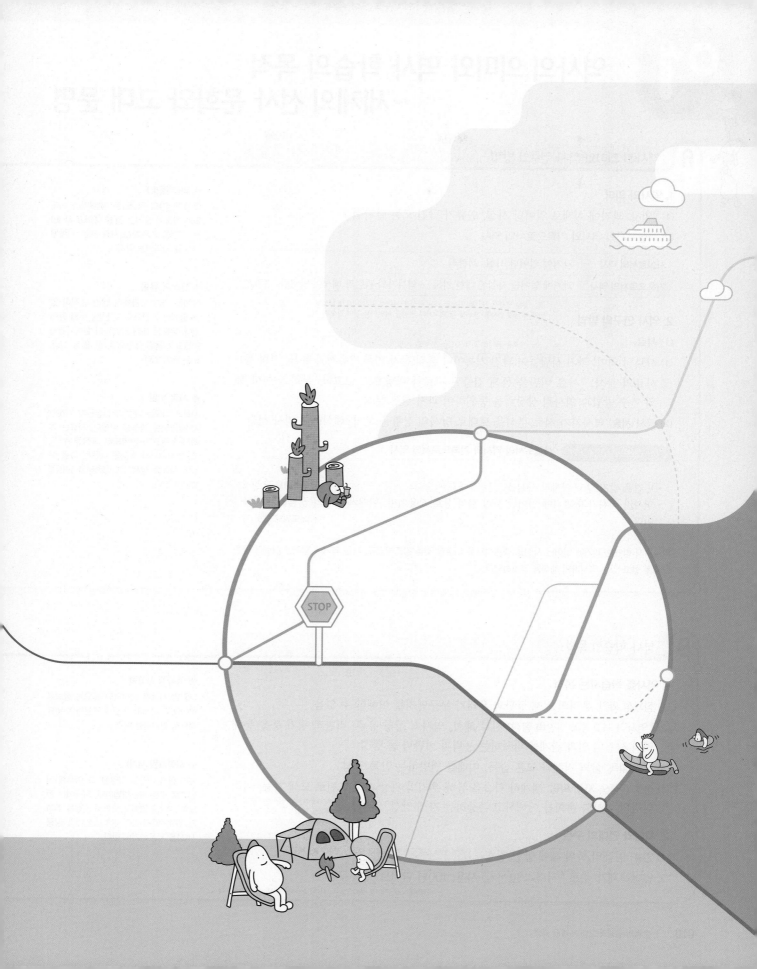

01 역사의 의미와 역사 학습의 목적 ~세계의 선사 문화와 고대 문명

A 역사의 의미와 역사 연구의 방법

1. 역사의 의미
(1) ✛역사: 과거에 실제로 일어난 사실, 인류가 남긴 모든 발자취
(2) 사실로서의 역사와 기록으로서의 역사

사실로서의 역사	과거에 일어난 사실, 객관적
기록으로서의 역사	과거에 일어난 사실에 대한 기록 → 역사가의 관점과 해석이 반영됨, 주관적

> 🐞 같은 역사적 사건과 인물도 보는 관점과 시대에 따라 다르게 해석될 수 있기 때문에 역사를 공부할 때 역사가의 관점을 파악하는 것이 중요해.

2. 역사 연구의 방법
(1) 사료
└─ 사료를 토대로 과거 사실을 짐작할 수 있어.
① 사료의 의미: 과거 사람들이 남긴 기록이나 흔적(문자 기록, ✛유적과 유물, 설화 등)
② 사료의 분석: ✛사료 비판을 통해 검증된 사료를 바탕으로 고고학, 문화 인류학 등의 연구 방법과 역사적 상상력을 동원하여 과거 상황 분석
(2) 역사 서술: 역사가가 사료 분석을 토대로 당시의 상황을 분석·해석하여 역사 서술

📖 자료로 이해하기 　사실로서의 역사와 기록으로서의 역사

- 편견을 갖지 말고 역사적 사실을 있는 그대로 서술하라. 　　　　　　　 – 레오폴트 폰 랑케
- 역사란 역사가와 과거에 일어난 사실 간의 상호 작용이며, 현재와 과거의 끊임없는 대화이다. 　　　　　　　 – 에드워드 핼릿 카

역사학자 랑케는 과거에 일어난 사실을 객관적으로 기술할 것을 강조하였고, 카는 과거에 일어난 사실에 대한 현재를 살고 있는 역사가의 해석을 강조하였다.

✛ 역사(歷史)
역사(歷史)의 역(歷)은 '세월이나 세대 또는 왕조가 흘러간 것'을 뜻하고 사(史)는 '그것을 기록하는 사람 또는 기록된 사실'을 가리키는 말이다.

✛ 유적과 유물
유적은 과거 사람들이 남긴 흔적이 있는 일정한 공간으로, 건물터, 무덤 등이 있다. 유물은 과거 사람들이 살아가면서 만들고 사용한 물건으로, 탑, 불상, 그림, 도구 등이 있다.

✛ 사료 비판
사료에 나오는 내용이 진실인지 거짓인지 검증하는 과정을 말한다. 사료는 기록자의 주관이 반영되어 과장될 수 있고, 누락되거나 조작된 내용이 있을 수 있어 사료를 상세하게 검토하고 비판해 보아야 한다.

B 역사 학습의 목적

1. 역사를 학습하는 목적
(1) 정체성 확인: 우리의 현재 상황과 우리가 누구인지를 이해할 수 있음
(2) ✛역사적 사고력과 비판력 향상: 사료 해석, 역사적 상황 유추, 비판적 평가 등을 통해 역사 사건의 인과 관계를 파악하는 능력과 비판력 등 양성
(3) 교훈 획득: 삶의 지혜와 교훈 습득, 미래를 전망하는 안목 양성
(4) 상호 존중의 자세 확립: 세계사 학습을 통해 우리의 위상 파악과 진로 모색 가능, 여러 나라의 역사와 문화를 이해하고 존중하는 자세 양성
└─ 이전 시대의 뛰어난 업적은 이어받고 부끄러운 과거를 반성하고 극복한다면 더 나은 미래를 만들 수 있어.

2. 시대와 연대의 구분
(1) 연호: 임금의 즉위 해에 붙인 칭호 ─ 🔔 신라 진흥왕은 개국, 고려 태조는 천수, 대한 제국의 고종은 광무라는 연호를 사용하였어.
(2) 연대와 세기: 주로 ✛서력기원(서기) 사용, 100년 단위로 세기 구분
└─ 1년부터 100년까지를 1세기, 2001년부터 2100년까지를 21세기라고 해.

✛ 역사적 사고력
다양한 사료를 해석하여 필요한 정보를 찾아내고 사실과 의견을 구분하여 비판적으로 평가하는 능력

✛ 서력기원(서기)
예수 탄생 이전을 기원전, 그 이후를 기원후로 구분하는 방법이다. 최근에는 종교적 성격을 없애고 중립적 입장을 취하기 위해 BCE(공통 시대 이전), CE(공통 시대)를 사용하기도 한다.

1 다음 설명이 맞으면 〇표, 틀리면 ✕표를 하시오.

(1) 역사란 과거에 일어났던 사실 중 기록된 것만을 의미한다. (   )

(2) 역사가는 고고학, 문화 인류학 등의 연구 방법을 활용하여 역사적 사건을 밝혀내기도 한다. (   )

2 다음 역사의 의미를 옳게 연결하시오.

(1) 사실로서의 역사 ・　　　　　　　　　・ ㉠ 과거에 일어난 사실 그 자체

(2) 기록으로서의 역사 ・　　　　　　　　　・ ㉡ 과거에 일어난 사실에 대한 기록

3 다음 괄호 안의 내용 중 알맞은 말에 〇표를 하시오.

(1) (유물, 유적)은 과거 사람들이 남긴 흔적이 있는 일정한 공간을 가리킨다.

(2) 역사학자 카는 (사실로서의 역사, 기록으로서의 역사)를 더욱 중시하였다.

4 역사가는 사료의 내용이 진실인지 검증하는 (　　　　　)을 통해 검증된 사료를 토대로 당시의 상황을 분석하고 해석하여 역사를 서술한다.

핵심 콕콕

・역사의 의미와 연구 방법

역사의 의미	・사실로서의 역사: 과거에 일어난 사실(객관적) ・기록으로서의 역사: 과거에 일어난 사실에 대한 기록 → 기록자의 관점과 해석 반영(주관적)
역사 연구 방법	역사가가 고고학, 문화 인류학 등의 연구 방법과 역사적 상상력을 동원하여 사료 분석 → 상황을 분석·해석하여 역사 서술

1 다음 설명이 맞으면 〇표, 틀리면 ✕표를 하시오.

(1) 역사를 학습함으로써 삶의 지혜와 교훈을 얻을 수 있다. (   )

(2) 세계사 학습을 통해 서양 역사의 우월함을 이해할 수 있다. (   )

(3) 사료를 해석하고 역사적 상황을 유추하는 과정에서 역사적 사고력과 비판력을 키울 수 있다. (   )

2 역사를 학습하는 과정에서 다양한 사료를 해석하여 필요한 정보를 찾아내고 사실과 의견을 구분하여 비판적으로 평가하는 (　　　　)을 기를 수 있다.

핵심 콕콕

・역사 학습의 목적

・우리의 정체성 확인
・역사적 사고력과 비판력 향상
・교훈을 얻어 미래를 전망하는 안목 양성
・상호 존중의 자세 확립

C 인류의 출현과 진화

1. 인류의 등장: 약 390만 년 전, 남아프리카에서 ⁺오스트랄로피테쿠스 아파렌시스 등장

2. 인류의 진화 ┌ 인류가 진화하면서 뇌 용량이 커지고 지능이 발달하였으며, 도구와 언어를 사용하였다.

┌ 약 250만 년 전에는 호모 하빌리스가 등장하여 최초로 도구를 제작하였다.

오스트랄로피테쿠스 아파렌시스	약 390만 년 전 등장, 직립 보행, 간단한 도구 사용
호모 에렉투스	약 180만 년 전 등장, 불과 간단한 언어 사용, 중국의 베이징과 인도네시아의 자와 등에서 발견, 발달된 뗀석기로 집단 사냥
⁺호모 네안데르탈렌시스	약 40만 년 전 등장, 시체 매장, 긴 창으로 코뿔소·맘모스 등 사냥
호모 사피엔스	약 20만 년 전 등장, 동굴 벽화 제작, 현생 인류인 크로마뇽인 등장

└ 세계 여러 지역으로 이동하여 각지의 기후와 환경에 적응하여 살아갔어.

⁺오스트랄로피테쿠스
'남방의 원숭이'라는 의미로, 지금까지 아파렌시스 등 여러 종의 화석이 발견되었다. 발견된 뼈의 구조와 발자국 화석을 통해 직립 보행한 최초의 인류로 알려졌다.

⁺호모 네안데르탈렌시스
독일의 네안데르 계곡에서 발견된 인류 화석으로, 호모 사피엔스와 약 2만 년 정도 공존하다가 멸종하였다.

D 선사 문화의 발달

1. 구석기 시대: 인류가 등장한 때부터 약 1만 년 전까지

┌ 점차 작고 정교한 뗀석기를 만들었어.

도구	뗀석기 사용: 돌을 깨뜨려 제작(주먹도끼, 찍개, 찌르개 등 → 긁개, 밀개, 자르개 등)
경제	사냥, 물고기잡이, 식물의 뿌리나 열매 채집으로 식량 마련
사회	무리 생활, 불과 언어 사용, 이동 생활(동굴, 바위 그늘, 막집 등에 거주), 평등 사회
문화	시체 매장(장식품과 도구를 함께 매장), 예술품 제작(다산과 풍요 등을 기원하는 조각상, 사냥의 성공을 비는 ⁺동굴 벽화 등 제작)

예 배와 엉덩이, 가슴을 강조한 빌렌도르프의 비너스상이 대표적이야.

Q예? 사냥하기 위해서는 여러 사람의 협력이 필요하였기 때문에 당시 사람들은 무리를 지어 생활하였어.

2. 신석기 시대

(1) **시작:** 약 1만 년 전 빙하기가 끝나고 지구의 기온 상승 → 작고 빠른 동물 번성 → 정교한 사냥 도구 제작(간석기 사용)

(2) **생활 모습:** ⁺신석기 혁명 발생

┌ 경험이 많은 사람이나 연장자가 농사와 목축 등을 지휘하였고, 생산물을 공평하게 나누는 평등한 사회를 이루어 살았어.

도구	간석기 사용, 토기 제작(식량 보관, 음식 조리 등에 이용), 뼈바늘로 옷 등 제작
경제	농경과 목축 시작 → 자연을 이용하여 식량 생산(조, 기장 등 재배), 정착 생활 시작
사회	주로 바닷가나 강가에 움집을 짓고 마을 형성(씨족 사회와 부족 형성, 평등 사회)
문화	동물의 뼈·조개껍데기 등으로 몸 치장, 태양·특정 동물·영혼 등 숭배

└ 자연물에 영혼이 있다고 믿고 숭배하는 애니미즘, 특정 동물을 자기 부족의 수호신으로 숭배하는 토테미즘이 나타났어.

⁺동굴 벽화
구석기 시대 사람들은 동굴의 벽에 말, 들소, 사슴, 멧돼지 등을 그려 사냥의 성공을 기원하였다.

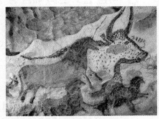
⤴ 라스코 동굴 벽화

⁺신석기 혁명
신석기 시대에 농경과 목축이 시작되면서 생산력이 확대되고 인구가 증가하는 등 여러 분야에서 커다란 변화가 나타난 현상

📖 자료로 이해하기 구석기 시대와 신석기 시대의 도구

┌ 구석기 시대   ┌ 신석기 시대

┌ 곡물의 껍질을 벗기거나 가루를 만들 때 사용한 간석기야.

⤴ 주먹도끼

⤴ 돌도끼

⤴ 갈판과 갈돌

신석기 시대

⤴ 토기

구석기 시대 사람들은 돌을 깨뜨리거나 떼어 내서 만든 뗀석기를 사용하여 동물을 사냥하거나 열매 등을 채집하여 식량을 얻었다. 신석기 시대 사람들은 돌을 갈아 만든 간석기를 사용하였고, 토기를 만들어 식량을 저장하였다.

1 약 390만 년 전 남아프리카에서 최초의 인류인 (　　　　)가 나타났다.

2 다음에서 설명하는 인류를 〈보기〉에서 골라 기호를 쓰시오.

{ 보기 }
> ㄱ. 호모 사피엔스 　　　　　　　ㄴ. 호모 네안데르탈렌시스

(1) 사람의 시체를 땅에 묻기 시작하였다. 　　　　　　(　　)
(2) 동굴 벽화를 남겼으며, 크로마뇽인이 대표적이다. 　　(　　)

핵심 콕콕

· **인류의 출현과 진화**

> 최초의 인류인 오스트랄로피테쿠스
> 아파렌시스 등장(직립 보행)

· 호모 에렉투스: 불과 간단한 언어 사용
· 호모 네안데르탈렌시스: 시체 매장
· 호모 사피엔스: 동굴 벽화 제작, 크로마뇽인
  등장

---

1 다음 설명이 맞으면 ○표, 틀리면 ×표를 하시오.

(1) 구석기 시대에는 식량을 토기에 보관하였다. 　　　　　(　　)
(2) 구석기 시대 사람들은 뼈바늘로 옷을 만들었다. 　　　(　　)
(3) 신석기 시대 사람들은 정착 생활을 시작하여 움집을 지었다. (　　)
(4) 신석기 시대에 농경과 목축 생활이 가져온 인류 생활의 변화를 신석기 혁명이라고
　 한다. 　　　　　　　　　　　　　　　　　　　　　　(　　)

2 ㉠, ㉡에 들어갈 내용을 각각 쓰시오.

> 선사 시대는 도구를 만드는 방법에 따라 구석기 시대와 신석기 시대로 구분할
> 수 있다. 구석기 시대 사람들은 돌을 깨뜨려 만든 (㉠　　　)를 사용하였고,
> 신석기 시대 사람들은 돌을 갈아 만든 (㉡　　　)를 사용하였다.

3 다음 괄호 안의 내용 중 알맞은 말에 ○표를 하시오.

(1) 신석기 시대에 (농경, 사냥)이 시작되었다.
(2) 구석기 시대와 신석기 시대는 (계급, 평등) 사회였다.
(3) (구석기 시대, 신석기 시대) 사람들은 다산과 풍요를 빌며 빌렌도르프의 비너스상
　 과 같은 조각상을 만들었다.

4 신석기 시대에 처음 제작된 유물과 유적만을 〈보기〉에서 있는 대로 골라 기호를 쓰시오.

{ 보기 }
> ㄱ. 뼈바늘 　　ㄴ. 주먹도끼 　　ㄷ. 갈판과 갈돌 　　ㄹ. 라스코 동굴 벽화

핵심 콕콕

· **구석기 시대와 신석기 시대**

구분	구석기 시대	신석기 시대
도구	뗀석기 사용	간석기 사용
경제	사냥, 채집 활동	농경과 목축 시작
주거	이동 생활(바위 그늘, 동굴, 막집 등)	정착 생활(강가와 바닷가의 움집)
문화	시체 매장, 조각상과 동굴 벽화 제작	자연물, 특정 동물 숭배

E 문명의 발생과 메소포타미아 문명

1. 문명의 발생

Quiz 둑을 쌓고 관개 수로를 만드는 일에 많은 사람의 협력이 필요하였는데, 이 과정에서 여러 부족이 통합되면서 도시가 형성되었어.

(1) 배경: 큰 강 유역에서 관개 농업 실시 → 촌락이 도시로 발전, 사유 재산제와 계급 발생, 청동기 사용 → 도시 국가 형성, 문자 사용 ┌ 지배 계급은 통치와 교역에 이용하기 위해 문자를 만들어 사용하였어.

(2) +4대 문명의 형성: 메소포타미아 문명, 이집트 문명, 인도 문명, 중국 문명 발생

2. 메소포타미아 문명

(1) 수메르인의 도시 국가 건설 ┌ 꼭 인류 최초의 문명이 발생한 곳으로, 수메르인이 티그리스강과 유프라테스강 사이의 비옥한 지대에 우르와 라가시 등 도시 국가를 건설하였어.

성립	기원전 3500년경 메소포타미아 지방에서 발생, 개방적 지형으로 이민족의 침입을 자주 받음(→ 현재의 안정된 삶 중시) └「길가메시 서사시」에 드러나 있어.
발전	+지구라트(신전) 건축, 신권 정치(왕이 신의 대리인으로 백성 지배), +쐐기 문자 사용, 태음력과 60진법 사용

(2) 바빌로니아 왕국: 수메르인의 도시 국가가 쇠퇴한 후 아무르인이 건설

① 함무라비왕(전성기): 기원전 1800년경 메소포타미아 지방 통일, 함무라비 법전 편찬

② 멸망: 함무라비왕 사후 쇠퇴, 기원전 1500년경 히타이트에 멸망
└ 철제 무기와 전차를 이용해 정복 활동을 벌였어.

📖 자료로 이해하기 **함무라비 법전**

198조 귀족이 평민의 눈을 멀게 하거나 뼈를 부러뜨리면 은 1미나를 지불해야 한다.
199조 귀족이 남의 노예의 눈을 멀게 하거나 뼈를 부러뜨리면 그 노예 가격의 반을 지불해야 한다. ─ 형벌이 신분에 따라 다르게 적용되었어.

함무라비 법전은 쐐기 문자로 쓰였다. 법전의 내용은 바빌로니아 왕국이 계급이 있는 신분제 사회였고, 화폐를 사용하였으며 사유 재산을 인정하였다는 점을 알려 준다.

+4대 문명의 형성

4대 문명은 큰 강 유역에서 발생하였다.

+지구라트

피라미드 형태의 계단식 신전으로, 이곳에서 사람들은 현세의 행복을 빌었다.

+쐐기 문자

수메르인은 갈대나 금속으로 진흙판에 문자를 새겼다. 글자 모양이 쐐기와 비슷해서 쐐기 문자라고 한다.

F 이집트 문명, 페니키아와 헤브라이

1. 이집트 문명
┌ 나일강은 일정 시기마다 범람하여 강 주변이 비옥하였기 때문에 사람들이 이곳에 모여 농사를 지었어.

성립	나일강 유역에서 여러 도시 국가 형성 → 기원전 3000년경 통일 왕국 성립(사막 등으로 둘러싸인 폐쇄적 지형으로 오랫동안 통일 왕국 유지)
통치	파라오(왕)가 신권 정치 ┌ 태양신 '라'의 아들로서 살아 있는 신으로 여겨져 정치와 종교, 경제 등 다방면에 걸쳐 강력한 권력을 행사하였어.
종교	영혼 불멸과 사후 세계를 믿음 → 미라, 「사자의 서」 제작, +스핑크스와 피라미드 건설
문화	천문학·수학·측량법·토목 기술 발달, 태양력과 10진법 사용, 상형 문자 사용(파피루스에 기록)

┌ 죽은 사람이 사후 세계에서 어떻게 행동해야 할지를 알려 주는 안내서야.
┌ 사물의 모양을 본떠 만든 그림 문자야.

2. 페니키아와 헤브라이

페니키아	기원전 1200년경 지중해 동부에서 페니키아인이 건국, 해상 활동으로 식민 도시 건설, 표음 문자 사용(→ 그리스에 전해져 알파벳의 기원이 됨)
헤브라이	팔레스타인 지방에서 헤브라이인이 헤브라이(이스라엘) 왕국 건설, 유대교 창시

└ 유일신을 믿는 유대교는 크리스트교와 이슬람교의 성립에 영향을 주었어.

+스핑크스와 피라미드

피라미드는 파라오의 무덤이고 스핑크스는 피라미드를 지키는 수호신으로 알려져 있다. 거대한 규모는 파라오의 권력이 강하였음을 보여 준다.

1 다음 설명이 맞으면 ○표, 틀리면 ×표를 하시오.

(1) 4대 문명은 큰 강 유역에서 발생하였다. ( )
(2) 수메르인은 메소포타미아 지방에 피라미드를 세웠다. ( )
(3) 길가메시 서사시를 통해 수메르인이 사후 세계를 중시하였음을 엿볼 수 있다.
( )

2 ㉠, ㉡에 들어갈 내용을 각각 쓰시오.

> 메소포타미아 지방에서는 수메르인의 도시 국가가 쇠퇴한 후 (㉠   )이 바빌로니아 왕국을 세웠다. 이 왕국은 (㉡   ) 때 메소포타미아 지방을 통일하고 법전을 편찬하는 등 전성기를 누렸다.

3 함무라비 법전의 특징만을 〈보기〉에서 있는 대로 골라 기호를 쓰시오.

{ 보기 }
ㄱ. 쐐기 문자로 쓰였다.
ㄴ. 사유 재산을 인정하지 않았음을 보여 준다.
ㄷ. 신분 차별 없는 동등한 처벌을 규정하고 있다.
ㄹ. 죄를 지었을 때 화폐로 대가를 치르게도 하였다.

핵심 콕콕

• **메소포타미아 문명의 변천**

수메르인의 도시 국가
지구라트 건축, 신권 정치, 현재의 삶 중시, 쐐기 문자 사용

↓

바빌로니아 왕국
아무르인이 건설, 함무라비왕 때 전성기(함무라비 법전 편찬)

↓

히타이트에 멸망

---

1 이집트의 왕인 (   )는 살아 있는 신으로 여겨져 절대적인 왕권을 누렸다.

2 다음 괄호 안의 내용 중 알맞은 말에 ○표를 하시오.

(1) 이집트 사람들은 (상형 문자, 쐐기 문자)를 사용하였다.
(2) 이집트 문명은 (나일강, 인더스강) 유역에서 형성되었다.

3 다음 나라와 관련된 내용을 옳게 연결하시오.

(1) 페니키아 •   • ㉠ 유대교를 창시하였다.

(2) 헤브라이 •   • ㉡ 표음 문자를 사용하였다.

핵심 콕콕

• **이집트 문명, 페니키아와 헤브라이**

이집트 문명	파라오(왕)가 신권 정치, 사후 세계 신봉(미라와 「사자의 서」 제작, 피라미드 건설), 천문학·측량법 발달, 상형 문자 사용
페니키아	페니키아인이 건국, 표음 문자 사용
헤브라이	헤브라이인이 건설, 유대교 창시

6 인도 문명

인더스 문명	• 성립: 기원전 2500년경 인더스강 유역에서 드라비다인이 하라파, +모헨조다로 등 계획도시 건설(반듯한 도로망으로 연결, 주택·하수 시설·목욕장·곡물 창고 설치) • 특징: 농경·목축 생활, 청동기와 +그림 문자 사용, 메소포타미아 지역과 교역
아리아인의 이동	• 이동 경로: 인더스강 유역으로 이동 → 갠지스강 유역에 진출 • 생활 모습: 철제 농기구·철제 무기 사용, 카스트제(바르나) 시행, 자연 현상을 신격화한 브라만교 성립, 경전인 『베다』 완성

+ 모헨조다로

대표적인 계획도시로, 외적의 침입에 대비하기 위한 높은 성채와 반듯하게 구획된 도로망, 배수 시설을 갖추었다.

+ 그림 문자

인도의 그림 문자는 인장의 형태로 동물 모양과 문자가 함께 새겨져 있다. 상거래 과정에서 사용된 것으로 보이나 아직 완전히 해독되지 않았다.

자료로 이해하기 — 아리아인의 이동과 카스트제

꼭 제사를 주관한 브라만은 『베다』를 바탕으로 복잡한 종교 의식을 만들어 자신들의 권위를 높였어.

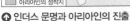

중앙아시아에서 유목 생활을 하던 아리아인은 기원전 1500년경에 인더스강 유역으로 이동하여 인더스 문명을 세운 주민들을 정복하였고, 기원전 1000년경에는 갠지스강 유역까지 진출하였다. 아리아인은 원주민을 지배하기 위해 계급을 구분한 카스트제(바르나)라는 엄격한 신분 제도를 만들었다.

⬆ 인더스 문명과 아리아인의 진출   ⬆ 카스트제(바르나)의 신분 구성

⬆ 그림 문자가 새겨진 인장

H 중국 문명

1. 중국 문명의 형성: 기원전 2500년경 황허강 유역을 중심으로 도시 국가 형성

└ 기름진 황토로 덮여 있어 일찍부터 농경이 발달하였어.

2. +상, 주

상	• 성립: 기원전 1600년경 황허강 중류 지역에서 성립 ─ 신의 뜻을 빌려 나라를 통치한 거야. • 신권 정치: 왕이 정치와 제사 주관, 나라의 중요한 일은 점으로 결정(+갑골 문자로 기록) • 생활 모습: 청동기 제작(무기, 제사용 도구), 태음력 사용, 저수지 축조
주	• 성장: 상의 서쪽에서 성립, 기원전 11세기경 상을 무너뜨리고 황허강 유역 차지 • 정치: 천명사상을 토대로 건국 정당화·군주에게 절대적 권위 부여, 봉건제 실시 • 쇠퇴: 기원전 8세기경 유목 민족의 침입 → 호경에서 낙읍(뤄양)으로 천도

└ 하늘이 천하를 다스릴 능력과 덕이 있는 자를 선택하여 권력을 맡긴다는 정치사상이야.

+ 상과 주의 영역

⬆ 상의 세력 범위 / 주의 세력 범위

자료로 이해하기 — 주의 봉건제

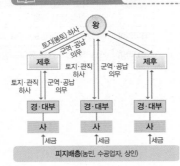

주는 수도 부근은 왕이 직접 통치하고 나머지 지역은 왕족이나 공신을 제후로 삼아 다스리게 하는 봉건제를 실시하였다. 이 제도에 따라 왕은 제후에게 토지와 관직을 하사하는 대신 제후들에게 군역과 공납을 부담하도록 하였는데, 제후는 지급받은 토지에서 왕과 같은 권력을 누렸다. 왕은 주로 혈연관계를 기반으로 하여 왕의 형제나 친척을 제후로 임명하였다. 제후는 다시 혈연을 바탕으로 경·대부를 임명하여 토지와 관직을 주고 이들로부터 공납과 군역을 받았다. 그러나 시간이 지나면서 왕실과 제후 간의 혈연관계가 느슨해지고 왕실의 권위가 약화되었다.

+ 갑골 문자(갑골문)

거북의 배딱지나 동물의 뼈에 기록한 글자이다. 오늘날 한자의 기원이 되었다.

1 다음 설명이 맞으면 ○표, 틀리면 ✕표를 하시오.

(1) 인더스 문명을 일군 사람들은 쐐기 문자를 사용하였다. ( )
(2) 기원전 2500년경에 인더스강 유역의 하라파, 모헨조다로 등에서 도시 문명이 일어났다. ( )
(3) 중앙아시아에서 유목 생활을 하던 아리아인은 기원전 1500년경에 인더스강 유역에 진출하였다. ( )

2 아리아인의 이동 이후 인도 사회의 변화만을 〈보기〉에서 있는 대로 골라 기호를 쓰시오.

〔 보기 〕
ㄱ. 브라만교가 성립되었다.
ㄴ. 카스트제(바르나)가 시행되었다.
ㄷ. 모헨조다로와 같은 계획도시가 건설되었다.
ㄹ. 내세를 중시하는 신앙이 발달하여 사자의 서를 제작하였다.

핵심 콕콕

• 인도 문명의 변천

인더스 문명
기원전 2500년경 인더스강 유역에서 도시 문명 발생, 계획도시 건설(하라파, 모헨조다로 등), 그림 문자 사용

↓

아리아인의 이동
기원전 1000년경 갠지스강 유역에 진출 → 철기 사용, 카스트제(바르나) 시행, 브라만교 성립

핵심 콕콕

1 다음 괄호 안의 내용 중 알맞은 말에 ○표를 하시오.

(1) 중국 문명은 (나일강, 황허강) 유역을 중심으로 형성되었다.
(2) 상은 나라의 중요한 일은 점을 쳐서 결정하고 이를 (갑골 문자, 표음 문자)로 기록하였다.
(3) 주는 기원전 8세기경 유목 민족의 침입에 밀려 수도를 호경에서 (낙읍, 은허)(으)로 옮겼다.

2 ( )는 기원전 11세기경 상을 무너뜨리고 황허강 유역을 차지한 후 천명사상을 토대로 건국을 정당화하였다.

3 ㉠, ㉡에 들어갈 내용을 각각 쓰시오.

주는 넓어진 영토를 효과적으로 다스리기 위해 (㉠)를 실시하여 수도 부근은 왕이 직접 통치하고 나머지 지역은 제후가 다스리게 하였다. 왕은 주로 (㉡)관계를 기반으로 하여 왕의 형제나 친척을 제후로 임명하였다.

• 상, 주

상
• 성립: 기원전 1600년경 황허강 중류 지역에서 성립
• 신권 정치: 나라의 중요한 일은 점을 쳐서 결정하고 갑골 문자로 기록

↓

주
• 성장: 기원전 11세기경 황허강 유역 차지
• 봉건제: 혈연관계 바탕, 왕은 수도 부근을 통치하고 나머지 지역은 제후에게 다스리도록 함

01 다음 입장이 반영된 역사 서술로 가장 적절한 것은?

> 역사란 역사가와 과거에 일어난 사실 간의 상호 작용이며, 현재와 과거의 끊임없는 대화이다. – 에드워드 헬릿 카

① 조선 태조는 한양으로 도읍을 옮겼다.
② 프랑스 나폴레옹은 법전을 편찬하였다.
③ 고려 공민왕은 자주적인 정책을 펼쳤다.
④ 진의 시황제는 흉노의 침입을 격퇴하였다.
⑤ 구석기 시대 사람들은 뗀석기를 사용하였다.

02 ㉠에 대한 설명으로 옳지 <u>않은</u> 것은?

> (㉠)(이)란 옛 사람들이 남긴 흔적으로, 역사 연구에 필요한 기록이나 도구 등을 가리킨다.

① 기록자의 주관이 반영되기도 한다.
② 과거의 사실을 짐작하는 근거가 된다.
③ 누락되거나 조작된 내용이 있을 수 있다.
④ 유적, 유물과 같은 유형의 것만 해당한다.
⑤ 검토와 비판 과정을 거쳐 역사 서술에 활용된다.

03 다음 글을 통해 유추할 수 있는 역사 학습의 목적으로 가장 적절한 것은?

> • 미래에 대한 최선의 예언자는 과거이다. – 바이런
> • 역사의 교훈을 잊어버린 자는 과거의 잘못을 반복한다.
> – 산티아나

① 세계 속 우리의 위상을 알 수 있다.
② 미래를 전망하는 안목을 기를 수 있다.
③ 우리의 현재를 올바로 이해할 수 있다.
④ 다양한 문화를 이해하는 자세를 기를 수 있다.
⑤ 전통을 계승하여 과거의 모습 그대로 살아갈 수 있다.

04 ㉠ 인류에 대한 설명으로 옳은 것은?

> 이 화석은 최초의 인류인 (㉠)의 여자 화석으로, 루시라고 이름 지어졌어요.

① 동굴 벽화를 남겼다.
② 크로마뇽인이 대표적이다.
③ 간단한 도구를 사용하였다.
④ 불과 간단한 언어를 사용하였다.
⑤ 시체를 매장하는 풍습이 있었다.

05 다음 유물과 유적이 만들어진 시대에 대한 설명으로 옳은 것은?

⬆ 주먹도끼 ⬆ 라스코 동굴 벽화

① 농경과 목축이 시작되었다.
② 특정 동물을 수호신으로 믿었다.
③ 돌을 갈아서 만든 간석기를 사용하였다.
④ 무리를 지어 다니며 이동 생활을 하였다.
⑤ 빈부의 차가 커지면서 계급이 발생하였다.

06 ☆시험에잘나와! 밑줄 친 '이 시대'에 대한 설명으로 옳지 <u>않은</u> 것은?

> 이 시대에는 조, 기장 등을 재배하는 농경 생활이 시작되었고, 짐승을 기르는 목축이 이루어졌다.

① 도시 국가가 성립되었다.
② 약 1만 년 전에 시작되었다.
③ 조개껍데기 등으로 몸을 치장하였다.
④ 주로 바닷가나 강가에 움집을 짓고 살았다.
⑤ 토기를 만들어 식량 보관과 음식 조리에 이용하였다.

07 ㉠ 민족에 대한 설명으로 옳은 것은?

> 메소포타미아 지방에 정착한 (㉠)은/는 기원전 3500년경에 우르, 라가시 등의 도시 국가를 세워 인류 최초로 문명을 일으켰다.

① 카스트제를 마련하였다.
② 바빌로니아 왕국을 세웠다.
③ 사자의 서를 만들어 무덤에 넣었다.
④ 쐐기 문자를 만들어 교역 내용 등을 기록하였다.
⑤ 베다를 경전으로 삼아 복잡한 제사 의식을 만들었다.

08 다음 자료에 나타난 세계관이 형성된 배경으로 적절한 것은?

> 길가메시여, 당신은 생명을 찾지 못할 것입니다. 신들이 인간을 만들 때 인간에게 죽음도 함께 붙여 주었습니다. 생명만 그들이 보살피도록 남겨 두었지요. 좋은 음식으로 배를 채우십시오. 밤낮으로 춤추며 즐기십시오.
> – 「길가메시 서사시」

① 이민족의 침입을 자주 받았다.
② 오랫동안 통일 왕국을 유지하였다.
③ 사막 등으로 둘러싸인 폐쇄적 지형이었다.
④ 아리아인이 새로운 지배층으로 등장하였다.
⑤ 파라오가 신의 대리인으로서 강한 권력을 가졌다.

09 ☆시험에잘나와! 다음 건축물을 세운 문명에 대한 설명으로 옳은 것은?

① 봉건제를 실시하였다.
② 브라만교를 창시하였다.
③ 상형 문자를 사용하였다.
④ 죽은 사람을 미라로 만들었다.
⑤ 태음력과 60진법을 사용하였다.

10 다음 법전에 대한 대화 내용으로 가장 적절한 것은?

> 196조 귀족의 눈을 멀게 하면 그의 눈을 멀게 한다.
> 198조 귀족이 평민의 눈을 멀게 하거나 뼈를 부러뜨리면 은 1미나를 지불해야 한다.
> 199조 귀족이 남의 노예의 눈을 멀게 하거나 뼈를 부러뜨리면 그 노예 가격의 반을 지불해야 한다.

① 이집트에서 만들어졌어요.
② 신권 정치가 실시된 사실을 알 수 있어요.
③ 토테미즘이 유행하였음이 드러나 있어요.
④ 사유 재산이 인정되지 않았음을 보여 줘요.
⑤ 신분에 따라 차별적으로 형벌이 적용되었어요.

11 ☆시험에잘나와! 이집트 문명에 대한 설명으로 옳은 것을 〈보기〉에서 고른 것은?

〔 보기 〕
ㄱ. 유대교를 창시하였다.
ㄴ. 상형 문자를 사용하였다.
ㄷ. 천문학과 측량법이 발달하였다.
ㄹ. 하라파에서 도시 문명이 일어났다.

① ㄱ, ㄴ   ② ㄱ, ㄷ   ③ ㄴ, ㄷ
④ ㄴ, ㄹ   ⑤ ㄷ, ㄹ

12 다음 유적을 활용한 탐구 주제로 가장 적절한 것은?

① 베다의 내용　　② 지구라트의 역할

③ 쐐기 문자의 용도　　④ 신석기 혁명의 발생

⑤ 파라오 권력의 크기

13 (가) 문명에 대한 설명으로 옳은 것은?

(가)의 모헨조다로 유적

① 계획도시를 건설하였다.

② 시신을 미라로 만들었다.

③ 헤브라이 왕국을 세웠다.

④ 파피루스에 사자의 서를 적었다.

⑤ 함무라비왕 때 전성기를 누렸다.

✦ 시험에 잘 나와!

14 다음 신분 제도를 마련한 민족에 대한 설명으로 옳은 것은?

① 브라만교를 만들었다.

② 피라미드를 만들었다.

③ 하라파 유적을 남겼다.

④ 인류 최초의 문명을 일으켰다.

⑤ 이집트 문명을 세운 주민들을 정복하였다.

15 다음과 같은 방법으로 중대사를 결정한 나라에 대한 설명으로 옳은 것은?

갑골의 구멍을 불로 지진다.

금이 간 모양으로 점을 친다.

① 페니키아에 멸망하였다.

② 도읍을 낙읍으로 옮겼다.

③ 나일강 유역에서 농사를 지었다.

④ 메소포타미아 지방을 통일하였다.

⑤ 청동으로 무기와 제사용 도구를 만들었다.

16 지도에 표시된 세력 범위를 가진 나라에 대한 설명으로 옳지 <u>않은</u> 것은?

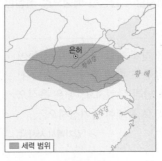

■ 세력 범위

① 저수지를 축조하였다.

② 태음력을 사용하였다.

③ 갑골 문자를 사용하였다.

④ 신전인 지구라트를 세웠다.

⑤ 왕이 정치와 제사를 주관하였다.

17 밑줄 친 '이 왕조'에 대한 탐구 활동으로 가장 적절한 것은?

> 이 왕조의 왕은 정복한 지역을 돌아본 후, 제후 ○○에게 어느 지역을 다스리도록 명령하였다. 그러면서 "상에서 전해지는 청동 술통, 그릇, 활, 화살을 주노라. 또한 여러 개의 시내와 마을이 있는 토지를 주노라. 그곳에 살고 있는 왕족과 서민들을 주노라."라고 하였다. 이에 제후 ○○은 이 왕조의 왕이 내린 은총을 칭송하면서 조상에게 제사를 드렸다.

① 신석기 혁명의 의미를 조사한다.
② 사자의 서를 만든 이유를 알아본다.
③ 쐐기 문자가 쓰인 진흙판을 찾아본다.
④ 라스코 동굴 벽화에 담긴 염원을 유추해 본다.
⑤ 호경에서 낙읍(뤄양)으로 천도한 배경을 파악한다.

✿ 시험에 잘 나와!

18 다음은 주에서 운영된 정치 제도를 나타낸 것이다. (가)에 대한 설명으로 옳은 것을 〈보기〉에서 고른 것은?

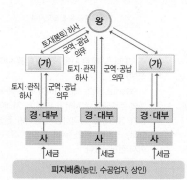

〔 보기 〕
ㄱ. 태양신 라의 아들로 여겨졌다.
ㄴ. 주로 왕실과 혈연관계에 있었다.
ㄷ. 지급받은 토지에서 왕과 같은 권력을 누렸다.
ㄹ. 베다를 바탕으로 복잡한 종교 의식을 만들었다.

① ㄱ, ㄴ ② ㄱ, ㄷ ③ ㄴ, ㄷ
④ ㄴ, ㄹ ⑤ ㄷ, ㄹ

서술형 문제

서술형 감잡기

01 지도를 보고 물음에 답하시오.

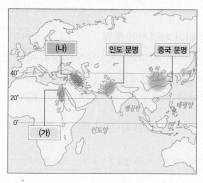

(1) (가), (나)에서 발생한 고대 문명을 각각 쓰시오.

(2) 지도의 표시된 지역에서 발달한 문명의 지리적·문화적 공통점을 서술하시오.

➡ 4대 문명은 (①   ) 유역에서 발생하여 관개 농업을 실시하였다. 이들은 청동기를 사용하였으며, 통치와 교역 등에 (②   )를 사용하였다.

실전! 서술형 도전하기

02 이집트에서 다음과 같은 모습이 나타난 이유를 서술하시오.

⬆ 미라 제작

⬆ 무덤에 넣은 「사자의 서」

02 고대 제국들의 특성과 주변 세계의 성장(1)

A 아시리아

1. 아시리아의 성립과 서아시아 통일

(1) **성립:** 메소포타미아 지역의 티그리스강 상류에서 성립

(2) **서아시아 통일:** 기원전 7세기경 우수한 철제 무기·⁺기마 전술·전차 등을 바탕으로 서아시아 세계를 최초로 통일 → 중앙 집권 체제 강화(법률, 도로 정비)

2. 멸망: 정복한 지역 주민들을 강압적으로 통치 → 각지에서 피정복민의 반란이 일어나 멸망

└─ 아시리아는 서아시아 세계를 통일한 지 60여 년 만에 멸망하였어.

> **⁺기마 전술**
> 말을 탄 기병들이 전쟁 또는 전투 상황에 펼치는 다양한 기술과 방법

B 아케메네스 왕조 페르시아

1. 영토 확장

(1) **키루스 2세:** 기원전 6세기경 ⁺서아시아 세계를 재통일

(2) **다리우스 1세:** 인더스강에서 이집트에 이르는 대제국 건설

2. 통치 체제

정복지 주민의 법과 종교, 언어의 사용을 인정하였어.

(1) **관용 정책:** 피정복민의 협조를 받기 위한 목적, 세금을 내면 피정복민의 고유한 풍습 존중, 자치 인정 → 200여 년간 왕조가 번영하는 밑거름이 됨

(2) **중앙 집권 정책:** 다리우스 1세 때 시행 ─ 광대한 제국을 효율적으로 다스리기 위해 중앙 집권 정책을 펼쳤어.

총독 파견	전국을 20여 개 주로 나누어 총독 파견
감찰관 파견	'왕의 눈', '왕의 귀'라고 불리는 감찰관 파견 → 총독 감시
도로 건설	도로망('왕의 길')과 역참 정비 → 빠른 왕명 전달, 세금과 공물의 효율적 수취에 기여, 정보와 물자의 유통 촉진
통일 정책	화폐, 도량형 등 통일

꽁 수사에서 사르디스에 이르는 약 2,400km의 도로야. 도로 곳곳에 일정한 거리마다 숙소와 말을 제공하는 역참을 설치하였어.

3. 멸망: ⁺그리스·페르시아 전쟁 패배, 총독들의 반란으로 쇠퇴 → 마케도니아의 알렉산드로스에게 정복당함(기원전 330)

📖 자료로 이해하기 아케메네스 왕조 페르시아의 관용 정책

관용 정책을 펼쳤음이 나타나 있어.

> 나 키루스(키루스 2세)는 아후라 마즈다(최고의 신)의 뜻에 따라 말하니 내가 살아 있는 한 너희의 전통과 종교를 존중할 것이다. 그 누구도 다른 사람을 억압해서도 차별해서도 안 되며, 이유 없이 다른 사람의 재산을 빼앗아도 안 되며, 다른 사람의 자유와 권리를 침해해서도 안 되며, 빚 때문에 남자도 여자도 노예로 삼는 일을 금한다. — 키루스 2세의 원통 비문

아케메네스 왕조 페르시아는 정복한 지역의 주민들이 페르시아의 지배를 받아들이고 세금을 내면, 그들의 전통과 종교를 존중하고 자치를 인정해 주는 관용 정책을 펼쳤다. 이러한 정책은 페르시아가 200여 년간 번영을 누리는 바탕이 되었다.

> **⁺서아시아 세계의 통일 과정**
>
>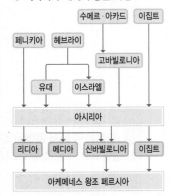

> **⁺그리스·페르시아 전쟁(페르시아 전쟁)**
> 아케메네스 왕조 페르시아가 지중해 세계의 주도권을 차지하기 위해 세 차례에 걸쳐 그리스를 공격하면서 일어난 전쟁으로, 기원전 492년부터 기원전 479년까지 전개되었다.

- 페르시아의 통치 방식과 문화의 특징 ｜ - 진의 중국 통일과 시황제의 정책
- 춘추 전국 시대의 사회 변화 ｜ - 한의 통치 정책과 문화 발달

1 다음 설명이 맞으면 ○표, 틀리면 ×표를 하시오.

(1) 아시리아는 성립 후 200여 년간 번영하였다. ( )
(2) 아시리아는 정복한 지역 주민들을 강압적으로 통치하였다. ( )
(3) 우수한 철제 무기와 기마 전술을 보유한 아시리아는 서아시아 세계를 최초로 통일하였다. ( )

• **아시리아의 발전과 멸망**

| 발전 | 철제 무기와 기마 전술을 토대로 서아시아 세계를 최초로 통일 → 중앙 집권 체제 강화 |
| 멸망 | 강압적 통치에 반발한 피정복민의 반란으로 멸망 |

1 다음 괄호 안의 내용 중 알맞은 말에 ○표를 하시오.

(1) 아케메네스 왕조 페르시아는 (아시리아, 마케도니아)에 멸망당하였다.
(2) 아케메네스 왕조 페르시아는 정복한 지역 주민들에게 (강압적, 관용적)인 정책을 펼쳤다.

2 ( )는 기원전 6세기경 서아시아 세계를 재통일하고 인더스강에서 이집트까지 점령하였다.

3 다리우스 1세의 업적만을 〈보기〉에서 있는 대로 골라 기호를 쓰시오.

[보기]
ㄱ. 화폐와 도량형을 통일하였다.
ㄴ. 카스트제(바르나)라는 신분 제도를 만들었다.
ㄷ. 왕의 눈, 왕의 귀라고 불리는 감찰관을 각 주에 보냈다.

4 다음에서 설명하는 도로를 쓰시오.

다리우스 1세가 설치한 수사에서 사르디스에 이르는 약 2,400km의 도로이다. 도로 곳곳에는 일정한 거리마다 숙소와 말을 제공하는 역참이 있었다.

5 아케메네스 왕조 페르시아는 지중해 세계의 주도권을 차지하기 위해 세 차례에 걸쳐 그리스를 침입하는 ( )을 일으켰다.

• **키루스 2세와 다리우스 1세의 업적**

| 키루스 2세 | 서아시아 세계를 재통일 | |
| 다리우스 1세 | 대제국 건설, 각 주에 총독과 감찰관('왕의 눈', '왕의 귀') 파견, 도로망('왕의 길')과 역참 정비, 화폐와 도량형 통일 | 관용 정책 실시 |

C 파르티아와 사산 왕조 페르시아

1. 파르티아: 기원전 3세기 중엽 이란계 유목 민족이 건국, 동서 무역으로 번영 → 로마, 쿠샨 왕조와의 전쟁으로 쇠퇴, 사산 왕조 페르시아에 멸망(226)

└─ 중국의 한과 로마를 연결하는 동서 무역로를 장악하여 중계 무역으로 번영하였어.

2. 사산 왕조 페르시아

└─ 4세기 말 사산 왕조 페르시아의 샤푸르 1세는 로마 제국, 쿠샨 왕조와의 대결에서 승리를 거두고 메소포타미아 지역에서 인더스강에 이르는 대제국을 건설했어.

성립	3세기 초 페르시아(아케메네스 왕조)의 부흥을 내세우며 성립, 대제국 건설
발전	• 중앙 집권적 통치 체제 수립: 공용어로 페르시아어 사용, 지방에 총독 파견 • 무역 발달: 동서 교통의 중심지 차지 → 동서 무역 주도, ✛로마 제국과 경쟁
멸망	내부 반란, 비잔티움 제국과의 잦은 전쟁으로 쇠퇴 → 이슬람 세력에 멸망(651)

└─ 중계 무역으로 번영을 누렸어.

↑ 파르티아와 사산 왕조 페르시아의 영역

- 파르티아의 최대 영역
- 사산 왕조 페르시아의 최대 영역

✛ **사산 왕조 페르시아와 로마 제국**
사산 왕조 페르시아는 오랜 기간 로마 제국과 대립하였다. 샤푸르 1세 때 로마 제국의 황제를 사로잡는 전과를 올리기도 하였으나, 이후에도 사산 왕조 페르시아와 로마 제국은 계속해서 각축전을 벌였다.

D 페르시아의 문화와 종교

1. 페르시아의 문화

└─ 꼭! 페르시아는 이집트, 바빌로니아, 아시리아, 그리스 등 여러 민족의 문화를 받아들여 국제적인 문화를 발전시켰어.

(1) **특징:** 여러 민족의 문화 수용, 활발한 동서 교역 → 국제적 성격의 문화 발전

(2) **발전:** 페르세폴리스 궁전 건축, 그리스와 인도의 서적이 페르시아어로 번역, 공예 발달(금속 세공품·유리 공예품 등 → 유럽·이슬람 세계·동아시아 지역까지 전파)

└─ 아케메네스 왕조 페르시아의 수도였던 페르세폴리스에 남아 있어.

2. 조로아스터교

창시	아케메네스 왕조 페르시아 시기에 조로아스터가 창시
특징	세상을 ✛아후라 마즈다(선과 빛의 신)와 아리만(악과 어둠의 신)의 대결 장소로 인식, 최후의 심판·천국과 지옥·구세주 출현을 믿음 → 크리스트교·이슬람교에 영향을 줌
발전	• 아케메네스 왕조 페르시아: 다리우스 1세의 후원으로 확산 • 사산 왕조 페르시아: 국교로 삼아 민족의 정통성 강조, 경전인 『아베스타』 집대성

✛ **아후라 마즈다**
아후라 마즈다는 조로아스터교의 최고 신이다. 조로아스터교는 유일신 아후라 마즈다를 신봉하고, 그 상징으로서 불을 신성하게 여겼다.

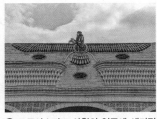
↑ 조로아스터교 사원의 입구에 새겨진 아후라 마즈다

📖 **자료로 이해하기** 페르시아의 문화

└─ 페르시아 문화가 우리나라에도 들어왔음을 짐작할 수 있어.

↑ 페르세폴리스 궁전으로 들어가는 만국의 문

↑ 페르시아 주전자(왼쪽)와 신라 고분에서 출토된 유리병(오른쪽)

↑ 날개 달린 사자 장식 뿔잔

페르시아에서는 국제적인 문화가 발달하였는데, 페르세폴리스 궁전 유적이 대표적으로, 이곳은 바빌로니아, 아시리아, 이집트 등의 영향을 받아 건축되었다. 또한 페르시아에서는 화려한 양탄자, 금은 공예품, 유리, 염색 기술 등이 발달하였으며, 이는 동아시아까지 전파되었고 이슬람 세계에도 계승되었다.

1 다음 설명이 맞으면 ○표, 틀리면 ×표를 하시오.

(1) 사산 왕조 페르시아는 파르티아에 멸망하였다. ( )

(2) 3세기 초 아케메네스 왕조 페르시아의 부흥을 내세우며 파르티아가 등장하였다.
( )

(3) 사산 왕조 페르시아는 동서 교통의 중심지를 차지하여 중계 무역으로 번영하였다.
( )

2 사산 왕조 페르시아는 (   )를 공용어로 사용하고 지방에 총독을 파견하여 중앙 집권적 통치 체제를 수립하였다.

- **파르티아와 사산 왕조 페르시아**

파르티아
이란계 유목 민족이 건국, 동서 무역으로 번영

↓

사산 왕조 페르시아
페르시아의 부흥 표방, 중앙 집권적 통치 체제 수립, 동서 무역 주도

---

1 페르시아 문화에 대한 설명이 맞으면 ○표, 틀리면 ×표를 하시오.

(1) 외국 서적의 번역이 금지되었다. ( )

(2) 여러 민족의 문화를 받아들여 국제적 성격의 문화를 발전시켰다. ( )

(3) 금속 세공품과 유리 공예품이 유럽과 이슬람 세계, 동아시아 지역에 전파되었다.
( )

2 ㉠, ㉡에 들어갈 내용을 각각 쓰시오.

조로아스터가 창시한 조로아스터교는 세상을 선한 신인 (㉠   )와 악한 신인 아리만의 대결이 벌어지는 곳으로 보았다. 이 종교는 아케메네스 왕조 페르시아에서 (㉡   )의 후원을 받아 널리 퍼졌다.

3 다음 괄호 안의 내용 중 알맞은 말에 ○표를 하시오.

(1) 사산 왕조 페르시아에서는 조로아스터교의 경전인 (베다, 아베스타)가 집대성되었다.

(2) (사산 왕조, 아케메네스 왕조) 페르시아는 조로아스터교를 국교로 삼아 민족의 정통성을 강조하였다.

(3) 아케메네스 왕조 페르시아의 수도였던 (모헨조다로, 페르세폴리스) 유적은 아시리아, 바빌로니아, 이집트 등의 영향을 받아 조성되었다.

- **페르시아의 국제적 문화와 조로아스터교**

국제적 문화	• 배경: 여러 민족의 문화 수용, 활발한 동서 교역 • 발달: 페르세폴리스 궁전 건축, 공예 발달(→ 유럽·이슬람 세계·동아시아 지역에 전파)
조로아스터교	• 특징: 세상을 아후라 마즈다와 아리만의 대결 장소로 인식 • 발전: 다리우스 1세 때 확산 → 사산 왕조 페르시아에서 국교로 채택

E 춘추 전국 시대

1. ⁺춘추 전국 시대의 전개 ─ 주 왕실이 수도를 낙읍으로 옮긴 이후부터를 춘추 전국 시대라고 해.

(1) 춘추 전국 시대의 시작: 주의 낙읍 천도 → 왕실의 권위 하락, 제후국이 제각기 독립

(2) 철기의 사용과 사회 변화 ─ 꼭 춘추 전국 시대에 정치는 혼란하였지만 각국이 서로 경쟁하면서 사회와 경제가 크게 발전하였어.

① 경제: 철제 농기구와 소를 이용한 농사법 보급 → 농업 생산력 증대 → 상업·수공업 발달 → 도시와 시장 성장, 화폐 사용 ─ 교통이 편리한 곳에 도시와 시장이 형성되고 다양한 청동 화폐도 사용되었어.

② 정복 전쟁: 철제 무기 사용 → 전쟁의 규모 확대 및 빈도 증가, 평민의 역할 확대 ─ 꼭 '제자'는 여러 사상가, '백가'는 다양한 학파를 가리켜. 제후들이 부국강병을 위해 인재를 등용하면서 제자백가가 출현하였어.

2. 제자백가의 출현: 현실 문제를 해결하기 위한 다양한 정치사상 제시

유가	공자·맹자가 대표적, 인과 예를 바탕으로 한 도덕 정치 강조
묵가	묵자가 대표적, 차별 없는 사랑과 평화 강조
법가	한비자가 완성, 엄격한 법과 제도에 따른 정치 강조
도가	노자·장자에서 비롯, 자연의 순리에 따르는 삶(무위자연) 추구

➕ **춘추 전국 시대**

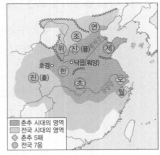

- 춘추 시대의 영역
- 전국 시대의 영역
- ◇ 춘추 5패
- ● 전국 7웅

춘추 시대에는 춘추 5패가 주변 제후국을 거느렸고, 전국 시대에는 큰 제후국(7웅)이 주변국을 통합하였다.

F 진의 중국 통일과 통치

1. 진(秦)의 중국 통일: 법가 사상을 토대로 개혁을 시행하여 부국강병에 성공 → 최초로 중국 통일(기원전 221)
─ 전국 7웅 중 하나였던 진이 나머지 여섯 나라를 무너뜨렸어.

2. 시황제(진시황제)의 정책
─ 중국을 통일한 진왕이 왕의 칭호를 황제로 바꾸고, 스스로를 '첫 번째 황제'라는 의미의 시황제로 칭하였어.

중앙 집권 정책	• 지방 행정: ⁺군현제 실시, 도로망 정비(→ 지방 통제 강화, 황제의 명령을 지방에 빠르게 전달) • 통일 정책: 화폐, 도량형, 문자, 수레바퀴의 폭 등 통일 • 사상 탄압: 법가 사상 채택, ⁺분서갱유 단행
대외 정책	만리장성 축조(흉노의 침입 방어 목적), 남쪽에 군대를 파견하여 ⁺영토 확대

─ 유라시아 대륙 북부의 초원 지대에서 성장한 유목 민족이야.

3. 진의 멸망: 대규모 토목 공사에 백성을 자주 동원, 가혹하게 통치 → 백성의 불만 고조, 시황제 사후 농민 반란 발생 → 멸망(기원전 206)
─ 진은 중국을 통일한 지 15년 만에 멸망하였어.

📖 **자료로 이해하기** 시황제의 통일 정책

↑ 화폐의 통일　　　↑ 도량형 통일　　　↑ 문자의 통일

진의 시황제는 각 제후국에서 사용하던 화폐를 반량전으로 통일하고, 전국 시대에 각 나라마다 달랐던 길이, 부피, 무게를 재는 기구와 단위를 통일하여 제국을 하나로 묶고자 하였다. 이를 통해 지역 간에 경제 교류가 활발해지고 상업이 발달하였다. 또한 문자를 통일함으로써 지방에서도 황제의 명령을 쉽게 이해하게 되어 국가의 법령을 효과적으로 추진할 수 있었다.

➕ **군현제**

지방을 군과 현으로 나누고, 중앙에서 파견된 관리가 임기 동안 다스리는 통치 제도

➕ **분서갱유**

시황제가 법가 사상 서적과 실용 서적을 제외한 책을 불태우고, 이를 비판하는 유학자들을 산 채로 땅에 묻은 사건

➕ **진의 영토**

진은 북쪽으로 흉노를 몰아내고 만리장성을 쌓았으며, 남쪽으로는 오늘날의 베트남 북부까지 영토를 넓혔다.

1 춘추 전국 시대에 대한 설명이 맞으면 ○표, 틀리면 ×표를 하시오.

(1) 철제 농기구와 소를 이용한 농사가 이루어졌다. ( )

(2) 상업과 수공업이 발달하여 도시와 시장이 성장하였다. ( )

2 춘추 전국 시대에 각 제후국이 부국강병을 위해 유능한 인재를 등용하는 과정에서 여러 사상가와 다양한 학파를 의미하는 ( )가 등장하였다.

3 다음 사상가와 그들의 주장을 옳게 연결하시오.

(1) 공자 •　　　　　• ㉠ 차별 없는 사랑 강조

(2) 묵자 •　　　　　• ㉡ 엄격한 법과 제도에 따른 정치 주장

(3) 한비자 •　　　　　• ㉢ 인과 예를 바탕으로 한 도덕 정치 추구

핵심 콕콕

• 춘추 전국 시대의 정치와 사회

정치	주 왕실의 권위 하락 → 제후국이 제각기 독립(춘추 전국 시대 성립) → 제자백가의 다양한 정치사상 제시 (유가, 묵가, 법가, 도가 등)
사회	• 경제: 철제 농기구 사용 → 농업 생산력 증가 → 상공업 발달 → 도시와 시장 성장, 화폐 사용 • 정복 전쟁: 철제 무기 사용 → 전쟁의 규모 확대, 빈도 증가

1 전국 7웅 중 하나였던 진은 ( ) 사상을 토대로 개혁을 시행하여 부국강병을 이루고 중국을 통일하였다.

2 ㉠, ㉡에 들어갈 내용을 각각 쓰시오.

중국을 통일한 진왕은 자신의 권위를 높이기 위해 왕의 칭호를 (㉠)로 바꾸었다. 그리고 지방을 군과 현으로 나누고 지방관을 파견하는 (㉡)를 실시하여 중앙 집권을 강화하였다.

3 진에 대한 설명이 맞으면 ○표, 틀리면 ×표를 하시오.

(1) 오늘날의 베트남 북부까지 영토를 넓혔다. ( )

(2) 관용 정책을 펼쳐 200여 년간 번영을 누렸다. ( )

(3) 아리아인의 침입을 방어하기 위해 만리장성을 쌓았다. ( )

4 진의 시황제가 추진한 정책만을 〈보기〉에서 있는 대로 골라 기호를 쓰시오.

보기

ㄱ. 봉건제 실시　　　　ㄴ. 분서갱유 단행

ㄷ. 카스트제 운영　　　ㄹ. 화폐, 도량형, 문자 통일

핵심 콕콕

• 진의 중국 통일과 발전

진의 중국 통일
법가 사상에 바탕을 둔 개혁으로 부국강병 이룩 → 최초로 중국 통일

↓

시황제의 통치
군현제 실시, 도로망 정비, 화폐·도량형·문자·수레바퀴의 폭 통일, 만리장성 축조, 영토 확장

↓

진의 멸망
대규모 토목 공사에 백성 동원, 가혹한 통치로 농민 반란 발생 → 멸망

6 한과 흉노

1. 한의 성립과 발전: 유방(고조)이 한 건국 후 중국 재통일(기원전 202)

고조	+군국제 시행, 세금을 낮추어 농민의 생활을 안정시킴
무제	• 중앙 집권 체제 강화: 군현제의 전국적 실시, 유교를 통치 이념으로 채택 • 대외 정책: 흉노 정벌(장건의 서역 파견), 고조선 정복 ─ 동중서의 건의를 수용한 거야. • 경제 정책: 소금과 철의 +전매 제도 실시 ─ 중국의 서쪽에 있던 대월지, 페르시아, 　인도 지역을 가리켜.

Q+? 흉노 정벌 등 계속된 정복 전쟁으로 재정 상태가 어려워졌기 때문이야.

2. 신의 성립과 후한

(1) 신의 성립: +외척 왕망이 한을 멸망시키고 신 건국(8) → 토지 국유화 등 추진
　─ 무제가 죽은 후 외척이 권력 다툼을 벌여 국력이 쇠퇴
　하자 외척인 왕망이 한을 무너뜨리고 신을 세웠어.

(2) 후한: 유수(광무제)가 후한 건국(25)

① 호족의 성장: 대토지 소유, 지방에서 농민 지배, 중앙 관리로도 진출

② 멸망: 외척과 환관의 횡포로 농민 생활 악화, 관료들의 권력 다툼으로 정치 문란 →
　농민 반란(+황건적의 난 등), 호족이 각지에서 봉기 → 후한 멸망(220)

3. 흉노 제국: 기원전 3세경 동아시아 최초로 유목 제국 건설

(1) 발전: 묵특 +선우가 만리장성 이북의 초원 지대 통합·한 압박 → 한 고조의 흉노 공격
　실패(→ 한과 흉노의 화친 조약 체결) → 한과 서역 사이의 중계 무역으로 번영

(2) 분열: 한 무제의 공격으로 쇠퇴 → 남과 북으로 분열
　─ 한이 공주를 선우에게 시집보내고 매년 비단, 곡물 등을 보내는
　대신 만리장성을 경계로 서로 침범하지 않는다는 내용이었어.

[자료로 이해하기] 장건의 서역 파견

　█ 한의 최대 영역
　→ 장건의 이동 경로

흉노
선우정
페르가나(대완)
쿠처
둔황
카슈가르(카스)
장예
박트라
대월지
우전(허텐)
란저우
낙양
장안
한
황해
태평양
벵골만
갠지스강
인더스강

↑ 한의 영역과 장건의 서역 여행로

한 무제는 중앙아시아의 대월지와 손잡고 흉노를 물리치고자 장건 일행을 서역에 파견하였다. 비록 대월지의 거부로 군사 동맹은 맺지 못하였지만 서역의 사정이 중국에 알려지면서 한에서 서역으로 연결되는 교역로가 열리게 되었다. 이후 이 길을 통해 중국의 비단이 서역으로 전해졌기 때문에 이 길을 비단길이라고 부르게 되었다.

+ 군국제
군현제와 봉건제를 절충한 제도이다. 중앙은 관리를 파견하여 왕이 직접 다스리고 지방은 제후를 임명하여 다스렸다.

+ 전매 제도
국가가 특정 물품의 생산과 판매를 독점하는 제도이다. 소금은 생활의 필수품이고 철은 무기와 농기구의 재료로 쓰였기 때문에 한은 이를 독점 판매하여 큰 이익을 얻었다.

+ 외척
황제의 외가와 황후의 집안사람을 일컫는다.

+ 황건적의 난
태평도라는 종교를 중심으로 하여 일어난 농민 반란이다. 난을 일으킨 이들이 모두 노란색 두건을 머리에 썼기 때문에 황건적이라 불렀다.

+ 선우
흉노 제국의 대군주로, 중국의 황제에 해당한다.

H 한의 문화와 대외 교류

1. 한의 문화: 춘추 전국 시대 이래의 문화 융합·발전 → 중국 전통문화의 기틀 마련

유학	태학·오경박사 설치(→ 유학 교육), +훈고학 발달
역사서	사마천의 『사기』 편찬(이후 중국 역사 서술의 모범이 됨), 반고의 『한서』 편찬
과학 기술	해시계·지진계 등 발명, 채륜의 제지술 개량(→ 학문과 문화 확산에 이바지)

─ 무제가 유교를 통치 이념으로 채택한 이후 유학이 크게 발달하였어.　─ 식물 섬유를 이용해 종이를 만드는 기술을 완성하였어.

2. 한의 대외 교류: 비단길을 따라 동서 교류 활발(중국의 비단이 유럽에 전파, 인도의
　불교가 중국에 전래)

+ 훈고학
유교의 경전을 정리·해석하고 주석을 다는 학문이다. 시황제 때 소실된 유교 경전을 복원하는 과정에서 발달하였다.

1 다음 괄호 안의 내용 중 알맞은 말에 ○표를 하시오.

(1) 한 고조는 (군국제, 군현제)를 실시하였다.

(2) 왕망은 (신, 후한)을 건국하고 토지 국유화 등을 추진하였다.

(3) 후한의 (호족, 환관)들은 대토지를 소유하고 지방에서 농민들을 지배하였다.

2 한 무제는 동중서의 건의를 받아들여 (　　　　)를 통치 이념으로 채택하였다.

3 한 무제가 추진한 정책만을 〈보기〉에서 있는 대로 골라 기호를 쓰시오.

〔 보기 〕

ㄱ. 고조선 정복　　　　　　ㄴ. 군현제 실시

ㄷ. 만리장성 축조　　　　　ㄹ. 소금과 철의 전매 제도 실시

4 지도를 보고 물음에 답하시오.

(1) (가)에 해당하는 인물을 쓰시오.

(2) (가)의 파견을 계기로 개척된 동서 교역로를 쓰시오.

・ 한의 성립과 발전

한
・ 고조: 중국 재통일, 군국제 시행 ・ 무제: 군현제의 전국적 실시, 유교의 통치 이념화, 흉노 정벌, 소금과 철의 전매 제도 실시

↓

신
왕망이 건국, 토지 국유화 등 추진

↓

후한
유수(광무제)가 건국, 호족의 성장 → 외척과 환관의 횡포, 정치 문란 → 농민 반란, 호족이 각지에서 봉기 → 후한 멸망

1 한대에는 유교의 경전을 정리·해석하고 주석을 다는 학문인 (　　　　)이 발달하였다.

2 다음 인물과 그 활동을 옳게 연결하시오.

(1) 채륜　　・

(2) 사마천　・

・ ㉠ 역사서인 사기를 편찬하였다.

・ ㉡ 제지술을 개량하여 학문의 확산에 기여하였다.

・ 한의 문화

유학	태학·오경박사 설치, 훈고학 발달
역사서	사마천의 『사기』, 반고의 『한서』 편찬
과학 기술	해시계·지진계 발명, 채륜의 제지술 개량

01 도표는 서아시아의 통일 과정을 나타낸 것이다. (가) 나라에 대한 설명으로 옳은 것을 〈보기〉에서 고른 것은?

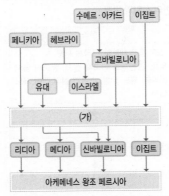

〈보기〉

ㄱ. 알렉산드로스에게 멸망하였다.
ㄴ. 메소포타미아 지역에서 성립하였다.
ㄷ. 우수한 철제 무기와 기마 전술을 갖추었다.
ㄹ. 정복한 지역 주민들에게 관용 정책을 펼쳤다.

① ㄱ, ㄴ   ② ㄱ, ㄷ   ③ ㄴ, ㄷ
④ ㄴ, ㄹ   ⑤ ㄷ, ㄹ

02 다음 자료에 나타난 통치 방식이 아시리아에 끼친 영향으로 적절한 것은?

> 수사, 훌륭하고 성스러운 도시, …… 나는 정복하였다. 나는 이 궁전에 들어갔고, 나는 금은보화를 넣어 둔 그들의 보물 창고를 열었다. …… 나는 수사의 지구라트를 부숴 버렸다. …… 나는 엘람의 사원을 파멸로 몰아넣었다. 나는 그들의 조상과 옛 왕의 무덤을 짓밟았고, 그들의 뼈를 꺼내어 아슈르의 영토로 가져갔다.
> – 아시리아의 왕이 엘람 왕국을 정복하고 새긴 문자

① 피정복민이 반란을 일으켰다.
② 이슬람 세력의 침입을 받았다.
③ 조로아스터교가 국교가 되었다.
④ 동서 무역이 활발히 이루어졌다.
⑤ 전국 각지에 총독이 파견되었다.

[03~04] 지도를 보고 물음에 답하시오.

03 지도의 영역을 차지한 나라에 대한 설명으로 옳은 것은?

① 함무라비 법전을 편찬하였다.
② 군현제를 전국적으로 시행하였다.
③ 그리스와의 전쟁에서 패배하였다.
④ 피정복민을 가혹하게 통치하였다.
⑤ 기원전 7세기경 서아시아 세계를 최초로 통일하였다.

☆ 시험에 잘 나와!

04 (가) 도로를 건설한 왕의 정책으로 옳지 않은 것은?

① 역참을 정비하였다.
② 화폐와 도량형을 통일하였다.
③ 전국 20여 개 주에 총독을 보냈다.
④ 공용어로 페르시아어를 사용하게 하였다.
⑤ 왕의 눈, 왕의 귀라는 감찰관을 파견하였다.

05 ㉠ 나라에서 펼친 정책으로 옳은 것은?

이 조각은 (㉠)의 전령을 표현한 것이다. 전령들은 수사에서 사르디스에 이르는 '왕의 길'을 밤낮으로 달려 왕의 명령을 빠르게 전달하였다.

① 토지의 국유화를 추진하였다.
② 유교를 통치 이념으로 채택하였다.
③ 정복한 지역의 자치를 금지하였다.
④ 피정복민의 고유한 풍습을 존중하였다.
⑤ 공자, 한비자 등의 유능한 인재를 등용하였다.

06 다음에서 설명하는 나라로 옳은 것은?

> • 기원전 3세기 중엽 이란계 유목 민족이 건국하였다.
> • 동서 무역으로 번영하였으나 로마, 쿠샨 왕조와의 전쟁으로 쇠퇴하였다.
> • 사산 왕조 페르시아에 멸망하였다.

① 아시리아   ② 파르티아
③ 페니키아   ④ 헤브라이
⑤ 아케메네스 왕조 페르시아

07 (가) 나라에 대한 설명으로 옳은 것은?

① 페니키아의 부흥을 내세웠다.
② 그리스와의 전쟁으로 쇠퇴하였다.
③ 알렉산드로스에 의해 멸망하였다.
④ 왕의 길이라는 도로망을 정비하였다.
⑤ 동서 교통의 중심지를 차지하여 중계 무역을 주도하였다.

08 사산 왕조 페르시아에 대한 설명으로 옳은 것은?

① 봉건제를 실시하였다.
② 수도 페르세폴리스를 건설하였다.
③ 그리스·페르시아 전쟁을 일으켰다.
④ 페르시아어를 공용어로 사용하였다.
⑤ 왕의 눈, 왕의 귀로 불린 감찰관을 파견하였다.

★ 시험에 잘 나와!

09 다음 문화유산을 통해 알 수 있는 페르시아 문화의 특징으로 가장 적절한 것은?

↑ 만국의 문

만국의 문은 페르세폴리스 궁전으로 들어가는 입구에 있다. 돌기둥은 그리스와 이집트 양식을 혼합하여 만들었고, 문의 조각은 아시리아 양식의 돈을새김으로 새겨졌다.

① 정복한 지역의 문화를 파괴하였다.
② 국제적인 성격의 문화가 발달하였다.
③ 비단길을 개척하여 문화를 교류하였다.
④ 사후 세계를 믿는 내세 신앙이 발달하였다.
⑤ 유가, 묵가, 법가 등 다양한 사상이 등장하였다.

10 ㉠ 종교에 대한 설명으로 옳지 <u>않은</u> 것은?

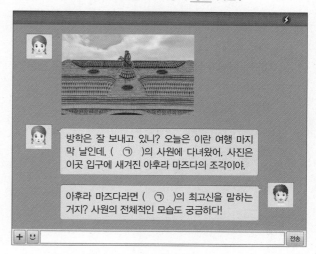

> 방학은 잘 보내고 있니? 오늘은 이란 여행 마지막 날인데, (㉠)의 사원에 다녀왔어. 사진은 이곳 입구에 새겨진 아후라 마즈다의 조각이야.
>
> 아후라 마즈다라면 (㉠)의 최고신을 말하는 거지? 사원의 전체적인 모습도 궁금하다!

① 선한 신의 상징인 불을 숭배하였다.
② 아베스타가 경전으로 집대성되었다.
③ 다리우스 1세의 후원으로 널리 퍼졌다.
④ 사산 왕조 페르시아에서 국교로 삼았다.
⑤ 크리스트교의 영향을 받아 최후의 심판을 믿었다.

11 춘추 전국 시대에 있었던 사실로 옳은 것을 〈보기〉에서 고른 것은?

〔 보기 〕
ㄱ. 법가 사상 이외의 사상이 탄압받았다.
ㄴ. 한자의 기원이 된 갑골 문자가 만들어졌다.
ㄷ. 철제 농기구와 소를 이용한 농경이 이루어졌다.
ㄹ. 제후국들이 부국강병을 위해 인재를 등용하였다.

① ㄱ, ㄴ　　　　② ㄱ, ㄷ　　　　③ ㄴ, ㄷ
④ ㄴ, ㄹ　　　　⑤ ㄷ, ㄹ

12 춘추 전국 시대에 다음과 같은 모습이 나타난 배경으로 가장 적절한 것은?

• 농업 생산력이 증대하였다.
• 전쟁의 규모가 커지고 전쟁이 자주 일어났다.

① 도시의 성장　　　　② 철기의 보급
③ 봉건제의 실시　　　　④ 비단길의 개척
⑤ 상업과 수공업의 쇠퇴

✷ 시험에 잘 나와!
13 지도의 형세가 형성된 시기의 사실로 옳지 <u>않은</u> 것은?

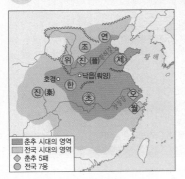

① 군국제가 실시되었다.
② 제자백가가 등장하였다.
③ 청동 화폐가 사용되었다.
④ 도시와 시장이 성장하였다.
⑤ 전쟁에서 평민의 역할이 확대되었다.

14 제자백가에 대한 설명으로 옳은 것은?

① 제후들의 탄압을 받았다.
② 현실 문제의 해결에 소홀하였다.
③ 시황제의 정책에 힘입어 성장하였다.
④ 여러 사상가와 다양한 학파를 가리킨다.
⑤ 주 왕실의 권위를 높이기 위한 방법으로 등장하였다.

15 (가)~(다)에서 설명하는 학파를 옳게 연결한 것은?

(가) 차별 없는 사랑과 평화를 강조하였다.
(나) 인과 예를 바탕으로 한 도덕 정치를 강조하였다.
(다) 노자와 장자에서 비롯되었으며 자연의 순리에 따르는 삶을 추구하였다.

	(가)	(나)	(다)
①	도가	묵가	유가
②	묵가	법가	유가
③	묵가	유가	도가
④	유가	도가	묵가
⑤	유가	법가	도가

16 법가 사상에 대한 설명으로 옳은 것을 〈보기〉에서 고른 것은?

〔 보기 〕
ㄱ. 무위자연을 추구하였다.
ㄴ. 공자와 맹자가 주장하였다.
ㄷ. 진에서 실시한 개혁 정책의 토대가 되었다.
ㄹ. 엄격한 법과 제도에 따른 정치를 주장하였다.

① ㄱ, ㄴ　　　　② ㄱ, ㄷ　　　　③ ㄴ, ㄷ
④ ㄴ, ㄹ　　　　⑤ ㄷ, ㄹ

17 (가) 나라에 대한 설명으로 옳은 것은?

① 왕망이 건국하였다.
② 봉건제를 실시하였다.
③ 유교를 국교로 삼았다.
④ 전국 7웅 중의 하나였다.
⑤ 낙읍(뤄양)으로 수도를 옮겼다.

18 ❈시험에 잘 나와!
다음 호칭을 처음 사용한 인물에 대한 설명으로 옳은 것은?

> '황제(皇帝)'는 삼황(三皇)과 오제(五帝)를 뛰어넘는 존재라는 의미에서 만들어진 호칭이다.

① 법가 사상을 기반으로 통치하였다.
② 소금과 철을 국가가 전매하도록 하였다.
③ 소를 이용한 농사법을 보급하기 시작하였다.
④ 왕의 눈, 왕의 귀라 불리는 감찰관을 파견하였다.
⑤ 국가 중대사를 점을 쳐서 결정하고 그 결과를 거북의 배딱지에 새기게 하였다.

19 (가)에 들어갈 내용으로 옳지 <u>않은</u> 것은?

> 진의 시황제는 중앙 집권을 강화하기 위해 ____(가)____ 하였다.

① 군현제를 실시
② 도로망을 정비
③ 토지를 국유화
④ 분서갱유를 단행
⑤ 화폐, 문자, 도량형을 통일

20 다음 그림이 표현한 정책에 대한 설명으로 옳은 것을 〈보기〉에서 고른 것은?

> 이 그림은 진에서 법가 사상 서적과 실용 서적을 제외한 모든 책을 불태우고 이를 비판하는 유학자들을 산 채로 땅에 묻은 사건을 묘사하였어요.

{ 보기 }
ㄱ. 시황제가 추진하였다.
ㄴ. 사상을 탄압한 정책이다.
ㄷ. 제자백가가 등장하는 배경이 되었다.
ㄹ. 제후들이 독립하는 결과를 가져왔다.

① ㄱ, ㄴ   ② ㄱ, ㄷ   ③ ㄴ, ㄷ
④ ㄴ, ㄹ   ⑤ ㄷ, ㄹ

21 다음 정책의 영향으로 적절한 것은?

> 진의 시황제는 전국 시대에 각 제후국에서 사용하였던 다양한 화폐를 반량전으로 통일하였고, 각 제후국마다 달랐던 길이, 부피, 무게를 재는 기구와 단위를 통일하였다.

① 군국제가 실시되었다.
② 훈고학이 발달하였다.
③ 지방에서 호족이 성장하였다.
④ 지역 간 경제 교류가 활발해졌다.
⑤ 황건적의 난을 비롯한 농민 반란이 일어났다.

22 밑줄 친 '농민 반란'이 일어난 배경으로 적절한 것은?

> 진은 농민 반란이 일어나 중국을 통일한 지 15년 만에 멸망하였다.

① 국가가 소금을 전매하였다.
② 채륜의 제지술 개량으로 학문이 확산되었다.
③ 카스트제라는 엄격한 신분 제도가 운영되었다.
④ 철제 무기가 처음 도입되어 전쟁이 자주 일어났다.
⑤ 만리장성과 같은 토목 공사에 백성을 자주 동원하였다.

🌟 시험에 잘 나와!
23 한 무제에 대한 설명으로 옳지 않은 것은?

① 흉노를 정벌하였다.
② 고조선을 정복하였다.
③ 황건적의 난을 진압하였다.
④ 유교를 통치 이념으로 삼았다.
⑤ 군현제를 전국적으로 실시하였다.

24 (가), (나) 제도에 대한 설명으로 옳은 것은?

(가)　중앙은 관리를 파견하여 직접 다스리고 지방은 제후들에게 맡기겠다.

(나)　내가 직접 임명한 관리가 군현을 다스리게 하겠다.

① (가) – 한 말기에 실시되었다.
② (가) – 상 왕조 때 등장하였다.
③ (나) – 한 고조 때 전국적으로 확대되었다.
④ (나) – 중앙 집권 체제를 강화하는 역할을 하였다.
⑤ (나) – (가)와 봉건제를 절충한 제도이다.

25 (가) 시기에 중국에서 있었던 사실로 옳은 것은?

> 한 무제가 장건을 서역에 파견하였다. → (가) → 황건적의 난이 일어났다.

① 전국 시대가 시작되었다.
② 왕망이 신을 건국하였다.
③ 고조가 중국을 재통일하였다.
④ 주가 도읍을 낙읍으로 옮겼다.
⑤ 황제 호칭을 사용하기 시작하였다.

26 흉노와 진·한의 관계에 대한 탐구 활동으로 적절하지 않은 것은?

① 진이 만리장성을 쌓은 목적을 알아본다.
② 진에서 분서갱유가 일어난 이유를 검색한다.
③ 한이 장건을 서역에 파견한 배경을 살펴본다.
④ 한 고조 때 맺은 화친 조약의 내용을 조사한다.
⑤ 한 무제가 소금과 철을 전매한 목적을 파악한다.

🌟 시험에 잘 나와!
27 다음 역사서를 편찬한 나라의 문화에 대한 설명으로 옳지 않은 것은?

이 책은 사마천의 『사기』로, 황제들의 업적, 주요 인물들의 활동 등을 서술하였으며, 이후 중국 역사 서술의 모범이 되었다.

① 사자의 서를 제작하였다.
② 비단길을 통해 불교가 전래되었다.
③ 오경박사가 유학 교육을 담당하였다.
④ 채륜이 종이 만드는 법을 개량하였다.
⑤ 유교 경전을 정리·해석하고 주석을 다는 훈고학이 발달하였다.

서술형 문제

서술형 감잡기

01 다음을 읽고 물음에 답하시오.

> 나 키루스는 <u>아후라 마즈다</u>의 뜻에 따라 말하니 내가 살아 있는 한 너희의 전통과 종교를 존중할 것이다. 그 누구도 다른 사람을 억압해서도 차별해서도 안 되며, 이유 없이 다른 사람의 재산을 빼앗아도 안 되며, 다른 사람의 자유와 권리를 침해해서도 안 되며, 빚 때문에 남자도 여자도 노예로 삼는 일을 금한다.

(1) 밑줄 친 '아후라 마즈다'를 최고신으로 섬긴 종교를 쓰시오.

⎯⎯⎯⎯⎯⎯⎯⎯⎯⎯⎯⎯⎯⎯⎯⎯⎯⎯⎯

(2) 윗글을 참고하여 아케메네스 왕조 페르시아의 피정복민에 대한 통치 방식을 서술하시오.

➡ 아케메네스 왕조 페르시아는 피정복민의 협조를 받기 위해 정복한 지역에 (① ⎯⎯⎯⎯)을 거두는 대신 그들의 고유한 풍습을 존중하는 (② ⎯⎯⎯⎯)을 펼쳤다.

실전! 서술형 도전하기

02 다음을 통해 알 수 있는 페르시아 문화의 특징을 서술하시오.

⬆ 날개 달린 사자 장식 뿔잔

⬆ 페르시아 주전자(왼쪽)와 신라 고분에서 출토된 유리병(오른쪽)

⎯⎯⎯⎯⎯⎯⎯⎯⎯⎯⎯⎯⎯⎯⎯⎯⎯⎯⎯

⎯⎯⎯⎯⎯⎯⎯⎯⎯⎯⎯⎯⎯⎯⎯⎯⎯⎯⎯

⎯⎯⎯⎯⎯⎯⎯⎯⎯⎯⎯⎯⎯⎯⎯⎯⎯⎯⎯

03 다음은 진대의 통일 정책을 나타낸 것이다. 이를 보고 물음에 답하시오.

⬆ 화폐의 통일   ⬆ 도량형 통일

(1) 위의 정책을 실시한 인물을 쓰시오.

⎯⎯⎯⎯⎯⎯⎯⎯⎯⎯⎯⎯⎯⎯⎯⎯⎯⎯⎯

(2) 위의 정책을 시행한 목적과 그 효과를 서술하시오.

⎯⎯⎯⎯⎯⎯⎯⎯⎯⎯⎯⎯⎯⎯⎯⎯⎯⎯⎯

⎯⎯⎯⎯⎯⎯⎯⎯⎯⎯⎯⎯⎯⎯⎯⎯⎯⎯⎯

⎯⎯⎯⎯⎯⎯⎯⎯⎯⎯⎯⎯⎯⎯⎯⎯⎯⎯⎯

04 지도를 보고 물음에 답하시오.

(1) (가)에 해당하는 유목 민족을 쓰시오.

⎯⎯⎯⎯⎯⎯⎯⎯⎯⎯⎯⎯⎯⎯⎯⎯⎯⎯⎯

(2) 한 무제가 (나)를 추진한 목적과 이 정책이 한에 끼친 영향을 서술하시오.

⎯⎯⎯⎯⎯⎯⎯⎯⎯⎯⎯⎯⎯⎯⎯⎯⎯⎯⎯

⎯⎯⎯⎯⎯⎯⎯⎯⎯⎯⎯⎯⎯⎯⎯⎯⎯⎯⎯

03 고대 제국들의 특성과 주변 세계의 성장(2)

A 에게 문명과 폴리스의 형성

1. 에게 문명: 기원전 2000년경부터 크레타 문명, 미케네 문명 등 발달

2. 폴리스의 형성
　　　┌ 험준한 산과 섬이 많고, 해안선이 복잡하였어.
　　　　　　　　　　　　　┌ 왜? 그리스인들은 촌락을 방어하기 위해 높은 언덕에 성이나 요새를 쌓았는데 이것이 폴리스로 발전하였어.
(1) 형성 배경: 그리스가 지형적 특징으로 오랫동안 통일 국가를 이루지 못함
(2) 형성: 해안의 평야 지대와 방어하기 좋은 곳을 중심으로 도시 국가(폴리스) 형성 (아테네, 스파르타 등), 폴리스는 ⁺아크로폴리스와 ⁺아고라(광장)로 구성
(3) 특징: 같은 언어 사용, 같은 신 신봉, 4년마다 올림피아 제전 개최 → 동족 의식 강화

＋ 아크로폴리스
폴리스의 가장 높은 언덕에 세워졌으며, 신전과 군사 시설 등을 갖추었다. 주위에 높은 성벽을 쌓아 요새로도 사용하였다.

＋ 아고라
시장이 열리는 광장을 뜻하며 토론과 집회 장소로 이용되었다.

B 아테네와 스파르타

1. 아테네의 민주 정치 ── 아테네의 정치는 '왕정 → 귀족정 → 민주정'으로 발전하였어.

배경	무역·상업 활동으로 부유해진 평민들이 전쟁에 참여 → 평민의 정치 참여 요구 증대
발전	솔론 시기, 재산 정도에 따라 일부 평민이 정치에 참여 → 클레이스테네스 시기, 재산에 관계없이 시민에게 참정권 부여, ⁺도편 추방제 실시 → 페리클레스 시기(황금기), 직접 민주 정치 정착(민회가 입법권 행사, 공직자·배심원을 추첨으로 선출)
한계	여성, 노예, 외국인은 정치 참여 배제 꿀 시민권을 가진 성인 남성들이 민회에서 나랏일을 논의·의결하였어

2. 스파르타의 발전: 왕과 귀족이 정치 담당, 민회에서 국가 중대사 결정, 소수의 시민이
　　　　　　　　　　　┌ 스파르타는 도리아인이 원주민을 정복하고 세운 폴리스였어.
다수의 피지배층 지배(→ 강력한 군사 통치(군국주의 정책), 막강한 군사력 확보)
　　┌ 남성 시민은 어려서부터 집단생활을 하면서 엄격한 군사 훈련을 받았어.

3. 그리스 세계의 번영과 쇠퇴
(1) ⁺그리스·페르시아 전쟁: 기원전 5세기경 발발 → 그리스 승리 → ⁺델로스 동맹 결성 (아테네 중심), 아테네의 전성기 이룩(지중해 무역 독점, 직접 민주 정치 발전)
(2) 펠로폰네소스 전쟁: 델로스 동맹과 펠로폰네소스 동맹 간에 발발 → 펠로폰네소스 동맹 승리, 그리스 폴리스들 쇠퇴 → 마케도니아의 그리스 정복(기원전 4세기)
　　　　　　　　　　　└ 아테네의 세력이 확대되자 위협을 느낀 폴리스들이 스파르타를 중심으로 동맹을 맺었어.

＋ 도편 추방제
독재자가 될 가능성이 있는 사람의 이름을 도기 조각에 쓴 다음 일정 기준 이상 득표한 사람을 10년 동안 아테네에서 추방한 제도

＋ 그리스·페르시아 전쟁(기원전 492 ～ 기원전 479)

＋ 델로스 동맹
페르시아의 재침에 대비하기 위해 아테네를 중심으로 결성된 폴리스들의 동맹이다. 이를 기반으로 아테네는 그리스 내에서 정치적 영향력을 확대하였다.

📖 자료로 이해하기 아테네의 민주 정치

> 권력이 소수에 있지 않고 전 시민에게 있기 때문에 우리의 정치 제도를 민주주의라고 부릅니다. …… 만인은 법 앞에 평등합니다. …… 공직에 임명할 때 그것이 그가 어느 특정한 계층에 속해 있기 때문이 아니라, 그가 갖고 있는 실질적 능력 때문입니다. 국가에 대하여 유익한 봉사를 할 수 있는 자라면 누구든지 빈곤 때문에 정치적으로 햇빛을 보지 못하는 일이 없습니다. …… 우리는 민회에서 정책을 결정하거나 적절한 토론에 부칩니다.　－ 페리클레스의 연설

아테네는 페리클레스의 지도 아래 민주 정치의 전성기를 맞았다. 이 시기 아테네는 민회가 입법권을 행사하였으며, 국가의 중요 정책을 시민이 민회에서 토론과 투표로 결정하였다. 또한 장군직을 제외한 모든 공직자와 배심원을 추첨으로 뽑았으며, 이들에게 공무 수당을 주었다.

무엇을 배울까?
- 아테네와 스파르타의 정치
- 헬레니즘 세계의 형성과 특징
- 로마의 정치적 변화
- 로마 문화와 크리스트교

1 다음 설명이 맞으면 ○표, 틀리면 ×표를 하시오.

(1) 기원전 2000년경부터 에게 문명이 발달하였다. (　　)

(2) 그리스는 각기 다른 언어를 사용하는 폴리스들로 구성되어 있었다. (　　)

2 그리스 폴리스들은 4년마다 (　　　　)을 열어 동족 의식을 강화하였다.

핵심 콕콕

• **폴리스의 형성과 특징**

형성	도시 국가 형성(아테네, 스파르타 등), 아크로폴리스·아고라로 구성
특징	같은 언어 사용, 같은 신 신봉, 올림피아 제전 개최 → 동족 의식 강화

1 다음 설명이 아테네에 해당하면 '아', 스파르타에 해당하면 '스'라고 쓰시오.

(1) 페리클레스 때 직접 민주 정치가 정착되었다. (　　)

(2) 소수의 시민이 다수의 피지배층을 다스리기 위해 강력한 군사 통치를 실시하였다. (　　)

2 다음에서 설명하는 제도를 쓰시오.

> 아테네에서 독재자가 될 가능성이 있는 사람의 이름을 도기 조각에 쓴 다음 일정 기준 이상 득표한 사람을 10년 동안 추방한 제도이다.

3 다음과 같은 통치를 실시한 인물을 〈보기〉에서 골라 기호를 쓰시오.

┌ 보기 ┐
ㄱ. 솔론　　　　　ㄴ. 페리클레스　　　　　ㄷ. 클레이스테네스
└──────────────┘

(1) 재산에 관계없이 시민에게 참정권을 주기 시작하였다. (　　)

(2) 재산 정도에 따라 일부 평민이 정치에 참여하도록 하였다. (　　)

(3) 민회 참석자에게 수당을 주었고, 장군직을 제외한 모든 공직자와 배심원을 추첨으로 뽑았다. (　　)

4 그리스·페르시아 전쟁 이후 폴리스들은 아테네를 중심으로 (　　　　) 동맹을 결성하였다.

핵심 콕콕

• **아테네와 스파르타의 정치**

아테네	• 정치 형태: 직접 민주주의 • 황금기: 그리스·페르시아 전쟁 승리 이후 페리클레스 시기 • 특징: 민회가 입법권 행사, 민회 참석자에게 수당 지급, 공직자와 배심원을 추첨으로 선출 • 한계: 노예, 외국인, 여성 제외
스파르타	• 정치 형태: 강력한 군사 통치 • 특징: 소수의 시민이 다수의 피지배층 지배, 어려서부터 엄격한 군사 훈련 실시

C 그리스의 문화

1. 특징: 합리적, 인간 중심적 문화 발전 — 그리스는 민주 정치와 자유로운 시민 생활을 바탕으로 인간 중심적이고 합리적인 문화를 발전시켰어.

2. 발전

문학	그리스 신화, 호메로스의 『일리아드』와 『오디세이아』에 인간적인 신의 모습 표현
미술	그리스 양식 발달(조화와 균형 강조, 「아테나 여신상」 조각, 파르테논 신전 등)
철학	• 소피스트: 철학의 관심을 인간과 사회로 확대, 진리의 상대성·주관성 강조 • ⁺소크라테스: 진리의 절대성·객관성 주장 → 플라톤과 아리스토텔레스에게 계승 (서양 철학의 기초 마련)
기타	역사(⁺헤로도토스의 『역사』 저술, 투키디데스가 펠로폰네소스 전쟁을 다룬 『역사』 저술), 의학(히포크라테스), 수학(피타고라스) 등 발달

소피스트가 등장하기 이전에는 자연 현상을 탐구하는 자연 철학이 발달했어.

📖 **자료로 이해하기** 그리스의 미술

↑ 파르테논 신전

↑ 아테나 여신상

그리스 건축에서는 조화와 균형을 강조하였는데, 파르테논 신전, 「아테나 여신상」이 대표적이다. 파르테논 신전은 아테네의 전성기인 페리클레스 시대에 세워진 대리석 건물로, 아테나 여신을 모시는 신전이다. 이 건축물은 높이와 너비, 길이 사이의 황금 비율을 맞추어 수학적으로 적절한 균형을 이루고 있다.

✛ 소크라테스

민회나 아고라에 나가 사람들과 대화하고 토론하면서 잘못된 지식을 바로잡았으나, 청년들을 타락시켰다는 혐의로 사형을 당하였다.

✛ 헤로도토스의 「역사」

그리스·페르시아 전쟁을 다루고 있어 '페르시아 전쟁사'라고도 불리며, 이 책을 쓴 헤로도토스는 '역사의 아버지'라고 불렸다.

D 알렉산드로스 제국과 헬레니즘 세계

1. 알렉산드로스 제국

(1) **성립:** 마케도니아의 왕 알렉산드로스가 동방 원정으로 대제국 건설 → 동서 교역로 확보, 헬레니즘 세계 형성

기원전 334년에 동방 원정에 나서 이집트를 정복한 후 페르시아를 무너뜨리고 인더스강까지 진출하였어.

(2) **알렉산드로스의 정책**

① 그리스 문화 전파: 정복지 곳곳에 알렉산드리아(그리스식 도시) 건설·그리스인을 이주시킴, 그리스인과 페르시아인의 결혼 장려, 그리스어를 공용어로 사용 → 그리스 문화가 동방으로 전파

② 동서 융합 정책: 동방의 군주정 계승, 정복지의 사람을 관리로 등용

(3) **멸망:** 알렉산드로스 사후 마케도니아, 시리아, 이집트로 분열 → 로마 제국에 흡수

2. 헬레니즘 문화: 그리스 문화와 동방 문화의 융합, 개인주의·⁺세계 시민주의 경향

철학	스토아학파(금욕·이성적인 삶 강조), 에피쿠로스학파(정신적 즐거움 추구) 등장
자연 과학	아르키메데스, 에우클레이데스(유클리드) 등 활약
미술	사실적·생동감 있는 표현 추구(「밀로의 비너스상」, 「⁺라오콘 군상」 조각 등)

인간의 감정을 생동감 있게 표현하거나 인간 육체의 아름다움을 추구하였어.

✛ 세계 시민주의

개인은 폴리스를 넘어서 세계 시민으로서 모두 평등한 존재라는 주장

✛ 라오콘 군상

뱀에 감겨 고통스러워하는 인간의 모습을 사실적이고 역동적으로 표현하였다.

1 다음 괄호 안의 내용 중 알맞은 말에 ○표를 하시오.

(1) 소크라테스는 인간의 삶에 (상대적, 절대적)인 진리가 있다고 주장하였다.

(2) (호메로스, 투키디데스)가 쓴 일리아드에는 인간적인 신의 모습이 잘 표현되어 있다.

2 다음 빈칸에 들어갈 내용을 쓰시오.

(1) (　　　　)는 그리스·페르시아 전쟁사를 다룬 역사를 저술하여 '역사의 아버지'라는 칭호를 받았다.

(2) 기원전 5세기경 (　　　　)가 등장하면서 철학의 관심이 인간과 사회로 확대되었으며, 이들은 진리의 상대성과 주관성을 강조하였다.

3 그리스 문화에 대한 설명만을 〈보기〉에서 있는 대로 골라 기호를 쓰시오.

┌─〔 보기 〕
│ ㄱ. 인간 중심적 문화 발전
│ ㄴ. 유일신을 믿는 유대교 창시
│ ㄷ. 조화와 균형을 강조한 건축 양식 발달
└─

핵심 콕콕

• 그리스 문화

특징	합리적, 인간 중심적
내용	• 문학: 신을 인간적으로 표현(호메로스의 『일리아드』 등) • 미술: 조화와 균형 강조 • 철학: 소피스트(진리의 상대성·주관성 강조), 소크라테스(진리의 절대성·객관성 강조) 등장 • 역사: 헤로도토스의 『역사』 저술

---

1 알렉산드로스 제국에 대한 설명이 맞으면 ○표, 틀리면 ×표를 하시오.

(1) 알렉산드리아를 건설한 후 그리스인을 이주시켰다. (　　)

(2) 알렉산드로스의 동방 원정을 통해 대제국으로 성장하였다. (　　)

(3) 알렉산드로스 사후 제국이 분열되었다가 페르시아에 흡수되었다. (　　)

2 다음 학파와 그 특징을 옳게 연결하시오.

(1) 스토아학파　•　　　　• ㉠ 정신적인 즐거움을 추구하였다.

(2) 에피쿠로스학파　•　　　• ㉡ 금욕과 이성적인 삶을 강조하였다.

3 알렉산드로스 제국에서는 그리스 문화와 동방의 문화가 융합된 (　　　　) 문화가 발전하였다.

핵심 콕콕

• 알렉산드로스 제국과 헬레니즘 문화

┌─────────────────────┐
│ **알렉산드로스 제국 건설** │
└─────────────────────┘
알렉산드로스의 동방 원정으로 대제국 건설 → 알렉산드리아 건설, 그리스 문화 전파

↓

┌─────────────────────┐
│ 그리스 문화, 동방 문화 융합 │
└─────────────────────┘

↓

┌─────────────────────┐
│ **헬레니즘 문화 발달** │
└─────────────────────┘
개인주의·세계 시민주의 경향, 철학(스토아학파, 에피쿠로스학파)·자연 과학·미술(「라오콘 군상」 등) 발달

E 로마 공화정의 성립

1. 로마의 성립: 기원전 8세기 이탈리아반도에서 작은 도시 국가로 성립

2. 로마 공화정의 성립과 발전

(1) 성립: 기원전 6세기 말 귀족들이 왕을 몰아내고 공화정 수립

(2) 초기: 귀족들이 원로원, 집정관 독점 ┌ 초기에는 행정과 군사를 담당하는 2명의 집정관과
└ 입법·자문 기관인 원로원 등을 귀족이 독점하였어.

(3) 평민권 확대: 평민들이 중장 보병으로 전쟁에 참여하며 세력 확대 → 평민의 정치 참여

요구 증가 → 기원전 5세기 초 평민회(민회) 구성, **⁺호민관 선출, ⁺12표법 제정**

└ 상공업의 발달로 부유해진 평민들이 군대의 주력이 되었어. ┌ 꽉 평민도 법의 보호를
받을 수 있게 되었어.

📖 자료로 이해하기 **로마 공화정의 특징**

┌ 매년 2명씩 선출하였어.

로마 공화정에는 세 가지 요소가 있는데, …… 집정관은 로마에 머물러 있을 때 모든 정무를
장악한다. …… 원로원은 국고를 관리하며 수입과 지출을 통제한다. …… 시민은 법률을 통과
시키거나 폐지할 수 있는 절대적인 권력을 지닌다. ─ 폴리비오스, 『역사』

로마 공화정은 집정관, 원로원, 평민회가 세력 균형을 이루었다. 집정관은 최고 행정 기관으로, 처음에 두 명의
귀족으로 구성되었다가 이후 둘 중 한 명을 평민에서 선출하였다. 원로원은 귀족으로 구성된 최고 의결 기관
이었고, 평민회는 모든 시민들이 참여하였으며 호민관을 선출하였다.

➕ 호민관

평민의 권리를 지키기 위해 뽑은 평민의
대표로, 평민에게 불리한 정책에 거부권
을 행사할 수 있었다.

➕ 12표법

기원전 450년에 관습법을 성문화한 로마
최초의 성문법으로, 귀족들이 자의적으
로 재판하지 못하게 하였다.

F 포에니 전쟁과 로마 공화정의 쇠퇴

1. ⁺포에니 전쟁과 자영농 몰락

(1) 포에니 전쟁: 로마와 카르타고 간에 전개(기원전 264~기원전 146) → 로마 승리 →
이후 계속된 정복 전쟁으로 로마가 지중해 일대 장악

(2) 자영농 몰락: 정복지의 값싼 곡물이 대량으로 로마에 유입, 소수 귀족이 노예를 이용
한 대농장(라티푼디움) 경영 → 자영농의 토지 상실·몰락

┌ 의? 전쟁 과정에서 로마의 유력자들
이 많은 노예를 차지하고 노예 노동을
이용한 대농장을 경영한 거야.

2. 그라쿠스 형제의 개혁과 사회 변화

(1) 그라쿠스 형제의 개혁: 자영농 몰락을 방지하기 위한 개혁 시도 → 원로원 중심의 귀족
들이 반대하여 실패

└ 자영농 몰락으로 위기를 맞은
공화정을 구하고자 하였어.

(2) 사회 변화

① 사회 혼란: 빈부 격차 심화, 노예 반란, 군인 정치가들의 권력 다툼 지속

② **⁺카이사르의 집권:** 카이사르가 강력한 군사력을 바탕으로 사회 혼란 수습·정권
장악(기원전 1세기경) → 독재에 반대한 반대파에게 암살당함

📖 자료로 이해하기 **그라쿠스 형제의 개혁**

조국을 위해 싸우고 죽어가는 로마 시민에게 남은 것은 햇볕과 공기밖에 없다. 집도 없고
땅도 없이 처자식을 데리고 떠돌고 있다. …… 한 뼘의 땅도 갖지 못하고 있다.
└ 자영농이 토지를 잃고 몰락하였음을 보여 줘. ─ 플루타르코스, 『영웅전』

그라쿠스 형제는 자영농의 몰락을 막기 위해 소수 유력자의 대토지 소유 제한, 농민에게 토지 재분배, 국고
보조금 지원, 빈민에게 싼 가격으로 곡물 분배 등의 개혁을 추진하였으나 귀족들의 반대로 실패하였다.

➕ 포에니 전쟁

기원전 3세기경에 이탈리아반도를 통일
한 로마가 아프리카 북부(지금의 튀니
지)의 카르타고와 지중해의 패권을 놓고
세 차례에 걸쳐 벌인 전쟁

➕ 2차 포에니 전쟁

➕ 카이사르

갈리아 원정에서 큰 공을 세우고 강력한
권력을 바탕으로 정치적 혼란을 수습하
였으나, 공화정의 붕괴를 염려하는 공화
파에게 암살되었다.

1 다음 괄호 안의 내용 중 알맞은 말에 ○표를 하시오.

(1) 로마의 (원로원, 평민회)은/는 귀족들로 구성된 최고 의결 기관이었다.

(2) 로마 공화정 초기에는 (귀족, 평민)들이 원로원과 집정관을 독점하였다.

(3) 공화정 시기에 로마에서는 평민의 대표인 (집정관, 호민관)을 선출하였다.

(4) 로마의 (왕정, 공화정)은 원로원, 평민회(민회), 집정관이 세력 균형을 이루면서 발전하였다.

2 다음에서 설명하는 법률을 쓰시오.

기원전 450년에 관습법을 성문화한 로마 최초의 성문법이다. 귀족들이 자의적으로 재판하지 못하게 한 법으로, 평민도 법의 보호를 받을 수 있게 되어 평민권의 확대에 기여하였다.

핵심 콕콕

・로마 공화정의 성립과 발전

성립	기원전 6세기 말 귀족들이 왕을 몰아내고 공화정 수립
발전	초기 귀족들이 원로원·집정관 독점 → 평민들의 정치 참여 요구 증가 → 평민권 확대(평민회 구성, 호민관 선출, 12표법 제정)

1 로마에 대한 설명이 맞으면 ○표, 틀리면 ×표를 하시오.

(1) 포에니 전쟁에서 패배하여 국력이 약화되었다. ( )

(2) 원로원 중심의 귀족들은 그라쿠스 형제의 개혁에 반대하였다. ( )

2 ㉠, ㉡에 들어갈 내용을 각각 쓰시오.

로마는 카르타고와 벌인 전쟁인 (㉠)에서 승리한 이후 계속된 정복 활동으로 지중해 일대를 장악하였다. 그러나 정복지의 값싼 곡물이 들어오고 소수 귀족이 노예를 이용한 (㉡)을 경영하면서 자영농이 토지를 잃고 몰락하였다.

3 다음에서 설명하는 인물을 〈보기〉에서 골라 기호를 쓰시오.

〔 보기 〕
ㄱ. 카이사르   ㄴ. 그라쿠스 형제

(1) 갈리아 원정에서 큰 공을 세우고 기원전 1세기경에 정권을 장악하였다. ( )

(2) 자영농의 몰락을 막기 위해 소수 유력자의 대토지 소유 제한, 농민에게 토지 재분배 등의 개혁을 시도하였다. ( )

핵심 콕콕

・포에니 전쟁과 공화정의 쇠퇴

포에니 전쟁 이후 사회 변화
포에니 전쟁에서 로마 승리 → 정복 전쟁으로 지중해 일대 장악 → 소수 귀족이 대농장(라티푼디움) 경영 → 자영농 몰락

↓

그라쿠스 형제의 개혁
자영농 몰락 방지를 위한 개혁 시도(유력자의 대토지 소유 제한, 농민에게 토지 재분배 등) → 귀족들의 반대로 실패

↓

카이사르의 집권
기원전 1세기경 사회 혼란을 수습하고 카이사르가 정권 장악

6 제정의 시작과 로마의 몰락

1. 로마 제정의 성립과 쇠퇴

(1) 제정의 성립: 옥타비아누스의 권력 장악(군대와 재정 등 전권 장악), 원로원으로부터 '⁺아우구스투스' 칭호를 받음, 실질적 제정 시작(기원전 27)

(2) 전성기: 영토 확장, 200여 년간 '로마의 평화(Pax Romana)'라 불리는 번영을 누림, 정복지에 시민권 부여, 상공업과 국제 무역 활발
└ 정치적·경제적 안정과 번영을 누리는 최고 전성기였어.

(3) 쇠퇴: 3세기경 군인 황제 시대 전개, 게르만족과 사산 왕조 페르시아의 침입
└ 군대의 정치 개입으로 황제가 자주 교체된 시기야.

2. 로마의 중흥 노력과 분열

(1) 중흥 노력: 3세기 말 디오클레티아누스의 ⁺4분할 통치, 4세기 초 콘스탄티누스 대제의 부흥 노력(크리스트교 공인, 콘스탄티노폴리스(비잔티움)로 수도 이동)

(2) 분열: 로마 제국이 동서로 분열(395) → 서로마 제국 멸망(476), 동로마 제국(비잔티움 제국)은 이후 1000여 년간 지속됨
└ 게르만족 출신 용병 대장에 의해 멸망하였어.

자료로 이해하기 로마의 영토 확장과 번영

범례:
■ 포에니 전쟁 이전의 로마 영역(기원전 264)
■ 로마의 최대 영역(117)
--- 로마의 동서 분열 경계선(395)

↑ 로마 제국의 영역

제정 성립 이후 로마는 약 200년간 '로마의 평화'로 불리는 번영을 누렸다. 특히 다섯 명의 훌륭한 황제가 연이어 즉위한 '오현제 시대'에는 강력한 군사력을 바탕으로 최대 영토를 확보하였다. 로마는 3세기 초에 새로 정복한 지역의 사람들에게 로마 시민권을 주어 사회 통합을 도모하였다. 또한 로마 제국 곳곳에 도로망이 깔리고 화폐와 도량형이 정비되어 상공업과 국제 무역도 활발해졌다.

⁺**아우구스투스**
'존엄한 자'라는 의미이다. 옥타비아누스는 스스로를 '제1 시민(프린켑스)'으로 자처하였으나, 실제로는 황제나 다름없었다.

↑ 옥타비아누스 조각상

⁺**4분할 통치**
로마의 디오클레티아누스는 제국을 두 명의 황제와 두 명의 부황제가 나누어 각각 통치하도록 하였다.

H 로마의 문화와 크리스트교

1. 로마의 문화: 넓은 제국을 다스리는 데 도움이 되는 실용적 문화 발달

건축	콜로세움(원형 경기장)·개선문·공중목욕탕·⁺수도교 등 건축, 로마 제국 전역을 연결하는 도로망 건설
법률	• 발달: 시민법(12표법, 로마 시민을 위한 법) → 만민법(제국의 모든 민족에게 적용) • 로마법 집대성: 비잔티움 제국의 유스티니아누스가 『유스티니아누스 법전』 편찬

2. 크리스트교의 등장과 확산

(1) 성립: 팔레스타인에서 예수 등장, 예수의 가르침이 각지에 전파되어 크리스트교 성립, 노예·여성·하층민을 중심으로 확산
┌ 예수가 죽은 뒤 베드로, 바울 등 그의 제자들이 제국 각지에 교회를 세워 사랑과 믿음을 통해 누구든지 구원을 받을 수 있다는 가르침을 전파하였어.

(2) 박해: 크리스트교도가 로마의 전통적 신들과 황제 숭배 거부 → 로마 제국의 박해를 받음(⁺카타콤에서 예배)
└ 아! 크리스트교도는 유일신을 믿기에 황제 숭배를 우상 숭배로 여겨 거부하였어.

(3) 공인: 크리스트교 확산 → 콘스탄티누스 대제의 밀라노 칙령(크리스트교 공인, 313)

(4) 국교화: 테오도시우스 황제가 로마의 국교로 인정(392) → 세계적 종교로 성장
└ 크리스트교는 그리스·로마 문화와 함께 유럽 문화의 기반이 되었어.

⁺**수도교**

도시에 물을 공급하기 위한 상수도 시설로 가장 윗부분은 수로, 아래는 사람과 마차의 이동로였다.

⁺**카타콤**
지하 묘지로, 초기 크리스트교도들은 로마 제국의 박해를 피해 이곳에서 예배를 드리기도 하였다.

1 다음 설명이 맞으면 ○표, 틀리면 ×표를 하시오.

(1) 로마 제국은 4분할 통치 시기에 멸망하였다.   (   )

(2) 서로마 제국은 동로마 제국 멸망 이후로도 1000여 년간 유지되었다.   (   )

(3) 옥타비아누스는 스스로를 제1 시민(프린켑스)으로 여겼으나 실제로는 황제나 다름
없었다.   (   )

2 로마는 제정 성립 이후 약 200년간 정치적·경제적 안정과 번영을 누리는 최고 전성기
를 맞이하였는데, 이 시기를 (   )라고 한다.

3 다음에서 설명하는 인물을 〈보기〉에서 골라 기호를 쓰시오.

〔 보기 〕
ㄱ. 옥타비아누스   ㄴ. 콘스탄티누스   ㄷ. 디오클레티아누스

(1) 콘스탄티노폴리스로 수도를 옮겼다.   (   )

(2) 원로원으로부터 아우구스투스의 칭호를 받았다.   (   )

(3) 제국을 4분할하여 두 명의 황제와 두 명의 부황제가 나누어 각각 통치하도록 하
였다.   (   )

핵심 콕콕

• 제정의 성립과 로마의 몰락

제정의 성립
• 옥타비아누스: '아우구스투스' 칭호 획득, 실질적 제정 시작 • 로마의 평화: 200여 년간 번영

↓

군인 황제 시대

↓

중흥 노력
• 디오클레티아누스: 4분할 통치 • 콘스탄티누스 대제: 크리스트교 공인, 콘스탄티노폴리스로 수도 이동

↓

동서 로마로 분열

---

1 다음 괄호 안의 내용 중 알맞은 말에 ○표를 하시오.

(1) 로마에서는 (실용적, 인간 중심적)인 문화가 발달하였다.

(2) 로마의 법률은 시민법에서 (관습법, 만민법)으로 발전하였다.

(3) (콘스탄티누스 대제, 유스티니아누스 황제)는 로마법을 집대성하여 법전을 편찬
하였다.

2 다음 빈칸에 들어갈 내용을 쓰시오.

(1) (   ) 황제는 크리스트교를 로마 제국의 국교로 인정하였다.

(2) 콘스탄티누스 대제는 313년에 (   )을 발표하여 크리스트교를 공인하였다.

(3) 예수의 가르침이 각지에 전파되면서 성립된 (   )는 노예, 여성, 하층민을
중심으로 확산되었다.

핵심 콕콕

• 실용적인 로마의 문화

건축	대규모 건축물과 도로망 건설
법률	'시민법 → 만민법'으로 발전, 이후 『유스티니아누스 법전』으로 집대성
종교	크리스트교 성립·확산 → 콘스탄티누스 대제 때 공인(밀라노 칙령) → 테오도시우스 황제 때 국교로 인정

01 에게 문명에 대한 설명으로 옳은 것을 〈보기〉에서 고른 것은?

〔 보기 〕
ㄱ. 여러 폴리스들이 등장하였다.
ㄴ. 기원전 2000년경부터 발달하였다.
ㄷ. 크레타 문명과 미케네 문명이 대표적이다.
ㄹ. 올림피아 제전을 통해 지역 간 유대감을 다졌다.

① ㄱ, ㄴ   ② ㄱ, ㄷ   ③ ㄴ, ㄷ
④ ㄴ, ㄹ   ⑤ ㄷ, ㄹ

02 다음과 같은 구조를 가진 도시 국가에 대한 설명으로 옳지 않은 것은?

신전   아크로폴리스   아고라

① 크리스트교를 국교로 삼았다.
② 아테네, 스파르타 등이 대표적이다.
③ 도시 국가들 간에 동족 의식을 지녔다.
④ 여러 도시 국가가 같은 언어를 사용하였다.
⑤ 평야 지대나 방어하기 좋은 곳에 주로 형성되었다.

03 아테네 민주 정치에 대한 설명으로 옳은 것은?

① 도편 추방제를 실시하였다.
② 여성들도 정치에 참여하였다.
③ 평민회에서 호민관을 선출하였다.
④ 유스티니아누스 황제 때 황금기를 맞았다.
⑤ 초기에는 귀족들이 원로원과 집정관을 독점하였다.

★ 시험에 잘 나와!

04 다음 연설을 한 인물이 집권한 시기 아테네의 정치로 옳지 않은 것은?

권력이 소수에 있지 않고 전 시민에게 있기 때문에 우리의 정치 제도를 민주주의라고 부릅니다. …… 만인은 법 앞에 평등합니다. …… 우리는 민회에서 정책을 결정하거나 적절한 토론에 부칩니다.   – 『역사』

① 민회가 입법권을 행사하였다.
② 직접 민주 정치가 정착되었다.
③ 공직자에게 수당을 지급하였다.
④ 재산 정도에 따라 일부 평민이 정치에 참여하였다.
⑤ 장군직을 제외한 공직자와 배심원을 추첨으로 뽑았다.

05 ㉠에 대한 설명으로 옳은 것은?

(㉠)은/는 도리아인이 원주민을 정복하고 세운 폴리스이다. 소수의 시민이 다수의 피지배층을 다스리기 위해 강력한 군사 통치를 실시하여 시민들은 어려서부터 엄격한 군사 훈련을 받았다.

① 델로스 동맹을 이끌었다.
② 도편 추방제를 실시하였다.
③ 포에니 전쟁에서 승리하였다.
④ 평민들이 정치를 담당하였다.
⑤ 민회에서 국가의 중대사를 결정하였다.

06 다음은 아테네 민주 정치의 발달 과정이다. 이를 일어난 순서대로 나열하시오.

㈎ 모든 시민에게 참정권이 부여되었다.
㈏ 재산 정도에 따라 정치 참여가 허용되었다.
㈐ 장군직을 제외한 모든 공직자를 추첨으로 뽑고 수당을 주었다.

07 지도와 같이 전개된 전쟁에 대한 설명으로 옳은 것은?

① 펠로폰네소스 동맹이 활약하였다.
② 에게 문명이 쇠퇴하는 결과를 가져왔다.
③ 라티푼디움이 운영되는 데 영향을 주었다.
④ 그리스의 폴리스들이 연합하여 승리하였다.
⑤ 스파르타가 폴리스의 주도권을 잡는 계기가 되었다.

08 (가) 시기에 그리스에서 있었던 사실로 옳은 것은?

(가)

그리스·페르시아   펠로폰네소스 전쟁
전쟁 발발   발발

① 포에니 전쟁이 일어났다.
② 델로스 동맹이 결성되었다.
③ 알렉산드리아가 건설되었다.
④ 유스티니아누스 법전이 편찬되었다.
⑤ 폴리스들이 마케도니아에 정복당하였다.

09 그리스 문화에 대한 탐구 활동으로 가장 적절한 것은?

① 12표법을 제정한 의의를 정리한다.
② 세계 시민주의가 발현한 사례를 찾아본다.
③ 인간 중심적 문화가 발달한 배경을 알아본다.
④ 포에니 전쟁 이후에 나타난 문화적 변화를 살펴본다.
⑤ 콜로세움과 같은 대규모 건축물이 세워진 이유를 검색한다.

10 밑줄 친 '이 사람'에 해당하는 역사가로 옳은 것은?

이 사람은 그리스·페르시아 전쟁사를 다룬 『역사』를 저술하였어요. 후대 사람들은 이 사람을 '역사의 아버지'라고 불렀지요.

① 호메로스   ② 소크라테스
③ 투키디데스   ④ 헤로도토스
⑤ 아리스토텔레스

11 ☆ 시험에 잘 나와!

다음 글을 뒷받침하는 문화유산으로 옳은 것은?

그리스 사람들은 조각, 건축 등에서 조화와 균형을 강조하였다.

①
⬆ 콜로세움

②
⬆ 파르테논 신전

③
⬆ 카타콤

④
⬆ 수도교

⑤
⬆ 지구라트

12 다음 조각상을 세운 나라의 문화에 대한 설명으로 옳지 않은 것은?

① 소피스트가 진리의 상대성을 강조하였다.
② 의학에서 히포크라테스가 업적을 남겼다.
③ 소크라테스가 절대적 진리를 주장하였다.
④ 철학의 관심이 자연 현상을 탐구하는 데 머물렀다.
⑤ 그리스 신화의 신들을 인간의 모습과 감정을 가진 것처럼 묘사하였다.

[13~14] 지도를 보고 물음에 답하시오.

13 (가) 제국에 대한 설명으로 옳은 것을 〈보기〉에서 고른 것은?

┌─ 보기 ┐
ㄱ. 세계 시민주의가 발달하였다.
ㄴ. 소수 귀족이 라티푼디움을 경영하였다.
ㄷ. 헬레니즘 세계의 형성에 영향을 주었다.
ㄹ. 마라톤 전투에서 페르시아를 격퇴하였다.
└──────┘

① ㄱ, ㄴ   ② ㄱ, ㄷ   ③ ㄴ, ㄷ
④ ㄴ, ㄹ   ⑤ ㄷ, ㄹ

14 (나) 왕의 활동으로 옳은 것은?

① 크리스트교 공인
② 올림피아 제전 개최
③ 함무라비 법전 편찬
④ 그리스어를 공용어로 채택
⑤ 왕의 눈, 왕의 귀로 불리는 감찰관 파견

15 다음 정책이 알렉산드로스 제국에 끼친 영향으로 가장 적절한 것은?

• 그리스인과 페르시아인의 결혼을 장려하였다.
• 정복한 지역에 알렉산드리아를 건설하고 그리스인을 이주시켰다.
• 동방의 군주정을 계승하고 정복지의 사람을 관리로 등용하였다.

① 공화정이 정착되었다.
② 헬레니즘 문화가 발달하였다.
③ 펠로폰네소스 전쟁이 일어났다.
④ 조로아스터교가 널리 확산되었다.
⑤ 서아시아 세계가 최초로 통일되었다.

16 ✿ 시험에 잘 나와!
16 ㉠ 문화에 대한 설명으로 옳지 않은 것은?

수행 평가 보고서
1. 탐구 주제: (㉠)의 특징
2. 탐구 자료

3. 탐구 결과: 미술 분야에서 사실적이고 생동감 있는 조각이 만들어졌다.

① 시민법에서 만민법으로 법률이 발달하였다.
② 개인의 행복을 추구하는 개인주의가 발달하였다.
③ 그리스 문화와 동방 문화가 융합되어 발달하였다.
④ 정신적 즐거움을 추구하는 에피쿠로스학파가 등장하였다.
⑤ 아르키메데스, 에우클레이데스 등의 활약으로 자연 과학이 발달하였다.

17 ☆시험에잘나와! 밑줄 친 '이 나라'에 대한 설명으로 옳은 것은?

> 이 나라의 공화정에는 세 가지 요소가 있는데, …… 집정
> 관은 …… 모든 정무를 장악한다. …… 원로원은 국고를
> 관리하며 수입과 지출을 통제한다. …… 시민은 법률을
> 통과시키거나 폐지할 수 있는 절대적인 권력을 지닌다.

① 포에니 전쟁에서 패배하였다.
② 정복지 곳곳에 알렉산드리아를 세웠다.
③ 평민들이 중장 보병으로 전쟁에 참여하였다.
④ 공화정 초기에는 평민들이 권력을 독점하였다.
⑤ 델로스 동맹의 맹주로 지중해 무역을 독점하였다.

18 다음은 로마 공화정을 구조화한 것이다. ㈎~㈐에 들어갈 내용을 옳게 연결한 것은?

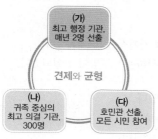

	㈎	㈏	㈐
①	원로원	집정관	평민회
②	집정관	원로원	평민회
③	집정관	평민회	원로원
④	평민회	원로원	집정관
⑤	평민회	집정관	원로원

19 로마에서 평민권이 신장되면서 나타난 모습으로 옳은 것을 〈보기〉에서 고른 것은?

> **보기**
> ㄱ. 원로원 구성   ㄴ. 호민관 선출
> ㄷ. 12표법 제정   ㄹ. 도편 추방제 실시

① ㄱ, ㄴ   ② ㄱ, ㄷ   ③ ㄴ, ㄷ
④ ㄴ, ㄹ   ⑤ ㄷ, ㄹ

20 지도에 나타난 전쟁의 결과로 옳은 것은?

① 라티푼디움이 확대되었다.
② 헬레니즘 문화가 발달하였다.
③ 펠로폰네소스 동맹이 결성되었다.
④ 아테네 민주정이 황금기를 맞았다.
⑤ 로마의 곡물이 외국으로 대량 유출되었다.

21 ☆시험에잘나와! 다음과 같은 개혁을 추진한 목적으로 적절한 것은?

> 소수 유력자의 대토지 소유를
> 제한하고 농민에게 토지를 재
> 분배해야 하며 국고 보조금을
> 지급해야 합니다.

① 제정 수립   ② 노예제 폐지
③ 델로스 동맹 견제   ④ 자영농 몰락 방지
⑤ 카이사르의 독재 붕괴

22 ㈎ 시기에 로마에서 있었던 사실로 옳은 것은?

그라쿠스 형제가 호민관이 되어 개혁을 추진하였다.	→	㈎	→	옥타비아누스가 정권을 장악하였다.

① 평민회가 만들어졌다.
② 카이사르가 집권하였다.
③ 크리스트교가 국교가 되었다.
④ 로마의 평화라 불리는 번영을 누렸다.
⑤ 두 명의 황제와 두 명의 부황제가 제국을 나누어 통치하였다.

✿시험에 잘 나와!
23 다음 인터뷰의 ㉠ 인물에 대한 설명으로 옳은 것은?

> • 기자: 여기는 로마입니다. 오늘은 반대파를 제거하고 권력을 잡은 인물을 만나보겠습니다. 스스로를 제1 시민(프린켑스)으로 부르는 이유가 무엇인가요?
> • (㉠): 나는 공화정의 여러 제도를 유지하거나 부활하였기 때문입니다.
> • 기자: 그렇지만 군대와 재정 등 전권을 장악하였으니 사실상 황제라고 보아도 무방하겠군요.

① 크리스트교를 공인하였다.
② 수도를 콘스탄티노폴리스로 옮겼다.
③ 동로마 제국(비잔티움 제국)을 세웠다.
④ 로마법을 집대성하여 법전을 편찬하였다.
⑤ 원로원으로부터 아우구스투스라는 칭호를 받았다.

[24~25] 지도를 보고 물음에 답하시오.

24 (가) 제국에 대한 신문 기사 제목으로 가장 적절한 것은?

① 민회 참석자, 수당 받는다
② 조로아스터교, 국교로 채택
③ 심층 분석, 스토아학파의 주장
④ 로마법, 제국의 모든 민족에게 적용되다
⑤ 알렉산드리아에 그리스인 이주가 시작되다

25 ㉠과 같이 수도를 옮긴 황제의 업적으로 옳은 것은?

① 제정 시대를 열었다.
② 12표법을 제정하였다.
③ 밀라노 칙령을 발표하였다.
④ 제국을 4분할로 나누어 통치하였다.
⑤ 아케메네스 왕조 페르시아를 격퇴하였다.

26 ㉠, ㉡에 들어갈 내용을 옳게 연결한 것은?

> 로마의 법률은 로마의 시민들 사이에 적용되는 (㉠)에서 로마 제국 안의 모든 민족에게 적용되는 만민법으로 발전하였다. 이러한 로마의 법률은 비잔티움 제국에서 (㉡)으로 집대성되었다.

	㉠	㉡
①	관습법	시민법
②	관습법	유스티니아누스 법전
③	시민법	12표법
④	시민법	유스티니아누스 법전
⑤	12표법	관습법

✿시험에 잘 나와!
27 다음 사실을 통해 알 수 있는 로마 문화의 특징으로 가장 적절한 것은?

> • 법률이 발달하였다.
> • 수도교, 공중목욕탕, 원형 경기장 등이 세워졌다.
> • 제국 전역의 도시들을 연결하는 도로망이 건설되었다.

① 실용적인 문화가 발달하였다.
② 여러 지역의 문화를 수용하였다.
③ 인간 중심적인 문화가 발달하였다.
④ 그리스 문화와 동방 문화가 융합되었다.
⑤ 개인주의, 세계 시민주의적인 성격을 보였다.

28 ㉠ 종교에 대한 설명으로 옳지 않은 것은?

 이곳은 (㉠)의 신도들이 만든 지하 묘지인 카타콤이다. 이들은 로마 제국의 박해를 피해 이곳에서 예배를 드리기도 하였다.

① 조로아스터교의 영향을 받았다.
② 선한 신인 아후라 마즈다를 믿었다.
③ 로마 황제에 대한 숭배를 거부하였다.
④ 노예, 여성, 하층민을 중심으로 확산되었다.
⑤ 테오도시우스 황제가 로마의 국교로 삼았다.

서술형 감잡기

01 다음을 읽고 물음에 답하시오.

> 권력이 소수에 있지 않고 전 시민에게 있기 때문에 우리의 정치 제도를 (㉠)(이)라고 부릅니다. …… 만인은 법 앞에 평등합니다. …… 공직에 임명할 때 그것은 그가 어느 특정한 계층에 속해 있기 때문이 아니라, 그가 갖고 있는 실질적 능력 때문입니다. 국가에 대하여 유익한 봉사를 할 수 있는 자라면 누구든지 빈곤 때문에 정치적으로 햇빛을 보지 못하는 일이 없습니다. …… 우리는 민회에서 정책을 결정하거나 적절한 토론에 부칩니다.
> – 페리클레스의 연설

(1) ㉠에 들어갈 정치 체제를 쓰시오.

(2) 아테네에서 전개된 ㉠ 정치의 특징을 서술하시오.

➡ 아테네는 (①   )에서 국가 중요 정책을 시민의 토론과 투표로 결정하였고, 장군직을 제외하고 공직자와 모든 배심원을 (②   )으로 뽑았으며, 이들에게 공무에 대한 수당을 주었다.

실전! 서술형 도전하기

02 다음 유물을 활용한 아테네의 제도를 쓰고, 그 시행 목적을 서술하시오.

사진은 아테네에서 사용된 도편으로, 일정 기준 이상 이름이 적힌 사람은 10년간 아테네에서 추방되었다.

03 다음을 읽고 물음에 답하시오.

> 조국을 위해 싸우고 죽어가는 로마 시민에게 남은 것은 햇볕과 공기밖에 없다. ㉠ 집도 없고 땅도 없이 처자식을 데리고 떠돌고 있다. …… 한 뼘의 땅도 갖지 못하고 있다.
> – 플루타르코스, 「영웅전」

(1) 밑줄 친 ㉠의 모습이 나타나게 된 배경을 서술하시오.

(2) 위와 같은 상황을 해결하기 위해 그라쿠스 형제가 시도한 개혁 정책을 두 가지 서술하시오.

04 다음과 같은 상황에서 나타난 헬레니즘 문화의 특징을 두 가지 서술하시오.

> 알렉산드로스의 동방 원정으로 대제국이 세워져 폴리스 중심의 공동체 의식이 줄어들었다.

05 다음 자료를 통해 알 수 있는 로마 문화의 특징과 그러한 특징이 나타난 배경을 서술하시오.

↑ 콜로세움   ↑ 수도교

✓ 핵심 선택지 다시보기

1 사료란 유적, 유물과 같이 유형의 것만 해당한다. (　)

2 사료는 검토와 비판 과정을 거쳐 역사 서술에 활용된다. (　)

3 역사 학습을 통해 미래를 전망하는 안목을 기를 수 있다. (　)

4 오스트랄로피테쿠스 아파렌시스는 동굴 벽화를 남겼다. (　)

5 신석기 시대에는 토기를 만들어 식량 보관과 조리에 이용하였다. (　)

6 수메르인은 쐐기 문자를 만들어 교역 내용 등을 기록하였다. (　)

7 이집트 문명에서 유대교를 창시하였다. (　)

8 아리아인은 브라만교를 만들었다. (　)

9 상 왕조는 신전인 지구라트를 세웠다. (　)

10 주에서 제후는 주로 왕실과 혈연관계로 맺어졌다. (　)

○ 01 × 6 ⊗ 8 × 9 ○ 9
○ 1 × 2 ○ 3 × 4 × 5 **답**

01 역사의 의미와 역사 학습의 목적 ~ 세계의 선사 문화와 고대 문명

(1) 역사의 의미와 역사 연구의 방법

역사의 의미	• 사실로서의 역사: 과거에 일어난 사실, 객관적 • 기록으로서의 역사: 과거에 일어난 사실에 대한 기록, 주관적
역사의 연구	사료 비판을 통해 검증된 사료(유적, 유물, 기록 등)를 바탕으로 과거 상황 분석 → 역사가가 과거 상황을 해석하여 역사 서술

(2) 역사 학습의 목적과 시대를 읽는 방법

역사 학습의 목적	정체성 확인, 역사적 사고력·비판력 향상, 교훈 획득, 미래를 전망하는 안목 양성, 상호 존중의 자세 확립
시대를 읽는 방법	연호 사용, 연대는 주로 서력기원 사용, 100년 단위로 세기 구분

(3) 인류의 진화와 선사 문화의 발달

인류의 진화	오스트랄로피테쿠스 아파렌시스(직립 보행) → 호모 에렉투스(불과 간단한 언어 사용) → 호모 네안데르탈렌시스(시체 매장) → 호모 사피엔스(현생 인류인 크로마뇽인 등장)
선사 문화	• 구석기 시대: 뗀석기 사용, 사냥·물고기잡이 등으로 식량 마련, 무리·이동 생활, 시체 매장, 예술품 제작(조각상, 동굴 벽화 등) • 신석기 시대: 간석기 사용, 토기 제작, 농경과 목축 시작, 정착 생활 시작(움집 건축), 태양·특정 동물·영혼 등 숭배

(4) 고대 문명

문명의 발생	큰 강 유역에서 발생, 사유 재산제·계급 발생, 청동기 사용 → 도시 국가 형성, 문자 사용
메소포타미아 문명	• 수메르인의 도시 국가: 기원전 3500년경 티그리스강과 유프라테스강 사이에 건설, 지구라트 건축, 신권 정치, 현재의 삶 중시, 쐐기 문자 사용 • 바빌로니아 왕국: 아무르인이 건설, 함무라비왕 때 전성기 이룩(함무라비 법전 편찬) → 히타이트에 멸망
이집트 문명	기원전 3000년경 나일강 유역에서 통일 왕국 성립, 파라오가 신권 정치, 사후 세계 신봉(미라·「사자의 서」 제작, 피라미드 건설), 천문학·수학·측량법 발달, 상형 문자 사용
지중해 연안	• 페니키아: 기원전 1200년경 페니키아인이 건국, 표음 문자 사용 • 헤브라이: 팔레스타인 지방에서 헤브라이인이 헤브라이(이스라엘) 왕국 건설, 유대교 창시
인도 문명	• 드라비다인: 기원전 2500년경 인더스강 유역에 계획도시 건설(하라파, 모헨조다로 등), 그림 문자 사용 • 아리아인: 철기 사용, 카스트제(바르나) 시행, 브라만교 성립
중국 문명	• 형성: 기원전 2500년경 황허강 유역을 중심으로 도시 국가 형성 • 상: 기원전 1600년경 황허강 중류 지역에서 성립, 신권 정치, 갑골 문자 사용, 청동기 제작 • 주: 천명사상을 토대로 군주에게 절대적 권위 부여, 봉건제 실시

02~03 고대 제국들의 특성과 주변 세계의 성장

(1) 고대 서아시아 세계

아시리아	철제 무기, 전차 등을 토대로 서아시아 세계 통일 → 강압적 통치
아케메네스 왕조 페르시아	• 관용 정책: 세금을 내면 피정복민의 고유한 풍습 존중, 자치 인정 • 전성기: 다리우스 1세 때 지방에 총독과 감찰관 파견, '왕의 길' 정비
파르티아	이란계 유목 민족이 건국, 동서 무역으로 번영
사산 왕조 페르시아	아케메네스 왕조 페르시아의 부흥 표방, 동서 무역 주도
페르시아의 문화	국제적 성격의 문화 발전, 조로아스터교 등장·확산

(2) 고대 동아시아 세계

춘추 전국 시대	철제 농기구와 철제 무기 사용, 제자백가 출현(유가, 묵가, 법가, 도가 등)
진	최초로 중국 통일, 시황제의 통치(군현제 실시, 통일 정책, 만리장성 축조)
한	• 한: 고조의 중국 재통일, 군국제 시행 → 무제의 통치(군현제의 전국적 실시, 유교의 통치 이념화, 장건의 서역 파견, 소금과 철의 전매 제도 실시) • 신: 왕망이 건국, 토지 국유화 등 추진 • 후한: 유수(광무제)가 건국, 호족 성장 → 농민 반란, 호족 봉기 • 한의 문화: 훈고학 발달, 사마천의 『사기』 편찬, 채륜의 제지술 개량
흉노	유목 제국 건설 → 한과 화친 조약 체결 → 한 무제의 공격으로 쇠퇴

(3) 그리스 세계와 헬레니즘 세계

그리스 세계	• 에게 문명: 크레타 문명, 미케네 문명 등 발달 • 폴리스의 형성: 아테네(민주 정치 발전), 스파르타(강력한 군사 통치) 등 형성 → 그리스·페르시아 전쟁 승리 → 펠로폰네소스 전쟁으로 쇠퇴 • 문화: 합리적·인간 중심적 문화 발전 → 호메로스의 『일리아드』 편찬, 그리스 양식 발달(조화와 균형 중시), 철학에서 소피스트·소크라테스 활동, 헤로도토스의 『역사』 저술
헬레니즘 세계	• 알렉산드로스 제국: 그리스 문화 전파, 동서 융합 정책 • 헬레니즘 문화: 개인주의, 세계 시민주의 발달 → 스토아학파와 에피쿠로스학파 등장, 자연 과학 발달, 미술 발달(사실적·생동감 있는 표현 추구)

(4) 로마 제국

정치	• 공화정: 기원전 6세기 말 귀족들이 수립 → 평민권 확대(평민회 구성, 호민관 선출, 12표법 제정) → 포에니 전쟁 이후 귀족의 대농장(라티푼디움) 경영 → 그라쿠스 형제의 개혁(자영농 몰락 방지 목적, 실패) • 제정: 옥타비아누스의 권력 장악('아우구스투스' 칭호 획득) → '로마의 평화' 시대 → 군인 황제 시대, 이민족 침입 → 중흥 노력(디오클레티아누스의 4분할 통치, 콘스탄티누스 대제의 천도 등) → 동서 로마로 분열
문화	• 실용적 문화 발달: 건축(수도교, 도로 등 건설), 법률(시민법 → 만민법) 발달 • 크리스트교: 제국 내 확산 → 황제 숭배 거부로 박해를 받음 → 콘스탄티누스 대제의 밀라노 칙령 발표(크리스트교 공인) → 테오도시우스 황제의 국교 채택

☑ 핵심 선택지 다시보기

1 다리우스 1세는 공용어로 페르시아어를 사용하게 하였다. ( )

2 조로아스터교는 크리스트교의 영향을 받아 최후의 심판을 믿었다. ( )

3 춘추 전국 시대에는 제자백가가 등장하였다. ( )

4 진의 시황제는 법가 사상을 기반으로 통치하였다. ( )

5 한 무제는 유교를 통치 이념으로 삼았다. ( )

6 페리클레스 시기 아테네에서는 재산 정도에 따라 일부 평민이 정치에 참여하였다. ( )

7 스파르타에서 도편 추방제를 실시하였다. ( )

8 알렉산드로스 제국은 헬레니즘 세계의 형성에 영향을 주었다. ( )

9 로마 공화정 초기에는 평민들이 권력을 독점하였다. ( )

10 옥타비아누스는 원로원으로부터 아우구스투스라는 칭호를 받았다. ( )

답 1 × 2 × 3 ○ 4 ○ 5 ○ 6 × 7 × 8 ○ 9 × 10 ○

☑ 핵심 선택지 다시보기의 정답을 맞힌 개수만큼 아래 표에 색칠해 보자. 많이 틀린 단원은 되돌아가 복습해 보자.

01 역사의 의미와 역사 학습의 목적 ~ 세계의 선사 문화와 고대 문명

😣 😕 🙂 😊 😄   10쪽

02~03 고대 제국들의 특성과 주변 세계의 성장

😣 😕 🙂 😊 😄   22, 36쪽

01 역사의 의미와 역사 학습의 목적
~ 세계의 선사 문화와 고대 문명

01 (가)에 들어갈 답변으로 적절하지 <u>않은</u> 것은?

역사 연구는 어떻게 이루어지는지 아니?

(가)

① 역사적 상상력은 배제돼.
② 사료를 바탕으로 과거 사실을 짐작하지.
③ 사료 비판을 통해 사료의 내용을 검증해.
④ 사료를 토대로 당시의 상황을 분석하고 해석해.
⑤ 고고학, 문화 인류학 등을 통해 과거의 사실을 연구해.

02 다음과 같은 방법으로 도구를 제작한 시기의 생활 모습으로 옳은 것을 〈보기〉에서 고른 것은?

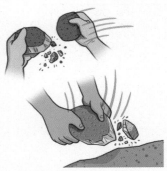

┌─ 보기 ┐
ㄱ. 뼈바늘을 이용하여 옷을 만들었다.
ㄴ. 토기를 만들어 곡식을 저장하였다.
ㄷ. 주로 동굴이나 막집에서 생활하였다.
ㄹ. 다산과 풍요를 기원하며 조각상을 만들었다.
└─────────────┘

① ㄱ, ㄴ   ② ㄱ, ㄷ   ③ ㄴ, ㄷ
④ ㄴ, ㄹ   ⑤ ㄷ, ㄹ

03 4대 문명 발생 지역의 공통점으로 옳은 것은?

① 평등한 사회였다.
② 폐쇄적인 지형이었다.
③ 험준한 산과 섬이 많았다.
④ 큰 강 유역으로 농경이 발달하였다.
⑤ 지역의 가장 높은 언덕에 형성되었다.

04 다음 유적을 남긴 문명에 대한 설명으로 옳은 것은?

① 갑골 문자를 사용하였다.
② 천문학과 수학이 발달하였다.
③ 갠지스강 유역까지 진출하였다.
④ 함무라비왕 때 전성기를 누렸다.
⑤ 유일신을 믿는 유대교를 창시하였다.

05 ㉠ 나라에 대한 설명으로 옳은 것은?

(㉠)에서는 나라의 중요한 일을 점을 쳐서 결정하였다. 거북이의 배딱지(갑)나 짐승 뼈(골)에 작은 구멍을 뚫고 불로 지져서 갈라지는 금의 모양을 보고 신의 뜻을 판단하였다. 점의 결과는 갑골에 새겼는데, 이때 사용된 문자를 갑골 문자라고 한다.

① 봉건제를 실시하였다.
② 베다를 경전으로 삼았다.
③ 태양력과 10진법을 사용하였다.
④ 메소포타미아 지방과 교역을 하였다.
⑤ 제정일치의 신권 정치를 실시하였다.

06 다음 인장이 발견된 문명에 대한 설명으로 옳은 것은?

① 계획도시를 건설하였다.
② 지구라트라는 신전을 세웠다.
③ 함무라비 법전을 편찬하였다.
④ 황허강 중류 지역에서 성장하였다.
⑤ 파라오가 강력한 왕권을 행사하였다.

◎2 고대 제국들의 특성과 주변 세계의 성장(1)

07 밑줄 친 '이 나라'에 대한 설명으로 옳은 것은?

> 이 나라는 기마 전술과 철제 무기, 전차를 앞세워 서아시아 세계를 최초로 통일하였다.

① 로마 제국과 경쟁하였다.
② 그리스와의 전쟁에서 패배하였다.
③ 인더스강 부근까지 영토를 넓혔다.
④ 왕의 길이라는 도로를 건설하였다.
⑤ 피지배 민족을 가혹하게 통치하였다.

08 다음 통치를 펼친 나라에 대한 설명으로 옳은 것은?

> 나 키루스(키루스 2세)는 아후라 마즈다(최고의 신)의 뜻에 따라 말하니 내가 살아 있는 한 너희의 전통과 종교를 존중할 것이다. …… 빚 때문에 남자도 여자도 노예로 삼는 일을 금한다.
> – 키루스 2세의 원통 비문

① 이란계 유목 민족이 세웠다.
② 그리스어를 공용어로 삼았다.
③ 정복지에 알렉산드리아를 건설하였다.
④ 비잔티움 제국과의 전쟁으로 쇠퇴하였다.
⑤ 전국을 여러 주로 나누어 총독을 파견하였다.

---

09 다음 문화유산을 남긴 나라에 대한 설명으로 옳은 것은?

⬆ 페르세폴리스 궁전으로 들어가는 만국의 문 ⬆ 날개 달린 사자 장식 뿔잔

① 조로아스터교를 널리 믿었다.
② 파피루스에 사자의 서를 적었다.
③ 사산 왕조 페르시아에 멸망하였다.
④ 철학자 집단인 소피스트가 등장하였다.
⑤ 알파벳의 기원이 된 표음 문자를 만들었다.

➕ 창의·융합

10 ㉠ 시기의 사회 모습으로 옳은 것을 〈보기〉에서 고른 것은?

> **새로운 사상의 등장**
> 1. 시기: (㉠)
> 2. 주요 내용
>   – 유가: 인과 예를 바탕으로 한 도덕 정치 강조
>   – 묵가: 차별 없는 사랑과 평화 강조
>   – 법가: 엄격한 법과 제도에 따른 정치 강조
>   – 도가: 자연의 순리에 따르는 삶 추구

〔 보기 〕
ㄱ. 철제 농기구가 제작되었다.
ㄴ. 분서갱유로 유학자들이 탄압받았다.
ㄷ. 시장이 발달하여 다양한 화폐가 사용되었다.
ㄹ. 봉건제와 군현제를 절충한 군국제를 실시하였다.

① ㄱ, ㄴ   ② ㄱ, ㄷ   ③ ㄴ, ㄷ
④ ㄴ, ㄹ   ⑤ ㄷ, ㄹ

11 다음의 평가를 받은 인물에 대한 설명으로 옳지 <u>않은</u> 것은?

> 그는 탐욕스러웠고, 자만하여 공신을 신임하지 않았다. 선비와 백성을 너그럽게 대하지 않고, 개인의 권력을 앞세워 제자백가의 서적을 불태웠다. 형법을 혹독하게 집행하고, 거짓된 술수를 부리며 폭력을 앞세워 포악한 정치를 펼쳤다.
> — 사마천, 「사기」

① 군현제를 실시하였다.
② 도로망을 정비하였다.
③ 만리장성을 축조하였다.
④ 화폐, 도량형, 문자를 통일하였다.
⑤ 소금과 철의 전매 제도를 실시하였다.

12 다음 활동을 펼친 인물의 재위 기간에 있었던 사실로 옳은 것은?

> • 고조선 정복
> • 군현제의 전국적 실시

① 봉건제 시행
② 분서갱유 단행
③ 카스트제 성립
④ 장건의 서역 파견
⑤ 호경에서 낙읍으로 천도

13 ㉠ 왕조의 문화에 대한 설명으로 옳은 것은?

• 이름: 채륜
• 활동 시기: (㉠)
• 활동 내용: 식물 섬유에서 종이를 만드는 기술을 완성하여 학문과 문화 확산에 이바지함

① 12표법이 제정되었다.
② 제자백가가 등장하였다.
③ 갑골 문자가 사용되었다.
④ 라오콘 군상이 제작되었다.
⑤ 사마천이 사기를 편찬하였다.

03 고대 제국들의 특성과 주변 세계의 성장(2)

14 ㉠에 대한 설명으로 옳은 것을 〈보기〉에서 고른 것은?

> 그리스는 여러 (㉠)(으)로 나뉘어 있었다. (㉠)은/는 보통 중심부인 아크로폴리스에 신을 모시는 신전을 두었고, 그 아래에 시민의 공공 생활 장소인 아고라가 있는 구조였다.

┌ 보기 ┐
ㄱ. 동족 의식을 지녔다.
ㄴ. 기원전 2000년경부터 발달하였다.
ㄷ. 올림피아 제전에서 유대감을 다졌다.
ㄹ. 크레타섬 등을 중심으로 발전하였다.

① ㄱ, ㄴ
② ㄱ, ㄷ
③ ㄴ, ㄷ
④ ㄴ, ㄹ
⑤ ㄷ, ㄹ

➕ 창의·융합
15 밑줄 친 '이 나라'의 문화에 대한 설명으로 옳은 것은?

> **수행 평가 보고서**
>
> 1. 탐구 주제: <u>이 나라</u>의 건축 양식
> 2. 수집 자료
>
>  파르테논 신전은 건축물의 높이와 너비, 길이 사이의 황금 비율을 맞추어 수학적으로 적절한 균형을 이루고 있다.
>
> 3. 자료 분석: <u>이 나라</u>에서는 조화와 균형을 강조한 건축 양식이 발달하였다.

① 크리스트교가 널리 확산되었다.
② 헤로도토스가 역사를 저술하였다.
③ 유스티니아누스 법전이 편찬되었다.
④ 상수도 시설인 수도교가 건설되었다.
⑤ 콜로세움과 같은 대형 건축물이 세워졌다.

[16~17] 지도를 보고 물음에 답하시오.

16 지도의 원정을 한 인물에 대한 설명으로 옳은 것은?

① 파르티아를 멸망시켰다.
② 조로아스터교를 국교로 삼았다.
③ 그리스와의 전쟁에서 패배하였다.
④ 페르시아어를 공용어로 사용하였다.
⑤ 정복한 지역에 그리스인을 이주시켰다.

17 지도에 나타난 원정의 결과 발달한 문화의 특징으로 가장 적절한 것은?

① 실용적
② 유교 중심
③ 인간 중심적
④ 세계 시민주의
⑤ 조화와 균형 강조

18 밑줄 친 '전쟁'이 로마 사회에 끼친 영향으로 옳은 것을 〈보기〉에서 고른 것은?

기원전 264년부터 기원전 146년까지 로마와 카르타고가 세 차례에 걸쳐 전쟁을 벌였다. 이 전쟁에서 로마가 승리함으로써 카르타고는 완전히 멸망하였다.

{ 보기 }
ㄱ. 자영 농민층이 몰락하였다.
ㄴ. 지중해 일대를 장악하였다.
ㄷ. 호민관 제도가 시행되었다.
ㄹ. 제국이 4개로 분할 통치되었다.

① ㄱ, ㄴ
② ㄱ, ㄷ
③ ㄴ, ㄷ
④ ㄴ, ㄹ
⑤ ㄷ, ㄹ

19 다음 인물에 대한 설명으로 옳은 것은?

나는 군 지휘권과 주요 관직을 차지하고 있지만 제1 시민(프린캡스)일 뿐입니다.

① 밀라노 칙령을 공포하였다.
② 크리스트교를 국교로 삼았다.
③ 카르타고와의 전쟁에서 승리하였다.
④ 독재에 반대한 세력에게 암살당하였다.
⑤ 원로원으로부터 아우구스투스라고 불렸다.

20 다음에서 설명하는 인물로 옳은 것은?

로마 제국의 부흥에 힘써 크리스트교를 공인하고 콘스탄티노폴리스로 수도를 옮겼다.

① 카이사르
② 옥타비아누스
③ 콘스탄티누스 대제
④ 테오도시우스 황제
⑤ 디오클레티아누스 황제

21 다음 유적을 남긴 나라의 문화에 대한 탐구 활동으로 가장 적절한 것은?

↑ 콜로세움

↑ 수도교

① 에피쿠로스학파의 주장을 살펴본다.
② 개인주의가 발달한 이유를 검색한다.
③ 크리스트교가 확산된 배경을 알아본다.
④ 소피스트의 등장으로 바뀐 문화 경향을 찾아본다.
⑤ 헬레니즘 문화가 그리스의 문화와 다른 점을 비교한다.

Ⅱ

세계 종교의 확산과
지역 문화의 형성

01 불교 및 힌두교 문화의 형성과 확산

A 불교의 성립

1. 불교의 성립 배경
(1) 기원전 7세기경~기원전 6세기경 철기 문화 보급: 도시 국가 간의 전쟁 → 크샤트리아 (정치·군사 담당) 성장, 농업·상공업 발달 → 바이샤(생산 담당)의 영향력 확대
(2) 브라만교·카스트제에 대한 비판: 크샤트리아와 바이샤 세력을 중심으로 브라만교의 형식화된 제사 의식과 카스트제의 신분 차별에 반발
> 전생에 쌓은 업의 결과로 현생의 신분이 결정된 것이라고 보았어.

2. 불교의 성립과 확산
> 인도 카필라 왕국의 왕자로 태어난 그는 고된 수행 끝에 깨달음을 얻어 부처가 되었어.

성립	기원전 6세기경 고타마 싯다르타(석가모니)가 불교 창시
교리	• 해탈 강조: 누구나 욕심을 버리고 올바르게 수행하면 번뇌와 ⁺윤회의 고통에서 벗어나 ⁺해탈할 수 있다고 주장 • 자비와 평등 강조: 브라만교의 권위주의와 카스트에 따른 신분 차별에 반대
확산	크샤트리아·바이샤 세력의 지원 → 인도 각지로 전파

⬆ 고행 중인 석가모니

+ 윤회
수레바퀴가 계속 굴러가듯 생명이 있는 모든 존재는 태어나고 죽기를 반복한다는 사상

+ 해탈
윤회에서 벗어나 속박 없는 자유로운 상태에 이르는 것

B 마우리아 왕조의 성립과 발전

1. 마우리아 왕조의 성립:
> 마케도니아의 왕으로, 인도 서북부 지역을 침입하였어.

기원전 4세기까지 인도는 작은 왕국들로 분열 → 알렉산드로스의 침입 → 찬드라굽타 마우리아가 마우리아 왕조를 세우고 최초로 북인도 통일

2. 마우리아 왕조의 발전:
> 아소카왕 사후 마우리아 왕조는 쇠퇴하였고, 인도는 다시 분열되었어.

기원전 3세기경 아소카왕 때 전성기 이룩
(1) ⁺영토 확장: 칼링가 왕국 정복, 남부를 제외한 인도 대부분 통일
(2) 중앙 집권 체제 정비: 도로망·관개 시설 정비, 전국에 관리 파견, 지역 간 교류 확대
(3) 불교 장려: 전국에 통치 방침과 불교의 가르침을 새긴 돌기둥(석주) 건립, 불교 경전 정리, 사원과 탑 건립(⁺산치 대탑 등), 주변 지역에 사절과 승려 파견, 개인의 해탈을 강조하는 상좌부 불교 발전(실론과 동남아시아 등지로 전파)
> 부처의 가르침을 그대로 따를 것과 엄격한 수행을 통한 개인의 해탈을 중시하였어.

📖 자료로 이해하기 아소카왕의 불교 장려 정책

⬆ 아소카왕의 돌기둥
> 지혜와 용기를 상징하는 사자는 왕의 권위를 나타내.

> 수레바퀴는 불교의 법과 진리를 상징해.

칼링가를 정복하면서 나는 결코 돌이킬 수 없는 양심의 가책을 느꼈다. 그들의 영토가 시체로 뒤덮힌 처참한 광경을 바라보면서 나의 가슴은 찢어졌다. …… 앞으로 나는 오직 진리에 맞는 법만을 실천하고 가르칠 것이다. — 아소카왕의 돌기둥에 새겨진 글

아소카왕은 칼링가 왕국을 정복하는 과정에서 전쟁의 참혹함을 깨닫고 이후 불교의 가르침에 따라 나라를 다스렸다. 그는 자신의 통치 방침을 전국 각지의 돌기둥과 암석 등에 새겨 사람들에게 널리 알렸다.

+ 마우리아 왕조의 영역

> 마우리아 왕조의 최대 영역 / 아소카왕의 돌기둥(석주)
> 펀자브, 탁실라, 히말라야산맥, 파탈리푸트라, 마우리아 왕조, 칼링가, 아라비아해, 벵골만

+ 산치 대탑

아소카왕이 세운 것으로, 현존하는 가장 오래된 불탑이다.

무엇을 배울까?
- 불교의 성립과 확산
- 마우리아 왕조의 성립과 발전
- 쿠샨 왕조의 성립과 간다라 양식의 발달
- 굽타 왕조의 성립과 힌두교 문화의 발달

1 다음 설명이 맞으면 ○표, 틀리면 ×표를 하시오.

(1) 인도에 철기 문화가 널리 퍼지면서 도시 국가 간의 전쟁이 자주 일어나 브라만이 성장하였다. ( )

(2) 크샤트리아와 바이샤 세력은 브라만교의 형식화된 제사 의식과 카스트제의 신분 차별에 반발하였다. ( )

2 다음 빈칸에 들어갈 내용을 쓰시오.

(1) 기원전 6세기경 인도의 ( )가 불교를 창시하였다.

(2) 불교에서는 윤회에서 벗어나 속박 없는 자유로운 상태에 이르는 ( )을 강조하였다.

핵심 콕콕

• 불교의 성립과 확산

배경	크샤트리아와 바이샤의 성장 → 브라만교와 카스트제 비판
창시	기원전 6세기경 고타마 싯다르타(석가모니)가 불교 창시 → 해탈 강조, 자비와 평등 강조
확산	크샤트리아와 바이샤 세력의 지원 → 인도 각지로 불교 전파

1 ㉠, ㉡에 들어갈 내용을 각각 쓰시오.

기원전 4세기까지 작은 왕국들로 분열되어 있었던 인도는 이 무렵 마케도니아의 (㉠)가 침입하면서 더욱 혼란해졌다. 이후 찬드라굽타 마우리아가 (㉡)를 세우고 최초로 북인도를 통일하였다.

2 아소카왕의 업적만을 〈보기〉에서 있는 대로 골라 기호를 쓰시오.

〔 보기 〕
ㄱ. 산치 대탑 건립
ㄴ. 마우리아 왕조 건국
ㄷ. 북인도를 최초로 통일
ㄹ. 도로망과 관개 시설 정비

3 마우리아 왕조 시기에는 엄격한 수행을 통한 개인의 해탈을 강조하는 불교 종파인 ( )가 발전하였다.

핵심 콕콕

• 마우리아 왕조의 성립과 발전

마우리아 왕조의 성립
찬드라굽타 마우리아가 마우리아 왕조 건국

↓

아소카왕 때 전성기 이룩
영토 확장(남부를 제외한 인도 대부분 통일), 도로망과 관개 시설 정비, 전국에 관리 파견, 불교 경전 정리, 산치 대탑 건립, 상좌부 불교 발전

C 쿠샨 왕조의 성립과 발전

1. 쿠샨 왕조의 성립: 1세기경 이란 계통의 유목민(쿠샨족)이 건국 → 인도 북부 재통일

2. 쿠샨 왕조의 발전: 2세기 중엽 카니슈카왕 때 전성기 이룩

(1) ⁺영토 확장: 북인도에서 중앙아시아에 이르는 영토 차지, 중국·인도·서아시아를 잇는 동서 무역로 장악 → 중계 무역으로 번영

(2) 불교 장려: 사원과 탑 건립, 불경 정리 및 연구 지원, 많은 사람(중생)의 구제를 강조하는 ⁺대승 불교 발전(동아시아에 전파)
└ 부처를 초월적인 존재로 신격화하여 신앙의 대상으로 삼았어.

＋ 쿠샨 왕조의 영역

＋ 대승 불교

대승(大乘)은 '많은 사람을 구제하여 극락으로 태우고 가는 큰 수레'라는 뜻이다. 대승 불교에서는 개인의 구제에 치우친 상좌부 불교를 소승(小乘)이라고 비판하였다.

📖 자료로 이해하기 불교의 전파 ─ 대승 불교는 비단길을 통해 중앙아시아를 거쳐 중국에 전해졌어.

불교는 인도에서 창시된 이후 아시아 각지로 전파되었다. 불교 성립 초기에는 석가모니의 가르침을 그대로 따를 것과 개인의 해탈을 강조한 상좌부 불교가 유행하였다. 마우리아 왕조의 아소카왕이 상좌부 불교의 전파에 힘을 쏟으면서 상좌부 불교는 실론과 동남아시아 등지로 전파되었다. 한편, 대승 불교는 개인의 해탈보다는 선행을 통한 많은 사람(중생)의 구제를 강조하였다. 대승 불교는 쿠샨 왕조의 카니슈카왕의 전파 노력에 힘입어 중앙아시아를 거쳐 중국, 한국, 일본 등 동아시아 지역에 전파되었다.

D 간다라 양식의 발달

1. 간다라 양식(간다라 미술)의 성립: 알렉산드로스의 원정 이후 간다라 지방에 그리스인 정착, 헬레니즘 문화의 영향을 받은 불상 제작 → 쿠샨 왕조의 간다라 지방에서 인도 문화와 헬레니즘 문화가 융합된 간다라 양식 발달

2. 간다라 양식의 전파: ⁺동아시아에 전파 → 불상 제작에 영향을 줌

＋ 간다라 양식의 동아시아 전파

간다라 양식은 대승 불교와 함께 비단길을 따라 동아시아로 전파되어 중국과 한국, 일본의 불상 제작에 영향을 주었다.

그리스 신상의 영향으로 곱슬머리, 움푹 들어간 눈, 오똑한 콧날, 섬세한 옷 주름 등의 특징이 나타나.

📖 자료로 이해하기 인도 불교문화의 발달

⬆ 보리수　⬆ 부처의 발자국　⬆ 그리스 신상　⬆ 간다라 불상

초기 불교도는 불상을 만들지 않고 부처를 보리수, 부처의 발자국, 수레바퀴 등으로 표현하였다. 알렉산드로스의 원정 이후 그리스인이 신을 인간의 형상과 같이 조각하는 것을 본 인도인들도 불상을 만들기 시작하였다. 그리하여 간다라 지방에서는 인도 문화와 헬레니즘 문화가 융합된 간다라 양식이 발달하였다.

1 쿠산 왕조에 대한 설명이 맞으면 〇표, 틀리면 ×표를 하시오.

(1) 찬드라굽타 마우리아가 건국하였다. ( )

(2) 2세기 중엽 카니슈카왕 때 전성기를 누렸다. ( )

(3) 중국, 인도, 서아시아를 잇는 동서 무역로를 장악하고 중계 무역으로 번영을 누렸다.
( )

2 쿠산 왕조 시기에 발전하였으며, 개인의 해탈보다 많은 사람(중생)의 구제를 강조하는 불교 종파를 ( )라고 한다.

3 다음 불교 종파와 그 전파 지역을 옳게 연결하시오.

(1) 대승 불교 •

(2) 상좌부 불교 •

• ㉠ 동아시아

• ㉡ 실론과 동남아시아

• **쿠산 왕조의 성립과 발전**

쿠산 왕조의 성립
1세기경 이란 계통의 유목민이 쿠산 왕조 건국 → 인도 북부 재통일

↓

카니슈카왕 때 전성기 이룩
북인도에서 중앙아시아에 이르는 영토 차지, 중계 무역으로 번영, 사원과 탑 건립, 대승 불교 발전

1 ㉠, ㉡에 들어갈 내용을 각각 쓰시오.

알렉산드로스의 동방 원정 이후 (㉠   ) 왕조의 간다라 지방에서는 인도 문화와 (㉡   )가 융합된 간다라 양식이 발달하였다.

• **간다라 양식**

성립	알렉산드로스의 원정 → 쿠산 왕조의 간다라 지방에서 인도 문화와 헬레니즘 문화가 융합된 간다라 양식 발달
전파	동아시아에 전파되어 불상 제작에 영향을 줌

2 간다라 양식에 해당하는 문화유산만을 〈보기〉에서 있는 대로 골라 기호를 쓰시오.

〔 보기 〕

ㄱ.   ㄴ.   ㄷ.

01 불교 및 힌두교 문화의 형성과 확산

E 굽타 왕조와 힌두교의 발전

1. 굽타 왕조의 성립과 발전

성립	찬드라굽타 1세가 인도 북부 통일, 굽타 왕조 건국(320)
발전	5세기 초 찬드라굽타 2세 때 전성기 이룩 → +영토 확장(북인도 대부분 차지, 인도 중부까지 세력 확장), 활발한 해상 무역으로 경제적 번영, 종교와 문화 발달
멸망	5세기 이후 이민족(에프탈)의 침략, 왕위 계승 분쟁으로 쇠퇴 → 6세기 중엽에 멸망

2. 힌두교의 등장과 발전
┌─ 힌두교도는 소를 숭배하고, 갠지스강을 성스럽게 여겼어.

(1) 등장: 굽타 왕조 시기 브라만교를 바탕으로 민간 신앙과 불교가 융합하면서 힌두교 성립

> **왜?** 비슈누가 왕의 모습으로 세상에 나타났다고 주장하여 왕의 권위를 뒷받침하였기 때문이야.

(2) 발전: 힌두교의 대중화(복잡한 제사 의식 지양, 요가·고행·선행 등을 통한 해탈 주장), 왕실의 보호를 받아 성장

(3) 특징: 카스트제의 신분 차별과 의무 수행 인정(→ 카스트제 정착), 『마누 법전』 정비(카스트를 비롯한 의례·관습·법 등 기록)
└─ 힌두교도가 지켜야 할 규범을 담고 있어 힌두교도의 일상생활에 큰 영향을 주었어.

↑ 비슈누

+ 굽타 왕조의 영역

힌두교의 대표적인 신으로 창조의 신 브라흐마, 우주를 유지하는 비슈누, 파괴의 신 시바가 있어.

F 인도 고전 문화의 발전과 인도 문화의 전파

1. 인도 고전 문화의 발전: 굽타 왕조 시기 인도 고유의 특색 강조

문학	산스크리트 문학 발달: 서사시 『마하바라타』와 『라마야나』를 +산스크리트어로 정리, 희곡 『샤쿤탈라』에서 굽타 왕조의 궁정 생활 묘사
미술	굽타 양식 발달: 간다라 양식과 인도 고유의 양식이 융합, 아잔타 석굴 사원과 엘로라 석굴 사원의 불상·벽화가 대표적
자연 과학	• 천문학: 원주율을 이용하여 지구 둘레 계산, 지구가 둥글고 자전한다는 사실을 밝힘 • +수학: 최초로 '0(영)' 숫자 창안, 10진법 사용

└─ 이슬람 세계의 자연 과학 발달에 기여하였어.

샤일렌드라 왕조가 세운 사원으로, 사원 내 부조와 불상은 인도 굽타 양식의 영향을 받았어.

2. 인도 문화의 동남아시아 전파: 인도네시아의 보로부두르 사원(대승 불교 유적), 캄보디아의 +앙코르 와트(힌두교·불교의 영향), 미얀마의 파간 불탑(상좌부 불교의 영향)
└─ 해상 무역이 발달한 동남아시아는 인도의 불교와 힌두교를 받아들여 많은 문화유산을 남겼어.

+ 산스크리트어

인도의 지식 계층이 사용한 인도 고유의 언어로, 굽타 왕조 시대에 공용어로 사용되었다.

+ 아라비아 숫자의 기원

인도 숫자가 이슬람 세계에 전해져 현재 사용하는 아라비아 숫자가 되었다.

인도	? ? ? ३ ४ ५ ६ ७ ८ ९ ०
아라비아	٠ ١ ٢ ٣ ٤ ٥ ٦ ٧ ٨ ٩
현대	0 1 2 3 4 5 6 7 8 9

↑ 숫자의 변천

+ 앙코르 와트

앙코르 왕조가 힌두교의 비슈누 신에게 바친 사원이자 왕의 무덤이다. 이후 불교 사원으로 이용되기도 하였다.

📖 자료로 이해하기 | 인도 고전 문화

↑ 『마하바라타』의 한 장면

↑ 아잔타 제1 석굴의 보살상

↑ 사르나트에서 출토된 불상

굽타 양식은 인체의 윤곽을 그대로 드러냈으며, 얼굴 모습과 옷차림에서 인도 고유의 특징을 잘 표현하였어.

굽타 왕조 시대에 문학에서는 『마하바라타』 등 산스크리트 문학이 발달하였다. 미술에서는 굽타 양식이 등장하였는데, 아잔타 석굴 사원의 벽화와 사르나트에서 출토된 불상 등에서 이를 확인할 수 있다.
└─ 왕위를 빼앗긴 판두왕의 다섯 아들이 왕위를 되찾기까지의 과정을 담은 작품이야.

1 다음 괄호 안의 내용 중 알맞은 말에 ○표를 하시오.

(1) 굽타 왕조는 (카니슈카왕, 찬드라굽타 2세) 때 북인도 대부분을 차지하고, 인도 중부까지 세력을 넓혔다.

(2) 굽타 왕조는 5세기 이후 이민족인 (에프탈, 쿠샨족)의 침략과 왕위 계승 분쟁으로 혼란을 겪다가 6세기 중엽에 멸망하였다.

2 힌두교에 대한 설명이 맞으면 ○표, 틀리면 ×표를 하시오.

(1) 카스트제의 신분 차별에 반대하였다. ( )

(2) 브라만교를 바탕으로 민간 신앙과 불교가 융합하여 발전하였다. ( )

(3) 왕의 권위를 뒷받침하여 굽타 왕조의 보호를 받으면서 성장하였다. ( )

핵심 콕콕

• **굽타 왕조와 힌두교의 발전**

굽타 왕조	4세기경 굽타 왕조 건국 → 찬드라굽타 2세 때 전성기 이룩 (북인도 대부분 차지, 활발한 해상 무역으로 번영) → 6세기 중엽에 멸망
힌두교	굽타 왕조 때 힌두교 등장 → 카스트제의 신분 차별 인정, 『마누법전』 정비

1 굽타 왕조 시기의 문화 발달 사례만을 〈보기〉에서 있는 대로 골라 기호를 쓰시오.

〔 보기 〕
ㄱ. 산치 대탑의 건립
ㄴ. 산스크리트 문학 발달
ㄷ. '0(영)'이라는 숫자 창안
ㄹ. 간다라 양식의 불상 등장

2 다음 설명이 맞으면 ○표, 틀리면 ×표를 하시오.

(1) 굽타 양식의 불상에서는 곱슬머리, 움푹 들어간 눈, 섬세한 옷 주름 등의 특징이 나타난다. ( )

(2) 굽타 왕조 시대의 인도인들은 원주율을 이용하여 지구의 둘레를 계산하였고, 지구가 둥글고 자전한다는 사실을 밝혀냈다. ( )

3 ㉠, ㉡에 들어갈 내용을 각각 쓰시오.

캄보디아의 (㉠   )는 (㉡   )의 신인 비슈누에게 바친 사원이자 왕의 무덤으로, 이후 불교 사원으로 이용되기도 하였다.

핵심 콕콕

• **인도 고전 문화의 발전**

문학	『마하바라타』, 『라마야나』 등 산스크리트 문학 발달
미술	간다라 양식과 인도 고유의 양식이 융합된 굽타 양식 발달
자연과학	원주율을 이용하여 지구 둘레 계산, 지구의 자전을 밝힘, '0(영)' 숫자 창안, 10진법 사용

01 (가)에 들어갈 내용으로 옳은 것은?

> 기원전 7세기경~기원전 6세기경 인도에서 철기 문화
> 가 보급되면서 _____ (가)

① 힌두교가 등장하였다.
② 갑골 문자가 만들어졌다.
③ 쿠샨 왕조가 성립하였다.
④ 도시 국가 간 전쟁으로 크샤트리아가 성장하였다.
⑤ 찬드라굽타 마우리아가 북인도를 최초로 통일하였다.

02 다음 인물이 창시한 종교에 대한 설명으로 옳은 것은?

※ 시험에 잘 나와!

> 누구나 욕심을 버리고 올바르게 수행하면 부처가 될 수 있다.

① 카스트제를 인정하였다.
② 베다를 경전으로 삼았다.
③ 자비와 평등을 강조하였다.
④ 아리아인의 정복 과정에서 성립하였다.
⑤ 자연 현상을 다스리는 신에게 제사를 지냈다.

03 ㉠, ㉡ 세력을 옳게 연결한 것은?

> **불교의 확산**
> 고타마 싯다르타(석가모니)가 불교 창시 → 정치와 군사를 담당한 (㉠)와/과 생산을 담당한 (㉡) 세력의 지원 → 인도의 여러 지역으로 전파

	㉠	㉡		㉠	㉡
①	바이샤	브라만	②	바이샤	수드라
③	브라만	바이샤	④	크샤트리아	바이샤
⑤	크샤트리아	수드라			

04 (가) 왕조에 대한 탐구 주제로 가장 적절한 것은?

① 미라 제작의 의미
② 간다라 양식의 특징
③ 포에니 전쟁의 영향
④ 아소카왕의 영토 확장
⑤ 아리아인의 등장과 정복

05 밑줄 친 '나'가 펼친 정책으로 옳은 것은?

> 칼링가를 정복하면서 나는 결코 돌이킬 수 없는 양심의 가책을 느꼈다. 그들의 영토가 시체로 뒤덮인 처참한 광경을 바라보면서 나의 가슴은 찢어졌다. …… 앞으로 나는 오직 진리에 맞는 법만을 실천하고 가르칠 것이다.

① 대승 불교의 전파에 힘썼다.
② 도로망과 관개 시설을 정비하였다.
③ 수도를 콘스탄티노폴리스로 옮겼다.
④ 유가 사상을 통치의 이념으로 삼았다.
⑤ 지역마다 다른 화폐와 도량형을 통일하였다.

06 다음 유적을 건립한 왕조의 문화 내용으로 옳은 것은?

① 힌두교가 성립하였다.
② 제자백가가 등장하였다.
③ 상좌부 불교가 발전하였다.
④ 파르테논 신전이 건립되었다.
⑤ 함무라비 법전이 편찬되었다.

07 다음은 인도 왕조의 변천을 나타낸 것이다. (가) 왕조 시기에 있었던 사실로 옳은 것은?

① 불교가 등장하였다.
② 칼링가 왕국을 정복하였다.
③ 펠로폰네소스 전쟁이 일어났다.
④ 아리아인이 갠지스강 유역으로 진출하였다.
⑤ 동서 무역로를 장악하여 중계 무역으로 번영하였다.

08 밑줄 친 '그'에 대한 설명으로 옳은 것은?

2세기경 그는 북인도에서 중앙아시아에 이르는 영토를 차지하면서 쿠샨 왕조의 전성기를 이끌었다.

① 흉노를 정벌하였다.
② 왕의 길을 건설하였다.
③ 대승 불교의 전파에 힘썼다.
④ 동방 원정으로 이집트를 점령하였다.
⑤ 산치 대탑을 비롯한 여러 불탑을 세웠다.

☆ 시험에 잘 나와!
09 (가), (나) 불교 종파에 대한 설명으로 옳지 않은 것은?

① (가) – 중생의 구제를 강조하였다.
② (가) – 쿠샨 왕조 시기에 발전하였다.
③ (가) – 부처를 초월적인 존재로 신격화하였다.
④ (나) – 수행을 통한 개인의 해탈을 중시하였다.
⑤ (나) – 간다라 양식과 함께 비단길을 따라 전파되었다.

10 (가)에 들어갈 내용으로 가장 적절한 것은?

① 브라만교가 성립하였어.
② 제자백가가 등장하였어.
③ 간다라 양식이 발달하였어.
④ 카스트제라는 신분 제도가 형성되었어.
⑤ 하라파, 모헨조다로 등의 도시 문명이 일어났어.

11 (가)에 들어갈 문화유산으로 옳은 것은?

12 (가)에 들어갈 내용으로 옳은 것은?

쿠샨 왕조의 멸망 이후 혼란하였던 북인도를 통일하고
새로운 왕조가 들어섰다. 이 왕조는 찬드라굽타 2세 때
_____(가)_____

① 피라미드를 제작하였다.
② 갑골 문자를 사용하였다.
③ 조로아스터교를 국교로 삼았다.
④ 인도 중부까지 세력을 확장하였다.
⑤ 알파벳의 기원이 되는 문자를 만들었다.

13 (가) 왕조에 대한 설명으로 옳지 <u>않은</u> 것은?

① 힌두교가 발달하였다.
② 아소카왕 때 전성기를 누렸다.
③ 찬드라굽타 1세가 수립하였다.
④ 활발한 해상 무역으로 경제적 번영을 누렸다.
⑤ 에프탈의 침략과 왕위 계승 분쟁으로 쇠퇴하였다.

14 인터넷 검색창에 들어갈 검색어로 옳은 것은?

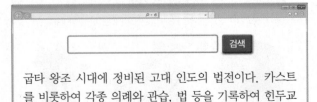

굽타 왕조 시대에 정비된 고대 인도의 법전이다. 카스트
를 비롯하여 각종 의례와 관습, 법 등을 기록하여 힌두교
도의 일상생활에 큰 영향을 미쳤다.

① 베다
② 만민법
③ 12표법
④ 마누 법전
⑤ 유스티니아누스 법전

15 ㉠ 종교에 대한 설명으로 옳은 것은?

(㉠)의 신

이 조각은 (㉠)의 주요 세 신 중
하나인 비슈누를 나타낸 것이다. 비
슈누는 우주와 세상의 만물을 유지하
고 보존하는 평화의 신이다. (㉠)
에서는 비슈누가 왕의 모습으로 세상
에 나타났다고 보았다.

① 불을 숭배하였다.
② 고타마 싯다르타가 창시하였다.
③ 카스트제의 신분 차별을 비판하였다.
④ 쿠샨 왕조의 보호를 받아 성장하였다.
⑤ 브라만교와 민간 신앙, 불교가 융합하여 성립하였다.

16 밑줄 친 '이 양식'에 대한 탐구 활동으로 가장 적절한
것은?

① 분서갱유의 배경을 찾아본다.
② 간다라 양식의 성립 배경을 파악한다.
③ 아잔타 석굴 사원의 벽화를 조사한다.
④ 쐐기 문자로 기록된 법전의 내용을 분석한다.
⑤ 밀로의 비너스상 조각이 지닌 특징을 살펴본다.

17 시험에 잘 나와! 다음 작품이 만들어진 시기의 문화에 대한 설명으로 옳지 <u>않은</u> 것은?

그림은 『마하바라타』의 한 장면을 나타낸 것이다. 『마하바라타』는 왕위를 빼앗긴 판두왕의 다섯 아들이 왕위를 되찾기까지의 과정을 담은 작품이다.

① 스토아학파가 나타났다.
② 굽타 양식이 등장하였다.
③ 산스크리트 문학이 발달하였다.
④ '0(영)' 숫자를 최초로 창안하였다.
⑤ 지구가 자전한다는 사실을 밝혔다.

18 (가)~(라)를 일어난 순서대로 나열한 것은?

(가) 마우리아 왕조가 성립하였다.
(나) 아소카왕이 도로망과 관개 시설을 정비하였다.
(다) 카니슈카왕이 곳곳에 사원과 탑을 건립하였다.
(라) 찬드라굽타 2세가 정복 사업으로 영토를 넓혔다.

① (가) − (나) − (다) − (라)
② (가) − (나) − (라) − (다)
③ (가) − (다) − (라) − (나)
④ (다) − (나) − (가) − (라)
⑤ (다) − (나) − (라) − (가)

19 다음 문화유산에 대한 설명으로 옳지 <u>않은</u> 것은?

① 캄보디아의 문화유산이다.
② 샤일렌드라 왕조가 세웠다.
③ 불교 사원으로 이용되기도 하였다.
④ 힌두교의 비슈누 신에게 바친 사원이다.
⑤ 인도 문화가 동남아시아에 전파되었음을 알려 준다.

서술형 문제

서술형 감잡기

01 다음을 읽고 물음에 답하시오.

• 기원전 6세기경 고타마 싯다르타가 창시하였다.
• 수행을 통한 해탈과 함께 자비, 평등을 강조하였다.

(1) 윗글에서 설명하는 종교를 쓰시오.

----

(2) (1) 종교가 확산될 수 있었던 배경을 서술하시오.
➡ 엄격한 신분 제도인 (①   )에 불만을 품고 있던 크샤트리아와 (②   ) 세력의 지원으로 인도 각지로 확산되었다.

실전! 서술형 도전하기

02 (가), (나) 불교 종파의 주요 전파 지역을 서술하시오.

(가) 마우리아 왕조 때 발전하였으며, 개인의 해탈을 중시하였다.
(나) 쿠샨 왕조 때 발전하였으며, 많은 사람(대중)의 구제를 강조하였다.

----

03 다음 글을 토대로 힌두교가 인도 사회에 끼친 영향을 서술하시오.

창조주는 …… 브라만에게는 『베다』를 가르치며 제사 지내는 일을, 크샤트리아에게는 백성을 보호하고 다스릴 것을, 바이샤에게는 농사를 짓고 짐승을 기를 것을 명령하셨다. 마지막으로 수드라에게는 앞선 세 신분의 사람들에게 봉사하는 임무를 명령하셨다. – 『마누 법전』

02 동아시아 문화의 형성과 확산

A 위진 남북조 시대의 전개

1. 위진 남북조 시대의 변천

(1) 삼국 시대: 후한 멸망 이후 위·촉·오로 분열 → 진(晉)이 삼국 통일

(2) ✚5호 16국 시대: 북방 민족이 화북 지방에 여러 나라 건설 → 진의 강남 이주(동진 건국)
└ 창장강 이남 지역을 말해.

(3) ✚남북조 시대: 선비족의 북위가 화북 지방 통일, 강남에서는 동진에 이어 한족 국가 수립

┌ 한이 멸망한 이후부터 수가 중국을 통일할 때까지를 위진 남북조 시대라고 해.

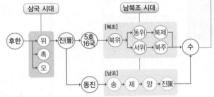
⬆ 위진 남북조 시대의 전개

2. 남북조의 발달

Qui? 북방 민족과 한족의 갈등을 해소하고 한족을 효과적으로 다스리기 위해서 실시하였어.

북조	북위 효문제의 한화 정책: 선비족의 복장과 언어 금지, 한족의 성씨 사용, 한족과의 결혼 장려 → 북방 민족과 한족의 문화 융합(호한 융합) └ 북방 민족은 넓은 소매와 화려한 문양의 한족 옷을 입었고, 한족은 북방 민족의 의자·침대를 사용하였어.
남조	강남 개발: 화북 지방에서 이주해 온 한족이 강남 개발 → 농업 생산력 크게 증대

✚ **5호 16국**
5호는 선비, 흉노, 갈, 강, 저의 다섯 북방 민족을 가리키고, 16국은 이들과 한족이 화북 지방에 세운 나라를 가리킨다.

✚ **남조와 북조의 영역**

북위의 영역
송의 영역

B 위진 남북조 시대의 사회와 문화

1. 문벌 귀족 사회 형성: ✚9품중정제 실시 → 지방 호족이 중앙 관리로 진출 → 대대로 관직을 독차지하며 문벌 귀족 형성(비슷한 가문끼리 결혼하여 지위 강화)

2. 위진 남북조 시대의 문화

불교	왕실과 귀족의 보호를 받으며 발전, 불경을 한자로 번역, ✚원강·룽먼에 대규모 석굴 사원 조성, 고구려와 백제에 불교 전파
도교	노장사상과 신선 사상, 민간 신앙을 결합한 도교가 성립하여 유행
청담 사상	남조에서 유행, 세속을 떠나 자유로운 정신세계 추구
귀족 문화	남조에서 도연명의 시, 고개지의 그림, 왕희지의 서예가 유명

└ 노자와 장자의 사상으로, 무위자연과 불로장생을 추구하였어.

📖 **자료로 이해하기** 남조의 문화

돌아가련다.
세상 사람과 교류를 끊고 ……
다시 한번 관리가 되어도 거기 무슨 구할 것이 있으리오.
친척과 정겨운 이야기를 나누며 기뻐하고
거문고와 책을 즐기며 시름을 지우련다.　　－ 도연명, 「귀거래사」

⬆ 고개지의 「여사잠도」

위진 남북조 시대에 남조에서는 화려한 귀족 문화와 청담 사상이 유행하였다. 도연명은 「귀거래사」에서 속세를 떠나 자연을 벗 삼아 살아갈 것을 이야기하였고, 고개지의 「여사잠도」에서는 귀족의 생활상을 엿볼 수 있다.

✚ **9품중정제**
각 지방의 중정관이 자기 지역의 인물을 재능과 인품 등에 따라 9등급으로 평가하여 중앙 정부에 추천하는 제도

✚ **원강 석굴 사원의 불상**

원강 석굴 사원의 불상은 북위 황제의 모습을 본떠 만들었다고 알려져 있다. 북위에서는 부처의 힘을 빌려 황제의 권위를 높이고자 황제의 얼굴을 본뜬 불상을 만들었다.

무엇을 배울까?
- 위진 남북조 시대의 전개와 사회·문화의 특징
- 수·당의 발전과 통치 체제
- 만주, 한반도와 일본의 고대 국가 발전
- 동아시아 문화권의 형성

1 다음 괄호 안의 내용 중 알맞은 말에 ○표를 하시오.

(1) 선비족이 세운 (동진, 북위)이/가 화북 지방을 통일하고 강남에 한족 국가가 세워지면서 남북조 시대가 펼쳐졌다.

(2) 중국의 (춘추 전국 시대, 위진 남북조 시대)는 한이 멸망한 이후부터 수가 중국을 통일할 때까지의 시기를 일컫는다.

(3) 중국의 (남조, 북조)에서는 화북 지방에서 이주해 온 한족이 앞선 농업 기술을 이용하여 강남을 개발하면서 농업 생산력이 크게 늘어났다.

2 북위의 효문제는 선비족의 복장과 언어를 금지하였으며, 한족의 성씨를 사용하는 등 (　　　　)을 펼쳤다.

핵심 콕콕

· 위진 남북조 시대의 전개

삼국 시대
↓
진(晉)의 통일
↓
5호 16국 시대
↓
남북조 시대
· 북조: 북위 효문제의 한화 정책 → 호한 융합
· 남조: 강남 개발로 농업 생산력 증대

1 다음 빈칸에 들어갈 내용을 쓰시오.

(1) 위진 남북조 시대에는 중정관이 자기 지역의 인물을 추천하여 관리로 선발하는 (　　　　)가 실시되었다.

(2) 위진 남북조 시대에 형성된 지배층인 (　　　)은 비슷한 가문끼리 결혼하여 자신들의 지위를 강화하였다.

2 위진 남북조 시대의 문화에 대한 설명이 맞으면 ○표, 틀리면 ×표를 하시오.

(1) 윈강과 룽먼에 대규모 석굴 사원이 만들어졌다. (　　)

(2) 북조에서는 화려한 귀족 문화와 청담 사상이 유행하였다. (　　)

3 위진 남북조 시대에는 노장사상과 신선 사상, 민간 신앙을 결합한 (　　　　)가 성립하여 유행하였다.

핵심 콕콕

· 위진 남북조 시대의 사회와 문화

사회	9품중정제 실시 → 지방 호족이 중앙 관리로 진출 → 문벌 귀족 형성
문화	불교 발달(윈강·룽먼에 석굴 사원 조성), 도교 성립, 남조에서 청담 사상과 귀족 문화 유행

C 수의 중국 통일

1. 수의 건국과 발전

(1) 문제: 수 건국 → 중국 통일(589), 토지 제도와 군사 제도 정비, *과거제 실시

Why? 문벌 귀족의 관직 독점을 방지하고 왕권을 강화하고자 하였어.

(2) 양제: 대운하 완성(화북 지방과 강남 지방 연결), 고구려 원정 시도(→ 실패)

2. 수의 멸망: 무리한 토목 공사와 잦은 대외 원정으로 점차 쇠퇴 → 각 지역의 반란으로 멸망(618)

고구려 원정 실패를 계기로 반란이 전국적으로 확대되었어.

📖 자료로 이해하기 수의 대운하 건설

---- 수대의 운하
---- 현재의 운하

수 양제 때 강남의 풍부한 물자를 화북 지방으로 옮기기 위해 대운하를 건설하였다. 대운하가 완성되면서 수도 대흥(장안)과 남쪽의 여항(항저우), 북쪽의 탁군(베이징)이 수로로 연결되었다. 대운하 건설로 남북의 물자 유통이 원활해지고, 정치와 문화의 통합에도 도움이 되었다. 대운하는 현재까지도 중국의 남북을 잇는 중요한 운송로 역할을 하고 있다.

◀ 수대와 현재의 운하

➕ 과거제

시험을 통해 관리를 등용하는 제도로, 신분보다는 능력에 따라 관리를 선발하기 위해 실시하였다. 수대에 처음 실시된 이후 중국의 대표적인 관리 선발 방식으로 자리 잡았다.

D 당의 성립과 발전

1. 당의 건국: 이연(고조)이 수 멸망 이후 혼란 수습, 장안을 수도로 당 건국(618)

2. 당의 발전

태종	• *율령 체제 완성: 수의 제도를 이어받아 율령 체제 완성 → 통치 체제 마련 • 동서 교역로 확보: 중앙아시아와 동돌궐 정벌
고종	신라와 연합하여 백제와 고구려를 멸망시킴, 서돌궐을 복속하여 대제국 건설

3. 당의 쇠퇴와 멸망: 8세기 중엽 탈라스 전투의 패배, *안사의 난으로 위기 → 중앙의 권력 다툼, 지방에서 *절도사의 권한 강화 → 농민 반란인 황소의 난으로 혼란 가중 → 절도사 주전충에게 멸망(907)

이슬람군의 포로가 된 당의 병사 중 종이 만드는 기술자가 있어 중국의 제지술이 이슬람 세계에 전해졌어.

📖 자료로 이해하기 당의 영역과 탈라스 전투

■ 당의 최대 영역(8세기 전반)

당은 강력한 국력을 바탕으로 대외 정복에 나서 중앙아시아를 차지하고 서쪽으로 세력을 넓혀 갔다. 그 과정에서 이슬람의 아바스 왕조와 탈라스에서 충돌하였다. 고구려 유민 출신인 고선지 장군이 이끈 당의 군대가 이슬람 군대에 맞서 싸웠으나 패하였다. 탈라스 전투에서 패하면서 중앙아시아에서 당의 영향력이 쇠퇴하였다.

◀ 당의 영역

➕ 율령

'율'은 형법, '령'은 행정법 및 조세 제도 등에 관한 규정으로 나라를 다스리는 기본 법령을 뜻한다.

➕ 안사의 난(755~763)

당 현종 시기 절도사였던 안녹산과 그 부하인 사사명이 일으킨 반란

➕ 절도사

변방을 지키던 군사령관으로, 안사의 난 이후 주둔 지역의 군사·재정·행정을 장악하였다.

1 다음 왕과 그 업적을 옳게 연결하시오.

(1) 수 문제 •　　　　　　　　　　• ㉠ 분열된 중국의 재통일

(2) 수 양제 •　　　　　　　　　　• ㉡ 화북과 강남을 연결하는 대운하 완성

2 수 문제는 시험을 통해 관리를 등용하는 (　　　　　)를 실시하여 문벌 귀족의 관직 독점을 방지하고 왕권을 강화하고자 하였다.

3 다음 설명이 맞으면 ○표, 틀리면 ×표를 하시오.

(1) 수대 대운하가 건설되면서 남북의 물자 유통이 원활해졌다.　　　　　(　　)

(2) 수는 무리한 토목 공사와 잦은 대외 원정에 반발해 각 지역에서 반란이 일어나면서 멸망하였다.　　　　　(　　)

핵심 콕콕

· 수의 성립과 발전

문제	· 수 건국 → 중국 통일 · 토지 제도와 군사 제도 정비 · 과거제 실시
양제	· 대운하 완성 · 대규모 토목 공사와 고구려 원정 실패 → 각지의 반란으로 멸망

---

1 당의 성립과 발전 과정을 정리한 표이다. ㉠~㉢에 들어갈 내용을 각각 쓰시오.

고조	이연(고조)이 (㉠　　　　　)을 수도로 당 건국
태종	수의 제도를 이어받아 (㉡　　　　　) 체제 완성
고종	(㉢　　　　　)와 연합하여 백제와 고구려를 멸망시킴

2 8세기 중엽 절도사였던 안녹산과 그 부하인 사사명이 일으킨 (　　　　　)으로 당은 위기를 맞았다.

3 당이 쇠퇴하게 된 원인만을 〈보기〉에서 있는 대로 골라 기호를 쓰시오.

[보기]
ㄱ. 황소의 난
ㄴ. 대운하 건설
ㄷ. 한화 정책의 실시
ㄹ. 절도사의 권한 강화

핵심 콕콕

· 당의 성립과 발전

건국	이연(고조)이 장안을 수도로 건국

↓

발전	· 태종: 율령 체제 완성, 중앙아시아와 동돌궐 정벌 · 고종: 신라와 연합하여 백제와 고구려를 멸망시킴

↓

멸망	8세기 중엽 안사의 난 → 절도사의 권한 강화 → 황소의 난 → 절도사 주전충에게 멸망

E 당의 통치 체제

1. ⁺통치 체제의 마련: 율령에 기초하여 통치 체제 정비

중앙 제도	3성 6부 운영	지방 제도	주현제 실시, 관리 파견
토지 제도	균전제 실시(농민에게 토지 지급)	조세 제도	조용조의 세금 수취
군사 제도	부병제 실시(농민이 병사로 복무)	관리 등용 제도	과거제 실시

2. 통치 체제의 변화: 7세기 말 이후 균전제 붕괴로 장원 증가, 몰락 농민 증가 → 안사의 난 이후 장원제 성행, 부병제가 모병제로 전환, 조용조가 ⁺양세법으로 전환
└ 급료를 받고 복무하는 직업 군인을 따로 모집하였어.

📖 자료로 이해하기 당의 농민 지배

당은 자영농을 국가 운영의 기반으로 삼았다. 이를 위해 균전제를 실시하여 성인 남자에게 일정한 토지를 나누어 주었다. 그 대가로 조용조의 세금을 거두었고, 부병제를 실시하여 농민을 병사로 복무시켰다. 이로써 국가의 재정과 군사력을 확보하고 유지하였다.

└ 토지·조세·군사 제도를 유기적으로 연결한 당의 통치 체제는 동아시아 각국에 영향을 주었어.

└ 농민은 농한기에 훈련을 받고, 전쟁이 일어나면 병사로 출정하였어.

＋ 당의 국가 행정 조직

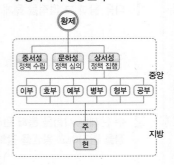

＋ 양세법
재산의 많고 적음을 기준으로 여름과 가을 두 차례에 걸쳐 세금을 거둔 제도

F 당의 문화

1. 귀족적·국제적 문화 발달

귀족적 문화	• 문학: 시 발달(이백, 두보 등 활약) • 글씨: 구양순의 서예 유명	• 그림: 왕유의 산수화 유명 • 유학: 『오경정의』 편찬
국제적 문화	• 외래 종교 전래: 조로아스터교·경교(네스토리우스교)·마니교·이슬람교 등 전래, 수도 장안에 여러 사원 건립 • 서역 문화 유행: ⁺당삼채 유행, 페르시아의 문화와 풍속 확산	

꼭 한대 이래의 훈고학을 집대성한 책으로, 과거 시험의 기준이 되었어.

Why? 당대 비단길과 바닷길을 통한 동서 교류가 활발하게 이루어지면서 서역의 종교, 학문, 공예품 등이 전래되었어.

2. 불교와 도교 발달

(1) 불교: ⁺현장 등의 승려가 인도 순례 후 불교 경전을 들여와 번역 → 불교 수준 향상

(2) 도교: 왕실의 보호를 받아 성장, 각지에 도교 사원 건립

➤ 당의 장안성
└ 여러 나라의 사신, 유학생, 유학승 등이 방문하는 국제 도시이자 바둑판 모양으로 구획된 계획도시였어.

➤ 예빈도(일부)

당의 관리들이 장안성을 방문한 외국 사신을 맞이하는 모습이야.

➤ 은제 물병(위)과 마노 잔(아래)
비잔티움 제국의 잔으로, 당의 귀족들 사이에서 유행하였어.

페르시아의 영향을 받아 제작되었어.

＋ 당삼채

당대에 제작된 대표적인 도자기로 백색, 갈색, 녹색의 세 가지 유약을 사용하여 구웠다. 낙타, 서역인의 모습 등이 표현되어 있다.

＋ 현장
당의 승려로, 인도에서 경전과 불상을 가지고 돌아와 중국 불교 발전에 공헌하였다. 『대당서역기』라는 여행기를 남겼다.

1 다음 당의 통치 제도와 그 내용을 옳게 연결하시오.

(1) 군사 제도 •
(2) 조세 제도 •
(3) 중앙 제도 •
(4) 지방 제도 •
(5) 토지 제도 •

• ㉠ 균전제
• ㉡ 부병제
• ㉢ 조용조
• ㉣ 주현제
• ㉤ 3성 6부

2 다음 설명이 맞으면 ○표, 틀리면 ×표를 하시오.

(1) 7세기 말 이후 당에서는 장원제가 붕괴되면서 몰락하는 농민이 늘어났다. (   )
(2) 안사의 난 이후 당에서는 부병제가 군인을 모집하는 모병제로, 조용조가 양세법으로 전환되었다. (   )

핵심 콕콕

• **당의 통치 체제**

중앙 제도	3성 6부 운영
지방 제도	주현제 실시
토지 제도	균전제 실시
조세 제도	조용조 수취
군사 제도	부병제 실시
관리 등용 제도	과거제 실시

↓

안사의 난 이후
장원제 성행, 양세법과 모병제 실시

1 다음 괄호 안의 내용 중 알맞은 말에 ○표를 하시오.

(1) 당대 유학에서는 한대 이래의 훈고학을 집대성한 (사기, 오경정의)가 편찬되어 과거 시험의 기준이 되었다.
(2) 당의 승려인 (이백, 현장)은 인도를 순례한 뒤 경전과 불상을 가지고 돌아와 중국의 불교 발전에 공헌하였다.

2 다음 설명이 맞으면 ○표, 틀리면 ×표를 하시오.

(1) 당대에는 귀족적이고 국제적인 문화가 발달하였다. (   )
(2) 당의 수도 탁군(베이징)에는 조로아스터교, 경교(네스토리우스교) 등 다양한 종교 사원이 건립되었다. (   )

3 서역과의 교류로 당에서는 백색, 갈색, 녹색의 세 가지 유약을 사용하여 구운 도자기인 (   )가 유행하였다.

핵심 콕콕

• **당의 문화**

귀족적 문화	시 발달, 왕유의 산수화·구양순의 서예 유명, 『오경정의』 편찬 등
국제적 문화	조로아스터교·마니교 등 외래 종교 전래, 당삼채 유행 등
불교	현장이 불교 경전을 들여와 번역
도교	왕실의 보호를 받아 성장

6 만주, 한반도와 일본의 고대 국가

1. 만주와 한반도의 고대 국가 형성

(1) **고조선:** 만주와 한반도에서 등장한 최초의 국가, 한의 공격으로 멸망

(2) **삼국 시대:** 고구려·백제·신라가 경쟁하며 중앙 집권 국가로 발전, 일본에 문물 전파 └─ 일본의 고대 국가 형성에 영향을 주었어.

(3) **남북국 시대:** 신라의 삼국 통일, 고구려 유민이 발해 건국 └─ 남쪽에는 신라, 북쪽에는 발해가 성장했어.

2. ⁺일본 고대 국가의 형성과 발전 ┌─ 중국과 한반도의 선진 기술이 전해졌어.

(1) **야요이 시대:** 기원전 3세기경 성립, 벼농사 시작, 청동기·철기 사용

(2) **야마토 정권:** 4세기경 야마토 정권이 주변 소국 통일

① **아스카 시대:** 중국·한반도의 선진 문물 수용, 쇼토쿠 태자의 불교 장려 → 불교문화인 아스카 문화 발전

② **다이카 개신(645):** 당의 율령을 받아들여 통치 체제 정비(국왕 중심의 중앙 집권 체제 확립) → 7세기 말부터 '일본' 국호와 '천황' 칭호 사용

(3) **나라 시대:** 8세기 초 헤이조쿄(나라)로 천도, 불교의 융성(도다이사 등 사찰 건립), 『고사기』·『일본서기』·『만엽집』 편찬, 당에 견당사 파견 └─ 당의 장안성을 본떠 건설했어.

(4) **헤이안 시대:** 8세기 말 헤이안쿄(교토)로 천도, 장원 확대로 중앙 집권 체제 붕괴(→ 무사 등장), 견당사 파견 중단, 일본 고유의 국풍 문화 발달(⁺가나 문자 제작 등) 예 주택과 관복 등에서 일본 고유의 특색이 나타났고, 『겐지 이야기』가 유행하였어.

✚ **일본 고대 국가의 중심지**

✚ **가나 문자**
한자를 변형해 만든 일본 고유의 문자

H 동아시아 문화권의 형성

1. 동아시아 문화권의 형성 배경: 당과 주변국의 교류 확대 → 한국·일본·베트남 등이 사신과 유학생을 파견하여 당의 선진 문화 수용 → ⁺동아시아 문화권의 형성
└─ 동아시아 국가들의 사상과 문화 교류를 촉진시켰어.

2. 동아시아 문화권의 공통 요소: 동아시아 각국의 상황에 맞게 독자적으로 발전

한자	⁺이두(한국), 가나 문자(일본), 쯔놈 문자(베트남)의 형성에 영향을 줌
율령	발해·일본이 당의 3성 6부제를 토대로 통치 체제 정비, 당의 장안성을 본떠 수도 조성
유교	한반도의 삼국과 일본이 정치 이념으로 삼음, 사회 질서의 형성과 유지에 기여
불교	한국과 일본 등에 전래, 왕실의 보호를 받으며 성장, 학문과 예술 발달에 기여

└─ 동아시아 각국의 중앙 집권적 통치 체제 정비의 기반이 되었어.

📖 **자료로 이해하기** 동아시아 문화권의 공통 요소

⬆ 성균관의 문묘 대성전(한국)

⬆ 도다이사 대불(일본)

⬆ 한자를 함께 표기한 안내판

동아시아에서는 한자, 율령, 유교, 불교를 공통 요소로 하는 동아시아 문화권이 형성되었다. 유교가 전파되면서 동아시아 각국에 공자의 문묘가 세워졌고, 불교를 받아들이면서 다양한 불상이 제작되었다. 또한 동아시아 국가에서는 한자로 표기한 안내판을 쉽게 찾아볼 수 있다.

✚ **동아시아 문화권의 형성**

✚ **이두**
한자의 음과 뜻을 빌려 우리말로 적은 표기법

1 다음 괄호 안의 내용 중 알맞은 말에 ○표를 하시오.

(1) 만주와 한반도에서 등장한 최초의 국가는 (고구려, 고조선)이다.

(2) 야마토 정권은 중국과 한반도의 선진 문물을 받아들여 (국풍 문화, 아스카 문화)를 발전시켰다.

(3) 7세기 중반 일본에서는 다이카 개신이 일어나 (당, 한)의 율령을 바탕으로 통치 체제를 정비하였다.

2 나라 시대와 헤이안 시대를 비교한 표이다. ㉠, ㉡에 들어갈 내용을 각각 쓰시오.

구분	나라 시대	헤이안 시대
수도	(㉠)	헤이안쿄(교토)
특징	도다이사 등 사찰 건립, 고사기와 일본서기 편찬	장원 확대(→ 무사 등장), 일본 고유의 (㉡) 발달(가나 문자 제작 등)

핵심 콕콕

· **일본 고대 국가의 형성과 발전**

야마토 정권	· 4세기경 주변 소국 통일 · 아스카 문화 발전 · 다이카 개신(국왕 중심의 중앙 집권 체제 확립)
나라 시대	· 헤이조쿄(나라) 천도 · 도다이사 건립 · 「고사기」, 「일본서기」 편찬
헤이안 시대	· 헤이안쿄(교토) 천도 · 장원 확대 · 국풍 문화 발달

1 다음 설명이 맞으면 ○표, 틀리면 ×표를 하시오.

(1) 중국의 한자는 일본에서 이두가 형성되는 데 영향을 주었다. (   )

(2) 한국, 일본, 베트남 등이 당의 선진 문화를 수용하는 과정에서 동아시아 문화권이 형성되었다. (   )

(3) 한국, 일본, 베트남 등 동아시아 각국은 중국의 문화를 자국의 상황에 맞게 수용하여 독자적으로 발전시켰다. (   )

2 동아시아 문화권의 공통 요소만을 〈보기〉에서 있는 대로 골라 기호를 쓰시오.

{ 보기 }
ㄱ. 불교   ㄴ. 유교   ㄷ. 율령
ㄹ. 한자   ㅁ. 쯔놈 문자   ㅂ. 크리스트교

3 발해와 일본은 중앙 통치 체제를 당의 중앙 제도인 (㉠   )를 토대로 정비하였으며, 당의 (㉡   )을 본떠 수도를 조성하였다.

핵심 콕콕

· **동아시아 문화권의 형성**

당과 주변국의 교류 확대, 주변국에서 당의 선진 문화 수용

↓

동아시아 문화권의 형성
한자, 율령, 유교, 불교 등의 요소 공유

[01~02] 도표를 보고 물음에 답하시오.

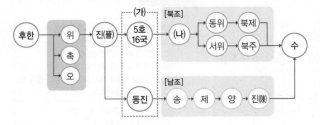

01 ㈎ 시대에 있었던 사실로 옳은 것은?

① 군국제가 시행되었다.
② 제자백가가 등장하였다.
③ 장건 일행이 서역으로 파견되었다.
④ 북방 민족이 화북 지방을 차지하였다.
⑤ 호경에서 낙읍(뤄양)으로 수도를 옮겼다.

✦ 시험에 잘 나와!

02 ㈏ 나라에 대한 설명으로 옳은 것은?

① 대운하를 완성하였다.
② 강남 지방을 개발하였다.
③ 한화 정책을 실시하였다.
④ 과거제를 도입하여 인재를 등용하였다.
⑤ 신라와 연합하여 백제와 고구려를 멸망시켰다.

03 지도의 형세를 이룬 시기에 있었던 사실로 옳은 것은?

① 분서갱유가 일어났다.
② 황건적이 반란을 일으켰다.
③ 만리장성이 처음 축조되었다.
④ 봉건제를 실시하여 영토를 다스렸다.
⑤ 강남 개발로 남조의 농업 생산력이 크게 늘어났다.

04 ㈎에 들어갈 내용으로 가장 적절한 것은?

위진 남북조 시대에는 _____ ㈎
이로 인해 지방 호족이 중앙 관리로 진출하여 관직을 독
차지하게 되면서 문벌 귀족 사회가 형성되었다.

① 과거제를 시행하였다.
② 9품중정제를 실시하였다.
③ 선비족의 언어를 금지하였다.
④ 지방에서 절도사가 세력을 확대하였다.
⑤ 도덕 정치를 강조하는 유가 사상이 등장하였다.

05 다음 문화유산에 대한 설명으로 옳은 것을 〈보기〉에서 고른 것은?

〔 보기 〕
ㄱ. 굽타 양식을 대표한다.
ㄴ. 당시 마니교가 발전하였음을 알려 준다.
ㄷ. 위진 남북조 시대에 조성된 석굴 사원이다.
ㄹ. 불상이 북위 황제의 모습을 본떠 만들어졌다.

① ㄱ, ㄴ   ② ㄱ, ㄷ   ③ ㄴ, ㄷ
④ ㄴ, ㄹ   ⑤ ㄷ, ㄹ

06 밑줄 친 '이 시기'의 문화에 대한 설명으로 옳은 것은?

이 그림은 『여사잠』이라
는 교훈서의 내용을 표현
한 고개지의 「여사잠도」
로, 이 시기 귀족의 생활
상을 엿볼 수 있다.

① 채륜이 제지법을 개량하였다.
② 지구라트라는 신전을 지었다.
③ 서예에서 구양순이 활약하였다.
④ 도연명이 지은 시가 유명하였다.
⑤ 상형 문자를 만들어 파피루스에 기록하였다.

07 위진 남북조 시대에 볼 수 있었던 모습으로 적절하지 않은 것은?

① 대운하 건설에 동원된 농민
② 왕희지의 글씨를 감상하는 귀족
③ 9품중정제로 관직에 진출한 지방 호족
④ 윈강 석굴 사원의 불상을 건축하는 석공
⑤ 청담 사상에 따라 관직을 버리고 자유로운 삶을 추구하려는 관리

08 다음 업적을 남긴 왕이 실시한 정책으로 옳은 것은?

> 수를 건국한 후 분열되어 있던 중국을 다시 통일하였으며, 토지 제도와 군사 제도를 정비하였다.

① 산치 대탑을 세웠다.
② 과거제를 시행하였다.
③ 법가 이외의 사상을 탄압하였다.
④ 소금과 철의 전매 제도를 실시하였다.
⑤ 화폐, 도량형, 문자, 수레바퀴 폭 등을 통일하였다.

★ 시험에 잘 나와!
09 교사의 질문에 대한 학생의 답변으로 옳은 것은?

수대에 지도와 같이 대운하가 완성되면서 어떤 변화가 나타났을까요?

① 남북 간 물자 유통이 원활해졌어요.
② 강남 지방이 개발되기 시작하였어요.
③ 농민 반란인 황소의 난이 일어났어요.
④ 철기가 보급되어 생산량이 늘어났어요.
⑤ 균전제가 붕괴하여 몰락 농민이 증가하였어요.

10 밑줄 친 '원인'으로 옳은 것을 〈보기〉에서 고른 것은?

역사 신문

[기획 연재]   수는 왜 무너졌을까?

수는 350년 이상 분열되어 있던 중국을 다시 통일한 후 대운하를 완성하여 경제적으로 번영을 누렸다. 그러던 왕조가 30여 년 만에 멸망하였다. 수가 이렇게 급속하게 무너진 원인은 무엇인지 앞으로 연재를 통해 이를 심층 취재하고자 한다.

〔보기〕
ㄱ. 황건적의 난이 일어났다.
ㄴ. 고구려 원정이 실패하였다.
ㄷ. 분서갱유로 유학자들을 탄압하였다.
ㄹ. 대규모 토목 공사에 노동력을 자주 동원하였다.

① ㄱ, ㄴ   ② ㄱ, ㄷ   ③ ㄴ, ㄷ
④ ㄴ, ㄹ   ⑤ ㄷ, ㄹ

11 ㉠ 나라에 대한 탐구 주제로 가장 적절한 것은?

(㉠)의 건국과 발전
• 고조: 중국의 혼란을 수습하고 장안을 수도로 삼아 (㉠) 건국
• 태종: 율령 체제를 완성하여 통치 체제 마련
• 고종: 신라와 연합하여 백제와 고구려를 멸망시킴

① 군국제 실시의 배경
② 대운하 건설의 목적
③ 사기 편찬의 목적과 의의
④ 한화 정책의 실시와 호한 융합
⑤ 중앙아시아와 돌궐 정벌의 결과

12 (가) 나라에 대한 설명으로 옳은 것은?

■ (가)의 최대 영역(8세기 전반)
위구르
서돌궐 동돌궐 발해
○사마르칸트 ○둔황 신라
이슬람 제국
토번 장안
인도 남조
아라비아해 교지
벵골만

① 효문제 주도로 한화 정책을 추진하였다.
② 관리 등용 제도로 9품중정제를 실시하였다.
③ 탈라스 전투에서 이슬람 군대에게 패하였다.
④ 왕의 귀라 불리는 감찰관을 전국에 파견하였다.
⑤ 신권 정치를 실시하면서 갑골 문자를 사용하였다.

13 다음은 중국의 역사를 일어난 순서대로 쓴 책이다. 찢어진 부분에 들어갈 내용으로 가장 적절한 것은?

> 선비족 출신의 이연(고조)은 돌궐의 분열을 틈타 수 멸망 이후의 혼란을 수습하였다. 그는 장안을 수도로 삼아 당을 건국하였다.
>
> 중앙의 권력 다툼이 계속되고, 농민 반란인 황소의 난이 일어나면서 당은 더욱 쇠퇴하였다. 결국 당은 절도사 주전충에 의해 멸망하였다.

① 안사의 난이 일어났다.
② 과거제를 처음 실시하였다.
③ 평민 대표로 호민관을 선출하였다.
④ 원강에 거대한 석굴 사원을 조성하였다.
⑤ 봉건제와 군현제를 절충한 군국제를 시행하였다.

14 다음에서 설명하는 세력을 쓰시오.

> 당대 변방을 지키던 군사령관이다. 안사의 난 이후 주둔 지역의 군사, 재정, 행정을 장악하는 등 세력을 확대하였다.

15 ㉠~㉢에 들어갈 내용을 옳게 연결한 것은?

> 당은 (㉠)을/를 중심으로 중앙 행정 조직을 갖추었고, 지방에서는 (㉡)를 실시하였다. 관리 등용 제도로는 (㉢)를 운영하였다.

	㉠	㉡	㉢
①	원로원	군국제	과거제
②	원로원	주현제	9품중정제
③	3성 6부	군국제	과거제
④	3성 6부	주현제	과거제
⑤	3성 6부	주현제	9품중정제

16 ✿시험에 잘 나와!
당에서 실시한 (가)~(다) 제도에 대한 설명으로 옳지 않은 것은?

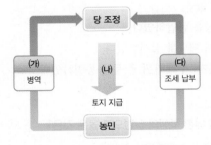

당 조정
(가) 병역 (나) (다) 조세 납부
토지 지급
농민

① (가) – 직업 군인을 모집하였다.
② (나) – 성인 남자에게 일정한 토지를 주었다.
③ (다) – 안정적인 재정 수입을 확보할 수 있었다.
④ (다) – 토지를 받은 농민이 그 대가로 납부하였다.
⑤ (가)~(다) – 동아시아 각국의 통치 체제에 영향을 주었다.

17 (가)에 들어갈 내용으로 옳은 것은?

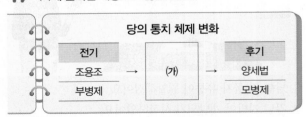

당의 통치 체제 변화

전기		후기
조용조	→ (가) →	양세법
부병제		모병제

① 분서갱유　　　　② 안사의 난
③ 황건적의 난　　　④ 낙읍으로 천도
⑤ 왕망의 신 건국

18 밑줄 친 '이 나라'의 문화에 대한 설명으로 옳은 것을 〈보기〉에서 고른 것은?

그림은 이 나라의 관리들이 장안성을 방문한 외국 사신을 맞이하는 모습을 묘사한 「예빈도」의 일부이다.

┌ 보기 ┐
ㄱ. 당삼채가 유행하였다.
ㄴ. 오경정의가 편찬되었다.
ㄷ. 윈강 석굴이 조성되었다.
ㄹ. 고개지의 그림이 유명하였다.

① ㄱ, ㄴ   ② ㄱ, ㄷ   ③ ㄴ, ㄷ
④ ㄴ, ㄹ   ⑤ ㄷ, ㄹ

19 다음 보고서의 탐구 주제로 가장 적절한 것은?

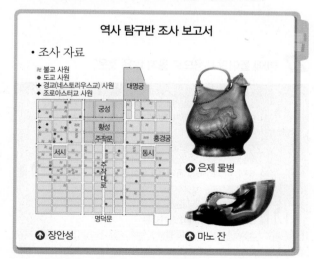

역사 탐구반 조사 보고서

• 조사 자료

ㄹ 불교 사원
● 도교 사원
✚ 경교(네스토리우스교) 사원
◆ 조로아스터교 사원

↑ 은제 물병

↑ 장안성   ↑ 마노 잔

① 간다라 양식의 성립
② 상좌부 불교의 전파
③ 남조의 귀족 문화 유행
④ 당대 국제적인 문화의 발달
⑤ 장건 파견과 비단길 개척의 영향

20 다음 문화유산이 유행한 시기에 있었던 사실로 옳은 것은?

백색, 갈색, 녹색의 세 가지 유약을 사용하여 구운 도자기로 화려한 색을 지니고 있다. 도자기에 표현된 동물이나 타고 있는 인물 등을 통해 서역과의 교류를 짐작해 볼 수 있다.

① 베다가 완성되었다.
② 사기가 편찬되었다.
③ 룽먼 석굴이 조성되었다.
④ 함무라비 법전이 제정되었다.
⑤ 현장이 불교 경전을 번역하였다.

21 밑줄 친 ㉠~㉢에 대한 설명으로 옳지 않은 것은?

만주와 한반도에서는 ㉠ 고조선 성립 이후 ㉡ 삼국이 경쟁하며 발전하였다. 신라가 삼국을 통일한 이후에는 ㉢ 남북국 시대가 전개되었다.

① ㉠ – 한의 공격으로 멸망하였다.
② ㉠ – 우리 역사상 최초의 국가이다.
③ ㉡ – 중앙 집권 국가로 성장하였다.
④ ㉡ – 아스카 문화를 받아들여 발전하였다.
⑤ ㉢ – 남쪽에 신라, 북쪽에 발해가 성장하였다.

22 (개) 시기 일본에서 있었던 사실로 옳은 것을 〈보기〉에서 고른 것은?

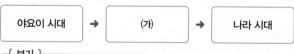

야요이 시대 → (개) → 나라 시대

┌ 보기 ┐
ㄱ. 다이카 개신이 일어났다.
ㄴ. 아스카 문화가 발전하였다.
ㄷ. 고사기와 일본서기가 편찬되었다.
ㄹ. 균전제를 바탕으로 조용조를 수취하였다.

① ㄱ, ㄴ   ② ㄱ, ㄷ   ③ ㄴ, ㄷ
④ ㄴ, ㄹ   ⑤ ㄷ, ㄹ

23 밑줄 친 '이 시대'에 있었던 사실로 옳은 것은?

> 8세기 초 일본에서는 당의 장안성을 본뜬 헤이조쿄를 건설하고 수도를 옮기면서 <u>이 시대</u>가 전개되었다.

① 장원이 확대되었다.
② 도다이사를 건립하였다.
③ 가나 문자를 제작하였다.
④ 야요이 문화가 발달하였다.
⑤ 무사가 등장하여 세력을 키웠다.

✡ 시험에 잘 나와!

24 (가) 시대에 대한 학생들의 발표 내용으로 옳은 것은?

① 균전제를 실시하였어요.
② 대운하를 완성하였어요.
③ 견당사 파견을 중단하였어요.
④ 쇼토쿠 태자가 불교를 장려하였어요.
⑤ 일본서기라는 역사책을 편찬하였어요.

25 (가)에 들어갈 내용으로 가장 적절한 것은?

> 헤이안 시대에는 _____(가)_____ 이에 따라 가나 문자가 만들어졌고, 『겐지 이야기』가 유행하였다. 주택과 관복 등에서도 일본 고유의 특색이 나타났다.

① 국풍 문화가 발달하였다.
② 청담 사상이 유행하였다.
③ 대외적으로 개방 정책을 펼쳤다.
④ 불교문화인 아스카 문화가 발전하였다.
⑤ 당의 율령을 본떠 통치 체제를 정비하였다.

26 다음 자료를 활용하여 작성할 수 있는 보고서의 주제로 가장 적절한 것은?

• 자료1 ⬆ 성균관의 문묘 대성전 한반도에 유교가 전파되면서 공자를 모시는 사당이 세워졌다.

• 자료2 ⬆ 도다이사 대불 일본에서는 불교를 수용하여 거대한 불상을 제작하였다.

① 국풍 문화의 형성
② 철기 보급에 따른 변화
③ 제자백가의 등장과 역할
④ 동아시아 문화권의 형성
⑤ 한족과 북방 민족의 융합

27 (가)에 들어갈 내용으로 옳지 <u>않은</u> 것은?

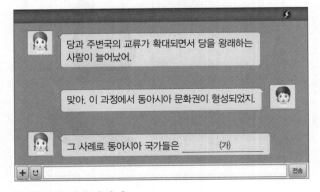

당과 주변국의 교류가 확대되면서 당을 왕래하는 사람이 늘어났어.

맞아. 이 과정에서 동아시아 문화권이 형성되었지.

그 사례로 동아시아 국가들은 _____(가)_____

① 한자를 사용하였어.
② 유교를 정치 이념으로 삼았어.
③ 군국제를 실시하여 전국을 다스렸어.
④ 율령을 토대로 통치 체제를 정비하였어.
⑤ 사찰과 석굴 사원을 건축하는 등 불교를 발전시켰어.

서술형 문제

01 다음을 보고 물음에 답하시오.

> 중정관이 자기 지역의 인물을 재능과 인품 등에 따라 평가하여 중앙 정부에 추천한 제도는?

(1) (가)에 들어갈 퀴즈의 정답을 쓰시오.

(2) (1) 제도가 위진 남북조 시대의 사회에 미친 영향을 서술하시오.

➡ 지방의 (①   )이 중앙의 관리로 진출하여 대대로 관직을 독차지하면서 (②   ) 사회가 형성되었다.

02 다음을 읽고 물음에 답하시오.

- 한족과의 결혼을 장려하였다.
- 선비족의 복장과 언어를 금지하였다.
- 선비족의 성씨를 한족의 성씨로 바꾸도록 하였다.

(1) 위의 정책을 실시한 나라를 쓰시오.

(2) (1) 나라가 위의 정책을 실시한 이유를 서술하시오.

03 대운하의 건설이 수 왕조에 미친 긍정적 영향과 부정적 영향을 각각 서술하시오.

04 다음을 읽고 물음에 답하시오.

(가) 농민은 조세로 곡물, 노동력, 직물을 냈다.
(나) 농민은 농한기에는 군사 훈련을 받고, 전쟁이 일어나면 병사로 복무하였다.

(1) 당대 실시된 (가), (나) 제도를 각각 쓰시오.

(2) (1) 제도들이 안사의 난 이후 어떻게 변화하였는지 서술하시오.

05 다음을 읽고 물음에 답하시오.

동아시아 문화권의 공통 요소

- (㉠): 한국, 일본, 베트남에 공자 사당 건립
- 한자: 동아시아 국가들의 사상과 문화 교류를 촉진, ㉡ 각국의 문자와 표기법 형성에 영향을 줌

(1) ㉠에 들어갈 내용을 쓰시오.

(2) 밑줄 친 ㉡의 사례를 <u>세 가지</u> 서술하시오.

03 이슬람 문화의 형성과 확산

A 아라비아반도의 변화

1. **동서 교역로의 변화:** 6세기경 사산 왕조 페르시아와 비잔티움 제국의 대립 → 기존 동서 교역로 단절 → +아라비아반도를 지나는 새로운 교역로 이용(메카와 메디나가 무역의 중심지로 번영)

2. **사회적 갈등 심화:** 소수의 귀족들이 무역의 이익을 독차지하면서 빈부 격차 심화, 교역로를 차지하기 위한 여러 부족 간 전쟁 빈번

📖 **자료로 이해하기** **교역로의 변화**

6세기경 사산 왕조 페르시아와 비잔티움 제국의 대립이 심해지면서 기존의 교역로가 막히게 되었다. 상인들이 아라비아반도를 지나는 새로운 교역로를 이용하면서 동서 무역의 중심지가 바뀌었다.

— 상인들이 아라비아반도의 홍해를 지나 지중해로 들어가는 교역로를 이용하면서 메카, 메디나 등 해안 도시들이 번영하였어.

◑ 6세기경 아라비아반도의 교역로 변화

+ 아라비아반도
대부분 사막으로 이루어져 아랍인은 오아시스를 중심으로 부족 단위의 농업과 유목 생활을 하였다.

B 이슬람교의 성립과 발전

1. **+이슬람교의 성립**

— 이슬람교는 하층민의 지지를 받은 반면, 메카 귀족들에게는 환영받지 못하였어.

창시	7세기 초 메카의 상인 무함마드가 이슬람교 창시
교리	유일신 알라 숭배 및 절대복종, 우상 숭배 금지, 신 앞에 모든 인간의 평등 강조

2. **이슬람교의 발전:** 메카 귀족들의 무함마드 탄압 → 무함마드가 신자들과 함께 메카에서 메디나로 근거지 이동(+헤지라) → 메디나에서 종교와 정치가 일체화된 이슬람 공동체 조직 → +메카 정복 → 아라비아반도 대부분 통일

— 이슬람교 신자를 가리켜 '무슬림'이라고 해.

📖 **자료로 이해하기** **이슬람교도의 다섯 가지 의무(5행)**

— 유일신 사상을 보여 줘.

1. 알라 이외에 신은 없고, 무함마드는 알라의 사도라고 신앙 고백을 한다.
2. 하루에 다섯 번 메카를 향해 예배를 드린다.
3. 라마단 기간 동안 해가 떠 있을 때는 음식을 먹지 않는다.
4. 일생에 한 번 이상 성지인 메카를 순례한다.
5. 자기 재산의 일부를 기부하여 가난한 사람을 돕는다.

— 빈부 격차와 사회적 대립을 줄이는 데 기여하였어.

이슬람교의 경전인 『쿠란』에는 이슬람교도가 지켜야 할 다섯 가지 의무가 기록되어 있는데, 이슬람교에서는 이를 5행이라 하였다. 5행은 이슬람교도의 행동을 규제하였으며, 이슬람 사회 전반에 영향을 미쳤다.

+ 이슬람
아랍어로 '순종한다.'는 뜻으로, 알라에 대한 복종을 의미한다.

+ 헤지라(622)
'성스러운 이주'라는 의미로, 이 해는 이슬람력의 시작 연도가 되었다.

+ 메카의 카바 신전

수많은 이슬람교도가 방문하는 이슬람교의 성지이다. 무함마드는 메카를 정복하고 카바에 있던 다신교 신전을 알라의 신전으로 바꾸었다.

무엇을 배울까?
- 아라비아반도의 변화와 이슬람교의 성립
- 이슬람 제국의 발전
- 이슬람 사회와 경제
- 이슬람 문화권의 형성

1 밑줄 친 '이 나라'를 쓰시오.

> 6세기경 사산 왕조 페르시아와 이 나라의 대립으로 기존의 동서 교역로가 막히자 상인들은 아라비아반도를 지나는 새로운 교역로를 이용하였다.

2 다음 설명이 6세기경 아라비아반도의 상황에 해당하면 ○표, 틀리면 ×표를 하시오.

(1) 아라비아반도를 지나는 새로운 교역로가 이용되면서 바그다드, 다마스쿠스가 번영하였다. ( )

(2) 소수의 귀족들이 무역의 이익을 독차지하면서 빈부의 격차가 커지는 등 사회적 갈등이 심해졌다. ( )

 핵심 콕콕

• 아라비아반도의 교역로 변화

6세기경 사산 왕조 페르시아와 비잔티움 제국의 대립

↓

새로운 동서 교역로 이용
아라비아반도를 지나는 새로운 교역로를 이용하면서 메카·메디나 번영, 사회적 갈등 심화

1 다음 괄호 안의 내용 중 알맞은 말에 ○표를 하시오.

(1) 7세기 초 메카의 상인 (무함마드, 고타마 싯다르타)가 이슬람교를 창시하였다.

(2) 무함마드는 (메카, 메디나)를 정복하고 카바에 있던 다신교 신전을 알라의 신전으로 바꾸었다.

2 이슬람교의 교리로 옳은 것만을 〈보기〉에서 있는 대로 골라 기호를 쓰시오.

┌ 보기 ┐
ㄱ. 아랍인 우대
ㄴ. 우상 숭배 금지
ㄷ. 유일신 알라 숭배
ㄹ. 윤회와 해탈 강조

3 메카 귀족들의 박해를 받은 무함마드는 622년 메카에서 메디나로 근거지를 옮겼는데, 이를 일컬어 ( )라고 한다.

 핵심 콕콕

• 이슬람교의 성립과 발전

성립	7세기 초 무함마드가 이슬람교 창시, 유일신 알라 숭배

↓

헤지라(메카에서 메디나로 이동)

↓

발전	이슬람 공동체 조직 → 메카 정복 → 아라비아반도 대부분 통일

C 이슬람 제국의 발전

1. 정통 칼리프 시대

(1) 시기: 무함마드가 죽은 후 이슬람 세계의 새로운 지도자로 ✚칼리프 선출 → 네 명의 칼리프를 차례로 선출

(2) 영토 확장: 시리아와 이집트 점령, 사산 왕조 페르시아 정복, 아프리카 북부 점령

(3) 이슬람교의 확산: 정복지 주민들에게 이슬람교를 강요하지 않음, 이슬람교로 개종하면 세금(인두세) 감면 └ Why? 정복지 주민들의 환영을 받아 자발적으로 이슬람교로 개종하려는 사람이 늘어났어.

2. 우마이야 왕조

성립	4대 칼리프 알리의 암살 → 우마이야 가문이 칼리프를 세습하며 우마이야 왕조 성립(661) → 이슬람교도들이 ✚시아파와 수니파로 나뉘어 대립
발전	✚다마스쿠스를 수도로 삼아 정복 활동 → 중앙아시아에서 북부 아프리카, 이베리아반도에 걸친 대제국 건설
멸망	아랍인 우대 정책 실시, 비아랍인 이슬람교도 차별(세금 납부와 관리 등용에서 차별 받음) → 아바스 왕조에게 멸망(750) └ 비아랍인의 불만이 커졌어.

3. 아바스 왕조

성립	이란 지방을 중심으로 아바스 왕조 성립(750)
발전	• 아랍인 우대 정책 폐지: 비아랍인 이슬람교도에게 부과하던 세금 면제, 비아랍인도 관리나 군인으로 임명 • 동서 교역로 장악: 당과의 탈라스 전투에서 승리(751) → 동서 교역로 장악, 국제 무역으로 번영, 수도 바그다드가 국제도시로 성장 └ 꼭! 유럽과 지중해, 아시아를 잇는 교역로에 위치하여 상업과 학문의 중심지가 되었어.
멸망	여러 왕조로 분열되며 쇠퇴 → 13세기 몽골의 침입으로 멸망

└ 이슬람 세계가 분열되면서 칼리프는 점차 종교적 지도자의 역할만 담당하게 되었어.

4. 여러 이슬람 왕조

(1) 후우마이야 왕조: 멸망한 우마이야 왕조의 남은 세력이 이베리아반도에 수립 └ 코르도바를 수도로 삼았어.

(2) 파티마 왕조: 아프리카 북부에서 성장

📖 자료로 이해하기 | 이슬람 세계의 확대

⬆ 이슬람 제국의 영역

정통 칼리프 시대 (632 ~ 661)
↓
우마이야 왕조 (661 ~ 750)
├ 아바스 왕조 (750 ~ 1258)
├ 후우마이야 왕조 (756 ~ 1031)
└ 파티마 왕조 (909 ~ 1171)

⬆ 이슬람 제국의 발전

아라비아반도에서 출발한 이슬람 세력은 정통 칼리프 시대에 이집트를 점령하고, 사산 왕조 페르시아를 정복하는 등 영토를 확장하였다. 이후 우마이야 왕조는 중앙아시아와 북부 아프리카, 이베리아반도까지 세력을 확대하였다. 아바스 왕조는 아랍인 우대 정책을 폐지하고 다양한 민족을 포용하는 이슬람 제국으로 발전하였다.

✚ 칼리프

무함마드의 '계승자'를 의미한다. 이슬람 공동체의 최고 권력자이자 종교 지도자 역할을 하였다.

✚ 시아파와 수니파

4대 칼리프 알리가 살해되자 알리를 지지하던 사람들은 무함마드의 혈통을 계승한 알리와 그 후손만이 칼리프가 될 수 있다고 주장하며 시아파를 형성하였다. 반면, 수니파는 무함마드의 혈통이 아니어도 능력과 자질을 갖춘 사람이라면 칼리프가 될 수 있다고 주장하였다. 오늘날 수니파가 이슬람교도의 대다수를 차지한다.

✚ 다마스쿠스의 우마이야 모스크

우마이야 왕조의 수도 다마스쿠스에 세워진 모스크이다. 형태, 건축, 장식 면에서 이슬람 최고의 건축물로 평가받는다.

1 다음에서 설명하는 용어를 쓰시오.

> 무함마드의 '계승자'를 의미하며 이슬람 공동체의 최고 권력자이자 종교 지도자 역할을 하였다.

• 이슬람 제국의 발전

정통 칼리프 시대
무함마드가 죽은 후 칼리프 선출

↓

우마이야 왕조
우마이야 가문이 칼리프 세습, 수도 다마스쿠스, 아랍인 우대 정책 실시

↓

아바스 왕조
수도 바그다드, 아랍인 우대 정책 폐지

2 다음 설명이 맞으면 ○표, 틀리면 ×표를 하시오.

(1) 이슬람 세력은 정통 칼리프 시대에 시리아와 이집트, 사산 왕조 페르시아를 정복하였다. ( )

(2) 이슬람 세력은 정복한 지역의 주민들에게 이슬람교를 강요하여 정복지 주민들의 반발을 샀다. ( )

(3) 내부 분열을 겪던 우마이야 왕조는 이란 지방을 중심으로 성장한 후우마이야 왕조에게 멸망하였다. ( )

(4) 무함마드가 죽은 후 네 명의 칼리프가 차례로 선출되어 이슬람 공동체를 이끌었는데, 이 시기를 정통 칼리프 시대라고 한다. ( )

3 다음 괄호 안의 내용 중 알맞은 말에 ○표를 하시오.

(1) 우마이야 왕조는 (코르도바, 다마스쿠스)를 수도로 삼아 영토를 확장하였다.

(2) (수니파, 시아파)는 무함마드의 혈통이 아니어도 능력과 자질을 갖춘 사람이라면 칼리프가 될 수 있다고 하였다.

(3) 아바스 왕조는 751년에 당과 벌인 (탈라스 전투, 포에니 전쟁)에서 승리하여 중앙아시아의 동서 교역로를 장악하였다.

(4) (아바스 왕조, 우마이야 왕조)는 아랍인을 우대하는 정책을 폐지하여 비아랍인 이슬람교도에게 부과하던 세금을 면제하였다.

4 다음 왕조와 그 특징을 옳게 연결하시오.

(1) 아바스 왕조 •   • ㉠ 아랍인 우대 정책 실시

(2) 파티마 왕조 •   • ㉡ 아프리카 북부에서 성장

(3) 우마이야 왕조 •   • ㉢ 이베리아반도에 왕조 개창

(4) 후우마이야 왕조 •   • ㉣ 수도 바그다드가 국제도시로 성장

03 이슬람 문화의 형성과 확산

D 이슬람 사회와 경제

예) 이슬람 여성들은 『쿠란』에 따라 머리와 목 부위 등을 가린 히잡을 써.

1. 이슬람 사회: 『⁺쿠란』과 『⁺하디스』가 일상생활의 규범으로 작용 → 돼지고기를 먹지 않는 식생활, 일정한 시간마다 행하는 예배 의식, 자선 활동, 인간 평등을 강조해 원칙상 종족이나 계급에 따른 차별이 없음

『쿠란』의 율법에 따라 생산, 처리, 가공된 식품을 할랄 식품이라고 해.

2. 이슬람 세계의 경제

(1) 발달 배경: 이슬람 사회가 상업 활동을 긍정적으로 인식(→ 상업 활동 지원), 유럽·아프리카·아시아를 잇는 통로에 위치, 탈라스 전투를 계기로 교역로 장악 등

(2) 동서 교역 활발: 비단길과 바닷길을 통해 동서 교역 주도 → 교역로 중심으로 도시 성장(바그다드 번성), 금융 산업 발달, 동서 문화 교류 촉진, 이슬람교가 빠르게 확산

이슬람 상인들은 금, 은을 화폐로 사용하였고 어음, 수표를 거래에 이용하였어.

📖 자료로 이해하기 이슬람 상인의 교역

이슬람 제국은 유럽과 아프리카, 아시아를 잇는 통로에 자리하고 있어 육로와 해로를 통한 동서 교역이 활발하였다. 이에 이슬람 세계에서는 상업과 교역이 크게 발전하였다. 이슬람 상인들은 비단길과 바닷길을 이용하여 인도, 동남아시아, 중국은 물론 한반도에까지 진출하여 도자기, 향신료, 비단 등을 거래하였다. 또한 유럽과 아프리카에 진출하여 모피, 금, 노예 등을 거래하였다.

⁺ 쿠란

무함마드가 받은 알라의 계시를 정리한 이슬람교의 경전이다. 아랍어로 기록되었으며, 다른 언어로 번역하는 것이 금지되었다. 이에 이슬람교가 전파되는 지역에서 아랍어가 널리 쓰이게 되었다.

⁺ 하디스
무함마드의 말과 행동을 기록한 책

E 이슬람 문화권의 형성

1. 이슬람 문화권의 형성 배경: 이슬람 제국 확대 → 이슬람 문화가 세계 각지로 전파, 이슬람 세계로 다양한 문화 유입 → 이슬람교와 아랍어를 공통 요소로 하는 이슬람 문화권 형성

2. 이슬람 문화 발달

문학	산문·설화 문학 발달: 『⁺아라비안나이트(천일야화)』가 유명
건축	모스크 발달: 이슬람교의 예배당으로 돔·아치·뾰족한 탑이 특징, 내부는 아라베스크와 아랍어 글씨로 장식
학문	• 신학, 철학, 법학: 『쿠란』의 해석 과정에서 발달 • 역사학: 이븐할둔의 『역사서설』 저술 • 지리학: 메카 순례와 상업 활동을 위해 발달, 이븐 바투타의 『여행기』 편찬
자연 과학	• 천문학: 지구 둘레 계산, 지구가 둥글다는 것 증명 • 화학: ⁺연금술 유행 → 화학 용어 형성 • 수학: 인도로부터 '0(영)' 도입 → 아라비아 숫자 완성 • 의학: 제국 내 병원 설립, 이븐 시나의 『의학전범』 저술 • 영향: 중국·한국에 역법 전파, 이슬람의 과학 및 중국의 제지법·나침반·화약을 유럽에 전파

예) 알코올, 알칼리 등이 아랍에서 비롯되었어.

이슬람 의학을 집대성한 책으로, 유럽에 전해져 대학의 의학 교재로 사용되었어.

돔은 이슬람의 정신인 평화를 상징하고, 돔 끝의 초승달은 무함마드가 계시를 받은 시간을 상징해.

↑ 바위의 돔

↑ 아라베스크
이슬람교에서는 우상 숭배를 금지하였기 때문에 모스크 내부를 덩굴무늬나 기하학적 무늬로 장식하였어.

⁺ 아라비안나이트(천일야화)
아라비아의 민담을 중심으로 페르시아, 인도, 이집트 등지의 설화를 모은 작품이다. 『천일야화』라는 이름으로 발간되었으나 이후 유럽에 전해져 『아라비안나이트』로 번역되었다.

⁺ 연금술
이슬람 세계에서는 금속을 이용하여 귀한 보석이나 불로장생의 약을 만드는 연금술이 유행하면서 화학 실험 방법과 합금 기술이 발전하였다.

↑ 연금술을 연구하는 과학자들

1 ⊙, ⓒ에 들어갈 내용을 각각 쓰시오.

> (⊙   )은 무함마드가 받은 알라의 계시를 정리한 이슬람교의 경전이고,
> (ⓒ   )는 무함마드의 말과 행동을 기록한 책이다. 이들은 이슬람 사회에서
> 일상생활의 규범이 되었다.

• 이슬람 사회와 경제

사회	『쿠란』과 『하디스』가 일상생활의 규범으로 작용
경제	이슬람 사회가 상업 활동을 긍정적으로 인식 → 동서 교역 활발 → 바그다드 번성, 동서 문화 교류 촉진, 이슬람교가 빠르게 확산

2 다음 설명이 맞으면 ○표, 틀리면 ×표를 하시오.

(1) 이슬람교도들은 소고기를 먹지 않는 식생활을 실천하였다. (   )

(2) 이슬람 상인들의 무역 활동으로 동서 문화 교류가 촉진되었고, 이슬람교도 빠르게
   확산되었다. (   )

(3) 이슬람 사회에서는 상업 활동으로 이익을 얻는 것을 긍정적으로 여겨 상인들의 상업
   활동을 지원하였다. (   )

(4) 이슬람 상인들은 비단길과 바닷길을 이용하여 인도, 동남아시아, 중국은 물론 한반
   도에까지 진출하여 도자기, 향신료, 비단 등을 거래하였다. (   )

1 다음 괄호 안의 내용 중 알맞은 말에 ○표를 하시오.

(1) 이슬람 제국이 확대되면서 이슬람교와 (아랍어, 산스크리트어)를 공통 요소로 하
   는 이슬람 문화권이 형성되었다.

(2) (마하바라타, 아라비안나이트)는 아라비아의 민담을 중심으로 페르시아, 인도, 이
   집트 등지의 설화를 모은 작품이다.

(3) 이슬람 문화권에서는 건축에서 돔과 아치, 뾰족한 탑을 특징으로 하는 예배당인
   (모스크, 카타콤)이/가 많이 만들어졌다.

• 이슬람 문화권의 형성

배경
이슬람 제국의 확대 → 이슬람교와 아랍어의 확산

↓

이슬람 문화 발달

• 문학: 『아라비안나이트』가 유명
• 건축: 모스크, 아라베스크 발달
• 학문: 신학, 철학, 법학, 역사학, 지리학 발달
• 자연 과학: 천문학 발달, 연금술 유행, 아라
  비아 숫자 완성, 의학에서 이븐 시나의 『의
  학전범』 저술

2 다음 빈칸에 들어갈 내용을 쓰시오.

(1) 이슬람 세계는 인도에서 숫자 '0(영)'을 받아들여 (   )를 만들었다.

(2) 이슬람 제국에서는 모스크 내부를 덩굴무늬나 기하학적 무늬인 (   )로 장
   식하였다.

(3) 이븐 시나의 (   )은 이슬람 의학을 집대성한 책으로, 유럽에 전해져 대학
   의 의학 교재로 사용되었다.

01 지도에 나타난 교역로의 변화로 일어난 사실로 옳은 것은?

① 포에니 전쟁이 일어났다.
② 대승 불교가 동아시아에 전파되었다.
③ 크샤트리아와 바이샤 세력이 성장하였다.
④ 왕의 길이라 불리는 도로망이 정비되었다.
⑤ 메카와 메디나 등 해안 도시들이 번영하였다.

★ 시험에 잘 나와!
02 밑줄 친 '이 종교'에 대한 설명으로 옳은 것은?

> 6세기 이후 아라비아반도에서는 빈부의 격차가 심화되고 전쟁이 빈번하는 등 사회가 혼란하였다. 이러한 상황에서 7세기 초 무함마드는 이 종교를 창시하였다.

① 불을 숭배하였다.
② 로마 제국에서 국교로 인정하였다.
③ 알라에 대한 절대복종을 내세웠다.
④ 부처의 가르침에 따를 것을 강조하였다.
⑤ 수행을 통한 개인의 해탈을 중시하였다.

03 다음 사건이 일어난 배경으로 옳은 것은?

> 헤지라는 '성스러운 이주'라는 뜻으로, 이슬람 신자들이 메카에서 메디나로 근거지를 옮긴 것을 일컫는다.

① 파티마 왕조가 성장하였다.
② 후우마이야 왕조가 세워졌다.
③ 4대 칼리프 알리가 암살당하였다.
④ 무함마드가 귀족들의 박해를 받았다.
⑤ 아바스 왕조가 탈라스 전투에서 승리하였다.

04 (가) 시기 이슬람 세계에서 있었던 사실로 옳은 것은?

```
       622                          632
  ┌──────────────(가)──────────────┐
  ▲                                ▲
헤지라                         1대 칼리프 선출
```

① 우마이야 왕조가 성립하였다.
② 무함마드가 메카를 정복하였다.
③ 아바스 왕조가 몽골에게 멸망하였다.
④ 이슬람교도들이 시아파와 수니파로 나뉘었다.
⑤ 이슬람 세력이 이베리아반도까지 영토를 확장하였다.

05 다음을 읽고 학생들이 나눈 대화 내용으로 옳지 <u>않은</u> 것은?

> 1. 알라 이외에 신은 없고, 무함마드는 알라의 사도라고 신앙 고백을 한다.
> 2. 하루에 다섯 번 메카를 향해 예배를 드린다.
> 3. 라마단 기간 동안 해가 떠 있을 때는 음식을 먹지 않는다.
> 4. 일생에 한 번 이상 성지인 메카를 순례한다.
> 5. 자기 재산의 일부를 기부하여 가난한 사람을 돕는다.

① 5행이라고 불리지.
② 베다에 기록되어 있어.
③ 이슬람교의 유일신 사상을 보여 주지.
④ 이슬람 사회 전반에 영향을 미치고 있어.
⑤ 이슬람교도가 지켜야 할 다섯 가지 의무야.

06 다음에서 설명하는 용어로 옳은 것은?

> **역사 용어 사전**
> 무함마드가 죽은 후 이슬람 세계의 새로운 지도자로 선출하였다. 무함마드의 '계승자'를 의미하며 이슬람 공동체의 최고 권력자이자 종교 지도자 역할을 하였다.

① 쿠란   ② 모스크   ③ 칼리프
④ 하디스   ⑤ 헤지라

07 (가)에 들어갈 내용으로 적절하지 <u>않은</u> 것은?

> 네 명의 칼리프가 차례로 선출되어 이슬람 공동체를 이끌었던 시기에 이슬람 세력은 _____(가)_____

① 아잔타 석굴을 조성하였다.
② 시리아와 이집트를 점령하였다.
③ 사산 왕조 페르시아를 정복하였다.
④ 이슬람교로 개종하면 세금을 줄여 주었다.
⑤ 정복지 주민에게 이슬람교를 강요하지 않았다.

08 밑줄 친 '이 왕조'에 대한 설명으로 옳은 것은?

이슬람교도가 시아파와 수니파로 나뉘어 대립하게 된 이유는 무엇일까?

4대 칼리프 알리가 살해된 뒤 이 왕조가 수립되자 칼리프의 정통성을 놓고 두 파로 나뉘었어.

① 이집트를 점령하였다.
② 바그다드를 수도로 삼았다.
③ 몽골의 침입으로 멸망하였다.
④ 이베리아반도로 영토를 확장하였다.
⑤ 분서갱유로 다른 사상을 탄압하였다.

☆ 시험에 잘 나와!

09 (가) 왕조에 대한 탐구 주제로 가장 적절한 것은?

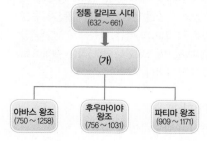

정통 칼리프 시대
(632~661)

(가)

아바스 왕조
(750~1258)

후우마이야 왕조
(756~1031)

파티마 왕조
(909~1171)

① 헤지라의 원인
② 국풍 문화의 발달
③ 칼리프의 선출 방식
④ 탈라스 전투의 승리
⑤ 아랍인 우대 정책의 실시

10 밑줄 친 '이슬람 왕조'에 대한 설명으로 옳지 <u>않은</u> 것은?

> 장면 #3 상인들의 대화 장면
> • 상인1: 오랜만일세. 난 지금 유럽과 지중해, 아시아를 잇는 교역로에 위치한 이슬람 왕조의 수도 바그다드로 향하는 길이라네.
> • 상인2: 아하, 바그다드의 명성은 나도 익히 들어 잘 알고 있네. 세계적인 상업과 학문의 중심지이자 국제도시 아닌가?

① 이란 지방을 중심으로 성립하였다.
② 비아랍인을 관리나 군인으로 임명하였다.
③ 중앙아시아의 동서 교역로를 장악하였다.
④ 관리 등용에서 비아랍인 이슬람교도를 차별하였다.
⑤ 이슬람 세계가 분열되며 쇠퇴하다가 몽골의 침입으로 멸망하였다.

11 지도에 표시된 영역을 차지한 이슬람 왕조에서 볼 수 있었던 모습으로 가장 적절한 것은?

① 수도 다마스쿠스에 모스크를 짓는 건축가
② 산스크리트어를 공용어로 사용하는 주민들
③ 칼리프를 선출하는 이슬람 공동체의 구성원
④ 무함마드를 따라 메디나로 이주하는 이슬람교도
⑤ 탈라스에서 당의 군대와 전투를 벌이는 이슬람 군인

12 (가)~(라)를 일어난 순서대로 나열한 것은?

> (가) 무함마드가 이슬람교를 창시하였다.
> (나) 우마이야 가문이 칼리프를 세습하였다.
> (다) 아바스 왕조가 당과 탈라스 전투를 벌였다.
> (라) 이슬람 세력이 사산 왕조 페르시아를 정복하였다.

① (가) - (나) - (다) - (라)
② (가) - (라) - (나) - (다)
③ (가) - (라) - (다) - (나)
④ (다) - (나) - (가) - (라)
⑤ (다) - (나) - (라) - (가)

13 이슬람교도의 특징으로 옳은 것을 〈보기〉에서 고른 것은?

〔 보기 〕
ㄱ. 돼지고기를 먹지 않는다.
ㄴ. 카스트에 따른 의무를 중시하였다.
ㄷ. 쿠란을 일상생활의 규범으로 삼았다.
ㄹ. 비슈누가 왕의 모습으로 나타났다고 믿었다.

① ㄱ, ㄴ
② ㄱ, ㄷ
③ ㄴ, ㄷ
④ ㄴ, ㄹ
⑤ ㄷ, ㄹ

14 (가)에 들어갈 내용으로 가장 적절한 것은?

수행 평가 보고서

• 탐구 주제: _____(가)_____
• 조사 내용

모둠	내용
1	비단길과 바닷길 이용 사례
2	바그다드가 경제적으로 번성한 이유
3	중국의 나침반·화약의 유럽 전파 배경

① 한대의 교역로 개척
② 견당사의 파견과 활동
③ 이슬람 상인과 동서 교역
④ 알렉산드로스의 동방 원정
⑤ 대승 불교의 동아시아 전파

15 지도는 이슬람 상인의 교역을 나타낸 것이다. 이를 보고 학생들이 나눈 대화 내용으로 옳지 않은 것은?

① 간다라 양식이 발달하는 배경이 되었어.
② 비단길과 바닷길이 교역로로 이용되었어.
③ 무역 활동으로 동서 문화 교류가 촉진되었어.
④ 교역이 이루어지면서 주요 교역로를 중심으로 도시들이 성장하였어.
⑤ 이슬람 제국이 유럽, 아프리카, 아시아를 잇는 통로에 위치한 것이 교역에 도움이 되었어.

☆ 시험에 잘 나와!
16 신문 기사에서 소개하는 문학 작품을 발간한 문화권에 대한 설명으로 옳은 것은?

> **역사 신문**
>
> **『아라비안나이트』가 유행하다**
>
> 아라비아의 민담을 중심으로 페르시아, 인도, 이집트 등지의 설화를 모은 문학 작품인 『아라비안나이트』가 유행하고 있다. 이 작품은 『천일야화』라는 이름으로 발간되었으나 이후 유럽에 전해져 『아라비안나이트』라는 제목으로 번역되면서 전 세계에 알려졌다.

① 제지술을 개량하였다.
② 미술에서 굽타 양식이 발달하였다.
③ 유교와 율령을 공통 요소로 하였다.
④ 숫자 '0(영)'을 처음으로 사용하였다.
⑤ 연금술이 유행하면서 화학 실험 방법이 발달하였다.

17 다음 건축물에 대한 설명으로 옳지 <u>않은</u> 것은?

① 이슬람교의 예배당이다.
② 이슬람 문화권에서 발달하였다.
③ 돔과 아치, 뾰족한 탑이 특징이다.
④ 건축물 내부를 아라베스크로 장식하였다.
⑤ 간다라 양식과 인도 고유의 양식이 융합되었다.

18 밑줄 친 '장식'의 명칭을 쓰시오.

이슬람 세계에서는 우상 숭배를 금지하여 모스크 내부를 조각 대신에 덩굴무늬나 기하학적 무늬로 <u>장식</u>하였다.

19 자료에 해당하는 문화권의 문화에 대한 설명으로 옳지 <u>않은</u> 것은?

자연 과학의 발달

↑ 연금술을 연구하는 과학자들　↑ 골절된 팔을 수술하는 모습

① 아베스타를 집대성하였다.
② 아라비아 숫자를 만들었다.
③ 이븐 시나가 의학전범을 편찬하였다.
④ 이븐 바투타가 여행기를 저술하였다.
⑤ 쿠란의 해석 과정에서 신학, 법학이 발달하였다.

서술형 감잡기

01 (가), (나) 세력이 나뉘게 된 배경을 서술하시오.

(가) 무함마드의 혈통을 이어받은 사람만이 후계자야.

(나) 자질을 갖춘 사람이면 누구나 칼리프가 될 수 있어.

➡ 4대 칼리프인 알리가 암살당하자 (① 　　　) 가문에서 칼리프를 세습하였다. 이에 이슬람교도들은 무함마드의 혈통을 계승한 알리와 후손만이 칼리프가 될 수 있다는 (② 　　　)와 능력과 자질을 갖춘 사람이라면 누구나 칼리프가 될 수 있다는 (③ 　　　)로 나뉘어 대립하였다.

실전! 서술형 도전하기

02 우마이야 왕조와 아바스 왕조가 실시한 비아랍인에 대한 정책을 비교하여 서술하시오.

_____
_____
_____

03 다음에서 설명하는 경전이 이슬람 문화권 형성에 미친 영향을 서술하시오.

무함마드가 받은 알라의 계시를 정리한 이슬람교의 경전으로, 이슬람 사회에서 일상생활의 규범으로 작용하였다.

_____
_____
_____

04 크리스트교 문화의 형성과 확산(1)

A 게르만족의 이동과 프랑크 왕국

┌─ 원래 발트해 연안에서 수렵과 목축을 하였어. 토지가 부족해지자 일부가 로마 제국으로 이주하였어.

1. **게르만족의 이동**: 4세기 말 훈족의 압박 → 게르만족이 로마 영토로 대규모 이동 → 게르만족 출신 용병 대장에게 서로마 제국 멸망(476)

2. **프랑크 왕국의 성립과 발전**

   └─ 카롤루스 마르텔이 이슬람 세력의 침입을 막아 크리스트교 세계를 보호하였어.

(1) 성장 배경: 원 거주지에서 멀지 않은 지역 정착, 5세기 클로비스의 크리스트교 개종(→ 로마 교회의 지지), 8세기 초 이슬람 세력 격퇴

(2) 전성기(8세기 후반 카롤루스 대제): 옛 서로마 제국 영토의 대부분 정복(→ 크리스트교 전파), 로마 교황에게 서로마 황제의 관을 받음(800), 학문과 문예 부흥, 게르만 문화·로마 문화·크리스트교가 융합된 서유럽 문화의 기틀 마련

(3) 분열: 카롤루스 대제 사후 내분 → +서프랑크·중프랑크·동프랑크로 분열

⬆ 게르만족의 이동

+ 프랑크 왕국의 분열

카롤루스 대제가 죽은 후 프랑크 왕국은 베르됭 조약과 메르센 조약으로 서프랑크, 중프랑크, 동프랑크로 나뉘었다. 이는 각각 프랑스, 이탈리아, 독일의 기원이 되었다.

B 봉건제의 성립

1. **배경**: 프랑크 왕국의 분열, 노르만족 등 이민족의 침입으로 혼란 → 기사 계급의 성장

   └─ 바이킹이라 불렀어.   Q♥? 힘을 가진 사람들이 성을 쌓고 무력을 갖추면서 기사 계급이 성장하였어.

2. **주종 관계와 장원제**

+주종 관계	• 특징: 서로의 의무를 성실히 지킬 것을 약속한 계약 관계 • 봉신: 자기보다 강한 기사를 주군으로 섬김, 주군에게 충성과 봉사 맹세 • 주군: 기사에게 토지(봉토)를 주어 봉신으로 삼음 ─ 장원의 영주가 되어 주군의 간섭을 받지 않고 독자적으로 장원을 다스렸어.
장원제	• 장원의 특징: 봉신이 주군에게 받은 봉토의 운영 형태, 자급자족의 농촌 공동체 • 농노의 생활: 장원 농민의 대부분, +영주의 토지 경작, 거주 이전의 자유가 없음, 영주에게 시설 사용료 및 세금 부담, 결혼 가능, 집·토지 등 약간의 재산 소유 가능

└─ 농노는 대장간, 방앗간 등 영주의 시설물을 이용하고 사용료를 냈어.

+ 서유럽과 중국의 봉건제

서유럽의 봉건제는 주군과 봉신이 각자 의무를 지는 계약 관계로, 어느 한쪽이 의무를 지키지 않으면 계약은 깨질 수 있었다. 반면, 중국 주의 봉건제는 왕실과 제후가 혈연관계를 바탕으로 하였다.

+ 영주

토지와 농노를 다스리는 장원의 지배자였다. 농노에 대한 재판권과 세금 징수권을 가졌으며, 전쟁 시에는 기사들을 이끌고 출정하였다.

📖 **자료로 이해하기** 중세 서유럽의 봉건제

→ 보호, 봉토 수여
⇢ 충성, 군역
→ 보호
⇠ 부역과 세금 납부

┌─ 왕과 제후, 기사 사이에 여러 겹으로 맺어져 피라미드 형태를 이루었어.

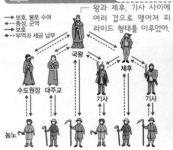

⬆ 봉건 사회의 구조

⬆ 장원의 모습 ─ 당시 비료가 발달하지 않아 토지를 춘경지, 추경지, 휴경지로 나누어 농사를 지었어.

서유럽에서는 주종 관계와 장원제를 바탕으로 지방 분권적인 봉건 사회가 성립되었다. 봉건 사회가 발전하면서 왕권은 점차 약화되었고, 지방을 다스리는 영주의 권한은 강해졌다.

무엇을
배울까?
– 게르만족의 이동과 프랑크 왕국의 성립
– 서유럽 봉건제의 성립과 서유럽 문화
– 비잔티움 제국의 발전과 비잔티움 문화
– 십자군 전쟁과 중세 유럽의 변화

1 다음 괄호 안의 내용 중 알맞은 말에 ○표를 하시오.

(1) 4세기 말 훈족의 압박으로 (게르만족, 노르만족)이 대규모 이동하였다.

(2) (동로마 제국, 서로마 제국)은 게르만족 출신 용병 대장에게 멸망하였다.

(3) 게르만 왕국 중에서 (프랑크 왕국, 비잔티움 제국)은 크리스트교를 받아들여 로마 교회의 지지를 얻었다.

2 다음 설명이 맞으면 ○표, 틀리면 ✕표를 하시오.

(1) 프랑크 왕국은 8세기 후반 클로비스 시기에 전성기를 맞았다. (   )

(2) 카롤루스 대제는 로마 교황으로부터 서로마 황제의 관을 받았다. (   )

• 게르만족의 이동과 프랑크 왕국

게르만족의 이동
4세기 말 훈족의 압박을 받자 로마 영토로 대규모 이동 → 서로마 제국 멸망

↓

프랑크 왕국의 성립과 발전
5세기 크리스트교로 개종 → 8세기 후반 카롤루스 대제 때 전성기 이룩(영토 확장, 서로마 황제 임명, 서유럽 문화의 기틀 마련) → 서프랑크·중프랑크·동프랑크로 분열

1 다음 빈칸에 들어갈 내용을 쓰시오.

(1) 중세 서유럽에서 기사들은 자기보다 강한 기사를 (   )으로 섬기고 충성과 봉사를 맹세하였다.

(2) 중세 서유럽에서는 주군과 봉신이 서로의 의무를 성실히 지킬 것을 약속한 계약 관계인 (   )가 성립하였다.

(3) 봉신은 주군에게 받은 봉토를 (   )의 형태로 운영하고 영주가 되어 농노에 대한 재판권과 세금 징수권 등을 행사하였다.

2 중세 농노에 대한 설명으로 옳은 것만을 〈보기〉에서 있는 대로 골라 기호를 쓰시오.

{ 보기 }

ㄱ. 결혼하여 가정을 꾸릴 수 있었다.

ㄴ. 장원 농민 중 대부분을 차지하였다.

ㄷ. 자유롭게 거주지를 옮길 수 있었다.

ㄹ. 주군에게 충성과 봉사를 맹세하였다.

ㅁ. 집과 토지 등 약간의 재산을 소유할 수 있었다.

ㅂ. 영주에게 시설 사용료 및 각종 세금을 내야만 하였다.

• 봉건제의 성립

주종 관계	• 주군과 봉신이 서로의 의무를 지킬 것을 약속한 계약 관계 • 봉신: 주군에게 충성과 봉사 맹세 • 주군: 기사에게 토지(봉토)를 주어 봉신으로 삼음
장원제	• 장원: 자급자족의 농촌 공동체 • 농노: 영주에게 예속되어 각종 세금 부담, 거주 이전의 자유가 없음, 결혼 가능, 약간의 재산 소유 가능

C 크리스트교의 확산과 서유럽 문화

1. 크리스트교의 확산

(1) **교황권의 성장**: 크리스트교가 프랑크 왕국의 보호 아래 세력 확장, 교황은 서유럽 사회의 정신적 지배자로 권위 유지

교황 그레고리우스 7세가 성직자 임명권을 교회가 가져야 한다고 주장하자 황제 하인리히 4세가 반발하였어, 교회가 황제를 파문하자 황제는 카노사에서 교황에게 용서를 구하였어.

(2) **교회의 세속화**: 교회가 왕과 제후로부터 봉토를 받음, 왕과 제후가 성직자 임명권 행사 → 성직자의 혼인과 성직 매매 등

(3) **교회 개혁 운동**: 10세기 초 클뤼니 수도원을 중심으로 전개

(4) **교황과 황제의 대립**: 성직자 임명권을 놓고 교황과 신성 로마 제국 황제가 대립 → 카노사의 굴욕(1077) → 교황권 강화

↑ 카노사의 굴욕

수도사들은 기도, 고전 연구, 노동 속에서 청빈한 생활을 하였어.

2. 크리스트교 중심의 서유럽 문화

학문	신학 중심, 스콜라 철학 유행(토마스 아퀴나스의 『신학대전』) 꼭 스콜라 철학을 집대성하여 신앙과 이성의 조화를 강조하였어.
교육	교회·수도원 부설 학교 → 12세기 이후 유럽 각지에 대학 설립(→ 자치적으로 운영)
건축	• 로마네스크 양식(11세기경): 돔과 반원 아치가 특징(예 피사 대성당, 피렌체 대성당 등) • 고딕 양식(12세기경): 뾰족한 탑(첨탑)과 +스테인드글라스(색유리)가 특징(예 퀼른 대성당, +샤르트르 대성당 등) └ 천국에 좀 더 가까이 가려는 중세 유럽 사람들의 염원을 상징해.
문학	기사도 문학: 기사들의 영웅담이나 사랑 소재(예 『아서왕 이야기』, 『롤랑의 노래』 등)

└ 서유럽에서는 크리스트교가 사람들의 정신과 일상생활에 많은 영향을 주었어.

+ 스테인드글라스(색유리)

크리스트교 교리, 사람들의 생활 모습을 다채로운 색으로 표현하였다.

+ 샤르트르 대성당

D 비잔티움 제국의 발전과 비잔티움 문화

1. 비잔티움 제국의 발전

꼭 황제가 정치적·군사적 통치권과 종교적 권한을 행사하였어.

(1) **발전 배경**: +황제 중심의 중앙 집권 체제 확립, 수도 콘스탄티노폴리스가 세계 최대의 도시로 성장(동서 무역 활발)

(2) **전성기(유스티니아누스 황제, 6세기)**: 옛 로마 제국 영토의 상당 부분 회복, 『유스티니아누스 법전』 편찬, 성 소피아 대성당 건립

↑ 비잔티움 제국의 영역

[지도: 유스티니아누스 황제 때의 영역 / 11세기경의 영역 — 파리, 프랑크 왕국, 서고트 왕국, 톨레도, 라벤나, 동고트 왕국, 로마, 반달 왕국, 지중해, 흑해, 콘스탄티노폴리스, 비잔티움 제국, 에페소스, 아테네, 사산 왕조 페르시아, 예루살렘, 알렉산드리아]

└ 서로마 제국 멸망 이후에도 약 천 년 동안 지속되었어.

(3) **동서 교회의 분열(11세기)**: 성상 숭배 문제로 대립 → 서유럽의 로마 가톨릭교회와 동유럽의 그리스 정교로 분리

└ 비잔티움 제국의 황제 레오 3세가 성상 숭배 금지령을 내리자(726), 로마 교회는 게르만족 포교를 이유로 이를 거부하였어.

(4) **멸망**: 11세기 이후 대토지 소유 확산, 자영 농민 몰락 → 오스만 제국에게 멸망(1453)

2. 비잔티움 문화 발전: 그리스 정교를 바탕으로 그리스·로마 문화와 헬레니즘 문화 융합

내용	『유스티니아누스 법전』 완성(로마법 집대성), 그리스어를 공용어로 사용, 그리스의 고전 연구, 비잔티움 양식 발달(거대한 돔과 모자이크 벽화 특징, +성 소피아 대성당 등)
영향	이탈리아 르네상스에 영향을 줌, 슬라브족에 영향을 주어 동유럽 문화의 바탕이 됨

3. 동유럽 문화의 형성: 6세기 무렵 슬라브족의 동유럽 정착 → 9세기 후반 키예프 공국 건설(그리스 정교 등 비잔티움 문화 수용, 러시아의 기원이 됨)

└ 키예프에 비잔티움 양식의 영향을 받은 성 소피아 성당을 세웠어.

+ 비잔티움 황제의 권위

↑ 유스티니아누스 황제와 수행원들 중앙에 유스티니아누스 황제, 그 왼편에 관료와 군인, 그 오른편에 성직자를 위치시켜 정치와 종교를 관장하는 황제의 권위를 드러냈다.

+ 성 소피아 대성당

1 중세 서유럽 세계에 대한 설명이 맞으면 ○표, 틀리면 ×표를 하시오.

(1) 교회가 세속화되자 10세기 초 클뤼니 수도원을 중심으로 개혁 운동이 일어났다.
( )

(2) 봉건제가 확대되면서 교회는 왕과 제후로부터 봉토를 받아 봉신이 되었으며, 성직자 임명권도 왕과 제후가 행사하였다. ( )

(3) 교황 그레고리우스 7세와 비잔티움 제국의 유스티니아누스 황제가 성직자 임명권을 둘러싸고 대립하면서 카노사의 굴욕이 일어났다. ( )

2 다음은 중세 서유럽 문화에 대해 정리한 표이다. ㉠~㉣에 들어갈 내용을 각각 쓰시오.

학문	신학 중심, 토마스 아퀴나스가 신학대전에서 (㉠) 집대성
교육	12세기 이후 유럽 각지에 (㉡) 설립(→ 자치적으로 운영)
건축	로마네스크 양식 → 뾰족한 탑과 스테인드글라스가 특징인 (㉢) 발달
문학	기사들의 영웅담이나 사랑을 소재로 한 (㉣) 발달

핵심 콕콕

• **크리스트교의 확산과 서유럽 문화**

| 크리스트교의 확산 |
| 교회의 세속화 → 교회 개혁 운동 → 교황과 황제의 대립(카노사의 굴욕) → 교황권 강화 |

↓

| 크리스트교 중심의 문화 발달 |
| • 학문: 신학 중심, 스콜라 철학 유행
• 교육: 12세기 이후 대학 설립
• 건축: 로마네스크 양식(돔과 반원 아치), 고딕 양식(뾰족한 탑, 스테인드글라스) 발달
• 문학: 기사도 문학 발달 |

1 비잔티움 제국은 ( )가 정치적·군사적 통치권은 물론 종교적 권한도 가지고 있었다.

2 다음 괄호 안의 내용 중 알맞은 말에 ○표를 하시오.

(1) 비잔티움 제국의 (하인리히 4세, 유스티니아누스 황제)는 옛 로마 제국 영토의 상당 부분을 회복하였다.

(2) 동서 교회는 성상 숭배 문제로 대립하다가 서유럽의 로마 가톨릭교회와 동유럽의 (그리스 정교, 조로아스터교)로 분리되었다.

3 비잔티움 제국의 문화유산만을 〈보기〉에서 있는 대로 골라 기호를 쓰시오.

┌ 보기 ┐
ㄱ. 샤르트르 대성당   ㄴ. 성 소피아 대성당
ㄷ. 아잔타 석굴 사원   ㄹ. 유스티니아누스 법전
└─────────────────┘

핵심 콕콕

• **비잔티움 제국의 발전**

정치	황제 중심의 중앙 집권 체제 확립, 유스티니아누스 황제 때 전성기 이룩
종교	성상 숭배 금지 → 그리스 정교 성립
문화	『유스티니아누스 법전』 완성, 그리스어를 공용어로 사용, 그리스의 고전 연구, 비잔티움 양식 발달(성 소피아 대성당 등)

E 십자군 전쟁

1. 배경: 11세기 후반 셀주크 튀르크의 예루살렘 점령, 비잔티움 제국 압박 → 비잔티움 제국 황제가 로마 교황에게 도움 요청 → 로마 교황이 ⁺클레르몽 공의회에서 전쟁 호소

2. 전개: 제후·기사·상인·농민 등이 호응하며 십자군 전쟁(십자군 원정) 시작(1096) → 한때 예루살렘 점령 → 점차 상업적 이익을 중시하여 성지 회복에 실패

3. 결과: 전쟁을 주도한 교황의 권위 약화, 전쟁에 참전한 제후·기사의 세력 약화 → 왕권은 상대적으로 강화, 동방과의 교역 활발(지중해 무역 발달), 상공업 발달 및 도시 성장, 비잔티움 문화와 이슬람 문화 유입
└ 서유럽 문화가 발전하는 계기가 마련되었어.

📖 **자료로 이해하기** 십자군 전쟁(1096~1270)

├─ 로마 가톨릭 세력권
├─ 그리스 정교 세력권
└─ 이슬람교 세력권

영국, 대서양, 신성 로마 제국, 폴란드, 러시아, 파리, 헝가리, 클레르몽, 베네치아, 포르투갈, 아비뇽, 제노바, 흑해, 에스파냐, 리스본, 로마, 콘스탄티노폴리스, 셀주크 튀르크, 비잔티움 제국, 안티오크, 지중해, 예루살렘

→ 제1차(1096~1099) → 제4차(1202~1204)
‥‥ 제3차(1189~1192) → 제8차(1270)

11세기 후반 셀주크 튀르크가 예루살렘을 점령하고 크리스트교의 성지 순례를 금지하였다. 또한 비잔티움 제국을 압박하자, 예루살렘을 되찾기 위해 십자군 전쟁이 시작되었다. 십자군 전쟁은 200여 년에 걸쳐 여러 차례 추진되었고, 한때 예루살렘을 점령하기도 하였다. 그러나 시간이 갈수록 성지 회복보다 상업적 이익을 중시하는 모습을 보였다. 결국 십자군 전쟁은 성지를 회복하지 못하고 실패로 끝났다.

└ 제4차 십자군은 본래 목적에서 벗어나 비잔티움 제국의 수도 콘스탄티노폴리스를 점령하기도 하였어.

⁺ **클레르몽 공의회**

교황 우르바누스 2세는 클레르몽 공의회를 열어 이슬람 세력으로부터 성지 예루살렘을 회복할 것을 호소하였다.

F 중세 유럽의 변화

1. 도시의 발달과 장원의 해체

└ 도시민들은 영주로부터 특허장을 받아 자치권을 얻었어.

도시의 발달	• 배경: 11세기부터 농업 생산성 향상 → 시장 활성화, 도시 발달 • 내용: 동방 무역으로 지중해 연안의 도시 번성(베네치아, 제노바 등), 북유럽 도시들이 한자 동맹 결성(북해와 발트해 연안의 무역 주도), 도시의 자치권 획득, 도시 상인과 수공업자들이 ⁺길드를 형성해 도시 운영
장원의 해체	• 배경: 상업과 도시 발달로 화폐 사용 증가(영주가 농노에게 화폐로 지대 수취, 돈을 받고 농노 해방), 농민의 지위 향상(⁺흑사병 유행으로 노동력 부족 → 영주들이 농노의 처우 개선), 농민 봉기 발발(일부 영주들의 농민 억압에 반발) • 결과: 자영 농민 증가, 장원 해체, 중세 봉건 사회 동요

2. 중앙 집권 국가의 등장

예) 14세기 초 로마 교황이 성직자 과세 문제로 프랑스 국왕과 대립하다가 교황청이 아비뇽으로 옮겨지기도 하였어(아비뇽 유수).

(1) **배경:** 장원 해체와 영주 세력 약화, 화약과 대포 사용으로 기사 계급 몰락, 상대적으로 왕권 강화, 상공 시민이 국왕을 경제적으로 지원(→ 관료와 상비군 정비)

(2) **백년 전쟁(1337~1453):** 플랑드르 지방과 프랑스의 왕위 계승 문제로 영국과 프랑스 충돌 → 잔 다르크의 활약으로 프랑스 승리
왜? 상공 시민은 자유로운 경제 활동을 보장받고자 하였어.

(3) ⁺**장미 전쟁(1455~1485):** 영국에서 왕위 계승권을 두고 귀족 간 발발 → 귀족 몰락

(4) **에스파냐, 포르투갈:** 이슬람 세력을 몰아내는 과정에서 중앙 집권 국가로 발전

└ 꼭 프랑스와 영국은 이 과정에서 왕권이 강화되어 중앙 집권 국가로 성장할 수 있었어.

⁺ **길드**
도시의 상인과 수공업자들이 공동의 이익과 안전을 도모하기 위해 조직한 동업 조합

⁺ **흑사병**
페스트균이 일으키는 전염병으로, 14세기에 유행하여 유럽 인구의 약 3분의 1이 줄어들었다.

⁺ **장미 전쟁**
왕위 계승을 둘러싸고 벌어진 영국 내 귀족 간의 전쟁이다. 전쟁을 벌인 랭커스터 가문과 요크 가문이 장미를 문장으로 하였기 때문에 장미 전쟁이라고 한다.

1 ㉠, ㉡에 들어갈 내용을 각각 쓰시오.

> 11세기 후반 (㉠   )가 예루살렘을 점령하고 비잔티움 제국을 압박하자, 비잔티움 제국의 황제가 로마 교황에게 도움을 요청하였다. 이에 로마 교황이 클레르몽 공의회를 열어 성지 예루살렘의 회복을 호소하면서 (㉡   )이 시작되었다(1096).

2 십자군 전쟁의 결과로 옳은 것만을 〈보기〉에서 있는 대로 골라 기호를 쓰시오.

> ─[보기]─
> ㄱ. 교황의 권위가 강화되었다.
> ㄴ. 동방과의 교역이 활발해졌다.
> ㄷ. 성상 숭배 금지령이 발표되었다.
> ㄹ. 제후와 기사의 세력이 약화되었다.
> ㅁ. 서유럽에 비잔티움 문화와 이슬람 문화가 유입되었다.

핵심 콕콕

• 십자군 전쟁

배경	11세기 후반 셀주크 튀르크의 예루살렘 점령 → 비잔티움 제국 황제의 도움 요청 → 로마 교황의 전쟁 호소
전개	십자군 전쟁 시작(1096) → 한때 예루살렘 점령 → 상업적 이익을 중시하여 성지 회복 실패
결과	교황의 권위 약화, 제후·기사의 세력 약화, 동방과의 교역 활발, 비잔티움과 이슬람 문화 유입

---

1 다음 빈칸에 들어갈 내용을 쓰시오.

(1) 북유럽의 도시들은 (   )을 맺어 북해와 발트해 연안의 무역을 주도하였다.
(2) 중세 서유럽에서는 도시의 상인과 수공업자들이 동업 조합인 (   )를 형성하였다.

2 다음 설명이 맞으면 ○표, 틀리면 ×표를 하시오.

(1) 중세 서유럽에서 흑사병으로 노동력이 부족해지자 영주들은 농노의 처우를 개선해 주었다. (   )
(2) 유럽 각국의 국왕들은 기사 계급의 경제적 지원을 받아 관료와 상비군을 정비하는 등 세력을 강화하였다. (   )

3 다음 전쟁과 그 특징을 옳게 연결하시오.

(1) 백년 전쟁 •　　　　　　　• ㉠ 영국 귀족 간의 전쟁
(2) 장미 전쟁 •　　　　　　　• ㉡ 왕위 계승 문제로 영국과 프랑스 충돌

핵심 콕콕

• 중세 유럽의 변화

도시의 발달	지중해 연안의 도시 번성, 북유럽에서 한자 동맹 결성, 도시의 자치권 획득, 도시 상인과 수공업자들이 길드 형성
장원의 해체	화폐 사용 증가, 농민의 지위 향상 → 자영 농민 증가, 장원 해체

↓

중앙 집권 국가의 등장
백년 전쟁(영국 ↔ 프랑스), 장미 전쟁(영국) 발발 → 프랑스와 영국이 중앙 집권 국가로 성장

[01 ~ 02] 지도를 보고 물음에 답하시오.

01 (가) 민족에 대한 설명으로 옳은 것은?

① 바이킹이라 불렸다.
② 쿠샨 왕조를 세웠다.
③ 호한 융합을 꾀하였다.
④ 도시 국가인 폴리스를 형성하였다.
⑤ 훈족의 압박을 받아 로마 영토로 이동하였다.

✹ 시험에 잘 나와!
02 (나) 왕국에 대한 설명으로 옳지 <u>않은</u> 것은?

① 크리스트교를 받아들였다.
② 이슬람 세력의 침입을 격퇴하였다.
③ 수도 콘스탄티노폴리스가 번영하였다.
④ 카롤루스 대제 시기에 전성기를 맞았다.
⑤ 베르됭 조약과 메르센 조약으로 분열되었다.

03 다음 국왕에 대한 설명으로 옳은 것은?

○○○○ ○○
• 재위 기간: 768~814년
• 업적: 프랑크 왕국의 전성기 이룩, 옛 서로마 제국 영토의 대부분 정복, 서유럽 문화의 기틀 마련

① 스콜라 철학을 집대성하였다.
② 성상 숭배 금지령을 발표하였다.
③ 아우구스투스라는 칭호로 불렸다.
④ 유스티니아누스 법전을 편찬하였다.
⑤ 로마 교황에게 서로마 황제의 관을 받았다.

04 다음의 상황이 끼친 영향으로 옳은 것은?

카롤루스 대제가 죽은 후 프랑크 왕국은 서프랑크, 중프랑크, 동프랑크로 나뉘었다.

① 동서 교회가 분열하였다.
② 십자군 전쟁이 일어났다.
③ 서로마 제국이 멸망하였다.
④ 게르만족의 이동이 시작되었다.
⑤ 프랑스, 이탈리아, 독일의 기원이 되었다.

05 (가)에 들어갈 내용으로 가장 적절한 것은?

수행 평가 계획서
• 탐구 주제: 중세 서유럽 봉건제의 성립
• 조사 내용
 － 1모둠: _____(가)_____
 － 2모둠: 장원의 모습과 생활

① 칼리프의 지위　　　② 호민관의 개혁
③ 3성 6부제의 정비　　④ 주군과 봉신의 주종 관계
⑤ 포에니 전쟁의 배경과 결과

✹ 시험에 잘 나와!
06 (가) 관계에 대해 학생들이 나눈 대화 내용으로 옳지 <u>않은</u> 것은?

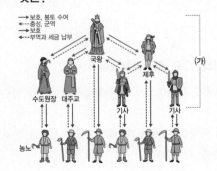

① 혈연관계를 바탕으로 하였어.
② 서로의 의무를 성실히 지킬 것을 약속하였어.
③ 주군은 기사에게 토지를 주고 봉신으로 삼았어.
④ 기사들은 자기보다 강한 기사를 주군으로 섬겼어.
⑤ 지방 분권적인 봉건 사회의 성립에 영향을 주었어.

정답 친해 23쪽

07 그림이 나타내는 서유럽의 농촌 공동체에서 볼 수 있었던 모습으로 적절하지 <u>않은</u> 것은?

① 영주의 토지를 경작하는 남성
② 결혼하여 가정을 꾸린 농노 부부
③ 쿠란에 따라 예배를 드리는 노인
④ 재판권과 세금 징수권을 행사하는 영주
⑤ 대장간을 사용하고 영주에게 사용료를 내는 여성

08 클뤼니 수도원이 개혁 운동을 펼친 배경으로 옳은 것은?

① 카노사의 굴욕 사건이 일어났다.
② 영국과 프랑스가 백년 전쟁을 벌였다.
③ 셀주크 튀르크가 예루살렘을 점령하였다.
④ 동서 교회가 성상 숭배 문제로 대립하였다.
⑤ 성직자가 혼인을 하거나 성직을 매매하는 등 교회가 세속화되었다.

09 밑줄 친 '이 사건'의 결과로 옳은 것은?

그림은 황제 하인리히 4세가 교황과의 만남을 부탁하는 장면으로 이 사건을 묘사한 것이다. 하인리히 4세는 성직자 임명권을 두고 교황과 대립하다가 카노사에서 교황에게 용서를 빌었다.

① 장원이 해체되었다.
② 교황권이 강화되었다.
③ 중앙 집권 국가가 등장하였다.
④ 제후와 기사 세력이 약화되었다.
⑤ 교황이 카롤루스 대제를 서로마 황제로 임명하였다.

10 다음에서 설명하는 책을 쓰시오.

- 토마스 아퀴나스가 편찬하였다.
- 스콜라 철학을 집대성하여 신앙과 이성의 조화를 강조하였다.

11 (가)에 들어갈 내용으로 가장 적절한 것은?

중세 서유럽의 문화

- 스콜라 철학 유행
- 유럽 각지에 대학 설립(→ 자치적으로 운영)
- (가)

① 제자백가의 활약
② 청담 사상의 유행
③ 스토아학파의 형성
④ 기사도 문학의 유행
⑤ 간다라 양식의 성립과 전파

12 학생의 질문에 대한 답변으로 옳은 것은?

① 비잔티움 제국에서 건립하였어.
② 내부에 모자이크 벽화를 두었어.
③ 벽면을 아라베스크로 장식하였어.
④ 로마네스크 양식을 대표하는 건축물이야.
⑤ 뾰족한 탑과 스테인드글라스가 특징적이야.

✿ 시험에 잘 나와!

13 지도에 표시된 영역을 차지한 제국에 대한 설명으로 옳지 않은 것은?

① 게르만족의 침략으로 멸망하였다.
② 황제가 종교적 권한을 행사하였다.
③ 유스티니아누스 황제 때 전성기를 맞았다.
④ 서로마 제국 멸망 이후 약 천 년 동안 지속되었다.
⑤ 콘스탄티노폴리스가 세계 최대의 도시로 성장하였다.

14 유스티니아누스 황제의 집권 시기에 있었던 사실로 옳은 것은?

① 헤지라가 일어났다.
② 라티푼디움을 경영하였다.
③ 십자군 전쟁이 시작되었다.
④ 성 소피아 대성당이 건립되었다.
⑤ 북유럽 도시들이 한자 동맹을 맺었다.

15 (가) 명령의 발표가 미친 영향으로 옳은 것은?

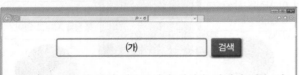

비잔티움 제국의 황제 레오 3세가 성상을 파괴할 것을 지시한 명령이다. 로마 교황은 게르만족에게 포교하기 위해 성상이 필요하였기 때문에 이에 강력하게 반발하였다.

① 장미 전쟁이 발발하였다.
② 카노사의 굴욕이 일어났다.
③ 클뤼니 수도원이 교회 개혁 운동을 펼쳤다.
④ 프랑크 왕국이 서·중·동프랑크로 분열하였다.
⑤ 동서 교회가 로마 가톨릭교회와 그리스 정교로 분리되었다.

16 ㉠, ㉡에 들어갈 내용을 옳게 연결한 것은?

비잔티움 제국은 (㉠)을 완성하여 로마법을 집대성하였고, 건축에서 비잔티움 양식을 발달시켰다. 러시아의 기원이 된 (㉡)은/는 그리스 정교 등 비잔티움 문화를 수용하였다.

	㉠	㉡
①	12표법	키예프 공국
②	12표법	우마이야 왕조
③	함무라비 법전	키예프 공국
④	유스티니아누스 법전	키예프 공국
⑤	유스티니아누스 법전	우마이야 왕조

✿ 시험에 잘 나와!

17 다음 주장에 호응하여 일어난 전쟁에 대한 설명으로 옳지 않은 것은?

성지인 예루살렘을 회복하기 위해 모두 동참합시다!

① 한때 성지 예루살렘을 점령하였다.
② 지중해 무역이 활발해지는 계기가 되었다.
③ 전쟁 이후 교황의 권위가 크게 강화되었다.
④ 셀주크 튀르크의 예루살렘 점령이 배경이 되었다.
⑤ 점차 상업적 이익을 중시하여 성지 회복에 실패하였다.

18 다음의 상황이 유럽 사회에 끼친 영향으로 옳은 것은?

14세기경 흑사병이 유행하면서 유럽 인구의 약 3분의 1이 줄어들었다.

① 장원이 형성되었다.
② 기사 계급이 성장하였다.
③ 농민의 지위가 향상되었다.
④ 비잔티움 제국이 멸망하였다.
⑤ 중세 봉건 사회가 성립하였다.

19 밑줄 친 ㉠, ㉡의 사례로 적절하지 **않은** 것은?

> 11세기부터 유럽에서는 ㉠ 도시가 발달하고, ㉡ 장원에서도 변화가 나타났다.

① ㉠ – 도시민들이 영주로부터 자치권을 얻었다.
② ㉠ – 북유럽 도시들이 한자 동맹을 결성하였다.
③ ㉠ – 도시의 상인과 수공업자들이 길드를 형성하였다.
④ ㉡ – 영주들이 생산물로 지대를 수취하기 시작하였다.
⑤ ㉡ – 노동력이 부족해지면서 농민의 지위가 향상되었다.

20 ㉠ 전쟁에 대한 설명으로 옳은 것은?

> **[인물 사전] 잔 다르크**
> 잔 다르크는 프랑스의 농민 출신으로, 군대를 이끌고 전장에 나섰다. 잔 다르크의 활약으로 사기가 높아진 프랑스는 전세를 역전시켜 (㉠)에서 승리하였다.

① 성지 회복을 목표로 시작되었다.
② 서로마 제국의 멸망으로 이어졌다.
③ 그리스 정교가 성립하는 계기가 되었다.
④ 중앙 집권 국가의 등장에 영향을 주었다.
⑤ 성직자 임명권을 둘러싼 교황과 황제의 대립이 배경이 되었다.

21 (가)에 들어갈 퀴즈의 정답으로 옳은 것은?

> 영국의 랭커스터 가문과 요크 가문이 왕위 계승을 둘러싸고 벌인 전쟁은?

역사 스피드 퀴즈

(가)

① 백년 전쟁　　② 장미 전쟁　　③ 십자군 전쟁
④ 탈라스 전투　　⑤ 포에니 전쟁

서술형 감잡기

01 지도의 전쟁으로 유럽 사회에 나타난 변화를 서술하시오.

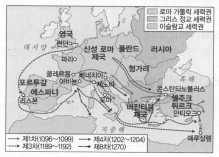

로마 가톨릭 세력권
그리스 정교 세력권
이슬람교 세력권

대서양　영국　런던
신성 로마 제국　폴란드　러시아
파리　헝가리
클레르몽　베네치아　흑해
포르투갈　아비뇽　제노바　콘스탄티노폴리스
에스파냐　로마　셀주크 튀르크
리스본　비잔티움 제국　안티오크
지중해
예루살렘

----- 제1차(1096~1099)　-·-·- 제4차(1202~1204)
------- 제3차(1189~1192)　——→ 제8차(1270)

→ (① 　　) 이후 전쟁을 주도한 (② 　　)의 권위가 크게 떨어졌고, 전쟁에 참여하였던 제후와 기사의 세력도 약화되었다. 반면, (③ 　　)은 상대적으로 강화되었다. 전쟁을 계기로 (④ 　　) 무역이 활발해지면서 상업이 발달하고 도시가 성장하였다.

실전! 서술형 도전하기

02 ㉠ 신분의 특징을 세 가지 서술하시오.

> 중세 서유럽의 장원은 자급자족을 하는 농촌 공동체로, 장원의 농민은 대부분 (㉠)(이)였다.

----

03 다음 문화유산에 반영된 건축 양식의 특징을 서술하시오.

05 크리스트교 문화의 형성과 확산(2)

A 이탈리아의 르네상스

1. **⁺르네상스의 의미**: 고대 그리스·로마 문화를 부활하여 인간 중심의 새로운 문화를 만들려고 한 문예 부흥 운동, ⁺인문주의를 바탕으로 인간의 개성과 능력 중시

2. **이탈리아의 르네상스 발달(14~16세기)**

배경	고대 로마의 문화유산 보존, 지중해 무역으로 경제적 번영, 비잔티움 제국 멸망 이후 이주해 온 학자들의 활발한 고전 문화 연구 → 르네상스 시작
내용	• 문학: 페트라르카의 서정시, 보카치오의 『데카메론』(인간의 욕망을 솔직하게 묘사) • 미술: 레오나르도 다빈치, ⁺미켈란젤로, 라파엘로, 보티첼리 등이 인체의 아름다움을 사실적으로 표현 • 건축: 르네상스 양식 발전(예) 성 베드로 대성당)

┌ 원근법을 이용하여 인물을 사실적으로 표현하였어.

┌ 건물 내부를 미켈란젤로, 라파엘로 등의 예술가가 장식하였어.

⬆ 모나리자(레오나르도 다빈치)　⬆ 비너스의 탄생(보티첼리)　⬆ 성 베드로 대성당(바티칸 시국)

⁺ 르네상스
'재생', '부활'을 뜻하는 프랑스어로, 고대 그리스·로마 문화의 부활을 의미한다.

⁺ 인문주의
르네상스의 근본정신이다. 그리스·로마 문화에 대한 연구를 바탕으로 신 중심의 세계관에서 벗어나 인간의 개성과 가치를 중시하였다.

⁺ 미켈란젤로의 「다비드상」

B 알프스 이북의 르네상스

1. **알프스 이북 르네상스의 특징**: 16세기 이후 알프스 이북으로 르네상스 확산, 봉건 사회와 교회의 영향력이 강함 → 현실 사회와 교회의 부패 비판

└ 꼭! 알프스 이북의 르네상스는 사회 개혁적인 경향이 강하였어.

2. **알프스 이북의 르네상스 발달**

문학	• 에라스뮈스의 『우신예찬』: 교황과 성직자의 부패 지적 • 토머스 모어의 『유토피아』: 영국 사회의 현실 비판, 이상적 사회 제시 • 세르반테스의 『돈키호테』: 몰락해 가는 중세 기사 풍자 ─ 라틴어 대신 모국어를 사용한 국민 문학이었어.
미술	⁺브뤼헐 등이 농민의 생활 모습을 표현

⁺ 브뤼헐의 「농부의 결혼식」

농민들의 일상과 소박한 즐거움을 자연스럽게 표현하였다.

📖 **자료로 이해하기**　**알프스 이북의 르네상스**

교황은 바로 나, 우신(어리석음의 신) 덕분에 우아한 생활을 하고 있다. 왜냐하면 연극이나 다름없는 화려한 교회 의식을 통해 축복이나 저주의 말을 하고 감시의 눈만 번쩍이면, 충분히 그리스도에게 충성했다고 생각하기 때문이다.

　　　　　　　　　　　　　　　　　－ 에라스뮈스, 『우신예찬』

알프스 이북의 인문주의자들은 당시 사회와 교회의 부패를 비판하는 경향이 강하였다. 에라스뮈스는 『우신예찬』에서 미신을 비난하고 교회의 부패를 풍자하였다.

- 이탈리아의 르네상스 발달
- 알프스 이북의 르네상스 발달
- 르네상스 시기의 과학 기술 발달
- 종교 개혁의 전개와 종교 전쟁

1 고대 그리스·로마 문화를 부활하여 인간 중심의 새로운 문화를 만들려고 한 문예 부흥 운동을 (   )라고 한다.

2 다음 설명이 맞으면 ○표, 틀리면 ×표를 하시오.

(1) 알프스 이북 지역에서 르네상스가 가장 먼저 일어났다.   (   )

(2) 14~16세기 이탈리아에서는 르네상스 양식이 발전하였는데, 성 베드로 대성당이 대표적이다.   (   )

(3) 르네상스 시기에는 신 중심의 세계관에서 벗어나 인간의 개성과 가치를 중시하는 인문주의가 발달하였다.   (   )

3 다음 인물과 그 작품을 옳게 연결하시오.

(1) 보카치오   •   • ㉠ 다비드상
(2) 미켈란젤로   •   • ㉡ 데카메론
(3) 레오나르도 다빈치 •   • ㉢ 모나리자

핵심 콕콕

• **이탈리아의 르네상스**

이탈리아의 상황
• 고대 로마의 문화유산 보존
• 지중해 무역으로 경제적 번영
• 비잔티움 제국 멸망 이후 학자 이주 → 고전 문화 연구

↓

이탈리아의 르네상스 발달	
문학	페트라르카의 서정시, 보카치오의 『데카메론』 등
미술	레오나르도 다빈치, 미켈란젤로 등의 작품 유명
건축	르네상스 양식 발전

1 다음 설명이 맞으면 ○표, 틀리면 ×표를 하시오.

(1) 알프스 이북 지역의 인문주의자들은 현실 사회와 교회의 부패를 비판하는 경향이 강하였다.   (   )

(2) 알프스 이북 지역에서는 미술에서 레오나르도 다빈치, 미켈란젤로 등이 인체의 아름다움을 사실적으로 표현하였다.   (   )

2 다음 괄호 안의 내용 중 알맞은 말에 ○표를 하시오.

(1) (에라스뮈스, 세르반테스)는 우신예찬을 저술하여 교황과 성직자의 부패를 지적하였다.

(2) 토머스 모어는 (돈키호테, 유토피아)에서 영국 사회의 현실을 비판하고, 이상적 사회를 제시하였다.

핵심 콕콕

• **알프스 이북의 르네상스**

특징	16세기 이후 발달, 현실 사회와 교회의 부패 비판
발달	에라스뮈스의 『우신예찬』, 토머스 모어의 『유토피아』, 세르반테스의 『돈키호테』 등

C 르네상스 시기의 과학 기술 발달

1. 배경: 르네상스 시기 세계와 자연에 대한 관심 증대 → 과학 기술 발달

2. 내용

✛지동설	코페르니쿠스와 갈릴레이가 지동설 주장 → 중세 우주관(✛천동설)에 큰 변화를 줌
활판 인쇄술	구텐베르크가 활판 인쇄술 발명 → 대량 인쇄 가능 → 지식과 사상의 보급에 기여, 종교 개혁에 영향을 줌
화약·나침반	유럽에서 중국의 화약·나침반을 전쟁과 장거리 항해에 사용 → 봉건 기사의 몰락, 신항로 개척에 영향을 줌

인쇄용 금속 활자를 배열한 활판을 인쇄기에 놓고 종이에 찍어 내면서 500여 권의 책을 일주일 만에 인쇄할 수 있게 되었어.

⬆ 구텐베르크가 발명한 인쇄기

✛ **지동설**
태양을 중심으로 지구가 태양의 둘레를 돌고 있다는 이론

✛ **천동설**
우주의 중심은 지구이고 지구 주위를 태양이 돈다는 이론

D 종교 개혁과 종교 전쟁

1. 종교 개혁

(1) 배경: 중세 말 성직자의 부패와 교회의 타락 → 교회를 개혁하자는 움직임 제기

(2) 전개

독일	• 원인: 교황 레오 10세가 성 베드로 대성당의 증축 비용 마련을 위해 ✛면벌부 판매 • 전개: 루터가 「95개조 반박문」을 발표하여 교회 비판(1517) → 제후·농민의 지지를 얻으며 독일 전역에 확산 → 아우크스부르크 화의에서 루터파 공식 인정(1555)
스위스	칼뱅이 ✛예정설 주장, 근면과 절약 강조 → 상공업자들의 지지
영국	헨리 8세가 자신의 이혼 문제를 계기로 국왕이 영국 교회의 수장임 선포 → 영국 교회가 교황의 지배로부터 독립 → 영국 국교회 성립

2. 로마 가톨릭교회의 대응: 교회의 권위와 교리 재확인, 에스파냐의 로욜라가 예수회를 설립해 선교 활동 전개

Qn? 직업에 근면 성실하게 임할 것과 부자가 되는 것을 신의 은혜라고 주장하였기 때문이야.

3. 종교 전쟁: 로마 가톨릭교회(구교)와 ✛신교의 대립 → 독일의 <u>30년 전쟁</u> 등 종교 전쟁 발발 → ✛베스트팔렌 조약 체결(칼뱅파의 공식 인정)

└─ 유럽 여러 나라가 참전하면서 국제 전쟁으로 확대되었어.

📋 **자료로 이해하기** 루터와 칼뱅의 종교 개혁

• 제20조 교황이 모든 벌을 면제한다고 선언한다면 그것은 진정한 의미에서의 모든 벌이 아니라, 단지 교황 자신이 내린 벌을 면제한다는 것뿐이다.
제36조 진실로 회개한 크리스트교도는 면벌부가 없어도 벌이나 죄에서 완전히 해방된다. - 루터, 「95개조 반박문」
• 모든 사람은 동일한 상태로 창조된 것이 아니며, 어떤 사람에게는 영원한 삶이, 또 어떤 사람에게는 영원한 벌이 예정되어 있다. - 칼뱅, 「크리스트교 강요」

독일의 루터는 「95개조 반박문」을 발표하여 인간의 구원은 오직 믿음과 신의 은총에 의해서만 이루어지며, 신앙의 근거는 성서라 주장하였다. 스위스에서는 칼뱅이 예정설을 내세워 인간의 구원은 신의 의지로써 미리 예정되어 있다고 주장하며 종교 개혁을 일으켰다.

✛ **면벌부**
로마 가톨릭교회가 신자에게 돈을 받고 교황의 이름으로 벌을 면해 준 문서

✛ **예정설**
인간의 구원은 이미 정해져 있으므로 구원을 믿고 성서에 따라 생활해야 한다는 주장

✛ **신교의 전파**

✛ **베스트팔렌 조약(1648)**
30년 전쟁을 끝내기 위해 체결된 평화 조약이다. 이 조약에 따라 제후가 가톨릭, 루터파, 칼뱅파 중 하나를 선택할 수 있게 되었다.

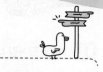

1 코페르니쿠스와 갈릴레이는 지구가 태양의 둘레를 돌고 있다는 (　　　　)을 주장하였다.

2 다음 설명이 맞으면 ○표, 틀리면 ×표를 하시오.

(1) 유럽에서는 중국의 나침반이 장거리 항해에 사용되면서 신항로 개척에 영향을 주었다. 　　　　　　　　　　　　　　　　　　　　　　　　　　　(　)

(2) 페트라르카가 발명한 활판 인쇄술은 지식과 사상의 보급에 기여하였고, 종교 개혁에 영향을 주었다. 　　　　　　　　　　　　　　　　　　　　　　　(　)

핵심 콕콕

• 르네상스 시기의 과학 기술

> 르네상스 시기
> 세계와 자연에 대한 관심 증대

↓

> **과학 기술의 발달**
> 코페르니쿠스와 갈릴레이가 지동설 주장, 구텐베르크가 활판 인쇄술 발명, 유럽에서 화약·나침반을 전쟁과 장거리 항해에 사용

---

1 ㉠, ㉡에 들어갈 내용을 각각 쓰시오.

> 교황 레오 10세가 성 베드로 대성당의 증축에 필요한 비용을 마련하기 위해서 (㉠　　　　　)를 판매하자, (㉡　　　　　)가 「95개조 반박문」을 발표하여 교회를 비판하였다.

2 다음의 종교 개혁이 일어난 국가를 〈보기〉에서 골라 기호를 쓰시오.

┌ 보기 ┐
ㄱ. 독일　　　　　ㄴ. 영국　　　　　ㄷ. 스위스

(1) 헨리 8세가 국왕이 교회의 수장임을 선포하였다. 　　　　　　(　)
(2) 칼뱅이 예정설을 주장하며 종교 개혁을 일으켰다. 　　　　　(　)
(3) 루터가 95개조 반박문을 발표하여 교황과 교회를 비판하였다. 　(　)

3 다음 괄호 안의 내용 중 알맞은 말에 ○표를 하시오.

(1) 종교 개혁이 확산되자 에스파냐의 (로욜라, 토머스 모어)는 예수회를 설립하여 선교 활동을 펼쳤다.

(2) 독일에서 일어난 (백년 전쟁, 30년 전쟁)의 결과 체결된 베스트팔렌 조약으로 칼뱅파가 공식적으로 인정받게 되었다.

핵심 콕콕

• 종교 개혁과 종교 전쟁

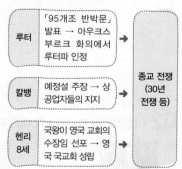

루터	「95개조 반박문」 발표 → 아우크스부르크 화의에서 루터파 인정	
칼뱅	예정설 주장 → 상공업자들의 지지	종교 전쟁 (30년 전쟁 등)
헨리 8세	국왕이 영국 교회의 수장임 선포 → 영국 국교회 성립	

01 (가)에 들어갈 내용으로 옳은 것을 〈보기〉에서 고른 것은?

> 이탈리아에서 르네상스가 시작된 배경은 무엇일까?

> 비잔티움 제국 멸망 이후 학자들이 이주하여 고전 문화를 연구하였어.

> (가)

┌ 보기 ┐
ㄱ. 고대 로마의 문화유산을 보존하였어.
ㄴ. 봉건 사회와 교회의 영향력이 강하였어.
ㄷ. 지중해 무역으로 경제적 번영을 이루었어.
ㄹ. 장미 전쟁이 일어나 봉건 귀족이 몰락하였어.

① ㄱ, ㄴ　　　② ㄱ, ㄷ　　　③ ㄴ, ㄷ
④ ㄴ, ㄹ　　　⑤ ㄷ, ㄹ

02 ✡ 시험에 잘 나와! 이탈리아의 르네상스에 대한 자료로 옳지 <u>않은</u> 것은?

①
②
③
④
⑤

03 밑줄 친 '이 시기'에 있었던 사실로 옳은 것은?

> <u>이 시기</u> 고대 그리스·로마 문화를 부활하여 인간 중심의 새로운 문화를 만들려는 문예 부흥 운동이 일어났다.

① 콜로세움과 수도교가 만들어졌다.
② 유스티니아누스 법전이 완성되었다.
③ 보카치오가 데카메론을 편찬하였다.
④ 라오콘 군상 등의 조각이 만들어졌다.
⑤ 고딕 양식의 쾰른 대성당이 건립되었다.

04 ✡ 시험에 잘 나와! 다음 작품이 편찬된 지역의 르네상스에 대한 설명으로 가장 적절한 것은?

> 교황은 바로 나, 우신(어리석음의 신) 덕분에 우아한 생활을 하고 있다. 왜냐하면 연극이나 다름없는 화려한 교회 의식을 통해 축복이나 저주의 말을 하고 감시의 눈만 번쩍이면, 충분히 그리스도에게 충성했다고 생각하기 때문이다.
> – 에라스뮈스, 『우신예찬』

① 금욕을 강조하였다.
② 사회 개혁적인 경향이 강하였다.
③ 신앙과 이성의 조화를 추구하였다.
④ 자연의 순리에 따르는 삶을 중시하였다.
⑤ 인체의 아름다움을 표현한 미술 작품들이 유행하였다.

05 다음 상황이 나타난 시기에 있었던 사실로 옳은 것은?

> **역사 신문**
>
> **속보, 인쇄의 새로운 장을 열다**
>
> 구텐베르크가 인쇄용 금속 활자를 배열한 활판을 인쇄기에 놓고 종이에 찍어 내는 인쇄술을 발명하였다. 이 인쇄기를 활용하면 500여 권의 책을 일주일 만에 인쇄할 수 있다.

① 건축에서 고딕 양식이 유행하였다.
② 코페르니쿠스가 지동설을 주장하였다.
③ 유럽에서 대학이 처음으로 등장하였다.
④ 카롤루스 대제가 서로마 황제의 관을 받았다.
⑤ 클뤼니 수도원을 중심으로 개혁 운동이 일어났다.

06 ✗ 시험에 잘 나와! 다음 자료에 대한 대화 내용으로 옳지 않은 것은?

> 제20조 교황이 모든 벌을 면제한다고 선언한다면 그것
> 은 진정한 의미에서의 모든 벌이 아니라, 단지
> 교황 자신이 내린 벌을 면제한다는 것뿐이다.
> 제36조 진실로 회개한 크리스트교도는 면벌부가 없어
> 도 벌이나 죄에서 완전히 해방된다.

① 95개조 반박문의 내용이야.
② 교황의 면벌부 판매를 비판하였어.
③ 독일 제후와 농민의 지지를 얻었어.
④ 영국 국교회가 성립하는 계기가 되었어.
⑤ 루터는 신앙의 근거는 성서라고 주장하였어.

07 ㉠ 인물에 대한 설명으로 옳은 것은?

> 장면 #2 스위스 제네바의 종교 개혁 중 한 장면
> • (㉠): 어떤 사람에게는 영원한 삶이, 또 어떤
> 사람에게는 영원한 벌이 예정되어 있습니다.
> • 시민: 그렇다면 저희는 어떻게 해야 할까요?

① 지동설을 주장하였다.
② 예수회를 설립하여 선교 활동을 펼쳤다.
③ 돈키호테에서 중세의 기사를 풍자하였다.
④ 국왕이 영국 교회의 수장임을 선포하였다.
⑤ 근면과 절약을 강조하여 상공업자의 지지를 받았다.

08 밑줄 친 '이 전쟁'이 일어나게 된 계기로 옳은 것은?

> 독일에서 일어난 이 전쟁은 유럽 여러 나라가 참전하면
> 서 국제 전쟁으로 확대되었다. 전쟁을 끝내기 위해 베스
> 트팔렌 조약이 체결되었다.

① 동서 교회가 분열하였다.
② 교황이 황제를 파문하였다.
③ 구교와 신교가 대립하였다.
④ 귀족들이 그라쿠스 형제의 개혁에 반발하였다.
⑤ 비잔티움 제국 황제가 성상 숭배 금지령을 발표하였다.

서술형 문제

서술형 감잡기

01 다음 그림이 제작된 시기에 전개된 문예 운동의 의미를 서술하시오.

➡ (①)는 고대 그리스·로마 문화를 부활하여 인간 중심
의 새로운 문화를 만들려고 한 문예 부흥 운동으로, (②)를
근본정신으로 하였다.

실전! 서술형 도전하기

02 다음 서적을 통해 알 수 있는 알프스 이북 르네상스의 특징을 서술하시오.

> • 『우신예찬』   • 『유토피아』

----

03 다음을 보고 물음에 답하시오.

(㉠)을/를 사면 죄를 면할 수 있습니다.

루터라는 인물이 95개조의 반박문을 발표하였다는군.

(1) ㉠에 들어갈 문서의 명칭을 쓰시오.

----

(2) 밑줄 친 '반박문'의 주요 주장을 서술하시오.

01 불교 및 힌두교 문화의 형성과 확산

(1) 불교의 성립과 확산

성립	기원전 6세기경 고타마 싯다르타(석가모니)가 불교 창시, 해탈·자비·평등 강조
확산	크샤트리아와 바이샤 세력의 지원 → 인도 각지로 전파

(2) 마우리아 왕조와 쿠샨 왕조

마우리아 왕조	• 발전: 찬드라굽타 마우리아가 건국 → 아소카왕 때 영토 확장, 산치 대탑 건립 • 문화: 상좌부 불교 발전(개인의 해탈 강조, 실론과 동남아시아로 전파)
쿠샨 왕조	• 발전: 1세기경 건국 → 카니슈카왕 때 중계 무역으로 번영, 불교 장려 • 문화: 대승 불교 발전(중생의 구제 강조, 동아시아로 전파), 간다라 양식 발달

(3) 굽타 왕조와 힌두교 문화

발전	찬드라굽타 1세가 건국 → 찬드라굽타 2세 때 영토 확장, 해상 무역으로 번영
문화	• 힌두교의 등장: 카스트제의 신분 차별과 의무 수행 인정, 『마누 법전』 정비 • 인도 고전 문화 발전: 산스크리트 문학 발달, 굽타 양식 발달, '0(영)' 숫자 창안

02 동아시아 문화의 형성과 확산

(1) 동아시아 각국의 발전

중국	위진 남북조 시대	• 남북조의 발달: 북위 효문제의 한화 정책 실시, 남조의 강남 개발 • 사회: 9품중정제 실시 → 문벌 귀족 사회 형성 • 문화: 불교 발전, 도교 유행, 남조에서 청담 사상·귀족 문화 발달
	수	문제 때 과거제 실시 → 양제 때 대운하 완성, 고구려 원정 실패
	당	• 발전과 쇠퇴: 이연(고조)이 당 건국 → 안사의 난으로 위기 → 절도사의 권한 강화 → 절도사 주전충에게 멸망 • 통치 체제 정비: 3성 6부 운영, 균전제·조용조·부병제 실시 • 문화: 귀족적 문화(시 발달 등), 국제적 문화(당삼채 유행 등)
만주, 한반도		고조선 등장 → 고구려·백제·신라가 중앙 집권 국가로 발전 → 신라의 삼국 통일 이후 남북국 시대 전개
일본	야마토 정권	4세기경 주변 소국 통일, 아스카 문화 발전, 다이카 개신 추진
	나라 시대	헤이조쿄(나라)로 천도, 불교의 융성(도다이사 건립 등), 『고사기』·『일본서기』 편찬, 견당사 파견
	헤이안 시대	헤이안쿄(교토)로 천도, 장원 확대, 무사 등장, 견당사 파견 중단, 국풍 문화 발달(가나 문자 제작 등)

(2) 동아시아 문화권의 형성

배경	당과 주변국의 교류 확대 → 한국, 일본, 베트남 등이 당의 선진 문화 수용
형성	한자·율령·유교·불교의 문화 요소 공유

03 이슬람 문화의 형성과 확산

(1) 이슬람교의 성립과 이슬람 제국의 발전

이슬람교의 성립	6세기경 동서 교역로 변화 → 7세기 초 무함마드가 이슬람교 창시 → 헤지라(메카에서 메디나로 이동) → 메카 정복 → 아라비아반도 대부분 통일
이슬람 제국의 발전	정통 칼리프 시대	칼리프 선출, 이집트와 사산 왕조 페르시아 정복
	우마이야 왕조	우마이야 가문이 칼리프 세습(→ 시아파와 수니파 대립), 아랍인 우대 정책 실시
	아바스 왕조	아랍인 우대 정책 폐지, 수도 바그다드 번영

(2) 이슬람의 사회·경제·문화

사회	『쿠란』과 『하디스』가 일상생활의 규범으로 작용
경제	상업 활동을 긍정적으로 인식, 이슬람 상인들이 동서 교역 주도
문화	『아라비안나이트』가 유명, 모스크 발달(돔, 탑, 아라베스크 등), 자연 과학 발달

04~05 크리스트교 문화의 형성과 확산

(1) 유럽 사회의 성립

서유럽	• 프랑크 왕국: 게르만족의 이동으로 성립 → 카롤루스 대제 때 전성기 이룩 • 봉건제의 성립: 주종 관계(주군과 봉신 간 계약 관계) 형성, 장원제 성립 • 크리스트교 중심 문화: 스콜라 철학 발달, 고딕 양식 유행(첨탑, 스테인드글라스)
동유럽	• 비잔티움 제국: 유스티니아누스 황제 때 전성기 이룩 • 동서 교회의 분열: 성상 숭배 문제 → 로마 가톨릭교회와 그리스 정교로 분리 • 비잔티움 문화 발달: 『유스티니아누스 법전』 완성, 비잔티움 양식 발달(돔, 모자이크 벽화), 슬라브족에 영향을 주어 동유럽 문화의 바탕이 됨

(2) 십자군 전쟁과 중세 유럽의 변화

십자군 전쟁	셀주크 튀르크의 예루살렘 점령 → 교황의 성지 회복 호소 → 실패
중세 유럽의 변화	• 도시의 발달: 지중해 연안의 도시 번성, 도시의 자치권 획득, 길드 형성 • 장원의 해체: 화폐 사용 증가, 흑사병으로 농민의 지위 향상 → 장원 해체 • 중앙 집권 국가의 등장: 백년 전쟁, 장미 전쟁 → 영국과 프랑스가 중앙 집권 국가로 성장

(3) 르네상스와 종교 개혁

르네상스	• 르네상스의 의미: 인간 중심의 고대 그리스·로마 문예 부흥 운동 • 이탈리아의 르네상스: 문학과 미술 발달, 건축에서 르네상스 양식 발전 • 알프스 이북의 르네상스: 현실 사회와 교회의 부패 비판, 에라스뮈스의 『우신예찬』과 토머스 모어의 『유토피아』 등
종교 개혁	독일에서 루터가 「95개조 반박문」 발표, 스위스에서 칼뱅이 예정설 주장, 영국 국교회 성립 → 구교와 신교 대립 → 30년 전쟁 → 베스트팔렌 조약 체결

☑ 핵심 선택지 다시보기

1 7세기 초 무함마드가 이슬람교를 창시하였다. ( )

2 우마이야 왕조 시대에 칼리프를 선출하였다. ( )

3 아바스 왕조는 아랍인 우대 정책을 실시하였다. ( )

4 이슬람 사회에서 쿠란은 일상생활의 규범이 되었다. ( )

5 이슬람교의 예배당인 모스크는 돔과 뾰족한 탑이 특징이다. ( )

정답 1 ○ 2 × 3 × 4 ○ 5 ○

☑ 핵심 선택지 다시보기

1 중세 서유럽에서는 주군과 봉신이 주종 관계를 맺었다. ( )

2 유스티니아누스 황제 때 고딕 양식의 성 소피아 대성당이 건립되었다. ( )

3 십자군 전쟁 이후 도시가 발달하고 장원이 해체되었다. ( )

4 알프스 이북의 르네상스는 사회 개혁적인 경향이 강하였다. ( )

5 교황의 면벌부 판매에 반대하여 칼뱅은 95개조 반박문을 발표하였다. ( )

정답 1 ○ 2 × 3 ○ 4 ○ 5 ×

☑ 핵심 선택지 다시보기의 정답을 맞힌 개수만큼 아래 표에 색칠해 보자. 많이 틀린 단원은 되돌아가 복습해 보자.

01 불교 및 힌두교 문화의 형성과 확산	58쪽
02 동아시아 문화의 형성과 확산	68쪽
03 이슬람 문화의 형성과 확산	82쪽
04~05 크리스트교 문화의 형성과 확산	92, 102쪽

01 불교 및 힌두교 문화의 형성과 확산

01 도표는 인도의 왕조 변천을 나타낸 것이다. (가) 왕조 시기에 있었던 사실로 옳은 것은?

| 여러 나라로 분열 | → | (가) | → | 쿠샨 왕조 | → | 굽타 왕조 |

① 힌두교가 등장하였다.
② 산치 대탑을 건립하였다.
③ 간다라 양식의 불상을 제작하였다.
④ 유스티니아누스 법전을 편찬하였다.
⑤ 우마이야 가문이 칼리프를 세습하였다.

02 (가), (나) 종파에 대한 설명으로 옳은 것은?

불교 종파	성립 시기	주요 전파 지역
(가)	마우리아 왕조	실론, 동남아시아
(나)	쿠샨 왕조	동아시아

① (가) – 쿠란을 기본 경전으로 삼았다.
② (가) – 카니슈카왕 때 주변으로 확산되었다.
③ (가) – 부처를 초월적인 존재로 신격화하였다.
④ (나) – 많은 사람(중생)의 구제를 강조하였다.
⑤ (나) – (가) 종파로부터 소승이라고 비판받았다.

03 다음에서 설명하는 종교의 특징으로 옳지 <u>않은</u> 것은?

> 굽타 왕조 시기 브라만교를 바탕으로 민간 신앙과 불교
> 가 융합하여 성립하였다. 요가나 고행, 선행 등을 통해
> 해탈할 수 있다고 주장하였다.

① 돼지고기를 금기시하였다.
② 왕실의 보호를 받아 성장하였다.
③ 카스트제의 신분 차별을 인정하였다.
④ 브라흐마, 비슈누, 시바 등을 신으로 섬겼다.
⑤ 마누 법전에 신도들이 지켜야 할 규범이 담겨 있다.

➕ 창의·융합

04 ㉠ 왕조 시기의 문화에 대한 설명으로 옳은 것은?

> **수행 평가 안내문**
> • 주제: (㉠) 왕조 시기의 『마하바라타』, 『라마야
>   나』 등 산스크리트 문학 작품을 통해 당시 인도 사회
>   의 특징을 파악할 수 있다.
> • 활동: 작품의 내용을 간단한 그림으로 표현하여 시
>   나리오를 작성한 후 역할극을 한다.

① 도다이사 대불을 건립하였다.
② 당삼채가 제작되어 유행하였다.
③ 고딕 양식의 건축물을 제작하였다.
④ 최초로 '0(영)'이라는 숫자를 만들었다.
⑤ 모스크 내부를 아라베스크로 장식하였다.

02 동아시아 문화의 형성과 확산

05 다음 불상이 축조된 시기에 볼 수 있었던 모습으로 가장 적절한 것은?

> **문화재 소개**
>
> • 명칭: 윈강 석굴 사원
>   의 불상
> • 소개: 윈강 석굴 사원
>   에는 중국 황제의 얼굴
>   을 닮은 불상이 있다.
> 이는 부처의 힘을 빌려 황제의 권위를 강화할 목적으
> 로 거대한 석굴 사원과 불상을 조성하였기 때문이다.

① 과거에 응시하는 귀족
② 호민관을 선출하는 시민
③ 황소의 난에 가담한 농민
④ 장원의 춘경지를 경작하는 농노
⑤ 한족의 성씨를 사용하는 선비족 관리

06 밑줄 친 '이 나라'에서 있었던 사실로 옳은 것은?

> 이 나라에서는 양제 때 강남의 물자를 화북 지방으로 옮기기 위해 대운하를 건설하였다. 대운하가 완성되면서 남북의 물자 유통이 원활해지고, 정치와 문화의 통합에도 도움이 되었다.

① 장미 전쟁이 일어났다.
② 고구려 원정이 추진되었다.
③ 서역에 장건을 파견하였다.
④ 황제가 성상 숭배 금지령을 내렸다.
⑤ 분서갱유로 법가 이외의 사상을 탄압하였다.

07 교사의 질문에 대한 학생의 답변으로 옳은 것은?

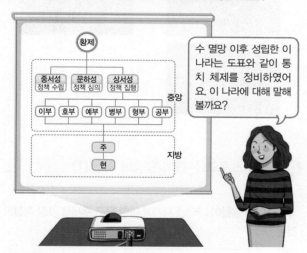

수 멸망 이후 성립한 이 나라는 도표와 같이 통치 체제를 정비하였어요. 이 나라에 대해 말해 볼까요?

① 9품중정제를 실시하였어요.
② 헤이조쿄로 수도를 옮겼어요.
③ 북쪽 국경에 만리장성을 쌓았어요.
④ 산스크리트어를 공용어로 사용하였어요.
⑤ 균전제를 실시하고 조용조의 세금을 거두었어요.

08 다음에서 설명하는 인물을 쓰시오.

> 당의 승려로, 인도에서 경전과 불상을 가지고 와 중국 불교 발전에 공헌하였다. 인도를 다녀와 『대당서역기』라는 여행기를 남겼다.

09 마인드맵의 (가) 시대에 있었던 사실로 옳은 것은?

① 가나 문자를 제작하였다.
② 국풍 문화가 발달하였다.
③ 다이카 개신이 일어났다.
④ 일본서기와 고사기가 편찬되었다.
⑤ 야마토 정권이 주변 소국을 통일하였다.

10 동아시아 문화권에 대한 설명으로 옳은 것을 〈보기〉에서 고른 것은?

> **보기**
> ㄱ. 주종 관계와 장원제를 특징으로 한다.
> ㄴ. 쿠란을 일상생활의 규범으로 삼았다.
> ㄷ. 각국에서 문묘를 설립하여 공자를 모셨다.
> ㄹ. 한자가 국가 간 사상과 문화 교류를 촉진시켰다.

① ㄱ, ㄴ   ② ㄱ, ㄷ   ③ ㄴ, ㄷ
④ ㄴ, ㄹ   ⑤ ㄷ, ㄹ

03 이슬람 문화의 형성과 확산

11 (가), (나) 시기 사이에 있었던 사실로 옳은 것은?

> (가) 무함마드가 이슬람교를 창시하였다.
> (나) 무함마드가 죽은 후 칼리프를 선출하였다.

① 십자군 전쟁이 시작되었다.
② 파티마 왕조가 성립하였다.
③ 함무라비 법전이 편찬되었다.
④ 훈족의 압박으로 게르만족이 이동하였다.
⑤ 이슬람 세력이 아라비아반도 대부분을 통일하였다.

[12~13] 지도를 보고 물음에 답하시오.

12 (가), (나) 왕조에 대한 설명으로 옳은 것은?

① (가) – 이집트를 점령하였다.

② (가) – 몽골에게 멸망하였다.

③ (가) – 탈라스 전투를 벌였다.

④ (나) – 아랍인 우대 정책을 폐지하였다.

⑤ (나) – 칼리프를 선출하는 방식으로 뽑았다.

13 지도와 같은 제국이 형성되었던 시기 이슬람 상인에 대한 설명으로 옳은 것은?

① 비단길을 개척하였다.

② 동서 교역을 주도하였다.

③ 호한 융합에 기여하였다.

④ 간다라 양식을 전파하였다.

⑤ 마누 법전의 규정에 따랐다.

14 밑줄 친 '이 문화권'에 대한 탐구 활동으로 가장 적절한 것은?

> • 가현: 이 문화권에서는 예배를 드리기 위해 메카 방향을 정확히 측정할 필요가 있었어.
> • 나현: 사막에서 길을 찾아가야 했기에 이 문화권에서는 일찍부터 천문학과 지리학이 발달하기도 했지.

① 쿠란의 내용을 조사한다.

② 제자백가의 역할을 찾아본다.

③ 면벌부 판매의 목적을 살펴본다.

④ 가나 문자가 제작된 배경을 검색한다.

⑤ 산스크리트 문학 작품의 특징을 분석한다.

15 (가)에 들어갈 문화유산으로 옳은 것은?

> [테마 기행] 이슬람의 문화유산
>
> (가)
>
> • 돔과 아치, 뾰족한 탑을 특징으로 함
> • 내부를 아라베스크와 아랍어 글씨로 장식함

①  ②

③  ④

⑤

04 크리스트교 문화의 형성과 확산(1)

16 다음 상황이 나타난 시기에 대한 탐구 주제로 가장 적절한 것은?

> 그대를 나의 봉신으로 임명하노라. 앞으로 나를 주군으로 섬기도록 하라.

① 헤지라의 발생

② 게르만족의 이동

③ 프랑크 왕국의 형성

④ 주종 관계와 봉건제의 성립

⑤ 동방 원정과 헬레니즘 세계의 발달

17 밑줄 친 '이 사건'으로 옳은 것은?

> ▶ 지식 Q&A
>
> 중세 서유럽에서 성직자 임명권을 둘러싸고 어떤 일이 있었나요?
>
> ▶ 답변하기
>
> └ 성직자는 원래 교회가 임명하였으나 교회가 세속화되면서 황제가 성직자를 임명하는 일이 나타났어요. 이후 성직자 임명권을 두고 교황 그레고리우스 7세와 황제 하인리히 4세가 대립하면서 <u>이 사건</u>이 일어났어요.

① 백년 전쟁
② 십자군 전쟁
③ 아비뇽 유수
④ 카노사의 굴욕
⑤ 동서 교회의 분열

18 인터뷰에 등장하는 황제가 통치한 제국에 대한 설명으로 옳은 것은?

> 장면 #1 기자와 황제의 인터뷰 장면
>
> • 기자: 황제께서는 어떤 업적을 세우셨나요?
> • 황제: 저는 옛 로마 제국의 영광을 다시 찾고 싶어 그때의 영토를 대부분 회복하였습니다. 또한 로마법을 집대성한 법전을 편찬하였습니다.

① 성상 숭배 금지령에 반발하였다.
② 그리스어를 공용어로 사용하였다.
③ 왕의 길이라 불리는 도로망을 정비하였다.
④ 밀라노 칙령으로 크리스트교를 공인하였다.
⑤ 로마네스크 양식의 피사 대성당을 건립하였다.

19 십자군 전쟁의 결과로 옳지 <u>않은</u> 것은?

① 장원이 형성되었다.
② 교황의 권위가 약화되었다.
③ 지중해 무역이 발달하였다.
④ 상공업이 발달하고 도시가 성장하였다.
⑤ 서유럽에 비잔티움과 이슬람 문화가 유입되었다.

20 ㉠, ㉡ 전쟁을 옳게 연결한 것은?

> 14세기 초 영국과 프랑스가 벌인 (㉠)에서 프랑스가 승리하였다. 이어 영국에서는 왕위 계승권을 둘러싸고 귀족 간 (㉡)이 일어나 귀족들이 몰락하였다.

	㉠	㉡
①	백년 전쟁	장미 전쟁
②	백년 전쟁	30년 전쟁
③	장미 전쟁	백년 전쟁
④	장미 전쟁	십자군 전쟁
⑤	십자군 전쟁	30년 전쟁

05 크리스트교 문화의 형성과 확산(2)

21 다음 주장이 등장한 시기의 문화에 대한 설명으로 옳은 것은?

> 태양이 지구를 도는 것이 아니라 지구가 태양의 둘레를 돌고 있다.

① 불교가 창시되었다.
② 간다라 양식이 유행하였다.
③ 앙코르 와트가 조성되었다.
④ 토머스 모어가 유토피아를 저술하였다.
⑤ 아서왕 이야기 등 기사도 문학이 발달하였다.

➕ 창의·융합
22 ㉠ 인물을 소재로 한 신문 기사의 제목으로 가장 적절한 것은?

> (㉠)은/는 인간의 구원은 신에 의해 미리 정해져 있다는 예정설을 주장하고 근면과 절약을 강조하였다.

① 우신예찬, 교회를 비판하다
② 95개조 반박문, 교황청을 비판하다
③ 국왕이 영국 교회의 수장임을 선포하다
④ 활판 인쇄술의 발명, 지식과 사상 보급에 기여하다
⑤ 베스트팔렌 조약으로 자신의 주장을 공식 인정받다

III

지역 세계의
교류와 변화

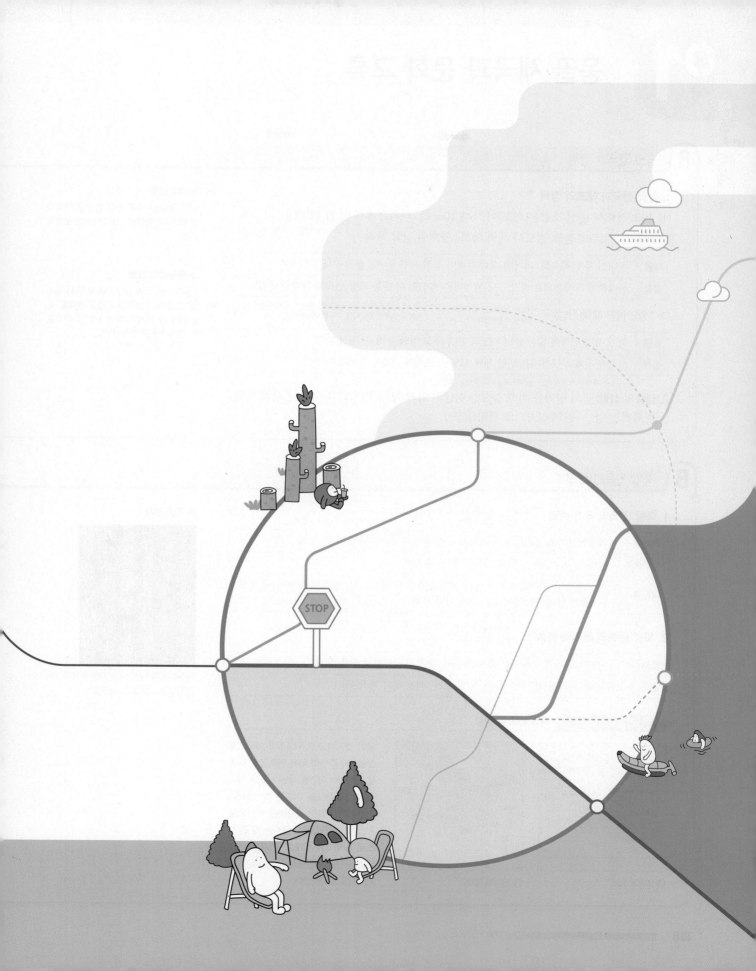

01 몽골 제국과 문화 교류

A 송의 건국과 변천

1. 송의 건국과 태조의 정책

(1) 건국: 절도사 출신 조광윤(태조)이 ✛5대 10국의 혼란 속에서 송 건국(960)
　　└ 카이펑을 수도로 삼았어.

(2) 태조의 문치주의 정책: 절도사 세력 약화, 황제권 강화 목적

내용	군대의 황제 직속화, 과거제 개혁(황제가 직접 시험 주관), 문신 우대
결과	사대부가 지배층으로 성장, 군사력 약화(→ 거란, 여진 등 북방 민족의 압박을 받음)

(3) ✛왕안석의 개혁(신법)　└ 신종이 왕안석을 등용하여 개혁을 추진하였어.　└ 과거의 최종 단계인 3차 시험에서 황제가 직접 시험관으로 참여하여 합격자의 순위를 결정하였어.

배경	송이 북방 민족에 많은 양의 비단과 은을 주고 평화 유지 → 재정 악화
전개	민생 안정과 부국강병을 위한 개혁 시도 → 보수파 관료들의 반대로 실패

└ 송은 요와 서하에게 많은 물자를 제공하고 화친을 맺었어.

2. 남송의 성립: 금의 공격을 피해 창장강 이남의 항저우로 천도(1127) → 강남 지역 개발, 경제적 번영 → 원의 침략으로 멸망(1279)

✛ 5대 10국

당이 멸망한 이후 송이 통일할 때까지 등장했다가 멸망한 5개의 왕조와 10개의 나라

✛ 왕안석의 개혁

농민과 상인에게 낮은 이자로 돈을 빌려줄 것, 정부가 물자의 공급을 통제할 것, 농민이 곧 병사가 되어 치안을 유지할 것 등의 개혁을 주장하였다.

B 북방 민족의 성장

1. 북방 민족의 국가 수립

└ 거란을 건국하였다가 이후 국가 이름을 '요'로 바꾸었어.　└ 송과 대립하는 원인이 되었어.

거란족	야율아보기가 거란(요) 건국(916) → 연운 16주 차지, 발해 정복, 고려 공격
탕구트족	서하 건국(1038) → 동서 무역로 장악, 송 압박
여진족	아구다가 금 건국(1115) → 송과 연합하여 요를 멸망시킴, 송의 수도 카이펑 함락 (→ 송을 남쪽으로 몰아내고 화북 지방 차지)

2. 북방 민족의 통치와 문화

Qn? 한족을 효율적으로 통치하기 위해 추진하였어.

통치	이중 통치: 고유의 부족제로 유목민 통치, 중국식 군현제로 한족 통치
문화	고유문화 수호 노력(✛거란 문자, 서하 문자, 여진 문자 제작 등)

✛ 거란 문자

거란족은 자신들만의 문자를 만들어 고유한 문화를 지키고자 하였다.

📖 자료로 이해하기　북방 민족의 성장

⬆ 11세기 정세

⬆ 12세기 정세

당이 멸망하고 중국이 5대 10국으로 분열하자 주변의 유목 민족들이 부족을 통합하여 국가를 세웠다. 요와 서하, 금이 대표적으로 이들은 11~13세기 전반까지 우월한 군사력을 바탕으로 송을 압박하였으며, 군주는 모두 스스로 황제라고 칭하고, 한자를 바탕으로 문자를 제정하는 등 고유문화를 지키려고 노력하였다.

무엇을 배울까?

- 송의 건국과 발전 | - 몽골 제국의 성립과 발전
- 북방 민족의 성장 | - 원의 중국 통치와 동서 교류의 확대

1 다음 설명이 맞으면 ○표, 틀리면 ×표를 하시오.

(1) 조광윤은 춘추 전국 시대의 혼란 속에서 송을 건국하였다. ( )

(2) 송은 북방 민족의 침입을 막기 위해 절도사의 권한을 강화하였다. ( )

(3) 송대에는 문치주의 정책으로 군사력이 약화되어 북방 민족의 압박을 받았다.

( )

2 다음 빈칸에 들어갈 내용을 쓰시오.

(1) 송 신종은 (   )을 등용하여 신법을 추진하게 하였다.

(2) 송은 (   )의 공격을 피해 창장강 이남으로 도읍을 옮겼다.

(3) 송의 (   )은/는 군대를 황제 직속으로 두어 군사권을 장악하고 과거의 마지막 시험을 직접 주관하였다.

핵심 콕콕

· 송의 문치주의와 남송의 수립

태조의 문치주의 정책
황제권 강화 목적으로 추진 → 사대부 성장, 국방력 약화 → 북방 민족의 압박, 재정 악화

↓

왕안석의 신법 추진, 실패

↓

금의 송 공격 → 남송 수립

1 다음 괄호 안의 내용 중 알맞은 말에 ○표를 하시오.

(1) (금, 서하)은/는 송과 연합하여 요를 멸망시켰다.

(2) (아구다, 야율아보기)는 거란족을 통합하여 거란을 건국하였다.

2 다음에서 설명하는 나라를 〈보기〉에서 골라 기호를 쓰시오.

〈 보기 〉

ㄱ. 금   ㄴ. 서하   ㄷ. 거란(요)

(1) 발해를 멸망시키고 고려를 공격하였다. ( )

(2) 11세기경에 건국되어 동서 무역로를 장악하고 송을 압박하였다. ( )

(3) 카이펑을 함락하여 송을 남쪽으로 몰아내고 화북 지방을 차지하였다. ( )

3 ㉠, ㉡에 들어갈 내용을 각각 쓰시오.

요와 금은 한족을 효율적으로 통치하기 위해 이중 통치 방식을 사용하였다. 그리하여 자신의 부족은 고유의 (㉠   )로 다스리고, 한족은 중국식 통치 방식인 (㉡   )로 통치하였다.

핵심 콕콕

· 북방 민족의 국가 수립과 통치

거란(요)	야율아보기가 건국, 연운 16주 차지, 발해 정복	이중 통치, 고유문화 수호 노력
서하	탕구트족이 건국, 동서 무역로 장악, 송 압박	
금	아구다가 건국, 송과 함께 요를 멸망시킴, 카이펑 함락	

C 송의 경제와 해상 교역

1. 송의 경제 발달

> 꼭 재배 기간이 짧은 벼가 도입되고 모내기법이 보편화되었어.

농업	창장강 하류 지역 개간, 농업 기술 발달 → 농지 확대, 농업 생산력 증가, 상품 작물 재배
상공업	수공업 발달로 상업 활성화, 상인층 증가, 도시와 시장 발달, 동업 조합 조직(⁺행, 작), 동전 유통 확대, 교자(지폐) 사용

> └ 도자기, 비단, 차, 제철 등이 발달하였어.

2. 송의 해상 교역

> 취안저우, 광저우 등 주요 항구에 설치되어 세금·무역 사무를 담당하였어.

배경	조선술·항해술·지도 제작 기술 발전(→ ⁺정크선 제작, 나침반 사용), 시박사 설치
전개	고려와 일본, 동남아시아와 인도, 아라비아 상인들과 교역

📖 자료로 이해하기 송의 경제 발달

> 송의 수도 카이펑의 번화한 모습을 그린 것으로, 자유로운 상업 활동 분위기와 서민의 생활 모습을 생생하게 묘사하였어.

↑ 청명상하도

↑ 송의 대외 무역

송대에는 강남 지방을 중심으로 경제가 크게 발전하였다. 농업 생산량이 크게 증가하였으며, 상공업의 발달로 지폐가 처음 사용되고 도시가 성장하였다. 조선술과 항해술, 지도 제작 기술 등이 발전하면서 해상 교역도 활발히 이루어졌다.

⁺ 행, 작
'행'은 상인 동업 조합, '작'은 수공업자의 동업 조합으로, 자신들의 이익을 보호하기 위해 만들었다.

⁺ 정크선
10세기경 중국에서 만들어진 원양 항해용 대형 목조 범선으로, 도자기나 동전 등을 대규모로 실어 날랐다. 풍랑이 심한 바다에서도 안전하고 신속하게 항해할 수 있어, 중국 상인이 바닷길의 주역으로 활약하는 원동력이 되었다.

D 송의 사회와 문화

1. 사대부의 성장: 과거제 정비 → 유교적 소양을 갖춘 사대부가 지배층으로 등장

2. 송의 문화

> 사대부들은 종래의 훈고학을 비판하고 성리학을 발전시켰어. 이후 성리학은 중국 왕조와 주변 국가의 지배 이념으로 자리 잡았지.

(1) 성리학: 주희가 완성, 우주의 원리와 인간의 본성 탐구, 대의명분과 ⁺화이론 중시 (한족의 우월성 강조)

> └ 상업의 발달로 도시가 성장하고 서민의 생활 수준이 높아졌어.
> └ 군신, 부자 등 상하의 구별을 정당화하였어.

(2) 서민 문화: 서민의 사회·경제적 지위 향상 → 도시를 중심으로 서민 문화 발달(전문 공연장 발달, 만담·곡예·인형극 등 서민 오락 성행)

(3) 과학 기술: 화약 무기·⁺나침반·활판 인쇄술 발명·실용화 → 제지법과 함께 이슬람 세계를 거쳐 유럽에 전파

> └ 화약 무기는 유럽에 전해져 중세 유럽 기사 계급의 몰락과 봉건 사회의 붕괴에 영향을 주었어.

📖 자료로 이해하기 송의 과학 기술

> 과거 준비와 학문 연구에 필요한 서적이 많이 편찬되면서 활판 인쇄술이 발달하였어.

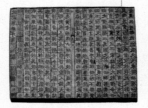
↑ 나침반 ↑ 불화살 ↑ 점토 활자판

송에서는 과학 기술이 비약적으로 발전하였다. 화약 제조 기술이 향상되었고, 나침반을 이용한 항해 기술이 발전하였으며, 활판 인쇄술이 개발되어 지식 보급과 문화 발전에 기여하였다. 이들 기술과 채륜의 제지법은 이슬람 세계를 거쳐 유럽에까지 전파되어 유럽 사회에 큰 영향을 주었다.

⁺ 화이론
중국이 천하 문명의 중심인 화(華)이고, 주변의 모든 민족은 오랑캐, 즉 이(夷)라는 중국 중심의 세계관

⁺ 나침반
송의 나침반은 자석의 원리를 이용하여 지리적인 방향을 지시하는 기구였다. 나침반은 송의 해상 무역 확대에 기여하였으며, 유럽에 전해져 신항로 개척 때 활용되었다.

1 송에 대한 설명이 맞으면 ○표, 틀리면 ×표를 하시오.

(1) 수공업이 발달하면서 상업이 활성화되었고 상인층이 늘어났다.　　　（　　　）

(2) 수도 장안은 세계 각지의 사람들이 모여들어 국제도시로 번성하였다.　（　　　）

(3) 조선술, 항해술, 지도 제작 기술이 발전하여 해상 교역이 활발하게 이루어졌다.

　　　　　　　　　　　　　　　　　　　　　　　　　　　　　　（　　　）

2 다음 괄호 안의 내용 중 알맞은 말에 ○표를 하시오.

(1) 송대에는 동전이 널리 유통되었고 (교자, 교초)라는 지폐가 만들어졌다.

(2) 송대에는 (창장강, 랴오허강) 하류 지역이 개간되어 농지가 늘어났고 농업 생산력
도 증가하였다.

(3) 송의 도시에서 활동하는 상인들은 (행, 시박사)와/과 같은 동업 조합을 만들어 자신
들의 이익을 보호하였다.

**3 송은 취안저우, 광저우 등 주요 항구에 (　　　　　)를 설치하여 세금과 해상 무역에
관한 사무를 맡아 보게 하였다.**

핵심 콕콕

• 송의 경제와 해상 교역

농업	창장강 하류 지역 개간, 농업 기술 발달 → 농업 생산력 증가
상공업	상업 활성화, 도시와 시장 발달, 행·작 등 동업 조합 조직, 동전 유통 확대, 교자 사용
해상 교역	조선술·항해술·지도 제작 기술 발전, 주요 항구에 시박사 설치 → 고려와 일본·동남아시아와 인도·아라비아 상인들과 교역

1 다음 빈칸에 들어갈 내용을 쓰시오.

(1) 송대에는 과거제가 정비되면서 유교적 소양을 갖춘 (　　　　　)가 사회의 지배층
으로 등장하였다.

(2) 송에서는 지리적인 방향을 지시하는 기구인 (　　　　　)이 발전하여 해상 무역 확
대에 기여하였다.

(3) 송대에는 (　　　　　) 문화가 발달하여 전문 공연장에서 만담, 곡예, 인형극 등 다
양한 공연이 이루어졌다.

2 ㉠, ㉡에 들어갈 내용을 각각 쓰시오.

> 송대에 주희는 우주의 원리와 인간의 본성을 탐구하는 학문인 (㉠　　　　　)을 완
> 성하였다. 이 학문에서는 중국이 천하 문명의 중심이고 주변의 모든 민족은 오
> 랑캐라는 (㉡　　　　　)을 중시하여 한족의 우월성을 강조하였다.

핵심 콕콕

• 송의 사회와 문화

사회	사대부가 지배층으로 등장
문화	• 학문: 성리학 발달 • 서민 문화: 전문 공연장 발달, 만담·곡예·인형극 등 공연 • 과학 기술: 화약 무기, 나침반, 활판 인쇄술의 발명·실용화 → 이슬람 세계를 거쳐 유럽에 전파

E 몽골 제국의 성립과 원의 발전

1. 몽골 제국
(1) 성립: 테무친이 몽골 부족 통일 → 칭기즈 칸으로 추대되어 수립(1206)

(2) 발전

① 원동력: +천호제로 편성된 강력한 기마 군단 보유, 이슬람 상인의 정보 제공
> Why? 이슬람 상인들은 교역망의 안전과 확대를 원하였기 때문에 군사 물자를 비롯하여 정복지에 대한 정보를 제공하였어.

② 영토 확장: 후대 칸들의 정복 활동(금과 서하 정복, 유럽 공격, 아바스 왕조 정복) → 아시아에서 유럽에 이르는 대제국 건설 → 여러 울루스로 분열
> 차가타이 울루스, 우구데이 울루스, 주치 울루스, 훌라구 울루스로 나뉘어 통치되었어.

2. 원
(1) 성립과 발전

원의 성립	쿠빌라이 칸(세조)이 대도(베이징)로 천도 후 국호를 원으로 변경(1271) → 남송을 멸망시키고 중국 전역 지배 ― 중국 역사상 처음으로 유목민이 전 중국을 지배하게 되었어.
원의 통치	+몽골 제일주의로 통치, 다루가치 파견, 파스파 문자(몽골 문자) 사용
원의 쇠퇴	왕위 계승 다툼, 경제 혼란 등으로 쇠퇴 → 한족의 반란으로 북쪽으로 밀려남(1368)

> Why? 교초 남발, 지배층의 사치 등으로 경제가 혼란하였어.
> 홍건적의 난 등이 일어났어.

(2) 경제와 문화

경제	• 농업: 농업 장려 → 농업 기술 보급, 목화 재배가 전국적으로 확산 • 상업: 교통로 발달 → 서역 상인 왕래, 물자 교류 왕성 → 도시 번영(대도, 임안 등), 화폐 사용 증가, 교초(지폐) 사용
문화	서민 문화: 구어체 소설(『수호전』, 『삼국지』 등)과 희곡 인기, 잡극 유행

> 음악과 가무, 연기가 합쳐진 극이야.

+ 천호제
몽골 제국의 군사·행정 조직으로, 유목민을 1천 호씩 나누어 천호장에게 맡기고 그 아래 백호장, 십호장을 두었다.

+ 몽골 제일주의

지배 계층
- 몽골인 (1.5%, 약 100만 명) — 주요 관직 독점
- 색목인 (1.5%, 약 100만 명) — 재정·행정 담당

피지배 계층
- 한인 (14%, 약 1,000만 명) — 여진족, 거란족, 금 지배하의 한족
- 남인 (83%, 약 6,000만 명) — 남송 지배하의 한족

⬆ 원대의 신분 구성

원은 넓은 영토와 다양한 민족을 통치하면서 몽골의 전통을 유지하기 위해 몽골 제일주의를 내세웠다. 몽골인을 가장 우대하였고, 서역 출신의 색목인이 그 다음이었다. 화북 지방에 살던 한인과 남송 출신의 남인은 피지배 계층을 이루었는데, 몽골의 침입 때 가장 크게 저항한 남인은 가장 심한 차별을 받았다.

F 동서 교류의 확대

배경	• 동서 교역망의 통합: 역참제 실시, 대운하 및 해상 운송로 정비 → 유라시아 대륙이 하나의 교역권으로 통합, 항저우·취안저우 등 무역항 번성 • 인적 교류: 교황과 유럽 군주들의 사절단 파견, 마르코 폴로(『동방견문록』을 남김)·이븐 바투타(『여행기』 저술) 등 방문
동서 교류	이슬람의 수학·역법·천문학 등 유입(→ 수시력 제작), 다양한 종교 공존(+티베트 불교, 이슬람교, 크리스트교 등), 송의 과학 기술이 이슬람 세계를 거쳐 유럽에 전파

> 원의 곽수경이 제작한 달력이야.
> 원대에는 티베트 불교가 황실의 보호를 받았지만, 다른 종교에 대해서도 관용적인 태도를 보여 여러 종교가 공존하였어.

+ 티베트 불교
인도에서 티베트로 전해진 대승 불교가 티베트의 고유 신앙과 결합하여 발달한 종교로 만주, 몽골, 네팔 등지에 전파되었다.

📖 자료로 이해하기 몽골 제국의 동서 교류

⬆ 몽골 제국의 주요 교통로

몽골 제국은 중앙과 각 지방을 연결하는 교통로에 역참을 세우고, 이곳에서 관리나 사신에게 숙식과 말을 제공하는 역참제를 실시하였다. 그리고 대운하 및 해상 운송로를 정비하였다. 이로써 대도(베이징)를 중심으로 초원길과 비단길, 바닷길이 연결되었으며, 항저우, 취안저우 등이 국제적인 무역항으로 번영하였다.

1 몽골 제국에 대한 설명이 맞으면 〇표, 틀리면 ✕표를 하시오.

(1) 아시아에서 유럽에 이르는 대제국을 건설하였다. ( )

(2) 아구다가 몽골 부족을 통일하고 칭기즈 칸으로 추대되었다. ( )

(3) 천호제로 편성된 강력한 기마 군단을 기반으로 정복 활동을 벌였다. ( )

2 다음 괄호 안의 내용 중 알맞은 말에 〇표를 하시오.

(1) 원은 (황소의 난, 한족의 반란)이 일어나 북쪽으로 밀려났다.

(2) 원대에는 음악과 가무, 연기가 합쳐진 (만담, 잡극)이 유행하였다.

(3) (칭기즈 칸, 쿠빌라이 칸)은 대도로 도읍을 옮긴 후 국호를 원으로 변경하였다.

3 ㉠, ㉡에 들어갈 내용을 각각 쓰시오.

> 원은 몽골 제일주의를 내세워 민족 차별 정책을 펼쳤다. 이에 따라 몽골인을 가장 우대하여 이들이 주요 관직을 독점하였고, 서역 출신의 (㉠   )이 그 다음 계층을 이루며 재정과 행정을 담당하였다. 그리고 화북 지방에 살던 한인과 남송 출신의 (㉡   )은 피지배 계층을 이루었다.

핵심 콕콕

• **몽골 제국과 원의 성립과 발전**

몽골 제국	• 성립: 칭기즈 칸이 몽골 제국 수립 • 발전: 천호제 실시, 이슬람 상인의 정보 제공 → 영토 확장으로 대제국 건설
원	• 성립: 쿠빌라이 칸이 국호를 원으로 변경 • 통치: 몽골 제일주의로 통치 • 경제: 농업 발달, 상업 발달(도시 번영, 화폐 사용 증가, 교초 사용) • 문화: 서민 문화 발달(구어체 소설과 희곡 인기, 잡극 유행)

1 다음 빈칸에 들어갈 내용을 쓰시오.

(1) 원의 곽수경은 이슬람 역법과 천문학을 토대로 (   )이라 불리는 달력을 만들었다.

(2) 몽골 제국 시기에 대운하와 해상 운송로를 정비하여 대도를 중심으로 초원길과 (   ), 바닷길이 연결되었다.

(3) 몽골 제국은 중앙과 각 지방을 연결하는 교통로에 (   )을 세우고 이곳에서 관리나 사신에게 숙식과 말을 제공하였다.

2 다음 인물과 그 활동을 옳게 연결하시오.

(1) 마르코 폴로 •   • ㉠ 동방견문록을 남겼다.

(2) 이븐 바투타 •   • ㉡ 여행기를 저술하였다.

핵심 콕콕

• **동서 교류의 확대**

배경	동서 교역망 통합(역참제 실시·대운하 및 해상 운송로 정비), 인적 교류 활발
동서 교류	이슬람의 학문 유입, 다양한 종교 공존, 송의 과학 기술이 이슬람과 유럽에 전파

01 다음 정책이 가져온 결과로 옳은 것을 〈보기〉에서 고른 것은?

> 송의 황제는 절도사의 권한을 빼앗고 문인 관료를 우대하는 문치주의 정책을 실시하였다.

〔 보기 〕
ㄱ. 군사력이 강화되었다.
ㄴ. 국가 재정이 확충되었다.
ㄷ. 사대부 계층이 성장하였다.
ㄹ. 북방 민족의 압박을 받았다.

① ㄱ, ㄴ 　② ㄱ, ㄷ 　③ ㄴ, ㄷ
④ ㄴ, ㄹ 　⑤ ㄷ, ㄹ

☆시험에 잘 나와!
02 밑줄 친 '그'의 정책으로 옳은 것은?

> 절도사 출신이었던 그는 카이펑을 수도로 송을 세우고 당 멸망 이후 계속된 5대 10국의 혼란을 수습하였다.

① 9품중정제를 실시하였다.
② 황제가 과거 시험을 주관하게 하였다.
③ 천호제를 실시하여 군사력을 강화하였다.
④ 유목민의 부족제와 군현제를 함께 실시하였다.
⑤ 한화 정책으로 북방 민족과 한족의 문화를 융합하였다.

03 다음 개혁에 대한 설명으로 옳지 <u>않은</u> 것은?

> 신종 시기에는 농민과 상인에게 낮은 이자로 돈을 빌려줄 것, 정부가 물자의 공급을 통제할 것, 농민이 곧 병사가 되어 치안을 유지할 것 등의 신법이 추진되었다.

① 왕안석이 추진하였다.
② 국방을 강화하고자 하였다.
③ 민생 안정과 재정 확보를 목표로 하였다.
④ 보수파 관료들의 적극적인 지지를 받았다.
⑤ 북방 민족에 지급하는 물자 증가가 배경이 되었다.

04 (가)~(다)를 일어난 순서대로 나열한 것은?

> (가) 금이 송과 연합하여 요를 멸망시켰다.
> (나) 야율아보기가 부족을 통합하여 거란을 세웠다.
> (다) 송이 강남으로 밀려나 항저우로 도읍을 옮겼다.

① (가) - (나) - (다) 　② (가) - (다) - (나)
③ (나) - (가) - (다) 　④ (나) - (다) - (가)
⑤ (다) - (나) - (가)

05 지도는 12세기경 동아시아 정세를 나타낸 것이다. (가) 나라에 대한 설명으로 옳은 것은?

① 남송을 정복하였다.
② 발해를 멸망시켰다.
③ 탕구트족이 건국하였다.
④ 연운 16주를 차지하였다.
⑤ 송의 수도 카이펑을 함락하였다.

06 다음에서 설명하는 두 나라의 공통점으로 옳은 것은?

> • 거란의 야율아보기가 부족을 통일하고 건국하였다.
> • 12세기 초에 아구다가 부족을 통일하고 건국하였다.

① 이중 통치 방식을 사용하였다.
② 사대부가 지배층으로 성장하였다.
③ 과거제를 실시하여 관리를 뽑았다.
④ 3성 6부의 중앙 행정 조직을 갖추었다.
⑤ 화북과 강남을 연결하는 대운하를 건설하였다.

07 (가)에 들어갈 내용으로 가장 적절한 것은?

수행 평가 보고서

1. 탐구 주제: 북방 민족의 특징
2. 탐구 자료

↑ 거란 문자

3. 탐구 결과: 북방 민족은 _____ (가)

① 한족 문화에 동화되려고 노력하였다.
② 성리학적 질서를 확산시키고자 하였다.
③ 한족을 효율적으로 다스리고자 하였다.
④ 자신의 고유한 문화를 지키려고 하였다.
⑤ 유교적 소양을 갖춘 관리를 등용하고자 하였다.

08 (가)에 들어갈 내용으로 적절한 것을 〈보기〉에서 고른 것은?

송대 강남 지방에서 농지 개간 방법이 개발되어 경지 면적이 크게 늘어났대.

게다가 (가) 되어 농업 생산력이 크게 증가하였지.

보기

ㄱ. 우경이 도입
ㄴ. 모내기법이 보편화
ㄷ. 철제 농기구가 처음 사용
ㄹ. 재배 기간이 짧은 벼가 도입

① ㄱ, ㄴ   ② ㄱ, ㄷ   ③ ㄴ, ㄷ
④ ㄴ, ㄹ   ⑤ ㄷ, ㄹ

09 지도는 어느 국가의 대외 무역을 나타낸 것이다. (가) 나라의 경제에 대한 설명으로 옳지 <u>않은</u> 것은?

① 도시와 시장이 발달하였다.
② 주요 항구에 시박사가 설치되었다.
③ 화폐 사용이 늘고 지폐인 교초가 사용되었다.
④ 창장강 하류 지역을 개간하여 농지가 늘어났다.
⑤ 도시에서 상공업자를 중심으로 동업 조합이 결성되었다.

10 ⊙ 왕조에 대한 설명으로 옳은 것은?

시험에 잘나와!

이 그림은 (⊙)의 수도 카이펑의 번화한 모습을 그린 「청명상하도」의 일부이다. 이 그림을 통해 자유로운 상업 활동 분위기를 엿볼 수 있다.

① 훈고학이 발달하였다.
② 9품중정제가 실시되었다.
③ 당삼채가 제작되어 유행하였다.
④ 몽골 제일주의에 따라 통치하였다.
⑤ 항해술의 발전으로 해상 교역이 활발히 이루어졌다.

11 다음에서 설명하는 사회 계층으로 옳은 것은?

송대에 과거를 통해 문인 관료로 선발되어 지배층을 형성하였으며, 학문과 사상의 발전에 기여하였다.

① 호족   ② 사대부   ③ 색목인
④ 절도사   ⑤ 문벌 귀족

12 송의 문화에 대한 탐구 활동으로 적절하지 <u>않은</u> 것은?

① 서민 문화가 발달한 배경을 분석한다.

② 전문 공연장에서 열린 공연을 찾아본다.

③ 주희가 집대성한 성리학의 특징을 정리한다.

④ 현장이 들여온 불교 경전이 끼친 영향을 알아본다.

⑤ 화약 제조 기술의 발달이 세계에 끼친 영향을 검색한다.

★ 시험에 잘 나와!

13 다음 송대의 발명품에 대한 설명으로 옳은 것을 〈보기〉에서 고른 것은?

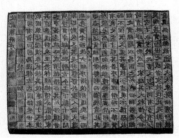

┌─ 보기 ┐
ㄱ. 채륜이 개발하였다.
ㄴ. 지식 보급에 기여하였다.
ㄷ. 해상 교역의 활성화에 도움을 주었다.
ㄹ. 이슬람 세계를 거쳐 유럽에 전파되었다.
└─────────────────────┘

① ㄱ, ㄴ   ② ㄱ, ㄷ   ③ ㄴ, ㄷ
④ ㄴ, ㄹ   ⑤ ㄷ, ㄹ

14 다음 학습 목표를 달성한 학생의 답변으로 가장 적절한 것은?

┌────────────────────────────────┐
• 학습 목표: 몽골 제국이 짧은 기간에 대제국을 건설한 원동력을 설명할 수 있다.
└────────────────────────────────┘

① 문치주의 정책을 실시한 덕분입니다.

② 왕안석이 신법을 추진하였기 때문입니다.

③ 천호제로 강한 기마 군단이 편성되었기 때문입니다.

④ 왕의 길을 건설하여 교통로를 정비하였기 때문입니다.

⑤ 부병제를 통해 농민을 병사로 복무하게 한 덕분입니다.

15 (가) 나라에 대한 설명으로 옳은 것은?

① 남송을 정복하였다.

② 조광윤이 수립하였다.

③ 5대 10국의 분열을 수습하였다.

④ 거란 문자를 공용어로 사용하였다.

⑤ 절도사의 반란으로 북쪽으로 밀려났다.

16 다음은 원대의 신분 구성을 나타낸 것이다. (가)~(라) 계층에 대한 설명으로 옳은 것은?

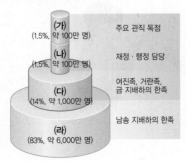

① (가) – 색목인이 차지하였다.

② (나) – 피지배 계층을 형성하였다.

③ (다) – 몽골의 침입 때 가장 크게 저항하였다.

④ (라) – 화북 지방에 살던 한인이다.

⑤ (가)~(라) – 몽골 제일주의에 따라 분리되었다.

17 ⊙ 나라의 경제와 문화에 대한 설명으로 옳지 <u>않은</u> 것은?

화폐로 보는 세계사

이 화폐는 (⊙)에서 사용된 지폐이다. (⊙)에서는 교통로의 발달로 물자의 교류가 왕성하였고, 상업의 발전으로 도시들이 번영을 누렸다. 이에 따라 화폐의 사용이 늘었으며, 지폐인 교초가 사용되었다.

↑ 교초

① 잡극이 유행하였다.
② 성리학이 완성되었다.
③ 서역 상인이 자주 왕래하였다.
④ 대도와 임안 등의 도시가 번영하였다.
⑤ 삼국지와 같은 구어체 소설이 인기를 끌었다.

✿ 시험에 잘 나와!

18 지도에 나타난 동서 교류에 대한 설명으로 옳지 <u>않은</u> 것은?

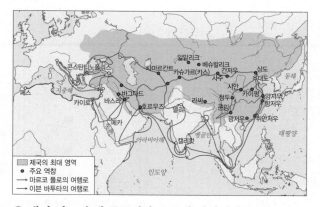

① 대진 경교 유행 중국비가 중국에 세워졌다.
② 항저우, 취안저우 등의 무역항이 번성하였다.
③ 중국의 화약 무기, 나침반 등이 유럽에 전해졌다.
④ 역참제 실시, 해상 운송로 정비 등이 배경이 되었다.
⑤ 중국에서 이슬람 문화의 영향을 받아 수시력이 만들어졌다.

서술형 감잡기

01 마르코 폴로가 다음과 같이 중국을 여행할 수 있었던 배경을 교통로의 변화 측면에서 서술하시오.

수도(베이징)로부터 각 지방으로 많은 도로가 나 있다. 각 도로에는 행선지의 이름을 따서 명칭이 붙어 있다. 주요 도로에는 약 40km 간격으로 역참이 있다. 여기에는 넓고 근사한 침대가 있어 칸의 사신이 숙박할 때 제공된다. …… 또한 각 역참에는 300∼400마리의 말이 사신을 위해 준비되어 있다. — 마르코 폴로, 『동방견문록』

➡ 몽골 제국은 주요 교역로에 (① ____)을 설치하고 대운하 및 해상 운송로를 정비하였다. 이로써 수도인 대도를 중심으로 초원길과 비단길, (② ____)이 연결되어 동서 교류가 활발해졌다.

실전! 서술형 도전하기

02 다음을 읽고 물음에 답하시오.

송은 무신 세력을 억제하고 문신을 우대하는 (⊙)을/를 앞세워 황제의 권력을 강화하였다. 이를 위해 황제가 과거의 최종 시험관이 되어 합격자를 선발하였다.

(1) ⊙에 들어갈 정책을 쓰시오.

(2) ⊙ 정책의 추진으로 송에 나타난 문제점을 서술하시오.

03 송대에 만들어진 나침반이 중국과 유럽의 대외 활동에 끼친 영향을 서술하시오.

02 동아시아 지역 질서의 변화

A 명의 성립과 발전

1. 명의 건국과 발전

원 말기에 농민 반란군을 이끌고 명을 세웠어.

토지를 구분해 놓은 모양이 물고기의 비늘처럼 생겼다고 해서 붙여진 이름이야.

홍무제	• 명 건국: 주원장(태조, 홍무제)이 금릉(난징)을 수도로 건국(1368) → 베이징 차지 (원을 북쪽으로 몰아냄, 한족 왕조 부활) • 통치: 재상제 폐지(→ 황제 독재권 강화), ⁺이갑제 실시, 토지 대장(어린도책)·호적 대장 제작(세금 징수에 활용), 한족의 유교 전통 회복(과거제·학교 교육 중시, ⁺육유 반포)
영락제	• 정책: 베이징 천도, 적극적인 대외 팽창(몽골 공격, 베트남 정복), ⁺자금성 건설 • 정화의 함대 파견: 해외에 파견 → 국력 과시, 여러 나라와 ⁺조공 관계 체결

2. 명의 멸망
외적의 침입(북로남왜)으로 국력 약화, 임진왜란 참전·여진족과의 전쟁으로 재정 악화, 무리한 세금 징수 → 농민 봉기, 이자성의 농민군에게 멸망(1644)

명 중기 이후 무역의 확대를 노린 북쪽의 몽골과 동남 해안의 왜구가 명을 침략한 것을 말해.

📖 자료로 이해하기 정화의 항해

영락제는 명 중심의 국제 질서를 확대하기 위해 정화에게 여러 차례 대규모 항해를 추진하게 하였다. 환관이었던 정화는 함대를 이끌고 1405년부터 1433년까지 총 일곱 차례의 항해에 나섰다. 정화의 함대는 동남아시아와 인도를 거쳐 페르시아만과 아프리카까지 진출하였다. 이 항해로 명은 해외에 국력을 과시하였고, 30개에 이르는 국가가 명에 새로 조공하게 되었다. 함대는 각지의 조공 사절을 명에 실어나르는 역할도 하였다.

➕ 이갑제
110호를 1리로 하고 그중에서 부유한 10호를 이장호로, 나머지 100호를 갑수호로 하여 농민이 직접 세금 징수와 치안 유지를 담당하게 한 제도

➕ 육유
유교 전통을 회복하기 위해 반포한 여섯 가지 유교의 가르침이다. 부모에게 효도할 것, 웃어른을 공경할 것, 이웃과 화목할 것, 자손들을 잘 교육시킬 것, 자신의 일에 최선을 다할 것, 나쁜 짓을 하지 말 것을 주요 내용으로 하였다.

➕ 자금성
명대에 베이징에 건설하여 청대까지 황제가 거주하는 황궁으로 사용되었다.

➕ 조공(조공·책봉)
주변국은 중국의 정치적 우위를 인정하여 예물을 바치고, 중국은 주변국의 왕위를 인정해 책봉하는 외교 방식

B 청의 성립과 발전

1. 청의 건국과 발전

누르하치는 명이 약해진 틈을 타서 여진족(만주족)을 통합하여 후금을 건국하였어.

(1) 건국: 누르하치(태조)가 후금 건국(1616) → 홍타이지(태종)가 몽골 복속·국호(청) 변경·조선 침략 → 명 멸망 후 청은 팔기군을 이끌고 베이징으로 입성·천도(1644)

만주족이 세운 청이 중국 전역을 장악하게 되었어.

(2) 발전: 3대 130여 년간 최고 전성기를 누림

강희제	타이완 정복(반청 세력 진압), 러시아와 네르친스크 조약 체결(국경 확정)
옹정제	군기처 설치(→ 황제권 강화), 새로운 화이사상 제시(→ 청의 통치 정당화)
건륭제	⁺최대 영토 확보(티베트, 신장, 몽골의 남은 세력 정복), 『사고전서』 편찬

(3) 명·청 교체에 따른 세계관의 변화: 화이사상 변화 → 청은 명을 이어받은 새로운 중화라고 주장, 조선과 일본은 자국을 동아시아 문화의 중심으로 여김

중화는 조선밖에 없다는 소중화 의식(조선 중화 의식)이 강화되었어.

2. 청의 한족 통치
강경책(한족 중심의 중화사상과 만주족 비판 금지, 만주족의 풍습인 변발과 호복 강요), 회유책(⁺만한 병용제 실시, 『사고전서』 편찬) 병행

한족 학자들을 대규모 동원하였어.

➕ 청의 영토

청의 최대 영역은 오늘날 중국의 영토와 거의 일치한다.

➕ 만한 병용제
중요한 관직에는 만주족과 한족을 함께 임명하는 제도

무엇을 배울까?

- 명의 성립과 발전
- 청의 성립과 발전

- 명·청대의 경제·사회·대외 교류
- 일본 무사 정권의 성립과 임진왜란

1 다음 인물과 그의 활동을 옳게 연결하시오.

(1) 영락제 •

(2) 홍무제 •

• ㉠ 베이징 천도, 베트남 정복

• ㉡ 재상제 폐지, 토지 대장과 호적 대장 제작

2 다음에서 설명하는 제도를 쓰시오.

> 명대에 실시된 제도로, 110호를 1리로 하고 그중에서 부유한 10호를 이장호로, 나머지 100호를 갑수호로 하여 농민이 직접 세금 징수와 치안 유지를 담당하게 한 제도이다.

3 다음 설명이 맞으면 ○표, 틀리면 ×표를 하시오.

(1) 명은 금과 송의 연합군에게 멸망하였다. ( )

(2) 주원장은 금릉을 수도로 하여 명을 건국하였다. ( )

(3) 홍무제는 육유를 반포하여 불교 전통을 회복하고자 하였다. ( )

(4) 영락제는 정화의 함대를 동남아시아와 인도에 파견하여 국력을 과시하고 여러 나라와 조공 관계를 맺었다. ( )

핵심콕콕

· 홍무제와 영락제의 통치

홍무제
재상제 폐지, 이갑제 실시, 토지 대장·호적 대장 제작, 한족의 유교 전통 회복(과거제·학교 교육 중시, 육유 반포)

↓

영락제
베이징 천도, 몽골 공격·베트남 정복, 정화의 함대 파견(→ 국력 과시, 여러 나라와 조공 관계 체결)

1 다음 빈칸에 들어갈 내용을 쓰시오.

(1) ( )은/는 몽골을 복속시키고 국호를 청으로 변경하였다.

(2) 청은 중요한 관직에 만주족과 한족을 함께 임명하는 ( )를 실시하였다.

2 다음에서 설명하는 황제를 〈보기〉에서 골라 기호를 쓰시오.

┌─ 보기 ┐
ㄱ. 강희제   ㄴ. 건륭제   ㄷ. 옹정제
└────────────────────────────┘

(1) 황제권을 강화하고 새로운 화이사상을 제시하였다. ( )

(2) 러시아와 네르친스크 조약을 맺어 국경을 확정하였다. ( )

(3) 몽골의 남은 세력을 정복하여 최대 영토를 확보하였다. ( )

핵심콕콕

· 청의 발전

누르하치	후금 건국
홍타이지	몽골 복속, '청' 국호 사용
강희제	반청 세력 진압, 네르친스크 조약 체결
옹정제	군기처 설치(→ 황제권 강화), 새로운 화이사상 제시
건륭제	최대 영토 확보, 『사고전서』 편찬

C 명·청대의 경제·사회·문화

1. 명·청대의 경제

(1) 농업과 상업

> 예 고추, 담배, 감자, 옥수수, 고구마 등
>
> 꼭 쌀의 주산지는 창장강 중·상류 지역으로 이동하였어.

농업	이모작 확대, 새 작물 유입, 창장강 하류 지역에서 상품 작물 재배(뽕, 면화 등)
상공업	• 수공업: 비단·면직물 등 생산, 징더전을 비롯한 각지에서 도자기 생산 증가 • 상인 성장: 농업·상공업 발전에 힘입어 대상인 집단 성장 ┐ 전국으로 각종 상품을 유통시켰어.

(2) 조세의 은납화: 대외 교역으로 은의 대량 유입 → 은 사용 증가, 은으로 세금 납부

명	일조편법: 여러 세금을 토지세와 인두세로 단순화하여 은으로 징수
청	지정은제: 인두세를 토지세에 포함하여 은으로 한꺼번에 징수 → +인구 증가

2. 명·청대의 사회와 문화

> 청은 신사의 협조를 통해 중국을 효율적으로 통치할 수 있었어.

사회	+신사가 사회 주도(중앙 관리로 진출, 향촌 질서 유지, 요역 면책·형벌상의 특권 부여)
문화	• 명: 왕양명이 양명학 제창(지행합일의 실천 강조), 서민 문화 발달(『삼국지연의』, 『수호전』, 『서유기』 등 소설 인기) • 청: +고증학 발달, 서민 문화 발달(『홍루몽』 등 소설 인기, 경극 등장)

📑 자료로 이해하기 은의 유입

↑ 16~17세기 은의 유통

명·청대에는 대외 무역이 크게 발전하였다. 유럽 상인들은 주로 비단, 도자기, 차, 면직물 등의 중국산 상품을 아메리카 및 일본에서 생산된 은과 교환하였다. 이에 따라 중국에 은이 대량으로 유입되어 기본 화폐가 되었고, 중국 정부는 세금을 은으로 납부하게 하는 세제 개혁을 단행하였다.

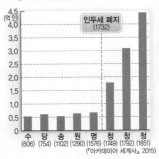

＋ 중국의 인구 증가

	수 (606)	당 (754)	송 (1102)	원 (1290)	명 (1576)	청 (1749)	청 (1792)	청 (1851)

인두세 폐지 (1732)

(『아카데미아 세계사』, 2015)

명 중기 이후 생산력이 지속적으로 증대되어 인구가 증가하였다. 또한 청 정부가 인두세를 폐지하자, 세금을 회피하기 위해 호적에 이름을 올리지 않으려던 움직임이 사라지게 되면서 인구가 폭발적으로 증가하였다.

＋ 신사

신사는 학생, 과거 합격자, 관직 경험자 등 유교적 소양을 갖춘 지식인이자 지주였다.

＋ 고증학

현실 정치를 멀리하고 경전을 실증적으로 연구하는 학문

D 명·청대의 대외 교류

1. 명대의 대외 교류

> 꼭 조공·책봉 형식을 통한 교류만 허용하였어.

(1) 변화: 초기 해금 정책 실시(사적인 해상 무역 제한) → 중기 이후 해외 교역 증가, 민간 무역 허용, 서양 상인과 유럽 선교사들의 왕래 증가

(2) 서양 문물 유입: 유럽 선교사의 방문 → 크리스트교 선교 및 천문학·역법·지리학 소개, 마테오 리치가 「+곤여만국전도」 제작·유클리드의 『기하원본』 번역 ┐ 명의 학자 서광계와 함께 번역하였어.

2. 청대의 대외 교류

(1) 정책: 조선·베트남 등과 조공·책봉 관계 유지, 서양 국가들에 광저우 한 곳만 개방 (18세기 이후, 공행을 통한 제한적 무역 허용)

(2) 대외 교류: 서양 선교사의 왕래 증가 → 아담 샬이 서양의 천문학·역법·대포 제작 기술 등을 중국에 전래, 중국 문화가 유럽에 전파 ┐ 중국의 정원 조경술, 실내 장식 등이 유럽의 궁전 건축에 영향을 끼쳤고, 유럽 상류층에서 중국산 도자기를 소장하고 차를 마시는 열풍이 불기도 하였어.

＋ 곤여만국전도

마테오 리치가 만든 세계 지도로, 자신들이 세계의 중심이라고 믿었던 중국인들의 세계에 대한 인식을 넓혀 주었다.

1 다음 설명이 맞으면 ○표, 틀리면 ×표를 하시오.

(1) 명에서는 삼국지연의, 수호전, 서유기 등의 소설이 인기를 끌었다. (　　)

(2) 명·청대에는 농업과 상공업 발전에 힘입어 대상인 집단이 성장하였다. (　　)

(3) 명·청대에 쌀 주산지는 창장강 중·상류 지역에서 하류 지역으로 이동하였다.
(　　)

2 다음 제도와 그 설명을 옳게 연결하시오.

(1) 일조편법 •　　　　• ㉠ 인두세를 토지세에 포함하여 은으로 한꺼번에 징수

(2) 지정은제 •　　　　• ㉡ 여러 세금을 토지세와 인두세로 단순화하여 은으로 징수

3 다음에서 설명하는 사회 계층을 쓰시오.

> • 명·청대의 사회를 주도한 지배층이다.
> • 유교적 소양을 갖춘 지식인으로, 향촌 질서 유지에 중요한 역할을 하였다.

4 다음 빈칸에 들어갈 학문을 쓰시오.

(1) 명대에 왕양명은 지행합일의 실천을 강조하는 (　　　　)을 제창하였다.

(2) 청대에는 현실 정치를 멀리하고 경전을 실증적으로 연구하려는 (　　　　)이
발달하였다.

• **명·청대의 경제, 사회, 문화**

경제	• 농업과 상공업: 상품 작물 재배, 수공업 발달(비단, 면직물, 도자기 등), 대상인 집단 성장 • 조세 개혁: 은의 대량 유입 → 일조편법(명), 지정은제(청) 실시
사회	신사가 사회 주도
문화	• 학문: 명대에 양명학, 청대에 고증학 발달 • 서민 문화: 『삼국지연의』·『수호전』·『서유기』·『홍루몽』 등 소설 유행, 청대에 경극 등장

1 다음 괄호 안의 내용 중 알맞은 말에 ○표를 하시오.

(1) (아담 샬, 마테오 리치)은/는 서양의 천문학, 역법, 대포 제작 기술 등을 청에 전하였다.

(2) 청은 서양 국가들에 광저우 한 곳만 개방하고 (공행, 대상인)을 통한 제한적 무역만 허용하였다.

• **명·청대의 대외 교류**

명	초기 해금 정책 → 중기 이후 교역 증가 → 유럽 선교사의 방문(크리스트교 선교, 마테오 리치의 「곤여만국전도」 제작)
청	서양에 광저우 한 곳만 개방(공행을 통한 무역 허용) → 서양 선교사의 왕래 증가 → 아담 샬의 서양 학문 전래, 중국 문화가 유럽에 전파

2 (　　　　)는 세계 지도인 곤여만국전도를 제작하고, 명의 학자 서광계와 함께 유클리드의 기하원본을 번역하였다.

02 동아시아 지역 질서의 변화

E 한반도의 고려·조선과 일본의 무사 정권

1. 한반도의 고려와 조선

(1) 고려: 10세기 초 왕건이 건국, 한반도 재통일 → 거란과 여진의 침략 격퇴, 장기간 몽골에 항전

(2) 조선: 14세기 말 이성계가 신진 사대부와 함께 건국, 통치 이념으로 성리학 채택

2. 일본의 무사 정권

(1) 무사의 성장: 헤이안 시대 후반 지방 호족과 사원의 장원 확대 → 귀족과 유력 농민들이 무사 고용 → 무사 계급 성장

> 호족과 사원으로부터 토지와 재산을 보호하기 위해서였어.

(2) 무사 정권(막부)의 성립과 변천

> 몽골·고려 연합군의 공격을 태풍의 도움으로 막아낸 일본에서 가미카제(신풍)가 외적을 격퇴하여 국토를 보호한다는 신국 사상이 자리 잡았어.

가마쿠라 막부	• 성립: 12세기 말 미나모토노 요리토모가 수립 • 통치: +봉건제 시행(쇼군이 실질적 지배권 행사, 천황은 상징적 존재) • 쇠퇴: 원(몽골·고려 연합군)의 침략 격퇴 → 재정 악화로 쇠퇴, 신국 사상 형성
무로마치 막부	14세기 아시카가 다카우지가 교토에 수립 → 명과 조공 관계 체결, 조선과 국교 체결 → 쇼군의 승계를 둘러싸고 다이묘 간 세력 다툼으로 쇠퇴
전국 시대	다이묘들의 대립으로 혼란 → 도요토미 히데요시의 통일, 조선 침략(임진왜란)

> 100여 년간 각지의 무사들이 세력을 다투었어.
> 도요토미 히데요시는 명을 정복하겠다는 구실로 조선을 침략하였으나 실패하였어.

3. 임진왜란 이후 동아시아의 변화

중국	명의 재정 악화와 농민 봉기로 국력 쇠약 → 여진족 성장·후금 건국
조선	인구 감소, 재정 악화, 명과 후금 사이에서 외교적 갈등
일본	도쿠가와 이에야스가 에도 막부 수립

+ 봉건제

쇼군(장군)은 실질적인 지배권을 행사하면서 다이묘(영주)에게 토지를 주고 다이묘는 그 일부를 하급 무사들에게 분배하였다. 토지를 매개로 쇼군과 주종 관계를 맺은 무사는 쇼군에 충성과 군사적 봉사를 하였다.

F 에도 막부의 발전과 대외 교류

1. 에도 막부의 성립과 막번 체제

(1) 성립: 도쿠가와 이에야스가 정권 장악 후 에도(도쿄)에 막부 수립(1603)

(2) 막번 체제: 쇼군(장군)은 직할지 지배·지방 다이묘(영주)의 영지(번)에 대한 지배권 인정, 막부는 +산킨코타이 제도로 다이묘 통제(→ 중앙 집권적 봉건 체제 확립)

> 뜻 산킨코타이 제도에 따라 다이묘는 1년마다 수많은 무사를 대동하여 숙식을 해결하여야 했고, 거처도 에도와 번에 모두 마련하여야 했으므로 재정적으로 궁핍해졌어.

2. 에도 막부의 문화와 대외 교류

(1) 조닌 문화(서민 문화)

배경	농업 생산량 증가, 수공업과 광업 발달 → 조닌(도시 상공업자) 성장
발전	조닌의 후원 → +우키요에(채색 판화), 가부키(가무극) 유행

(2) 대외 교류: 17세기 초 크리스트교 금지, 해금 정책 실시(무역 통제), 일부 국가와 교류

① 조선: 통신사와 왜관을 통해 교류

> 네덜란드 상인들은 규슈의 나가사키에 건설된 인공 섬 데지마에서 활동하였어.

② 중국, 네덜란드: 나가사키를 개항하여 중국·네덜란드 상인과 교류 → 네덜란드 상인이 서양의 여러 학문과 기술을 중국에 전파 → 난학(란가쿠) 발달

③ 국학 발달: 18세기 일본의 고유 정신을 강조하는 국학 발달

> 에도 막부 시대에 네덜란드를 통해 들어온 유럽의 학문, 기술, 문화 등을 통틀어 일컫는 말이야.

+ 산킨코타이 제도

에도 막부가 다이묘의 힘을 약화하기 위해 그들을 일정 기간 동안 에도에 와서 머무르게 하고, 그 가족들도 에도에 인질로 두게 한 제도

+ 우키요에

우키요에는 일상생활이나 풍경, 인물을 소재로 한 풍속화로, 주로 목판화로 제작되었다.

↑ 후지산을 표현한 우키요에

1 가마쿠라 막부에서는 쇼군이 실질적인 지배권을 행사하며 무사 계급을 다스리는 일본 특유의 (   )가 시행되었다.

• 일본 무사 정권의 변천

막부의 변천
가마쿠라 막부(봉건제 시행. 몽골·고려 연합군의 침략 격퇴) → 무로마치 막부(명과 조공 관계 수립, 조선과 교류)

↓

전국 시대
다이묘 간 권력 다툼 → 도요토미 히데요시가 통일 → 조선 침략(임진왜란)

2 다음 설명이 맞으면 ○표, 틀리면 ×표를 하시오.

(1) 조선은 통치 이념으로 성리학을 채택하였다.   (   )

(2) 12세기 말 미나모토노 요리토모가 무로마치 막부를 세웠다.   (   )

(3) 임진왜란이 일어난 이후 중국에서는 명의 국력이 강해지고 여진족이 세운 후금이 쇠퇴하였다.   (   )

3 다음에서 설명하는 막부를 〈보기〉에서 골라 기호를 쓰시오.

┌ 보기 ┐
ㄱ. 에도 막부   ㄴ. 가마쿠라 막부   ㄷ. 무로마치 막부

(1) 도쿠가와 이에야스가 수립하였다.   (   )

(2) 명과 조공 관계를 맺고 조선과도 국교를 맺었다.   (   )

(3) 몽골·고려 연합군의 침략을 격퇴하는 과정에서 쇠퇴하였다.   (   )

1 다음 괄호 안의 내용 중 알맞은 말에 ○표를 하시오.

(1) 조선과 에도 막부는 (공행, 통신사)을/를 통해 교류하였다.

(2) 에도 막부는 나가사키를 개항하여 (영국, 네덜란드) 상인과 교류하였다.

(3) 에도 막부에서는 조닌의 후원에 힘입어 (난학, 우키요에)이/가 유행하였다.

• 에도 막부의 성립과 발전

성립	도쿠가와 이에야스가 수립
통치	막번 체제 성립, 산킨코타이 제도로 다이묘 통제
문화	조닌 문화 발달, 대외 교류를 통해 난학(란가쿠) 발달, 18세기 국학 발달
대외 교류	• 정책 방향: 해금 정책 • 교류: 통신사와 왜관을 통해 조선과 교류, 나가사키를 개항하여 중국·네덜란드 상인과 교류

2 에도 막부는 다이묘들을 일정 기간 동안 에도에 와서 머무르게 하고, 그 가족들도 에도에 인질로 두게 하는 (   )를 실시하였다.

3 다음 문화와 그 설명을 옳게 연결하시오.

(1) 국학 •   • ㉠ 일본의 고유 정신을 강조하였다.

(2) 난학 •   • ㉡ 네덜란드를 통해 들어온 유럽의 학문, 문화 등을 일컫는다.

01 밑줄 친 '이 나라'에 대한 설명으로 옳은 것은?

> 원 말기에 농민 반란군을 이끈 주원장은 14세기 중반 금릉(난징)을 수도로 이 나라를 건국하였다.

① 임진왜란에 참전하였다.
② 만주족이 세운 왕조이다.
③ 만한 병용제를 실시하였다.
④ 사대부 계층이 형성되었다.
⑤ 황소의 난이 일어나 쇠퇴하였다.

02 다음 제도를 제정한 황제의 업적으로 옳지 않은 것은?

> 향촌 사회에서 110호를 1리로 하고 그중에서 부유한 10호를 이장호로, 나머지 100호를 갑수호로 하여 농민이 직접 세금 징수와 치안 유지를 담당하게 한 제도이다.

① 육유를 반포하였다.
② 베트남을 정복하였다.
③ 재상제를 폐지하였다.
④ 과거제와 학교 교육을 중시하였다.
⑤ 토지 대장과 호적 대장을 만들었다.

03 명의 홍무제가 다음 가르침을 반포한 목적으로 옳은 것은?

> 부모에게 효도하라. / 웃어른을 공경하라. / 이웃과 화목하라. / 자손들을 잘 교육시켜라. / 자신의 일에 최선을 다하라. / 나쁜 짓을 하지 마라.

① 절도사 세력을 약화하기 위해서
② 문치주의 정책을 실시하기 위해서
③ 세금을 효과적으로 징수하기 위해서
④ 한족의 유교 전통을 회복하기 위해서
⑤ 선비족과 한족의 문화를 융합하기 위해서

04 지도에 나타난 항해에 대한 설명으로 옳은 것을 〈보기〉에서 고른 것은? ☆시험에잘나와!

> 〈 보기 〉
> ㄱ. 중국의 중화사상이 약화되었다.
> ㄴ. 만주족이 한족을 다스리게 되었다.
> ㄷ. 영락제의 명령에 따라 추진되었다.
> ㄹ. 명에 조공하는 국가가 늘어나게 되었다.

① ㄱ, ㄴ   ② ㄱ, ㄷ   ③ ㄴ, ㄷ
④ ㄴ, ㄹ   ⑤ ㄷ, ㄹ

05 (가)에 들어갈 내용으로 적절하지 않은 것은?

① 반청 세력을 진압하였어.
② 새로운 화이사상을 제시하였어.
③ 베이징을 점령하여 수도로 삼았어.
④ 러시아와 네르친스크 조약을 체결하였어.
⑤ 오늘날 중국 영토의 대부분을 확보하였어.

06 다음은 청에서 있었던 일이다. 이를 일어난 순서대로 나열한 것은?

> (가) 타이완을 정복하였다.
> (나) 수도를 베이징으로 옮겼다.
> (다) 군기처를 설치하여 황제권을 강화하였다.
> (라) 티베트, 신장, 몽골의 남은 세력을 정복하였다.

① (가) - (나) - (다) - (라)
② (가) - (다) - (라) - (나)
③ (나) - (가) - (다) - (라)
④ (나) - (라) - (가) - (다)
⑤ (다) - (가) - (나) - (라)

07 다음 내용을 활용한 보고서 주제로 가장 적절한 것은?

> • 조선에서 소중화 의식이 발달하였다.
> • 일본은 자국을 동아시아 문화의 중심으로 여겼다.
> • 청은 명을 이어받은 새로운 중화라고 주장하였다.

① 임진왜란의 결과
② 은의 유통이 끼친 영향
③ 북로남왜로 인한 사회 변화
④ 명·청 교체에 따른 세계관의 변화
⑤ 서양 선교사의 활동과 세계관의 확대

★ 시험에 잘 나와!

08 다음을 통해 알 수 있는 청의 한족 지배 방식으로 옳은 것은?

> • 만한 병용제를 실시하였다.
> • 청을 비판하는 서적을 금지하였다.
> • 한족에게 변발과 호복을 강요하였다.
> • 한족 지식인들을 사고전서의 편찬 사업에 참여시켰다.

① 강압책과 회유책을 병행하였다.
② 한족 중심의 중화사상을 강조하였다.
③ 토지를 매개로 한 봉건제를 시행하였다.
④ 색목인을 우대하고 남인을 차별 대우하였다.
⑤ 절도사 세력을 약화하고 문인 관료를 우대하였다.

09 명·청대의 경제에 대한 설명으로 옳지 <u>않은</u> 것은?

① 대상인 집단이 성장하였다.
② 도자기 생산이 증가하였다.
③ 고구마, 감자, 옥수수 등의 작물이 유입되었다.
④ 쌀의 주산지가 창장강 하류 지역으로 이동하였다.
⑤ 비단, 면직물 등을 생산하는 수공업이 발달하였다.

10 지도와 같은 상황에서 나타난 현상으로 적절하지 <u>않은</u> 것은?

① 중국에서 은이 기본 화폐가 되었다.
② 중국 정부가 세제 개혁을 단행하였다.
③ 중국에서 교자가 제작되어 사용되었다.
④ 유럽인들이 중국의 비단, 도자기를 사용하였다.
⑤ 아메리카와 일본에서 생산된 은이 중국에 유입되었다.

11 (가)에 들어갈 내용으로 적절하지 <u>않은</u> 것은?

> **〈명·청대의 신사〉**
> • 명·청대 사회 지배 계층
> • 학생, 과거 합격자, 관직 경험자 등을 총칭함
> •   (가)

① 중앙 관리로 진출함
② 향촌 질서 유지를 담당함
③ 요역을 면제받고 형벌상의 특권을 누림
④ 유교적 소양을 갖춘 지식인으로 구성됨
⑤ 안사의 난 이후 군사, 재정, 행정을 장악함

12 ㉠, ㉡에 들어갈 학문을 옳게 연결한 것은?

> 명대 유학에서는 왕양명이 지행합일의 실천을 강조하는
> (㉠)을 제창하였다. 청에서는 현실 정치를 멀리하고
> 경전을 실증적으로 연구하는 (㉡)이 발달하였다.

	㉠	㉡		㉠	㉡
①	고증학	성리학	②	고증학	훈고학
③	성리학	양명학	④	양명학	고증학
⑤	양명학	훈고학			

★ 시험에 잘 나와!

13 (가) 나라의 문화에 대한 설명으로 옳은 것을 〈보기〉에서 고른 것은?

┌ 보기 ┐
ㄱ. 경극이 등장하였다.
ㄴ. 서민 문화가 발달하였다.
ㄷ. 곤여만국전도가 처음 제작되었다.
ㄹ. 화약 무기, 나침반, 활판 인쇄술이 발명되었다.

① ㄱ, ㄴ   ② ㄱ, ㄷ   ③ ㄴ, ㄷ
④ ㄴ, ㄹ   ⑤ ㄷ, ㄹ

14 청의 대외 교류에 대한 탐구 활동으로 가장 적절한 것은?
① 은이 대량으로 유출된 배경을 검색한다.
② 곽수경이 만든 수시력의 특징을 조사한다.
③ 공행과 외국 상인의 무역 내용을 알아본다.
④ 기하원본을 번역한 서양 선교사의 활동을 정리한다.
⑤ 마르코 폴로의 동방견문록에 담긴 역참의 모습을 찾아본다.

15 다음은 일본의 봉건제를 나타낸 것이다. (가) 계층에 대한 설명으로 옳은 것은?

① 실질적인 지배권을 행사하였다.
② 하급 무사들로부터 토지를 받았다.
③ 봉토를 장원의 형태로 운영하였다.
④ 쇼군에게 충성과 군사적 봉사를 하였다.
⑤ 유교적 소양을 갖춘 지식인이자 지주였다.

16 밑줄 친 '이 정권'에 대한 설명으로 옳은 것은?

> 일본에서는 12세기 말 미나모토노 요리토모가 실권을
> 장악하여 이 정권을 열었다.

① 아스카 문화가 발전하였다.
② 산킨코타이 제도를 실시하였다.
③ 왕을 천황으로 부르기 시작하였다.
④ 100여 년간 각지의 무사들이 세력을 다투었다.
⑤ 원의 침략을 막아낸 후 재정 악화로 쇠퇴하였다.

17 다음은 일본 무사 정권의 변천을 나타낸 것이다. (가) 막부에 대한 설명으로 옳은 것은?

① 명과 조공 관계를 맺었다.
② 도쿠가와 이에야스가 수립하였다.
③ 조선과 통신사를 통해 교류하였다.
④ 조선을 침략하여 임진왜란을 일으켰다.
⑤ 몽골·고려 연합군의 침략을 격퇴하였다.

18 다음 학습 목표를 달성한 학생의 답변으로 가장 적절한 것은?

> • 학습 목표: 임진왜란 이후 동아시아의 변화를 설명할 수 있다.

① 일본에서 가마쿠라 막부가 세워졌어요.
② 여진족이 성장하여 후금을 건국하였어요.
③ 명이 여러 나라와 조공 관계를 맺게 되었어요.
④ 조선에서 인구가 증가하고 재정이 확대되었어요.
⑤ 도요토미 히데요시가 전국 시대를 통일하였어요.

19 다음 문화가 유행한 시기에 대한 설명으로 옳은 것은?

↑ 후지산을 그린 우키요에   ↑ 가부키를 공연 중인 극장

① 경제가 발전하면서 조닌이 성장하였다.
② 도요토미 히데요시가 정권을 장악하였다.
③ 서양 상인들과 제한 없이 교역이 가능하였다.
④ 고유 문화가 발달하면서 가나 문자가 만들어졌다.
⑤ 원의 침입을 막아내면서 신국 사상이 형성되었다.

20 ☆시험에 잘 나와!
밑줄 친 ㉠이 일본에 끼친 영향으로 가장 적절한 것은?

 그림은 에도 막부에서 건설한 인공 섬 데지마를 그린 것이다. ㉠ 이곳에서 주로 네덜란드 상인들이 활동하였다.

① 막번 체제가 성립되었다.
② 난학(란가쿠)이 발달하였다.
③ 우키요에와 가부키가 발달하였다.
④ 크리스트교가 수용되어 유행하였다.
⑤ 다이묘들이 대립하는 전국 시대가 전개되었다.

서술형 문제

서술형 감잡기

01 다음 제도를 쓰고, 그 목적을 서술하시오.

> 에도 막부는 다이묘들을 일정 기간 동안 에도에 와서 머무르게 하고, 그 가족들도 에도에 인질로 머물게 하였다.

➡ (①   )는 에도 막부가 (②   )의 힘을 약화하기 위해 실시하였다.

실전! 서술형 도전하기

02 (가), (나) 제도를 각각 쓰고, 두 제도가 실시된 공통적인 배경을 서술하시오.

> (가) 명에서는 여러 세금을 토지세와 인두세로 단순화하여 은으로 징수하였다.
> (나) 청에서는 인두세를 토지세에 포함하여 은으로 한꺼번에 징수하였다.

03 다음 지도의 명칭을 쓰고, 이 지도가 중국인의 세계관에 끼친 영향을 서술하시오.

03 서아시아와 북아프리카 지역 질서의 변화

A 셀주크 튀르크

1. 성장과 발전

성장	11세기경 중앙아시아에서 성장하여 바그다드 정복 → 셀주크 ⁺튀르크의 지배자가 아바스 왕조의 칼리프로부터 술탄 칭호를 받음(이슬람 세계 지배)
발전	서아시아에서 중앙아시아에 이르는 대제국 건설, 상업과 학문 장려(→ 이슬람 문화 발전)

이슬람 세계의 정치적 지배자를 의미해.

2. 쇠퇴와 멸망: 예루살렘 점령, 비잔티움 제국과 대립 → 십자군 전쟁 발발, 내분 발생
→ 13세기경 몽골의 침입으로 멸망

약 200년 동안 유럽에서 파견된 십자군의 공격을 받았어.

＋튀르크
6, 7세기 무렵에 중국 북쪽에 살던 유목 민족인 돌궐을 뜻한다. 이후 일부는 중국에 흡수되었고, 나머지는 서쪽으로 이동하였다. 이들 중 셀주크를 따르던 무리를 따로 떼어 '셀주크 튀르크'라고 부른다.

B 다양한 이슬람 왕조

1. 훌라구 울루스: 훌라구가 아바스 왕조를 정복하고 수립(1258) → 국교로 이슬람교 채택
(→ 이슬람 문화 발전) → 14세기경부터 내부 분열로 쇠퇴하다 멸망

칭기즈 칸의 손자로, 몽골군을 이끌고 아바스 왕조를 무너뜨렸다.

2. 티무르 왕조

칭기즈 칸의 후예를 자처하였어.

건국	티무르가 중앙아시아에서 몽골 제국의 부활을 내세우며 건국(1370)
발전	영토 확장, 중계 무역 성행, 이슬람·페르시아·튀르크 문화를 융합한 학문과 문예 발달
멸망	티무르 사후 권력 다툼과 반란으로 쇠퇴 → 이민족에게 멸망(16세기 초)

꼭 수도인 사마르칸트가 유럽과 중국을 잇는 동서 교역로에 위치하여 중계 무역에 유리하였어.

3. 사파비 왕조

페르시아인(이란인)의 민족의식을 높여 주었어.

건국	이스마일 1세가 페르시아 제국의 부활을 내세우며 건국(1501)
발전	• 페르시아 문화 부흥: 국교로 시아파 이슬람교 채택, 페르시아의 군주 칭호 '샤' 사용 • 경제: 중계 무역으로 경제적 번영(수도 ⁺이스파한은 경제의 중심지로 발전) • 아바스 1세(전성기): 군사 제도 개혁(→ 오스만 제국의 바그다드 점령, 포르투갈 격퇴), 이스파한을 수도로 삼고 상업 발달 촉진
멸망	내부 분열, 주변 이민족의 잦은 침입으로 멸망(18세기)

각지에 도로, 다리, 상인들의 숙소를 만드는 등 경제 부흥을 위하여 노력하였어.

＋이스파한
아바스 1세의 명령에 따라 건설된 도시로, 유럽인을 비롯한 많은 사람과 세계의 다양한 상품이 모여들어 번영을 누렸다.

↑ 이스파한의 이맘 광장

📖 **자료로 이해하기** 티무르 왕조와 사파비 왕조의 영토 확장

↑ 티무르 왕조와 사파비 왕조의 영역

티무르 왕조의 최대 영역
사파비 왕조의 최대 영역(16세기)

티무르는 활발한 정복 활동을 벌여 남쪽으로 아프간 지방과 이란 방면으로 진출하고 인도의 델리 술탄 왕조를 공격하였다. 서쪽으로는 오스만 제국을 공격하여 중앙아시아에서 서아시아에 이르는 넓은 영토를 차지하였다. 수도 사마르칸트는 인도, 페르시아, 중국을 연결하는 동서 교역로에 위치하여 중계 무역으로 번영하였다. 사파비 왕조는 오늘날 이란 전역을 정복하여 유프라테스강에서 아프가니스탄에 이르는 제국을 건설하였다.

무엇을 배울까?
- 여러 이슬람 왕조의 발전
- 오스만 제국의 성립과 발전
- 오스만 제국의 경제 교류와 문화
- 무굴 제국의 성립과 발전

1 셀주크 튀르크의 지배자는 11세기경에 바그다드를 정복하고 아바스 왕조의 칼리프로부터 (   )의 칭호를 받았다.

2 다음 설명이 맞으면 ○표, 틀리면 ×표를 하시오.

(1) 셀주크 튀르크는 비잔티움 제국에 멸망당하였다. (   )

(2) 셀주크 튀르크는 서아시아에서 중앙아시아에 이르는 영토를 차지하였다. (   )

핵심 콕콕

• **셀주크 튀르크의 성장과 쇠퇴**

성장	11세기경 바그다드 정복(→ 술탄 칭호를 받음), 대제국 건설, 이슬람 문화 발전
쇠퇴	십자군 전쟁과 내분으로 쇠퇴 → 몽골의 침입으로 멸망

핵심 콕콕

• **다양한 이슬람 왕조**

훌라구 울루스	훌라구가 수립, 이슬람교를 국교로 채택
티무르 왕조	• 건국: 티무르가 몽골 제국의 부활을 내세우며 건국 • 발전: 중계 무역으로 번영, 이슬람·페르시아·튀르크 문화를 융합한 학문과 문예 발달
사파비 왕조	• 건국: 이스마일 1세가 페르시아 제국의 부활을 내세우며 건국 • 발전: 페르시아 문화 부흥, 중계 무역으로 번영, 아바스 1세 때 전성기 이룩

1 다음 괄호 안의 내용 중 알맞은 말에 ○표를 하시오.

(1) 훌라구 울루스는 (힌두교, 이슬람교)를 국교로 정하였다.

(2) 이스마일 1세는 (몽골 제국, 페르시아 제국)의 부활을 내세우며 사파비 왕조를 건국하였다.

(3) 사파비 왕조는 시아파 이슬람교를 국교로 삼고, '샤'라는 군주 칭호를 사용하는 등 (인도인, 페르시아인)의 민족의식을 부흥하기 위해 노력하였다.

2 다음에서 설명하는 왕조를 〈보기〉에서 골라 기호를 쓰시오.

〔 보기 〕
ㄱ. 사파비 왕조   ㄴ. 티무르 왕조   ㄷ. 훌라구 울루스

(1) 몽골 제국의 부활을 내세우며 건국되었다. (   )

(2) 훌라구가 아바스 왕조를 정복하고 수립하였다. (   )

(3) 중계 무역으로 수도 이스파한이 경제의 중심지로 발전하였다. (   )

3 다음에서 설명하는 황제를 쓰시오.

- 사파비 왕조의 전성기를 이루었다.
- 군사 제도를 개혁하여 국방력을 강화하고 오스만 제국의 바그다드를 점령하였으며 포르투갈을 격퇴하였다.

C 오스만 제국의 발전과 통치

1. 오스만 제국의 성립과 발전

(1) 성립: 소아시아 지역에서 오스만 튀르크족이 건국(1299) ┌─ 이후 이스탄불이라고 불렸어.

(2) 영토 확장: 메흐메트 2세 때 비잔티움 제국 정복·콘스탄티노폴리스를 수도로 삼음(1453) → 16세기 초 이집트·시리아·메카·메디나 차지

(3) 술탄 칼리프 제도: 오스만 제국의 술탄이 칼리프의 지위 획득 → 이슬람 세계의 정치와 종교를 아우르는 지배자가 됨 ┌─ 오스만 제국의 술탄이 이집트를 정복하면서 아바스 왕조의 마지막 후손으로부터 칼리프의 칭호까지 이어받아 술탄 칼리프로 불리게 되었어.

(4) 술레이만 1세(전성기): 발칸반도 진출, 오스트리아 수도 빈 공격, 유럽 연합 함대 격파(→ 지중해 장악), 북아프리카에 세력 확대, 법전 편찬

(5) 쇠퇴: 술레이만 1세 사후 정치 불안정 → 17세기 이후 서양 세력의 침략으로 국력 약화
└─ 아시아, 아프리카, 유럽에 걸친 영토를 확보하였어.

2. 오스만 제국의 통치

(1) 관용 정책: ✚지즈야(인두세)만 내면 종교·언어·풍습 인정, 자치 공동체(밀레트) 허용 → 다양한 민족과 종교 공존
┌─ 공식 문서에는 튀르크어를 사용하였지만 일상생활에서는 각 민족이 자신들의 언어를 자유롭게 쓸 수 있도록 하였어.
└─ 제국 내의 이교도들에게 이슬람교를 강요하지 않았어.

(2) 분할 통치: 술탄의 직접 통치 지역과 총독의 간접 통치 지역 구분(✚티마르 제도 실시)

(3) 인재 등용: ✚데브시르메 제도로 우수한 인재를 뽑아 이슬람교로 개종시킨 후 ✚예니체리로 육성, 혈통과 출신에 관계없이 유능한 자를 관리로 등용

> 📖 **자료로 이해하기** 오스만 제국의 관리 등용

> 술탄의 궁정에는 …… 그 누구도 자신의 역량으로 높은 지위를 손에 넣지 않은 사람은 없다. 최고 지위에 있는 사람 대부분이 양치기나 목동의 자식이다. 그들은 이 사실을 숨기거나 부끄럽게 여기지 않고 서로 자랑한다.　　　　　　　　　　　　 – 오스만 주재 오스트리아 대사의 글

오스만 제국에서는 발칸반도의 크리스트교도 청소년을 징발하여 이슬람교로 개종시킨 후 군대나 관료로 충당하는 등 혈통이나 출신에 관계없이 유능한 사람들을 인재로 등용하였다.

✚ **지즈야**
비이슬람교도 성인 남자에게 부과되는 인두세

✚ **티마르 제도**
술탄의 직할지를 제외한 영토(티마르)를 정부 관료나 군인에게 나누어 주고, 봉급으로 그 토지에 대한 세금을 거둘 수 있는 권리를 주었다.

✚ **데브시르메 제도**
정복지의 크리스트교도 중 우수한 인재를 뽑은 제도이다. 뽑힌 이들은 이슬람교로 개종하고, 훈련을 거쳐 대부분 예니체리에 배속되었다.

✚ **예니체리**
술탄의 친위 부대로, 술탄에게만 충성하였으며, 전투와 직무 수행에서 뛰어난 성과를 올렸다. 예니체리 중 일부는 고위 관료로 등용되어 최고위직에 오르기도 하였다.

D 오스만 제국의 문화와 동서 교류

1. 오스만 제국의 문화: 이슬람·페르시아·비잔티움·튀르크 문화가 융합하여 발달

건축	이슬람 사원(모스크)인 ✚술탄 아흐메트 사원 건립, 성 소피아 대성당에 네 개의 첨탑 건립 (이슬람 사원으로 사용) ┌─ 아흐메트 1세의 명령에 따라 지어졌어.
미술	페르시아 문화의 영향 → 세밀화, 아라베스크 무늬 발달
학문	실용적 학문(천문학, 수학, 지리학 등), 튀르크어로 쓰인 역사서, 문학 발달 └─ 페르시아의 전통을 잇는 궁정 문학이 발달하였어.

2. 동서 교류

(1) 전개: 오스만 제국의 자연 과학과 커피 등이 유럽에 전파, 유럽의 귀족 문화가 오스만 제국에 영향을 줌

(2) 영향: 수도 이스탄불이 동서 무역의 중심지로 번영 → 시장(그랜드 바자르) 발달, 동서양 문화 교류 활발
└─ 이스탄불은 아시아와 유럽을 잇는 길목에 위치하여 동서 문화의 교차로 역할을 하였어.

✚ **술탄 아흐메트 사원**

오스만 건축 양식으로 지어졌으며, 중앙의 돔은 비잔티움 양식의 영향을 받았다. 내부가 푸른색과 녹색의 타일로 꾸며져 있어, '블루 모스크'라고도 불린다.

1 다음 빈칸에 들어갈 내용을 쓰시오.

(1) 오스만 제국은 (　　　　) 때 콘스탄티노폴리스를 수도로 삼았다.
(2) 오스만 제국의 술탄이 이집트를 정복하면서 아바스 왕조로부터 칼리프의 칭호를
　　이어받아 (　　　　)라고 불리게 되었다.
(3) (　　　　)는 오스트리아의 수도인 빈을 공격하고 유럽의 연합 함대를 격파하여
　　지중해를 장악하는 등 오스만 제국의 전성기를 이루었다.

2 다음에서 설명하는 제도를 〈보기〉에서 골라 기호를 쓰시오.

┌─ 보기 ┐
ㄱ. 밀레트 제도　　　　　ㄴ. 티마르 제도　　　　　ㄷ. 데브시르메 제도
└─────────────────────────────────┘

(1) 지즈야를 내면 종교적 자치 공동체를 허용하였다.　　　　　　　　　　　(　　)
(2) 정복지의 크리스트교도 중 우수한 인재를 뽑아 육성하였다.　　　　　　(　　)
(3) 술탄의 직할지를 제외한 영토를 정부 관료나 군인에게 나누어 주고 그 토지에 대한
　　세금을 거두는 권리를 주었다.　　　　　　　　　　　　　　　　　　　(　　)

3 오스만 제국에 대한 설명이 맞으면 ○표, 틀리면 ✕표를 하시오.

(1) 관리를 등용할 때 개인의 능력보다 혈통과 출신을 중시하였다.　　　　(　　)
(2) 예니체리는 술탄의 친위 부대로서 전투에서 뛰어난 성과를 올렸다.　　(　　)

핵심 콕콕

• 오스만 제국의 성립과 발전

성립	오스만 튀르크족이 건국
발전	• 메흐메트 2세: 비잔티움 제국 정복 • 술레이만 1세: 아시아, 아프리카, 유럽에 걸친 영토 확보
통치	• 관용 정책: 지즈야만 내면 고유한 종교·언어·풍습 인정, 밀레트 허용 • 분할 통치: 티마르 제도 실시 • 인재 등용: 데브시르메 제도로 우수한 인재를 뽑아 예니체리로 육성, 관리 등용에서 개인의 능력 중시

1 다음 괄호 안의 내용 중 알맞은 말에 ○표를 하시오.

(1) 오스만 제국의 수도 (이스탄불, 이스파한)은 아시아와 유럽을 잇는 길목에 위치하
　　여 동서 무역의 중심지로 번영하였다.
(2) 오스만 제국에서는 (인도 문화, 이슬람 문화)와 페르시아, 비잔티움, 튀르크 문
　　화가 융합된 새로운 문화가 발달하였다.

2 (　　　　)은 오스만 건축 양식으로 지어졌고 중앙의 돔은 비잔티움 양식의 영향을
　　받았으며, 블루 모스크로도 불린다.

핵심 콕콕

• 오스만 제국의 문화

특징	이슬람·페르시아·비잔티움·튀르크 문화 융합
발달	• 건축: 술탄 아흐메트 사원 건립(오스만 건축 양식, 비잔티움 양식 도입) • 미술: 세밀화, 아라베스크 무늬 발달 • 학문: 실용적 학문 발달

E 이슬람 세력의 확대와 무굴 제국

1. 이슬람 세력의 확대: 8세기경부터 이슬람 세력이 인도 서북부 지역에 침입 → 13세기 초 인도에 이슬람 왕조 수립(맘루크 왕조), 이후 약 300년간 델리 술탄 시대 전개

2. ⁺무굴 제국의 성립과 발전

델리를 수도로 이슬람계의 다섯 왕조가 교체된 시기로, 다섯 왕조들을 총칭하여 델리 술탄 왕조라고 해.

(1) 성립: 티무르의 후손 ⁺바부르가 델리 술탄 왕조를 무너뜨리고 인도 지역에 건국(1526)

(2) 발전

예 힌두교도 여왕을 맞이하고, 힌두교도를 군인과 관료로 등용하였어.

아크바르 황제	• 영토 확장: 북인도에서 아프가니스탄에 이르는 대제국 건설 • 체제 정비: 토지 조사, 관료 제도 정비, 도로 건설 → 중앙 집권 체제 확립 • 관용 정책: 다른 종교 존중, 힌두교도에게 걷던 지즈야(인두세) 폐지
아우랑제브 황제	• 영토 확장: 17세기 후반 인도 남부까지 정복 → 무굴 제국의 최대 영토 차지 • 이슬람 제일주의 정책: 이슬람교 외의 종교 탄압(지즈야 부활, 힌두교 사원 파괴, 시크교 탄압) → 각지에서 반란 발생

📖 **자료로 이해하기** **아크바르 황제의 관용 정책**

> 나는 나의 신앙에 일치시키려고 다른 사람들을 박해하였으며, 그것이 신에 대한 귀의라고 생각하였다. 그러나 …… 강제로 개종시킨 사람에게서 어떤 성실성을 기대할 수 있을까? …… 인간의 힘으로 이해할 수 없는 존재에 이름을 붙이는 것은 부질없는 짓이다. ― 「아크바르나마」

무굴 제국의 아크바르는 종교적·사회적으로 분열되어 대립하던 사람들을 화해시키는 관용 정책을 펼쳤다. 그는 힌두교와의 융화를 통치의 중심에 두었지만, 자이나교, 조로아스터교, 크리스트교에도 관심을 가졌다.

✚ 무굴 제국의 영역

✚ 바부르
중앙아시아 출신으로 칭기즈 칸의 혈통을 이어받았다. 자신을 스스로 몽골의 후예라 생각하여 나라 이름을 '무굴(몽골을 의미하는 페르시아어의 변형)'이라 하였다.

F 무굴 제국의 경제와 문화

1. 무굴 제국의 경제: 도시 번성, 상공업 발달, 인도양 무역 주도, 면직물 수출 활발, 은의 유입으로 화폐 경제 발달 → 17세기 이후 서양 세력의 침투로 쇠퇴

인도의 면직물은 아시아와 유럽에서 큰 인기를 얻었어.

2. 무굴 제국의 문화: 인도·이슬람 문화 발전(인도 고유 문화와 이슬람 문화의 융합)

종교	힌두교와 이슬람교를 절충한 ⁺시크교 발전
언어	페르시아어를 공용어로 사용, ⁺우르두어 널리 사용
건축	인도·이슬람 양식 발전 → 타지마할 건축
미술	페르시아의 세밀화와 인도 미술이 어우러진 무굴 회화 발달

📖 **자료로 이해하기** **무굴 제국의 문화**

황제 샤자한이 황후 뭄타즈 마할의 넋을 기리기 위해 만든 묘당이야. 흰 대리석 벽, 연꽃 문양, 작은 탑 등은 인도 양식이고 둥형 지붕, 아치 입구, 뾰족한 탑, 아라베스크 등은 이슬람 양식이야.

⬆ 시크교의 황금 사원   ⬆ 타지마할

무굴 제국에서는 이슬람교가 널리 전파되면서 인도 고유의 문화와 이슬람 문화가 융합된 인도·이슬람 문화가 발전하였다. 종교에서는 힌두교와 이슬람교를 절충한 시크교가 등장하였고, 건축에서는 타지마할로 대표되는 인도·이슬람 양식이 발달하였다.

✚ 시크교
유일신을 섬기고 인간의 평등을 주장하였으며 카스트제를 부정하였다.

✚ 우르두어
힌두어, 페르시아어, 아라비아어가 혼합된 언어

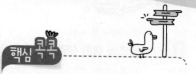

1 인도에 맘루크 왕조가 수립된 이후 약 300년 동안 인도 북부 지역에 이슬람계의 다섯 왕조가 교체되었는데 이 시기를 ( )라고 한다.

2 다음 설명이 맞으면 ○표, 틀리면 ×표를 하시오.

(1) 아크바르 황제는 인도 지역에 무굴 제국을 건국하였다. ( )

(2) 아우랑제브 황제는 관용 정책을 펼쳐 지즈야(인두세)를 폐지하였다. ( )

(3) 무굴 제국의 이슬람 제일주의 정책에 반발하여 각지에서 반란이 일어나 사회가 혼란하였다. ( )

3 다음에서 설명하는 황제를 〈보기〉에서 골라 기호를 쓰시오.

{ 보기 }
ㄱ. 바부르   ㄴ. 아크바르   ㄷ. 아우랑제브

(1) 델리 술탄 왕조를 무너뜨렸다. ( )

(2) 인도 남부까지 정복하여 무굴 제국의 최대 영토를 차지하였다. ( )

(3) 토지 조사, 관료 제도 정비 등을 통해 중앙 집권 체제를 확립하였다. ( )

핵심 콕콕

· 무굴 제국의 발전

아크바르 황제
· 영토 확장: 북인도에서 아프가니스탄에 이르는 대제국 건설 · 관용 정책: 다른 종교 존중, 지즈야 폐지

↓

아우랑제브 황제
· 영토 확장: 남인도 정복 → 최대 영토 차지 · 이슬람 제일주의 정책: 이슬람교 외의 종교 탄압, 지즈야 부활 → 반란 발생

---

1 무굴 제국 시기에는 면직물 수출 등의 무역을 통해 많은 ( )이 유입되어 화폐 경제가 발달하였다.

2 다음 괄호 안의 내용 중 알맞은 말에 ○표를 하시오.

(1) 무굴 제국에서 세워진 (타지마할, 술탄 아흐메트 사원)은 인도·이슬람 양식의 대표적인 건축물이다.

(2) 무굴 제국에서는 페르시아의 세밀화와 인도 미술이 어우러진 (무굴 회화, 아라베스크 무늬)가 발달하였다.

3 ㉠, ㉡에 들어갈 내용을 각각 쓰시오.

무굴 제국에서는 힌두교와 이슬람교를 절충한 (㉠)가 등장하였다. 이 종교는 유일신을 섬겼으며, 신분 제도인 (㉡)를 부정하였다.

핵심 콕콕

· 무굴 제국의 문화

특징	인도·이슬람 문화 발달
발달	· 종교: 시크교 발전 · 언어: 우르두어 널리 사용 · 건축: 인도·이슬람 양식 발전(타지마할 건축) · 미술: 무굴 회화 발달

01 (가) 왕조에 대한 설명으로 옳은 것은?

✗ 시험에 잘 나와!

① 델리 술탄 왕조를 무너뜨렸다.
② 지배자가 술탄의 칭호를 획득하였다.
③ 지즈야만 내면 밀레트를 허용하였다.
④ 시아파 이슬람교를 국교로 채택하였다.
⑤ 국왕의 친위 부대로 예니체리를 육성하였다.

02 훌라구 울루스에 대한 설명으로 옳은 것은?

① 아바스 왕조를 무너뜨렸다.
② 몽골의 침입으로 멸망하였다.
③ 비잔티움 제국과 대립하였다.
④ 탈라스 전투에서 승리하였다.
⑤ 힌두교를 국교로 채택하였다.

03 ㉠에 들어갈 나라로 옳은 것은?

(㉠)은/는 몽골 제국의 부활을 내세우며 건국되었다. 중앙아시아에서 서아시아에 이르는 영토를 차지하였으며, (㉠)의 수도 사마르칸트는 중계 무역으로 번영하였다.

① 무굴 제국　　　② 사파비 왕조
③ 아바스 왕조　　④ 오스만 제국
⑤ 티무르 왕조

04 지도의 영역을 차지한 나라에 대한 설명으로 옳은 것은?

① 바부르가 건국하였다.
② 데브시르메 제도를 실시하였다.
③ 술탄이 칼리프의 지위를 획득하였다.
④ 힌두교와 이슬람교를 절충한 시크교가 발전하였다.
⑤ 이슬람 문화와 튀르크·페르시아 문화 등을 융합한 학문과 문예가 발달하였다.

05 ㉠ 왕조에 대한 설명으로 옳지 않은 것은?

이곳은 (㉠)의 수도였던 이스파한이다. 아바스 1세의 명령에 따라 건설된 이스파한은 중계 무역으로 번영하였다.

① 이스마일 1세가 건국하였다.
② 샤라는 군주 칭호를 사용하였다.
③ 인도·이슬람 문화가 발전하였다.
④ 페르시아 문화의 부흥을 꾀하였다.
⑤ 오스만 제국의 바그다드를 점령하였다.

06 티무르 왕조와 사파비 왕조의 공통점으로 옳은 것은?

① 술탄 칼리프 제도를 실시하였다.
② 선거를 통해 칼리프를 선출하였다.
③ 페르시아 제국의 부활을 내세웠다.
④ 중계 무역으로 경제적 번영을 누렸다.
⑤ 아시아, 아프리카, 유럽에 걸친 영토를 확보하였다.

07 다음은 오스만 제국에서 있었던 일이다. 이를 일어난 순서대로 나열한 것은?

> (가) 비잔티움 제국을 정복하였다.
> (나) 유럽의 연합 함대를 격파하였다.
> (다) 술탄 칼리프 제도를 확립하였다.

① (가) - (나) - (다)　　② (가) - (다) - (나)
③ (나) - (가) - (다)　　④ (나) - (다) - (가)
⑤ (다) - (가) - (나)

08 ✿ 시험에 잘 나와!
다음 정책을 실시한 나라의 통치 정책으로 옳은 것을 〈보기〉에서 고른 것은?

> 술탄의 직할지를 제외한 영토를 정부 관료나 군인에게 나누어 주고 봉급으로 그 토지에 대한 세금을 거둘 수 있는 권리를 주었다.

┌ 보기 ┐
ㄱ. 자치 공동체인 밀레트를 허용하였다.
ㄴ. 일상생활에서 튀르크어 사용을 강요하였다.
ㄷ. 크리스트교도를 개종시켜 예니체리로 편성하였다.
ㄹ. 이슬람교도에게 세금을 걷고 종교를 인정해 주었다.

① ㄱ, ㄴ　　② ㄱ, ㄷ　　③ ㄴ, ㄷ
④ ㄴ, ㄹ　　⑤ ㄷ, ㄹ

09 다음을 통해 알 수 있는 오스만 제국의 특징으로 가장 적절한 것은?

> 술탄의 궁정에는 …… 누구도 자신의 역량으로 높은 지위를 손에 넣지 않은 사람은 없다. 최고 지위에 있는 사람 대부분이 양치기나 목동의 자식이다.

① 술탄 칼리프제를 확립하였다.
② 페르시아 문화 부흥에 힘썼다.
③ 이슬람 제일주의 정책을 펼쳤다.
④ 아랍인 중심 정책을 추진하였다.
⑤ 관리를 등용할 때 능력을 중시하였다.

10 (가) 나라에 대한 설명으로 옳지 <u>않은</u> 것은?

① 유럽과 십자군 전쟁을 벌였다.
② 커피 문화를 유럽에 전하였다.
③ 데브시르메 제도를 실시하였다.
④ 서양 세력의 침략으로 국력이 약화되었다.
⑤ 영토를 술탄의 직접 통치 지역과 총독의 간접 통치 지역으로 나누어 관리하였다.

11 (가)에 들어갈 내용으로 가장 적절한 것은?

> **수행 평가 보고서**
> 1. 탐구 주제: 오스만 제국의 정책과 그 영향
> 2. 조사 내용: 오스만 제국은 _____(가)_____
> 3. 탐구 결과
> － 오스만 제국은 피정복민에게 관용적인 정책을 펼쳐 제국의 안정을 꾀하였다.
> － 오스만 제국에서는 다양한 민족과 종교가 공존할 수 있었다.

① 힌두교도에게 걷던 지즈야를 폐지하였다.
② 세금을 내면 각 민족의 언어와 풍습을 인정하였다.
③ 티마르 제도를 실시하여 정복지를 간접 통치하였다.
④ 시아파 이슬람교를 국교로 삼아 이란인의 민족의식을 일깨웠다.
⑤ 이슬람교로 개종해도 아랍인이 아니면 세금을 더 걷고 관직 진출을 막았다.

※ 시험에 잘 나와!

12 다음 건축물을 세운 나라의 문화에 대한 설명으로 옳은 것은?

① 우르두어가 널리 사용되었다.
② 산스크리트 문학이 발전하였다.
③ 세밀화와 아라베스크 무늬가 발달하였다.
④ 0의 개념을 발전시켜 아라비아 숫자를 완성하였다.
⑤ 인도 고유 문화와 이슬람 문화가 융합하여 발달하였다.

13 교사의 질문에 대한 답변으로 가장 적절한 것은?

그림은 이 나라의 바자르 주변에서 생겨난 커피 판매점의 모습을 그린 거예요. 이러한 커피 판매점은 17세기에 유럽으로 전파되었지요. 이 나라에 대해 말해 볼까요?

① 몽골 제국의 부활을 내세웠어요.
② 11세기에 바그다드를 정복하였어요.
③ 사산 왕조 페르시아를 정복하였어요.
④ 아바스 1세 때 전성기를 맞이하였어요.
⑤ 수도 이스탄불이 동서 무역의 중심지로 번영하였어요.

14 지도의 영역을 차지한 나라에 대한 설명으로 옳지 않은 것은?

① 바부르가 건국하였다.
② 힌두교가 등장하였다.
③ 인도양 무역을 주도하였다.
④ 델리 술탄 왕조를 멸망시켰다.
⑤ 면직물을 활발하게 수출하였다.

※ 시험에 잘 나와!

15 ㉠ 황제에 대한 설명으로 옳은 것은?

무굴 제국의 (㉠)은/는 관용 정책을 펼쳐 힌두교뿐 아니라 자이나교와 조로아스터교 승려, 크리스트교 선교사까지 궁중에 불러 이야기를 듣는 등 모든 종교에 관심을 가졌다.

① 델리를 정복하고 무굴 제국을 세웠다.
② 힌두교도에게 거두던 인두세를 없앴다.
③ 데칸고원을 넘어 인도 남부까지 정복하였다.
④ 타지마할이라는 궁전 양식의 묘당을 만들었다.
⑤ 이슬람 제일주의를 내세워 제국을 통치하였다.

16 아우랑제브 황제에 대한 탐구 활동으로 가장 적절한 것은?

① 지즈야를 폐지한 목적을 알아본다.
② 산치 대탑에 새긴 내용을 검색한다.
③ 이스탄불을 수도로 삼은 배경을 찾아본다.
④ 유럽의 연합 함대를 격파한 효과를 정리한다.
⑤ 인도 남부까지 정복할 수 있었던 원동력을 조사한다.

17 밑줄 친 '정책'에 대한 설명으로 옳은 것은?

> 무굴 제국에서는 아우랑제브 황제의 정책에 반발하여 각지에서 반란이 일어났다.

① 이슬람 제일주의 정책을 폈다.
② 시아파 이슬람교를 국교로 삼았다.
③ 힌두교도를 군인과 관료로 등용하였다.
④ 술탄의 친위 부대인 예니체리를 육성하였다.
⑤ 티마르를 정부 관료나 군인에게 나누어 주었다.

18 다음 건축물에 대한 설명으로 옳은 것을 〈보기〉에서 고른 것은?

{ 보기 }
ㄱ. 아크바르 황제 때 건립되었다.
ㄴ. 인도·이슬람 양식의 건축물이다.
ㄷ. 황실의 권위를 내세우기 위해 건립한 궁전이다.
ㄹ. 이슬람 양식의 돔형 지붕과 아치 입구를 사용하였다.

① ㄱ, ㄴ   ② ㄱ, ㄷ   ③ ㄴ, ㄷ
④ ㄴ, ㄹ   ⑤ ㄷ, ㄹ

19 다음 과제를 수행하기 위해 조사할 내용으로 가장 적절한 것은?

> 무굴 제국에서 발전한 인도·이슬람 문화에 대한 보고서를 작성하시오.

① 시크교의 교리
② 간다라 불상의 모습
③ 아잔타 석굴 벽화의 특징
④ 술탄 아흐메트 사원의 구조
⑤ 성 소피아 대성당에 첨탑이 건립된 배경

서술형 감잡기

01 밑줄 친 '관용 정책'의 내용을 종교 정책과 관련지어 서술하시오.

> 오스만 제국은 넓은 영토를 효율적으로 통치하기 위해 관용 정책을 실시하여 다양한 민족과 종교가 공존할 수 있도록 하였다.

➡ 오스만 제국은 (①   )만 내면 각 민족의 종교를 유지할 수 있도록 하고 자치적인 공동체인 (②   )를 허용하였다.

실전! 서술형 도전하기

02 다음을 읽고 물음에 답하시오.

> 나는 나의 신앙에 일치시키려고 다른 사람들을 박해하였으며, 그것이 신에 대한 귀의라고 생각하였다. 그러나 …… 강제로 개종시킨 사람에게서 어떤 성실성을 기대할 수 있을까? …… 인간의 힘으로 이해할 수 없는 존재에 이름을 붙이는 것은 부질없는 짓이다.

(1) 밑줄 친 '나'가 가리키는 무굴 제국의 황제를 쓰시오.

(2) 윗글에 나타난 (1) 황제의 정책과 그 목적을 서술하시오.

03 무굴 제국에서 발달한 인도·이슬람 문화의 사례를 종교, 언어, 미술 분야와 관련지어 서술하시오.

04 신항로 개척과 유럽 지역 질서의 변화

A 신항로 개척

1. 신항로 개척의 배경

(1) 동방에 대한 관심 증가: 마르코 폴로의 『동방견문록』 출간, 십자군 전쟁 이후 동방 무역 활기(향료, 비단 등 동방의 산물 전래) → 동방에 대한 호기심 자극

└ 십자군 원정 이후 향(신)료, 비단 등 동방의 상품이 유럽에서 큰 인기를 끌었어.

(2) 새 교역로 필요: 이슬람과 이탈리아 상인의 동방 물품 독점 → 새로운 교역로 탐색

(3) +과학 기술 발달: 지리학·천문학·조선술 발달, 나침반 사용 → 먼 거리 항해 가능

└ 지도 제작 기술이 발달하여 항해에 도움이 되었어.

└ 동방 물품이 비싸져서 동방과 직접 교역하고자 하였어.

2. 신항로 개척의 전개: 포르투갈과 에스파냐가 주도

포르투갈의 지원	바스쿠 다 가마가 +희망봉을 거쳐 인도로 가는 항로 개척
에스파냐의 지원	콜럼버스의 서인도 제도 도착, 마젤란의 함대가 세계 일주에 성공

└ 지구가 둥글다는 것을 증명하였어.

자료로 이해하기 신항로 개척의 전개

→ 바르톨로메우 디아스, 희망봉 발견(1488) → 콜럼버스, 서인도 제도 도착(1492)
→ 바스쿠 다 가마, 인도 항로 개척(1498) → 마젤란 일행, 세계 일주(1519~1522)

포르투갈의 지원을 받은 바르톨로메우 디아스는 아프리카 남쪽 끝 희망봉에 도착하였으며, 바스쿠 다 가마는 희망봉을 돌아 인도에 도착하였다. 에스파냐의 지원을 받은 콜럼버스는 대서양을 횡단하여 오늘날 아메리카 대륙의 서인도 제도에 도착하였고, 마젤란의 함대는 태평양을 가로질러 최초로 세계 일주에 성공하였다.

+ 과학 기술 발달
유럽인은 이슬람의 선박 제조 기술을 받아들여 사각형과 삼각형의 돛을 달아 자유롭게 항해할 수 있는 카라벨선을 만들었다. 송에서 전래된 나침반을 항해용으로 개발하여 이용하였고, 아스트롤라베와 같은 천문 관측 기구로 위도, 경도 등을 측정하였다.

+ 희망봉
아프리카 남쪽 끝에 있는 곶

B 신항로 개척 이후 경제적 변화

1. 유럽의 변화

무역 중심지 변화	지중해에서 대서양으로 이동 → 대서양 연안 국가들 번영, 대서양 무역 발달 (유럽, 아메리카, 아프리카를 잇는 +삼각 무역의 형태로 전개)
새로운 작물 전래	아메리카에서 담배·감자·코코아·옥수수, 동방에서 차·면직물 등 전래
가격 혁명	아메리카 대륙에서 많은 양의 금과 은 유입 → 물가 급등(가격 혁명)
상업 혁명	금융 제도 마련(어음, 보험 등), 상공업과 금융업 발달, 근대적 기업의 등장 → 상공업자의 자본 축적 → 근대 자본주의 발달의 토대 마련

└ 오스만 제국과 같은 지중해 주변 국가들은 쇠퇴하였어.

└ 도시 상공업자가 크게 성장하게 되었어.

2. 세계적 교역망의 형성

└ 유럽은 동남아시아의 향신료, 인도의 면직물, 중국의 도자기, 비단, 차 등을 은으로 구매하였어.

배경	신항로 개척 이후 포르투갈·에스파냐가 아시아와 직접 교역, 네덜란드·영국·프랑스 등이 동인도 회사를 통해 아시아 시장에 진출
형성	아메리카, 아프리카, 유럽, 아시아의 상품 교류 → 은을 매개로 세계적 교역망 형성

+ 삼각 무역

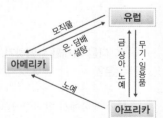

유럽인은 무기, 직물 등을 싣고 아프리카로 가 흑인 노예와 교환하였고, 흑인 노예를 아메리카의 농장에 팔았다. 그리고 아메리카 농장에서 재배된 담배, 사탕수수 등을 유럽에 가져가 이익을 남겼다.

무엇을 배울까?
– 신항로 개척의 배경과 전개
– 신항로 개척 이후의 변화
– 절대 왕정의 성립과 변화
– 17~18세기 유럽의 문화

1 다음 설명이 맞으면 ○표, 틀리면 ×표를 하시오.

(1) 콜럼버스는 포르투갈의 지원을 받아 신항로 개척에 나섰다. (　　)

(2) 영국과 프랑스가 항해 사업을 후원하여 신항로 개척을 주도하였다. (　　)

(3) 유럽에서 동방견문록이 출간되어 동방에 대한 호기심을 자극하였다. (　　)

2 신항로 개척의 배경으로 옳은 것만을 〈보기〉에서 있는 대로 골라 기호를 쓰시오.

{ 보기 }

ㄱ. 나침반 사용 등 원거리 항해 기술이 발달하였다.

ㄴ. 에스파냐와 포르투갈 상인이 동방 무역을 독점하였다.

ㄷ. 동방 물품의 유입으로 동방에 대한 유럽인의 관심이 커졌다.

3 다음 인물과 그의 활동을 옳게 연결하시오.

(1) 콜럼버스　　·　　　　　　· ㉠ 최초로 세계 일주에 성공하였다.

(2) 마젤란 일행　·　　　　　　· ㉡ 희망봉을 돌아 인도에 도달하였다.

(3) 바스쿠 다 가마 ·　　　　　· ㉢ 아메리카의 서인도 제도에 도착하였다.

핵심 콕콕

• **신항로 개척의 배경과 전개**

신항로 개척의 배경
• 동방에 대한 관심 증가 • 동방과의 새로운 교역로 필요 • 과학 기술 발달 → 먼 거리 항해 가능

신항로 개척의 전개
• 바스쿠 다 가마: 희망봉을 거쳐 인도로 가는 항로 개척 • 콜럼버스: 서인도 제도 도착 • 마젤란의 함대: 최초로 세계 일주 성공

1 지도를 보고 물음에 답하시오.

(1) (가)에 들어갈 무역을 쓰시오.

(2) 지도와 같은 무역이 이루어지는 데 배경이 된 사건을 쓰시오.

2 유럽에서는 신항로 개척 이후 아메리가 대륙에서 많은 양의 금과 은이 유입되어 물가가 급등하는 (　　　　)이 일어났다.

핵심 콕콕

• **신항로 개척의 영향**

신항로 개척 이후의 유럽
• 지중해에서 대서양으로 무역 중심지 이동 • 아메리카와 동방에서 새로운 작물 전래 • 가격 혁명, 상업 혁명 발생

은을 매개로 세계적 교역망 형성

04 신항로 개척과 유럽 지역 질서의 변화

C 신항로 개척 이후 아메리카와 아프리카의 변화

1. 아메리카

(1) **⁺고대 문명**: 유럽인 진출 이전 독자적인 문명 발달 ┌ 5세기 전후 멕시코 지역에서 마야인이
마야 문명을 일으키기도 하였어.

아스테카 제국	멕시코고원 일대에서 발전, 그림 문자·달력 사용, 거대한 피라미드형 신전 건축
잉카 제국	안데스고원 일대에서 번영, 쿠스코를 중심으로 영토 확장, 도로 정비

(2) **신항로 개척 이후 변화** ┌ 총으로 무장한 소수 병력을 이끌고
잉카 제국을 정복하였어.

① **문명 파괴**: 에스파냐의 코르테스와 피사로가 각각 아스테카 제국, 잉카 제국 정복

② **원주민 수 감소**: 에스파냐인이 원주민을 동원하여 금·은 채굴, **⁺플랜테이션(대농장)** 경영 → 노동력 착취, 유럽에서 전파된 전염병(천연두, 홍역 등)으로 인구 감소

2. 아프리카: 노예 무역 성행 → 인구수 감소, 남녀 성비 불균형, 부족 간 갈등 심화
└ 유럽인들은 아메리카 원주민을 동원하여
사탕수수와 담배 등을 재배하였어.

📖 **자료로 이해하기** **아메리카 인구의 감소**

멕시코고원 원주민
2,500만 명 100%
107만 명 4.28%
1490 1500 1520 1540 1580 1600 1620(년)

안데스고원 원주민
887만 명 100%
67만 명 7.55%
1490 1500 1520 1540 1580 1600 1620(년)

아메리카 원주민은 유럽인의 노동력 착취와 전염병으로 인구가 크게 감소하였다. 그러자 유럽인들은 광산 개발과 대농장 경영에 필요한 노동력을 얻기 위해 아프리카 원주민을 노예로 동원하였다.

⁺ 아메리카의 고대 문명

테노치티틀란 / 아스테카 제국 / 대서양 / 파나마 / 키토 / 과야킬 / 태평양 / 쿠스코 / 잉카 제국 / 포토시

→ 코르테스의 진로
→ 피사로의 진로

⁺ 플랜테이션
열대 기후 지역에서 주로 서양인의 자본과 기술, 원주민의 노동력을 결합하여 향료, 차 등 단일 작물을 기업적으로 재배하는 농업 형태

D 절대 왕정

1. 절대 왕정의 성립: 16~18세기 중앙 집권적 통일 국가 등장, 국왕이 강력한 권한 행사

2. ⁺절대 왕정의 기반
┌ 왕이 언제든지 동원할 수 있는 군대야.

(1) **왕권 강화**: ⁺왕권신수설 제시, 관료제 운영, 상비군 육성
└ 왕의 명령에 따라 국가 업무를 효율적으로 시행하였어.

(2) **재정 기반**

재정 지원	상공 시민 계층의 상공업 활동 보호 → 시민 계층이 절대 왕정의 재정 지원
중상주의	조세 제도 정비, 수출 장려, 관세를 높여 수입 억제, 해외에 식민지 개척

└ 국가 주도의 경제 정책으로, 관료제와 상비군을 운영하는 데 드는 비용을 마련하기 위해 재정 기반이 필요했어.

📖 **자료로 이해하기** **중상주의 정책**

모든 공업을, 심지어 사치품 공업도 다시 살리거나 새로 세워야 합니다. 관세와 관련해서는 보호 무역 제도를 확립해야 합니다. …… 국산품의 해상 운송을 프랑스가 다시 맡고, 식민지를 발전시켜 무역에서 프랑스에 종속되게 해야 합니다. ─ 콜베르의 편지 중 일부

절대 왕정의 군주들은 국가가 경제 활동에 적극 개입하고 통제하는 중상주의 정책을 펼쳤다. 이들은 수입을 억제하고 수출을 늘려 그 차액만큼 금과 은을 얻으려고 하였다. 이에 따라 수입 물품에 관세를 부과하고 국내의 상공업을 보호·육성하였다. 또한 넓은 시장과 원료 공급지를 확보하기 위해 식민지 개척에도 적극 나섰다.

⁺ 절대 왕정의 구조

정치 이론 / 왕권신수설 / 절대 군주 / 경제 정책 / 중상주의 / 관료제 / 상비군 / 행정 / 군사 / 토지 소유권 / 왕권에 복속 / 재정 지원 / 무역 독점권 / 봉건 귀족 / 세력 균형 / 시민 (상인, 수공업자)

⁺ 왕권신수설
왕권은 신이 내려 준 것이므로 왕에게 절대복종해야 한다는 정치 이론

1 다음에서 설명하는 고대 제국을 〈보기〉에서 골라 기호를 쓰시오.

┌─ 보기 ┐
ㄱ. 잉카 제국   ㄴ. 아스테카 제국
└─────────────────────────┘

(1) 안데스고원 일대에서 번영하였으며 쿠스코를 중심으로 영토를 넓혔다. (   )
(2) 멕시코고원 일대에서 발전하였으며 거대한 피라미드형 신전을 건축하였다.
　 (   )

2 다음 빈칸에 들어갈 인물을 쓰시오.

(1) 아스테카 제국은 에스파냐의 (   )가 이끄는 병사들에게 정복당하였다.
(2) 에스파냐의 (   )는 총으로 무장한 병력을 이끌고 잉카 제국을 정복하였다.

3 신항로 개척 이후의 변화에 대한 설명이 맞으면 ○표, 틀리면 ×표를 하시오.

(1) 아프리카 노예 무역이 성행하였다. (   )
(2) 아메리카 원주민의 수가 크게 증가하였다. (   )
(3) 에스파냐인들은 아메리카 원주민을 동원하여 플랜테이션을 경영하였다. (   )

1 다음 빈칸에 들어갈 내용을 쓰시오.

(1) 절대 왕정에서는 왕이 언제든지 동원할 수 있는 (   )이 군사적 기반이 되었다.
(2) 절대 왕정은 상공업에 종사하는 (   ) 계층의 상공업 활동을 보호하고 이들로부터 재정적 지원을 받았다.
(3) 유럽의 절대 군주들은 왕권은 신이 내려 준 것이므로 왕에게 절대복종해야 한다는 (   )을 권력의 사상적 기반으로 삼았다.

2 ㉠, ㉡에 들어갈 내용을 각각 쓰시오.

┌─────────────────────────────────────┐
│ 절대 왕정은 중상주의 정책을 펼쳐 수입 물품에 (㉠   )를 부과하여 수입을 │
│ 줄이고 국내 상공업을 보호·육성하였다. 또한 넓은 시장과 원료 공급지를 확보 │
│ 하기 위해 해외에 (㉡   )를 적극적으로 개척하였다. │
└─────────────────────────────────────┘

E 서유럽과 동유럽의 절대 왕정

1. 서유럽의 절대 왕정: 16세기 무렵 성립, 국왕이 귀족과 성직자들의 권한 장악, 시민 계층을 지지 기반으로 삼음

에스파냐	펠리페 2세: 가장 먼저 절대 왕정 확립, 아메리카 식민지에서 들여온 금·은을 바탕으로 국력 확대, 무적함대를 만들어 지중해 해상권 장악
영국	엘리자베스 1세: 에스파냐의 무적함대 격파·해상권 장악, 해외 시장 개척(북아메리카 식민지 건설, 동인도 회사를 설립하여 인도에 진출), 영국 국교회 확립, 모직물 공업 등 국내 산업 육성
프랑스	루이 14세: 재상 콜베르를 등용하여 중상주의 정책 추진, 상비군 육성, 베르사유 궁전 축조 — 태양왕을 자처하였고, '국가 그것은 바로 나다.'라는 말을 하였다.

└ '나는 영국과 결혼하였다. 강력한 영국을 만들기 위해 전념할 것이다.'라고 하였어.

2. 동유럽의 절대 왕정: 도시와 상공업의 발달 부진, 상공 시민 계층의 성장 미약 → 17세기 중엽부터 절대 왕정 성립

오스트리아	마리아 테레지아: 중앙 집권화 추진, 근대 산업 육성, 교육 제도의 개혁 추진
러시아	표트르 대제: ⁺서구화 정책 추진(서유럽의 제도와 문물 적극 수용), 스웨덴과의 전쟁에서 승리(→ 발트해 진출, 부동항 획득), 수도 상트페테르부르크 건설
프로이센	프리드리히 2세: 오스트리아와 전쟁을 벌여 슐레지엔 지방 차지, 산업 장려, 종교적 관용 정책 전개, 상수시 궁전 건축

└ 계몽사상의 영향을 받아 '군주는 백성의 주인이 아니라 국가 제일의 심부름꾼일 뿐이다.'라고 하였어.

📖 자료로 이해하기 절대 왕정의 건축

⬆ 베르사유 궁전

⬆ 상수시 궁전의 전경(왼쪽)과 궁전 연회 모습(오른쪽)

프랑스의 절대 군주 루이 14세는 바로크 양식의 웅장하고 화려한 베르사유 궁전을 지어 자신의 막강한 권력과 부를 과시하고 화려한 궁정 문화를 꽃피웠다. 프로이센의 프리드리히 2세는 베르사유 궁전을 본떠 상수시 궁전을 지었으며, 이곳에서 계몽사상가들과 연회를 즐길 만큼 스스로 계몽 전제 군주를 자처하였다.

➕ 표트르 대제의 서구화 정책

표트르 대제는 서유럽의 제도와 문물을 적극 수용하였는데, 그 일환으로 모든 귀족에게 긴 수염을 자르라고 명령하기도 하였다.

⬆ 표트르 대제의 명으로 귀족의 수염을 자르는 관리

F 17~18세기 유럽 문화

과학	과학 혁명(갈릴레이의 지동설 지지, 뉴턴이 만유인력의 법칙 발견 등) → 과학적 사고방식 확립에 기여 └ 우주가 움직이는 법칙을 수학적으로 설명하였어.
철학	• 데카르트: 신과 분리된 인간의 이성 강조 → 근대 철학의 기초 마련 • 로크: 인간이 사회와 계약을 맺었다고 주장, 국민의 저항권 강조 • ⁺계몽사상: 볼테르, 몽테스키외, 루소 등이 무지와 미신 타파, 불합리한 제도와 전통의 개혁 주장 → 미국 혁명·프랑스 혁명의 사상적 기반 마련
건축	• 바로크 양식: 화려하고 웅장함, 베르사유 궁전이 대표적 • 로코코 양식: 경쾌하고 사치스러움, 상수시 궁전이 대표적

➕ 계몽사상

인간의 이성을 바탕으로 낡은 관습과 미신을 타파함으로써 사회가 진보할 수 있다고 믿는 사상

1 다음 설명이 맞으면 ○표, 틀리면 ×표를 하시오.

(1) 서유럽의 절대 군주들은 시민 계층을 지지 기반으로 삼았다. ( )

(2) 프랑스의 루이 14세는 콜베르를 재상으로 등용하여 중상주의 정책을 적극적으로 추진하였다. ( )

(3) 프로이센의 프리드리히 2세는 서유럽의 제도와 문물을 적극 수용하였으며, 상트페테르부르크를 수도로 삼았다. ( )

2 다음 국왕과 그의 업적을 옳게 연결하시오.

(1) 루이 14세 •   • ㉠ 베르사유 궁전을 축조하였다.

(2) 펠리페 2세 •   • ㉡ 무적함대를 만들어 지중해 해상권을 장악하였다.

(3) 표트르 대제 •   • ㉢ 스웨덴과의 전쟁에서 승리하여 발트해로 진출하였다.

3 다음 괄호 안의 내용 중 알맞은 말에 ○표를 하시오.

(1) (표트르 대제, 프리드리히 2세)는 국가 제일의 심부름꾼을 자처하였다.

(2) 서유럽에서 가장 먼저 절대 왕정을 이룬 국가는 (프랑스, 에스파냐)이다.

(3) (엘리자베스 1세, 마리아 테레지아)는 오스트리아의 절대 군주로서 근대 산업을 육성하고 교육 제도의 개혁을 추진하였다.

4 ㉠, ㉡에 들어갈 내용을 각각 쓰시오.

> 영국의 절대 군주인 (㉠   )는 에스파냐의 무적함대를 물리치고 해상권을 장악하였으며, (㉡   )를 설립하여 인도에 진출하는 한편, 안으로는 영국 국교회를 확립하고, 상공업 육성에 힘썼다.

핵심 콕콕

• **서유럽과 동유럽의 절대 왕정**

서유럽	• 에스파냐: 펠리페 2세의 무적함대 제작, 지중해 해상권 장악 • 영국: 엘리자베스 1세의 무적함대 격파, 동인도 회사 설립 • 프랑스: 루이 14세의 중상주의 정책(콜베르 등용), 베르사유 궁전 축조
동유럽	• 오스트리아: 마리아 테레지아의 중앙 집권화 추진 • 러시아: 표트르 대제의 서구화 정책, 발트해 진출, 상트페테르부르크 건설 • 프로이센: 프리드리히 2세의 슐레지엔 지방 차지, 상수시 궁전 건축

1 다음 빈칸에 들어갈 내용을 쓰시오.

(1) (   )은 만유인력의 법칙을 발견하였다.

(2) 절대 왕정에서는 화려하고 웅장한 건축 양식인 (   )이 유행하였는데, 베르사유 궁전이 대표적이다.

(3) 17~18세기에 등장한 (   )은 인간의 이성을 바탕으로 낡은 관습과 미신을 타파함으로써 사회가 진보할 수 있다고 믿는 사상이다.

핵심 콕콕

• **17~18세기 유럽 문화**

과학	과학 혁명(만유인력의 법칙 발견 등)
철학	근대 철학 발달 → 계몽사상 등장
건축	바로크 양식, 로코코 양식 유행

[01~02] 지도를 보고 물음에 답하시오.

→ 희망봉 발견(1488)　→ 서인도 제도 도착(1492)　→ 인도 항로 개척(1498)

01 지도에 나타난 항로 개척이 이루어진 배경으로 적절하지 않은 것은?

① 동방에 대한 유럽인의 관심이 커졌다.
② 십자군 전쟁으로 동방 무역이 활발해졌다.
③ 과학 기술의 발달로 먼 거리 항해가 가능해졌다.
④ 네덜란드, 영국 등이 동인도 회사를 설립하였다.
⑤ 이슬람·이탈리아 상인들이 동방 무역을 독점하였다.

★ 시험에 잘 나와!
02 (가) 항해에 대한 설명으로 옳은 것을 〈보기〉에서 고른 것은?

─〔 보기 〕─
ㄱ. 포르투갈의 후원을 받았다.
ㄴ. 최초로 세계 일주에 성공하였다.
ㄷ. 지구가 둥글다는 것을 입증하였다.
ㄹ. 바르톨로메우 디아스가 추진하였다.

① ㄱ, ㄴ　　② ㄱ, ㄷ　　③ ㄴ, ㄷ
④ ㄴ, ㄹ　　⑤ ㄷ, ㄹ

03 다음에서 설명하는 인물로 옳은 것은?

에스파냐의 후원을 받아 신항로 개척에 나섰으며, 대서양을 횡단하여 오늘날 아메리카 대륙의 서인도 제도에 도착하였다.

① 마젤란　　　　　② 콜럼버스
③ 마르코 폴로　　④ 바스쿠 다 가마
⑤ 바르톨로메우 디아스

04 밑줄 친 부분이 가능했던 이유로 옳지 않은 것은?

15세기경 먼 거리 항해가 가능해지면서 유럽인들은 본격적으로 새로운 항로 개척에 나서게 되었다.

① 나침반을 사용하였다.
② 과학 혁명이 일어났다.
③ 선박 제조 기술이 발달하였다.
④ 정확한 항해 지도가 제작되었다.
⑤ 천문 관측 기구로 위도, 경도를 측정하였다.

★ 시험에 잘 나와!
05 지도에 나타난 무역에 대한 설명으로 옳은 것은?

① 이슬람과 이탈리아 상인이 독점하였다.
② 지중해를 중심으로 무역이 이루어졌다.
③ 신항로 개척이 일어나는 데 영향을 주었다.
④ 유럽에서 가격 혁명이 일어나는 배경이 되었다.
⑤ 아프리카 노예 무역이 쇠퇴하는 결과를 가져왔다.

06 다음과 같은 활동이 유럽에 끼친 영향으로 옳지 않은 것은?

15세기 중엽 유럽인들은 포르투갈과 에스파냐의 주도 아래 이슬람 상인과 이탈리아 상인을 통하지 않고 동방과 직접 교역할 수 있는 새로운 항로를 찾아 나섰다.

① 상공업과 금융업이 발달하였다.
② 도시 상공업자가 크게 성장하였다.
③ 지중해 연안의 국가들이 번영하였다.
④ 아메리카에서 새로운 작물이 전래되었다.
⑤ 유럽, 아메리카, 아프리카를 잇는 삼각 무역이 발달하였다.

07 ㉠, ㉡에 들어갈 무역품을 옳게 연결한 것은?

신항로 개척 이후 유럽인은 (㉠), 직물 등을 싣고 아프리카에 가서 (㉡)와/과 교환하였다.

	㉠	㉡		㉠	㉡
①	무기	노예	②	무기	담배
③	도자기	노예	④	도자기	설탕
⑤	향신료	모직물			

08 (가), (나) 제국에 대한 설명으로 옳은 것은?

① (가) – 잉카인이 건설하였다.
② (가) – 안데스고원 일대에서 발전하였다.
③ (나) – 마야인이 건설하였다.
④ (나) – 거대한 피라미드형 신전을 지었다.
⑤ (가), (나) – 유럽인에게 파괴되었다.

09 신항로 개척 이후 아메리카에 대한 설명으로 옳은 것은?
① 아스테카 제국이 수립되었다.
② 대량의 금과 은이 유입되었다.
③ 원주민들이 아프리카에 팔려 갔다.
④ 유럽인들에게 노동력을 착취당하였다.
⑤ 상업이 발달하여 인구수가 크게 증가하였다.

10 (가)에 들어갈 답변으로 적절한 것을 〈보기〉에서 고른 것은?

─ 보기 ─
ㄱ. 해외로 대거 이주하였기
ㄴ. 아프리카에 노예로 팔려 갔기
ㄷ. 유럽에서 들어온 전염병에 감염되었기
ㄹ. 유럽인이 운영하는 대농장에 동원되었기

① ㄱ, ㄴ ② ㄱ, ㄷ ③ ㄴ, ㄷ
④ ㄴ, ㄹ ⑤ ㄷ, ㄹ

11 다음은 절대 왕정의 구조를 나타낸 것이다. (가), (나)에 대한 설명으로 옳지 <u>않은</u> 것은?

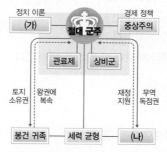

① (가) – 왕의 명령에 절대복종할 것을 강조하였다.
② (가) – 왕권은 신이 내려 준 신성한 것이라는 주장이다.
③ (나) – 주로 농업에 종사하는 농노로 구성되었다.
④ (나) – 관료제와 상비군을 유지하는 데 필요한 재정을 지원하였다.
⑤ (가), (나) – 왕권의 강화에 기여하였다.

12 유럽의 절대 왕정에 대한 설명으로 옳은 것을 〈보기〉에서 고른 것은?

┌─ 보기 ─────────────────────────────┐
ㄱ. 자유로운 무역 활동을 추구하였다.
ㄴ. 지방 분권적인 정치 체제를 확립하였다.
ㄷ. 관료제를 운영하고 상비군을 육성하였다.
ㄹ. 상공업에 종사하는 시민 계층을 보호하였다.
└──────────────────────────────────┘

① ㄱ, ㄴ　　　② ㄱ, ㄷ　　　③ ㄴ, ㄷ
④ ㄴ, ㄹ　　　⑤ ㄷ, ㄹ

✹ 시험에 잘 나와!

13 다음 그림이 나타내는 절대 왕정의 경제 정책에 대한 설명으로 옳은 것은?

① 동유럽에서 먼저 발달하였다.
② 수입 상품에 대한 관세를 낮추었다.
③ 계몽사상의 영향을 받아 추진되었다.
④ 경제에 대한 국가의 개입을 최소화하였다.
⑤ 상품 시장과 원료 공급지를 확보하기 위해 노력하였다.

14 다음 업적을 가진 국왕으로 옳은 것은?

• 에스파냐에서 절대 왕정을 확립하였다.
• 무적함대를 만들어 지중해 해상권을 장악하였다.

① 루이 14세　　　② 펠리페 2세
③ 표트르 대제　　④ 프리드리히 2세
⑤ 엘리자베스 1세

15 다음 국왕에 대한 설명으로 옳지 않은 것은?

나는 영국과 결혼하였다. 강력한 영국을 만들기 위해 전념할 것이다.

① 영국 국교회를 확립하였다.
② 국가 제일의 심부름꾼임을 자처하였다.
③ 무적함대를 격파하여 해상권을 장악하였다.
④ 동인도 회사를 설립하여 인도에 진출하였다.
⑤ 모직물 공업과 같은 국내 산업을 육성하였다.

16 ㉠ 왕에 대한 설명으로 옳은 것은?

▶ 지식 Q&A

이 건축물에 대해 알려 주세요.

▶ 답변하기

└ 프랑스에서 (㉠)이/가 건축한 베르사유 궁전이에요.
└ 바로크 양식으로 지어져 웅장하고 화려해요. 이를 통해 (㉠)이/가 자신의 막강한 권력과 부를 과시하였어요.

① 상비군을 폐지하였다.
② 성 소피아 대성당을 세웠다.
③ 슐레지엔 지방을 차지하였다.
④ 콜베르를 통해 중상주의 정책을 펼쳤다.
⑤ 상트페테르부르크를 건설하여 수도로 삼았다.

17 밑줄 친 '이 군주'가 통치한 시기의 러시아에 대한 설명으로 옳은 것은?

 그림은 <u>이 군주</u>의 명령에 따라 귀족들이 수염을 자르는 모습을 그린 것이다. <u>이 군주</u>는 서유럽의 제도와 문물을 적극 수용하는 서구화 정책을 추진하면서 모든 귀족에게 긴 수염을 자르라고 명령하였다.

① 로코코 양식의 상수시 궁전이 건축되었다.
② 재상 콜베르가 중상주의 정책을 주도하였다.
③ 무적함대를 만들어 지중해 해상권을 장악하였다.
④ 스웨덴과의 전쟁에서 이겨 발트해에 진출하였다.
⑤ 콜럼버스를 지원하여 새로운 항로를 개척하였다.

18 17~18세기 유럽 문화에 대한 탐구 활동으로 적절하지 않은 것은?

① 과학 혁명의 영향을 알아본다.
② 계몽사상가의 주장을 살펴본다.
③ 뉴턴의 학문적 성과를 파악한다.
④ 바로크 양식의 특징을 분석한다.
⑤ 르네상스가 등장한 배경을 조사한다.

19 밑줄 친 '사상'에 대한 설명으로 옳은 것은?

인간의 이성을 바탕으로 낡은 관습과 미신을 타파함으로써 사회가 진보할 수 있다고 믿는 <u>사상</u>이다.

① 스콜라 철학으로 발전하였다.
② 프랑스 혁명에 영향을 주었다.
③ 아리스토텔레스가 대표적 사상가이다.
④ 과학적 사고방식의 확립에 기여하였다.
⑤ 절대 왕정을 사상적으로 뒷받침하였다.

서술형 문제

서술형 감잡기

01 다음을 읽고 물음에 답하시오.

모든 공업을, 심지어 사치품 공업도 다시 살리거나 새로 세워야 합니다. 관세와 관련해서는 보호 무역 제도를 확립해야 합니다. …… 국산품의 해상 운송을 프랑스가 다시 맡고, 식민지를 발전시켜 무역에서 프랑스에 종속되게 해야 합니다.
　　　　　　　　　　　　　　　　－ 콜베르의 편지 중 일부

(1) 윗글에 나타난 절대 왕정의 정책을 쓰시오.

----

(2) (1) 정책을 실시한 목적을 서술하시오.

➡ 절대 군주의 명령에 따라 업무를 처리하는 (① 　　　　)와 국왕이 언제든 동원할 수 있는 (② 　　　　)을 운영하는 데 많은 비용이 들었기 때문에 국가의 부를 증대하기 위해 실시하였다.

실전! 서술형 도전하기

02 다음을 보고 물음에 답하시오.

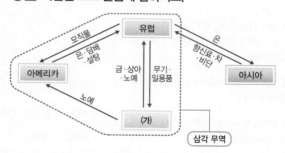

(1) (가)에 들어갈 지역을 쓰시오.

----

(2) 도표와 같은 무역이 전개되면서 유럽의 경제에 나타난 변화를 서술하시오.

01 몽골 제국과 문화 교류

(1) 북방 민족의 성장

성립과 발전	거란(요)(연운 16주 차지, 발해 정복), 서하(동서 무역로 장악), 금(송과 함께 요 정복, 송의 수도 카이펑 함락) 성립
통치와 문화	이중 통치(부족제, 군현제 병행), 고유문화 수호 노력(문자 제작 등)

(2) 송과 몽골 제국의 건국과 발전

송	변천	문치주의 정책 → 사대부 성장·군사력 약화·재정 악화 → 왕안석의 개혁(민생 안정, 부국강병 목표) → 금의 공격을 피해 이동(남송 성립)
	경제	창장강 하류 지역 개간, 상공업 발달, 동업 조합 조직(행, 작), 교자 사용
	무역	조선술, 항해술, 지도 제작 기술 발전 → 시박사 설치, 해상 교역 전개
	문화	성리학 발달, 서민 문화 발달, 화약 무기·나침반·활판 인쇄술 발명·실용화
몽골 제국	변천	테무친(칭기즈 칸)이 몽골 제국 수립 → 여러 울루스로 분열 → 원의 성립(쿠빌라이 칸이 대도 천도 후 원 수립, 남송 정복, 몽골 제일주의로 통치)
	경제	농업 기술 보급, 목화 재배 확대, 상업 발달(→ 도시 번영, 교초 사용)
	무역	역참제 실시, 대운하 및 해상 운송로 정비 → 동서 교류 확대

02 동아시아 지역 질서의 변화

(1) 명·청의 건국과 발전

정치	명	주원장이 건국(한족 왕조 부활), 유교적 통치 질서 강화, 정화의 함대 파견
	청	• 발전: 청 수립 → 베이징 입성 → 강희제·옹정제·건륭제 시기 전성기 이룩 • 한족 통치: 강경책과 회유책 병행
경제		• 발달: 농업(새 작물 유입), 상공업(비단·면직물·도자기 생산 증가) 발달 • 조세 제도: 은의 유입 증가 → 일조편법(명), 지정은제(청) 실시
사회		신사가 사회 주도(중앙 관리로 진출하거나 향촌 질서 유지 역할)
문화		양명학(명)·고증학(청) 발달, 서민 문화 발달
대외 교류		• 명: 초기 해금 정책 → 유럽 선교사의 방문(마테오 리치 등 활동) • 청: 서양 국가에 광저우 한 곳만 개방(공행 무역) → 아담 샬 등 활동

(2) 한반도와 일본

한반도	고려 성립(한반도 재통일) → 조선 성립(성리학을 통치 이념으로 채택)
일본	• 가마쿠라 막부: 봉건제 시행, 몽골·고려 연합군의 침략 격퇴 • 무로마치 막부: 명과 조공 관계 체결, 조선과 국교 체결 • 전국 시대: 도요토미 히데요시의 통일 → 조선 침략(임진왜란 발발) • 에도 막부: 막번 체제 성립(산킨코타이 제도 실시), 조닌 문화 발달, 해금 정책·일부 교류 허용(조선 통신사와 교류, 네덜란드에 나가사키 개방 → 난학 발달)

03 서아시아와 북아프리카 지역 질서의 변화

(1) 서아시아의 이슬람 국가

셀주크 튀르크	바그다드 정복, 지배자가 칼리프의 칭호 획득, 십자군 전쟁 발발
훌라구 울루스	훌라구가 아바스 왕조를 정복하고 수립, 국교로 이슬람교 채택
티무르 왕조	티무르가 건국, 몽골 제국의 부활 표방, 중계 무역으로 번영
사파비 왕조	이스마일 1세가 건국, 페르시아 문화 부흥 강조, 아바스 1세 때 전성기 이룩
오스만 제국	• 발전: 오스만 튀르크족이 건국 → 메흐메트 2세 때 콘스탄티노폴리스 정복 → 술탄 칼리프 제도 확립 → 술레이만 1세 때 전성기 이룩 • 통치: 관용 정책(지즈야만 내면 종교·언어·풍습 인정), 예니체리 육성 • 문화: 이슬람·페르시아·비잔티움·튀르크 문화가 융합하여 발달 • 동서 교류: 수도 이스탄불이 동서 무역의 중심지로 번영

(2) 무굴 제국의 성립과 발전

통치	아크바르 황제(관용 정책) → 아우랑제브 황제(최대 영토 차지, 이슬람 제일주의 정책)
경제	도시 번성, 상공업 발달, 인도양 무역 주도, 은의 유입으로 화폐 경제 발달
문화	인도·이슬람 문화 발전 → 시크교 등장, 우르두어 널리 사용, 인도·이슬람 양식 발전

04 신항로 개척과 유럽 지역 질서의 변화

(1) 신항로 개척

배경	동방에 대한 관심 증가, 새로운 교역로 필요, 과학 기술 발달(→ 먼 거리 항해 가능)
전개	포르투갈, 에스파냐 주도 → 바스쿠 다 가마, 콜럼버스, 마젤란의 항해로 개척
영향	• 유럽: 대서양 중심 무역 전개, 새로운 작물 전래, 가격 혁명·상업 혁명 발생 • 아메리카: 고대 문명 파괴, 원주민이 노동력을 착취당함, 전염병 확산, 인구수 급감 • 아프리카: 노예 무역 성행

(2) 절대 왕정

성립	16~18세기 중앙 집권적 통일 국가 등장, 국왕이 강력한 권한 행사	
기반	왕권신수설 제시, 관료제 운영, 상비군 육성, 중상주의 정책 추진	
전개	서유럽	• 에스파냐(펠리페 2세): 무적함대를 만들어 지중해 해상권 장악 • 영국(엘리자베스 1세): 무적함대 격파, 영국 국교회 확립 • 프랑스(루이 14세): 중상주의 정책 추진(콜베르 등용), 베르사유 궁전 축조
	동유럽	• 오스트리아(마리아 테레지아): 근대 산업 육성, 교육 제도의 개혁 추진 • 러시아(표트르 대제): 서구화 정책 추진, 발트해 진출, 상트페테르부르크 건설 • 프로이센(프리드리히 2세): 슐레지엔 지방 차지, 종교적 관용 정책 전개
문화	• 과학: 과학 혁명(만유인력의 법칙 발견 등) → 과학적 사고방식 확립에 기여 • 철학: 데카르트의 이성 강조, 로크가 인간과 사회의 계약 주장, 계몽사상 유행 • 건축: 바로크 양식(화려하고 웅장함), 로코코 양식(경쾌하고 사치스러움) 유행	

01 몽골 제국과 문화 교류

01 다음 정책의 영향으로 적절하지 <u>않은</u> 것은?

> 송 태조는 절도사 세력을 약화하고 문인 관료를 우대하는 문치주의를 실시하였다.

① 과거제를 개혁하였다.
② 군사력이 약화되었다.
③ 황제권이 강화되었다.
④ 문벌 귀족이 성장하였다.
⑤ 국가의 재정이 악화되었다.

02 밑줄 친 '나라'에 대한 설명으로 옳은 것은?

> 1115년 만주 지역에서는 아구다가 여진족을 통합하여 나라를 건국하였다.

① 발해를 멸망시켰다.
② 연운 16주를 차지하였다.
③ 송의 수도 카이펑을 함락하였다.
④ 천호제로 군사 기반을 강화하였다.
⑤ 중국식 군현제로 부족민을 통치하였다.

03 ㉠ 왕조의 경제 상황에 대한 설명으로 옳지 <u>않은</u> 것은?

> **역사 신문**
>
> **지폐 사용이 가능해진다**
>
> (㉠) 정부는 교자라는 지폐를 만들어 유통하기로 하였다. 최근 상거래가 많아지면서 발행된 교자는 세계 최초의 지폐이며, 이를 통해 (㉠)의 화폐 경제가 크게 발달할 것으로 기대된다.

① 창장강 하류 지역을 개간하였다.
② 비단길을 통한 무역이 활발하였다.
③ 재배 기간이 짧은 벼가 도입되었다.
④ 행, 작 등의 동업 조합이 만들어졌다.
⑤ 도자기, 비단 등 수공업이 발달하였다.

04 다음 글에 해당하는 학문에 대한 설명으로 옳은 것은?

> 주희가 집대성한 유학으로, 군신·부자 등 상하의 구별을 정당화하는 대의명분과 한족의 우월성을 강조하는 화이론을 중시하였다.

① 경전을 실증적으로 연구하였다.
② 지식과 실천의 일치를 강조하였다.
③ 경전의 글자나 문구 해석에 치중하였다.
④ 우주의 원리와 인간의 본성을 탐구하였다.
⑤ 성리학을 비판하며 명 중기에 등장하였다.

✚ 창의·융합
05 다음에서 묘사한 나라에 대한 설명으로 옳은 것은?

> 수도(베이징)로부터 각 지방으로 많은 도로가 나 있다. 각 도로에는 행선지의 이름을 따서 명칭이 붙어 있다. 주요 도로에는 약 40km 간격으로 역참이 있다. 여기에는 넓고 근사한 침대가 있어 칸의 사신이 숙박할 때 제공된다. …… 또한 각 역참에는 300~400마리의 말이 사신을 위해 준비되어 있다.
> – 마르코 폴로, 「동방견문록」

① 이슬람의 자연 과학이 전래되었다.
② 사대부가 지배층으로 등장하였다.
③ 장건의 활동으로 비단길을 개척하였다.
④ 마테오 리치가 곤여만국전도를 만들었다.
⑤ 공행을 통한 제한적인 무역을 허용하였다.

06 (가)~(다)를 일어난 순서대로 나열한 것은?

> (가) 테무친이 칭기즈 칸으로 추대되었다.
> (나) 몽골 제국이 금과 서하를 정복하였다.
> (다) 쿠빌라이 칸이 대도로 천도 후 국호를 원으로 변경하였다.

① (가) – (나) – (다)
② (가) – (다) – (나)
③ (나) – (가) – (다)
④ (나) – (다) – (가)
⑤ (다) – (나) – (가)

02 동아시아 지역 질서의 변화

07 지도에 표시된 항해가 명에 끼친 영향으로 옳은 것은?

① 국력이 약화되었다.
② 베이징을 차지하였다.
③ 지정은제를 실시하였다.
④ 여러 나라와 조공 관계를 맺었다.
⑤ 오늘날 중국 영토의 대부분을 확보하였다.

08 다음 시기에 있었던 사실로 옳지 <u>않은</u> 것은?

> 청은 17세기 후반 강희제부터 옹정제, 건륭제에 이르는 130여 년 동안 전성기를 누렸다.

① 군기처 설치
② 베이징 천도
③ 타이완 정복
④ 티베트와 신장 정복
⑤ 네르친스크 조약 체결

09 명·청대의 경제와 사회에 대한 탐구 활동으로 적절하지 <u>않은</u> 것은?

① 신사층의 특징을 분석한다.
② 서민들이 즐긴 문화를 알아본다.
③ 대상인 집단의 성장 과정을 조사한다.
④ 활판 인쇄술이 발명된 배경을 파악한다.
⑤ 감자, 담배 등 새로운 작물의 유입 경로를 찾아본다.

10 ㉠, ㉡ 들어갈 내용을 옳게 연결한 것은?

> 청은 18세기 중반 이후에는 (㉠)만을 개방하였고, 이곳에서 청 정부로부터 허가를 받은 (㉡)(이)라는 특허 상인만 외국 상인과 무역할 수 있었다.

	㉠	㉡		㉠	㉡
①	광저우	공행	②	광저우	시박사
③	쑤저우	공행	④	쑤저우	시박사
⑤	항저우	공행			

11 (가), (나), (다) 학문에 대한 설명으로 옳지 <u>않은</u> 것은?

> (가) 고증학   (나) 성리학   (다) 양명학

① (가)는 문헌을 실증적인 방법으로 연구하였다.
② (나)는 인간의 본성과 우주의 원리를 탐구하였다.
③ (다)는 올바른 지식과 행동의 일치를 강조하였다.
④ (다)는 이론과 형식에 치우친 (나)를 비판하였다.
⑤ (가) – (나) – (다)의 순서로 발달하였다.

12 ㉠ 막부에 대한 설명으로 옳은 것은?

> (㉠)은/는 집권 체제를 강화하기 위해 크리스트교를 금지하고 사무역을 통제하는 쇄국 정책을 실시하였다. 하지만 통신사와 왜관을 통해 조선과 교류하고 중국과 네덜란드 상인에게는 나가사키를 개방하여 무역을 허용하였다.

① 임진왜란을 일으켰다.
② 아시카가 다카우지가 세웠다.
③ 산킨코타이 제도를 실시하였다.
④ 일본 특유의 봉건제가 시작되었다.
⑤ 원의 침략을 막아낸 후 쇠퇴하였다.

03 서아시아와 북아프리카 지역 질서의 변화

13 밑줄 친 '이들'에 대한 설명으로 옳은 것을 〈보기〉에서 고른 것은?

> 중앙아시아의 유목 민족인 이들은 바그다드를 정복하고, 아바스 왕조의 칼리프로부터 술탄의 칭호를 얻어 이슬람 세계의 실질적인 지배자가 되었다.

〔 보기 〕
ㄱ. 비잔티움 제국과 대립하였다.
ㄴ. 몽골군의 침입으로 쇠퇴하였다.
ㄷ. 시아파 이슬람교를 국교로 삼았다.
ㄹ. 페르시아 제국의 부활을 내세웠다.

① ㄱ, ㄴ　　② ㄱ, ㄷ　　③ ㄴ, ㄷ
④ ㄴ, ㄹ　　⑤ ㄷ, ㄹ

14 교사의 질문에 대한 학생의 답변으로 가장 적절한 것은?

이곳은 아바스 1세의 명령에 따라 건설된 도시 이스파한이에요. 이 나라에 대해 말해 볼까요?

① 티마르 제도가 실시되었어요.
② 비잔티움 제국을 멸망시켰어요.
③ 오스만 제국의 바그다드를 점령하였어요.
④ 우수한 인재를 예니체리로 육성하였어요.
⑤ 티무르가 몽골 제국의 부활을 꾀하였어요.

15 ㉠ 국가에서 볼 수 있는 모습으로 적절하지 않은 것은?

이들은 (㉠)에서 술탄의 안전을 지키는 역할을 한 예니체리이다. (㉠)은/는 정복지의 크리스트교도 소년들을 이슬람교로 개종시킨 후 훈련과 교육을 받게 하여 예니체리로 충당하였다.

① 비잔티움 제국과 싸우는 군인
② 술탄 칼리프라고 불리는 지배자
③ 티마르에서 세금을 거두는 관료
④ 인간의 평등을 주장하는 시크교도
⑤ 지즈야를 내고 밀레트를 꾸린 사람들

16 아우랑제브 황제에 대한 설명으로 옳은 것은?

① 힌두교도에게 거두던 인두세를 없앴다.
② 이스파한을 수도로 삼고 상업을 발달시켰다.
③ 이슬람 제일주의를 내세워 힌두교를 탄압하였다.
④ 아시아, 아프리카, 유럽에 걸친 영토를 차지하였다.
⑤ 비잔티움 제국을 위협하여 크리스트교 세계와 마찰을 빚었다.

17 다음 건축물을 만든 나라의 문화에 대한 설명으로 옳지 않은 것은?

① 시크교가 발전하였다.
② 무굴 회화가 발달하였다.
③ 커피 문화를 유럽에 전하였다.
④ 페르시아어를 공용어로 하였다.
⑤ 인도·이슬람 문화가 발전하였다.

04 신항로 개척과 유럽 지역 질서의 변화

18 지도는 15~16세기의 신항로 개척을 나타낸 것이다. (가)~(라) 항로에 대한 설명으로 옳지 <u>않은</u> 것은?

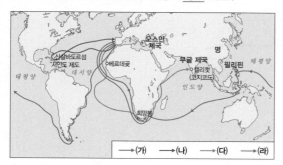

① (가) – 콜럼버스가 개척하였다.
② (나) – 최초로 서인도 제도에 도착하였다.
③ (다) – 희망봉을 거쳐 인도로 가는 항해로이다.
④ (라) – 최초의 세계 일주 항해로이다.
⑤ (가)~(라) – 포르투갈과 에스파냐가 후원하였다.

19 밑줄 친 '변화'에 해당하는 사실로 옳은 것을 〈보기〉에서 고른 것은?

> 신항로 개척 이후 유럽인들은 아메리카 대륙의 곳곳으로 몰려들었다. 이에 따라 아메리카는 많은 <u>변화</u>를 겪게 되었다.

{ 보기 }
ㄱ. 아프리카에 노예로 팔려 갔다.
ㄴ. 원주민 인구가 급격히 감소하였다.
ㄷ. 아스테카 제국과 잉카 제국이 세워졌다.
ㄹ. 대농장에서 사탕수수와 담배를 재배하였다.

① ㄱ, ㄴ   ② ㄱ, ㄷ   ③ ㄴ, ㄷ
④ ㄴ, ㄹ   ⑤ ㄷ, ㄹ

20 다음 학습 목표를 달성한 학생의 답변으로 적절하지 <u>않은</u> 것은?

> • 학습 목표: 16~18세기에 유럽에서 등장한 절대 왕정의 기반을 설명할 수 있다.

① 왕권신수설을 사상적 기반으로 삼았어요.
② 대외 무역에 대한 국가의 개입을 최소화하였어요.
③ 상공 시민 계층으로부터 재정적 지원을 받았어요.
④ 상비군을 통해 왕의 군사적 기반을 강화하였어요.
⑤ 관료제를 통해 국가 업무를 효율적으로 시행하였어요.

21 (가), (나)에서 설명하는 왕을 옳게 연결한 것은?

> (가) 계몽사상의 영향을 받아 '국가 제일의 심부름꾼'을 자처하였다.
> (나) 스스로를 '태양왕'이라 칭하였으며, 베르사유 궁전을 완성하였다.

	(가)	(나)
①	루이 14세	펠리페 2세
②	펠리페 2세	표트르 대제
③	표트르 대제	엘리자베스 1세
④	엘리자베스 1세	프리드리히 2세
⑤	프리드리히 2세	루이 14세

22 다음에서 설명하는 사상의 영향을 받은 사건으로 옳은 것은?

> 인간의 이성을 바탕으로 낡은 관습과 미신을 타파함으로써 사회가 진보할 수 있다고 믿는 사상이다.

① 르네상스   ② 미국 혁명
③ 종교 개혁   ④ 신항로 개척
⑤ 절대 왕정의 성립

IV

제국주의 침략과
국민 국가 건설 운동

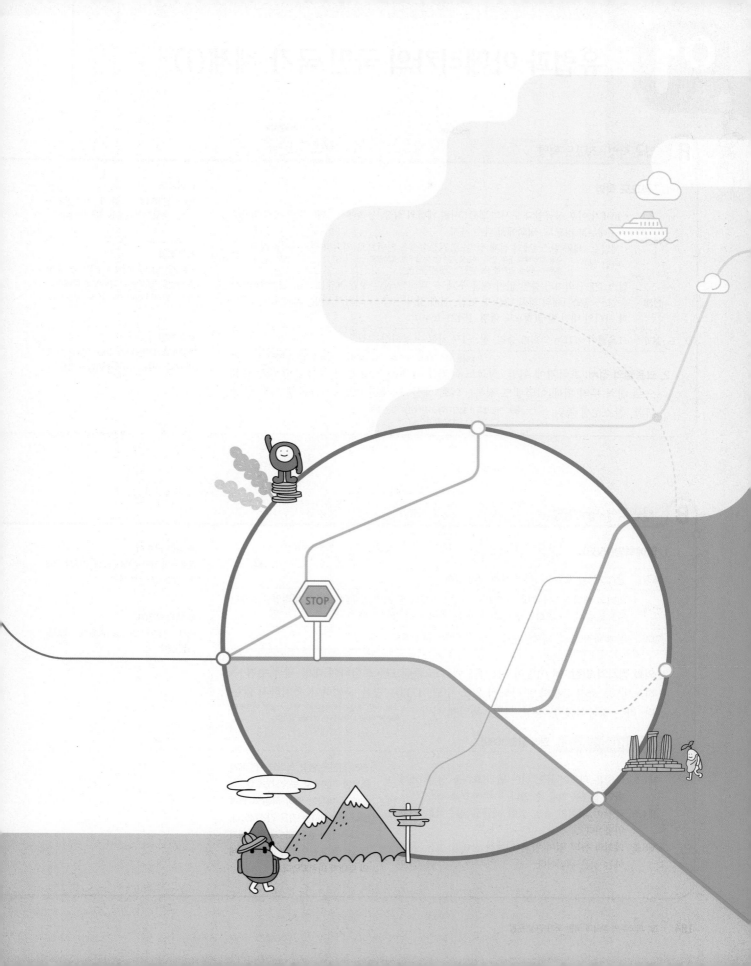

01 유럽과 아메리카의 국민 국가 체제(1)

A 영국 혁명 - 청교도 혁명

1. ⁺청교도 혁명

배경	• 16세기 이후 상공업과 도시의 발달: 시민 계급의 성장, 농촌에서 ⁺젠트리의 세력 확대 → 대부분 청교도, 의회에서 다수 차지 • 제임스 1세와 찰스 1세의 전제 정치: 왕권신수설을 기반으로 의회의 권리 무시, 청교도 탄압 등 _{국왕이 의회의 동의 없이 세금을 징수할 수 없으며, 불법적인 체포나 구금을 금지한다는 내용의 인권 선언이야.}
전개	찰스 1세가 의회의 승인 없이 세금 부과 → 의회의 권리 청원 제출(1628), 찰스 1세의 승인 → 찰스 1세의 의회 해산 및 탄압, 전제 정치 지속 → 의회의 반발, 의회파와 왕당파 사이의 내전 발생(청교도 혁명, 1642~1649)
결과	크롬웰이 이끄는 의회파 승리, 찰스 1세 처형 → 공화정 수립

2. 크롬웰의 정치:
크롬웰은 음주, 도박을 금지하는 등의 엄격한 청교도 윤리를 국민에게 강요하였어.

호국경에 취임, 청교도 윤리를 앞세운 독재 정치 실시, ⁺항해법 제정으로 대외 무역 확대(아일랜드 정복), 의회 해산 → 국민 반발 → 크롬웰 사후 왕정 부활, 찰스 2세 즉위 _{Why? 아일랜드가 왕당파의 거점이었기 때문이야.}

⁺청교도
영국의 칼뱅파 신교도를 가리키는 말이다. 그들은 금욕적인 생활을 중시하였다.

⁺젠트리
귀족과 자영농 사이의 지주층으로, 모직물 산업을 배경으로 경제력을 확대하여 17세기 의회의 다수 의석을 차지하였다.

⁺항해법
영국과 교역하는 나라에서는 영국과 영국 식민지의 배를 이용해야 한다는 법률

B 영국 혁명 - 명예혁명

1. 명예혁명(1688)
_{피를 흘리지 않고 정치 형태를 교체했기 때문에 명예혁명이라고 불러.} _{꼭 미국의 독립 선언문과 프랑스의 인권 선언에 영향을 주었어.}

배경	찰스 2세와 제임스 2세의 전제 정치 강화
전개	의회의 제임스 2세 추방 → 의회가 제임스 2세의 딸 메리 공주와 남편인 윌리엄을 공동 왕으로 추대 → 의회의 권리 장전 제출, 왕이 권리 장전 승인
결과	절대 왕정 붕괴, 의회를 중심으로 한 ⁺입헌 군주제의 토대 마련

2. 의회 정치의 발전:
앤 여왕이 잉글랜드와 스코틀랜드를 통합하여 대영 제국 수립 → 하노버 공 조지 1세 즉위(하노버 왕조 수립, 1714), '왕은 군림하나 통치하지 않는다.'라는 영국식 전통 형성, ⁺내각 책임제 시작 _{조지 1세는 독일에서 성장하여 영국 사정에 어두웠기 때문에 의회에 대부분의 정치를 맡겼어.}

⁺입헌 군주제
군주가 있지만 헌법에 의해 군주의 권력이 제한되는 정치 체제

⁺내각 책임제
의회가 다수의 내각을 구성하여 정치를 하는 형태

📖 자료로 이해하기   권리 장전(1689)

제1조 국왕은 의회의 동의 없이 법의 효력을 정지하거나 법의 집행을 막을 수 없다. ─ 의회의 입법권 확인

제4조 국왕이 의회의 승인 없이 세금을 징수하는 것은 위법이다.

제6조 의회의 동의 없이 왕국 내에서 군대를 징집, 유지하는 것은 위법이다.

권리 장전은 영국 의회와 시민에게 중요한 기본권을 보장하였으며, 의회에서 제정한 법이 국왕의 권력보다 우선한다는 것을 강조하였다. 권리 장전이 승인되면서 영국에서는 의회를 중심으로 한 입헌 군주제의 토대가 마련되었다.

무엇을 배울까?

- 영국 혁명의 배경과 전개
- 미국 혁명의 전개와 결과
- 프랑스 혁명의 전개
- 나폴레옹 시대의 의미

1 다음 설명이 맞으면 ○표, 틀리면 ×표를 하시오.

(1) 크롬웰은 찰스 1세를 처형하고 입헌 군주제를 수립하였다.　　　　(　　)

(2) 16세기 이후 영국의 시민 계급과 젠트리는 의회에서 다수를 차지하였다. (　　)

2 다음 빈칸에 들어갈 내용을 쓰시오.

(1) 크롬웰은 영국과 교역하는 나라에서는 영국이나 영국 식민지의 배를 이용해야 한다는 (　　　　)을 제정하였다.

(2) 찰스 1세가 의회의 승인 없이 세금을 부과하자 의회는 국왕이 의회의 동의 없이 세금을 징수할 수 없다는 내용을 담은 (　　　　)을 제출하였다.

• 청교도 혁명

제임스 1세와 찰스 1세의 전제 정치
↓
의회의 권리 청원 제출
↓
찰스 1세의 의회 해산
↓
의회파와 왕당파의 내전
↓
의회파의 승리, 공화정 수립

1 다음 괄호 안의 내용 중 알맞은 말에 ○표를 하시오.

(1) (권리 장전, 권리 청원)은 미국의 독립 선언문과 프랑스의 인권 선언에 영향을 끼쳤다.

(2) 영국에서는 명예혁명의 결과 의회를 중심으로 한 (공화제, 입헌 군주제)의 토대가 마련되었다.

• 명예혁명

배경	찰스 2세와 제임스 2세의 전제 정치 강화
전개	의회가 메리와 윌리엄을 공동 왕으로 추대, 권리 장전 승인
결과	입헌 군주제 수립

2 영국에서 조지 1세가 즉위하면서 의회의 다수당이 내각을 구성하여 정치를 하는 (　　　　)가 시작되었다.

3 다음 인물과 그에 대한 설명을 옳게 연결하시오.

(1) 앤 여왕　　•

(2) 제임스 2세　•

• ㉠ 전제 정치를 실시하여 의회와 대립하였다.

• ㉡ 스코틀랜드를 통합하여 대영 제국을 수립하였다.

C 미국 혁명

1. 미국 혁명의 배경

(1) 영국인의 북아메리카 이주: 17세기부터 영국인이 정치적·종교적·경제적 이유로 이주
[종교적으로 박해를 받은 청교도들이 북아메리카로 많이 이주해 왔어.]
→ 북아메리카 동부에 13개의 식민지 건설 → 의회를 구성하여 자치를 누림

(2) 영국의 식민지 정책 변화: 프랑스와의 7년 전쟁으로 재정 악화 → 중상주의 정책 실시,
식민지에 인지세를 비롯한 각종 세금 부과
[영국이 재정을 확보하기 위해 공문서, 신문, 광고지 등 각종 인쇄물에 부과한 세금이야.]

2. ⁺미국 혁명의 전개

(1) 독립 전쟁의 발단: 식민지의 납세 거부 → ⁺보스턴 차 사건 발발(1773) → 영국의 강경
['대표 없는 곳에 과세할 수 없다.'라며 반발하였어.]
대응(보스턴 항구 봉쇄 등) → 식민지 대표들이 ⁺대륙 회의를 열어 영국에 항의

(2) 독립 전쟁의 전개: 식민지 민병대와 영국군 충돌(렉싱턴 전투, 1775) → 조지 워싱턴
을 총사령관으로 임명 → 식민지 대표의 독립 선언문 발표 → 초기 식민지 군대의
열세 → 조지 워싱턴의 활약, 프랑스 등의 지원 → 식민지군의 요크타운 전투 승리
[제2차 대륙 회의 당시 발표되었어.]
(1781), 영국과 파리 조약 체결(13개 식민지의 독립 인정, 1783)
[영국과 경쟁하던 프랑스, 에스파냐 등의 국가가 식민지군을 지원하였어.]

3. 아메리카 합중국(미국)의 탄생

(1) 헌법 제정: ⁺연방제, 국민 주권의 원리, 삼권 분립의 원칙 규정 → 조지 워싱턴을 초대
대통령으로 선출
[국가 권력을 입법, 사법, 행정권으로 나누는 제도야.]

(2) 미국 혁명의 의의: 세계 최초의 민주 공화국 수립, 프랑스 혁명과 라틴 아메리카의
독립운동에 영향을 줌

📖 자료로 이해하기 미국의 독립 선언문(1776)

모든 인간은 평등하게 태어났고, 창조주는 양도할 수 없는 일정한 권리를 인간에게 부여하였으며, 거기에는 생명권과 자유권 및 행복 추구권이 포함되어 있다. 이러한 권리를 보장하기 위해 인간은 정부를 만들었으며, …… 언제든지 새로운 정부를 수립할 수 있는 권리가 국민에게 있다.

미국의 독립 선언문에는 인간의 기본권(생명·자유·행복 추구권)과 국민 주권, 천부 인권, 저항권 등 근대 민주주의의 기본 원리가 담겨 있다. 식민지인들은 민주주의 원칙이 보장받는 사회를 이루고자 하였다.

⁺ 미국 혁명의 전개

⁺ 보스턴 차 사건(1773)

인디언으로 변장한 식민지 주민들이 영국 동인도 회사의 배에 침입하여 실려 있던 차를 바다에 던져 버린 사건

⁺ 대륙 회의

보스턴 차 사건 이후 영국의 강경 정책에 대한 대책을 논의하기 위해 식민지 13개 주의 대표들이 개최한 회의

⁺ 연방제

연방 정부와 주 정부 사이의 권력을 나누는 제도이다. 각 주의 독립성을 보장하여 자치권을 인정하였다.

D 미국의 발전

1. 미국의 성장과 남북 전쟁

(1) 독립 이후 미국의 상황: 서부 개척 등으로 태평양 연안까지 영토 확대 → 거대한 영토,
자원, 인구, 시장을 바탕으로 경제 성장

(2) 남북 전쟁(1861~1865): ⁺남부와 북부의 경제 구조 차이로 인한 대립 심화 → 노예제
확대에 반대한 링컨의 대통령 당선 → 남부의 여러 주가 연방 탈퇴, 남북 전쟁 발발
(1861) → 북부의 노예 해방 선언으로 여론이 북부 지지 → 북부 승리

2. 남북 전쟁 이후 미국의 성장: 국민적 단합 강화, 대륙 횡단 철도 개통(1869), 이민의
증가로 풍부한 노동력을 갖춤 → 19세기 말 세계 최대 공업국으로 성장

⁺ 미국 남부와 북부의 경제 구조 차이

남부는 노예를 이용하여 목화를 재배하는 대농장 경영이 발달하여 노예제에 찬성하고 자유 무역을 주장하였다. 반면 북부는 임금 노동자를 바탕으로 한 공업이 발달하여 노예제 폐지와 보호 무역을 주장하였다.

[🔖 전쟁 초기에는 남부가 우세하였지만 경제력과 군사력에서 앞선 북부가 점차 승기를 잡았어.]

1 다음 설명이 맞으면 ○표, 틀리면 ×표를 하시오.

(1) 미국 혁명은 프랑스 혁명의 영향을 받아 일어났다. ( )

(2) 미국 혁명 당시 식민지 대표들은 대륙 회의를 열어 영국에 항의하였다. ( )

(3) 영국이 인지세를 비롯한 각종 세금을 부과하자 이에 반발한 식민지인들이 보스턴 차 사건을 일으켰다. ( )

2 독립 전쟁에서 승리한 북아메리카 13개 식민지는 1783년 영국과 체결한 ( ) 으로 독립을 인정받았다.

3 미국 독립 선언문에 담겨 있는 정신만을 〈보기〉에서 있는 대로 골라 기호를 쓰시오.

{ 보기 }

ㄱ. 저항권   ㄴ. 국민 주권   ㄷ. 삼권 분립   ㄹ. 왕권신수설

4 다음 빈칸에 들어갈 내용을 쓰시오.

(1) ( )은 독립 전쟁 당시 총사령관에 임명되었으며, 미국의 초대 대통령으로 당선되었다.

(2) 미국 혁명의 결과 제정된 헌법은 주권이 국민에게 있음을 밝히고 국가의 권력을 입법, 사법, 행정권으로 분리하는 ( )의 원칙을 규정하였다.

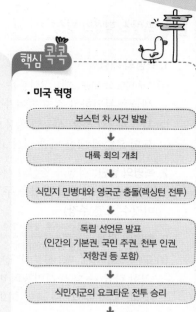

핵심 콕콕

• 미국 혁명

보스턴 차 사건 발발

↓

대륙 회의 개최

↓

식민지 민병대와 영국군 충돌(렉싱턴 전투)

↓

독립 선언문 발표
(인간의 기본권, 국민 주권, 천부 인권, 저항권 등 포함)

↓

식민지군의 요크타운 전투 승리

↓

영국과 파리 조약 체결, 독립 승인

1 독립 이후 미국의 산업 구조를 옳게 연결하시오.

(1) 남부 •   • ㉠ 노예를 이용한 대농장 경영

(2) 북부 •   • ㉡ 임금 노동자를 바탕으로 한 공업 발달

2 다음 설명이 맞으면 ○표, 틀리면 ×표를 하시오.

(1) 미국 남북 전쟁은 경제력과 군사력에서 앞선 남부의 승리로 끝이 났다. ( )

(2) 독립 이후 미국은 거대한 영토, 자원 등을 바탕으로 경제 성장을 이루었다. ( )

핵심 콕콕

• 남북 전쟁

배경	남부와 북부의 경제 구조 차이로 인한 대립 심화
전개	노예제 확대에 반대한 링컨의 대통령 당선 → 남부의 여러 주가 연방 탈퇴, 남북 전쟁 발발 → 북부의 노예 해방 선언으로 여론이 북부 지지 → 북부 승리

E 프랑스 혁명의 발생

1. 혁명의 배경

(1) ⁺구제도의 모순: 제1, 2신분은 정치적·경제적 특권을 누리는 반면 제3 신분은 각종 세금을 부담하고 정치 참여가 제한됨

(2) 시민 계급의 성장: 상공업 활동으로 부 축적, 계몽사상과 미국 혁명의 영향으로 구제도의 모순에 대한 비판 의식 고조
└ Q&? 기존의 지배 질서에 맞서 저항하는 모습을 보였기 때문이야.

2. 혁명의 발단: 전쟁과 왕실의 사치로 국가 재정 악화 → 루이 16세의 ⁺삼부회(전국 신분회) 소집 → 표결 방식을 두고 대립(제1, 2 신분은 신분별 표결 주장, 제3 신분은 머릿수 표결 주장)

3. 혁명의 전개
Q&? 바스티유 감옥이 전제 정치의 상징이었기 때문에 파리 시민들은 이곳을 먼저 습격하였어.

제3 신분은 새로운 헌법이 제정될 때까지 해산하지 않겠다고 선언하였어.

(1) 국민 의회 시기: 제3 신분이 국민 의회 결성, 테니스코트의 서약 발표 → 국왕의 국민 의회 탄압 → 파리 시민들의 바스티유 감옥 습격 → 혁명의 확산, 농민의 참여(귀족 공격, 토지 수탈) → 국민 의회의 봉건제 폐지 선언, '인간과 시민의 권리선언(인권 선언)' 발표(1789) → 헌법 제정(입헌 군주제, 재산에 따른 제한 선거 규정)

(2) 입법 의회 시기: 새로운 헌법에 따라 입법 의회 구성 → 오스트리아, 프로이센 등이 프랑스를 위협하자 전쟁 선포 → 혁명전쟁 시작 → 물가 상승과 식량 부족으로 파리 민중의 왕궁 습격 → 왕권 정지, 입법 의회 해산, 국민 공회 수립(1792)
└ 오스트리아, 프로이센 등은 혁명이 자신들의 국가에 영향을 끼칠 것을 우려하여 프랑스 문제에 개입하려 하였어.

📖✍ **자료로 이해하기** **인간과 시민의 권리선언(인권 선언)**

제1조 인간은 자유롭게 그리고 평등한 권리를 가지고 태어났다.
제2조 자유, 재산, 안전, 그리고 압제에 대한 저항권은 인간이 가진 불가침의 권리이다.
제3조 모든 주권의 원천은 국민에게 있다.

1789년 국민 의회가 발표한 '인간과 시민의 권리선언'은 계몽사상에 입각하여 자유, 평등, 저항권, 국민 주권 등 프랑스 혁명의 이념을 천명하였다. 그리하여 이 선언은 '구제도의 사망 증명서'라고도 불린다.

+ 구제도

제1 신분 (성직자)
제2 신분 (귀족)
특권층 (전 인구의 약 2%)

제3 신분 (평민)
대다수 국민 (전 인구의 약 98%)

불평등한 신분제가 유지되던 혁명 이전의 프랑스 사회 체제를 구제도라고 한다. 제1, 2 신분인 성직자와 귀족은 전체 인구의 2%에 불과하였지만 많은 토지를 소유하였으며, 면세의 특권을 누렸다. 반면 제3 신분인 평민은 각종 세금에 시달리면서도 정치적 권리는 거의 없었다.

+ 삼부회
삼부회는 성직자, 귀족, 평민 세 신분의 대표가 모여 중요한 문제를 논의하던 프랑스의 신분제 의회이다. 삼부회는 신분별로 표결하였다.

F 프랑스 혁명의 과격화

1. 국민 공회 시기
오스트리아로 도망가려다가 혁명군에 적발되어 반역죄로 처형되었어.

(1) 활동: 공화정 선포, 루이 16세 처형, 공화제와 보통 선거 등을 규정한 헌법 제정

(2) ⁺로베스피에르의 정치

개혁 정치	봉건적 제도 폐지, 귀족의 토지와 국유지를 몰수하여 분배하는 등 급진적 개혁 단행
공포 정치	공안 위원회, 혁명 재판소 설치 → 혁명 반대 세력 처형

2. 총재 정부의 수립: 공포 정치에 대한 국민의 불만 고조 → 온건파가 로베스피에르 처형 → 총재 정부 수립 → 나폴레옹의 쿠데타로 총재 정부 붕괴(1799), 프랑스 혁명 종결
└ 5명의 총재가 행정과 외교를 담당하였지만 권력이 분산되고 국내외의 혼란이 지속되었어.

+ 로베스피에르
국민 공회의 지도자였던 로베스피에르는 공안 위원회와 혁명 재판소 설치 등의 공포 정치를 통해 반혁명 세력을 처형하려 하였다. 그러나 공포 정치에 대한 사람들의 불만이 커져 로베스피에르는 온건파에 의해 처형되었다.

1 다음 설명이 맞으면 ○표, 틀리면 ×표를 하시오.

(1) 국민 의회는 입헌 군주제를 규정한 헌법을 제정하였다. ( )

(2) 프랑스 혁명은 성직자와 귀족 사이의 권력 다툼으로 일어났다. ( )

(3) 프랑스의 제3 신분 중에서 상공업 활동으로 부를 축적한 시민 계급은 계몽사상과 미국 혁명의 영향을 받아 구제도의 모순을 비판하였다. ( )

2 ㉠에 들어갈 내용을 쓰시오.

> 1789년 국민 의회가 발표한 (㉠   )은 계몽사상에 입각하여 자유, 평등, 저항권, 국민 주권 등 프랑스 혁명의 이념을 천명하였다.

3 ㈎~㈑를 프랑스 혁명이 일어난 순서대로 나열하시오.

> ㈎ 파리 민중들이 바스티유 감옥을 습격하였다.
> ㈏ 재정 위기 해소를 위해 루이 16세가 삼부회를 소집하였다.
> ㈐ 시민들은 국민 의회를 구성하고 테니스코트의 서약을 발표하였다.
> ㈑ 입법 의회가 오스트리아에 선전 포고하면서 혁명전쟁이 시작되었다.

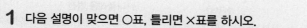

• 국민 의회와 입법 의회

국민 의회
봉건제 폐지 선언, '인간과 시민의 권리선언(인권 선언)' 발표(1789) → 헌법 제정(입헌 군주제, 재산에 따른 제한 선거 규정)

↓

입법 의회
오스트리아·프로이센과 혁명전쟁 시작 → 파리 민중의 왕궁 습격 → 왕권 정지, 국민 공회 수립

---

1 다음 괄호 안의 내용 중 알맞은 말에 ○표를 하시오.

(1) 국민 공회는 (공화제, 입헌 군주제)와 보통 선거 등을 규정한 헌법을 제정하였다.

(2) 총재 정부 시기에 국내외의 혼란이 계속되자 (나폴레옹, 루이 16세)은/는 쿠데타를 일으켜 총재 정부를 무너뜨리고 정권을 장악하였다.

2 (   )는 공안 위원회와 혁명 재판소를 통해 혁명에 반대하는 사람들을 처형하는 공포 정치를 시행하였다.

• 국민 공회와 총재 정부

국민 공회
공화정 선포, 루이 16세 처형 → 로베스피에르의 정치(봉건적 제도 폐지, 공안 위원회와 혁명 재판소 설치 등)

↓

총재 정부
5인의 총재가 주도, 국내외 혼란 지속 → 나폴레옹의 쿠데타로 붕괴

6 나폴레옹의 집권

1. 통령 정부

(1) 수립 과정: 나폴레옹이 쿠데타로 총재 정부를 무너뜨리고 통령 정부 수립, 제1 통령에 취임

└─ 영국을 중심으로 한 유럽 국가들이 나폴레옹의 대륙 지배에 대항하기 위해 체결한 군사 동맹이야.

(2) 대외 정책: 대프랑스 동맹 격파

(3) 내정 개혁: 중앙 집권적 행정 제도 마련

① 재정 안정: 프랑스 국립 은행 설립, 산업 보호 정책 실시

② 교육 제도 정비: 국민 교육 제도 도입

③ 법전 편찬: 『⁺나폴레옹 법전』편찬 → 새로운 시민 사회의 규범 제시

└─ 꼭! 능력 위주로 관리를 선발하였어.

2. 제1 제정

└─ 나폴레옹은 내정 개혁으로 국민의 지지를 얻을 수 있었어.

(1) 수립: 국민 투표로 나폴레옹이 황제에 즉위(1804)

(2) 활동: 트라팔가르 해전(1805)에서 영국군에 패배, 육지에서 오스트리아·프로이센·러시아 등을 격파하여 유럽 대부분을 장악

⁺ 나폴레옹 법전

1804년에 편찬된 법전으로 개인의 자유와 사유 재산권의 보호, 법 앞에서의 평등과 같은 혁명 정신이 반영되었다. 독일을 비롯한 각국의 근대 법전 편찬에 영향을 주었다.

H 나폴레옹 전쟁의 전개와 영향

1. 나폴레옹 전쟁의 전개

Q! 왜? 러시아가 대륙 봉쇄령을 어기고 영국과 교역을 계속하자 러시아 원정에 나섰어.

┌─────────┐   ┌─────────┐   ┌─────────┐   ┌─────────┐   ┌─────────┐
│ ⁺대륙   │ → │ 러시아   │ → │ 러시아   │ → │ 나폴레옹 │ → │ 워털루   │
│ 봉쇄령   │   │ 원정   │   │ 원정   │   │ 의   │   │ 전투   │
│ 선포   │   │ 단행   │   │ 실패,   │   │ 엘바섬   │   │ 패배,   │
│   │   │ (1812)   │   │ 대프   │   │ 유배,   │   │ 나폴레옹 │
│   │   │   │   │ 랑스   │   │ 탈출 후 │   │ 몰락   │
│   │   │   │   │ 동맹에   │   │ 황제   │   │   │
│   │   │   │   │ 패배   │   │ 복위   │   │   │
└─────────┘   └─────────┘   └─────────┘   └─────────┘   └─────────┘

└─ 나폴레옹 군대는 러시아의 후퇴 전술과 기습 작전, 혹독한 추위와 굶주림으로 퇴각하였어.

2. 나폴레옹 전쟁의 영향

(1) 혁명 이념의 전파: 전쟁 과정에서 프랑스 혁명의 이념인 ⁺자유주의 이념 확산

(2) 민족주의의 확산: 나폴레옹의 침략에 대항하는 과정에서 유럽 각국의 민족주의 자극

└─ 독일, 이탈리아 등지에서는 민족주의가 확산되면서 통일 운동이 전개되었어.

⁺ 대륙 봉쇄령(1806)

유럽 대륙 어느 나라도 영국과 교역할 수 없도록 항구를 봉쇄한다는 법령이다. 영국과 대륙 간의 통상 및 통신 금지, 영국 선박의 대륙 항구 출입 금지 등을 규정하였다.

⁺ 자유주의

19세기 자유주의자들이 주장한 자유는 주로 압제로부터의 자유였으며, 이 사상은 시민 혁명을 통해 강화되었다.

📑 자료로 이해하기 **나폴레옹 시대의 전개**

↑ 나폴레옹 시기의 프랑스

↑ 나폴레옹의 황제 대관식 모습

나폴레옹은 황제에 즉위하여 오스트리아, 프로이센, 러시아를 격파하고 신성 로마 제국을 해체시키며 대륙의 패권을 장악하였다. 그러나 나폴레옹의 러시아 원정이 실패하면서 대프랑스 동맹군은 프랑스를 공격하였고, 결국 나폴레옹은 몰락하였다.

1 다음 설명이 맞으면 ○표, 틀리면 ✕표를 하시오.

(1) 나폴레옹은 국민 투표를 통해 제1 통령에 취임하였다. ( )

(2) 프랑스는 트라팔가르 해전에서 영국군에게 패배하였다. ( )

(3) 나폴레옹은 오스트리아, 프로이센을 격파하고 유럽 대부분을 장악하였다. ( )

2 나폴레옹이 실시한 정책만을 〈보기〉에서 있는 대로 골라 기호를 쓰시오.

〔 보기 〕
ㄱ. 항해법 제정
ㄴ. 프랑스 은행 설립
ㄷ. 독립 선언문 발표
ㄹ. 나폴레옹 법전 편찬
ㅁ. 국민 교육 제도 도입
ㅂ. 공안 위원회와 혁명 재판소 설치

핵심 콕콕

• 나폴레옹의 집권

통령 정부
나폴레옹이 쿠데타를 일으켜 통령 정부 수립, 제1 통령으로 취임 → 프랑스 국립 은행 설립, 국민 교육 제도 도입, 「나폴레옹 법전」 편찬, 대프랑스 동맹 격파

↓

제1 제정
나폴레옹이 1804년 국민 투표로 황제에 즉위 → 유럽 대부분 지역 정복

1 (가)~(라)를 나폴레옹 전쟁이 전개된 순서대로 나열하시오.

(가) 엘바섬에 유배되었다.

(나) 대프랑스 동맹에 패배하였다.

(다) 영국을 경제적으로 고립하기 위해 대륙 봉쇄령을 선포하였다.

(라) 러시아의 후퇴 전술, 추위와 굶주림 등으로 인해 러시아 원정에 실패하였다.

2 지도를 보고 물음에 답하시오.

(1) (가)에 들어갈 황제의 이름을 쓰시오.

(2) (1) 황제의 전쟁 과정에서 확산된 프랑스 혁명의 이념을 쓰시오.

핵심 콕콕

• 나폴레옹 전쟁의 전개와 영향

전개	대륙 봉쇄령 선포 → 러시아 원정 단행 → 러시아 원정 실패, 대프랑스 동맹에 패배 → 엘바섬 유배, 탈출 후 황제 복위 → 워털루 전투 패배, 나폴레옹 몰락
영향	프랑스 혁명의 이념인 자유주의와 민족의 단결을 주장하는 민족주의가 확산됨

01 ㉠ 문서에 대한 설명으로 옳은 것은?

17세기 영국에서는 도시가 발달하여 시민 계급이 성장하였고, 농촌에서는 젠트리의 세력이 강해졌다. 이러한 상황에서 제임스 1세와 찰스 1세는 청교도를 탄압하고 의회의 권리를 무시하는 등 전제 정치를 실시하였다. 이에 의회는 찰스 1세에게 (㉠)을/를 제출하였다.

① 입헌 군주제의 토대를 마련하였다.
② 프랑스의 인권 선언에 영향을 주었다.
③ 영국 의회와 시민의 기본권을 보장하였다.
④ 자유, 평등, 국민 주권의 이념이 반영되었다.
⑤ 의회의 동의 없이 세금을 징수할 수 없다는 내용을 담았다.

02 밑줄 친 '이 인물'에 대한 설명으로 옳은 것은?

이 인물은 1642년 영국에서 일어난 내전에서 의회파를 지휘하였어.

맞아, 그뿐만 아니라 항해법을 제정하여 대외 무역을 확대하였지.

① 대륙 봉쇄령을 내렸다.
② 루이 16세를 처형하였다.
③ 러시아 원정을 감행하였다.
④ 청교도 윤리에 입각한 독재 정치를 실시하였다.
⑤ 스코틀랜드를 합병하여 대영 제국을 수립하였다.

03 밑줄 친 '혁명'에 대한 설명으로 옳은 것은?

• 그림 설명: 이 그림은 <u>혁명</u> 이후 재판을 통해 찰스 1세가 사형을 선고받고 처형되는 모습을 나타낸 것이다. 찰스 1세는 국가와 국민에 대한 반역죄로 처벌받았다.

① 영국이 보스턴 항구를 봉쇄하였다.
② 식민지 민병대와 영국군이 충돌하였다.
③ 로베스피에르가 공포 정치를 실시하였다.
④ 의회파와 왕당파 사이에 내전이 발생하였다.
⑤ 삼부회에서 표결 방식을 두고 갈등이 일어나면서 시작되었다.

04 ☆ 시험에 잘 나와! 다음 문서에 대한 설명으로 옳은 것을 〈보기〉에서 고른 것은?

제1조 국왕은 의회의 동의 없이 법의 효력을 정지하거나 법의 집행을 막을 수 없다.
제4조 국왕이 의회의 승인 없이 세금을 징수하는 것은 위법이다.
제6조 의회의 동의 없이 왕국 내에서 군대를 징집, 유지하는 것은 위법이다.

─ 보기 ─
ㄱ. 연방제와 삼권 분립을 규정하였다.
ㄴ. 미국의 독립 선언문에 영향을 주었다.
ㄷ. 공동 왕인 메리와 윌리엄이 승인하였다.
ㄹ. 아메리카의 식민지 대표들이 발표하였다.

① ㄱ, ㄴ ② ㄱ, ㄷ ③ ㄴ, ㄷ
④ ㄴ, ㄹ ⑤ ㄷ, ㄹ

05 (가) 시기에 영국에서 있었던 사실로 옳지 <u>않은</u> 것은?

1642		1714
	(가)	
▲		▲
청교도 혁명 발발		하노버 왕조 수립

① 권리 장전이 승인되었다.
② 대영 제국이 수립되었다.
③ 크롬웰이 공화정을 수립하였다.
④ 의회가 제임스 2세를 폐위하였다.
⑤ 제임스 1세가 청교도를 탄압하였다.

06 (가)에 들어갈 내용으로 가장 적절한 것은?

① 구제도의 모순에 반발하며 일어난 혁명은?
② 피를 흘리지 않고 정치 형태를 바꾼 혁명은?
③ 자유, 평등, 저항권을 기본 이념으로 한 혁명은?
④ 크롬웰을 중심으로 한 의회파가 주도한 혁명은?
⑤ 북아메리카 식민지인들이 영국에 대항하여 일으킨 혁명은?

07 다음 사건 이후에 나타난 상황으로 옳은 것은?

앤 여왕 때 잉글랜드 의회와 스코틀랜드 의회가 합병 조약을 승인함으로써 대영 제국이 수립되었다.

① 메리와 윌리엄이 권리 장전을 승인하였다.
② 의회가 찰스 1세에게 권리 청원을 제출하였다.
③ 크롬웰이 왕당파의 거점인 아일랜드를 정복하였다.
④ 독일의 하노버 공 조지 1세가 국왕으로 즉위하였다.
⑤ 엘리자베스 1세가 에스파냐의 무적함대를 격파하였다.

08 미국 혁명이 일어난 배경으로 옳은 것을 〈보기〉에서 고른 것은?

┌ 보기 ┐
ㄱ. 링컨이 대통령에 당선되었다.
ㄴ. 젠트리와 시민 계급이 성장하였다.
ㄷ. 영국이 중상주의 정책을 강화하였다.
ㄹ. 식민지인들이 인지세를 비롯한 각종 세금 부과에 저항하였다.

① ㄱ, ㄴ   ② ㄱ, ㄷ   ③ ㄴ, ㄷ
④ ㄴ, ㄹ   ⑤ ㄷ, ㄹ

09 다음 사건이 배경이 되어 일어난 상황으로 가장 적절한 것은?

1773년 인디언으로 변장한 식민지 주민들이 보스턴 항구에 정박 중이던 영국 동인도 회사의 배를 습격한 뒤 차 상자를 바다에 던졌다.

① 국왕이 국민 의회를 탄압하였다.
② 의회가 제임스 2세를 추방하였다.
③ 미국에서 독립 전쟁이 시작되었다.
④ 루이 16세가 삼부회를 소집하였다.
⑤ 찰스 1세가 전제 정치를 전개하였다.

☆ 시험에 잘 나와!
10 (가), (나) 시기 사이에 미국에서 있었던 사실로 옳은 것은?

(가) 식민지 민병대와 영국군이 렉싱턴에서 전투를 벌였다.
(나) 북아메리카의 식민지 군과 영국이 파리 조약을 체결하여 13개 식민지의 독립이 인정되었다.

① 대륙 횡단 철도가 개통되었다.
② 제임스 1세가 청교도를 탄압하였다.
③ 식민지 대표들이 독립 선언문을 발표하였다.
④ 미국의 북부와 남부 사이에 내전이 일어났다.
⑤ 조지 워싱턴이 미국의 초대 대통령으로 선출되었다.

11 다음 선언에 대한 설명으로 옳지 <u>않은</u> 것은?

> 모든 인간은 평등하게 태어났고, 창조주는 양도할 수 없는 권리를 인간에게 부여하였으며, 거기에는 생명권과 자유권 및 행복 추구권이 포함되어 있다. 이러한 권리를 보장하기 위해 인간은 정부를 만들었으며, 정부의 정당한 권력은 통치를 받는 사람들의 동의로부터 나온다. 어떤 정부라도 이 목적을 훼손하는 경우에는 언제든지 새로운 정부를 수립할 수 있는 권리가 국민에게 있다.

① 입헌 군주제를 규정하였다.
② 미국 혁명 당시 발표되었다.
③ 근대 민주주의 원칙을 보장받고자 하였다.
④ 인간의 생명·자유·행복 추구권을 명시하였다.
⑤ 북아메리카 13개의 식민지 대표들이 발표하였다.

✦ 시험에 잘 나와!
12 미국 혁명의 전개 과정을 일어난 순서대로 나열한 것은?

> (가) 대륙 회의가 열렸다.
> (나) 보스턴 차 사건이 일어났다.
> (다) 조지 워싱턴이 초대 대통령으로 선출되었다.
> (라) 식민지 대표들이 독립 선언문을 발표하였다.

① (가) – (나) – (다) – (라)　② (나) – (가) – (라) – (다)
③ (나) – (다) – (가) – (라)　④ (다) – (가) – (라) – (나)
⑤ (다) – (라) – (나) – (가)

13 독립 후 북아메리카의 13개 주가 제정한 미국 헌법에 대한 설명으로 옳은 것을 〈보기〉에서 고른 것은?

> { 보기 }
> ㄱ. 삼권 분립을 규정하였다.
> ㄴ. 연방제를 특징으로 하였다.
> ㄷ. 국왕의 권력을 강조하였다.
> ㄹ. 각 주의 자치권을 부정하였다.

① ㄱ, ㄴ　　② ㄱ, ㄷ　　③ ㄴ, ㄷ
④ ㄴ, ㄹ　　⑤ ㄷ, ㄹ

14 미국의 남북 전쟁에 대한 설명으로 옳은 것은?

① 전쟁 초기에는 북부가 우세하였다.
② 남부는 노예제 폐지를 주장하였다.
③ 조지 워싱턴이 총사령관으로 활약하였다.
④ 노예 해방 선언으로 여론이 남부를 지지하였다.
⑤ 남부와 북부의 경제 구조 차이가 원인이 되었다.

15 (가)에 들어갈 내용으로 적절하지 <u>않은</u> 것은?

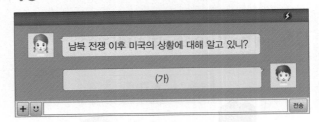

> 남북 전쟁 이후 미국의 상황에 대해 알고 있니?
>
> (가)

① 대륙 횡단 철도가 개통되었어.
② 빠른 속도로 국민적 단합을 이루었어.
③ 이민자가 유입되어 노동력이 증가하였어.
④ 19세기 말 세계 최대의 공업국으로 성장하였어.
⑤ 국민 주권의 원리를 명시한 헌법을 처음 제정하였어.

16 다음은 18세기 프랑스의 신분 구조를 나타낸 것이다. (가) 신분에 대한 설명으로 옳은 것은?

제1 신분 (성직자)
제2 신분 (귀족)
특권 신분 (전 인구의 약 2%)
대다수 국민 (전 인구의 약 98%)
(가)

① 세금을 면제받았다.
② 주요 관직을 독점하였다.
③ 신분별 표결을 주장하였다.
④ 상공업 활동으로 부를 축적하였다.
⑤ 찰스 1세의 전제 정치에 저항하였다.

17 프랑스 혁명의 배경으로 옳은 것은?

① 찰스 1세가 청교도를 탄압하였다.

② 영국이 중상주의 정책을 실시하였다.

③ 시민들이 구제도의 모순에 불만을 가졌다.

④ 찰스 2세와 제임스 2세가 전제 정치를 강화하였다.

⑤ 영국인이 북아메리카로 이주하여 식민지를 건설하였다.

18 다음 사건이 일어난 시기를 연표에서 옳게 고른 것은?

> 프랑스와 이웃한 오스트리아와 프로이센 등은 혁명이 자국으로 번질 것을 우려해 프랑스를 위협하였다. 이들과의 전쟁으로 물가가 오르고 식량이 부족해지자 파리 민중이 왕궁을 습격하는 등 혁명은 더욱 과격해졌다.

1776	1789	1791	1792	1799	1804
(가)	(나)	(다)	(라)	(마)	
▲	▲	▲	▲	▲	▲
미국의 독립 선언	국민 의회 설립	입법 의회 수립	국민 공회 수립	나폴레옹 쿠데타	나폴레옹 황제 즉위

① (가)　　② (나)　　③ (다)　　④ (라)　　⑤ (마)

19 다음은 프랑스 혁명에서 일어난 사건들이다. (가)～(라)를 일어난 순서대로 나열한 것은?

(가) ↑ 테니스코트의 서약
(나) ↑ 바스티유 감옥 습격 사건
(다) ↑ 루이 16세의 처형
(라) ↑ 로베스피에르의 실각

① (가) – (나) – (다) – (라)
② (나) – (가) – (라) – (다)
③ (나) – (다) – (가) – (라)
④ (다) – (가) – (라) – (나)
⑤ (다) – (라) – (나) – (가)

★ 시험에 잘 나와!

20 다음 문서에 대한 설명으로 옳은 것을 〈보기〉에서 고른 것은?

> 제1조　인간은 자유롭게 그리고 평등한 권리를 가지고 태어났다.
> 제2조　자유, 재산, 안전, 그리고 압제에 대한 저항권은 인간이 가진 불가침의 권리이다.
> 제3조　모든 주권의 원천은 국민에게 있다.

〈 보기 〉
ㄱ. 찰스 1세가 승인하였다.
ㄴ. 국민 의회에서 발표하였다.
ㄷ. 제2차 대륙 회의 당시 발표되었다.
ㄹ. 프랑스 혁명의 기본 이념을 담았다.

① ㄱ, ㄴ　　② ㄱ, ㄷ　　③ ㄴ, ㄷ
④ ㄴ, ㄹ　　⑤ ㄷ, ㄹ

21 (가)에 들어갈 의회가 프랑스를 통치한 시기에 일어난 사실로 옳은 것은?

> • 학습 목표: 프랑스 혁명의 전개 과정을 정리해 보자.
>
> 국민 의회 → 입법 의회 → (가) → 총재 정부

① 공화정이 선포되었다.

② 인권 선언이 발표되었다.

③ 나폴레옹이 쿠데타를 일으켰다.

④ 오스트리아, 프로이센 등과 혁명전쟁을 벌였다.

⑤ 제3 신분이 새로운 헌법이 제정될 때까지 해산하지 않겠다고 선언하였다.

22 다음에서 설명하는 인물에 대한 탐구 활동으로 가장 적절한 것은?

> 국민 공회를 주도하면서 봉건적 제도를 폐지하고, 귀족의 토지와 국유지를 몰수하여 분배하는 등 급진적 개혁을 추진하였다. 또한 혁명 재판소를 설치하여 혁명 반대 세력을 처형하는 공포 정치를 실시하였다.

① 통령 정부의 정책을 조사한다.
② 공안 위원회의 역할을 찾아본다.
③ 아일랜드 정복 과정을 정리한다.
④ 프랑스 은행이 설립된 시기를 알아본다.
⑤ 유럽 정복 전쟁의 전개 과정을 살펴본다.

23 나폴레옹에 대한 설명으로 옳지 <u>않은</u> 것은?

① 국민 투표를 통해 황제에 즉위하였다.
② 영국을 고립시키고자 대륙 봉쇄령을 내렸다.
③ 시민 사회의 규범을 담은 법전을 편찬하였다.
④ 청교도 윤리를 앞세운 독재 정치를 실시하였다.
⑤ 총재 정부를 무너뜨리고 제1 통령으로 취임하였다.

24 (가)에 들어갈 내용으로 옳은 것은?

> 황제가 된 나폴레옹은 프랑스의 팽창을 견제하려는 주변국을 차례로 정복해 나갔다. 해전에서 영국군에 패하였지만 지상에서는 오스트리아와 프로이센 등을 격파하며, 유럽 전 지역을 정복하였다. 나폴레옹의 유럽 정복은 _____(가)_____ 계기가 되었다.

① 신항로를 개척하는
② 절대 왕정이 성립되는
③ 십자군 전쟁이 발발하는
④ 프랑스 혁명이 일어나는
⑤ 유럽 각국의 민족주의를 자극하는

25 (가)에 들어갈 수 있는 장면으로 가장 적절한 것은?

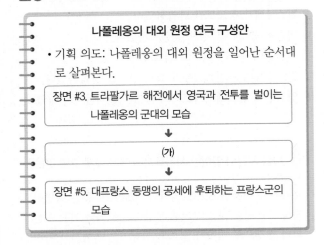

> **나폴레옹의 대외 원정 연극 구성안**
> • 기획 의도: 나폴레옹의 대외 원정을 일어난 순서대로 살펴본다.
>
> 장면 #3. 트라팔가르 해전에서 영국과 전투를 벌이는 나폴레옹의 군대의 모습
> ↓
> (가)
> ↓
> 장면 #5. 대프랑스 동맹의 공세에 후퇴하는 프랑스군의 모습

① 혁명전쟁에 참여하는 군인의 모습
② 대륙 봉쇄령을 선포하는 황제의 모습
③ 권리 청원을 제출하는 의회 대표의 모습
④ 봉건제 폐지를 선언하는 국민 의회의 모습
⑤ 삼부회 소집 소식을 알리는 성직자의 모습

✱✿ 시험에 잘 나와!
26 교사의 질문에 대한 답변으로 가장 적절한 것은?

> 이 그림은 나폴레옹의 황제 대관식 모습이에요. 황제가 된 나폴레옹은 정복 전쟁을 전개하였는데, 이 전쟁의 영향에 대해 말해 볼까요?

① 하노버 왕조가 수립되었어요.
② 세계 최초로 민주 공화국이 수립되었어요.
③ 라틴 아메리카의 독립운동에 영향을 주었어요.
④ 의회 중심의 입헌 군주제 국가가 수립되었어요.
⑤ 프랑스 혁명의 이념인 자유주의가 확산되었어요.

서술형 문제

서술형 감잡기

01 다음 자료를 읽고 물음에 답하시오.

제1조 국왕은 의회의 동의 없이 법의 효력을 정지하거나 법의 집행을 막을 수 없다.
제4조 국왕이 의회의 승인 없이 세금을 징수하는 것은 위법이다.
제6조 의회의 동의 없이 왕국 내에서 군대를 징집, 유지하는 것은 위법이다.

(1) 위 문서의 명칭을 쓰시오.

(2) (1) 문서가 발표된 이후 영국에서 일어난 정치적 변화를 서술하시오.

➡ 영국에서는 (①   )이 무너지고, 의회를 중심으로 한
(②   )의 토대가 마련되었다.

실전! 서술형 도전하기

02 다음 자료를 활용하여 미국에서 남북 전쟁이 일어난 배경을 서술하시오.

총인구 2.5:1
섬유 제품 생산량 17:1
철 생산량 20:1
석탄 생산량 38:1
면화 생산량 1:24

북부   남부

⬆ 북부와 남부의 산업 구조

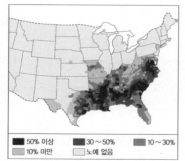

50% 이상   30~50%   10~30%
10% 미만   노예 없음

⬆ 노예 인구 비율

03 다음 선언문에 담긴 민주주의의 원리를 세 가지 서술하시오.

모든 인간은 평등하게 태어났고, 창조주는 양도할 수 없는 권리를 인간에게 부여하였으며, 거기에는 생명권과 자유권 및 행복 추구권이 포함되어 있다. 이러한 권리를 보장하기 위해 인간은 정부를 만들었으며, 정부의 정당한 권력은 통치를 받는 사람들의 동의로부터 나온다. 어떤 정부라도 이 목적을 훼손하는 경우에는 언제든지 새로운 정부를 수립할 수 있는 권리가 국민에게 있다.

04 지도를 보고 물음에 답하시오.

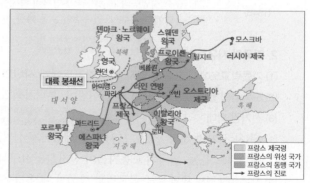

덴마크·노르웨이 왕국
스웨덴 왕국
모스크바
북해
프로이센 왕국
틸지트
러시아 제국
영국
베를린
런던
대륙 봉쇄선
아미앵
라인 연방
파리
빈 오스트리아 제국
대 서 양
프랑스 제국
흑해
이탈리아 왕국
포르투갈 왕국
마드리드
에스파냐 왕국
로마
지 중 해

프랑스 제국령
프랑스의 위성 국가
프랑스의 동맹 국가
➡ 프랑스의 진로

(1) 지도의 정복 활동을 전개한 인물을 쓰시오.

(2) 지도의 원정이 유럽에 끼친 영향을 두 가지 서술하시오.

유럽과 아메리카의 국민 국가 체제(2)

A 빈 체제의 성립

1. 빈 회의(1814~1815)

(1) 목적: 나폴레옹의 몰락 이후 전후 혼란 수습

(2) 진행: 오스트리아의 재상인 메테르니히가 수도 빈에서 회의 주도

┌─ 회의가 난관에 부딪힐 때마다 향연과 무도회를 열어 "회의는 춤을 춘다, 그러나 회의의 진척은 없다."라고 비판받기도 하였어.

(3) 결과: 유럽의 영토·지배권을 프랑스 혁명 이전으로 되돌리는 데 합의 → 빈 체제 성립

2. 빈 체제

┌─ 혁명과 전쟁을 방지하기 위해 유럽의 여러 나라들이 동맹을 체결하면서 약 40년간 유럽에서 열강 사이의 전쟁을 막을 수 있었어.

(1) 특징: 보수주의 표방, 열강의 세력 균형 강조

(2) 영향: 유럽 여러 나라에 옛 왕조 부활, ⁺자유주의와 민족주의 운동이 탄압을 받음

(3) 동요: 라틴 아메리카 각국과 ⁺그리스의 독립으로 균열

└─ 유럽의 지식인들이 그리스의 독립 전쟁에 가담하였어.

⁺ 자유주의와 민족주의 운동
자유주의 운동은 개인의 자유와 평등을 추구하였으며, 민족주의 운동은 민족의 독립과 통일을 추구하였다.

⁺ 그리스의 독립(1830)
그리스는 오스만 제국에 저항하여 독립 전쟁을 일으켰다. 오스만 제국을 견제하던 러시아, 영국, 프랑스가 그리스를 지원하면서 그리스는 독립을 이루었다.

B 자유주의 운동의 확산

1. 프랑스의 자유주의 운동

┌─ 의회를 해산하고 언론의 자유를 억압하였어.

⁺7월 혁명 (1830)	• 배경: 부르봉 왕조 부활, 샤를 10세의 전제 정치 • 전개: 자유주의자들과 파리 시민들의 혁명 → 시민들이 루이 필리프를 왕으로 추대, 입헌 군주제 수립
2월 혁명 (1848)	• 배경: 새로운 왕정이 부유한 소수의 이익만 보호, 선거권 제한 • 전개: 중소 시민층과 노동자들이 선거권 확대를 요구하며 혁명 → 공화정 수립 • 영향: 유럽에 자유주의·민족주의 운동 확산, 빈 체제 붕괴

┌─ 프랑스에서 산업 혁명이 본격화되어 노동자의 수가 크게 늘어났어.

⁺ 7월 혁명을 기념한 그림

⬆ 들라크루아, 「민중을 이끄는 자유의 여신」

그림 속 정장을 입은 부르주아 남성, 셔츠를 풀어헤친 노동자, 하층민으로 보이는 소년을 통해 7월 혁명에 다양한 계층이 참여하였음을 알 수 있다.

(비교) 유럽 대륙과 달리 의회가 주도한 점진적 개혁을 통해 자유주의가 발전하였다.

(왜?) 오스트리아에서 일어난 혁명으로 빈 체제를 주도한 메테르니히가 쫓겨났기 때문이야.

2. 영국의 자유주의 운동

(1) 가톨릭교도에 대한 차별 폐지: 가톨릭교도에게 시민의 권리 부여, 종교의 자유 인정

(2) 노동자의 권리 보호: 공장법 제정(어린이·부녀자의 노동 시간 제한)

(3) 선거권 확대

┌─ 도시의 신흥 상공업자까지 선거권이 확대되었지만 노동자들은 여전히 선거권을 갖지 못하였어.

① 제1차 선거법 개정(1832): 도시 중산 계급까지 선거권 부여, ⁺부패 선거구 폐지

② 차티스트 운동: 영국의 노동자들이 선거권을 요구하며 인민헌장 발표 → 서명 운동

(4) 자유주의 경제 체제 확립: 곡물법과 항해법 폐지(정부의 경제 규제 완화)

└─ 국내 지주층을 보호하기 위해 제정된 법으로, 수입 곡물에 고율의 관세를 부과하였어.

⁺ 부패 선거구
유권자가 줄었는데도 과도한 의석을 차지하거나, 지역이 없어졌는데도 의원을 선출하던 선거구

📖 자료로 이해하기 영국의 차티스트 운동

• 21세 이상 남성의 선거권 인정
• 비밀 투표제 실시
• 의원 출마자의 재산 자격 철폐
• 인구 비례에 따른 선거구 설치
• 매년 선거 실시   – 인민헌장, 1838

제1차 선거법 개정 이후 여전히 선거권을 얻지 못한 영국의 노동자들은 1838년 '21세 이상 모든 남자의 보통 선거' 등의 요구 사항을 담은 인민헌장(People's Charter)을 발표하고 의회에 청원 서명서를 제출하였다. 의회는 이를 받아들이지 않았지만 이후 지속적인 선거법 개정을 거쳐 선거권이 확대되었다.

무엇을 배울까?

- 빈 체제의 성립
- 자유주의·민족주의 운동
- 러시아의 개혁
- 라틴 아메리카의 독립과 변화

1 오스트리아의 재상인 ( )가 주도한 빈 회의에서는 유럽 각국의 영토와 지배권을 프랑스 혁명 이전으로 되돌리는 것에 합의하였다.

핵심 콕콕

• 빈 체제의 성립

빈 회의
유럽의 영토와 지배권을 프랑스 혁명 이전으로 되돌리는 것에 합의 → 빈 체제 성립

↓

빈 체제
보수주의 표방 → 유럽 여러 나라에 옛 왕조 부활, 자유주의·민족주의 운동 탄압

2 다음 설명이 맞으면 ○표, 틀리면 ×표를 하시오.

(1) 빈 체제 아래 각국의 자유주의와 민족주의 운동이 탄압받았다. ( )

(2) 프랑스 혁명과 나폴레옹 전쟁을 계기로 빈 체제가 동요하기 시작하였다. ( )

1 다음에서 설명하는 프랑스의 자유주의 운동을 〈보기〉에서 골라 기호를 쓰시오.

핵심 콕콕

• 프랑스와 영국의 자유주의 운동

프랑스	• 7월 혁명으로 입헌 군주제 수립 • 2월 혁명으로 공화정 수립

영국	• 가톨릭교도에 대한 차별 폐지 • 차티스트 운동 전개 • 곡물법, 항해법 폐지

┌─ 보기 ─────────────────────┐
ㄱ. 2월 혁명 ㄴ. 7월 혁명
└────────────────────────────┘

(1) 루이 필리프가 프랑스의 왕으로 추대되었다. ( )

(2) 프랑스에서 입헌 군주제가 폐지되고 공화정이 수립되었다. ( )

2 다음 설명이 맞으면 ○표, 틀리면 ×표를 하시오.

(1) 영국은 의회가 주도한 점진적인 개혁으로 자유주의가 발전하였다. ( )

(2) 영국의 노동자들은 선거권을 가지기 위해 차티스트 운동을 벌였다. ( )

(3) 영국은 곡물법과 항해법을 제정하여 자유주의 경제 체제를 확립하였다. ( )

3 다음 내용을 담은 문서를 쓰시오.

- 21세 이상 남성의 선거권 인정
- 비밀 투표제 실시
- 의원 출마자의 재산 자격 철폐
- 인구 비례에 따른 선거구 설치
- 매년 선거 실시

− 영국, 1838

C 이탈리아와 독일의 통일

1. ⁺이탈리아의 통일
> 프랑스 2월 혁명의 영향을 받은 마치니와 가리발디 등이 통일 운동을 전개하였지만 실패하였어.

(1) 통일 전 상황: 여러 나라로 분열, 오스트리아의 간섭을 받음

(2) 통일 운동 전개: 프랑스 2월 혁명의 영향, 사르데냐 왕국이 주도
> 사르데냐 왕국의 재상이야.

카보우르	내정 개혁 추진, 오스트리아와의 전쟁에서 승리(1859) → 중북부 이탈리아 병합
가리발디	의용대를 이끌고 시칠리아와 나폴리 점령 → 점령지를 사르데냐 왕국에 바침

> 붉은 셔츠를 입어서 '붉은 셔츠대'라 불렸어.

(3) 통일의 완성: 이탈리아 왕국 성립(1861) → 베네치아 획득 → 교황령 병합(1870)

2. 독일의 통일
> 통일 전에는 작은 나라들로 분열된 채 오스트리아와 프로이센을 중심으로 연방을 형성하고 있었어.

(1) ⁺관세 동맹(1834): 프로이센 주도로 체결 → 경제적 통합 달성, 통일의 기반 마련

(2) ⁺프랑크푸르트 의회(1848): 통일 방안 논의 → 의견 차이로 성과를 거두지 못함

(3) 프로이센 중심의 통일 운동

① 비스마르크의 철혈 정책: 강력한 군비 확장 정책 추진

② 북독일 연방 결성(1866): 오스트리아와의 전쟁에서 승리하여 결성

③ 독일 제국 성립(1871): 프랑스와의 전쟁에서 승리 → 남독일의 여러 나라를 연방에 참여시킴 → 빌헬름 1세가 황제로 즉위, 독일 제국 수립 선포
> 프랑스의 베르사유 궁전에서 황제 즉위식을 가졌어.

📖 **자료로 이해하기** 비스마르크의 철혈 정책

독일이 현재의 과제를 수행하기 위해 눈여겨보아야 할 것은 군비입니다. …… 독일의 문제는 연설이나 다수결로 해결할 수 없으며, 오직 철과 피에 의해서만 해결할 수 있습니다. – 비스마르크의 의회 연설
> 철은 군비, 피는 전쟁을 의미해.

프로이센의 수상으로 취임한 비스마르크는 통일은 협상이 아니라 무력에 의해서만 달성할 수 있다고 선언하고 군비를 확장하여 강력한 군대를 육성하였다. 이와 함께 오스트리아와의 전쟁에 대비하여 이탈리아, 프랑스, 러시아를 비롯한 여러 나라와 동맹을 맺었다. 비스마르크의 정책으로 프로이센은 독일의 통일을 이룰 수 있었다.

⁺ 이탈리아의 통일 과정

	미수복 지역 (1919년 회복)
	오스트리아에서 획득(1866)
	병합(1870)

- ☐ 사르데냐 왕국(1859년 이전)
- ☐ 사르데냐에 병합(1859)
- ☐ 사르데냐에 병합(1860)
- ■ 프랑스에 할양(1860)
- ☐ 이탈리아 왕국(1861)

⁺ 관세 동맹
독일 연방의 여러 나라들 사이에 거래되는 상품에 대해서는 관세를 물지 않기로 한 협정

⁺ 프랑크푸르트 (국민) 의회
프랑스 2월 혁명의 영향을 받은 자유주의자들의 주도로 1848년에 소집된 의회이다. 통일 방안에 대해 논의하였으나 프로이센 중심의 통일 방안과 오스트리아 중심의 통일 방안을 두고 대립하면서 별다른 성과를 거두지 못하였다.

D 러시아의 개혁

1. 19세기 러시아의 상황
(1) 데카브리스트의 봉기(1825): 차르의 전제 정치와 농노제 유지 → 일부 청년 장교들과 지식인들이 입헌 군주제를 지향하며 봉기 → 실패
> 💬왜? 청년 장교들이 나폴레옹 전쟁에 참여하면서 자유주의 사상의 영향을 받았기 때문이야.

(2) 크림 전쟁(1853~1856): 니콜라이 1세의 남하 정책 추진 → 흑해로 진출하기 위해 영국·프랑스·오스만 제국과 전쟁을 벌였으나 패배

2. 러시아의 개혁 시도
> 💬왜? 크림 전쟁에서 패한 이후 개혁의 필요성이 제기되었기 때문이야.

(1) 알렉산드르 2세의 개혁(1861): ⁺농노 해방령 발표, 지방 의회 구성, 군사 제도 개혁 등 실시 → 알렉산드르 2세가 암살됨 → 전제 정치 강화, 자유주의 운동 탄압

(2) 지식인들의 농민 계몽 운동: 브나로드 운동 전개 → 성과를 얻지 못함
> '민중 속으로'라는 의미야.

⁺ 농노 해방령(1861)
"농노는 적절한 시기에 자유로운 농민으로서의 완전한 권리를 갖는다."라는 내용의 법령이다. 이를 통해 약 4,700만 명의 농노가 자유민이 되었다.

1 (가)~(라)를 일어난 순서대로 나열하시오.

> (가) 이탈리아 왕국이 로마 교황령을 병합하였다.
> (나) 사르데냐 왕국이 중북부 이탈리아를 병합하였다.
> (다) 가리발디가 시칠리아·나폴리를 사르데냐 왕국에 바쳤다.
> (라) 이탈리아 왕국이 오스트리아로부터 베네치아를 획득하였다.

2 ㉠, ㉡에 들어갈 내용을 각각 쓰시오.

> 프로이센의 재상 (㉠   )는 협상이 아니라 무력을 통해서만 통일을 이룰 수 있다고 보았다. 이에 (㉡   )이라고 불리는 강력한 군비 확장 정책을 추진하였다.

3 다음 인물과 그에 대한 설명을 옳게 연결하시오.

(1) 가리발디 •

(2) 카보우르 •

(3) 빌헬름 1세 •

• ㉠ 중북부 이탈리아 병합

• ㉡ 시칠리아와 나폴리 점령

• ㉢ 독일 제국의 초대 황제로 즉위

핵심 콕콕

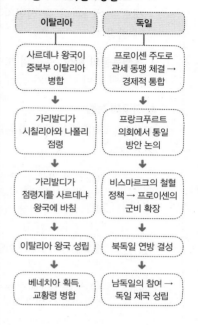

• **이탈리아와 독일의 통일**

이탈리아	독일
사르데냐 왕국이 중북부 이탈리아 병합	프로이센 주도로 관세 동맹 체결 → 경제적 통합
가리발디가 시칠리아와 나폴리 점령	프랑크푸르트 의회에서 통일 방안 논의
가리발디가 점령지를 사르데냐 왕국에 바침	비스마르크의 철혈 정책 → 프로이센의 군비 확장
이탈리아 왕국 성립	북독일 연방 결성
베네치아 획득, 교황령 병합	남독일의 참여 → 독일 제국 성립

1 러시아의 니콜라이 1세는 남하 정책을 추진하여 (   )로 진출하기 위해 영국·프랑스·오스만 제국과 크림 전쟁을 벌였으나 패배하였다.

2 알렉산드르 2세가 실시한 정책으로 옳은 것만을 〈보기〉에서 있는 대로 골라 기호를 쓰시오.

> ┌ 보기 ┐
> ㄱ. 지방 의회 구성
> ㄴ. 농노 해방령 발표
> ㄷ. 베르사유 궁전 건설
> ㄹ. 상트페테르부르크 건설

핵심 콕콕

• **러시아의 개혁**

19세기 러시아 상황	• 전제 정치와 농노제 유지 • 데카브리스트의 봉기 진압 • 크림 전쟁에서 패배
개혁 시도	• 알렉산드르 2세: 농노 해방령 발표, 지방 의회 구성, 군사 제도 개혁 등 실시 • 지식인: 브나로드 운동 전개

E 라틴 아메리카의 독립운동

1. **식민 지배:** 16세기 이후 에스파냐·포르투갈 등의 식민 지배에 시달림

2. **독립운동의 배경:** 미국의 독립·프랑스 혁명과 계몽사상의 영향을 받음, 나폴레옹 전쟁으로 에스파냐 등 식민지 본국의 간섭 약화, ✚크리오요들이 본국의 억압과 수탈에 반발

3. **독립운동의 확산:** 유럽의 보수 세력이 라틴 아메리카를 식민지로 되돌리고자 함 → 영국의 라틴 아메리카 독립 지지, 미국의 ✚먼로주의 발표 → 독립운동 가속화
   └ 영국이 라틴 아메리카와의 무역을 원하였기 때문이야.

4. **각국의 독립**

(1) 특징: 크리오요들이 독립운동 주도

(2) 전개

아이티	프랑스의 지배 → 투생 루베르튀르의 주도로 흑인 노예들의 독립운동 → 라틴 아메리카에서 가장 먼저 독립, 아이티 공화국 수립(1804)
멕시코	에스파냐의 지배 → 이달고 신부의 민중 봉기 등으로 독립
브라질	포르투갈의 지배 → 포르투갈 황태자가 독립 선언 → 헌법 제정, 의회 구성
기타	에스파냐의 지배를 받던 베네수엘라·콜롬비아·페루·아르헨티나 등이 ✚볼리바르와 ✚산마르틴 등의 주도로 독립

⬆ 라틴 아메리카의 독립

✚ **크리오요**
신대륙 발견 후 라틴 아메리카로 이주한 에스파냐인의 후손

✚ **먼로주의(먼로 선언, 1823)**
미국의 먼로 대통령이 발표한 외교 방침으로 아메리카가 유럽 문제에 개입하지 않는 대신, 유럽 국가들도 아메리카의 정치에 간섭하지 말아야 한다는 내용을 담고 있다. 미국은 이를 계기로 라틴 아메리카에서 영향력을 확대하고자 하였다.

✚ **볼리바르**
크리오요 출신으로 유럽에서 계몽사상을 접하고 돌아온 후 라틴 아메리카의 독립을 이끌었다. 그 결과 베네수엘라, 콜롬비아, 에콰도르, 볼리비아 등을 해방시켜 '해방자'라고 불렸다.

✚ **산마르틴**
크리오요 출신으로 아르헨티나 독립에 공헌하였다. 이후 칠레와 페루의 독립에도 관여하여 '페루의 보호자'라고 불렸다.

F 라틴 아메리카의 변화

1. **독립 이후 라틴 아메리카의 상황**

(1) 다양한 주민 구성: 원주민, 흑인, 유럽 이주민, 혼혈 등이 섞임 → 국민 의식 형성이 어려움
   ┌ 독립운동 과정에서 군부를 형성한 이들을 카우디요라고 불러.

(2) 독재 정권의 출현: 독립 이후 크리오요가 권력 독점 → 군부를 형성하여 정권 장악

(3) 빈부 격차 심화: 크리오요가 대지주로 성장, 대다수는 빈곤에 시달림

(4) 취약한 ✚경제 구조: 미국과 유럽 지역에 식료품과 원료 수출, 공업 제품과 자본 수입 → 농업과 공업의 불균형 발전, 미국과 유럽에 경제적으로 크게 의존

(5) 외세의 간섭 ─ 라틴 아메리카의 각국 정부가 독립과 내란에 따른 군사비를 영국, 미국 등 외세로부터 지원받았기 때문이야.

① 영국: 자본을 빌려주고 철도, 광산 등의 이권 차지

② 미국: ✚쿠바의 보호국화, 파나마 운하 관리, 미국에 우호적인 정권 수립

2. **사회 혼란 해결을 위한 노력:** 유럽의 영향을 받은 정당 정치의 등장, 미국·유럽의 영향에서 벗어나기 위해 원주민 문명의 우수성 부각(→ 민족의식 성장)

✚ **라틴 아메리카의 경제 구조**
독립 이후 브라질은 커피, 멕시코는 사탕수수, 아르헨티나는 밀 등의 식료품을 집중적으로 재배하여 미국과 유럽에 수출하는 등 해외 의존적인 경제 구조를 이루었다.

✚ **미국의 쿠바 보호국화**
미국이 쿠바 문제에 개입하면서 에스파냐와 전쟁이 일어났다. 미국이 승리하면서 에스파냐로부터 푸에르토리코, 괌, 필리핀 등을 획득하였다. 전쟁의 결과 쿠바는 독립하였으나 미국의 보호국으로 전락하였다.

1 ㉠, ㉡에 들어갈 내용을 각각 쓰시오.

> 1823년 (㉠   )의 대통령은 유럽과 아메리카가 서로 상대방의 정치에 간섭하지 말 것을 주장하는 (㉡   )를 발표하였다. 이를 통해 라틴 아메리카에 대한 유럽의 간섭을 물리치고자 하였다.

2 다음 설명이 맞으면 ○표, 틀리면 ×표를 하시오.

(1) 볼리비아는 라틴 아메리카에서 독립한 최초의 국가였다. ( )

(2) 프랑스 혁명은 라틴 아메리카의 독립운동에 영향을 끼쳤다. ( )

3 다음 인물과 그에 대한 설명을 옳게 연결하시오.

(1) 볼리바르 •　　　　• ㉠ 멕시코에서 민중 봉기 주도

(2) 이달고 신부 •　　　　• ㉡ 베네수엘라, 콜롬비아, 볼리비아 등 해방

(3) 투생 루베르튀르 •　　　• ㉢ 흑인 노예들을 이끌고 아이티 독립운동 주도

핵심 콕콕

• 라틴 아메리카의 독립운동

배경 및 확산
• 미국의 독립과 프랑스 혁명의 영향을 받음
• 먼로주의 발표 → 독립운동 가속화

↓

아이티	흑인 노예들의 독립운동 → 라틴 아메리카에서 가장 먼저 독립
멕시코	이달고 신부의 민중 봉기
브라질	포르투갈 황태자의 독립 선언
기타	베네수엘라, 콜롬비아, 페루, 아르헨티나 등이 볼리바르와 산마르틴 등의 주도로 독립

---

1 라틴 아메리카의 독립운동을 주도하였던 (   )는 독립 이후 군부를 형성하여 정권을 장악하였다.

2 독립 이후 라틴 아메리카의 상황에 대한 설명으로 옳은 것만을 〈보기〉에서 있는 대로 골라 기호를 쓰시오.

> **〔 보기 〕**
> ㄱ. 영국이 쿠바를 보호국으로 삼았다.
> ㄴ. 농업과 공업이 균형 있게 발전하였다.
> ㄷ. 미국, 유럽에 대한 경제적 의존도가 높았다.
> ㄹ. 주민 구성이 다양하여 국민 의식이 형성되기가 어려웠다.

핵심 콕콕

• 라틴 아메리카의 변화

독립 이후의 상황
• 다양한 주민 구성　• 독재 정권의 출현
• 빈부 격차 심화　• 취약한 경제 구조
• 외세의 간섭

사회 혼란 해결을 위한 노력
• 정당 정치의 등장
• 원주민 문명의 우수성 부각

01 ㉠ 회의에서 결정한 내용으로 옳은 것은?

풍자화로 보는 역사

그림은 오스트리아의 재상 메테르니히가 주도한 (㉠)을/를 풍자한 것이다. 회의에 참여한 각국의 대표들이 유럽 지도를 나누어 가지면서 유럽의 국경을 마음대로 정하고 있다.

① 미국을 자주 독립국으로 인정한다.
② 비인간적인 노예제를 공식적으로 폐지한다.
③ 가톨릭·루터파·칼뱅파는 동등한 지위를 갖는다.
④ 국왕은 의회의 승인 없이 세금을 징수할 수 없다.
⑤ 프랑스 혁명 이전 상태로 유럽의 영토를 되돌린다.

02 ✮ 시험에 잘 나와! 밑줄 친 '이 혁명'에 대한 설명으로 옳은 것은?

프랑스의 화가 들라크루아가 이 혁명을 기념하여 그린 미술 작품입니다.

① 나폴레옹 법전 편찬의 배경이 되었다.
② 프랑크푸르트 의회 개최에 영향을 주었다.
③ 부르봉 왕조의 전제 정치가 배경이 되었다.
④ 루이 16세가 처형당하는 결과를 초래하였다.
⑤ 로베스피에르의 공포 정치를 계기로 일어났다.

03 (가)에 들어갈 내용으로 옳은 것은?

• 가현: 우리 조의 발표는 프랑스 2월 혁명이야. 2월 혁명의 영향으로는 어떤 것이 있을까?
• 나현: _____(가)_____에 영향을 끼쳤어.

① 빈 체제의 수립
② 이탈리아의 통일 운동
③ 영국 노동자들의 인민헌장 발표
④ 루이 14세의 관료제·상비군 정비
⑤ 유럽 국가들의 대프랑스 동맹 결성

04 (가), (나) 사건에 대한 설명으로 옳은 것은?

(가) 샤를 10세가 전제 정치를 실시하자 파리 시민들은 혁명을 일으켜 입헌 군주제를 수립하였다.
(나) 새로운 왕정이 부유한 소수의 이익만을 보호하고 선거권을 제한하자 파리의 중소 시민들과 노동자들이 혁명을 일으켜 공화정을 수립하였다.

① (가) – 보통 선거가 이루어지는 계기가 되었다.
② (가) – 바스티유 감옥을 습격하면서 시작되었다.
③ (가) – 루이 필리프가 프랑스의 왕으로 추대되었다.
④ (나) – 나폴레옹이 쿠데타를 일으키면서 막을 내렸다.
⑤ (나) – 인간과 시민의 권리선언이 발표되는 배경이 되었다.

05 (가) 시기에 프랑스에서 일어난 사실로 옳은 것은?

```
1814              (가)              1830
 ▲                                  ▲
빈 회의                            프랑스
 개최                             7월 혁명
```

① 2월 혁명이 일어났다.
② 입법 의회가 수립되었다.
③ 총재 정부가 수립되었다.
④ 샤를 10세가 의회를 해산하였다.
⑤ 나폴레옹이 대륙 봉쇄령을 선포하였다.

06 ✪ 시험에 잘 나와!
밑줄 친 '서명 운동'의 배경으로 옳은 것은?

> 영국의 노동자들은 1838년 인민헌장을 발표하고 이를
> 의회에 제출하기 위한 서명 운동을 벌였다. 이들의 요구
> 는 받아들여지지 않았지만, 이후 여러 차례에 걸쳐 추진
> 된 영국의 선거법 개정에 영향을 주었다.

① 남북 전쟁 발발　　② 인권 선언 발표
③ 제1차 선거법 개정　　④ 나폴레옹 법전 편찬
⑤ 미국 독립 전쟁 발발

07 다음은 19세기 영국의 자유주의 운동을 정리한 것이다.
(가)~(라)에 들어갈 내용으로 옳지 않은 것은?

종교적 자유 확대	(가)
노동자의 권리 보호	(나)
선거권 확대	(다)
자유주의 경제 체제 확립	(라)

① (가) – 가톨릭교도에 대한 차별이 폐지되었다.
② (나) – 공장법이 제정되었다.
③ (다) – 차티스트 운동이 전개되었다.
④ (다) – 제1차 선거법 개정이 이루어졌다.
⑤ (라) – 곡물법과 항해법이 제정되었다.

08 (가)에 들어갈 내용으로 옳은 것은?

> **역사 인물 카드**
>
>
>
> • 이름: 카보우르
> • 생몰연대: 1810~1861년
> • 주요 활동
> – 사르데냐 왕국의 재상으로 활동
> – _____(가)_____

① 빈 회의 참여　　② 철혈 정책 추진
③ 농노 해방령 발표　　④ 중북부 이탈리아 병합
⑤ 시칠리아와 나폴리 점령

09 ㉠에 들어갈 인물을 쓰시오.

> (㉠)은/는 '붉은 셔츠대'라고 불리는 의용대를 이끌
> 고 이탈리아 남부 지역을 장악하였다. 이어 자신이 장악
> 한 지역을 사르데냐 국왕에게 바침으로써 이탈리아 왕국
> 을 수립하는 데 기여하였다.

10 ✪ 시험에 잘 나와!
다음 연설을 한 인물에 대한 설명으로 옳은 것은?

> 독일이 현재의 과제를 수행하기 위해 눈여겨보아야 할
> 것은 군비입니다. 우리는 힘을 모아 국가를 튼튼하게 만
> 들고 때를 기다려야 합니다. 독일의 문제는 연설이나 다
> 수결로 해결할 수 없으며, 오직 철과 피에 의해서만 해
> 결할 수 있습니다.

① 강력한 군비 확장 정책을 실시하였다.
② 라틴 아메리카의 독립운동을 주도하였다.
③ 7월 혁명 이후 새로운 국왕으로 추대되었다.
④ 통일된 독일 제국의 초대 황제로 즉위하였다.
⑤ 혁명 재판소를 설치하여 공포 정치를 실시하였다.

11 (가)에 들어갈 내용으로 옳은 것을 〈보기〉에서 고른 것은?

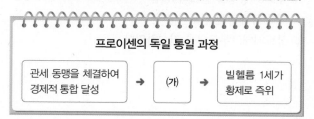

프로이센의 독일 통일 과정

관세 동맹을 체결하여
경제적 통합 달성 → (가) → 빌헬름 1세가
황제로 즉위

〔 보기 〕
ㄱ. 북독일 연방 결성
ㄴ. 프랑크푸르트 의회에 참여
ㄷ. 베네치아와 로마 교황령의 병합
ㄹ. 흑해로 진출하기 위해 오스만 제국과 전쟁

① ㄱ, ㄴ　　② ㄱ, ㄷ　　③ ㄴ, ㄷ
④ ㄴ, ㄹ　　⑤ ㄷ, ㄹ

✦ 시험에 잘 나와!

12 지도는 19세기경 유럽 정세를 나타낸 것이다. (가), (나) 국가의 통일 운동에 대한 설명으로 옳지 <u>않은</u> 것은?

① (가) – 프랑크푸르트 의회에서 통일 방안을 논의하였다.
② (가) – 프로이센이 철혈 정책을 내세워 군사력을 키웠다.
③ (나) – 카보우르, 가리발디 등이 활약하였다.
④ (나) – 관세 동맹을 체결하여 경제적 통합을 이루었다.
⑤ (가), (나) – 통일 과정에서 오스트리아와 전쟁을 벌여 승리하였다.

13 알렉산드르 2세의 개혁 정책으로 옳은 것은?

① 빈 회의를 개최하였다.
② 관세 동맹을 체결하였다.
③ 농노 해방령을 발표하였다.
④ 대륙 봉쇄령을 선포하였다.
⑤ 상트페테르부르크를 건설하였다.

14 ㉠에 들어갈 사건으로 옳은 것은?

(㉠)은/는 19세기 러시아 지식인들을 중심으로 전개되었다. 지식인들은 혁명 사상을 전파하기 위해 농민들을 계몽하는 활동을 실시하였다.

① 르네상스　　　　② 종교 개혁
③ 신항로 개척　　　④ 브나로드 운동
⑤ 차티스트 운동

15 19세기경 라틴 아메리카의 국가들이 독립운동을 전개한 배경으로 옳은 것을 〈보기〉에서 고른 것은?

〔 보기 〕
ㄱ. 미국의 독립 달성
ㄴ. 프랑스에서 혁명 발발
ㄷ. 영국의 에스파냐 무적함대 격파
ㄹ. 러시아에서 데카브리스트의 봉기 발발

① ㄱ, ㄴ　　　② ㄱ, ㄷ　　　③ ㄴ, ㄷ
④ ㄴ, ㄹ　　　⑤ ㄷ, ㄹ

16 다음 퀴즈의 정답으로 옳은 것은?

○○ 박물관

◆ 이벤트 공지 ◆

○○월 ○○일부터 전시 예정인 라틴 아메리카 특별전을 맞이하여 다음 퀴즈의 정답을 댓글로 올려 주신 분께 추첨을 통하여 상품을 보내 드립니다.

[퀴즈] 프랑스 혁명이 일어나자 이에 자극을 받은 흑인 노예들이 프랑스에 저항하여 1804년 라틴 아메리카에서 최초로 독립한 국가는?

① 쿠바　　　　　② 브라질
③ 아이티　　　　④ 볼리비아
⑤ 아르헨티나

✦ 시험에 잘 나와!

17 ㉠ 인물에 대한 설명으로 옳은 것은?

(㉠)은/는 유럽에서 계몽사상을 접하고 돌아온 후 라틴 아메리카의 독립을 이끌었다. 그 결과 베네수엘라, 콜롬비아, 에콰도르, 볼리비아 등을 해방시켰다.

① 크리오요 출신이었다.
② 아르헨티나 독립에 기여하였다.
③ 멕시코의 독립운동을 주도하였다.
④ 흑인 노예들을 이끌고 프랑스군을 격파하였다.
⑤ 영국군과의 전쟁에서 승리하여 독립을 인정받았다.

18 (가)에 들어갈 내용으로 적절하지 <u>않은</u> 것은?

> 먼로주의에 대해서 이야기해 줘.

> 미국의 먼로 대통령이 선언하였어.

> (가)

① 라틴 아메리카의 독립운동이 쇠퇴하는 원인이 되었어.
② 아메리카는 유럽 문제에 간섭하지 않겠다고 주장하였어.
③ 유럽이 라틴 아메리카를 식민지로 되돌리려 한 것에 반발하였지.
④ 아메리카의 정치에 대한 유럽 국가의 간섭을 허용하지 않겠다는 내용이야.
⑤ 미국이 라틴 아메리카에서 영향력을 확대하기 위한 목적을 지니고 있었어.

19 다음 설명을 뒷받침하는 사례로 적절하지 <u>않은</u> 것은?

> 독립 이후 라틴 아메리카의 국가들은 국민 국가로 발전하는 과정에서 정치 불안, 외세의 간섭, 경제적 어려움과 빈부 격차 등 많은 어려움을 겪었다.

① 군부 독재가 등장하였다.
② 크리오요가 권력과 부를 독점하였다.
③ 공업 중심의 경제 발전이 이루어졌다.
④ 미국이 파나마 운하의 운영권을 장악하였다.
⑤ 유럽과 미국에 대한 경제적 의존도가 심화되었다.

서술형 문제

서술형 감잡기

01 다음을 읽고 물음에 답하시오.

> • 21세 이상 남성의 선거권 인정
> • 비밀 투표제 실시
> • 의원 출마자의 재산 자격 철폐
> • 인구 비례에 따른 선거구 설치
> • 매년 선거 실시

(1) 위의 내용을 담은 문서의 명칭을 쓰시오.

(2) (1) 문서가 발표된 배경을 서술하시오.

➡ 영국 의회가 (①   )으로 도시 중산계급까지 선거권을 부여하였지만, (②   )는 선거권을 부여받지 못하였다. 이들은 선거권을 요구하며 (③   )을 전개하였다.

실전! 서술형 도전하기

02 이탈리아 지역의 통일 과정을 제시된 용어를 포함하여 서술하시오.

> • 가리발디   • 카보우르   • 사르데냐 왕국

03 (가)에 들어갈 답변을 서술하시오.

> • 교사: 라틴 아메리카 각국은 독립 이후 경제적으로 유럽과 미국에 크게 의존하였어요. 그 이유는 무엇일까요?
> • 학생: _____ (가) _____

03 유럽의 산업화와 제국주의

A 산업 혁명의 배경

1. 산업 혁명의 의미: 기계 발명과 기술 혁신에 따른 경제·사회 구조의 큰 변화
└ 기계를 사용하면서 이전보다 상품을 더 많이 생산할 수 있었어.

2. 산업 혁명의 배경: 18세기 후반 영국에서 가장 먼저 시작
└ 19세기에 들어 '세계의 공장'으로 발돋움하였어.

풍부한 자본·자원	✚모직물 공업 발달로 자본과 기술 축적, 지하자원 풍부(석탄, 철 등)
정치적 안정	시민 혁명 이후 정치적으로 안정 → 경제 발전에 전념
식민지 활용	일찍부터 많은 식민지 확보 → 원료 공급지와 상품 판매처로 활용
노동력 유입	✚인클로저 운동 → 토지를 잃은 농민들이 도시로 이동, 공장에 노동력 제공

> ✚ **모직물 공업**
> 양털로 천을 만드는 공업
>
> ✚ **인클로저 운동**
> 영국 지주들이 농민 경작지와 공유지에 울타리를 쳐 자신의 소유지로 삼은 운동

B 산업 혁명의 전개와 확산

1. 산업 혁명의 전개: 전통적인 가내 수공업 쇠퇴 → 공장제 기계 공업 확산
(1) 면직물 공업의 기계화: 면직물 수요 증가 →✚방적기와 방직기 발명
(2) 새로운 동력 개발: ✚제임스 와트의 증기 기관 개량 → 기계의 새로운 동력으로 사용
(3) 교통과 통신의 발달: 시장 확대, 세계 교역량 증가 → 산업화 확산

교통	영국의 스티븐슨이 증기 기관차 제작(→ 철도 건설), 미국의 풀턴이 증기선 제작
통신	모스의 ✚유선 전신 발명(→ 대서양 횡단 케이블 설치), 전화의 등장

2. 산업 혁명의 확산

> 비교 영국은 민간 주도로 산업 혁명을 전개한 반면 독일과 러시아, 일본 등은 정부 주도로 산업 혁명을 이끌었어.

> Q₩? 신항로 개척 이후 미국과 인도에서 목화로 만든 면직물이 유럽에 들어오면서 면직물에 대한 수요가 늘어났기 때문이야.

프랑스	19세기 초 석탄 생산지인 북동부 지역부터 산업화 진행
미국	남북 전쟁 이후 급속한 산업 발전, 대륙 횡단 철도 완성
독일	통일 이후 정부 주도의 산업화 추진, 중화학 공업 발달
기타	일본, 러시아 등지로 확산

└ 시베리아 횡단 철도를 건설하였어.

3. 제2차 산업 혁명: 19세기 후반 중공업 중심으로 산업 성장(독일과 미국이 주도)

> ✚ **방적기와 방직기**
> 방적기는 실을 뽑는 기계로 하그리브스의 제니 방적기, 크럼프턴의 뮬 방적기 등이 있다. 방직기는 천을 짜는 기계로 존 케이의 나는 북이 대표적이다.
>
> ✚ **제임스 와트의 증기 기관**
>
> 제임스 와트의 증기 기관이 방직기와 방적기의 동력으로 이용되면서 면직물이 공장에서 대량으로 생산되었다. 이로써 면직물 공업은 가내 수공업에서 공장제 기계 공업으로 성장하였다.
>
> ✚ **유선 전신**
> 전기를 이용하여 신호를 주고받는 통신

[자료로 이해하기] 산업 혁명의 확산과 제2차 산업 혁명

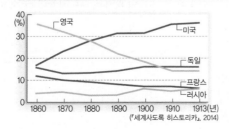
(『세계사도록 히스토리카』, 2014)

영국에서 시작된 산업 혁명은 프랑스, 미국, 독일, 러시아 등 여러 나라로 퍼졌다. 19세기 후반에는 철강, 기계, 석유 화학, 전기 등 중공업을 중심으로 급속한 산업화가 이루어졌는데, 이를 제2차 산업 혁명이라고 부른다. 이 시기에 독일과 미국은 영국을 앞서는 새로운 공업 강국으로 등장하였다.
↩ 주요 국가의 공업 생산 비율

무엇을 배울까?
- 산업 혁명의 전개와 영향
- 19세기 유럽과 미국의 문화
- 제국주의 열강의 침탈
- 아프리카·동남아시아의 민족 운동

1 18세기 후반 유럽에서 기계의 발명과 기술의 혁신으로 경제와 사회 구조에 큰 변화가 나타났는데, 이를 일컬어 (   )이라고 한다.

2 다음 설명이 맞으면 ○표, 틀리면 ×표를 하시오.

(1) 영국은 석탄과 철 등의 지하자원이 부족하였다. (   )

(2) 인클로저 운동으로 토지를 잃은 농민들이 도시로 이동하였다. (   )

 핵심 콕콕

- **산업 혁명의 배경**

·풍부한 자본·자원	·정치적 안정
·식민지 활용	·노동력 유입

↓

영국에서 가장 먼저 산업 혁명 시작

1 다음 빈칸에 들어갈 내용을 쓰시오.

(1) 산업 혁명으로 전통적인 가내 수공업이 쇠퇴하고 (   )이 발달하였다.

(2) 제임스 와트가 개량한 (   )이 기계의 새로운 동력원으로 사용되면서 면직물 생산이 크게 증가하였다.

2 다음 인물과 그 활동을 옳게 연결하시오.

(1) 모스   ·

(2) 풀턴   ·

(3) 스티븐슨·

· ㉠ 증기선 제작

· ㉡ 유선 전신 발명

· ㉢ 증기 기관차 제작

3 ㉠~㉢에 들어갈 국가를 각각 쓰시오.

19세기 초 (㉠   )는 석탄이 생산되는 북동부 지역부터 산업화가 이루어졌다. (㉡   )도 남북 전쟁 이후 풍부한 지하자원과 노동력을 바탕으로 산업이 빠르게 발전하였다. (㉢   )는 19세기 말부터 시베리아 횡단 철도를 건설하는 등 산업화를 꾀하였다.

핵심 콕콕

- **산업 혁명의 전개와 확산**

전개	·면직물 공업의 기계화 ·제임스 와트의 증기 기관 개량 ·교통·통신 수단 발달
확산	영국에서 시작된 산업 혁명이 프랑스, 미국, 독일, 러시아, 일본 등 여러 나라로 확산

C 산업 혁명의 결과

1. 산업 혁명에 따른 사회 변화

└ 예 증기 기관차, 증기선 등

(1) **생활 방식의 변화**: 대량 생산된 상품을 새로운 교통수단을 통해 운송 → 풍요롭고 편리해진 생활, 지역 간 교류 활발

(2) **사회 구조의 변화**: 농업 중심의 사회가 산업 사회로 변화, ⁺도시화 진행

(3) **경제 체제의 변화**: ⁺자본주의 체제 확립, 자본가와 노동자 계급 등장

2. 사회 문제의 발생과 해결 노력

└ Q세? 산업화가 진행되면서 인구가 증가하고 사람들이 도시로 올려들었기 때문이야.

(1) **사회 문제의 발생**: 빈부 격차 심화, 도시 문제 발생(주택·환경·위생 문제), 노동 문제 대두(저임금·장시간 노동, 여성과 아동 노동 문제)

└ 자본가들은 성인 남성보다 임금이 낮은 여성과 아동을 고용하여 더 큰 이윤을 얻으려고 하였어.

(2) **노동 운동의 전개**

① ⁺러다이트 운동: 일부 노동자들이 기계 파괴 운동 전개

② 노동조합 결성: 노동자들이 노동조합을 결성하여 임금 인상과 노동 조건 개선 요구

(3) **사회주의 사상의 등장**

① 배경: 산업 혁명 이후 사회 문제 확산 → 자본주의 체제 비판(오언, 마르크스 등)

② 주장: 사유 재산 제도 부정, 생산 수단의 공동 분배 → 평등 사회 건설

📑 **자료로 이해하기** | 사회주의 사상가들의 주장

- 자본가와 노동자가 서로 협동한다면 우리는 평등한 사회를 만들 수 있을 것입니다. – 오언의 주장
- 우리는 노동자 계급의 투쟁과 혁명을 통해 평등한 사회주의 사회를 건설해야 합니다. – 마르크스의 주장

산업 혁명 이후 사회 문제가 확산되자 자본주의 체제를 비판하는 사회주의 사상이 출현하였다. 오언은 대표적인 초기 사회주의 사상가로 경쟁보다는 협동 정신에 바탕을 둔 새로운 사회의 건설을 강조하였다. 반면 마르크스는 노동자들의 계급 투쟁을 통해 사유 재산 제도가 없는 평등 사회를 건설해야 한다고 주장하였다.

✛ 영국의 도시화

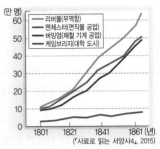

⬆ 영국 주요 도시의 인구 변화

산업 혁명의 결과 케임브리지와 같은 전통적인 도시보다 공업이 발달한 지역(멘체스터, 버밍엄)과 교통이 발달한 지역(리버풀)을 중심으로 도시가 성장하고 인구가 급격하게 증가하였다.

✛ 자본주의 체제

생산과 소비가 시장에 의해 결정되는 경제 체제이다. 기계·원료 등의 생산 수단을 갖춘 자본가가 이윤을 얻기 위해 노동자를 고용하여 상품을 생산·판매하는 새로운 생산 관계가 만들어졌다.

✛ 러다이트 운동

산업 혁명 초기에 일부 노동자들은 기계의 사용으로 일자리가 줄었다고 여겨 공장의 기계를 부수는 운동을 전개하였다.

D 19세기 유럽과 미국의 문화

1. 과학과 기술의 발전
└ 19세기는 '과학의 세기'라 불릴 정도로 자연 과학과 기술이 눈부시게 발전하였어.

과학	퀴리 부부의 라듐 발견, 뢴트겐의 X선 발견, ⁺다윈의 진화론 주장, 멘델의 유전 법칙 발견
기술	에디슨이 가정용 전구와 축음기 등 발명, 칼 벤츠가 가솔린 자동차 발명

2. 사상과 학문의 발전
벤담이 공리주의 주장, 콩트가 실증주의 제시, 랑케의 근대 역사학 성립, ⁺애덤 스미스가 자유방임주의 주장

└ 다수의 이익을 위해 개인의 이익 일부를 희생할 수 있다는 주장이야.
└ 관찰과 경험을 통해 사회를 분석하는 연구 경향이야.
└ 자본주의를 이론적으로 뒷받침하였어.

3. 예술의 발전

19세기 초반	낭만주의: 이성을 중시하는 계몽사상 비판, 인간의 감정과 상상력 중시
19세기 후반	• 사실주의·자연주의: 낭만주의에 대한 반발, 현실을 있는 그대로 묘사 • 인상주의: 화가의 주관적 인상과 빛의 색채 강조

✛ 다윈의 진화론

영국의 생물학자인 다윈은 『종의 기원』을 발표하여 적자생존(자연 선택)에 따른 종의 진화를 주장하였다.

✛ 애덤 스미스의 자유방임주의

영국의 애덤 스미스가 국가의 간섭을 최소한으로 줄이고 개인의 자유로운 경제 활동을 보장한다면 국가의 부를 증진할 수 있다고 주장한 경제사상이다.

1 다음 설명이 맞으면 ○표, 틀리면 ×표를 하시오.

(1) 산업 사회가 형성되면서 자본가와 노동자 계급이 등장하였다. (　　)

(2) 산업화의 혜택이 모두에게 돌아가면서 빈부 격차가 해소되었다. (　　)

(3) 산업화가 진행되면서 도시로 인구가 집중되어 도시 문제가 발생하였다. (　　)

2 다음 빈칸에 들어갈 내용을 쓰시오.

(1) 산업 혁명 이후 사회 문제가 확산되자 자본주의 체제를 비판하는 (　　　　)이 등장하였다.

(2) 일부 노동자들은 산업 혁명으로 공장에서 기계를 사용하면서 일자리가 줄어들었다고 여겨 (　　　　)이라는 기계 파괴 운동을 전개하였다.

3 ㉠, ㉡에 들어갈 인물을 각각 쓰시오.

초기 사회주의자인 (㉠　　　　)은 경쟁보다는 협동 정신에 바탕을 둔 새로운 사회의 건설을 강조하였다. 반면, (㉡　　　　)는 노동자들의 계급 투쟁을 통해 사유 재산 제도가 없는 평등 사회를 건설해야 한다고 주장하였다.

핵심 콕콕

· 산업 혁명의 결과

산업 혁명에 따른 사회 변화
· 농업 사회 → 산업 사회 · 물질적 풍요, 도시화 진행 · 자본주의 체제 확립

↓

사회 문제 발생과 해결 노력
· 사회 문제 발생: 빈부 격차 증대, 도시 문제 발생, 노동 문제 대두 · 해결 노력: 노동 운동 전개(러다이트 운동, 노동조합 결성), 사회주의 사상의 등장

---

1 다음 설명이 맞으면 ○표, 틀리면 ×표를 하시오.

(1) 퀴리 부부는 X선을 발견하였다. (　　)

(2) 애덤 스미스는 자유방임주의를 주장하였다. (　　)

(3) 칼 벤츠는 가정용 전구와 축음기를 발명하였다. (　　)

(4) 다윈은 적자생존(자연 선택)에 따른 종의 진화를 주장하였다. (　　)

2 19세기 초반에는 예술에서 계몽사상에 대한 비판이 일어나면서 인간의 감정과 상상력을 중요시하는 (　　　　)가 유행하였다.

핵심 콕콕

· 19세기 유럽과 미국의 문화

과학·기술	다윈의 진화론 주장, 에디슨의 가정용 전구와 축음기 발명 등
사상·학문	벤담의 공리주의, 콩트의 실증주의, 애덤 스미스의 자유방임주의 등
예술	낭만주의 → 사실주의, 인상주의

E 제국주의의 등장과 열강의 경쟁

1. 제국주의의 등장

> 군사력과 경제력을 앞세워 다른 나라를 침략하여 식민지를 건설하는 대외 팽창 정책이야.

> 소수의 거대 기업과 은행들이 전 세계적으로 산업 생산을 주도하면서 자본을 끌어모았어.

등장 배경	19세기 후반 서양에서 산업 혁명의 확산으로 자본주의 발전 → 서양 열강들이 값싼 원료의 공급지, 상품 판매 시장, 자본 투자 시장으로 식민지 필요
지배 논리	• 사회 진화론: 진화론을 사회 발전에 적용, 강대국의 약소국 지배를 정당화 • 인종주의: 백인종이 유색 인종(황인종, 흑인종)보다 우월하다고 주장

> 더 발달한 사회가 덜 발달한 사회를 지배할 수 있다는 논리를 합리화하였어.

2. 제국주의 열강의 경쟁

> 이집트의 카이로, 남아프리카의 케이프타운, 인도의 콜카타를 연결하였어.

(1) 영국: 종단 정책과 3C 정책 추진 → 아프리카를 북에서 남으로 점령

(2) 프랑스: 횡단 정책 추진 → 아프리카의 알제리에서 마다가스카르까지 점령

(3) 독일: 3B 정책 추진 → 발칸 지역과 서아시아, 아프리카 지역으로 세력 확장

> 독일의 베를린, 발칸 지역의 비잔티움(이스탄불), 서아시아의 바그다드를 연결하였어.

자료로 이해하기 | 제국주의의 등장

> 나는 런던 이스트엔드의 실업자 집회에 가서 "빵을 달라."라는 절절한 연설만 듣고 오다가 문득 제국주의의 중요성을 깨달았다. 우리는 영국의 4천만 국민을 피비린내 나는 내란으로부터 구하기 위해 새로운 영토를 개척해야만 한다. …… 당신이 내란을 피하려고 한다면 당신은 제국주의자가 되어야 한다. — 세실 로즈, 『유언집』

> 국내 문제를 해결하기 위해 식민지가 필요하다고 주장하고 있어.

산업화에 성공한 국가들은 식민지에 공장, 철도, 광산을 건설하는 사업에 투자하였고, 식민지에서 확보한 원료와 노동력으로 상품을 만들어 막대한 이익을 얻었다. 열강들은 이러한 산업 생산을 발전시키기 위해 식민지를 확대하였다.

＋ 제국주의 풍자화

자본가가 원주민의 노동력을 착취하여 상품을 생산하는 모습을 표현하였다.

＋ 인종주의 풍자화

↑ 백인의 짐을 표현한 그림
서구 열강은 아시아·아프리카의 민족이 미개하기 때문에 식민지로 삼아 문명화하는 것이 자신들의 의무라고 여겼다.

F 제국주의 열강의 아시아·태평양 침탈

1. 영국

> '해가 지지 않는 나라'라고 불릴 만큼 세계 곳곳에 식민지를 두었어.

17세기	인도에 진출 → ＋동인도 회사를 통해 인도 지배
18세기 후반	• 인도를 둘러싸고 프랑스와 경쟁 → 프랑스를 몰아냄 • 태평양 진출 → 오스트레일리아, 뉴질랜드 지배
19세기 후반	인도에 총독을 파견하여 직접 통치 → 동남아시아의 미얀마, 말레이반도 지역으로 세력 확장

↑ 19세기 열강의 아시아·태평양 침략

> 제국주의가 등장하기 전부터 차와 향신료를 찾아 유럽 상인들이 몰려들었어.

＋ 동인도 회사
유럽 각국이 인도와 동남아시아 지역의 무역 독점을 목적으로 세운 특허 회사이다. 영국과 네덜란드의 동인도 회사가 대표적이다.

＋ 대농장(플랜테이션)
동남아시아로 진출한 서양 열강은 이 지역에서 차, 고무, 커피, 사탕수수 등을 재배하는 대농장을 경영하여 많은 이익을 얻었다.

2. **프랑스:** 인도차이나반도에서 세력 확장(베트남, 캄보디아 등 점령)

3. **네덜란드:** 포르투갈을 밀어내고 인도네시아 대부분을 차지, ＋대농장(플랜테이션) 경영

4. **기타:** 독일이 태평양의 마셜 제도·캐롤라인 제도 등 차지, 미국이 필리핀·괌·하와이 등 병합

> 19세기 중반까지 에스파냐의 지배를 받다가 미국이 에스파냐와의 전쟁에서 승리한 이후에는 미국의 식민지가 되었어.

1 19세기 후반 열강은 군사력과 경제력을 앞세워 약소국을 침략하고 식민지로 삼았는데, 이러한 대외 팽창 정책을 (　　　　)라고 한다.

2 ㈎, ㈏에 해당하는 내용을 각각 쓰시오.

> ㈎ 진화론을 사회 발전에 적용하여 강대국이 약소국을 지배하는 것이 당연하다고 주장한 논리이다.
> ㈏ 백인종이 황인종, 흑인종 등의 유색 인종보다 우월하다고 믿는 사고방식으로, 백인이 유색 인종을 식민지로 삼는 것을 정당화하였다.

3 다음 설명이 맞으면 ○표, 틀리면 ×표를 하시오.
(1) 독일은 3C 정책을 추진하여 세력을 확장하였다. (　　)
(2) 영국은 종단 정책을 추진하여 아프리카를 북에서 남으로 점령하였다. (　　)
(3) 프랑스는 알제리를 거점으로 마다가스카르까지 점령하는 횡단 정책을 추진하였다.
(　　)

핵심 콕콕

• 제국주의

제국주의의 등장 배경
산업 혁명의 확산으로 자본주의 발전

↓

제국주의의 등장
• 다른 나라를 침략하여 식민지 건설 • 사회 진화론, 인종주의로 정당화

↓

제국주의 열강의 경쟁
영국(종단 정책, 3C 정책), 프랑스(횡단 정책), 독일(3B 정책)

1 지도는 19세기 열강의 아시아·태평양 침략을 나타낸 것이다. ㈎~㈐ 국가를 각각 쓰시오.

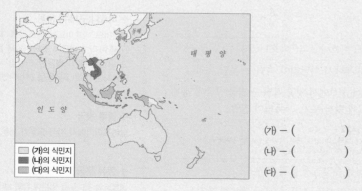

㈎ – (　　　　)
㈏ – (　　　　)
㈐ – (　　　　)

핵심 콕콕

• 열강의 아시아·태평양 침탈

영국	인도 지배, 오스트레일리아와 뉴질랜드 점령 등
프랑스	인도차이나반도 지역으로 세력 확장(베트남, 캄보디아 등)
네덜란드	인도네시아 대부분을 차지
미국	필리핀, 괌, 하와이 병합

2 동남아시아로 진출한 서양 열강은 이 지역에서 차, 고무, 커피, 사탕수수 등을 재배하는 (　　　　)을 경영하여 많은 이익을 얻었다.

03 유럽의 산업화와 제국주의

6 제국주의 열강의 아프리카 침탈

1. 배경: 리빙스턴 등 탐험가들의 활동 → 아프리카의 지하자원과 시장 잠재력 파악

2. 전개: ⁺베를린 회의에서 아프리카 분할 원칙에 합의 → ⁺아프리카 대부분이 식민지화

영국	케이프타운 차지, 수에즈 운하 매입, 이집트 보호국화 → 아프리카 종단 정책 추진
프랑스	북아프리카의 알제리를 거점으로 세력 확대 → 아프리카 횡단 정책 추진
기타	벨기에가 콩고를 사유지로 선언(1884), 19세기 후반 독일과 이탈리아의 진출

3. 제국주의 열강의 충돌   Qw? 영국은 종단 정책을, 프랑스는 횡단 정책을 실시하였기 때문이야.

(1) ⁺파쇼다 사건(1898): 영국과 프랑스가 수단의 파쇼다에서 충돌 → 프랑스의 양보

(2) 모로코 사건(1905~1906, 1911): 프랑스와 독일이 모로코를 둘러싸고 두 차례 대립

📑 자료로 이해하기   제국주의 열강의 아프리카 침탈

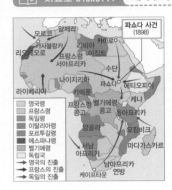

19세기 중반 탐험가의 활동으로 아프리카 내륙의 사정이 유럽에 알려지면서 열강은 아프리카를 본격적으로 침략하였다. 영국은 금과 다이아몬드 매장량이 많은 아프리카 남부를 차지하고 수에즈 운하가 있는 이집트를 보호국으로 삼아 두 지역을 잇는 종단 정책을 추진하였다. 프랑스는 알제리를 중심으로 서부 아프리카를 장악하고 마다가스카르를 향해 동부 아프리카로 확장하는 횡단 정책을 펼쳤다. 이 과정에서 1898년 영국과 프랑스는 수단의 파쇼다에서 충돌하였으나 프랑스의 양보로 전쟁이 일어나기 직전에 마무리되었다.

◀ 19세기 열강의 아프리카 침략

➕ 베를린 회의(1884~1885)
벨기에의 콩고 사유지 선언에 반발하여 제국주의 열강들이 베를린에서 개최한 회의이다. 이 회의에서 제국주의 열강들이 '먼저 점령하여 지배권을 획득한 국가'에 선점권을 주기로 합의하였다.

➕ 아프리카의 식민지화
열강의 침략으로 아프리카는 라이베리아와 에티오피아를 제외한 대부분이 식민지로 전락하였다.

➕ 파쇼다 사건 풍자화

빨간 모자를 쓴 소녀(프랑스)가 들고 있는 쿠키(파쇼다)를 할머니로 분장한 늑대(영국)가 노리고 있는 모습을 표현하였다.

H 아프리카·동남아시아의 민족 운동

1. 아프리카의 민족 운동

수단	이집트와 영국의 이중 지배 → 무함마드 아흐마드의 ⁺마흐디(구세주) 운동 전개
에티오피아	메넬리크 2세의 근대적 개혁, 아도와 전투에서 이탈리아 격퇴 → 독립 유지
남아프리카	• ⁺줄루 왕국: 영국의 침략 → 이산들와나 전투에서 영국 격퇴 → 결국 영국에 패배 • 나미비아: 헤레로족이 독일인의 착취에 맞서 봉기 → 독일이 진압

└ 다이아몬드 광산이 발견되면서 제국주의 열강의 침략이 본격화되었어.

2. 동남아시아의 민족 운동
Qw? 타이가 프랑스와 영국 세력 사이에 위치한 지리적 이점을 외교적으로 이용하였기 때문이야.

타이(태국)	라마 5세의 근대적 개혁, 동남아시아에서 유일하게 독립 유지
베트남	• 판보이쩌우가 베트남 유신회 결성, ⁺동유 운동 추진, 베트남 광복회 조직 • 문맹 퇴치를 위해 하노이에 근대식 사립 학교인 통킹 의숙 설치
필리핀	호세 리살이 필리핀 민족 동맹 결성, 아기날도가 필리핀 혁명군 조직
인도네시아	지식인·이슬람 상인의 반외세 운동(이슬람 동맹 결성), 카르티니의 여성 교육 운동

└ 인도네시아 최초의 여학교를 세웠어.

➕ 마흐디(구세주) 운동
무함마드 아흐마드는 스스로를 '마흐디(구세주)'라 칭하면서 외국인들을 몰아내고 모든 사람이 평등한 이슬람 세계를 만들자는 마흐디 운동을 전개하였다.

➕ 줄루 왕국
남아프리카에서 샤카 줄루가 세운 왕국

➕ 동유 운동
베트남의 청년들을 일본에 유학 보내 근대 문물과 제도를 배우도록 한 운동

1 (　　　　)에서 제국주의 열강들이 '먼저 점령하여 지배권을 획득한 국가'에 선점권을 주기로 합의하면서 아프리카 분할이 본격화되었다.

2 다음 설명에 해당하는 국가를 〈보기〉에서 골라 기호를 쓰시오.

〔 보기 〕
ㄱ. 영국　　　　　　　ㄴ. 벨기에　　　　　　　ㄷ. 프랑스

(1) 모로코를 둘러싸고 독일과 두 차례 대립하였다.　　　　　　　　(　　　)
(2) 콩고 일대를 식민지로 삼고 사유지로 선포하였다.　　　　　　　(　　　)
(3) 수에즈 운하를 매입하고 이집트를 보호국으로 삼았다.　　　　　(　　　)

3 ㉠~㉢에 들어갈 내용을 각각 쓰시오.

(㉠　　　　)은 아프리카 북부의 이집트와 남부의 케이프타운을 연결하는 종단 정책을 추진하였고, (㉡　　　　)는 알제리를 거점으로 마다가스카르까지 연결하는 횡단 정책을 추진하였다. 결국, 영국과 프랑스는 수단의 (㉢　　　　)에서 충돌하였다.

핵심 콕콕

• 제국주의 열강의 충돌

| 영국 |─| 아프리카 종단 정책 추진 |
↓
수단의 파쇼다에서 충돌(파쇼다 사건)
↑
| 프랑스 |─| 아프리카 횡단 정책 추진 |
↓
모로코를 둘러싸고 두 차례 대립(모로코 사건)
↑
| 독일 |─| 19세기 후반부터 아프리카에 진출 |

1 다음 설명에 해당하는 국가를 쓰시오.

• 메넬리크 2세가 근대적 개혁을 실시하였다.
• 아도와 전투에서 이탈리아 군대를 격퇴하였다.
• 아프리카에서 라이베리아와 더불어 독립을 유지하였다.

2 다음 설명이 맞으면 ○표, 틀리면 ×표를 하시오.

(1) 카르티니는 인도네시아 최초의 여학교를 세우고 여성 교육에 힘썼다.　(　　　)
(2) 판보이쩌우는 동유 운동을 펼쳐 베트남 청년들을 일본으로 유학 보냈다.　(　　　)
(3) 라마 5세는 필리핀 민족 동맹을 결성하여 에스파냐의 지배에 저항하였다.　(　　　)

핵심 콕콕

• 아프리카·동남아시아의 민족 운동

아프리카
• 수단: 무함마드 아흐마드의 마흐디 운동
• 에티오피아: 이탈리아 격퇴(아도와 전투)
• 줄루 왕국: 영국군 격퇴(이산들와나 전투)

동남아시아
• 타이: 동남아시아에서 유일하게 독립 유지
• 베트남: 판보이쩌우의 민족 운동
• 필리핀: 호세 리살, 아기날도의 저항
• 인도네시아: 카르티니의 여성 교육 운동

01 교사의 질문에 대한 학생의 답변으로 적절하지 <u>않은</u> 것은?

영국에서 시작된 산업 혁명은 인류의 삶을 크게 바꾸었어요. 산업 혁명이 영국에서 시작될 수 있었던 배경은 무엇일까요?

① 일찍부터 모직물 공업이 발달하였어요.
② 철과 석탄 등 지하자원이 풍부하였어요.
③ 정부가 적극적으로 산업화를 주도하였어요.
④ 시민 혁명 이후 정치적으로 안정을 이루었어요.
⑤ 인클로저 운동으로 도시에 노동력이 제공되었어요.

02 ㉠에 들어갈 내용으로 옳은 것은?

18세기 영국에서는 도시의 인구가 증가하여 곡물 가격이 오르자 지주들이 (㉠)을 전개하였다. 이들은 대규모 농업을 하기 위해 토지를 매입하거나 합병하여 자신의 사유지로 만들었다. 이 때문에 농민들은 토지에서 쫓겨나 일자리를 찾아 도시로 이동하였다.

① 명예혁명　　　② 산업 혁명
③ 브나로드 운동　　④ 인클로저 운동
⑤ 차티스트 운동

03 다음 기계의 발명에 따른 변화로 옳은 것은?

⊙ 물 방적기

⊙ 증기 기관

① 종교 개혁이 일어났다.
② 계몽사상이 등장하였다.
③ 중상주의 정책이 실시되었다.
④ 공장제 기계 공업이 발달하였다.
⑤ 영국의 모직물 공업이 성장하였다.

04 ㉠~㉢에 들어갈 인물을 옳게 연결한 것은?

▶ 지식 Q&A

19세기 교통·통신 수단의 발달에 대해 알려 주세요.

▶ 답변하기

└ 가현: (㉠)은/는 전기를 이용하여 신호를 주고받는 유선 전신을 발명하였어요.
└ 나현: 미국의 (㉡)은/는 1807년 증기 기관의 동력을 이용하여 증기선을 만들었죠.
└ 다현: 영국의 (㉢)이/가 증기 기관차를 제작한 이후 전 세계로 철도망이 확산되었어요.

	㉠	㉡	㉢
①	모스	하그리브스	스티븐슨
②	모스	풀턴	스티븐슨
③	모스	풀턴	제임스 와트
④	에디슨	풀턴	제임스 와트
⑤	에디슨	하그리브스	제임스 와트

05 그래프는 주요 국가의 공업 생산 비율을 나타낸 것이다. ㉠, ㉡ 국가에 대한 설명으로 옳은 것은?

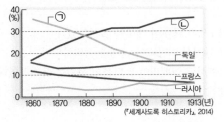
(『세계사도록 히스토리카』, 2014)

① ㉠ – 제2차 산업 혁명을 주도하였다.
② ㉠ – 석탄이 생산되는 북동부 지역부터 산업화가 이루어졌다.
③ ㉡ – 시베리아 횡단 철도를 부설하였다.
④ ㉡ – 대륙 봉쇄령을 어기고 영국과 무역하였다.
⑤ ㉡ – 남북 전쟁 이후 산업이 빠르게 발전하였다.

06 그래프는 영국 주요 도시의 인구 변화를 나타낸 것이다. 이와 관련된 탐구 활동으로 가장 적절한 것은?

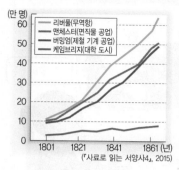

(만 명)

범례:
- 리버풀(무역항)
- 맨체스터(면직물 공업)
- 버밍엄(제철 기계 공업)
- 케임브리지(대학 도시)

1801 1821 1841 1861 (년)
(『사료로 읽는 서양사4』, 2015)

① 길드의 생산 방식을 알아본다.
② 보스턴 차 사건의 배경을 검색한다.
③ 증기 기관차의 실용화 과정을 조사한다.
④ 중상주의 정책으로 성장한 계층을 파악한다.
⑤ 항해법 제정이 무역에 끼친 영향을 탐구한다.

07 밑줄 친 ⊙에 대한 답으로 적절하지 않은 것은?

〈수행 평가 활동지〉

△△△△에 대해 배운 내용을 정리하여 다음 보석 맵을 완성해 보자.
〈보석 맵 작성 방법〉
1. 보석 맵에 △△△△에 대한 질문을 한 가지씩 적는다.
2. 보석 맵을 한 칸씩 돌린 후 바로 옆 사람이 질문에 대한 답을 보석 맵 뒷면에 적는다.

	영국에서 먼저 시작한 배경은 무엇인가요?	
방직기의 발명이 끼친 영향은 무엇인가요?	△△△△	전개 과정에서 어떤 국가로 확산되었나요?
	⊙ 어떤 결과를 가져왔나요?	

① 자본주의 체제가 등장하였다.
② 여성들의 일자리가 줄어들었다.
③ 자본가, 노동자 계급이 출현하였다.
④ 농업 중심의 사회가 산업 사회로 전환되었다.
⑤ 기계를 이용해 상품을 대량 생산하기 시작하였다.

08 다음과 같은 상황 속에서 나타난 영국의 사회 모습으로 적절하지 않은 것은?

일이 많을 때는 몇 시간 일하고 수면 시간은 얼마나 됐나요?

새벽 3시부터 밤 10시나 10시 반까지 일했습니다. 또한 새벽 2시에 일어나 4시간 이상 자지 못했습니다.

① 빈부의 격차가 줄어들었다.
② 도시에서 주택, 환경, 위생 문제가 발생하였다.
③ 자본가가 노동자를 고용하여 상품을 생산하였다.
④ 노동자들이 저임금을 받으며 장시간 노동에 시달렸다.
⑤ 자본주의 체제를 비판하는 사회주의 사상이 출현하였다.

09 ⊙에 들어갈 내용을 쓰시오.

산업 혁명 초기에 일부 노동자들은 기계의 사용으로 일자리가 줄어들었다고 생각하여 기계를 파괴하는 (⊙)을/를 전개하였다.

✦ 시험에 잘 나와!
10 두 인물의 주장에 해당하는 사상으로 옳은 것은?

자본가와 노동자가 서로 협동한다면 우리는 평등한 사회를 만들 수 있을 것입니다.

⬆ 오언

우리는 노동자 계급의 투쟁과 혁명을 통해 평등한 사회를 건설해야 합니다.

⬆ 마르크스

① 공리주의
② 민족주의
③ 사회주의
④ 실증주의
⑤ 자유주의

11 (가)에 들어갈 질문으로 가장 적절한 것은?

① X선을 발견한 인물은?

② 자유방임주의를 주장한 인물은?

③ 실증주의를 최초로 제시한 인물은?

④ 가정용 전구와 축음기를 발명한 인물은?

⑤ 적자생존에 따른 종의 진화를 주장한 인물은?

12 다음 설명에 해당하는 예술 경향으로 옳은 것은?

- 인간의 감정과 상상력을 중시하였다.
- 이성을 중시하는 계몽사상에 대한 반발로 등장하였다.

① 인상파   ② 낭만주의

③ 사실주의   ④ 인문주의

⑤ 자연주의

✿ 시험에 잘 나와!

13 밑줄 친 '이 정책'에 대한 설명으로 옳지 않은 것은?

나는 런던 이스트엔드의 실업자 집회에 가서 "빵을 달라."라는 절실한 연설만 듣고 오다가 문득 이 정책의 중요성을 깨달았다. 우리는 영국의 4천만 국민을 피비린내 나는 내란으로부터 구하기 위해 새로운 영토를 개척해야만 한다.   – 세실 로즈, 『유언집』

① 보수주의를 표방하였다.

② 열강의 아프리카 침탈에 영향을 주었다.

③ 열등한 인종을 문명화시킨다는 명분으로 전개되었다.

④ 원료 공급지와 상품 판매처의 확보를 위해 실시되었다.

⑤ 경제력과 군사력을 앞세워 약소국을 침략하는 정책이다.

14 (가)에 들어갈 답변으로 적절하지 않은 것은?

① 제국주의 국가가 식민지를 수탈하는 모습을 표현하였어.

② 성경을 읽고 있는 선교사는 제1 신분으로서의 특권을 누렸어.

③ 원주민의 몸을 쥐어짜는 군인은 제국주의 열강의 군사력을 표현한 거야.

④ 기계로 고통 받고 있는 원주민은 아시아, 아프리카의 식민지 주민들을 상징해.

⑤ 자본가와 군인이 원주민의 노동력을 착취하여 상품을 생산하는 상황을 풍자하였어.

15 밑줄 친 '이론'에 대한 설명으로 옳은 것은?

허버트 스펜서가 주장한 이론으로 다윈의 진화론을 인간 사회에 적용한 것이다. 이 이론은 자연 상태와 같이 인간 사회에서도 우월한 사회나 국가가 열등한 사회나 국가를 지배하는 것이 당연하다고 주장하였다.

① 제국주의 침략을 정당화하였다.

② 빈 체제의 성립에 영향을 주었다.

③ 자본주의 체제의 모순을 비판하였다.

④ 시장에 대한 국가의 개입을 반대하였다.

⑤ 자유주의가 확산되는 계기를 마련하였다.

[16~17] 지도를 보고 물음에 답하시오.

16 (가) 지역에 대한 설명으로 옳은 것은?

① 독일의 지배를 받았다.
② 네덜란드의 식민지로 전락하였다.
③ 괌, 하와이와 함께 미국에 병합되었다.
④ 동남아시아에서 유일하게 독립을 유지하였다.
⑤ 동인도 회사를 통해 영국의 간접 지배를 받았다.

17 19세기에 (나) 지역을 지배한 국가에 대한 설명으로 옳은 것은?

① 3B 정책을 추진하였다.
② 캐롤라인 제도를 차지하였다.
③ 인도네시아 대부분을 차지하였다.
④ 북아프리카의 알제리를 차지하였다.
⑤ 오스트레일리아와 뉴질랜드를 지배하였다.

18 ㉠, ㉡에 들어갈 국가를 옳게 연결한 것은?

19세기경 인도네시아 대부분을 점령한 (㉠)는 이곳에 차, 사탕수수 등을 재배하는 대농장을 건설하였다. 한편, 17세기경 인도에 진출한 (㉡)은/는 19세기 후반부터 총독을 파견하여 인도를 직접 통치하였다.

	㉠	㉡		㉠	㉡
①	벨기에	미국	②	네덜란드	미국
③	네덜란드	영국	④	에스파냐	영국
⑤	에스파냐	프랑스			

☆ 시험에 잘 나와!

19 지도는 19세기경 열강의 아프리카 침탈을 나타낸 것이다. (가), (나) 국가에 대한 설명으로 옳은 것을 〈보기〉에서 고른 것은?

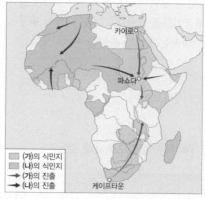

〈 보기 〉
ㄱ. (가) – 3B 정책을 실시하였다.
ㄴ. (가) – 콩고를 사유지로 선언하였다.
ㄷ. (나) – 모로코를 둘러싸고 독일과 대립하였다.
ㄹ. (나) – 알제리를 거점으로 세력을 확대하였다.

① ㄱ, ㄴ   ② ㄱ, ㄷ   ③ ㄴ, ㄷ
④ ㄴ, ㄹ   ⑤ ㄷ, ㄹ

20 밑줄 친 '두 나라'에 해당하는 국가를 〈보기〉에서 고른 것은?

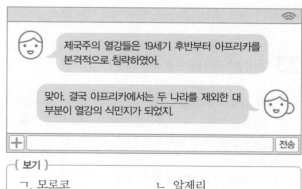

제국주의 열강들은 19세기 후반부터 아프리카를 본격적으로 침략하였어.

맞아. 결국 아프리카에서는 두 나라를 제외한 대부분이 열강의 식민지가 되었지.

〈 보기 〉
ㄱ. 모로코   ㄴ. 알제리
ㄷ. 라이베리아   ㄹ. 에티오피아

① ㄱ, ㄴ   ② ㄱ, ㄷ   ③ ㄴ, ㄷ
④ ㄴ, ㄹ   ⑤ ㄷ, ㄹ

21 ㉠에 들어갈 국가로 옳은 것은?

> 19세기 말 (㉠)은/는 이집트와 영국의 이중 지배를 받았다. 이에 반발하여 무함마드 아흐마드는 스스로를 구세주라 부르며 외국인들을 몰아내고 모든 사람이 평등한 이슬람 세계를 만들자는 마흐디 운동을 전개하였다.

① 수단　　　② 콩고　　　③ 알제리
④ 라이베리아　　⑤ 에티오피아

22 밑줄 친 '이 국가'에 대한 설명으로 옳은 것은?

① 대프랑스 동맹을 결성하였다.
② 오스만 제국과 크림 전쟁을 일으켰다.
③ 이산들와나 전투에서 영국군을 물리쳤다.
④ 이탈리아군을 격퇴하고 독립을 유지하였다.
⑤ 헤레로족을 중심으로 독일에 맞서 봉기하였다.

23 (가)에 들어갈 내용으로 옳은 것은?

> 열강의 지배를 받던 베트남에서는 지식인들이 근대 문물을 수용하는 한편, 독립 정신을 키우기 위한 민족 운동을 전개하였다. 특히 판보이쩌우는 ____(가)____

① 에스파냐의 무적함대를 물리쳤다.
② 아도와 전투에서 이탈리아를 물리쳤다.
③ 흑인 노예들을 이끌고 프랑스에 저항하였다.
④ 농민 계몽을 위해 브나로드 운동을 전개하였다.
⑤ 동유 운동을 전개하여 청년들을 일본에 유학 보냈다.

24 ㉠에 들어갈 인물로 옳은 것은?

> 칠판의 시는 필리핀 민족 동맹을 결성한 (㉠)이/가 처형되기 전날 밤에 남긴 작품이에요.

> 잘 있어라, 사랑하는 조국이여. / 태양이 감싸 주는 영토여. / 내 슬프고 억압된 목숨을 너를 위해 바치리니
> ......
> 나는 너의 복지를 위해 나의 생명을 / 최후까지 바치리니

① 카르티니　　　　② 라마 5세
③ 샤카 줄루　　　　④ 호세 리살
⑤ 판보이쩌우

25 밑줄 친 ㉠, ㉡에 해당하는 프로그램 내용으로 가장 적절한 것은?

자유 학년제 2학기 활동 프로그램 신청서

가. 주제 선택 프로그램(월요일 5, 6교시)
　→ 희망하는 곳에 ○표 표시

프로그램명	프로그램 소개	선택
동남아시아 역사 탐구반	㉠ 베트남, ㉡ 필리핀, 인도네시아 등 동남아시아에서 전개된 민족 운동을 배우는 수업	
......	......	

　　　　　　　......

위와 같이 활동 프로그램 참가를 희망합니다.
　　　　　　　　△△중학교장 귀하

① ㉠ – 카르티니가 여성 교육 운동에 힘썼다.
② ㉠ – 라마 5세가 근대적인 개혁을 실시하였다.
③ ㉡ – 아기날도가 혁명군을 조직하였다.
④ ㉡ – 이달고 신부가 민중 봉기를 일으켰다.
⑤ ㉡ – 지식인과 상인이 이슬람 동맹을 결성하였다.

서술형 문제

서술형 감잡기

01 (가)에 들어갈 내용을 서술하시오.

> 문답으로 읽는 역사
>
> 산업 혁명이 영국에서 시작될 수 있었던 이유는 무엇일까? 우선 영국은 모직물 공업의 발달로 자본이 축적되었고, 시민 혁명 이후 정치적 안정을 이루어 경제 발전에 전념할 수 있었다. 또한 영국은
>
> (가)

➡ 일찍부터 (①   )를 확보하여 원료 공급지 및 상품 판매처로 활용하였으며, 석탄·철 등의 (②   )도 풍부하였다. 게다가 (③   )으로 토지를 잃은 농민들이 도시로 이동하여 공장에 노동력을 제공하였다.

실전! 서술형 도전하기

02 산업 혁명으로 발생한 도시 문제와 노동 문제의 사례를 각각 한 가지씩 서술하시오.

03 사회주의 사상가들의 주요 주장을 제시된 용어를 포함하여 서술하시오.

> • 생산 수단   • 사유 재산 제도

04 다음 자료가 제국주의를 어떻게 정당화하고 있는지 서술하시오.

↑ 백인의 짐을 표현한 그림

> 백인의 짐을 져라 / 그대가 키운 최정예를 보내라 / 그대의 아들들을 역경의 길로 보내라 / 그대가 잡은 원주민들의 욕구를 달래기 위해.
>
> — 키플링, 「백인의 짐」

05 지도를 보고 물음에 답하시오.

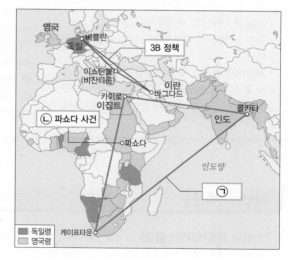

(1) ㉠에 들어갈 영국의 정책을 쓰시오

(2) ㉡ 사건의 배경을 영국, 프랑스의 정책과 관련지어 서술하시오.

04 서아시아와 인도의 국민 국가 건설 운동

A 오스만 제국의 쇠퇴와 개혁

1. ⁺오스만 제국의 쇠퇴: 술탄 중심의 중앙 집권 체제 동요, 제국 내 여러 민족이 독립 요구 → 영국과 러시아 등 강대국의 압박 → 그리스의 독립과 이집트의 자치 허용, 유럽 지역 내 영토 상실
┌ 유럽 국가들이 크리스트교 보호를 구실로
└ 오스만 제국의 민족 문제에 개입하였어.

2. 탄지마트(은혜 개혁, 1839~1876)
┌ 예 중앙 집권적인 행정 기구를 갖추고 근대식 군대와
└ 사법 제도, 세금 제도, 교육 제도를 개혁하였어.

내용	민족적·종교적 차별 폐지, 각종 제도 개혁, 서양식 의회 개설, 근대적 헌법 제정 등
결과	보수 세력의 반발, 유럽 열강의 간섭 → 큰 성과 없이 실패

3. ⁺청년 튀르크당의 혁명

(1) 배경: 개혁의 실패, 러시아와의 전쟁에서 패배 → 술탄 압둘 하미드 2세의 전제 정치 강화(헌법 폐지, 의회 해산 등)

(2) 전개: 젊은 장교·관료·지식인들이 청년 튀르크당 결성 → 무력 혁명으로 정권 장악 (1908) → 헌법 부활, 산업 육성·조세 감면 등 근대적 개혁 추진, 외세 배척 운동 전개
┌ 아랍어 사용을 금지하는 등 튀르크 민족주의를
└ 내세워 다른 민족과 갈등을 일으켰어.

📖 **자료로 이해하기** 탄지마트의 전개

> • 모든 오스만인은 개인의 자유를 누린다.
> • 출판은 법률이 허용하는 범위 내에서 자유이다.
> • 적법하게 취득한 재산은 보장을 받는다.
> • 제국 의회는 원로원과 대의원의 양원제로 구성된다. – 오스만 제국 헌법의 주요 내용, 1876

오스만 제국은 대내외적인 위기를 극복하고 부국강병을 이루기 위해 탄지마트라고 불리는 근대적 개혁을 추진하였다. 이에 따라 민족과 종교에 따른 차별을 폐지하고 세금·교육 제도를 서구식으로 바꾸었다. 또한 미드하트 파샤를 비롯한 혁신적인 관료들은 서양식 의회를 개설하고 근대적인 헌법을 제정하였다.

⁺오스만 제국의 쇠퇴

□ 오스만 제국의 최대 영역
■ 영토 상실(1815~1871)
■ 영토 상실(1871~1914)
■ 1914년의 영역

⁺청년 튀르크당의 시가행진

청년 튀르크당이 들고 있는 현수막에는 '헌법 만세', '규율', '정의', '질서' 등의 구호가 적혀 있다.

B 아랍의 민족 운동

1. ⁺와하브 운동(18세기 중엽) ─ 아랍 민족주의와 결합하여 오스만 제국의 지배에 저항하는 운동으로 발전하였어.

배경	오스만 제국의 쇠퇴 → 아랍 지역에서 서양 열강의 영향력 확대
전개	이븐 압둘 와하브가 이슬람교 본래의 순수성을 회복하자는 운동 전개 → 와하브 왕국 건설 → 오스만 제국에 의해 멸망 ─ 이슬람교의 경전인 『쿠란』의 가르침대로 생활할 것을 주장하였어.
영향	19세기 후반 아랍 민족 운동의 기반 형성, 20세기 전반 사우디아라비아 왕국 건설
└ 와하브 운동 당시 사용하였던 깃발을 바탕으로 국가를 만들었어.

2. 아랍 문화 부흥 운동(19세기 초)

내용	시리아·레바논에서 해외 문학 작품을 아랍어로 번역, 아랍 고전 연구
영향	아랍 민족의 단결과 독립운동 자극, 아랍 민족주의의 기반 형성

⁺와하브 운동의 세력권

■ 와하브 운동 세력권

무엇을 배울까?
- 오스만 제국의 쇠퇴와 개혁
- 아랍·이란의 민족 운동
- 이집트의 근대화와 민족 운동
- 열강의 인도 침략과 인도의 민족 운동

1 다음 설명이 맞으면 ○표, 틀리면 ×표를 하시오.

(1) 19세기에 오스만 제국은 이집트를 정복하여 영토를 확장하였다. (   )

(2) 술탄 중심의 중앙 집권 체제가 동요하자 오스만 제국 내 여러 민족이 독립을 요구
하였다. (   )

2 오스만 제국은 1839년부터 (   )(이)라는 개혁을 실시하여 민족과 종교에 따른
차별을 폐지하고 세금·교육 제도를 서구식으로 바꾸는 등 변화를 시도하였다.

3 ㉠, ㉡에 들어갈 내용을 각각 쓰시오.

↑ (㉡)의 시가행진

오스만 제국에서는 개혁이 실패하고 러시아
와의 전쟁에서도 패하자 술탄 (㉠   )가
헌법을 폐지하고 의회를 해산한 뒤 전제 정치
를 강화하였다. 이에 반발한 젊은 장교와 관
료, 지식인들은 (㉡   )을 결성하였다.
(㉡   )은 1908년 무력 혁명으로 정권을
잡은 뒤 헌법을 부활하였다.

핵심 콕콕

• **오스만 제국의 개혁**

탄지마트
민족적·종교적 차별 폐지, 세금·교육 제도 개혁, 서양식 의회 설립, 근대적 헌법 제정

↓

개혁 실패로 술탄의 전제 정치 강화

↓

청년 튀르크당의 혁명
무력 혁명으로 정권 장악(1908) → 헌법 부활, 근대적 개혁 추진

1 다음 설명이 맞으면 ○표, 틀리면 ×표를 하시오.

(1) 와하브 운동은 오스만 제국의 부흥을 목표로 삼았다. (   )

(2) 이븐 압둘 와하브는 이슬람교 본래의 순수성을 회복하자는 운동을 전개하였다.
  (   )

2 19세기 초 아랍 지역에서는 (   )이 일어나 해외 문학 작품을 아랍어로 번역하
고 아랍의 고전을 연구하였다.

핵심 콕콕

• **아랍의 민족 운동**

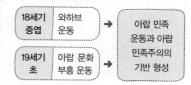

18세기 중엽	와하브 운동	→	아랍 민족 운동과 아랍 민족주의의 기반 형성
19세기 초	아랍 문화 부흥 운동	→	

C 이란의 민족 운동

1. 19세기의 이란: 18세기 말 카자르 왕조가 이란 지역 재통일 → 19세기 영국과 러시아가 카자르 왕조의 영토와 이권 약탈

> 당시 이란인 중에서는 담배와 관련된 일로 생계를 유지하는 사람들이 많았어.

2. 담배 불매 운동: 이란 국왕이 영국 상인에게 담배 독점 판매권을 넘김 → 지주와 소작농, 상인을 중심으로 담배 불매 운동 시작 → +알 아프가니와 이슬람 성직자의 주도로 확산 → 이란 국왕이 담배 독점 판매권 회수, 영국에 막대한 위약금 지불

3. 입헌 혁명(20세기 초)

> 꼭! 담배 불매 운동은 입헌 혁명의 중요한 계기가 되었어.

(1) 배경: 카자르 왕조의 전제 정치에 반발

(2) 전개: 의회 개설·헌법 제정을 요구하는 운동 전개

(3) 결과: 영국과 러시아의 무력 간섭으로 실패

> 정부는 이 요구에 따라 의회를 개설하고 입헌 군주제 헌법을 제정하였어.

⬆ 열강의 이란 침략

➕ 알 아프가니

이슬람 세계의 단결을 통해 유럽 열강에 맞서야 한다고 주장하였다. 1890년에 영국에 담배 독점 판매권이 넘어가자 이슬람교 지도자들에게 편지를 보내 담배 불매 운동에 나서줄 것을 호소하였다.

> 입헌 혁명 이후 영국과 러시아는 이란을 3등분하여 남부는 영국이, 북부는 러시아가 차지하였어.

D 이집트의 근대화와 민족 운동

1. 이집트의 근대화 운동

(1) 배경: 오스만 제국의 지배를 받음 → 18세기 말 나폴레옹의 이집트 침략 → 프랑스 기술과 무기의 우수성 인식

(2) 전개

> 예! 근대적 군대 창설, 유럽식 행정 기구와 교육 제도 도입, 근대적 공장 설립 등 적극적인 부국강병 정책을 실시하였어.

19세기 초	• 총독 무함마드 알리가 근대화 정책 추진 • 오스만 제국으로부터 자치권 획득
19세기 중엽	• 영국과 프랑스의 자금을 빌려 철도·전신 시설 마련, +수에즈 운하 건설(1869) • 이집트의 재정 상태 악화 → 영국과 프랑스의 내정 간섭을 받게 됨

2. 아라비 파샤의 민족 운동(아라비 혁명)

> '이집트인을 위한 이집트의 건설'이라는 구호를 내세웠어.

(1) 내용: 이집트에 대한 열강의 간섭 지속 → 아라비 파샤를 중심으로 한 군부가 민족주의자들을 이끌고 혁명 시도

> 헌법 제정과 의회 설립, 외국인 지배로부터의 해방을 요구하였어.

(2) 결과: 영국군에 의해 진압 → 이집트가 영국의 보호국으로 전락

➕ 수에즈 운하

지중해와 홍해를 연결하는 세계 최대의 인공 수로이다. 1869년에 완공되면서 배로 유럽과 인도를 오가는 거리가 이전보다 3분의 1이 짧아졌다.

⬆ 수에즈 운하 개통 당시의 모습

📖 자료로 이해하기   수에즈 운하의 개통과 영국의 이집트 장악

🔄 수에즈 운하 개통에 따른 교통로의 변화

수에즈 운하의 개통으로 유럽에서 인도까지 오는 항로가 단축되면서 유럽과 인도·중국에 이르는 무역 규모가 크게 증가하였다. 그러나 이집트는 수에즈 운하를 건설하는 과정에서 막대한 빚을 지게 되어 재정난을 겪게 되었고, 이 틈에 영국과 프랑스가 수에즈 운하의 주식을 사들여 경영권을 장악하였다. 이후 영국은 이집트에 대한 내정 간섭을 강화하였고, 결국 이집트는 영국의 보호국으로 전락하였다.

1 ⊙, ⓒ에 들어갈 내용을 각각 쓰시오.

이란의 국왕이 근대화 자금을 얻기 위해 (⊙   ) 상인에게 담배 독점 판매권
을 넘기자 (ⓒ   )는 각지의 이슬람교 지도자들에게 편지를 보내 담배 불매
운동에 나설 것을 호소하였다. 그 결과 담배 불매 운동이 전국으로 확산되었다.

2 다음 설명이 맞으면 ○표, 틀리면 ×표를 하시오.

(1) 19세기 영국은 이란을 침략하여 이란의 북부 지역을 차지하였다.　(　)

(2) 20세기 초 카자르 왕조의 전제 정치에 반대하여 입헌 혁명이 일어났다.　(　)

핵심 콕콕

• **이란의 민족 운동**

담배 불매 운동
알 아프가니와 이슬람 성직자의 주도 → 이란 국왕이 담배 독점 판매권 회수

↓

입헌 혁명
의회 개설·헌법 제정 요구 → 영국과 러시아의 무력 간섭

↓

영국과 러시아가 이란을 분할 점령

핵심 콕콕

1 ⊙, ⓒ에 들어갈 내용을 각각 쓰시오.

(⊙   )의 지배를 받던 이집트에서는 총독 (ⓒ   )가 근대화 정책을 추
진하였다. 그는 근대적인 군대를 창설하고, 유럽식 행정 기구를 도입하였으며,
근대식 공장을 설립하는 등 적극적으로 이집트의 근대화를 추진하였다.

2 다음 괄호 안의 내용 중 알맞은 말에 ○표를 하시오.

(1) 1869년에 (수에즈 운하, 파나마 운하)가 완공되면서 배로 유럽과 인도를 오가는 거
리가 이전보다 3분의 1이 짧아졌다.

(2) (아라비 파샤, 무함마드 알리)를 중심으로 한 군부는 '이집트인을 위한 이집트의 건설'
이라는 구호를 외치며 혁명을 시도하였다.

3 ⑺~⒟를 일어난 순서대로 나열하시오.

⑺ 이집트가 수에즈 운하를 건설하였다.

⑻ 무함마드 알리가 이집트의 총독으로 임명되었다.

⑼ 아라비 파샤를 중심으로 한 군부가 혁명을 시도하였다.

• **이집트의 근대화와 민족 운동**

무함마드 알리	이집트의 근대화 추진 → 오스만 제국으로부터 자치권 획득

↓

수에즈 운하 건설 이후 영국·프랑스의 내정 간섭

↓

아라비 파샤	민족주의자들을 이끌고 혁명 시도 → 영국에 의해 진압

↓

이집트가 영국의 보호국으로 전락

E 열강의 인도 침략

1. 유럽 열강의 인도 침략

> Qw? 아우랑제브 황제가 죽은 후 내부 반란과 재정 파탄으로 국력이 급속하게 쇠퇴하였어.

(1) 배경: 18세기에 무굴 제국 쇠퇴 → 유럽 여러 나라들이 침략 경쟁 시작

(2) 전개: 영국·프랑스가 동인도 회사를 앞세워 인도 진출, 인도 무역의 주도권을 두고 충돌 → 영국의 ⁺플라시 전투 승리(1757) → 영국이 벵골 지역의 통치권 차지 → 19세기 중엽 영국이 인도의 거의 모든 지역 점령

2. 영국의 인도 지배

경제	• 인도인에게 아편·면화 재배 강요, 영국산 면직물 판매 → 인도의 면직업 몰락 • 근대적 토지 제도 도입, 높은 토지세 부과 → 촌락 공동체 붕괴, 주민 생활 악화
종교	힌두교·이슬람교 간 종교적 대립 조장, 인도인에게 크리스트교로의 개종 강요

➕ 플라시 전투(1757)

영국이 인도의 플라시 지방에서 프랑스와 연합한 벵골 지역의 지배자와 벌인 전투이다. 영국은 프랑스와 벵골 연합군을 물리치고 벵골 지역의 통치권을 차지하여 벵골 지역에 대한 무관세 혜택과 징세권을 획득하였다.

📋 자료로 이해하기 인도 면직업의 몰락

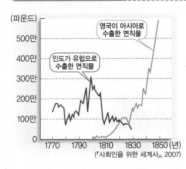

(파운드)

영국이 아시아로 수출한 면직물

인도가 유럽으로 수출한 면직물

인도의 면직물은 19세기 이전까지 유럽에서 큰 인기를 얻었다. 그러나 19세기 이후 유럽에서 값싼 면직물이 대량으로 생산되자 인도산 면직물의 수요가 줄어들었다. 19세기 중엽 영국은 인도의 거의 모든 지역을 점령하였으며, 공장에서 대량 생산된 영국산 면직물을 인도에 수출하였다. 결국, 인도산 면직물이 가격 경쟁에서 밀리게 되어 인도의 대표적인 산업이었던 면직업이 대거 몰락하였다.

(『사회인을 위한 세계사』, 2007)

> Qw? 영국에서 시작된 산업 혁명이 유럽으로 확산되면서 공장에서 값싼 면직물을 대량으로 생산할 수 있게 되었어.

⬅ 인도와 영국의 면직물 교역

F 세포이의 항쟁

1. 배경: 영국의 침략과 지배 방식에 대한 인도인의 불만 고조

2. 전개: ⁺세포이들의 무장 투쟁(1857) → 대규모 민족 운동으로 확산 → 내부 분열과 영국의 반격으로 실패(1859)

└ 세포이들은 한때 델리까지 장악하였어.

3. 결과: 영국이 무굴 제국의 황제 폐위(무굴 제국 멸망, 1858), 동인도 회사 해체 → 영국령 인도 제국 수립(영국의 인도 직접 지배, 1877)

└ 영국 국왕이 인도 황제를 겸하고 총독을 파견하였어.

➕ 세포이

영국 동인도 회사가 고용한 인도인 용병

📋 자료로 이해하기 세포이의 항쟁이 일어난 원인

19세기 중엽 영국 동인도 회사가 세포이에게 지급한 탄약 주머니에 이슬람교도가 부정하게 여기는 돼지의 기름과 힌두교도가 신성하게 여기는 소의 기름이 칠해져 있다는 소문이 돌았다. 힌두교도와 이슬람교도가 많았던 세포이들은 이 소문을 듣고 영국이 인도의 종교적 전통을 무시한다고 받아들여 항쟁을 일으켰다.

> Qw? 세포이들이 총을 사용하려면 동인도 회사에서 받은 탄약 주머니를 입으로 뜯어 탄약을 장전할 수밖에 없었기 때문이야.

⬅ 영국군에 맞서는 세포이

1 ⑦, ⓒ에 들어갈 내용을 각각 쓰시오.

> 무굴 제국이 쇠퇴하자 유럽 열강들이 인도를 차지하기 위한 경쟁을 벌였다. 이 가운데 (⑦   )를 앞세워 인도에 진출한 영국과 프랑스가 인도 무역의 주도권을 놓고 충돌하였다. 결국, 영국이 (ⓒ   )에서 프랑스·벵골 연합군을 물리치고 승리하면서 벵골 지역의 통치권을 차지하였다.

2 다음 설명이 맞으면 ○표, 틀리면 ×표를 하시오.

(1) 영국은 19세기 중엽에 인도의 거의 모든 지역을 점령하였다. (   )

(2) 영국산 면직물이 인도에 수출되면서 인도의 면직업이 성장하였다. (   )

(3) 영국은 인도를 지배하면서 인도인에게 아편·면화의 재배를 강요하였다. (   )

3 영국은 인도를 지배할 때 (   )와 이슬람교 간 종교적 대립을 부추기고 나아가 인도인에게 크리스트교로의 개종을 강요하였다.

핵심 콕콕

· 열강의 인도 침략

유럽 열강의 인도 침략
영국·프랑스가 인도 무역의 주도권을 두고 충돌 → 영국의 플라시 전투 승리(1759) → 영국이 벵골 지역의 통치권 차지 → 영국이 인도 대부분 지역을 점령

↓

영국의 인도 지배
· 경제: 인도인에게 아편·면화 재배 강요, 영국산 면직물 판매 · 종교: 힌두교·이슬람교 간 종교적 대립 조장, 크리스트교로의 개종 강요

---

1 다음 설명이 맞으면 ○표, 틀리면 ×표를 하시오.

(1) 세포이의 항쟁을 진압한 영국은 동인도 회사를 설립하였다. (   )

(2) 영국은 1877년 영국령 인도 제국을 수립하여 인도를 직접 지배하였다. (   )

(2) 세포이의 항쟁은 영국의 지배 방식에 대한 인도인의 불만이 높아지면서 일어났다.

(   )

2 ⑺~⑻를 일어난 순서대로 나열하시오.

> ⑺ 무굴 제국이 멸망하였다.
> ⑻ 영국령 인도 제국이 수립되었다.
> ⑼ 세포이들이 영국에 맞서 무장 투쟁을 시작하였다.

핵심 콕콕

· 세포이의 항쟁

배경	영국의 침략과 지배 방식에 대한 인도인의 불만 고조
전개	영국 동인도 회사 소속 세포이들의 무장 투쟁 → 대규모 민족 운동으로 확산 → 내부 분열과 영국의 반격으로 실패
결과	무굴 제국 멸망, 동인도 회사 해체 → 영국의 인도 직접 지배

6 인도 국민 회의

1. 결성 배경

(1) **인도 민족 운동의 확산**: 서양 문물을 경험한 인도의 지식인, 학생, 종교 지도자들이 민족 운동 전개(+인도 사회의 개혁, 영국의 지배에 대한 저항 주장)

(2) **영국의 인도인 회유 정책**: 영국이 인도인의 불만을 잠재우기 위해 중상류층 인도인의 정치 참여를 지원 → 인도 국민 회의 결성(1885)

↑ 인도 국민 회의 창립 총회

+ 인도 사회의 개혁
람 모한 로이를 중심으로 카스트제 철폐, 악습 타파, 우상 숭배 배격 등을 주장하였다.

초기 인도 국민 회의는 영국식 교육을 받은 상인, 지주, 지식인들로 구성되어 영국의 통치에 협조적이었어.

2. 활동

초기	영국의 인도 지배 인정, 인도인의 권익 확보 노력
변화	점차 영국의 지배 방식 비판, 인도인의 이익을 대변하는 단체로 발전

H 벵골 분할령과 인도인의 저항

1. 영국의 벵골 분할령 발표(1905)

내용	반영 운동이 활발하던 벵골 지역을 동서로 나누어 통치한다는 방침
목적	• 명목: 행정 편의를 내세워 동벵골(이슬람교도 다수)과 서벵골(힌두교도 다수)로 분할 • 실상: 두 종교 간의 갈등 조장 → 인도 민족 운동의 분열 시도
영향	영국에 협조적이던 인도 국민 회의가 반영 운동 전개

└─ 영국은 벵골이 인구가 많고 면적이 넓어 통치하는 데 어려움이 많다고 주장하였어.

2. 인도 국민 회의의 반영 운동

(1) **전개**: 콜카타 대회에서 영국 상품 배척·+스와라지(자치)·+스와데시(국산품 애용)·국민 교육 실시의 4대 강령 채택, 반영 운동 주도 → 대규모 민족 운동으로 발전

(2) **결과**: 영국의 벵골 분할령 취소(1911), 명목상 인도인의 자치 인정

+ 스와라지(자치)
스와라지는 처음 채택될 당시 자치를 의미하였지만 점차 독립을 의미하는 것으로 해석되기도 하였다.

+ 스와데시(국산품 애용)
스와데시는 자국의 물건을 의미한다. 이는 인도 전통의 수공업 생산을 부흥하자는 운동으로 나타났다.

📑 자료로 이해하기 | 벵골 분할령과 인도의 반영 운동

↑ 벵골 분할령

1905년 인도 총독 커즌은 당시 반영 운동이 활발한 벵골 지역을 힌두교도가 많은 서벵골과 이슬람교도가 많은 동벵골로 나누어 통치한다는 벵골 분할령을 발표하였다. 그는 행정의 효율성을 높이기 위해 이와 같은 조치를 발표하였다고 말하였다. 하지만 이는 종교 갈등을 이용해 민족 운동의 힘을 분산시키려는 목적이었다. 영국에 협조적이었던 인도 국민 회의는 이를 계기로 영국 상품 배척, 스와라지(자치), 스와데시(국산품 애용), 민족 교육 실시를 요구하면서 반영 운동에 앞장섰다. 이 저항이 계층과 종교의 차이를 넘어서는 민족 운동으로 발전하자 영국은 벵골 분할령을 취소하고 명목상 인도의 자치를 인정하였다.

1 다음 설명이 맞으면 ○표, 틀리면 ×표를 하시오.

(1) 인도에서 민족 운동이 확산되자 영국은 인도 국민 회의를 해산하였다. (　　)

(2) 서양 문물을 경험한 인도의 지식인과 학생, 종교 지도자들은 인도 사회를 개혁하고 영국의 지배에 저항할 것을 주장하였다. (　　)

2 다음에서 설명하는 단체를 쓰시오.

> 영국이 인도인을 회유하기 위해 중상류층 인도인을 중심으로 결성한 단체이다. 초기에 영국의 인도 지배를 인정하면서 인도인의 권익을 확보하려는 타협적인 자세를 보였다.

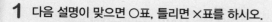

핵심 콕콕

· 인도 국민 회의

결성 배경	인도인의 불만을 잠재우기 위해 영국이 중상류층 인도인의 정치 참여를 지원 → 인도 국민 회의 결성
활동 전개	· 초기: 영국의 인도 지배 인정 · 변화: 영국의 지배 방식 비판

1 지도는 20세기 초 인도 지역을 나타낸 것이다. ㈎, ㈏ 지역 주민들이 주로 믿었던 종교를 각각 쓰시오.

아프가니스탄
펀자브　카슈미르
티베트
네팔　부탄
라지푸타나
구자라트
비하르
콜카타　미얀마
벵골만
아라비아해
㈎　㈏

— 동벵골·서벵골의 분할선
⬛ 분할 전의 벵골주
실론

㈎ − (　　　　　)

㈏ − (　　　　　)

핵심 콕콕

· 벵골 분할령과 인도의 반영 운동

> **영국의 벵골 분할령 발표**
> 이슬람교도와 힌두교도의 갈등 조장 → 인도 민족 운동의 분열 시도

↓

> **인도 국민 회의의 반영 운동**
> · 영국 상품 배척　· 스와라지(자치)
> · 스와데시(국산품 애용)　· 국민 교육 실시

↓

> 영국의 벵골 분할령 취소, 명목상 인도의 자치 인정

2 ㉠에 들어갈 내용을 쓰시오.

> 인도 국민 회의는 영국 상품 배척, 국민 교육 실시, (㉠　　　　　), 스와데시(국산품 애용)의 4대 강령을 채택하며 반영 운동에 앞장섰다. 이 운동은 계층과 종교의 차이를 넘어서는 대규모 민족 운동으로 발전하였다.

01 (가)에 들어갈 내용으로 가장 적절한 것은?

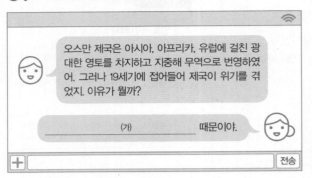

오스만 제국은 아시아, 아프리카, 유럽에 걸친 광대한 영토를 차지하고 지중해 무역으로 번영하였어. 그러나 19세기에 접어들어 제국이 위기를 겪었지. 이유가 뭘까?

_____ (가) _____ 때문이야.

+ [   ] 전송

① 영국이 세포이의 항쟁을 진압하였기
② 나폴레옹이 대륙 봉쇄령을 선포하였기
③ 수에즈 운하 건설로 재정이 악화되었기
④ 크리오요가 정권을 장악하고 대지주가 되었기
⑤ 영국과 러시아 등 유럽 열강의 압박이 심해졌기

⭐시험에 잘 나와!
02 다음 헌법을 발표한 국가에 대한 설명으로 옳은 것을 〈보기〉에서 고른 것은?

- 모든 오스만인은 개인의 자유를 누린다.
- 출판은 법률이 허용하는 범위 내에서 자유이다.
- 적법하게 취득한 재산은 보장을 받는다.
- 제국 의회는 원로원과 대의원의 양원제로 구성된다.

– 1876년 발표된 헌법의 주요 내용

〔 보기 〕
ㄱ. 서양식 의회를 개설하였다.
ㄴ. 민족적·종교적 차별을 폐지하였다.
ㄷ. 영국 상인에게 담배 독점 판매권을 주었다.
ㄹ. 아프리카를 남북으로 잇는 종단 정책을 펼쳤다.

① ㄱ, ㄴ   ② ㄱ, ㄷ   ③ ㄴ, ㄷ
④ ㄴ, ㄹ   ⑤ ㄷ, ㄹ

[03～04] 다음 만화를 보고 물음에 답하시오.

만화로 보는 오스만 제국의 근대화 운동

탄지마트를 실시하겠습니다. → (가) → 청년 튀르크당 (나)

03 (가) 시기에 있었던 사실로 옳은 것은?

① 와하브 운동이 전개되었다.
② 술레이만 1세가 헝가리를 정복하였다.
③ 압둘 하미드 2세가 의회를 해산하였다.
④ 그리스가 오스만 제국으로부터 독립하였다.
⑤ 메흐메트 2세가 비잔티움 제국을 멸망시켰다.

04 (나)에 들어갈 구호로 가장 적절한 것은?

① 영국 상품을 배척하자
② 이집트의 자치를 허용하라
③ 술탄이 폐지한 헌법을 되살려라
④ 생산 수단을 공동으로 분배하라
⑤ 아랍 민족을 위한 국가를 건설하자

⭐시험에 잘 나와!
05 밑줄 친 '이 운동'에 대한 설명으로 옳은 것은?

18세기 중엽 이븐 압둘 와하브는 이슬람교 경전인 『쿠란』의 가르침대로 생활하자는 이 운동을 일으켰다.

① 튀르크 민족주의를 내세웠다.
② 입헌 혁명이 일어나는 배경이 되었다.
③ 카자르 왕조의 전제 정치에 반대하였다.
④ 오스만 제국의 위기를 극복하기 위해 전개되었다.
⑤ 오스만 제국의 지배에 저항하는 운동으로 발전하였다.

06 다음을 활용한 탐구 주제로 가장 적절한 것은?

'알라 이외에는 신이 없고 무함마드는 예언자이다.'

↑ 사우디아라비아의 국기

18세기 중엽 아라비아반도에서 이슬람교 본래의 순수성을 되찾자는 운동이 시작되었다. 이 당시 사용되었던 깃발에서 오늘날 사우디아라비아의 국기가 유래되었다.

① 수에즈 운하의 건설
② 오스만 제국의 쇠퇴
③ 와하브 운동의 영향
④ 청년 튀르크당의 혁명
⑤ 담배 불매 운동의 확산

07 ㉠에 들어갈 국가로 옳은 것은?

(㉠)은/는 19세기 초 남하 정책을 추진하는 러시아와 이를 견제하려는 영국의 경쟁에 휩쓸려 많은 영토와 이권을 빼앗겼다. 1890년에 영국 상인에게 담배 독점 판매권이 넘어가자 개혁 세력과 이슬람 성직자들은 담배 불매 운동을 비롯한 이권 회수 운동을 벌였다.

① 이란
② 인도
③ 이집트
④ 오스만 제국
⑤ 사우디아라비아

08 (가) 지역에서 일어난 사실로 옳지 <u>않은</u> 것은?

아라비아반도

■ 카자르 왕조(1779~1925)의 영토

① 와하브 왕국이 건설되었다.
② 영국과 러시아가 분할 점령하였다.
③ 담배 불매 운동이 전국적으로 일어났다.
④ 입헌 혁명이 일어나 의회가 구성되었다.
⑤ 정부가 입헌 군주제 헌법을 제정하였다.

09 밑줄 친 '이 인물'로 옳은 것은?

이 인물은 19세기 초 이집트의 총독이었어.

이집트의 근대화와 독립을 위해 노력하였지.

① 아라비 파샤
② 알 아프가니
③ 무함마드 알리
④ 미드하트 파샤
⑤ 이븐 압둘 와하브

⭐ 시험에 잘 나와!

10 ㉠에 대한 설명으로 옳은 것을 〈보기〉에서 고른 것은?

오늘의_역사@ 1869년 11월 17일, (㉠)이/가 개통되었습니다. 이로써 배로 유럽과 인도를 오가는 거리가 이전보다 3분의 1이 짧아졌습니다.
#세계사 #이집트 #세계_최대_운하 #세계_기록_유산

┌ 보기 ┐
ㄱ. 운영권이 미국에게 넘어갔다.
ㄴ. 영국과 프랑스의 자금을 빌려 건설되었다.
ㄷ. 세포이의 항쟁이 일어나는 데 영향을 주었다.
ㄹ. 영국이 이집트에 내정 간섭을 하는 구실이 되었다.

① ㄱ, ㄴ
② ㄱ, ㄷ
③ ㄴ, ㄷ
④ ㄴ, ㄹ
⑤ ㄷ, ㄹ

11 ㉠에 들어갈 인물을 쓰시오.

이집트는 근대화 과정에서 영국과 프랑스의 내정 간섭을 받게 되었다. 이에 (㉠)을/를 중심으로 한 군부는 '이집트인을 위한 이집트의 건설'이라는 구호를 내세워 혁명을 일으켰으나 영국군에게 진압되었다.

12 19세기 영국의 인도 지배 방식에 대한 설명으로 옳은 것을 〈보기〉에서 고른 것은?

┌ 보기 ┐
ㄱ. 러시아와 함께 영토를 분할 점령하였다.
ㄴ. 인도인에게 아편과 면화 재배를 강요하였다.
ㄷ. 힌두교와 이슬람교 간의 종교적 대립을 부추겼다.
ㄹ. 수에즈 운하를 관리한다는 구실로 내정 간섭을 하였다.

① ㄱ, ㄴ   ② ㄱ, ㄷ   ③ ㄴ, ㄷ
④ ㄴ, ㄹ   ⑤ ㄷ, ㄹ

13 다음 사건의 영향으로 가장 적절한 것은?

🌟 시험에 잘 나와!

영국의 동인도 회사가 세포이에게 지급한 탄약 주머니에 이슬람교도가 부정하게 여기는 돼지의 기름과 힌두교도가 신성하게 여기는 소의 기름이 칠해져 있다는 소문이 돌았다. 세포이들은 이 소문을 듣고 영국이 인도의 종교적 전통을 무시한다고 받아들여 항쟁을 일으켰다.

① 무굴 제국이 수립되었다.
② 플라시 전투가 벌어졌다.
③ 수에즈 운하가 건설되었다.
④ 청년 튀르크당이 봉기하였다.
⑤ 영국이 인도를 직접 지배하였다.

14 (가)에 들어갈 내용으로 옳은 것은?

| 영국령 인도 제국 수립 | → | (가) | → | 영국, 벵골 분할령 발표 |

① 무굴 제국 멸망
② 인도 국민 회의 결성
③ 영국, 동인도 회사 해체
④ 영국, 세포이의 항쟁 진압
⑤ 인도 국민 회의, 4대 강령 채택

15 ㉠ 단체에 대한 설명으로 옳은 것은?

역사 신문

[그때 그 시절] (㉠) 창립 총회의 모습

영국 여왕이 인도 제국의 황제가 된 지 9년 후 인도의 지식인과 상인, 종교 지도자들이 (㉠)을/를 결성하였다.

① 튀르크 민족주의를 내세웠다.
② 세포이의 항쟁을 계기로 해체되었다.
③ 힌두교도에게 거두던 인두세를 없앴다.
④ 인도인의 이익을 대변하는 단체로 발전하였다.
⑤ 술탄의 친위 부대로 정복 전쟁에서 크게 활약하였다.

16 밑줄 친 '영국의 조치'로 옳은 것은?

영국의 조치를 두고 인도의 지식인들은 지역 주민을 분열시키려는 시도라고 비판하였다. 또한 힌두교도와 이슬람교도 사이에 적대감을 불러일으켜 민족 운동을 약화시키려는 의도가 있다고 보았다.

① 종단 정책 실시   ② 동인도 회사 해체
③ 벵골 분할령 발표   ④ 인도 국민 회의 결성
⑤ 영국령 인도 제국 수립

17 교사의 질문에 대한 학생의 답변으로 가장 적절한 것은?

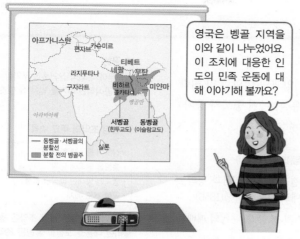

영국은 벵골 지역을 이와 같이 나누었어요. 이 조치에 대응한 인도의 민족 운동에 대해 이야기해 볼까요?

① 철혈 정책을 내세웠어요.
② 브나로드 운동을 전개하였어요.
③ 인도 국민 회의를 결성하였어요.
④ 크리오요가 독립운동을 주도하였어요.
⑤ 스와라지, 스와데시 등을 주장하였어요.

18 ㉠~㉤에 대한 답으로 적절하지 않은 것은?

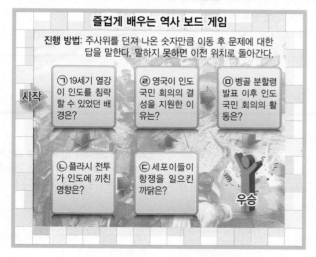

즐겁게 배우는 역사 보드 게임

진행 방법: 주사위를 던져 나온 숫자만큼 이동 후 문제에 대한 답을 말한다. 말하지 못하면 이전 위치로 돌아간다.

시작

㉠ 19세기 열강이 인도를 침략할 수 있었던 배경은?
㉣ 영국이 인도 국민 회의의 결성을 지원한 이유는?
㉤ 벵골 분할령 발표 이후 인도 국민 회의의 활동은?

㉡ 플라시 전투가 인도에 끼친 영향은?
㉢ 세포이들이 항쟁을 일으킨 까닭은?

우승

① ㉠ – 무굴 제국이 내부 반란으로 쇠퇴하였다.
② ㉡ – 영국이 인도 지역의 통치권을 장악하였다.
③ ㉢ – 영국이 동인도 회사를 해체하였다.
④ ㉣ – 영국이 중상류층 인도인을 회유하기 위해서였다.
⑤ ㉤ – 인도 국민 회의가 4대 강령을 채택하였다.

서술형 문제

서술형 강잡기

01 (가) 운하의 건설이 이집트에 끼친 영향을 서술하시오.

➡️ 이집트는 (①) 건설을 위해 (②)과 프랑스에 자금을 빌려 막대한 빚을 지게 되었다. 그 결과 이집트는 두 국가의 내정 간섭을 받게 되었다.

실전! 서술형 도전하기

02 그래프는 인도와 영국의 면직물 교역 변화를 나타낸 것이다. 이러한 변화의 배경과 결과를 서술하시오.

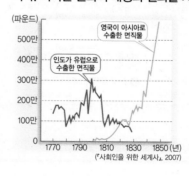

03 인도 국민 회의가 콜카타 대회에서 채택한 4대 강령의 내용을 서술하시오.

05 동아시아의 국민 국가 건설 운동

A 아편 전쟁과 중국의 개항

1. 청과 영국의 무역 변화
(1) 청의 제한 무역: 18세기 중반 이후 광저우의 ⁺공행에게만 서양과의 대외 무역 허락
(2) 삼각 무역: 영국이 인도산 아편을 청에 밀수출 → 청의 은 유출, 아편 중독자 증가
└ Q의? 영국이 청과의 무역에서 생긴 적자를 줄이기 위해 시행하였어.

2. 아편 전쟁

구분	제1차 아편 전쟁(1840~1842)	제2차 아편 전쟁(1856~1860)
배경	청 정부의 아편 단속 시작 → 임칙서를 광저우로 파견하여 아편 몰수	난징 조약 체결 이후에도 영국과 청의 무역량 저조, ⁺애로호 사건 발생(1856)
전개	영국의 청 공격 → 청의 패배	영국과 프랑스의 청 공격 → 청의 패배
결과	⁺난징 조약 체결(상하이 등 5개 항구 개항, 영국에 홍콩 할양, 배상금 지불 등)	톈진·베이징 조약 체결(추가 개항, 외국 공사의 베이징 주재와 크리스트교의 포교 허용 등)

📑 자료로 이해하기 청과 영국의 무역 변화

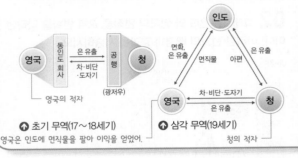

⬆ 초기 무역(17~18세기)
영국은 인도에 면직물을 팔아 이익을 얻었어.

⬆ 삼각 무역(19세기)
청의 적자

막대한 양의 은을 지급하고 중국의 차와 비단, 도자기를 수입하였던 영국은 무역 적자를 줄이기 위해 청에 교역 확대를 요구하였다. 그러나 청이 이를 거절하자, 영국은 인도에서 재배한 아편을 청에 몰래 팔아 무역 적자를 메우려 하였다. 이로 인해 청에서는 많은 양의 은이 유출되었다.

⁺ 공행
광저우에서 외국 상인들과 무역할 수 있도록 공식적인 허가를 받은 상인 조합

⁺ 난징 조약의 주요 내용
• 상하이 등 5개 항구 개항
• 홍콩을 영국에 넘김
• 영국에 막대한 배상금 지불
• 공행 제도 폐지

청이 영국과 맺은 난징 조약은 청에게 불리한 내용을 포함한 불평등 조약이었다. 청은 이후 다른 제국주의 국가인 미국, 프랑스 등과도 비슷한 내용의 조약을 체결하였다.

⁺ 애로호 사건
청의 관리가 영국 국기를 달고 밀수를 하던 애로호의 선원들을 해적 혐의로 체포한 사건이다. 그 과정에서 배에 걸려 있던 영국 국기를 강제로 끌어내렸는데, 영국은 이를 빌미로 청과 전쟁을 벌였다.

B 태평천국 운동

1. **배경:** 아편 전쟁 이후 청 정부가 영국에 배상금을 내기 위해 세금 증가 → 농민들의 불만 고조

2. **전개:** 크리스트교의 영향을 받은 홍수전이 상제회 조직 → 만주족을 몰아내고 한족의 국가를 세우자고 주장하며 태평천국 운동을 일으킴(1851) → 토지 균등 분배(⁺천조 전무 제도)·남녀평등·⁺전족과 같은 악습 폐지 등을 주장하며 농민의 지지 확보, 세력 확대 → 난징을 점령하여 수도로 삼음

3. **결과:** 내부 분열로 세력 약화 → 신사층이 조직한 의용군과 외국 군대의 공격을 받아 진압됨(1864)

태평천국군은 베이징을 위협할 정도로 세력을 떨쳤어.

⬆ 태평천국 운동의 전개

⁺ 천조 전무 제도
홍수전은 신분이나 남녀의 차별 없이 백성에게 토지를 균등하게 나누어 주는 천조 전무 제도의 실시를 주장하였다.

⁺ 전족
여성의 발을 어릴 때부터 자라지 못하게 한 중국의 옛 풍속

무엇을 배울까?
- 중국의 개항과 근대화 운동
- 일본의 개항과 근대화 운동
- 일본의 제국주의 침략
- 조선의 개항과 근대화 운동

1 도표는 19세기의 삼각 무역을 나타낸 것이다. (가), (나)에 들어갈 내용을 각각 쓰시오.

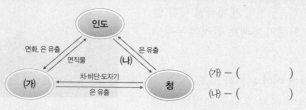

(가) – (   )
(나) – (   )

2 제1차 아편 전쟁의 결과 청은 영국과 (   )을 체결하여 5개 항구를 개항하고 홍콩을 할양하였다.

3 제2차 아편 전쟁의 결과만을 〈보기〉에서 있는 대로 골라 기호를 쓰시오.

〔 보기 〕
ㄱ. 공행 폐지
ㄴ. 상하이 개항
ㄷ. 크리스트교의 포교 허용
ㄹ. 외국 공사의 베이징 주재 허용

핵심 콕콕

• 아편 전쟁과 중국의 문호 개방

제1차 아편 전쟁(1840~1842)

아편 몰수를 구실로 영국이 청 공격 → 청의 패배 → 난징 조약 체결(상하이 등 5개 항구 개항, 영국에 홍콩 할양 등)

↓

제2차 아편 전쟁(1856~1860)

애로호 사건을 구실로 영국과 프랑스가 청 공격 → 청의 패배 → 톈진·베이징 조약 체결(추가 개항, 외국 공사의 베이징 주재와 크리스트교의 포교 허용 등)

1 다음 괄호 안의 내용 중 알맞은 말에 ○표를 하시오.

(1) (불교, 크리스트교)의 영향을 받은 홍수전이 상제회를 조직하였다.
(2) 태평천국군은 세력을 확대하여 (난징, 베이징)을 점령한 뒤 수도로 삼았다.

2 다음 설명에 해당하는 토지 제도를 쓰시오.

• 태평천국 운동 세력이 주장한 토지 제도이다.
• 신분이나 남녀의 차별 없는 토지의 균등 분배를 추구하였다.

핵심 콕콕

• 태평천국 운동

전개 | 홍수전이 상제회 조직, 태평천국 운동 전개 → 난징 점령

결과 | 내부 분열 → 의용군과 외국 군대의 공격을 받아 진압됨

C 양무운동과 변법자강 운동

1. 양무운동(1861~1895)

(1) 배경: 아편 전쟁과 태평천국 운동 과정에서 청이 서양 무기의 우수성을 깨달음

(2) 전개: 이홍장 등 한인 관료들이 ⁺중체서용의 논리를 바탕으로 부국강병 정책 주도 → 근대식 해군 창설, 군수 공장 등 각종 산업 시설 설치(⁺금릉 기기국 등), 유학생 파견 등 추진
　　　└ 기선 회사나 방직 공장과 같은 민간 기업을 육성하고, 전신과 철도 등을 건설하였어.

(3) 결과: 의식·제도의 개혁 없이 서양 기술만 받아들이려 함, 정부의 체계적인 계획 없이 지방 관료가 제각기 추진하여 일관성 부족 → 청일 전쟁의 패배로 한계점 부각

2. 변법자강 운동(1898)
└ 법률이나 제도를 고쳐 국가를 부강하게 한다는 뜻이야.

(1) 배경: 청일 전쟁 이후 외세의 간섭 심화 → 열강의 침입에 대한 위기감 고조

(2) 전개: 캉유웨이, 량치차오 등 개혁 지식인들이 일본의 메이지 유신을 모방한 개혁 주장 → 의회 설립, 입헌 군주제 확립, 근대 교육 실시, 신식 군대 양성 등 추진

(3) 결과: 서태후를 중심으로 한 보수파의 정변으로 100여 일 만에 중단

＋ 중체서용
중국의 전통적인 체제를 유지하면서 서양의 기술만을 받아들이자는 주장

＋ 금릉 기기국

난징에 세워진 군수 공장으로, 총기, 대포, 포탄 등 근대적 무기를 생산하였다.

D 의화단 운동과 신해혁명

1. 의화단 운동(1899~1901)

배경	개혁 운동의 성과 미흡, 열강의 이권 침탈 심화 → 중국인들의 반외세 감정 확산
전개	산둥성을 중심으로 의화단 조직 → ⁺부청멸양을 내걸고 선교사·교회·⁺철도 등 공격 → 베이징까지 진출하여 외국 공관 습격
결과	• 영국·일본·러시아 등 8개국 연합군에게 진압 → 신축 조약 체결(1901) • 의화단 운동 실패 이후 청 정부가 근대적 개혁 추진(의회 설립과 헌법 제정 준비 등)

└ 청일 전쟁 이후 열강은 철도 부설권 등 각종 이권을 가져갔어.

└ 열강에 막대한 배상금을 지불하고, 베이징에 외국 군대가 주둔하는 것을 허용하였어.

└ 황실 중심으로 실시되었고 세금을 늘리면서 민중의 불만이 높았어.

2. 신해혁명(1911)

배경	청 왕조를 몰아내고 새로운 정부를 수립하려는 혁명 운동의 확산 → 쑨원이 도쿄에서 중국 동맹회 조직(1905), ⁺삼민주의를 내세워 혁명 운동 주도
전개	⁺청 정부의 민간 철도 국유화 시도 → 우창에서 신식 군대가 봉기 → 전국 여러 성이 호응하여 독립 선언(신해혁명, 1911) → 혁명 세력이 쑨원을 임시 대총통으로 추대, 중화민국 수립(1912) 꼭 중국 최초의 공화국이야.

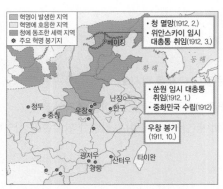

혁명이 발생한 지역 / 혁명에 호응한 지역 / 청에 동조한 세력 지역 / 주요 혁명 봉기지

• 청 멸망(1912. 2.)
• 위안스카이 임시 대총통 취임(1912. 3.)

• 쑨원 임시 대총통 취임(1912. 1.)
• 중화민국 수립(1912)

우창 봉기(1911. 10.)

베이징 / 황해 / 동해 / 난징 / 한구 / 청두 / 충칭 / 우창 / 광저우 / 산터우 / 타이완 / 샨둥

↥ 신해혁명의 전개

왜? 신해혁명을 일으킨 세력을 진압하기 위해서 파견하였어.

3. 신해혁명 이후의 정치 변화
청 정부의 위안스카이 파견 → 위안스카이가 청 황제를 퇴위시키고 중화민국의 대총통에 취임 → 위안스카이가 혁명파 탄압, 황제 체제의 부활 시도 → 위안스카이 병사 이후 각지에서 군벌 세력 등장 → 정치적 혼란

＋ 부청멸양
청을 도와 서양 세력을 멸하자는 뜻으로, 의화단 운동의 중심 구호였다.

＋ 철도를 파괴하는 의화단원

＋ 삼민주의
만주족 왕조(청)를 몰아내는 민족주의, 공화정을 수립하는 민권주의, 토지 균등 분배를 실현하는 민생주의를 일컫는다.

＋ 청 정부의 민간 철도 국유화
청 정부는 개혁 추진 비용과 신축 조약에 따른 배상금 지불 등으로 경제적인 어려움에 빠지자 민간 철도를 국유화하여 이를 담보로 외국 자본을 빌리려고 하였다.

1 다음 운동과 그에 대한 설명을 옳게 연결하시오.

(1) 양무운동 •

(2) 변법자강 운동 •

• ㉠ 일본의 메이지 유신을 모방한 개혁 추진

• ㉡ 중체서용을 내세우며 서양 기술의 도입 추진

2 다음 주장을 한 인물을 〈보기〉에서 골라 기호를 쓰시오.

〔 보기 〕

ㄱ. 이홍장   ㄴ. 캉유웨이

(1) 의회 설립과 입헌 군주제 확립을 주장하였다.   (   )

(2) 근대식 해군을 창설하고 서양의 기술을 받아들이자고 주장하였다.   (   )

• 양무운동과 변법자강 운동

양무 운동
• 주도: 이홍장 등 한인 관료들이 중체서용의 논리를 바탕으로 부국강병 정책 주도 • 전개: 근대식 해군 창설, 군수 공장 설치, 유학생 파견 등 추진 • 결과: 청일 전쟁의 패배로 한계점 부각

변법자강 운동
• 주도: 캉유웨이, 량치차오 등 개혁 지식인들이 일본의 메이지 유신을 모방한 개혁 주장 • 전개: 의회 설립, 입헌 군주제 확립 등 추진 • 결과: 서태후 등 보수파의 정변으로 중단

1 다음 빈칸에 들어갈 내용을 쓰시오.

(1) 의화단은 청을 도와 서양 세력을 멸하자는 (   )을 구호로 내걸었다.

(2) 의화단 운동의 결과 외국 군대의 베이징 주둔을 허용하는 (   )이 체결되었다.

2 다음 괄호 안의 내용 중 알맞은 말에 ○표를 하시오.

(1) (우창, 베이징)에서 신식 군대가 봉기를 일으키면서 신해혁명이 시작되었다.

(2) 신해혁명의 결과 중국 최초의 (공화국, 입헌 군주국)인 중화민국이 수립되었다.

3 다음 설명에 해당하는 인물을 쓰시오.

민족·민권·민생의 삼민주의를 내세워 중국의 혁명 운동을 주도한 인물이다. 1905년 도쿄에서 여러 단체를 모아 중국 동맹회를 조직하였으며, 여러 차례 무장 봉기를 일으켰다. 1911년 신해혁명이 일어나자 혁명 세력은 그를 중화민국의 임시 대총통으로 세웠다.

• 의화단 운동과 신해혁명

의화단 운동
비밀 결사인 의화단 조직 → 부청멸양을 내걸고 선교사·교회·철도 등 공격 → 베이징까지 진출하여 외국 공관 습격 → 8개국 연합군에게 진압, 신축 조약 체결

쑨원이 도쿄에서 중국 동맹회 조직, 삼민주의를 내세워 혁명 운동 주도

신해혁명(1911)
우창에서 신식 군대가 봉기 → 전국 여러 성이 호응하여 독립 선언 → 혁명 세력이 쑨원을 임시 대총통으로 추대

중화민국 수립(1912)

E 일본의 개항과 에도 막부의 붕괴

1. 일본의 개항 — 🔑 일본이 미국과 체결한 조약들은 일본에 불리한 내용을 담은 불평등 조약이었어.

(1) 배경: 아편 전쟁에서 청이 패배하였다는 소식이 일본에 전해짐, 미국이 페리 제독의 함대를 일본에 파견하여 무력으로 개항 강요(1853)

(2) 전개: 에도 막부가 미국과 미일 화친 조약(1854), 미일 수호 통상 조약(1858) 체결
— 미일 화친 조약 때 개항한 시모다, 하코다테 외에 4개 항구를 추가로 개항하였어.

⬆ 페리의 내항

(3) 결과: 일본의 문호 개방, 미국에 ✛최혜국 대우와 ✛영사 재판권 등을 인정

2. 에도 막부의 붕괴
— 📝 개항 이후 일본에 외국 상품이 유입되면서 물가가 올랐기 때문이야.

(1) 배경: 막부의 굴욕적인 외교 정책에 대한 비판, 생활이 어려워진 백성의 불만 고조

(2) 전개: 일부 지방의 하급 무사들이 ✛존왕양이 운동 전개 → 막부 타도 운동으로 발전 → 에도 막부 붕괴, 천황을 중심으로 한 새로운 정부(메이지 정부) 수립

✚ **최혜국 대우**
다른 국가에 주어진 가장 유리한 대우를 조약 상대국에도 적용하도록 하는 규정

✚ **영사 재판권**
외국인이 자국에서 파견된 영사를 통해 자기 나라 법률로 재판을 받는 제도

✚ **존왕양이 운동**
천황을 받들어 외세를 몰아내야 한다는 운동

F 일본의 근대화 운동

1. 메이지 유신(1868): 메이지 정부가 대대적인 개혁 추진

중앙 집권화 정책	에도를 도쿄로 개명하여 수도로 삼음, 지방 제도 개혁(✛페번치현)
근대화 정책	신분제 폐지, 토지와 조세 제도 개혁, 징병제 실시, ✛사절단과 유학생 파견, 서양식 교육 제도 실시, 서양 과학 기술 도입, 상공업 육성, 철도 부설 등

— 📝 소학교를 세우고 의무 교육을 실시하였어.

2. 천황제 국가의 확립

(1) 배경: 일부 지식인들이 헌법 제정과 의회 개설을 요구하는 자유 민권 운동 전개 → 정부의 탄압

(2) 입헌 군주국의 성립: 정부가 일본 제국 헌법 제정(1889) → 제국 의회 설립

(3) 한계: 천황에게 절대적인 권한 부여, 의회의 권한과 국민의 기본권 제한

✚ **페번치현**
메이지 정부는 에도 막부 시기 지방의 다이묘(영주)가 다스리던 영지인 번을 폐지하고 중앙에서 파견된 지방관이 다스리는 행정 구역인 현을 설치하였다.

✚ **이와쿠라 사절단**

이와쿠라 도모미   이토 히로부미

메이지 정부가 서양의 상황을 파악하고 서양과 맺은 불평등 조약을 재협상하기 위해 1871년 미국과 유럽에 파견한 사절단이다.

📋 자료로 이해하기 　자유 민권 운동과 일본 제국 헌법

— 일본의 정치 체제를 입헌 군주제로 정하였어.

제1조　대일본 제국은 만세일계의 천황이 통치한다.

제4조　천황은 국가의 원수로 통치권을 총괄하고 헌법의 조항에 따라 이를 행한다.

제5조　천황은 제국 의회의 협조를 얻어 입법권을 행사한다.

제7조　천황은 제국 의회를 소집하고, 그 개회, 폐회, 정회 및 의회의 해산을 명할 수 있다.

제11조　천황은 육해군을 통솔한다.
　　　　　　　　　　　　　　　– 일본 제국 헌법, 1889
— 천황에게 입법권과 군통수권을 부여하였어.

메이지 유신 이후 일본에서는 헌법 제정과 의회 개설을 요구하는 자유 민권 운동이 일어났다. 메이지 정부는 이를 탄압하는 한편, 1889년에 일본 제국 헌법을 제정하고 이듬해 제국 의회를 설립하였다. 이로써 일본은 입헌 군주국의 모습을 갖추었다. 그러나 천황을 신성한 존재로 규정하고 정치, 외교, 군사 등에서 천황에게 절대적인 권한을 부여하였다.
— 의회에 천황이 개입할 수 있도록 규정하였어.

1 다음 빈칸에 들어갈 내용을 쓰시오.

(1) 에도 막부는 미국의 (   ) 제독이 이끄는 함대의 무력시위에 굴복하였다.

(2) 에도 막부는 미국과 미일 화친 조약, (   )을 차례로 체결하여 문호를 개방
하였다.

2 ㈎, ㈏에 해당하는 내용을 각각 쓰시오.

㈎ 다른 국가에 주어진 가장 유리한 대우를 조약 상대국에게도 적용하도록 하는
규정이다.

㈏ 일본의 문호 개방 이후 일부 지방의 하급 무사들이 천황을 받들어 외세를 몰
아내야 한다는 목적으로 전개한 운동이다.

· 일본의 개항과 에도 막부의 붕괴

일본의 개항
미국이 페리 제독의 함대를 일본에 파견하여 개항 강요 → 미일 화친 조약, 미일 수호 통상 조약 체결

↓

에도 막부의 붕괴
일부 하급 무사들이 존왕양이 운동 전개 → 천황을 중심으로 한 새로운 정부 수립

1 ㉠, ㉡에 들어갈 내용을 각각 쓰시오.

에도를 (㉠   )로 개명하여 수도로 삼은 메이지 정부는 막부 시기의 지방
분권적인 봉건제를 폐지하고 천황 중심의 중앙 집권 체제를 수립하기 위한 개혁
을 추진하였다. 지방의 다이묘(영주)가 다스리던 영지인 번을 폐지하였으며, 중
앙에서 파견된 지방관이 다스리는 행정 구역인 (㉡   )을 설치하였다.

2 메이지 정부는 서양의 상황을 파악하고 불평등 조약을 개정하기 위해 미국과 유럽에
(   )을 파견하였다.

3 다음 괄호 안의 내용 중 알맞은 말에 ◯표를 하시오.

메이지 유신으로 대대적인 개혁이 진행되는 가운데 일본에서는 헌법 제정과 의
회 개설을 요구하는 (변법자강 운동, 자유 민권 운동)이 일어났다. 정부는 이를
탄압하는 한편, (국민, 천황)의 절대적인 권한을 규정한 일본 제국 헌법을 제정
하고 의회를 설립하였다.

· 일본의 근대화 운동

메이지 유신(1868)
• 중앙 집권화 정책: 도쿄를 수도로 삼음, 지방의 번을 폐지하고 현 설치 • 근대화 정책: 신분제 폐지, 토지와 조세 제도 개혁, 징병제 실시, 사절단과 유학생 파견, 서양식 교육 제도 실시, 상공업 육성 등

↓

자유 민권 운동 전개 → 정부의 탄압

↓

일본 제국 헌법 제정(1889)
• 천황에게 절대적인 권한 부여 • 의회의 권한과 국민의 기본권 제한

05 동아시아의 국민 국가 건설 운동

6 일본의 제국주의 침략

1. 일본의 대외 침략

(1) 배경: 메이지 유신으로 일본의 국력 성장 → 적극적인 대외 팽창 정책 추진

(2) 전개: 조선을 압박하여 개항시킴, 류큐 병합(→ 오키나와현으로 삼음)

2. 청일 전쟁(1894~1895)

> Why? 조선에서 일어난 동학 농민 운동을 진압한다는 구실로 파견하였어.

배경	조선에 대한 지배권을 두고 청과 일본이 대립, 조선에서 동학 농민 운동 전개
전개	청과 일본이 조선에 군대 파견(1894) → 일본의 청 기습 공격 → 일본의 승리
결과	청과 시모노세키 조약 체결(1895, ✚일본의 배상금 획득, 랴오둥반도와 타이완을 넘겨받음) → ✚삼국 간섭으로 일본이 랴오둥반도를 청에 반환

3. 러일 전쟁(1904~1905)

> 중국 대표는 러시아와 일본이 대결하는 경기장에 들어오지 못하고 밖에서 지켜보고 있어.

배경	삼국 간섭 이후 만주와 한반도에 러시아의 영향력 확대, 일본이 영국·미국과 우호 관계 형성
전개	일본의 러시아 공격(1904) → 영국과 미국의 지원으로 일본 승리
결과 및 영향	미국의 중재로 러시아와 포츠머스 조약 체결(1905, 한반도에 대한 지배권을 인정받음, 만주에 대한 이권 확보) → 일본이 대한 제국의 국권 강탈

⬆ 러일 전쟁 풍자화

일본 정부는 청일 전쟁으로 얻은 배상금을 군사 시설 확충과 산업화에 사용하여 제국주의 국가로 성장할 수 있는 발판을 마련하였다.

✚ 삼국 간섭(1895)

일본이 랴오둥반도를 차지하자 러시아가 프랑스, 독일과 함께 일본을 압박한 사건

열강이 지켜보는 가운데 거대한 체격의 러시아 대표와 작은 체격의 일본 대표가 대결하고 있어.

H 조선의 개항과 근대화 운동

1. 조선의 개항과 개화 정책의 추진

> 꼭! 조선을 비롯하여 동아시아 3국이 개항하면서 체결한 조약들은 근대적 조약이자 불평등 조약이었어.

(1) 조선의 개항: ✚운요호 사건(1875) → 일본과 강화도 조약을 체결하고 개항(1876)

(2) 개화 정책의 추진과 반발: 조선의 개화 정책 추진(조약 체결·사절단 파견·✚별기군 창설) ↔ 보수적인 유생들의 반발(위정척사 운동), 구식 군대 군인들의 봉기(임오군란)

> 신식 군대인 별기군과의 차별 대우를 받는 등 조선 정부의 근대화 정책에서 소외되었어.

2. 조선의 근대화 운동

> 급진적인 개혁을 시도하였어.

갑신정변	김옥균 등이 정변을 일으켜 근대적 개혁 시도(1884) → 청의 무력 개입으로 실패
동학 농민 운동	전봉준 등이 농민들을 모아 지배층의 횡포와 외세에 저항하여 봉기(1894) → 관군·일본군에게 진압됨
갑오개혁	일본이 조선에 개혁 강요 → 근대적 개혁 추진(신분제와 과거제 폐지, 왕실과 국가 재정 분리 등) → ✚을미사변 이후 고종이 ✚아관 파천을 단행하면서 중단
독립 협회	만민 공동회를 열어 자주 국권 운동 전개, 의회 개설 운동 전개

> 고종이 경운궁(덕수궁)으로 돌아와 연호를 '광무'로 정하고 황제로 즉위하였어.

3. 대한 제국의 근대화 운동: 대한 제국의 수립(1897) → 대한국 국제 반포(전제 군주국 선포, 1899), 군사 제도 개혁·상공업 진흥 정책 등 근대적 개혁 실시

4. 국권 침탈과 국권 수호 운동: 을사늑약 체결(1905) → 의병 운동·애국 계몽 운동 전개

> 대한 제국의 외교권을 일본이 빼앗았어.

✚ 운요호 사건

일본은 조선의 개항을 유도하기 위해 1875년 일본 군함 운요호를 강화도에 파견하였다. 조선이 운요호에 경고 사격을 하자 일본은 이것을 빌미로 개항을 강요하였다.

✚ 별기군

일본인 교관에게 훈련을 받은 신식 군대로 구식 군대의 군인보다 대우가 좋았다.

✚ 을미사변

일본이 경복궁을 침입하여 명성 황후를 시해한 사건

✚ 아관 파천

을미사변으로 신변의 위협을 느낀 고종이 러시아 공사관으로 피신한 사건

1 다음 설명이 맞으면 ○표, 틀리면 ×표를 하시오.

(1) 청은 일본을 기습 공격하여 청일 전쟁을 일으켰다. ( )

(2) 일본은 삼국 간섭으로 랴오둥반도를 청에 반환하였다. ( )

2 다음 전쟁의 결과 체결된 조약을 옳게 연결하시오.

(1) 러일 전쟁 •

(2) 청일 전쟁 •

• ㉠ 포츠머스 조약

• ㉡ 시모노세키 조약

3 ㈎~㈐를 일어난 순서대로 나열하시오.

> ㈎ 청일 전쟁에서 일본이 승리하였다.
> ㈏ 일본이 대한 제국의 국권을 강탈하였다.
> ㈐ 일본이 러시아를 공격하여 러일 전쟁을 일으켰다.

핵심 콕콕

• 일본의 제국주의 침략

청과 일본의 대립 심화

↓

청일 전쟁(1894~1895)
일본 승리 → 시모노세키 조약 체결

↓

삼국 간섭 이후 만주와 한반도에서 러시아의 영향력 확대, 일본이 영국·미국과 우호 관계 형성

↓

러일 전쟁(1904~1905)
일본 승리 → 포츠머스 조약 체결

---

1 다음 설명이 맞으면 ○표, 틀리면 ×표를 하시오.

(1) 조선은 운요호 사건을 계기로 일본과 ( )을 맺어 개항하였다.

(2) 조선의 개화 정책에 반대하는 보수적인 유생들은 ( )을 전개하였다.

2 다음에서 설명하는 조선의 근대화 운동을 〈보기〉에서 골라 기호를 쓰시오.

> **[보기]**
> ㄱ. 갑신정변　　　　　ㄴ. 갑오개혁
> ㄷ. 동학 농민 운동　　ㄹ. 독립 협회의 활동

(1) 만민 공동회를 열어 자주 국권 운동을 전개하였다. ( )

(2) 전봉준 등이 지배층의 횡포와 외세에 저항하여 봉기하였다. ( )

(3) 김옥균 등이 정변을 일으켜 근대적 개혁을 실시하고자 하였다. ( )

(4) 조선 정부가 신분제와 과거제를 폐지하는 등 근대적 개혁을 실시하였다. ( )

핵심 콕콕

• 조선의 개항과 근대화 운동

일본과 강화도 조약을 체결하고 조선 개항

↓

조선의 근대화 운동

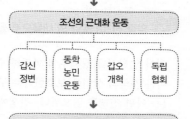

| 갑신 정변 | 동학 농민 운동 | 갑오 개혁 | 독립 협회 |

↓

대한 제국의 수립

[01~02] 도표를 보고 물음에 답하시오.

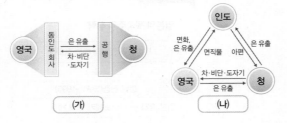

01 ✦시험에 잘 나와! (가), (나) 무역에 대한 설명으로 옳은 것을 〈보기〉에서 고른 것은?

┌─ 보기 ─────────────────────────────┐
ㄱ. (가) – 영국은 청과의 무역에서 흑자를 냈다.
ㄴ. (가) – 청은 영국 상인에게 광저우만 개방하였다.
ㄷ. (나) – 영국의 무역 적자가 점차 늘어났다.
ㄹ. (나) – 영국이 인도산 아편을 밀수출하며 시작되었다.
└────────────────────────────────────┘

① ㄱ, ㄴ   ② ㄱ, ㄷ   ③ ㄴ, ㄷ
④ ㄴ, ㄹ   ⑤ ㄷ, ㄹ

02 (나) 무역이 실시되면서 청에 나타난 변화로 옳은 것은?

① 정부가 일조편법을 시행하였다.
② 시박사가 대외 무역을 관할하였다.
③ 많은 양의 은이 영국으로 유출되었다.
④ 네덜란드 상인에게만 무역을 허락하였다.
⑤ 각종 세금을 은으로 한꺼번에 내게 하였다.

03 ✦시험에 잘 나와! 밑줄 친 '이 조약'의 내용으로 옳지 않은 것은?

┌────────────────────────────────────┐
청이 임칙서를 광저우에 파견하여 아편을 몰수하자 영
국은 자국의 상인을 보호한다는 구실로 군함을 보내 제
1차 아편 전쟁을 일으켰다. 전쟁에서 패한 청은 영국과
이 조약을 체결하였다.
└────────────────────────────────────┘

① 청이 공행을 폐지하였다.
② 청이 영국에 홍콩을 할양하였다.
③ 청이 영국에 배상금을 지불하였다.
④ 상하이 등 5개의 항구가 개항되었다.
⑤ 청에서 크리스트교의 포교가 허용되었다.

04 교사의 질문에 대한 학생의 답변으로 가장 적절한 것은?

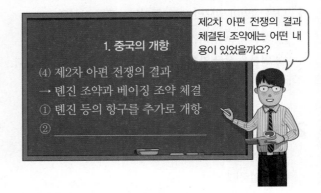

① 최혜국 대우를 허용하였어요.
② 일본이 타이완을 할양받았어요.
③ 외국 공사의 베이징 주재를 허용하였어요.
④ 외국인 범죄자에 대한 치외 법권을 인정하였어요.
⑤ 베이징에 외국 군대가 주둔하는 것을 허용하였어요.

05 (가) 세력이 주도한 운동에 대한 설명으로 옳은 것은?

① 서태후 등 보수파의 정변으로 중단되었다.
② 베이징에 진출하여 외국 공관을 습격하였다.
③ 천황을 받들어 외세를 몰아내자고 주장하였다.
④ 지방 관료가 제각기 추진하여 일관성이 없었다.
⑤ 만주족을 몰아내고 한족의 국가를 세우자고 주장하였다.

06 양무운동에 대한 설명으로 옳은 것을 〈보기〉에서 고른 것은?

〔 보기 〕
ㄱ. 메이지 유신을 모델로 하였다.
ㄴ. 자유 민권 운동 세력이 주도하였다.
ㄷ. 청일 전쟁에 패배하면서 한계점이 드러났다.
ㄹ. 금릉 기기국 등 각종 산업 시설을 설치하였다.

① ㄱ, ㄴ   ② ㄱ, ㄷ   ③ ㄴ, ㄷ
④ ㄴ, ㄹ   ⑤ ㄷ, ㄹ

07 밑줄 친 '이 운동'에 대한 설명으로 옳은 것은?

청일 전쟁 패배 이후 중국에서는 위기의식이 높아졌다. 이에 캉유웨이를 비롯한 개혁적인 지식인들은 근본적인 정치 개혁을 주장하며 이 운동을 주도하였다.

① 중체서용을 원칙으로 하였다.
② 중화민국의 수립으로 마무리되었다.
③ 남녀평등과 악습 폐지를 추진하였다.
④ 입헌 군주제의 수립을 목표로 하였다.
⑤ 토지 제도로 천조 전무 제도를 마련하였다.

08 (가), (나)에 들어갈 내용으로 옳은 것을 〈보기〉에서 고른 것은?

양무운동과 변법자강 운동

구분	양무운동	변법자강 운동
중심인물	(가)	캉유웨이
주요 주장	중체서용	(나)

〔 보기 〕
ㄱ. (가) – 서태후
ㄴ. (가) – 이홍장
ㄷ. (나) – 공화정 수립
ㄹ. (나) – 정치 제도 개혁

① ㄱ, ㄴ   ② ㄱ, ㄷ   ③ ㄴ, ㄷ
④ ㄴ, ㄹ   ⑤ ㄷ, ㄹ

09 ㉠ 단체에 대한 설명으로 옳은 것은?

그림으로 보는 세계사

그림은 (㉠)의 단원들이 철도를 파괴하는 모습이다. 이들은 '청을 도와 서양 세력을 멸하자.'라고 외치며 서양 선교사를 공격하고, 교회, 철도 등을 파괴하였다.

① 쑨원이 도쿄에서 조직하였다.
② 난징을 점령하여 수도로 삼았다.
③ 의회 설립과 헌법 제정을 주장하였다.
④ 크리스트교의 영향을 받은 홍수전이 조직하였다.
⑤ 영국·러시아를 비롯한 8개국 연합군의 공격을 받았다.

10 ✦ 시험에 잘 나와!
㉠~㉢에 들어갈 내용을 옳게 연결한 것은?

수행 평가 활동지

쑨원이 주장한 삼민주의의 내용을 바탕으로 중국 동맹회에서 제기하였을 구호를 만들어 보자.

㉠	㉡	㉢
청을 타도하고 한족의 국가를 세우자!	백성이 중심이 된 공화제 국가를 건설하자!	토지의 국유화로 백성의 생활을 안정시키자!

	㉠	㉡	㉢
①	민권주의	민생주의	민족주의
②	민권주의	민족주의	민생주의
③	민생주의	민권주의	민족주의
④	민족주의	민권주의	민생주의
⑤	민족주의	민생주의	민권주의

11 지도와 같이 전개된 혁명에 대한 설명으로 옳은 것은?

① 부청멸양을 구호로 내걸었다.
② 신축 조약을 체결하는 계기가 되었다.
③ 이홍장 등 한족 출신의 관료가 주도하였다.
④ 청 정부의 민간 철도 국유화 조치가 배경이 되었다.
⑤ 신사층이 조직한 의용군의 공격을 받아서 진압되었다.

12 ㉠ 인물에 대한 설명으로 옳지 않은 것은?

> 1912년 중화민국 수립이 선포되자 청 정부는 신해혁명
> 세력을 진압하기 위해 (㉠)을/를 파견하였다.

① 상제회를 조직하였다.
② 청 황제를 폐위시켰다.
③ 신해혁명 세력을 탄압하였다.
④ 황제 체제의 부활을 시도하였다.
⑤ 중화민국의 대총통으로 취임하였다.

13 (가)에 들어갈 내용으로 옳은 것은?

> 신축 조약이 체결되었다. → (가) → 중화민국이 수립되었다.

① 변법자강 운동이 중단되었다.
② 쑨원이 중국 동맹회를 조직하였다.
③ 위안스카이가 청 황제를 폐위시켰다.
④ 톈진 조약과 베이징 조약이 체결되었다.
⑤ 태평천국 운동 세력이 난징을 점령하였다.

14 다음 사건이 전개되면서 일어난 사실로 옳은 것은?

> 일본은 우리 군함과 싸워 이길 수 없으니 문호를 열고 우리와 교역하시오.

① 애로호 사건이 일어났다.
② 일본 제국 헌법이 제정되었다.
③ 미일 화친 조약이 체결되었다.
④ 제1차 아편 전쟁이 발발하였다.
⑤ 이와쿠라 사절단이 파견되었다.

15 시험에 잘 나와!
(가)에 들어갈 내용으로 옳은 것은?

> 일본은 두 차례에 걸쳐 미국과 조약을 체결하여 문호를
> 개방하였다. 이 조약에 따라 일본은 _____(가)_____

① 러일 전쟁을 일으켰다.
② 자유 민권 운동을 탄압하였다.
③ 랴오둥반도를 청에 되돌려 주었다.
④ 류큐를 병합하여 오키나와현으로 삼았다.
⑤ 미국에 최혜국 대우와 영사 재판권을 인정하였다.

16 시험에 잘 나와!
밑줄 친 '개혁'의 내용으로 옳지 않은 것은?

> 메이지 정부는 천황 중심의 중앙 집권 체제를 수립하고
> 서양 문물을 적극적으로 수용하여 근대화를 이루기 위
> 한 대대적인 개혁을 추진하였다.

① 서양식 교육 제도를 실시하였다.
② 미일 수호 통상 조약을 체결하였다.
③ 에도를 도쿄로 개명하여 수도로 삼았다.
④ 지방의 번을 폐지하고 현을 설치하였다.
⑤ 미국과 유럽 등지에 사절단을 파견하였다.

17 ㉠ 사절단이 파견된 시기를 연표에서 옳게 고른 것은?

메이지 정부는 서양과 맺은 불평등 조약을 재협상하기 위해 (㉠)을/를 미국과 유럽에 파견하였다.

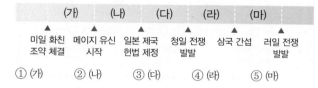

| (가) | (나) | (다) | (라) | (마) |

미일 화친 조약 체결 ▲　메이지 유신 시작 ▲　일본 제국 헌법 제정 ▲　청일 전쟁 발발 ▲　삼국 간섭 ▲　러일 전쟁 발발 ▲

① (가)　② (나)　③ (다)　④ (라)　⑤ (마)

18 다음 동영상에 들어갈 내용으로 적절하지 <u>않은</u> 것은?

[함께 하는 세계사] 메이지 시대의 도쿄 거리를 탐방하다

① 철도를 건설하는 노동자
② 토지 제도 개혁을 환영하는 농민
③ 막부의 쇼군을 알현하러 온 다이묘
④ 소학교에서 서양식 교육을 받는 학생
⑤ 서양의 과학 기술 서적을 번역하는 지식인

19 다음 헌법에 대한 설명으로 옳은 것은?

제4조　천황은 국가의 원수로 통치권을 총괄하고 헌법의 조항에 따라 이를 행한다.
제7조　천황은 제국 의회를 소집하고 그 개회, 폐회, 정회 및 의회의 해산을 명할 수 있다.

① 천황의 절대적 권한을 규정하였다.
② 신해혁명의 영향을 받아 제정되었다.
③ 정치 체제를 민주 공화정으로 선포하였다.
④ 국가의 주권이 국민에게 있음을 선포하였다.
⑤ 자유 민권 운동을 주도한 세력이 제정하였다.

20 밑줄 친 '이 전쟁'에 대한 설명으로 옳은 것은?

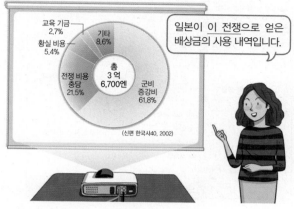

일본이 이 전쟁으로 얻은 배상금의 사용 내역입니다.

교육 기금 2.7%
황실 비용 5.4%
기타 8.6%
전쟁 비용 충당 21.5%
총 3억 6,700엔
군비 증강비 61.8%

(신편 한국사40, 2002)

① 일본이 타이완을 얻는 계기가 되었다.
② 포츠머스 조약을 체결하면서 종결되었다.
③ 동학 농민 운동이 일어나는 원인이 되었다.
④ 러시아와 일본의 대립을 배경으로 일어났다.
⑤ 일본이 영국과 미국의 지원을 받으면서 전개되었다.

21 다음 그림에 대해 학생들이 나눈 대화 내용으로 적절하지 <u>않은</u> 것은?

① 러일 전쟁을 풍자한 그림이야.
② 러시아 대표는 프랑스와 독일에게 도움을 청하였어.
③ 열강이 지켜보는 가운데 러시아와 일본이 대결하고 있어.
④ 중국 대표는 경기장에 들어오지 못하고 밖에서 지켜보고 있어.
⑤ 작은 체격의 일본 대표가 거대한 체격의 러시아 대표에게 도전장을 내밀었어.

[22~23] 지도를 보고 물음에 답하시오.

22 밑줄 친 ㉠~㉢ 조약을 체결된 순서대로 옳게 나열한 것은?

① ㉠ - ㉡ - ㉢　　② ㉠ - ㉢ - ㉡
③ ㉡ - ㉠ - ㉢　　④ ㉡ - ㉢ - ㉠
⑤ ㉢ - ㉡ - ㉠

✿ 시험에 잘 나와!

23 밑줄 친 ㉠~㉢ 조약의 공통점으로 옳은 것은?

① 전쟁 배상금을 규정하였다.
② 크리스트교의 포교를 허용하였다.
③ 근대적 조약이자 불평등 조약이었다.
④ 강대국에게 영토의 일부를 넘겨주었다.
⑤ 동아시아 각국이 서양 열강과 체결하였다.

24 ㉠에 들어갈 사건으로 옳은 것은?

↑ 별기군의 모습

별기군은 일본인 교관에게 군사 훈련을 받았으며 구식 군대의 군인보다 대우가 좋았다. 구식 군대의 군인들은 이들과의 차별에 분노하여 (㉠)을 일으켰다.

① 갑신정변　　② 임오군란
③ 운요호 사건　　④ 위정척사 운동
⑤ 동학 농민 운동

25 (가), (나) 전쟁을 옳게 연결한 것은?

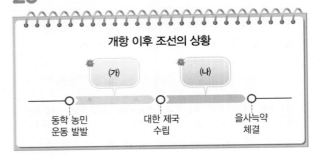

개항 이후 조선의 상황

(가)　(나)
동학 농민　대한 제국　을사늑약
운동 발발　수립　체결

	(가)	(나)
①	러일 전쟁	청일 전쟁
②	러일 전쟁	제1차 아편 전쟁
③	청일 전쟁	러일 전쟁
④	청일 전쟁	제2차 아편 전쟁
⑤	제1차 아편 전쟁	제2차 아편 전쟁

26 밑줄 친 ㉠, ㉡에 해당하는 사례로 적절하지 않은 것은?

△△ 박물관 특별전 공지

△△ 박물관에서 '동아시아의 근대 국민 국가 건설 운동'이라는 주제로 특별전을 개최할 예정입니다.

장소	전시 주제
제1 전시실	동아시아 3국의 문호 개방 - 중국: 아편 전쟁과 난징 조약 - 일본: 미국 페리 제독의 내항 - 조선: 강화도 조약 체결
제2 전시실	㉠ 동아시아 3국의 서양 문물 수용
제3 전시실	㉡ 동아시아 3국의 의회 설립 운동

① ㉠ - 중국의 금릉 기기국 건설
② ㉠ - 일본의 이와쿠라 사절단 파견
③ ㉠ - 대한 제국의 상공업 진흥 정책
④ ㉡ - 중국의 의화단이 전개한 활동
⑤ ㉡ - 조선의 독립 협회가 추진한 활동

01 다음 조항을 참고하여 이 조약이 체결된 배경과 조약의 특징을 서술하시오.

> • 상하이 등 5개 항구 개항
> • 홍콩을 영국에 넘김
> • 영국에 막대한 배상금 지불
> • 공행 제도 폐지   – 난징 조약의 주요 내용

→ 난징 조약은 청의 아편 몰수를 구실로 일어난 (①   )의 결과 체결되었다. 이 조약은 (②   )을 영국에 할양하고, 영국에 막대한 배상금을 지불한 것으로 보아 청에게 불리한 내용을 담은 (③   ) 조약임을 알 수 있다.

02 다음을 보고 물음에 답하시오.

↑ 금릉 기기국

사진은 (㉠) 당시에 지어진 군수 공장인 금릉 기기국의 모습이다. 금릉 기기국에서는 총기, 대포, 포탄 등 근대적 무기를 생산하였다.

(1) ㉠ 운동의 명칭을 쓰시오.

(2) (1) 운동을 주도한 세력의 주요 주장을 서술하시오.

03 쑨원이 내세운 삼민주의의 주요 주장을 세 가지 서술하시오.

04 밑줄 친 '개혁'의 구체적인 내용을 세 가지 서술하시오.

> 개항 이후 일본에서는 일부 지방의 하급 무사들이 에도 막부를 무너뜨리고 천황 중심의 새로운 정부를 세웠다. 새로 들어선 정부는 대대적인 개혁을 추진하였다.

05 다음을 읽고 물음에 답하시오.

↑ 체포 후 압송되는 전봉준

1894년 조선에서는 전봉준이 농민들을 모아 지배층의 횡포와 외세에 저항하는 (㉠)을/를 전개하였지만, 관군과 일본군에게 진압되었다.

(1) ㉠ 운동의 명칭을 쓰시오.

(2) 청일 전쟁이 일어난 배경을 (1) 운동과 연관 지어 서술하시오.

한눈에 보는 대단원

핵심 선택지 다시보기

1 명예혁명 이후 영국에서는 입헌 군주제의 토대가 마련되었다. (　　)

2 프랑스 혁명 당시 로베스피에르는 공포 정치를 실시하였다. (　　)

3 프랑스 7월 혁명으로 왕정이 무너지고 공화정이 수립되었다. (　　)

4 프로이센의 비스마르크는 철혈 정책을 내세워 군사력을 키웠다. (　　)

5 러시아의 지식인들은 농민 계몽을 위해 차티스트 운동을 전개하였다. (　　)

× ⑤ ○ ④ × ③ ○ ② ○ ① 달

01~02 유럽과 아메리카의 국민 국가 체제

(1) 영국 혁명과 미국의 성장

영국 혁명	찰스 1세의 전제 정치 → 청교도 혁명 → 제임스 1세의 전제 정치 → 명예혁명 → 절대 왕정 몰락, 입헌 군주제의 토대 마련
미국의 성장	영국군과 식민지군의 충돌 → 식민지군 승리, 아메리카 합중국 탄생(미국 혁명) → 남북 전쟁 발발 → 북부의 승리 → 19세기 말 미국이 최대 공업국으로 성장

(2) 프랑스 혁명

혁명의 발생	삼부회 소집 → 국민 의회 결성 → 국왕의 탄압 → 바스티유 감옥 습격 → 입법 의회 구성 → 오스트리아 등과 전쟁 → 파리 민중의 왕궁 습격
혁명의 과격화	국민 공회 구성 → 공화정 선포, 루이 16세 처형 → 로베스피에르의 공포 정치 → 온건파가 로베스피에르 처형, 총재 정부 구성
나폴레옹의 집권	나폴레옹이 쿠데타로 통령 정부 구성, 내정 개혁 추진 → 황제로 즉위, 유럽 대부분을 정복 → 러시아 원정 실패, 대프랑스 동맹에 패배

(3) 자유주의와 민족주의의 확산

빈 체제		프랑스 혁명 이전의 질서 추구, 보수주의 표방, 자유주의·민족주의 운동 억압
자유주의 운동	프랑스	7월 혁명(입헌 군주제 수립), 2월 혁명(공화정 수립) → 빈 체제 붕괴
	영국	가톨릭교도에 대한 차별 폐지, 차티스트 운동, 곡물법·항해법 폐지
민족주의 운동	이탈리아	사르데냐 왕국 중심의 통일 운동, 카보우르와 가리발디의 활약
	독일	프로이센 중심의 통일 운동(관세 동맹, 비스마르크의 철혈 정책)

(4) 러시아의 개혁과 라틴 아메리카의 독립

러시아의 개혁	알렉산드르 2세의 개혁(농노 해방령 등), 지식인들의 브나로드 운동
라틴 아메리카의 독립	아이티 독립 이후 가속화, 산마르틴·볼리바르 등 크리오요의 활약

핵심 선택지 다시보기

1 산업 혁명이 전개되면서 공장제 기계 공업이 확산되었다. (　　)

2 산업 혁명의 영향으로 빈부 격차가 완화되었다. (　　)

3 제국주의 국가들은 사회 진화론과 인종주의를 비판하였다. (　　)

4 제국주의 열강인 프랑스는 인도차이나반도로 세력을 확장하였다. (　　)

5 3C 정책을 추진하던 영국과 3B 정책을 펼쳤던 독일은 파쇼다에서 충돌하였다. (　　)

× ⑤ ○ ④ × ③ × ② ○ ① 달

---

03 유럽의 산업화와 제국주의

(1) 산업 혁명과 19세기 문화

	배경	18세기 후반 영국의 정치적 안정, 풍부한 자본과 지하자원, 노동력 풍부, 넓은 식민지 확보 → 가장 먼저 산업 혁명이 시작됨
산업 혁명	전개	• 면직물 공업 기계화, 증기 기관 개량 → 공장제 기계 공업 확산 • 교통과 통신의 발달 → 19세기 이후 여러 나라로 산업화 확산
	영향	• 산업 사회로 변화, 물질적 풍요, 도시화 진행, 자본주의 체제 확립 • 각종 사회 문제 발생 → 노동 운동 전개, 사회주의 사상 등장
19세기 문화		다윈의 진화론 주장, 에디슨의 전구와 축음기 발명, 낭만주의 등장 등

(2) 제국주의의 등장과 열강의 침략

제국주의	다른 나라를 침략하여 식민지 건설(사회 진화론·인종주의 기반)	
열강의 경쟁	영국의 종단 정책과 3C 정책, 프랑스의 횡단 정책, 독일의 3B 정책	
열강의 침략	아시아·태평양	영국의 인도·오스트레일리아 지배, 프랑스의 인도차이나반도 침략, 네덜란드의 인도네시아 지배, 미국의 필리핀·하와이 병합
	아프리카	영국·프랑스 충돌(파쇼다 사건), 프랑스·독일 대립(모로코 사건)

(3) 아프리카와 동남아시아의 민족 운동

아프리카	수단의 마흐디 운동 전개, 에티오피아의 아도와 전투 승리 등
동남아시아	라마 5세의 근대적 개혁(타이), 판보이쩌우의 민족 운동(베트남) 등

04 서아시아와 인도의 국민 국가 건설 운동

(1) 서아시아의 국민 국가 건설 운동

오스만 제국	탄지마트 실시 → 개혁 실패, 전제 정치 강화 → 청년 튀르크당의 혁명
아라비아반도	와하브 운동과 아랍 문화 부흥 운동 전개 → 아랍 민족주의 기반 마련
이란	담배 불매 운동·입헌 혁명 전개 → 영국·러시아의 무력 간섭으로 실패
이집트	무함마드 알리의 근대화 정책 → 수에즈 운하 건설 → 아라비 파샤의 혁명

(2) 인도의 국민 국가 건설 운동

세포이의 항쟁	세포이들의 무장 투쟁 → 영국군의 진압 → 영국령 인도 제국 수립
인도 국민 회의	초기에는 영국에 협조적 → 벵골 분할령 이후 반영 운동 주도

05 동아시아의 국민 국가 건설 운동

(1) 동아시아 3국의 개항

중국	제1차 아편 전쟁 → 난징 조약 체결 → 제2차 아편 전쟁 → 톈진·베이징 조약 체결
일본	미국 페리 제독의 무력시위 → 미일 화친 조약, 미일 수호 통상 조약 체결
조선	운요호 사건 → 일본과 강화도 조약 체결

(2) 동아시아 3국의 근대화 운동

중국	• 근대화 운동: 태평천국 운동 → 양무운동 → 변법자강 운동 → 의화단 운동 • 신해혁명: 우창에서 신식 군대의 봉기 → 전국으로 확산 → 중화민국 수립
일본	• 근대화 운동: 메이지 유신(근대적 개혁 추진) → 일본 제국 헌법 제정 • 제국주의 침략: 류큐 병합 → 청일 전쟁 승리 → 러일 전쟁 승리
조선	갑신정변, 동학 농민 운동, 갑오개혁, 독립협회 활동, 대한 제국의 개혁 등

☑ 핵심 선택지 다시보기

1 오스만 제국은 탄지마트라고 불리는 근대적 개혁을 실시하였다. ( )

2 이집트의 무함마드 알리는 와하브 운동을 주도하였다. ( )

3 인도에서 세포이들의 무장 투쟁은 대규모 민족 운동으로 확산되었다. ( )

답 1 ○ 2 × 3 ○

☑ 핵심 선택지 다시보기

1 제1차 아편 전쟁에서 패한 청은 강화도 조약을 체결하여 개항하였다. ( )

2 메이지 유신을 추진한 일본 정부는 일본 제국 헌법을 제정하였다. ( )

3 조선은 신분제 폐지 등을 내용으로 하는 갑오개혁을 단행하였다. ( )

답 1 × 2 ○ 3 ○

☑ 핵심 선택지 다시보기의 정답을 맞힌 개수만큼 아래 표에 색칠해 보자. 많이 틀린 단원은 되돌아가 복습해 보자.

01~02 유럽과 아메리카의 국민 국가 체제
😣 😕 😐 🙂 😄　164, 178쪽

03 유럽의 산업화와 제국주의
😣 😕 😐 🙂 😄　188쪽

04 서아시아와 인도의 국민 국가 건설 운동
😣 😕 😐 🙂 😄　202쪽

05 동아시아의 국민 국가 건설 운동
😣 😕 😐 🙂 😄　214쪽

01 유럽과 아메리카의 국민 국가 체제(1)

01 ㉠ 법률에 대한 설명으로 옳은 것은?

> 1689년 영국의 공동 왕인 메리와 윌리엄은 의회가 제출한 (㉠)을/를 승인하였다. 이는 의회가 왕의 권력을 제한하는 내용을 포함하고 있었다.

① 국민 공회에서 제정하였다.
② 연방제를 주요 내용으로 하였다.
③ 보스턴 차 사건의 배경이 되었다.
④ 청교도 혁명이 일어나는 계기가 되었다.
⑤ 영국에서 입헌 군주제가 확립되는 토대를 마련하였다.

02 다음 선언문 발표의 배경으로 옳은 것은?

> 창조주는 양도할 수 없는 권리를 인간에게 부여하였으며, …… 이러한 권리를 보장하기 위해 인간은 정부를 만들었으며, 정부의 정당한 권력은 통치를 받는 사람들의 동의로부터 나온다. 어떤 정부라도 이 목적을 훼손하는 경우에는 언제든지 새로운 정부를 수립할 수 있는 권리가 국민에게 있다. — ○○ 독립 선언문, 1776

① 삼부회가 소집되었다.
② 미국 독립 전쟁이 발발하였다.
③ 나폴레옹이 러시아 원정을 단행하였다.
④ 혁명 재판소를 통한 공포 정치가 실시되었다.
⑤ 미국에서 북부와 남부 사이에 전쟁이 일어났다.

03 ㉠ 전쟁에 대한 설명으로 옳은 것은?

> 노예제 확대에 반대한 링컨이 대통령에 당선되자 노예제 유지를 바라던 미국 남부의 여러 주가 연방을 탈퇴하고 북부를 공격하여 (㉠)을/를 일으켰다.

① 빈 체제의 붕괴를 가져왔다.
② 영국의 명예혁명에 영향을 주었다.
③ 베스트팔렌 조약 체결로 마무리되었다.
④ 전개 과정에서 대륙 회의가 개최되었다.
⑤ 남부와 북부 간의 경제 구조 차이가 배경이 되었다.

+ 창의·융합
04 밑줄 친 '이 시기'에 일어난 사실로 옳지 않은 것은?

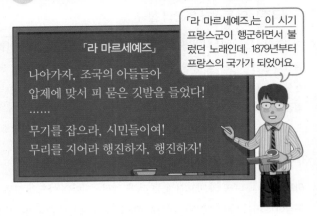

「라 마르세예즈」는 이 시기 프랑스군이 행군하면서 불렀던 노래인데, 1879년부터 프랑스의 국가가 되었어요.

> 「라 마르세예즈」
>
> 나아가자, 조국의 아들들아
> 압제에 맞서 피 묻은 깃발을 들었다!
> ……
> 무기를 잡으라, 시민들이여!
> 무리를 지어라 행진하자, 행진하자!

① 베르사유 궁전이 건설되었다.
② 국민 공회가 루이 16세를 처형하였다.
③ 인간과 시민의 권리선언이 발표되었다.
④ 파리 시민들이 바스티유 감옥을 습격하였다.
⑤ 입법 의회가 오스트리아 등과 전쟁을 벌였다.

05 (가)에 들어갈 내용으로 옳은 것을 〈보기〉에서 고른 것은?

> 총재 정부 시기에도 국내외의 혼란이 계속되었다. 나폴레옹은 이를 틈타 쿠데타를 일으켜 정권을 장악하였다. 총재 정부를 무너뜨린 나폴레옹은 통령 정부를 세운 뒤 제1 통령으로 취임하였다. 집권 이후 그는 ____(가)____

〔 보기 〕
ㄱ. 항해법을 제정하였다.
ㄴ. 대륙 봉쇄령을 내렸다.
ㄷ. 국민 교육 제도를 도입하였다.
ㄹ. 어린이의 노동 시간에 제한을 두었다.

① ㄱ, ㄴ　　② ㄱ, ㄷ　　③ ㄴ, ㄷ
④ ㄴ, ㄹ　　⑤ ㄷ, ㄹ

02 유럽과 아메리카의 국민 국가 체제(2)

06 프랑스 2월 혁명의 영향으로 옳은 것은?

① 영국에서 절대 왕정이 무너졌다.
② 미국에서 먼로주의를 선언하였다.
③ 프랑스에서 국민 공회가 들어섰다.
④ 오스트리아에서 메테르니히가 추방되었다.
⑤ 그리스가 오스만 제국으로부터 독립하였다.

07 다음의 주장을 내세우며 전개된 운동에 대한 설명으로 옳은 것은?

> • 21세 이상 남성의 선거권 인정
> • 비밀 투표제 실시
> • 의원 출마자의 재산 자격 철폐
> • 인구 비례에 따른 선거구 설치　　－ 인민헌장, 1838

① 영국의 노동자 계층이 주도하였다.
② 찰스 1세의 전제 정치가 배경이 되었다.
③ 부패 선거구를 폐지하는 계기가 되었다.
④ 러시아의 젊은 장교들이 일으킨 봉기이다.
⑤ 프랑스 7월 혁명이 일어나는 배경이 되었다.

08 밑줄 친 '가리발디'에 대한 설명으로 옳은 것은?

> **이달의 책**
> • 책 소개: 중국의 량치차오가 쓰고 신채호가 번역한 『이태리 건국 삼 걸전』은 이탈리아 건국의 주역이 었던 마치니, 가리발디, 카보우르 의 활약을 다루었다.

① 철혈 정책을 추진하였다.
② 브나로드 운동을 전개하였다.
③ 중북부 이탈리아를 병합하였다.
④ 시칠리아와 나폴리를 점령하였다.
⑤ 프랑크푸르트 의회에 참여하였다.

09 다음 대화의 주제로 가장 적절한 것은?

> 이번 수행 평가 주제 때문에 조사 하면서 알게 되었는데 크리오요 의 활약이 대단하더라고.

> 프랑스 혁명과 먼로 선언의 영향도 조사할 필요가 있어.

① 빈 체제의 성립　　　　② 프랑스 2월 혁명
③ 독일의 통일 운동　　　④ 19세기 러시아의 개혁
⑤ 라틴 아메리카의 독립운동

03 유럽의 산업화와 제국주의

10 신문 기사와 같은 사회 문제가 나타나게 된 배경으로 가장 적절한 것은?

> ### 역사 신문
>
> **[현장 취재] 19세기 런던의 뒷골목 주택가를 가다**
>
>
> ↑ 영국 런던의 주택가
>
> 런던 뒷골목에는 온갖 쓰 레기가 버려져 있으며, 웅덩이에 고인 물은 그대 로 방치되어 있다. 집들 이 다닥다닥 붙어 있는 주거 환경은 열악하고 지 저분할 수밖에 없었다.

① 장원제를 바탕으로 한 봉건 사회가 성립되었다.
② 산업화가 진행되면서 도시의 인구가 증가하였다.
③ 절대 왕정과 불평등한 신분제가 유지되고 있었다.
④ 광산 개발에 아프리카 원주민이 노예로 동원되었다.
⑤ 흑사병이 크게 유행하여 많은 사람들이 목숨을 잃었다.

11 ㉠에 들어갈 내용으로 옳은 것은?

19세기 후반 서양 열강들은 자국의 산업 발전을 위해 값싼 원료 공급지와 상품 판매 시장을 확보하고, 국내의 남아도는 자본을 투자할 곳을 찾고자 하였다. 이 과정에서 이들은 군사력과 경제력을 앞세워 약소국을 침략하고 식민지로 삼았는데, 이를 (㉠)(이)라고 한다.

① 계몽주의　　② 민족주의　　③ 사회주의
④ 자유주의　　⑤ 제국주의

12 ㉠, ㉡ 국가에 대한 설명으로 옳지 <u>않은</u> 것은?

프랑스의 관점에서 파쇼다 사건을 풍자한 이 그림에서는 (㉠)을/를 할머니로 변장한 늑대로 표현하였고, (㉡)을/를 빵을 든 소녀로 표현하였다. 소녀가 들고 있는 쿠키는 파쇼다를 상징한다.

① ㉠ - 횡단 정책을 추진하였다.
② ㉠ - 플라시 전투에서 승리하였다.
③ ㉡ - 인도차이나반도로 세력을 확장하였다.
④ ㉡ - 모로코를 둘러싸고 독일과 대립하였다.
⑤ ㉠, ㉡ - 청과 제2차 아편 전쟁을 일으켰다.

13 밑줄 친 '이 나라'에서 전개된 민족 운동으로 옳은 것은?

이 나라는 오랫동안 에스파냐의 식민 지배를 받았으나 19세기 말에 일어난 미국과 에스파냐와의 전쟁 이후 미국의 지배를 받게 되었다.

① 판보이쩌우가 동유 운동을 벌였다.
② 메넬리크 2세가 이탈리아를 격퇴하였다.
③ 카르티니가 여성을 위한 학교를 설립하였다.
④ 호세 리살을 중심으로 식민 지배에 저항하였다.
⑤ 무함마드 아흐마드가 마흐디 운동을 전개하였다.

04 서아시아와 인도의 국민 국가 건설 운동

14 밑줄 친 '혁명'의 배경으로 옳은 것은?

오스만 제국의 청년 튀르크당은 1908년에 일으킨 혁명으로 정권을 잡은 뒤 헌법을 부활하였다.

① 세포이들이 항쟁을 일으켰다.
② 개혁의 실패로 전제 정치가 강화되었다.
③ 와하브 운동으로 민족정신이 고취되었다.
④ 무함마드 알리가 이집트의 총독으로 파견되었다.
⑤ 이슬람 지도자들이 담배 불매 운동을 전개하였다.

15 이집트의 민족 운동에 대한 설명으로 옳은 것은?

① 정부가 탄지마트라고 불리는 개혁을 실시하였다.
② 아라비 파샤를 중심으로 한 군부가 혁명을 일으켰다.
③ 스와라지, 스와데시 등을 주장하는 반영 운동이 일어났다.
④ 카자르 왕조의 전제 정치에 반대하는 입헌 혁명이 일어났다.
⑤ 이븐 압둘 와하브가 이슬람교 본래의 순수성을 되찾자는 운동을 전개하였다.

➕ 창의·융합
16 밑줄 친 ㉠의 사례로 적절하지 <u>않은</u> 것은?

이모티콘 제안서
• 제목: 인도 국민 회의의 반영 운동
• 시리즈명: 세계사, 이모티콘으로 표현하기
• 설명: 인도 국민 회의가 반영 운동을 펼치는 모습을 콜카타 대회에서 채택한 ㉠ 4대 강령의 주요 내용을 바탕으로 표현하였습니다.

① 국산품 애용　　　　② 국민 교육 실시
③ 영국 상품 배척　　　④ 인도의 자치 허용
⑤ 쿠란의 가르침대로 생활

05 동아시아의 국민 국가 건설 운동

[17~18] 다음을 읽고 물음에 답하시오.

손수제작물(UCC) 동영상 제작 계획서

• 주제: 중국의 개항과 근대화 운동

장면 번호	장면	자막
1	난징 조약 체결 장면	제1차 아편 전쟁에서 패배한 청은 영국과 난징 조약을 체결하여 개항하였습니다.
2	태평천국 운동 장면	청이 배상금을 내기 위해 세금을 늘리자 홍수전이 다음과 같이 말하였습니다.
...		(가)
6	의화단 운동 장면	비밀 결사인 의화단이 반외세 운동을 일으켰으나 8개국 연합군에 진압되었습니다.

17 밑줄 친 '홍수전'의 주장으로 가장 적절한 것은?

① 만주족을 몰아내고 한족의 국가를 세웁시다.
② 청을 도와 서양인과 크리스트교를 몰아내야 합니다.
③ 봉건 체제를 타파하고 민주 공화국을 건설해야 합니다.
④ 일본의 메이지 유신을 참고하여 제도를 개혁해야 합니다.
⑤ 중국의 제도는 유지하고 서양의 기술은 받아들이겠습니다.

18 ㉠에 들어갈 인물로 옳은 것은?

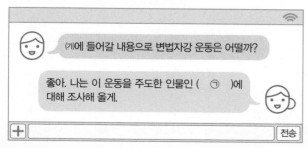

① 쑨원　　② 서태후　　③ 이홍장
④ 캉유웨이　　⑤ 위안스카이

19 밑줄 친 '새 정부'의 정책으로 옳은 것은?

> 개항 이후 일본에서는 막부의 굴욕적 외교 정책에 대한 비판이 커졌다. 이에 일부 지방의 무사들이 막부 타도를 위한 동맹을 결성하였다. 결국 에도 막부의 쇼군이 국가 통치권을 천황에게 반환하면서 새 정부가 탄생하였다.

① 미일 화친 조약을 체결하였다.
② 산킨코타이 제도를 실시하였다.
③ 일본이라는 국호를 최초로 사용하였다.
④ 네덜란드 상인에게 나가사키를 개항하였다.
⑤ 유럽과 미국에 이와쿠라 사절단을 파견하였다.

20 (가)에 들어갈 사실로 가장 적절한 것은?

① 운요호 사건 발발
② 포츠머스 조약 체결
③ 일본 제국 헌법 제정
④ 미일 수호 통상 조약 체결
⑤ 청이 일본에게 랴오둥반도를 할양

21 (가)에 들어갈 내용으로 가장 적절한 것은?

① 갑신정변　　② 갑오개혁　　③ 아관파천
④ 을미사변　　⑤ 임오군란

V

세계 대전과
사회 변동

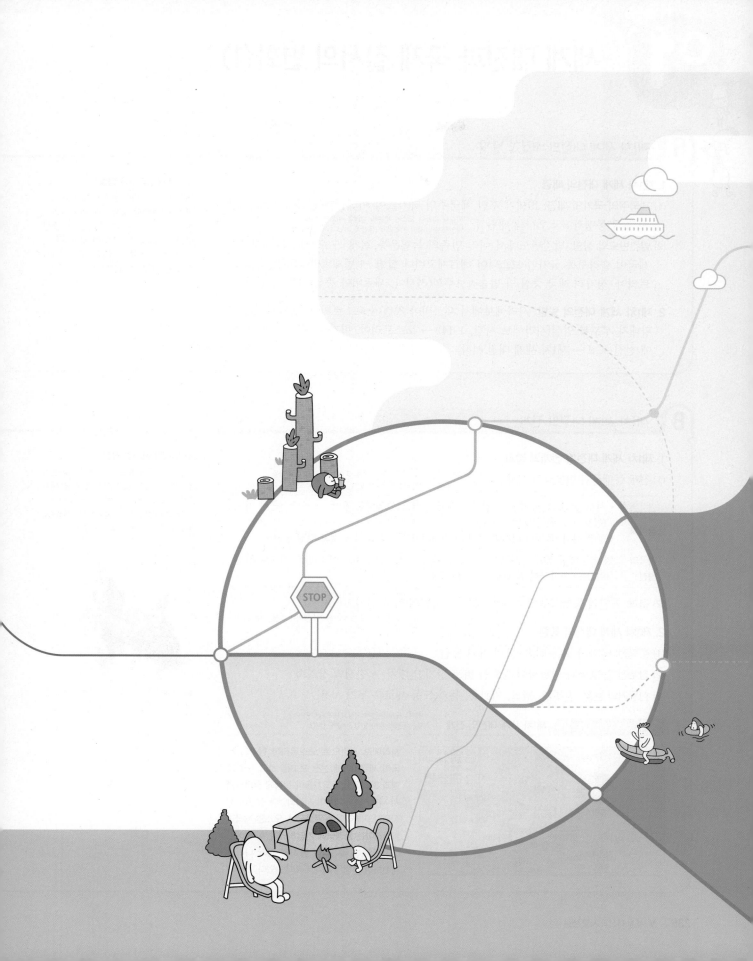

01 세계 대전과 국제 질서의 변화(1)

A 제1차 세계 대전의 배경과 발발

1. 제1차 세계 대전의 배경
(1) **제국주의 국가의 대립**: 19세기 후반 제국주의 국가들이 이해관계에 따라 서로 경쟁 → **⁺3국 동맹과 3국 협상의 대립** ┌ 이슬람 국가인 오스만 제국의 지배를 받으면서 민족, 종교가 다양해져 분쟁이 지속되자 '유럽의 화약고'라고 불렸어.
(2) **발칸반도의 상황**: 발칸반도에서 여러 민족의 독립운동 전개 → 오스트리아·헝가리 제국이 슬라브족 국가인 보스니아 헤르체고비나 합병 → 범게르만주의(독일, 오스트리아·헝가리 제국 중심)와 범슬라브주의(러시아, 세르비아 중심)의 대립 심화

2. 제1차 세계 대전의 발발
사라예보에서 세르비아 청년이 오스트리아·헝가리 제국의 황태자 부부를 암살(사라예보 사건, 1914) → 오스트리아·헝가리 제국이 세르비아에 선전 포고 → 제1차 세계 대전 시작

➕ 3국 동맹과 3국 협상
독일이 오스트리아·헝가리 제국, 이탈리아와 3국 동맹을 맺자, 이에 맞서 프랑스는 러시아, 영국과 함께 3국 협상을 결성하였다. 영국의 3C 정책에 맞서 독일이 3B 정책을 추진하면서 제국주의 국가들의 대립은 더욱 심해졌다.

B 제1차 세계 대전의 전개

1. 제1차 세계 대전의 전개와 결과
(1) **전개**: 동맹국과 연합국의 대립 ┌ • 동맹국: 독일, 오스트리아·헝가리 제국, 오스만 제국, 불가리아 등
└ • 연합국: 영국, 프랑스, 러시아, 일본 등

전쟁의 장기화	• 서부 전선: 전쟁 초반 독일군의 빠른 진격으로 동맹군 우세 → 프랑스군의 저지 (참호전 전개, 전쟁의 장기화) ┌ **Qw?** 러시아에서 사회주의 혁명이 일어났기 때문이야. • 동부 전선: 독일이 러시아 공격 → 러시아가 독일과 조약을 맺고 전쟁 중단
미국의 참전	영국의 해상 봉쇄 → 독일의 **⁺무제한 잠수함 작전**으로 미국이 연합국 편으로 참전 (1917) → 연합국이 전쟁에서 우위를 차지

(2) **결과**: 독일의 동맹국들이 차례로 항복 → 독일의 항복 선언(1918) ┌ 독일에서 혁명이 일어나 수립된 새 정부가 연합국에 항복을 선언하였어.

2. 제1차 세계 대전의 특징 ┌ 여성들도 간호병으로 참전하거나 군수품 생산에 참여하였으.
(1) **총력전**: 국가의 모든 인적·물적 자원 동원
(2) **참호전**: 동맹국과 연합국이 참호를 파고 장기간 대치 → 전쟁의 장기화
(3) **신무기의 등장**: 전투기, 탱크, 기관총, 독가스 등 새로운 무기 사용

➕ 무제한 잠수함 작전
독일이 영국에 오고 가는 군용 및 민간 선박을 가리지 않고 모든 선박을 무차별적으로 공격한 작전이다. 이 사건으로 미국 여객선이 큰 피해를 입자 미국에서 독일에 대한 여론이 악화되었다.

↑ 무제한 잠수함 작전에 사용된 독일 잠수함

📖 자료로 이해하기 제1차 세계 대전의 전개 ┌ 제1차 세계 대전이 시작되자 이탈리아는 3국 동맹을 떠나 연합국 편에 섰어.

☐	연합국 측 국가
☐	동맹국 측 국가
■	중립국
→	연합국의 진로
→	동맹국의 진로

사라예보 사건
(1914. 6. 28.)

사라예보 사건으로 오스트리아·헝가리 제국이 세르비아에 선전 포고를 하고, 3국 동맹과 3국 협상의 국가들이 전쟁에 참여하면서 제1차 세계 대전이 시작되었다. 전쟁이 시작되자 이탈리아는 연합국에, 오스만 제국과 불가리아는 동맹국에 가담하였다. 이 밖에도 아시아와 오세아니아 등지의 여러 나라가 참전하여 전쟁은 세계로 확대되었다.

- 제1차 세계 대전의 전개와 결과
- 러시아 혁명의 전개와 결과
- 베르사유 체제의 형성
- 아시아·아프리카의 민족 운동

---

1 다음 설명이 맞으면 ○표, 틀리면 ×표를 하시오.

(1) 독일은 이탈리아, 오스트리아·헝가리 제국과 3국 협상을 맺었다. ( )

(2) 사라예보 사건으로 오스트리아·헝가리 제국이 세르비아에 전쟁을 선포하였다. ( )

2 다음에서 설명하는 지역을 쓰시오.

> 이 지역은 이슬람 국가인 오스만 제국의 지배를 받으면서 민족과 종교가 다양해져 분쟁이 지속되었다.

핵심 콕콕

• 제1차 세계 대전의 배경과 발발

배경	3국 동맹과 3국 협상의 대립, 범게르만주의와 범슬라브주의의 대립
발발	사라예보 사건 발생 → 오스트리아·헝가리 제국이 세르비아에 선전 포고

---

1 다음 괄호 안의 내용 중 알맞은 말에 ○표를 하시오.

(1) 제1차 세계 대전이 시작되자 (불가리아, 이탈리아)는 3국 동맹을 떠나 연합국 편에 섰다.

(2) (러시아, 오스만 제국)은/는 전쟁 중 자국 내에서 혁명이 일어나자 독일과 조약을 맺고 전쟁을 그만두었다.

2 제1차 세계 대전 당시 독일은 영국 해상을 봉쇄하기 위해 영국에 오고 가는 군용 및 민간 선박을 가리지 않고 무차별적으로 공격하는 ( )을 전개하였다.

3 ㉠, ㉡에 들어갈 내용을 각각 쓰시오.

> 제1차 세계 대전은 국가의 모든 힘과 자원을 투입하는 (㉠)의 형태로 전개되었다. 또한 참호를 파고 장기간 대치하는 (㉡)이 전개되면서 전쟁이 장기화되었다.

핵심 콕콕

• 제1차 세계 대전의 전개

> 초기 동맹국 우세
> ↓
> 영국의 해상 봉쇄
> ↓
> 독일의 무제한 잠수함 작전 전개
> ↓
> 미국이 연합국 편으로 참전
> ↓
> 러시아의 전쟁 중단
> ↓
> 독일의 항복 선언

C 러시아 혁명

1. 러시아 혁명의 배경

(1) 19세기경 러시아: 농업 중심의 경제와 전제 정치 유지, 지식인 사이에 사회주의 사상 확산 → 차르 체제 비판, 사회 개혁 요구 확산
> 러시아어로 '황제'라는 뜻이야.

(2) 피의 일요일 사건(1905)

배경	러일 전쟁으로 노동자와 농민의 생활 악화
전개	노동자와 농민들이 상트페테르부르크에서 개혁을 요구하며 평화 시위 전개 → 정부의 무력 진압으로 사상자 발생
결과	차르 니콜라이 2세의 개혁 약속(언론과 집회의 자유 보장, 입법권을 가진 의회(두마) 설립 등) → 개혁의 성과 미흡, 전제 정치 강화

2. 러시아 혁명의 전개 — 3월 혁명과 11월 혁명은 러시아력으로 각각 2월과 10월에 일어났어.

3월 혁명 (1917. 3.)	• 배경: 차르의 개혁 성과 미흡, 제1차 세계 대전 참전으로 러시아의 경제 상황 악화 • 전개: 노동자와 군인 중심으로 +소비에트 결성 ┐ 食 식량 배급, 전쟁 중지, 전제 정치 타도 등을 요구하였어. • 결과: 전제 군주제 붕괴, 임시 정부 수립
11월 혁명 (1917. 11.)	• 배경: 임시 정부의 개혁 부진, 전쟁 지속 • 전개: 레닌이 이끄는 +볼셰비키가 무장봉기를 일으킴 ┐ 노동자와 농민이 억압받는 러시아와 같은 국가에서 사회주의 혁명이 성공한다고 주장하였어. • 결과: 임시 정부 타도, 소비에트 정부 수립

자료로 이해하기 피의 일요일 사건

저희는 가난하고, 핍박받고, 과도한 노동에 시달리고, 경멸당하고 있으며, 인간으로 인정받지 못하면서 묵묵히 그 운명을 참아 내기를 강요받으며, 노예와 같은 취급을 받고 있습니다. …… 농민에게도, 노동자에게도 …… 대표를 선출하고 또 모든 사람이 평등하게 선거권을 갖고 자유롭게 선거할 수 있도록 배려하여 주십시오.
– 상트페테르부르크 노동자와 농민의 청원, 1905

러일 전쟁으로 생활고를 겪던 노동자와 농민들은 상트페테르부르크에서 개혁을 요구하는 평화 시위를 전개하였다. 이때 정부가 시위대를 무력으로 진압하며 많은 희생자가 발생하였다. 차르는 개혁을 약속하였지만 이를 지키지 않고 전제 정치를 강화하였다.

+ 소비에트
러시아어로 '대표자 회의'라는 뜻으로 노동자와 병사 대표로 구성되었다. 러시아 혁명 때부터 의회를 대신하는 권력 기구가 되었다.

+ 볼셰비키
레닌이 만든 러시아 사회 민주 노동당의 다수파로, 혁명적 투쟁 방식을 주장하였다. 러시아 혁명 이후 정권을 장악하고 '러시아 공산당'으로 이름을 바꾸었다.

D 소련의 수립과 발전

1. 레닌의 정책

(1) 전쟁 중단: 독일과 강화 조약을 맺고 연합국에서 이탈

(2) 사회주의 개혁 추진: 공산당 일당 독재 선언, 토지와 산업 국유화, 코민테른 결성 등
> 국제 공산당 연합 조직으로, 레닌은 코민테른을 통해 사회주의 혁명을 전 세계로 퍼뜨리고자 하였어.

(3) +신경제 정책(NEP) 실시: 러시아의 경제난 심화 → 자본주의 요소 일부 도입

(4) 소비에트 사회주의 공화국 연방(소련) 수립(1922): 러시아를 비롯한 15개의 소비에트 공화국으로 구성

2. 스탈린의 정책: 경제 개발 5개년 계획 추진(중공업 발전 목표), 공산당 독재 체제 강화
> 반대파를 탄압하고 숙청하였어.

+ 신경제 정책(NEP)
신경제 정책으로 농민은 일정한 양의 곡물을 세금으로 내면 나머지는 자유롭게 판매할 수 있었고, 국가 소유였던 중소기업이 개인에게 판매되었다. 이러한 경제 정책으로 러시아의 전체 생산은 제1차 세계 대전 이전 수준까지 회복되었다.

1 다음 설명이 맞으면 ○표, 틀리면 ✕표를 하시오.

(1) 19세기경 러시아에서는 농업 중심의 경제와 전제 정치가 유지되었다. ( )

(2) 1905년 러시아 노동자와 농민들이 개혁을 요구하며 평화 시위를 전개한 결과 입법권을 가진 의회가 설립되었다. ( )

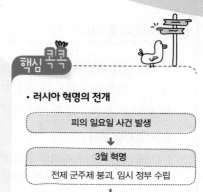

• 러시아 혁명의 전개

피의 일요일 사건 발생
↓
3월 혁명
전제 군주제 붕괴, 임시 정부 수립
↓
11월 혁명
임시 정부 붕괴, 소비에트 정부 수립

2 다음 설명이 러시아 3월 혁명에 해당하면 '3', 11월 혁명에 해당하면 '11'이라고 쓰시오.

(1) 레닌이 이끄는 볼셰비키가 소비에트 정부를 수립하였다. ( )

(2) 노동자와 군인들이 소비에트를 결성하고 임시 정부를 수립하였다. ( )

(3) 노동자들이 전쟁 중지, 전제 정치 타도 등을 요구하며 봉기하였다. ( )

3 ㈎~㈑를 러시아에서 일어난 순서대로 나열하시오.

㈎ 전제 군주제가 무너지고 임시 정부가 수립되었다.
㈏ 차르 니콜라이 2세가 의회 설립 등 개혁을 약속하였다.
㈐ 러일 전쟁으로 생활이 악화된 노동자와 농민이 평화 시위를 전개하였다.
㈑ 레닌이 이끄는 볼셰비키가 무장봉기를 일으켜 임시 정부를 타도하고 소비에트 정부를 수립하였다.

1 소비에트 정부를 세운 레닌은 러시아의 경제난이 심해지자 자본주의 요소를 일부 도입한 ( )을/를 실시하였다.

2 다음 인물과 그에 대한 설명을 옳게 연결하시오.

(1) 레닌 •
(2) 스탈린 •

• ㉠ 경제 개발 5개년 계획을 추진하였다.
• ㉡ 독일과 강화를 맺고 연합국에서 이탈하였다.

• 레닌과 스탈린의 정책

레닌의 정책	사회주의 개혁 추진, 신경제 정책(NEP) 실시 등 → 소비에트 사회주의 공화국 연방(소련) 수립
스탈린의 정책	경제 개발 5개년 계획 추진, 공산당 독재 체제 강화

E 베르사유 체제의 형성

1. 파리 강화 회의(1919)

(1) 목적: 연합국이 전후 문제를 처리하기 위해 개최

(2) 원칙: 미국 대통령 윌슨이 제안한 +14개조 평화 원칙을 바탕으로 논의 진행

2. 베르사유 조약

(1) 내용: 파리 강화 회의의 결과 연합국과 독일이 체결 → 독일의 영토 축소, 해외 식민지 상실, 군대 보유 제한, 배상금 지불 등 규정

(2) 결과: 베르사유 체제 성립, 영국·프랑스의 전력 약화, 미국이 세계 질서 주도
└─ 제1차 세계 대전이 끝난 후 승전국을 중심으로 형성된 새로운 국제 질서를 말해.

📖 자료로 이해하기 베르사유 조약(1919)

> 제45조 독일은 자르강 유역에 있는 탄광 지대의 독점 채굴권을 포함한 소유권을 프랑스에게 넘겨준다.
> ┌─ 독일은 모든 식민지를 상실하였어.
> 제119조 독일은 해외 식민지에 관한 모든 권리와 소유권을 연합국에 넘겨준다.
> 제173조 독일의 일반 의무병제를 폐지하고, 독일 육군은 지원병제로만 조직한다.
> 제231조 전쟁에 대한 모든 책임은 바이마르 공화국(독일)을 비롯한 동맹국에 있다.

파리 강화 회의의 결과 연합국과 독일은 베르사유 조약을 체결하여 전쟁의 책임이 독일에 있다는 것을 분명히 하였다. 이 조약은 승전국의 이익을 더 중요하게 여겼고, 독일의 군비 축소, 막대한 배상금 지불 등 독일에 대한 보복적 성격이 강하였다. 이로 인해 독일 국민의 불만이 고조되었으며, 이는 제2차 세계 대전의 한 원인이 되었다.

✚ 윌슨의 14개조 평화 원칙

윌슨 대통령이 제안한 14개조 평화 원칙에는 식민지 민족의 주권 문제는 식민지 주민의 이익과 손해가 반영되어야 하며 공평하게 처리되어야 한다는 민족 자결주의가 포함되었다. 그러나 이 원칙은 패전국의 식민지 일부에만 적용되었고 승전국의 식민지는 제외되었다.

F 평화 구축을 위한 노력

┌─ 베르사유 조약의 규정에 따라 창설되었어.

국제 연맹 창설(1920)	국제 평화와 안전을 확보하기 위한 국제기구 설립, 미국·소련 등 강대국이 불참하고 분쟁을 막을 군사적 수단이 없었다는 한계를 가짐
워싱턴 회의 개최 (1921~1922)	전쟁 방지와 군비 축소를 위한 논의 진행, 해군 함선의 수량 제한 및 폐기, 독가스 사용 금지 등 합의
제노바 회의 개최(1922)	전쟁 배상금 문제와 외교 관계 수립에 대해 논의
켈로그·브리앙 조약 (부전 조약) 체결(1928)	미국과 프랑스의 제안으로 국제 분쟁을 해결하는 수단으로 전쟁을 사용하지 않겠다고 규정
각국의 노력	+로카르노 조약(1925) 체결, +독일의 배상금 축소(도스안, 영안을 통해 결정)

📖 자료로 이해하기 평화 유지를 위한 각국의 노력

⬆ 국제 연맹 창설(1920)

베르사유 조약 체결의 결과 평화 체제 구축을 목표로 한 국제 연맹이 창설되었다. 국제 연맹은 군비 축소, 각국의 독립과 영토 보전, 국제 분쟁의 평화적 해결 등에 합의하였다. 세계 각국의 협력 강화 및 평화 유지를 위한 국제적인 노력은 계속 이어져 워싱턴 회의(1921~1922) 등이 개최되었다.

✚ 로카르노 조약

독일의 국제 연맹 가입과 국제 분쟁의 평화적 해결에 합의한 조약

✚ 독일의 배상금 축소 과정

베르사유
조약
(1919) — 배상금 총액 1,320억 마르크 금화 부과

도스안
(1924) — 1~4년 차 10억 마르크 금화
5년 차 이후 25억 마르크 금화

영안
(1929) — 시행 직후 대공황 발생 400억 마르크 금화 이하로 감액

로잔 회의
(1932) — 30억 마르크 금화로 감액

독일은 전후 자국의 경제력으로는 전쟁 배상금을 지불할 수 없었다. 이에 미국 등이 나서 도스안과 영안을 통해 독일의 배상금을 축소하였다.

1 다음 설명이 맞으면 ○표, 틀리면 ×표를 하시오.

(1) 1919년에 제1차 세계 대전의 전후 문제 처리를 목적으로 파리 강화 회의가 개최되었다. ( )

(2) 미국 대통령 먼로는 14개조 평화 원칙을 제시하여 제1차 세계 대전 이후의 국제 평화 방향을 제시하였다. ( )

(3) 베르사유 체제가 성립된 이후 영국과 프랑스의 전력은 약화된 반면, 미국은 세계 질서를 주도하게 되었다. ( )

2 다음 빈칸에 들어갈 내용을 쓰시오.

(1) 제1차 세계 대전이 종결된 이후 성립된 국제 질서를 ( )라고 한다.

(2) 제1차 세계 대전 이후 연합국과 독일이 맺은 ( )은 전쟁의 책임이 독일에 있다는 것을 분명히 하고 독일에 대한 보복적 성격이 강하였다.

(3) 14개조 평화 원칙에 포함되어 있는 ( )는 식민지 민족의 주권 문제는 식민지 주민의 이익과 손해가 반영되어야 하며 공평하게 처리되어야 한다는 원칙을 말한다.

핵심 콕콕

• 베르사유 체제의 형성

파리 강화 회의	연합국이 전후 문제를 처리하기 위해 개최
베르사유 조약	연합국과 독일이 체결 → 독일의 영토 축소, 해외 식민지 상실 등 규정 → 베르사유 체제 성립

1 제1차 세계 대전 이후 국제 평화를 논의하기 위해 전개된 국제 사회의 움직임만을 〈보기〉에서 있는 대로 골라 기호를 쓰시오.

┌ 보기 ┐
ㄱ. 워싱턴 회의 개최
ㄴ. 로카르노 조약 체결
ㄷ. 포츠머스 조약 체결
ㄹ. 3국 동맹과 3국 협상 결성
└─────────────┘

핵심 콕콕

• 평화 구축을 위한 노력

국제 연맹 창설	국제 평화와 안전을 확보하기 위해 창설
각국의 노력	워싱턴 회의·제노바 회의 개최, 켈로그·브리앙 조약, 로카르노 조약 체결, 독일의 배상금 축소 등

2 다음 괄호 안의 내용 중 알맞은 말에 ○표를 하시오.

(1) 제1차 세계 대전 이후 도스안과 영안을 통해 (독일, 러시아)의 배상금이 축소되었다.

(2) 미국과 프랑스는 (베르사유 조약, 켈로그·브리앙 조약)을 통해 국제 분쟁을 해결하는 수단으로 전쟁을 사용하지 않겠다고 규정하였다.

6 동아시아, 인도, 동남아시아의 민족 운동

1. 동아시아의 민족 운동

(1) 한국: 일제의 식민 지배에 저항하는 3·1 운동 전개(1919), 대한민국 임시 정부 수립

(2) 중국

　　└ 제1차 세계 대전 중 일본이 산둥반도의 이권을 포함한 21개조 요구를 강요하였어.

① ⁺5·4 운동(1919): 파리 강화 회의에서 21개조 요구 승인 → 베이징 대학생을 중심으로 일본의 21개조 요구 철회와 산둥반도의 이권 반환을 요구하는 민족 운동 전개

② 제1차 국공 합작(1924): 쑨원의 국민당 결성 → 국민당과 공산당의 연합, 군벌과 제국주의 세력 타도 주장 → 장제스가 군벌 제압 후 중국 통일(1928) → 공산당 배척, 제1차 국공 합작 결렬 → 마오쩌둥과 공산당의 대장정(옌안으로 이동하여 국민당 정부에 대항)

③ 제2차 국공 합작(1937): 일본이 중일 전쟁을 일으키며 대륙 침략 본격화 → 국민당과 공산당이 다시 연합하여 대일 항전 전개

2. 인도와 동남아시아의 민족 운동

　　└ 프랑스는 제1차 세계 대전에 협력하는 조건으로 베트남의 독립을 약속하였지만, 전후 약속을 이행하지 않았어.

인도	영국으로부터 자치를 약속받고 제1차 세계 대전 당시 영국 지원 → 전후 영국의 식민 통치 강화 → ⁺간디의 비폭력·불복종 운동 전개 → 네루의 민족 운동 전개(인도의 완전한 독립 주장) → 영국이 인도 각 주의 자치권 인정(1935)
베트남	호찌민이 베트남 공산당(인도차이나 공산당) 조직 → 프랑스에 맞서 민족 운동 전개
인도네시아	수카르노가 인도네시아 국민당 결성 → 네덜란드에 맞서 독립운동 전개
필리핀	미국으로부터 완전한 독립 요구 → 미국이 필리핀의 자치 인정
태국	청년 장교들이 쿠데타를 일으켜 입헌 군주제 실시

⁺5·4 운동

1919년 5월 4일 베이징의 대학생과 시민들은 톈안먼 광장 앞에 모여 일본의 21개조 요구 철회와 이 요구를 받아들인 친일파를 처벌할 것을 주장하였다.

✚ 간디의 비폭력·불복종 운동

간디는 영국의 식민 지배에 맞서 영국 상품 불매와 납세 거부 등의 비폭력·불복종 운동을 벌였다. 또한 영국의 소금법 제정에 항의하여 소금을 얻기 위해 해안까지 약 385km를 행진하였다(소금 행진).

H 서아시아, 아프리카의 민족 운동

1. 서아시아의 민족 운동

(1) 오스만 제국

① 배경: 제1차 세계 대전에서 동맹국 측에 가담 → 영토 상실, 연합국의 내정 간섭

② 전개: ⁺무스타파 케말이 연합국에 대항하여 독립운동 전개 → 튀르키예 공화국 수립(1923), 대통령 당선 → 근대화 정책 실시(칼리프 제도 폐지, 헌법 제정, 여성에 참정권 부여, 튀르키예 문자 제정, 서양식 달력 사용 등)

(2) 아랍 지역: 전쟁 이후 서아시아 대부분은 영국과 프랑스의 위임 통치를 받음 → 서양 열강에 맞서 독립운동 전개 → 이라크 독립, 사우디아라비아의 통일 왕국 수립

　　└ 오스만 제국으로부터 독립을 약속받고 제1차 세계 대전에서 연합국을 지원하였어.

2. 아프리카의 민족 운동

(1) 이집트: 와프드당을 중심으로 반영 운동 전개 → 영국이 수에즈 운하 관리권과 군대 주둔권을 유지하는 조건으로 이집트의 독립 인정(1922)

(2) 모로코: 에스파냐로부터 자치권 획득

(3) 중남부 아프리카: ⁺범아프리카주의 확산

✚ 무스타파 케말

튀르키예 공화국의 초대 대통령으로 칼리프 제도를 폐지하여 정치와 종교를 분리하였다.

✚ 범아프리카주의

아프리카 사람들이 스스로의 힘으로 독립하여 아프리카 대륙을 식민 상태에서 해방시켜 통일하려는 사상 또는 운동

1 1919년 한국에서는 일제의 식민 지배에 저항하는 (　　　　　)이 전개되었다.

핵심 콕콕

2 다음 괄호 안의 내용 중 알맞은 말에 ○표를 하시오.

(1) (태국, 필리핀)에서는 청년 장교들이 쿠데타를 일으켜 입헌 군주제를 실시하였다.

(2) 1919년 중국에서는 일본의 21개조 요구 철회와 산둥반도의 이권 반환을 요구하는 (양무운동, 5·4 운동)이 일어났다.

• 동아시아, 인도, 동남아시아 민족 운동

한국	3·1 운동
중국	5·4 운동, 제1·2차 국공 합작
인도	간디의 비폭력·불복종 운동, 네루의 민족 운동
베트남	호찌민의 베트남 공산당 조직 → 반프랑스 독립운동
인도네시아	수카르노가 인도네시아 국민당 결성 → 반네덜란드 독립운동

3 다음에서 설명하는 인물을 〈보기〉에서 골라 기호를 쓰시오.

〔 보기 〕
ㄱ. 간디　　　　ㄴ. 호찌민　　　　ㄷ. 장제스　　　　ㄹ. 수카르노

(1) 쑨원 이후 집권하여 군벌을 제압하고 중국을 통일하였다. (　　　)

(2) 베트남 공산당을 조직하고 프랑스에 맞서 민족 운동을 전개하였다. (　　　)

(3) 영국의 인도 식민지 지배에 저항하여 비폭력·불복종 운동을 전개하였다. (　　　)

(4) 인도네시아 국민당을 결성하여 네덜란드에 맞서 독립운동을 전개하였다. (　　　)

---

1 다음 설명이 맞으면 ○표, 틀리면 ✕표를 하시오.

(1) 영국은 수에즈 운하 관리권과 군대 주둔권을 유지하는 조건으로 이집트의 독립을 인정하였다. (　　　)

(2) 오스만 제국의 지배를 받던 아랍 민족들은 독립을 약속받고 제1차 세계 대전 중 동맹국을 지원하였다. (　　　)

핵심 콕콕

• 서아시아, 아프리카의 민족 운동

서아시아	• 오스만 제국: 무스타파 케말의 튀르키예 공화국 수립(1923) • 아랍 지역: 이라크 독립, 사우디아라비아의 통일 왕국 수립
아프리카	이집트 독립, 모로코의 자치권 획득, 중남부 아프리카에서 범아프리카주의 확산 등

2 다음 빈칸에 들어갈 내용을 쓰시오.

(1) 1923년 튀르키예 공화국을 세운 (　　　　)은 연합국에 대항하여 독립운동을 전개하였다.

(2) 제1차 세계 대전 이후 아프리카에서는 스스로의 힘으로 독립하여 아프리카 대륙을 통일하려는 (　　　　)가 확산되었다.

01 지도는 제1차 세계 대전 직전의 유럽 정세를 나타낸 것이다. (가), (나) 국가에 대한 설명으로 옳은 것은?

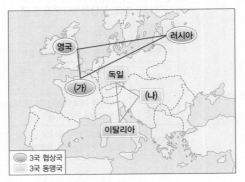

① (가)는 3C 정책을 추진하였다.
② (가)는 제1차 세계 대전 당시 동맹국 편에 섰다.
③ (나)는 3B 정책을 추진하였다.
④ (나)는 범슬라브주의를 내세웠다.
⑤ (나)는 보스니아 헤르체고비나를 합병하였다.

02 지도와 같이 전개된 전쟁의 배경으로 옳은 것을 〈보기〉에서 고른 것은?

─〔 보기 〕─
ㄱ. 사라예보 사건 발생
ㄴ. 소비에트 정부의 수립
ㄷ. 3국 동맹과 3국 협상의 대립
ㄹ. 파리 강화 회의에서 21개조 요구 승인

① ㄱ, ㄴ   ② ㄱ, ㄷ   ③ ㄴ, ㄷ
④ ㄴ, ㄹ   ⑤ ㄷ, ㄹ

03 다음에서 설명하는 작전의 결과로 가장 적절한 것은?

제1차 세계 대전 중 영국이 독일로 가는 물자를 통제하기 위해 해상을 봉쇄하자 독일은 무제한 잠수함 작전을 펼쳤다. 이 작전으로 많은 미국인이 사망하자 독일에 대한 미국 내 여론이 악화되었다.

↑ 독일 잠수함

① 이탈리아가 3국 동맹에서 탈퇴하였다.
② 오스만 제국과 불가리아가 동맹국 편에 섰다.
③ 미국이 연합국의 자격으로 전쟁에 참여하였다.
④ 독일군과 프랑스군이 참호를 파고 서로 대치하였다.
⑤ 오스트리아·헝가리 제국이 세르비아에 선전 포고를 하였다.

04 (가)~(라)는 제1차 세계 대전의 전개 과정에서 있었던 일이다. 일어난 순서대로 나열한 것은?

─────────────
(가) 사라예보 사건이 일어났다.
(나) 독일이 무제한 잠수함 작전을 전개하였다.
(다) 러시아가 독일과 조약을 맺고 전쟁을 그만두었다.
(라) 독일에서 혁명으로 수립된 새 정부가 항복을 선언하였다.
─────────────

① (가) – (나) – (다) – (라)   ② (가) – (나) – (라) – (다)
③ (나) – (다) – (가) – (라)   ④ (다) – (가) – (라) – (나)
⑤ (다) – (라) – (나) – (가)

05 제1차 세계 대전의 동맹국으로 옳은 것을 〈보기〉에서 고른 것은?

─〔 보기 〕─
ㄱ. 영국   ㄴ. 러시아
ㄷ. 불가리아   ㄹ. 오스만 제국

① ㄱ, ㄴ   ② ㄱ, ㄷ   ③ ㄴ, ㄷ
④ ㄴ, ㄹ   ⑤ ㄷ, ㄹ

06 (가)에 들어갈 내용으로 적절하지 <u>않은</u> 것은?

세계사 공부방 > 질문 게시판

질문: 제1차 세계 대전의 특징에 대해 알려 주세요.

답글: _____ (가)

① 총력전으로 전개되었어요.

② 아시아·태평양 지역을 중심으로 전개되었어요.

③ 참호를 깊게 파고 대치하는 참호전이 벌어졌어요.

④ 여성들도 간호병으로 참전하는 등 전쟁에 동원되었어요.

⑤ 탱크, 기관총이 사용되어 막대한 인적·물적 피해가 발생하였어요.

07 밑줄 친 '시위'에 대한 설명으로 옳은 것은?

러시아에서는 1905년 상트페테르부르크의 노동자들이 개혁을 요구하며 평화 <u>시위</u>를 전개하였다. 그러나 정부가 시위대를 무력으로 진압하여 많은 희생자가 발생하였다.

① 시모노세키 조약 체결의 원인이 되었다.

② 소비에트 정부가 수립되는 계기가 되었다.

③ 레닌이 주도한 볼셰비키가 중심이 되었다.

④ 차르가 의회 설립을 약속하는 결과를 가져왔다.

⑤ 전제 군주제가 붕괴되고 임시 정부가 수립되는 데 영향을 주었다.

08 다음은 러시아 혁명의 전개 과정을 나타낸 것이다. (가) 시기에 일어난 사실로 옳은 것은?

① 소비에트 결성

② 러일 전쟁 발발

③ 신경제 정책 실시

④ 전제 군주제 붕괴

⑤ 피의 일요일 사건 발생

09 다음 내용에 해당하는 인물의 활동으로 옳지 <u>않은</u> 것은?

• 생몰 연도: 1870~1924년

• 주요 활동: 임시 정부의 정책에 반대하며 러시아의 11월 혁명 주도, 사회주의 개혁 추진 등

① 코민테른을 결성하였다.

② 독일과 강화 조약을 맺었다.

③ 공산당 일당 독재를 선언하였다.

④ 경제 개발 5개년 계획을 추진하였다.

⑤ 소비에트 사회주의 공화국 연방을 세웠다.

10 다음 조약에 대한 설명으로 옳은 것을 〈보기〉에서 고른 것은?

☆ 시험에 잘 나와!

제5조	모든 식민지 문제는 식민지 주민의 의사를 존중하여 공평무사하고 자유롭게 처리되도록 한다.
제119조	독일은 해외 식민지에 관한 모든 권리와 소유권을 연합국에 넘겨준다.
제235조	독일은 …… 1921년 4월까지 200억 마르크 금화에 해당하는 액수를 지불해야 한다.

〔 보기 〕

ㄱ. 파리 강화 회의의 결과 체결되었다.

ㄴ. 독일에 대한 보복적인 측면이 강하였다.

ㄷ. 이 조약으로 미국이 전쟁의 책임을 지게 되었다.

ㄹ. 국제 분쟁의 해결 수단으로 전쟁을 사용하지 않겠다고 규정하였다.

① ㄱ, ㄴ   ② ㄱ, ㄷ   ③ ㄴ, ㄷ

④ ㄴ, ㄹ   ⑤ ㄷ, ㄹ

11 교사의 질문에 대한 학생의 답변으로 적절하지 <u>않은</u> 것은?

이 사진은 국제 평화와 안전을 확보하기 위해 설립된 국제 연맹의 모습이에요. 이와 같이 제차 세계 대전 이후 평화 구축을 위해 전개된 노력에 대해 말해 볼까요?

① 3국 동맹이 결성되었어요.
② 워싱턴 회의가 개최되었어요.
③ 도스안과 영안을 결의하였어요.
④ 켈로그·브리앙 조약이 체결되었어요.
⑤ 로카르노 조약을 통해 독일의 국제 연맹 가입이 합의되었어요.

12 (가)에 들어갈 제목으로 옳은 것은?

> ### 역사 신문
> _____ (가) _____ 이 일어나다
>
> 1919년 파리 강화 회의에서 일본이 요구한 21개조의 요구가 승인되었다는 소식이 전해졌습니다. 이에 베이징의 학생들이 일본의 21개조 요구 철회와 산둥반도의 이권 반환 등을 요구하며 대규모 시위를 벌였습니다.

① 양무운동   ② 5·4 운동
③ 태평천국 운동   ④ 제1차 국공 합작
⑤ 제2차 국공 합작

13 ㉠, ㉡에 들어갈 인물을 옳게 연결한 것은?

> 중국의 (㉠)은/는 국민당을 만든 뒤 공산당과 협력하여 각 지역의 군벌과 제국주의 세력을 타도하려 하였다. 뒤를 이어 집권한 (㉡)은/는 군벌을 제압하고 마침내 중국을 통일하였다. 그러나 이 과정에서 공산당이 배척되어 제1차 국공 합작은 결렬되었다.

	㉠	㉡
①	쑨원	장제스
②	쑨원	마오쩌둥
③	장제스	쑨원
④	장제스	마오쩌둥
⑤	마오쩌둥	쑨원

14 다음 글에서 설명하는 인물로 옳은 것은?

> 1928년 인도네시아 국민당을 조직하고 네덜란드에 맞서 독립운동을 전개하였다. 또한 인도네시아 국민들에게 '하나의 인도네시아'가 될 것을 호소하였다.

① 간디   ② 호찌민
③ 수카르노   ④ 마오쩌둥
⑤ 무스타파 케말

시험에 잘 나와!
15 다음 학습 목표를 달성한 학생의 답변으로 적절하지 <u>않은</u> 것은?

> • 학습 목표: 제1차 세계 대전 이후 아시아·아프리카의 민족 운동에 대해 알 수 있다.

① 필리핀은 미국으로부터 자치를 인정받았어요.
② 모로코는 에스파냐로부터 자치권을 획득하였어요.
③ 아랍 지역에서는 활발한 민족 운동이 일어났지만 독립을 달성하진 못하였어요.
④ 인도의 간디는 영국 상품 불매와 납세 거부 등 비폭력·불복종 운동을 벌였어요.
⑤ 이집트는 독립을 이루었으나 영국의 수에즈 운하 관리권과 군대 주둔을 인정하였어요.

16 ㉠ 인물에 대한 설명으로 옳은 것을 〈보기〉에서 고른 것은?

(㉠)은/는 연합국의 내정 간섭에서 벗어나기 위해 독립운동을 전개하여 튀르키예 공화국을 수립하였다. 대통령에 선출된 이후에는 튀르키예의 근대화를 위한 다양한 개혁 정책을 시행하였다.

┌ 보기 ┐
ㄱ. 소금 행진을 진행하였다.
ㄴ. 칼리프제를 폐지하였다.
ㄷ. 와하브 운동을 전개하였다.
ㄹ. 여성에게 참정권을 부여하였다.

① ㄱ, ㄴ   ② ㄱ, ㄷ   ③ ㄴ, ㄷ
④ ㄴ, ㄹ   ⑤ ㄷ, ㄹ

✖ 시험에 잘 나와!

17 밑줄 친 '이 나라'에서 있었던 민족 운동으로 옳은 것은?

이 나라는 독립 보장을 조건으로 제1차 세계 대전에서 프랑스를 지원하였어.

맞아. 그런데 전쟁 이후 프랑스가 약속을 지키지 않자 민족 운동을 전개하였지.

① 네루가 무장 투쟁을 전개하였다.
② 호찌민이 베트남 공산당을 조직하였다.
③ 간디가 비폭력·불복종 운동을 전개하였다.
④ 청년 장교들이 쿠데타를 일으켜 입헌 군주제를 실시하였다.
⑤ 캉유웨이 등이 상공업 육성, 의회 설립 등 개혁을 추진하였다.

서술형 문제

서술형 감잡기

01 다음을 읽고 물음에 답하시오.

저희는 가난하고, 핍박받고, 과도한 노동에 시달리고, 경멸당하고 있으며, 인간으로 인정받지 못하면서 묵묵히 그 운명을 참아 내기를 강요받으며, 노예와 같은 취급을 받고 있습니다. …… 이제는 빈곤과 무권리와 무지에 깊이 빠져서 전제 정치와 폭정에 의해 질식될 것 같습니다. …… 대표를 선출하고 또 모든 사람이 평등하게 선거권을 갖고 자유롭게 선거할 수 있도록 배려하여 주십시오. – 상트페테르부르크 노동자와 농민의 청원, 1905

(1) 위 청원을 배경으로 일어난 시위를 정부가 진압한 사건을 쓰시오.

(2) (1) 사건을 진압한 정부가 이후 취한 정책의 내용을 서술하시오.

➜ 니콜라이 2세는 언론과 집회의 자유, 입법권을 가진 (①   ) 의 설립을 약속하였다. 하지만 이를 지키지 않고 (②   )를 강화하였다.

실전! 서술형 도전하기

02 다음을 읽고 물음에 답하시오.

제45조 독일은 자르강 유역에 있는 탄광 지대의 독점 채굴권을 포함한 소유권을 프랑스에 넘겨준다.
제119조 독일은 해외 식민지에 관한 모든 권리와 소유권을 연합국에 넘겨준다.
제231조 전쟁에 대한 모든 책임은 바이마르 공화국(독일)을 비롯한 동맹국에 있다.

(1) 위 조약의 명칭을 쓰시오.

(2) (1) 조약의 한계점을 서술하시오.

02 세계 대전과 국제 질서의 변화(2)

A 대공황의 발생과 극복 노력

1. 대공황의 발생 ─ 대공황은 세계적으로 일어나는 큰 규모의 경제 공황을 말해.

⊙왜? 제1차 세계 대전 중에 미국은 무기를 만들어 수출하였고, 전후 복구 과정에서 유럽에 자금을 빌려주었기 때문이야.

(1) 배경: 제1차 세계 대전 이후 미국의 경제 호황, 세계 경제 시장 주도, 기업의 과잉 생산 → 소비가 생산을 따라가지 못하며 재고 증가 → 기업의 생산 활동 위축

(2) 전개: 미국 뉴욕 증권 거래소의 주가 폭락(1929) → 수많은 기업과 은행 파산, 실업자 증가 → 전 세계로 경제 위기 확산, 세계 경제 침체

2. 대공황 극복을 위한 노력

⊙예 테네시강 유역 개발 공사 등

미국	루스벨트 대통령 주도로 ✛뉴딜 정책 추진 → 대규모 공공사업을 통해 실업자 구제, 노동자의 권리 보장, 사회 보장 제도 실시를 통한 구매력 향상 등
영국, 프랑스	본국과 해외 식민지 사이에 블록 경제 형성 → ✛보호 무역 정책 실시

└ 본국과 식민지 사이에 경제적 유대를 강화하여 하나의 시장으로 묶은 것을 말해.

✛ 뉴딜 정책
시장의 자율성을 중시한 자유방임의 경제 원칙을 수정하여 정부가 경제에 적극적으로 개입하는 정책

✛ 보호 무역 정책
본국에서 과잉 생산된 상품을 식민지에 팔고 수입품에 높은 관세를 부과하여 수입량을 억제함으로써 자국의 산업을 보호하는 정책

B 전체주의의 대두와 확산

1. 전체주의의 등장

(1) 배경: 식민지가 적고 경제적 기반이 취약한 독일·이탈리아·일본 등에서 대공황 전후 경제적·사회적 혼란을 틈타 ✛전체주의 정권 등장

(2) 특징: 민족이나 국가 전체의 이익을 최우선으로 내세우며 개인의 희생 강요

2. 전체주의 국가

┌ 무솔리니는 개인의 권리보다 전체의 이익을 강조하는 파시즘을 내세워 파시스트당을 결성하였어.

이탈리아	무솔리니의 파시스트당 결성·로마 진군을 통해 정권 장악, 일당 독재 체제 강화 → 에티오피아 침공
독일	히틀러가 이끄는 나치스가 바이마르 공화국을 무너뜨리고 일당 독재 체제 수립 → 국민 통제, 인종 차별 정책 시행 → 오스트리아 병합, 체코슬로바키아 점령
일본	대공황 이후 군부의 ✛군국주의 강화, 대륙 침략 본격화 → 만주 사변(1931), 중일 전쟁(1937)을 일으킴
에스파냐	군부 세력이 공화국을 무너뜨리고 파시즘 정권 수립

└ 1922년 이탈리아의 파시스트당이 로마로 진군한 후 무솔리니가 정권을 장악하였어.

└ 비밀경찰과 친위대를 동원하여 국민을 감시하고 언론을 통제하였어.

✛ 전체주의
개인의 모든 활동은 민족이나 국가와 같은 전체의 발전을 위해서만 존재한다는 이념을 바탕으로 국가 권력이 국민 생활을 통제하는 독재 체제

✛ 군국주의
군사력 증강 및 전쟁 준비를 위한 정책을 국가의 가장 중요한 목적으로 삼는 정치 체제

📖 **자료로 이해하기** 독일의 나치즘

민족주의 국가는 인종을 모든 생활의 중심에 두어야 한다. 국가는 인종의 순수성을 유지하기 위해 노력해야 한다. …… 우리들의 외교 정책 목표, 즉 독일 민족에 어울리는 영토를 이 지상에서 확보해야 할 것이다. – 히틀러, 『나의 투쟁』

독일은 경제가 회복되던 중에 대공황의 여파로 심각한 경제 위기에 빠졌다. 그런 가운데 히틀러가 이끄는 나치스는 극단적인 민족주의와 인종주의를 앞세워 대외 침략에 나섰다. 히틀러는 게르만 우월주의를 앞세워 유대인을 박해하는 등 인종 차별 정책을 펼쳤다.

무엇을 배울까?
– 대공황의 발생과 극복 노력
– 전체주의의 등장
– 제2차 세계 대전의 전개
– 제2차 세계 대전의 결과

1 다음 설명이 맞으면 ○표, 틀리면 ×표를 하시오.

(1) 제1차 세계 대전 이후 미국은 세계 경제 시장을 주도하였다. ( )

(2) 1929년에 발생한 대공황은 수많은 기업과 은행의 파산을 초래하였다. ( )

2 1929년 대공황이 발생하자 미국의 ( ) 대통령은 자유방임의 경제 원칙을 수정하여 정부가 생산 활동에 적극 개입하는 뉴딜 정책을 펼쳤다.

• 대공황의 발생

배경	제1차 세계 대전 이후 미국의 경제 호황, 기업의 과잉 생산 → 소비보다 생산이 많아 상품의 재고 증가
전개	미국 뉴욕 증권 거래소의 주가 폭락 → 전 세계로 경제 위기 확산
극복 노력	• 미국: 뉴딜 정책 추진 • 영국, 프랑스: 블록 경제 형성, 보호 무역 정책 추진

1 독일, 이탈리아, 일본 등 식민지가 적고 경제적 기반이 취약한 나라에서는 대공황 전후 사회적 혼란을 틈타 민족이나 국가 전체의 이익을 최우선으로 내세우는 ( )가 등장하였다.

2 다음 괄호 안의 내용 중 알맞은 말을 골라 ○표를 하시오.

(1) 독일의 (히틀러, 무솔리니)는 인종 차별 정책을 시행하고 체코슬로바키아를 점령하였다.

(2) 일본에서는 군부가 정권을 잡고 군사력 증강과 전쟁 준비를 위한 정책을 국가의 가장 중요한 목적으로 삼는 (군국주의, 사회주의)가 강화되었다.

3 다음 나라와 그에 대한 설명을 옳게 연결하시오.

(1) 독일 •

(2) 에스파냐 •

(3) 이탈리아 •

• ㉠ 파시스트당이 정권을 장악하였다.

• ㉡ 군부 세력이 공화국을 무너뜨렸다.

• ㉢ 히틀러의 나치스가 일당 독재 체제를 수립하였다.

• 전체주의 국가의 출현

대공황으로 경제적·사회적 혼란 심화

↓

이탈리아	무솔리니가 파시즘을 내세워 파시스트당 결성, 일당 독재 체제 강화
독일	히틀러의 나치스가 권력 확대 → 나치스의 일당 독재 체제 수립
일본	군부의 정권 장악 → 군국주의 강화
에스파냐	군부 세력이 공화국을 무너뜨리고 파시즘 정권 수립

C 제2차 세계 대전의 발발과 전개

1. 제2차 세계 대전의 발발

(1) **+추축국의 형성**: 독일의 국제 연맹 탈퇴, 독일·일본·이탈리아의 방공 협정(1937) 및 [공산주의를 막는다는 의미야.] 군사 동맹 체결 등 → 파시즘 국가 간의 결속력 강화

(2) **전쟁 발발**: **+독소 불가침 조약** 체결(1939) → 독일의 폴란드 침공 → 영국, 프랑스가 독일에 선전 포고

2. 제2차 세계 대전의 경과

[프랑스의 드골 장군은 영국으로 건너가 임시 정부를 구성하고 항전하였어.]

[Qui? 독일은 장기전에 대비하여 식량과 석유를 확보하기 위해 불가침 조약을 깨고 소련을 공격하였어.]

전개	• 유럽 전선: 독일이 벨기에·네덜란드·프랑스 파리 등 유럽 대부분 점령 → 영국에 대한 무차별 공습 → 영국의 항전으로 전쟁 장기화 → 독일의 소련 침공(1941) • 아시아·태평양 전선: 일본이 자원 확보를 목적으로 동남아시아 침략 → 미국의 경제 봉쇄 → 일본이 미국의 하와이 진주만 기지 기습 공격 → 미국의 참전(태평양 전쟁 발발, 1941), 전 세계로 전선 확대 [미국은 일본의 침략 행위를 비판하여 일본에 철강과 석유 수출을 금지하는 등 경제 봉쇄로 대응하였어.]
종결	미국의 미드웨이 해전 승리(1942), 소련의 스탈린그라드 전투 승리(1943) → 이탈리아 항복(1943. 9.) → 연합군의 **+노르망디** 상륙 작전 성공(1944) → 독일 항복(1945. 5.) → 미국이 일본의 히로시마와 나가사키에 원자 폭탄 투하 → 일본 항복(1945. 8.), 연합국의 승리

자료로 이해하기 | 제2차 세계 대전의 전개

제2차 세계 대전은 독일의 폴란드 침공으로 시작되었다. 전쟁 초기에는 독일이 우세하였지만 미드웨이 해전과 스탈린그라드 전투에서 연합국이 승리하면서 전세가 연합국 쪽으로 기울었다.

D 제2차 세계 대전의 결과와 전후 처리

1. 제2차 세계 대전의 결과: 수많은 인명 피해와 재산 피해, 반인륜적 범죄 발생 등
[예 유대인 학살 등]

2. 제2차 세계 대전의 전후 처리 노력

[미국과 영국이 발표하였어.]

(1) **대서양 헌장 발표(1941)**: 전후 평화 수립 원칙 마련, 국제 연합(UN) 창설 결정 등

(2) **전후 처리**: 미국·영국·프랑스·소련의 독일 분할 점령, 미군정의 일본 관리, 독일의 뉘른베르크와 일본의 도쿄에서 전쟁 범죄자 처벌을 위한 군사 재판 진행

(3) **평화를 위한 논의**: **+카이로 회담(1943)**, 얄타 회담(1945), 포츠담 회담(1945)을 개최하여 전후 처리와 평화를 위한 방안 모색 [일본은 샌프란시스코 강화 회의(1951)의 결정에 따라 주권을 회복하였어.]

+ 추축국

추축은 정치나 권력의 중심을 뜻하는 말이다. 제2차 세계 대전 당시 연합국과 대립한 독일, 이탈리아, 일본은 방공 협정을 체결하여 추축국 동맹을 결성하였다.

+ 독소 불가침 조약

반공을 강조하던 독일 나치스와 자본주의, 파시즘을 비난한 소련 공산당은 사상적으로 적대 관계에 있었다. 그러나 독일은 폴란드 침공을 위해 동부 전선을 안정시키고자 소련과 비밀리에 불가침 조약을 맺었다.

ⓝ 독소 불가침 조약 풍자화

+ 노르망디 상륙 작전

1944년 연합군이 독일이 점령한 노르망디 해안에 대규모의 군대를 상륙시킨 작전이다. 연합국은 이 작전에 승리하면서 독일군을 몰아내고 파리를 되찾았다.

+ 카이로 회담

연합국 대표들은 1943년 카이로 선언을 통해 우리 민족의 독립을 약속하였고, 이 약속은 1945년 포츠담 회담에서 다시 확인되었다.

1 다음 괄호 안의 내용 중 알맞은 말을 골라 ○표를 하시오.

(1) 독일이 프랑스 파리를 점령하자 드골 장군은 (미국, 영국)으로 건너가 임시 정부를 구성하고 항전하였다.

(2) 미국이 (미드웨이 해전, 스탈린그라드 전투)에서 일본에 크게 승리하면서 전세가 연합국 쪽으로 기울었다.

(3) 일본이 자원 확보 목적으로 동남아시아를 침략하자 미국은 (무제한 잠수함 작전, 경제 봉쇄)(으)로 대응하였다.

2 다음 설명이 맞으면 ○표, 틀리면 ✕표를 하시오.

(1) 1944년에 노르망디 상륙 작전이 성공하면서 연합군은 파리를 되찾게 되었다.

( )

(2) 미국이 일본의 히로시마와 나가사키에 원자 폭탄을 떨어뜨리고, 일본이 무조건 항복하면서 제2차 세계 대전은 동맹국의 승리로 끝났다. ( )

3 ㈎~㈐를 제2차 세계 대전에서 일어난 순서대로 나열하시오.

㈎ 스탈린그라드 전투 발발
㈏ 독일이 불가침 조약을 파기하고 소련 침공
㈐ 일본이 하와이 진주만에 주둔한 미국 함대 공격
㈑ 폴란드를 침공한 독일에 영국, 프랑스가 선전 포고

• **제2차 세계 대전의 전개**

독일의 폴란드 침공
↓
독일의 소련 침공
↓
일본의 미국 하와이 진주만 기지 기습 공격
↓
미드웨이 해전
↓
스탈린그라드 전투
↓
연합군의 노르망디 상륙 작전
↓
독일의 항복
↓
미국, 히로시마와 나가사키에 원자 폭탄 투하
↓
일본의 항복

---

1 제2차 세계 대전 이후 미국과 영국은 ( )을 발표하여 전후 평화 수립 원칙을 마련하고 국제 연합(UN) 창설을 결정하였다.

2 제2차 세계 대전 발발 후 개최된 회의만을 〈보기〉에서 있는 대로 골라 기호를 쓰시오.

［ 보기 ］
ㄱ. 빈 회의　　ㄴ. 워싱턴 회의　　ㄷ. 카이로 회담　　ㄹ. 포츠담 회담

• **제2차 세계 대전의 결과**

대서양 헌장 발표	국제 연합(UN) 창설 결정 등
전후 처리	미국, 영국, 프랑스, 소련의 독일 분할 점령, 미군정의 일본 관리
평화를 위한 논의	카이로 회담(1943), 얄타 회담(1945), 포츠담 회담(1945)에서 전후 처리와 평화를 위한 방안 모색

01 1929년의 대공황에 대한 설명으로 옳지 <u>않은</u> 것은?

① 과잉 생산과 재고 누적이 원인이 되었다.

② 수많은 기업과 은행의 파산을 초래하였다.

③ 유럽 및 아시아 등 전 세계 경제에 타격을 입혔다.

④ 미국에서 자유방임주의 경제 정책이 등장하는 계기가 되었다.

⑤ 1929년 미국 뉴욕 증권 거래소의 주가가 폭락하면서 시작되었다.

✦ 시험에 잘 나와!

02 미국에서 추진된 뉴딜 정책의 내용으로 옳은 것을 〈보기〉에서 고른 것은?

〔 보기 〕

ㄱ. 국제 연맹을 탈퇴하였다.

ㄴ. 정부가 경제 활동에 적극 개입하였다.

ㄷ. 대규모 공공사업을 벌여 실업자를 구제하였다.

ㄹ. 본국에서 과잉 생산된 상품을 식민지에게 팔고 높은 관세를 부과하였다.

① ㄱ, ㄴ　　　② ㄱ, ㄷ　　　③ ㄴ, ㄷ

④ ㄴ, ㄹ　　　⑤ ㄷ, ㄹ

03 (가)에 들어갈 내용으로 옳은 것은?

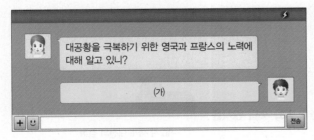

대공황을 극복하기 위한 영국과 프랑스의 노력에 대해 알고 있니?

(가)

① 전체주의 체제를 구축하였어.

② 사회 보장 제도를 실시하였어.

③ 테네시강 유역 개발 공사 등을 추진하였어.

④ 군부가 정권을 장악하고 군국주의를 강화하였어.

⑤ 본국과 식민지의 경제를 하나로 묶는 블록 경제를 형성하였어.

04 밑줄 친 '이 인물'의 활동으로 옳은 것은?

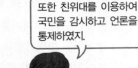

 이 인물은 바이마르 공화국을 무너뜨리고 일당 독재 체제를 수립하였어.

 또한 친위대를 이용하여 국민을 감시하고 언론을 통제하였지.

① 에티오피아를 침공하였다.

② 영국에 임시 정부를 수립하였다.

③ 소비에트 사회주의 공화국 연방을 세웠다.

④ 파시즘을 내세우며 파시스트당을 조직하였다.

⑤ 게르만 우월주의를 앞세워 인종 차별 정책을 펼쳤다.

05 지도와 같이 전개된 전쟁에 대한 탐구 활동으로 적절하지 <u>않은</u> 것은?

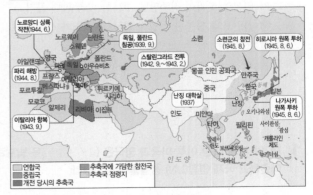

① 국제 연맹이 창설된 배경을 알아본다.

② 태평양 전쟁이 일어난 원인을 찾아본다.

③ 뉘른베르크 재판의 판결 내용을 검색한다.

④ 독소 불가침 조약이 파기된 원인을 조사한다.

⑤ 일본이 미국의 하와이 진주만을 공격한 이유를 정리한다.

06 다음 연설 이후 전개된 상황으로 옳은 것은?

> 1941년 12월 7일, …… 일본의 해군과 공군은 미합중국을 용의주도하게 기습 공격하였습니다. …… 간밤에 일본군은 필리핀·제도와 웨이크섬을 공격하였습니다. 오늘 아침에 일본군은 미드웨이 제도를 공격하였습니다. 일본은 태평양 전역을 기습 공격한 셈입니다.
>
> – 루스벨트 대통령이 미국 의회에 선전 포고를 요청하며 한 연설

① 일본이 중일 전쟁을 일으켰다.
② 미국이 제2차 세계 대전에 참전하였다.
③ 독일과 일본이 방공 협정을 체결하였다.
④ 윌슨이 14개조 평화 원칙을 발표하였다.
⑤ 독일과 소련이 상호 불가침 조약을 체결하였다.

07 ⭐시험에 잘 나와!
(가) 시기에 일어난 사실로 옳은 것은?

| 일본이 미국의 하와이 진주만을 기습 공격하였다. | → | (가) | → | 연합군이 노르망디 상륙 작전을 전개하였다. |

① 독일이 파리를 점령하였다.
② 일본이 만주 사변을 일으켰다.
③ 일본이 무조건 항복을 선언하였다.
④ 미국이 미드웨이 해전에서 승리하였다.
⑤ 미국이 일본에 원자 폭탄을 투하하였다.

08 제2차 세계 대전에 대한 설명으로 옳지 않은 것은?

① 유대인 학살 등 반인륜적인 범죄가 발생하였다.
② 대서양 헌장에 따라 국제 연합(UN) 창설이 결정되었다.
③ 독일은 미국, 영국, 프랑스, 소련에 의해 분할 점령되었다.
④ 독일과 일본에서 전쟁 범죄자 처벌을 위한 재판이 진행되었다.
⑤ 탱크, 독가스 등 새로운 무기가 처음 등장하여 수많은 인명 피해와 재산 피해가 발생하였다.

서술형 문제

서술형 감잡기

01 다음을 읽고 물음에 답하시오.

> 1929년 뉴욕 증권 거래소의 주가 대폭락으로 시작하여 전 세계로 확산된 경제 위기를 (㉠)(이)라고 한다. 이러한 경제 위기로 많은 회사가 문을 닫고 실업자가 늘어났다.

(1) ㉠에 들어갈 내용을 쓰시오.

⎯⎯⎯⎯⎯⎯⎯⎯⎯⎯⎯⎯⎯⎯⎯⎯⎯⎯⎯⎯⎯⎯

(2) (1)을 극복하기 위한 미국, 영국, 프랑스의 정책을 각각 서술하시오.

➡ 미국은 국가가 경제에 적극적으로 개입하는 (① ＿＿＿＿＿＿＿)을 시행하였다. 한편, 영국과 프랑스는 과잉 생산된 상품을 식민지에 팔고 수입품에 높은 관세를 부과하여 수입량을 억제하는 (② ＿＿＿＿＿＿＿)을 실시하였다.

실전! 서술형 도전하기

02 다음을 읽고 물음에 답하시오.

> 민족주의 국가는 인종을 모든 생활의 중심에 두어야 한다. 국가는 인종의 순수성을 유지하기 위해 노력해야 한다. …… 우리들의 외교 정책 목표, 즉 독일 민족에 어울리는 영토를 이 지상에서 확보해야 할 것이다.
>
> – 『나의 투쟁』

(1) 윗글을 주장한 인물을 쓰시오.

⎯⎯⎯⎯⎯⎯⎯⎯⎯⎯⎯⎯⎯⎯⎯⎯⎯⎯⎯⎯⎯⎯

(2) 윗글에 나타난 (1) 인물의 정책을 서술하시오.

⎯⎯⎯⎯⎯⎯⎯⎯⎯⎯⎯⎯⎯⎯⎯⎯⎯⎯⎯⎯⎯⎯
⎯⎯⎯⎯⎯⎯⎯⎯⎯⎯⎯⎯⎯⎯⎯⎯⎯⎯⎯⎯⎯⎯
⎯⎯⎯⎯⎯⎯⎯⎯⎯⎯⎯⎯⎯⎯⎯⎯⎯⎯⎯⎯⎯⎯

03 민주주의의 확산~인권 회복과 평화 확산을 위한 노력

A 정치 체제의 변화

1. 공화국의 수립

(1) ⁺제1차 세계 대전 이후 정치적 변화: 전쟁 이후 유럽 각국에서 왕정 폐지, 헌법과 의회를 갖춘 공화정 채택 → 민주주의 발전

(2) 공화국의 수립

① 독일: 제1차 세계 대전 중 혁명이 일어나 독일 제국 붕괴, 제헌 의회에서 바이마르 헌법 제정(1919), 독일 의회가 바이마르 공화국 수립 선포 ┌ 20세 이상 남녀의 보통 선거를 통해 구성되었어.

② 오스트리아·헝가리 제국: 베르사유 조약으로 해체 → 왕정이 사라지고 민주 공화국 탄생

③ 오스만 제국: 시리아·이라크·팔레스타인 등으로 분리, 무스타파 케말이 튀르키예 공화국 수립 ┌ 아나톨리아반도의 오스만 제국에서 제정이 붕괴된 이후 수립되었어.

2. 신생 독립국의 탄생: 제1차 세계 대전 이후 식민 지배를 받던 국가들의 독립 요구 증가 → 패전국의 식민지였던 폴란드·체코슬로바키아 등이 민족 자결주의 원칙에 따라 독립, 대부분 민주주의 헌법 채택

📖 **자료로 이해하기** **바이마르 헌법**

제1조	독일은 공화국이다. 국가 권력은 국민으로부터 나온다.
제22조	국회 의원은 비례 대표제의 원칙에 따라 20세 이상의 남녀 보통, 평등, 직접, 비밀 선거로 선출된다.
제159조	모든 사람과 직업에서 노동 조건 및 경제 조건을 보호하고 개선하기 위한 단결의 자유가 보장된다.

독일 제국이 무너지고 보통 선거를 통해 구성된 제헌 의회에서 바이마르 헌법을 제정하였다. 헌법의 제1조에서 독일은 주권이 국민에게 있는 공화국임을 선언하였다. 제22조에서 국회 의원은 보통, 평등, 직접, 비밀 선거로 선출하도록 규정하였고, 제159조에서는 노동권을 보장하도록 하였다. 이처럼 바이마르 헌법은 주권 재민, 보통 선거, 노동권의 보장 등 국민의 기본적인 권리를 보장한 민주적인 헌법이었다.

⁺ **제1차 세계 대전 이후의 유럽**

■	독일이 상실한 지역
■	러시아가 상실한 지역
■	오스트리아가 상실한 지역
□	신생 독립국

제1차 세계 대전이 끝난 후 민족 자결주의 원칙에 따라 패전국의 식민지들이 독립하였다. 그러나 민족 자결주의 원칙은 승전국의 식민지에는 적용되지 않았다.

B 경제 체제의 변화

1. 제1차 세계 대전 이후 각국의 경제 상황

미국	많은 인구, 풍부한 자원, 높은 소득 수준을 바탕으로 1920년대 ⁺자본주의가 발전함
유럽	전후 각종 평화 조약과 배상금 조정 등으로 정치 안정 → 전쟁 이전 수준까지 생산력 회복, 대량 생산 방식을 받아들이면서 경제를 발전시킴 ┌ 유럽은 국내 소비 시장이 좁아 대량 생산 체제가 미국에서만큼 성공하진 못했어.
기타	일본, 인도, 라틴 아메리카는 미국과 교류하며 산업을 발전시킴

┌ 대공황 이전에는 정부가 경제 활동에 개입하는 것을 가급적 억제하였어.
2. 자본주의의 발전: 대공황과 제2차 세계 대전 이후 정부의 역할 확대 → 국가의 경제 개입, 정부가 고용 안정과 사회 복지 정책 등 실시 → 자본주의의 고도성장

⁺ **미국 자본주의의 발전**

제1차 세계 대전 이후 미국은 연합국에 군수 물자를 판매하면서 경제적으로 번영하였고, 세계 경제 질서를 주도하였다. 특히, 미국은 1920년대에 컨베이어를 통한 대량 생산 체제를 도입하면서 자동차 산업이 크게 발전하였다. 이는 제철업, 석유 화학 산업 등 다른 산업 부분과 연관되면서 경제 발전을 이끄는 중요한 동력이 되었다.

1 다음 설명이 맞으면 ○표, 틀리면 ×표를 하시오.

(1) 제1차 세계 대전 중 독일에서는 혁명이 일어나 독일 제국이 무너졌다. (　　)

(2) 제1차 세계 대전 이후 유럽의 대부분 국가들은 왕정을 폐지하고 공화정을 채택하였다. (　　)

(3) 오스만 제국은 베르사유 조약으로 해체되어 왕정이 사라지고 민주 공화국이 탄생하였다. (　　)

2 1919년 독일에서 20세 이상 남녀의 보통 선거를 통해 구성된 제헌 의회는 (　　　)을 제정하였다.

3 ㉠에 들어갈 내용을 쓰시오.

> 오스만 제국은 제1차 세계 대전에서 패한 후 시리아, 이라크, 팔레스타인 등으로 분리되었다. 아나톨리아반도의 오스만 제국에서는 무스타파 케말이 (㉠　　　)을 수립하였다.

핵심 콕콕

• **세계 대전 이후 정치 체제의 변화**

독일	제1차 세계 대전 중 혁명이 일어나 독일 제국 붕괴 → 제헌 의회에서 바이마르 헌법 제정, 독일 의회가 바이마르 공화국 수립 선포
오스트리아·헝가리 제국	베르사유 조약으로 해체 → 민주 공화국 탄생
오스만 제국	무스타파 케말이 튀르키예 공화국 수립

1 다음 설명이 맞으면 ○표, 틀리면 ×표를 하시오.

(1) 유럽은 전후 각종 평화 조약과 배상금 조정 등으로 정치가 안정되었다. (　　)

(2) 미국은 풍부한 자원, 높은 소득 수준을 바탕으로 1920년대 자본주의가 발전하였다. (　　)

(3) 대공황 이후에는 정부의 역할이 축소되어 정부는 경제 활동에 가급적 개입하지 않았다. (　　)

핵심 콕콕

• **세계 대전 이후 경제 체제의 변화**

미국	많은 인구, 풍부한 자원, 높은 소득 수준을 바탕으로 1920년대 자본주의가 본격적으로 발전함
유럽	전후 각종 평화 조약과 배상금 삭감 등으로 정치 안정

↓

자본주의의 고도성장

C 여성과 노동자의 권리 확대

1. 정치적 권리의 확대

전쟁 전후 자본주의가 확대되는 과정에서 여성 노동자의 수도 늘었어.

(1) 배경: 제1차 세계 대전 중 여성의 직간접적인 전쟁 참여 → 여성의 사회적·경제적 참여 확대 → 여성의 참정권 운동 전개, 여러 나라에서 민주적인 제도 확산 → +보통 선거의 정착

(2) 여성의 참정권 획득

독일	1910년대 후반 여성의 참정권 허용
미국	1920년 성별에 관계없이 누구나 선거할 수 있다고 헌법에 명시
영국	1918년 여성의 참정권을 부분적으로 허용 → 1928년 전면적으로 허용
아시아·아프리카 지역	제2차 세계 대전 이후 독립을 달성하고 민주주의를 도입하는 과정에서 여성이 참정권 획득

2. 노동자의 권리 확대

배경	제1차 세계 대전 전후 자본주의 발달로 노동자들의 경제적 역할 확대, 전쟁에 협조하면서 노동자의 사회적 지위 상승
전개	• 노동조합 결성: 파업에 대한 권리 보장, 노동자의 이익을 대변하는 정당 등장 • 노동자·기업·정부 대표의 회의체 구성: 생산과 소비, 물가와 임금 수준 결정 • 메이데이 제정: 1889년 프랑스 파리에서 5월 1일을 메이데이(노동절)로 정함 • +국제 노동 기구(ILO) 설립: 노동자의 권리를 확보하는 데 중요한 역할 담당 • 복지 정책 시행: 독일(질병 보험법, 재해 보험법 등), 영국(공장법), 미국(+와그너법, 최저 임금제, 주 40시간 근로제 등) • +사회주의 정당 등장: 사회 민주당(스웨덴), 노동당(영국) 등

아동과 여성의 노동 시간을 제한하였어.

꿀 국제 노동 기구가 설립되어 1일 8시간, 1주 48시간 노동이 국제 표준으로 확립되었어.

📖 **자료로 이해하기** **여성 참정권 운동**

초창기 여성 참정권 운동은 미국과 영국의 주도하에 전개되었다. 20세기 초 영국에서는 서프러제트 집단이 중심이 되어 언론 이용, 선전, 단식 농성 등을 벌이며 여성 참정권을 요구하였다. 서프러제트 집단의 지도자인 팽크허스트는 "노예로 사느니 반란군이 되겠다."라며 무력시위를 전개하기도 하였다.

◀ 여성 참정권을 주장한 팽크허스트

D 전체주의를 극복하기 위한 노력

1. 전체주의 정권의 등장: 시민의 자유 억압, 일당 독재 강화 → 민주주의를 지키기 위한 저항 운동 전개

2. 각국의 극복 노력

프랑스	사회주의와 민주주의 세력들이 연합하여 전체주의에 대항하는 +인민 전선 형성
에스파냐	파시즘 군부에 반대하는 사람들이 인민 전선 정부 수립
독일	히틀러와 나치스의 통제에 반대하는 저항 운동 전개

나치스는 비밀경찰과 친위대를 동원하여 국민을 감시하고 통제하였어, 이는 국민의 저항 운동을 어렵게 만들었지.

+ 보통 선거
재산이나 생활에 제한 없이 일정한 연령이 되면 누구나 선거권이 주어지는 선거 방식

+ 국제 노동 기구(ILO)
노동 조건을 개선하여 노동자의 경제적·사회적 지위 향상을 목표로 1919년에 설립된 국제기구이다. 이 기구는 자유롭고 평등하고 안전하게 인간의 존엄성을 유지할 수 있는 노동을 보장하는 것을 목표로 한다.

+ 와그너법
미국이 뉴딜 정책을 시행하면서 제정한 법으로, 노동자의 단결권과 노동조합을 통해 임금을 정하는 단체 교섭권을 인정하였다.

+ 사회주의 정당
인간다운 생활을 할 권리인 사회권이 발전하면서 등장한 단체이다. 노동자의 권리와 사회 보장 제도를 옹호하였다.

+ 인민 전선
파시즘에 반대하기 위해 모인 정치 집단들의 연합

1 다음 나라와 각 나라에서 있었던 사실을 옳게 연결하시오.

(1) 미국 •

(2) 영국 •

• ㉠ 1928년 참정권이 전면적으로 허용되었다.

• ㉡ 1920년 성별에 관계없이 누구나 선거할 수 있다고 헌법에 명시하였다.

핵심 콕콕

• 여성의 참정권 획득

독일	1910년대 후반 여성의 참정권 허용
미국	1920년 성별에 관계없이 누구나 선거할 수 있다고 헌법에 명시
영국	1918년 여성의 참정권을 부분적으로 허용 → 1928년 전면적으로 허용
아시아·아프리카 지역	제2차 세계 대전 이후 독립을 달성하고 민주주의를 도입하는 과정에서 여성이 참정권 획득

2 다음 설명이 맞으면 ○표, 틀리면 ×표를 하시오.

(1) 제1차 세계 대전을 전후하여 전체주의가 발달하면서 노동자들의 경제적 역할이 커졌다. ( )

(2) 미국은 뉴딜 정책을 시행하면서 와그너법을 제정하여 노동자의 단결권과 단체 교섭권을 인정하였다. ( )

(3) 제1차 세계 대전이 총력전으로 전개되면서 여성들도 전쟁에 참여하게 되어 전후 여성의 정치적 권리가 확대되었다. ( )

(4) 아시아와 아프리카 지역의 여성들은 제2차 세계 대전 이후 독립을 달성하고 민주주의를 도입하는 과정에서 참정권을 얻었다. ( )

(5) 노동자들의 사회적 지위가 올라가자 일부 국가에서는 노동자, 기업, 정부 대표가 회의체를 구성하여 생산과 소비, 물가와 임금 수준을 결정하였다. ( )

3 ㉠에 들어갈 내용을 쓰시오.

1919년 노동 조건을 개선하여 노동자의 경제적·사회적 지위 향상을 목표로 하는 (㉠)가 설립되었다. 이 단체는 노동자들의 권리를 확보하는 데 중요한 역할을 담당하였다.

핵심 콕콕

1 다음 괄호 안의 내용 중 알맞은 말을 골라 ○표를 하시오.

(1) 독일에서는 (나치스, 파시즘 군부)의 통제에 반대하는 저항 운동이 전개되었다.

(2) (미국, 프랑스)에서는 사회주의와 민주주의 세력들이 연합하여 전체주의에 대항하였다.

• 전체주의를 극복하기 위한 노력

프랑스	전체주의에 대항하는 인민 전선 형성
에스파냐	파시즘 군부에 반대하는 사람들이 인민 전선 정부 수립
독일	히틀러와 나치스의 통제에 반대하는 저항 운동 전개

2 프랑스에서 파시즘에 반대하기 위해 모인 정치 집단들의 연합을 ( )이라고 한다.

E 전쟁의 참상

1. 대량 학살

대량 살상 무기 사용	제1차 세계 대전 때 독가스·탱크·전투기 등 신무기 사용, 제2차 세계 대전 때 미국이 일본에 원자 폭탄 투하, 민간인 거주 지역 폭격(독일이 영국의 런던과 주변 도시 폭격, 연합군이 독일의 드레스덴 폭격 등) 등
홀로코스트	독일 나치스가 자행한 유대인 학살 → 제2차 세계 대전 중 유대인을 수용소에 가두고 강제 노동을 시킴, 가스실에서 학살
난징 대학살	중일 전쟁 당시 일본이 난징을 점령한 후 중국군을 잡는다는 구실로 민간인 및 부녀자를 학살함

2. 인권 유린 ┌─ 제2차 세계 대전 중에는 식민지 주민들이 점령국의 전쟁에 강제로 끌려가 고된 노동에 시달리는 등 인권을 짓밟는 일들이 많이 일어났어.

독일	사회적 약자와 소수 인종을 사회에서 제거, 수용소에 가둔 사람들에게 잔인한 동상 실험과 외과 실험 등 자행
일본	만주에 설치한 ⁺731 부대에서 조선인과 중국인 등을 대상으로 신체 해부·냉동 실험과 같은 각종 비인간적·비인륜적 실험 자행, 일본군이 주둔한 곳곳에 군대 위안소를 설치하고 수만 명의 여성을 일본군 '위안부'로 강제 동원

✚ 731 부대
제2차 세계 대전 당시 중국 하얼빈에 있던 일본의 세균전 부대이다. 1936년에서 1945년 여름까지 조선인과 중국인을 대상으로 각종 생체 실험을 자행하였다.

F 평화 확산을 위한 노력

1. 인권 회복을 위한 노력

(1) 국제 전범 재판: 제2차 세계 대전 이후 연합국 대표들이 침략 전쟁과 비인간적인 행위를 범죄로 규정 → 독일과 일본에서 국제 전범 재판 진행

① 뉘른베르크 재판(1945~1946): 독일의 주요 전쟁 범죄자와 조직 재판, 평화 파괴죄, 전쟁 범죄, 반인륜적인 범죄 등으로 전쟁 범죄자들을 기소(→ 나치스 전범 12명에게 사형 판결)

② 극동 국제 군사 재판(도쿄 재판, 1946~1948): 일본의 주요 전쟁 범죄자 재판, 주요 전범에 사형과 종신형 선고, 일본 천황이 기소되지 않고 731 부대의 범죄 행위가 덮인 한계가 있음

(2) 각국의 노력: 전쟁에 대한 경각심을 갖기 위해 박물관, 기념관, 추모관 등을 건립
  └─ 예 유대인 수용소 박물관, 난징 대학살 기념관 등

2. 평화 유지를 위한 노력

국제기구 설립	• 국제 연맹: 제1차 세계 대전 이후 국제적 평화와 안전을 목표로 창설 → 강대국의 불참과 군사적 제재 수단이 없다는 한계점이 있음 • 국제 연합(UN): 제2차 세계 대전 이후 ⁺대서양 헌장의 정신에 따라 창설 → 국제 평화와 안전 유지, 국제 협력을 목표로 국제 연합군(유엔군) 등 산하 전문 기구 보유 ┌─ 안전 보장 이사회의 결정에 따라 군사력을 동원할 수 있었다는 점에서 국제 연맹과 차이가 있어.
핵무기 반대 운동	제2차 세계 대전 중 원자 폭탄의 위력을 경험한 사람들이 세계 곳곳에서 핵무기를 반대하는 운동 전개

✚ 대서양 헌장
대서양 회담에서 발표하였으며 국제 연합(UN) 창설의 기초가 되었다. 전후 평화 수립 원칙을 마련하였으며 미국과 영국 두 나라가 영토를 확대하지 않고 타 국민의 권리를 존중한다는 내용 등이 담겨 있다.

1 다음 설명이 맞으면 ○표, 틀리면 ×표를 하시오.

(1) 일본은 태평양 전쟁 당시 난징을 점령한 후 민간인 및 부녀자를 학살하였다.

( )

(2) 두 차례 세계 대전에서 독가스, 탱크, 원자 폭탄 등 대량 살상 무기가 사용되었다.

( )

(3) 일본은 제2차 세계 대전 중에 일본군이 주둔한 곳곳에 군대 위안소를 설치하고 수많은 여성들을 강제로 끌고 가 일본군 '위안부'의 삶을 강요하였다. ( )

2 ㉠에 들어갈 내용을 쓰시오.

제2차 세계 대전 중 인종 차별 정책을 펼치던 독일 나치스가 행한 유대인 대학살을 일컬어 (㉠   )라고 한다.

대량 학살	• 홀로코스트: 독일 나치스가 자행한 유대인 대학살 • 난징 대학살: 중일 전쟁 당시 일본이 난징을 점령한 후 중국군을 잡는다는 구실로 학살 자행
인권 유린	• 독일: 수용소에 가둔 사람들에게 잔인한 동상 실험과 외과 실험 등 자행 • 일본: 만주에 설치한 731부대에서 조선인과 중국인 등을 대상으로 신체 해부와 냉동 실험 등 자행

---

1 다음 괄호 안의 내용 중 알맞은 말을 골라 ○표를 하시오.

(1) 독일은 (뉘른베르크 재판, 극동 국제 군사 재판)을 통해 독일의 주요 전쟁 범죄자와 조직을 처벌하였다.

(2) 제1차 세계 대전 이후 창설된 (국제 연맹, 국제 연합(UN))은 강대국의 불참과 군사적 제재 수단이 없다는 한계점을 갖는다.

2 다음 설명이 맞으면 ○표, 틀리면 ×표를 하시오.

(1) 극동 국제 군사 재판에서 평화 파괴죄, 전쟁 범죄, 반인륜적 범죄 등의 명목으로 일본 천황이 기소되었다. ( )

(2) 두 차례의 세계 대전 이후 여러 나라에서는 전쟁에 대한 경각심을 갖기 위해 박물관, 기념관, 추모관 등을 세웠다. ( )

3 (   )은 제2차 세계 대전 이후 대서양 헌장 정신에 따라 설립되어 국제 평화와 안전 유지, 국제 협력을 목표로 활동하는 국제기구이다.

• 평화 유지를 위한 노력

국제 전범 재판	뉘른베르크 재판, 극동 국제 군사 재판 진행
국제기구 설립	• 국제 연맹: 제1차 세계 대전 이후 창설 • 국제 연합(UN): 제2차 세계 대전 이후 대서양 헌장의 정신에 따라 창설

01 (가)에 들어갈 내용으로 가장 적절한 것은?

> **수행 평가 보고서**
>
> 1. 탐구 주제: _____(가)_____
> 2. 탐구 시기: 제1차 세계 대전 이후
> 3. 탐구 내용: 전쟁이 끝난 후 유럽 대부분 국가들은 왕정을 폐지하고 헌법과 의회를 갖춘 공화정을 채택하였다. 이러한 과정에서 재산이나 성별에 제한 없이 누구나 선거하는 보통 선거가 정착되어 갔다.

① 사회주의의 등장
② 민주주의의 발전
③ 노동 운동의 전개 과정
④ 여성 참정권 운동의 영향
⑤ 자유방임주의의 등장과 그 결과

02 지도에 나타난 시기에 대해 학생들이 나눈 대화 내용으로 적절하지 <u>않은</u> 것은?

① 독일에서 바이마르 공화국이 수립되었어.
② 아나톨리아반도에 튀르키예 공화국이 세워졌어.
③ 민족 자결주의 원칙에 따라 모든 식민지가 독립하였어.
④ 오스트리아·헝가리 제국은 베르사유 조약으로 해체되었어.
⑤ 오스만 제국은 시리아, 이라크, 팔레스타인 등으로 분리되었어.

★ 시험에 잘 나와!

03 다음 헌법에 대한 설명으로 옳은 것은?

> 제1조　독일은 공화국이다. 국가 권력은 국민으로부터 나온다.
> 제22조　국회 의원은 비례 대표제의 원칙에 따라 20세 이상의 남녀 보통, 평등, 직접, 비밀 선거로 선출된다.
> 제41조　대통령은 전 독일 국민에 의해 선출된다.

① 독일 제국의 승인을 받았다.
② 히틀러가 이끄는 나치스가 제정하였다.
③ 제1차 세계 대전 발생 직전에 제정되었다.
④ 주권 재민 등 국민의 기본 권리를 보장하였다.
⑤ 제2차 세계 대전 이후에 평화 수립 원칙을 제시하였다.

04 다음에서 설명하는 나라로 옳은 것은?

> 제1차 세계 대전 이후 베르사유 조약으로 해체되어 왕정이 사라지고 많은 민주 공화국이 탄생하였다.

① 폴란드
② 프랑스
③ 오스만 제국
④ 체코슬로바키아
⑤ 오스트리아·헝가리 제국

05 제1차 세계 대전 이후의 세계 경제 변화에 대한 탐구 활동으로 적절한 것을 〈보기〉에서 고른 것은?

> **보기**
> ㄱ. 미국의 자본주의가 쇠퇴하게 된 배경을 찾아본다.
> ㄴ. 경제 운영에서 정부의 역할이 확대된 원인을 살펴본다.
> ㄷ. 미국이 세계 경제 질서를 주도해 나간 이유를 알아본다.
> ㄹ. 유럽의 정치는 안정된 반면 경제는 발전하지 못한 이유를 조사한다.

① ㄱ, ㄴ
② ㄱ, ㄷ
③ ㄴ, ㄷ
④ ㄴ, ㄹ
⑤ ㄷ, ㄹ

06 다음 상황이 가져온 결과로 가장 적절한 것은?

> 제1차 세계 대전이 모든 인적, 물적 자원이 투입되는 총력전의 형태로 전개되면서 전쟁 중 여성들은 군수 공장에서 일하거나 전쟁터에서 간호사로 일하는 등 전쟁에 직간접적으로 참여하였다. 전후 여성 노동자의 수가 늘어나면서 여성의 사회적·경제적 역할이 커졌다.

① 자본주의가 발전하였다.
② 전체주의가 등장하였다.
③ 대량 생산 기술이 발전하였다.
④ 여성의 참정권 운동이 전개되었다.
⑤ 노동자들의 파업 투쟁이 확산되었다.

07 다음 상황이 나타난 시기를 연표에서 옳게 고른 것은?

> • 영국의 모든 성인 여성이 참정권을 갖게 되었다.
> • 미국은 성별에 관계없이 누구나 선거할 수 있다고 헌법에 명시하였다.

1907	1914	1920	1929	1939	1945
(가)	(나)	(다)	(라)	(마)	
▲	▲	▲	▲	▲	▲
3국 협상 성립	제1차 세계 대전 발발	국제 연맹 창설	대공황 발생	제2차 세계 대전 발발	일본 항복

① (가) ② (나) ③ (다) ④ (라) ⑤ (마)

08 ㉠에 들어갈 내용으로 옳은 것은?

> (㉠)은/는 노동 조건을 개선하여 사회 정의를 확립하려는 목표로 설립된 국제기구로, 노동자들의 권리를 확보하는 데 중요한 역할을 담당하였다.

① 나치스
② 국민 공회
③ 코민테른
④ 파시스트당
⑤ 국제 노동 기구(ILO)

09 다음 자료를 활용한 발표 주제로 가장 적절한 것은?

⬆ 영화 「서프러제트」의 장면   ⬆ 연설 중인 팽크허스트

① 노동당의 역할
② 메이데이가 제정된 배경
③ 여성 참정권 운동의 전개 과정
④ 미국에서 자동차 산업이 발달한 원인
⑤ 일본, 인도 등의 자본가들이 미국과 교류한 이유

10 (가)에 들어갈 내용으로 옳지 <u>않은</u> 것은?

> • 과제: 제1차 세계 대전 이후 노동자의 권리 확대에 대한 보고서 작성하기
> • 주제 예시: _____ (가) _____

① 워싱턴 회의 개최
② 미국의 와그너법 제정
③ 국제 노동 기구(ILO) 설립
④ 노동자의 이익을 대변하는 정당 등장
⑤ 노동자, 기업가, 정부 대표의 회의체 구성

11 밑줄 친 ㉠에 해당하는 내용으로 옳은 것은?

> 대공황 전후 전체주의 정권이 등장하여 일당 독재를 강화하자 각지에서 ㉠ <u>민주주의를 지키기 위한 저항 운동</u>이 전개되었다.

① 국제 연맹이 창설되었다.
② 영국에서 공장법이 제정되었다.
③ 나치스가 비밀경찰을 조직하였다.
④ 프랑스에서 인민 전선이 수립되었다.
⑤ 영국과 프랑스가 블록 경제를 형성하였다.

12 제1, 2차 세계 대전 과정에서 일어난 대량 학살의 사례로 옳지 <u>않은</u> 것은?

① 연합국의 폭격으로 독일의 드레스덴이 초토화되었다.

② 독일의 공격으로 영국의 런던과 주변 도시가 파괴되었다.

③ 나치스가 유대인을 아우슈비츠로 끌고 가 학살을 자행하였다.

④ 제1차 세계 대전에서 독가스, 탱크, 전투기 등 신무기가 사용되었다.

⑤ 러시아 정부가 노동자와 농민의 시위를 무력으로 진압하여 대규모 사상자가 발생하였다.

13 밑줄 친 '이 만행'에 대한 탐구 활동으로 가장 적절한 것은?

> 1937년 중일 전쟁을 일으켜 중국의 수도를 점령한 일본군은 도시 전체를 파괴하고 민간인을 잔인하게 살육하였다. 전후 <u>이 만행</u>에 가담한 일본군을 대상으로 하는 전범 재판이 열려 수많은 중국인들이 일본의 만행을 고발하였다.

① 731 부대의 활동을 조사한다.

② 5·4 운동의 전개 과정을 살펴본다.

③ 포츠머스 조약의 내용을 분석한다.

④ 난징 대학살의 피해 현황을 알아본다.

⑤ 아우슈비츠 수용소의 역사적 의미를 정리한다.

14 다음 자료를 활용하여 보고서를 작성할 때 주제로 가장 적절한 것은?

> 유대인 친구들이 한꺼번에 열 명, 열다섯 명씩 사라지고 있어. 이들은 비밀경찰에게 구박을 받으며 가축용 트럭에 실려, 드렌테에 있는 가장 큰 유대인 수용소로 끌려가고 있는 거래. 그곳은 말만 들어도 소름이 끼쳐. …… 여러 사람들이 한 곳에 뒤섞여 지내며 탈출도 불가능하대.
> – 『안네의 일기』

① 731 부대의 설립　　② 홀로코스트의 사례

③ 원자 폭탄의 위험성　④ 난징 대학살의 참상

⑤ 일본군 '위안부'의 피해 양상

15 ㉠에 들어갈 지역으로 옳은 것은?

이 사진은 제2차 세계 대전이 끝난 직후 (㉠)에서 1945년 11월부터 약 1년 동안 연합국의 주도로 주요 전쟁 범죄자와 조직을 심판하기 위해 열린 재판에 참여한 피고들의 모습이다. 재판에 24명의 주요 피고가 출석하였는데, 그중 22명이 판결을 받았으며 나치스 전범 12명이 사형 판결을 받았다.

① 보스턴　　　　　② 아비뇽

③ 포츠머스　　　　④ 드레스덴

⑤ 뉘른베르크

16 (가)에 들어갈 내용으로 가장 적절한 것은?

이곳은 제2차 세계 대전 당시 유대인들이 수용되었던 곳이야.

독일에서는 이곳을 박물관으로 사용하였는데, 그 이유는 (가)

① 전쟁 배상금을 지불하기 위해서야.

② 국제 연맹의 한계점을 보완하기 위해서야.

③ 전쟁 중 일어난 피해 규모를 파악하기 위해서야.

④ 전쟁의 피해와 상처를 잊지 않고 기억하기 위해서야.

⑤ 비인간적 행위를 저지른 국가들을 비난하기 위해서야.

17 제2차 세계 대전 이후에 전개된 평화 확산을 위한 노력으로 옳은 것을 〈보기〉에서 고른 것은?

┌─ 보기 ┐
ㄱ. 파리 강화 회의가 열렸다.
ㄴ. 신경제 정책(NEP)이 실시되었다.
ㄷ. 독일과 일본에서 국제 전범 재판이 열렸다.
ㄹ. 세계 곳곳에서 핵무기 반대 운동이 일어났다.
└──────┘

① ㄱ, ㄴ
② ㄱ, ㄷ
③ ㄴ, ㄷ
④ ㄴ, ㄹ
⑤ ㄷ, ㄹ

18 (가)에 들어갈 내용으로 옳은 것은?

| 검색 | (가) |

• 국제 연합(UN) 창설의 기초가 되었다.
• 미국과 영국 두 나라가 영토를 확대하지 않고 타국민의 권리를 존중한다는 내용 등이 담겨 있다.

① 3국 동맹
② 포츠담 회담
③ 대서양 헌장
④ 베르사유 조약
⑤ 켈로그·브리앙 조약

☆시험에잘나와!
19 국제 연합(UN)에 대한 설명으로 옳지 <u>않은</u> 것은?

① 평화 유지군을 두고 있다.
② 제2차 세계 대전 이후 창설되었다.
③ 국제 평화와 안전 유지, 국제 협력을 목표로 하였다.
④ 미국, 소련 등 강대국이 불참하였다는 한계를 갖는다.
⑤ 국제 분쟁의 처리 과정에서 군사적 수단을 동원할 수 있다.

서술형 문제

서술형 감잡기

01 다음을 읽고 물음에 답하시오.

제1조	독일은 공화국이다. 국가 권력은 국민으로부터 나온다.
제22조	국회의원은 비례 대표제의 원칙에 따라 20세 이상의 남녀 보통, 평등, 직접, 비밀 선거로 선출된다.
제159조	모든 사람과 직업에서 노동 조건 및 경제 조건을 보호하고 개선하기 위한 단결의 자유가 보장된다.

(1) 위 헌법의 명칭을 쓰시오.

⎯⎯⎯⎯⎯⎯⎯⎯⎯⎯⎯⎯⎯⎯⎯⎯⎯⎯⎯⎯

(2)(1) 헌법이 가지는 의미를 서술하시오.

➡ 이 헌법은 주권이 국민에게 있다는 (①   )을 바탕으로 일정한 연령이 되면 누구에게나 선거권이 주어지는 선거 방식인 (②   ), 노동권 보장 등 국민의 기본적인 권리를 명시한 민주적인 헌법이었다.

실전! 서술형 도전하기

02 다음 자료를 보고 물음에 답하시오.

사진은 1946년 5월부터 진행된 <u>재판</u>에 출석한 일본 전범들의 모습을 보여 주고 있다.

(1) 밑줄 친 '재판'의 명칭을 쓰시오.

⎯⎯⎯⎯⎯⎯⎯⎯⎯⎯⎯⎯⎯⎯⎯⎯⎯⎯⎯⎯

(2)(1) 재판이 가지는 한계를 <u>두 가지</u> 서술하시오.

⎯⎯⎯⎯⎯⎯⎯⎯⎯⎯⎯⎯⎯⎯⎯⎯⎯⎯⎯⎯

01~02 세계 대전과 국제 질서의 변화

(1) 제1차 세계 대전(1914~1918)

배경	제국주의 국가의 대립, 범슬라브주의와 범게르만주의의 대립
전개	사라예보 사건 발생 → 오스트리아·헝가리 제국이 세르비아에 선전 포고 → 독일의 무제한 잠수함 작전 전개 → 미국의 참전 → 러시아의 전선 이탈 → 독일의 항복
특징	총력전·참호전 양상, 신무기 등장 → 막대한 인적·물적 피해 발생

(2) 러시아 혁명의 전개

러시아 혁명	3월 혁명	러일 전쟁으로 노동자와 농민의 생활 악화 → 노동자들의 평화 시위 전개 → 정부의 무력 진압(피의 일요일 사건) → 노동자와 군인을 중심으로 소비에트 결성 → 전제 군주제 붕괴, 임시 정부 수립
	11월 혁명	임시 정부의 개혁 부진, 전쟁 지속 → 레닌이 이끄는 볼셰비키의 무장 봉기 → 임시 정부 타도, 소비에트 정부 수립
혁명 이후		• 레닌의 정책: 공산당 일당 독재 선언, 코민테른 결성, 신경제 정책(NEP) 실시, 소비에트 사회주의 공화국 연방(소련) 수립(1922) • 스탈린의 정책: 경제 개발 5개년 계획 추진, 공산당 독재 체제 강화

(3) 베르사유 체제의 형성

파리 강화 회의	연합국이 전후 문제를 처리하기 위해 개최(1919) → 윌슨이 제안한 14개조 평화 원칙을 바탕으로 논의 진행
베르사유 조약	파리 강화 회의 결과 연합국과 독일이 체결 → 베르사유 체제 성립
평화를 위한 노력	국제 연맹 창설, 워싱턴 회의·제노바 회의 개최, 도스안과 영안 결의 등

(4) 각국의 민족 운동

아시아	한국의 3·1 운동, 중국의 5·4 운동과 제1·2차 국공 합작
인도	간디의 비폭력·불복종 운동, 네루의 반영 운동
동남아시아	호찌민의 베트남 공산당 조직, 수카르노의 인도네시아 국민당 결성, 필리핀이 미국에 저항, 태국의 청년 장교들이 쿠데타로 입헌 군주제 수립
서아시아	오스만 제국의 무스타파 케말이 독립 전쟁 전개 → 튀르키예 공화국 수립, 근대화 정책 추진
아프리카	이집트의 반영 운동 전개, 범아프리카주의 확산

(5) 대공황의 발생

배경	제1차 세계 대전 이후 미국의 경제 호황, 세계 경제 시장 주도, 기업의 과잉 생산 → 소비가 생산을 따라가지 못하며 재고 증가
전개	뉴욕 증권 거래소의 주가 폭락(1929) → 기업과 은행 파산, 실업자 증가
극복 노력	• 미국: 뉴딜 정책 추진(대규모 공공사업, 사회 보장 제도 실시 등) • 영국, 프랑스 등: 블록 경제 형성 → 보호 무역 정책 실시

(6) 전체주의의 등장

이탈리아	무솔리니의 파시스트당 결성, 로마 진군으로 정권 장악, 일당 독재 강화
독일	히틀러의 나치스가 권력 장악, 게르만 우월주의를 내세워 유대인 탄압
일본	군부의 군국주의 강화, 대륙 침략 본격화 → 만주 사변, 중일 전쟁 발발

(7) 제2차 세계 대전(1939~1945)

배경	독일·이탈리아·일본의 추축국 형성 → 파시즘 국가 간의 결속력 강화
발발	독일이 소련과 불가침 조약 체결, 폴란드 침공 → 영국, 프랑스가 독일에 선전 포고
전개	독일의 유럽 점령 → 일본의 진주만 침공 → 미국의 미드웨이 해전 승리, 소련의 스탈린그라드 전투 승리 → 연합군의 노르망디 상륙 작전 성공 → 독일 항복 → 일본 항복
결과	수많은 인명 피해와 재산 피해, 반인륜적 범죄 발생
전후 처리	대서양 헌장 발표(국제 연합(UN) 창설 등 결정), 국제 회담 개최(카이로 회담, 얄타 회담, 포츠담 회담 등)

03 민주주의의 확산 ~ 인권 회복과 평화 확산을 위한 노력

(1) 전후 정치·경제 체제의 변화

민주주의 발달	• 공화국 수립: 유럽 각국에서 왕정 폐지, 헌법과 의회를 갖춘 공화정 채택 • 정치적 권리 확대: 재산·성별에 제한 없이 선거권 부여, 보통 선거 확대, 여성의 사회적·경제적 참여 확대에 따라 여성이 참정권 획득 • 노동자의 권리 확대: 노동조합 결성, 메이데이 제정, 국제 노동 기구(ILO) 설립, 복지 정책 시행(공장법, 와그너법 등), 사회주의 정당 등장 등
자본주의 성장	• 제1차 세계 대전 이후 미국에서 자본주의 발전 → 유럽 등으로 확산 • 대공황과 제2차 세계 대전 이후 정부의 역할 확대 → 자본주의의 고도성장

(2) 전쟁의 참상

대량 학살	• 대량 살상 무기 사용: 독가스, 탱크, 전투기 등 • 독일의 홀로코스트: 제2차 세계 대전 중 독일의 나치스가 자행한 유대인 대학살 • 일본의 난징 대학살: 중일 전쟁 당시 일본이 난징을 점령한 후 중국 민간인을 학살함
인권 유린	• 일본군 '위안부': 일본이 제2차 세계 대전 중에 군대 위안소 설치 → 수만 명의 여성들을 강제로 끌고 가 끔찍한 삶 강요 • 생체 실험: 제2차 세계 대전 중에 독일과 일본이 사람을 상대로 실험 자행

(3) 평화 확산을 위한 노력

국제 전범 재판	• 뉘른베르크 재판: 나치 주요 범죄자 처벌 • 극동 국제 군사 재판: 일본의 주요 전쟁 범죄자 처벌
국제기구 설립	• 국제 연맹: 제1차 세계 대전 이후 국제 평화와 안전 확보를 위해 창설 • 국제 연합: 제2차 세계 대전 이후 대서양 헌장의 정신에 따라 창설

☑ **핵심 선택지** 다시보기

1 제1차 세계 대전 이후 유럽 각국에서는 왕정이 폐지되었다. ( )

2 제1차 세계 대전 전후로 여성의 사회적·경제적 참여가 확대되면서 여성 참정권 운동이 전개되었다. ( )

3 두 차례 세계 대전에서 대량 살상 무기가 사용되어 수많은 사람이 희생되었다. ( )

4 제1차 세계 대전 이후 각 나라에서는 노동자의 권리를 보호하기 위한 복지 정책이 시행되었다. ( )

5 국제 연맹은 대서양 헌장의 정신에 따라 창설되었다. ( )

답 1 ○ 2 ○ 3 ○ 4 ○ 5 ×

☑ **핵심 선택지** 다시보기의 정답을 맞힌 개수만큼 아래 표에 색칠해 보자. 많이 틀린 단원은 되돌아가 복습해 보자.

01~02 세계 대전과 국제 질서의 변화
😞 😐 🙂 😊 😄　236, 248쪽

03 민주주의의 확산
~ 인권 회복과 평화 확산을 위한 노력
😞 😐 🙂 😊 😄　254쪽

01 세계 대전과 국제 질서의 변화(1)

01 제1차 세계 대전 이전의 상황으로 옳은 것을 〈보기〉에서 고른 것은?

〈 보기 〉
ㄱ. 워싱턴 회의 개최
ㄴ. 베르사유 체제의 성립
ㄷ. 제국주의 국가의 대립
ㄹ. 범게르만주의와 범슬라브주의의 충돌

① ㄱ, ㄴ   ② ㄱ, ㄷ   ③ ㄴ, ㄷ
④ ㄴ, ㄹ   ⑤ ㄷ, ㄹ

02 다음은 제1차 세계 대전의 전개를 나타낸 것이다. (가)에 들어갈 내용으로 옳지 <u>않은</u> 것은?

사라예보 사건 발발 → (가) → 독일의 항복

① 러시아에서 혁명이 일어났다.
② 미국이 연합국 편으로 참전하였다.
③ 미국이 미드웨이 해전에서 일본군을 물리쳤다.
④ 이탈리아가 3국 동맹을 떠나 연합국 편에 섰다.
⑤ 오스트리아·헝가리 제국이 세르비아에 전쟁을 선포하였다.

03 ㉠에 들어갈 내용으로 옳은 것은?

제1차 세계 대전 중에 영국은 독일로 가는 물자를 통제하기 위해 해상을 봉쇄하였다. 이에 독일의 잠수함이 중립국 선박까지 공격하는 (㉠)을/를 일으켜 많은 미국인이 사망하였다. 이를 계기로 미국이 연합국 편으로 참전하였다.

① 사라예보 사건   ② 보스턴 차 사건
③ 피의 일요일 사건   ④ 스탈린그라드 전투
⑤ 무제한 잠수함 작전

04 러시아의 3월 혁명과 11월 혁명을 비교한 내용으로 옳지 <u>않은</u> 것은?

	구분	3월 혁명	11월 혁명
①	시기	1917년 3월	1917년 11월
②	배경	경제 상황 악화	임시 정부의 개혁 부진
③	주도	소비에트	볼셰비키
④	결과	임시 정부 수립	소비에트 정부 수립
⑤	의의	전제 군주제 붕괴	코민테른 결성

05 (가)에 들어갈 내용으로 옳은 것은?

이 인물은 1917년 러시아 임시 정부의 정책에 반대하여 11월 혁명을 이끌었어.

맞아. 또한 공산당 일당 독재를 선언하고 사회주의 개혁을 추진하였지.

그뿐만 아니라, (가)

① 칼리프 제도를 폐지하였어.
② 변법자강 운동을 전개하였어.
③ 신경제 정책(NEP)을 실시하였어.
④ 경제 개발 5개년 계획을 추진하였어.
⑤ 게르만 우월주의를 앞세워 인종 차별 정책을 펼쳤어.

06 밑줄 친 '이 조약'에 대한 설명으로 옳은 것은?

제1차 세계 대전이 끝나자 연합국은 전후 문제를 처리하기 위해 파리 강화 회의를 열었다. 이 회의 결과 1919년 6월 연합국과 독일은 <u>이 조약</u>을 체결하였다.

① 한국의 독립을 약속하였다.
② 국제 연합(UN) 창설을 결정하였다.
③ 독일의 배상금 축소를 결정하였다.
④ 독일의 식민지를 빼앗고 군비를 제한하였다.
⑤ 전쟁을 국가 분쟁의 해결 수단으로 사용하지 말자고 약속하였다.

07 (가)에 들어갈 내용으로 옳은 것은?

> 제1차 세계 대전 이후 독일은 자국의 경제력으로는 전쟁 배상금을 지불할 수 없었다. 이에 미국 등이 나서 _____(가)_____ 하여 독일의 배상금을 축소하였다.

① 제노바 회의를 개최
② 포츠담 회담을 개최
③ 국제 연합(UN)을 창설
④ 도스안과 영안을 결의
⑤ 켈로그·브리앙 조약을 체결

08 다음 인물의 활동으로 옳은 것은?

> 인도인이여, 자기 손으로 자기 옷을 만드십시오. 인도를 가난하게 만드는 것은 영국 상품과 영국의 직물입니다.

① 제1차 국공 합작을 이루어냈다.
② 비폭력·불복종 운동을 전개하였다.
③ 군벌과 제국주의 타도를 주장하였다.
④ 이슬람력 대신 서양식 달력을 사용하였다.
⑤ 소비에트 사회주의 공화국 연방을 수립하였다.

09 다음 선언문을 발표하며 전개된 민족 운동에 대한 설명으로 옳은 것은?

> 베르사유 평화 회담이 열렸을 때 우리가 희망하고 경축한 것은 세계에 정의가 있고 공리가 있다고 한 것이 아니었겠습니까? …… 산둥이 망하면 중국도 망합니다. …… 국민 대회를 열고 뜻을 굽히지 않겠다고 전국에 전보로 알리는 것이 오늘의 급무입니다. ─ 전 베이징 학생 선언

① 수카르노가 주도하였다.
② 일본의 21개조 요구 철폐를 주장하였다.
③ 중체서용을 바탕으로 근대화를 추진하였다.
④ 이홍장 등 한족 출신 관료들이 중심이 되었다.
⑤ 청년 장교들이 입헌 군주제 실시를 요구하였다.

02 세계 대전과 국제 질서의 변화(2)

10 (가)에 대응한 미국의 활동으로 옳은 것을 〈보기〉에서 고른 것은?

> 사진은 1929년에 일어난 [(가)]의 여파로 식사 배급을 기다리는 실업자들과 직장을 구하는 실업자의 모습이다.

┌─ 보기 ┐
ㄱ. 오스트리아를 병합하였다.
ㄴ. 사회 보장 제도를 실시하였다.
ㄷ. 독일, 이탈리아와 함께 방공 협정을 체결하였다.
ㄹ. 테네시강 유역 개발 공사와 같은 대규모 공공사업을 벌였다.

① ㄱ, ㄴ
② ㄱ, ㄷ
③ ㄴ, ㄷ
④ ㄴ, ㄹ
⑤ ㄷ, ㄹ

11 다음 자료에 담겨 있는 사상이 등장한 배경으로 옳은 것은?

> 국가를 떠나서는 인간과 영혼의 가치도 존재하지 않는다. 어떤 단체도 국가를 떠나서는 존재하지 않으며, 국민이 국가를 발생시키는 것이 아니라, 국가가 국민을 창조한다. …… 오직 전쟁만이 인간의 힘을 가장 높은 정도에 이르게 하고 이에 직면할 용기를 가진 국민에게 고귀함을 부여한다. ─ 무솔리니, 『파시즘 독트린』

① 국제 연맹이 창설되었다.
② 민족 자결주의가 등장하였다.
③ 피의 일요일 사건이 일어났다.
④ 소비에트가 임시 정부를 수립하였다.
⑤ 대공황이 유럽을 비롯한 전 세계로 확산되었다.

12 ㉠ 인물의 활동으로 옳은 것은?

> 독일은 경제가 회복되던 중에 대공황의 타격을 입었다. 이에 (㉠)이/가 이끄는 나치스가 인기를 얻어 일당 독재를 수립하였다.

① 코민테른을 결성하였다.
② 튀르키예 공화국을 세웠다.
③ 로마 진군을 통해 정권을 장악하였다.
④ 비밀경찰을 동원하여 국민을 감시하였다.
⑤ 삼민주의를 내세우며 혁명 운동을 주도하였다.

13 제2차 세계 대전을 주제로 연극을 만들 때 등장인물의 모습으로 적절하지 않은 것은?

① 스탈린그라드 전투에서 항전하는 소련군
② 독소 불가침 조약 파기 소식을 전하는 기자
③ 미국 하와이의 진주만 기지를 공격하는 일본군
④ 영국에 임시 정부를 구성하고 항전하는 프랑스 장군
⑤ 독일과 조약을 맺고 전쟁 중단을 선언하는 러시아 군인

14 다음 자료를 활용한 탐구 활동으로 가장 적절한 것은?

> 일본의 해군과 공군은 미합중국을 용의주도하게 기습 공격하였습니다. …… 간밤에 일본군은 필리핀 제도와 웨이크섬을 공격하였습니다. 오늘 아침에 일본군은 미드웨이 제도를 공격하였습니다. 일본은 태평양 전역을 기습 공격한 셈입니다.
> – 루스벨트 대통령이 미국 의회에 선전 포고를 요청하며 한 연설

① 의화단이 조직된 이유를 찾아본다.
② 태평양 전쟁의 발발 배경을 알아본다.
③ 이와쿠라 사절단의 활동 시기를 조사한다.
④ 일본이 중국에 요구한 21개조를 분석한다.
⑤ 독일이 식민지를 모두 상실하게 된 배경을 정리한다.

03 민주주의의 확산
~ 인권 회복과 평화 확산을 위한 노력

15 지도는 제1차 세계 대전 이후의 유럽을 나타낸 것이다. 지도에 표시된 신생 독립국의 공통점으로 옳은 것은?

① 추축국을 형성하였다.
② 범슬라브주의를 내세웠다.
③ 전체주의 세력이 권력을 잡았다.
④ 대부분 민주주의 헌법을 채택하였다.
⑤ 러시아 혁명의 영향으로 사회주의자들의 봉기가 일어났다.

16 (가)에 들어갈 내용으로 적절하지 않은 것은?

> **수행 평가 보고서**
> 1. 주제: 제1차 세계 대전 이후 유럽의 정치 변화
> 2. 조사 내용: _____ (가) _____

① 독일에서 바이마르 공화국이 수립되었다.
② 아나톨리아반도에서 튀르키예 공화국이 세워졌다.
③ 일본에서 천황 중심의 새로운 정부가 등장하였다.
④ 오스트리아·헝가리 제국이 해체되어 왕정이 사라졌다.
⑤ 오스만 제국이 시리아, 이라크, 팔레스타인 등으로 분리되었다.

17 다음 영화의 배경이 된 시기에 있었던 사실로 옳지 <u>않은</u> 것은?

⬆ 영화 「서프러제트」의 장면

영국 영화 「서프러제트」는 20세기 초 영국에서 여성의 참정권 확보를 위해 노력한 서프러제트 집단을 다루고 있다. 영화에서 서프러제트 집단의 지도자로 나오는 팽크허스트는 실제로 여성 참정권 운동을 주도하였던 인물이다. 팽크허스트는 여성 참정권 획득을 위해 각종 집회를 주도하고 무력시위를 전개하였다.

① 차티스트 운동이 전개되었다.
② 여성들의 참정권 운동이 활발히 전개되었다.
③ 프랑스 파리에서 5월 1일이 메이데이로 정해졌다.
④ 노동자, 기업, 정부 대표가 모여 회의체를 구성하였다.
⑤ 여성이 직간접적으로 전쟁에 참여하면서 여성의 사회적·경제적 역할이 커졌다.

18 (가)에 들어갈 내용으로 가장 적절한 것은?

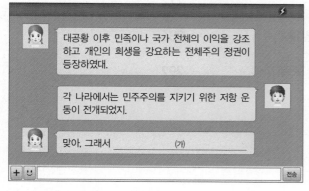

대공황 이후 민족이나 국가 전체의 이익을 강조하고 개인의 희생을 강요하는 전체주의 정권이 등장하였대.

각 나라에서는 민주주의를 지키기 위한 저항 운동이 전개되었지.

맞아. 그래서 ____(가)____

① 영국에서 명예혁명이 일어났어.
② 바이마르 공화국이 수립되었어.
③ 러시아에서 소비에트가 조직되었어.
④ 프랑스에서 인민 전선이 수립되었어.
⑤ 오스만 제국에서 청년 튀르크당이 결성되었어.

19 제2차 세계 대전 중에 행해진 인권 유린의 사례로 적절한 것을 〈보기〉에서 고른 것은?

┌ 보기 ┐
ㄱ. 미국에서 대공황이 일어났다.
ㄴ. 미국이 일본에 원자 폭탄을 투하하였다.
ㄷ. 일본은 일본군이 주둔한 지역에 군대 위안소를 설치하였다.
ㄹ. 독일과 일본은 의학적 지식을 얻는다는 명분을 내세워 사람을 상대로 실험을 행하였다.

① ㄱ, ㄴ   ② ㄱ, ㄷ   ③ ㄴ, ㄷ
④ ㄴ, ㄹ   ⑤ ㄷ, ㄹ

20 (가)에 들어갈 내용으로 가장 적절한 것은?

국제 연합(UN)은 국제 연맹의 한계점을 극복하였다고 들었어.

맞아. 그 이유는 ____(가)____

① 강대국이 불참했기 때문이야.
② 전쟁 배상금 문제를 논의했기 때문이야.
③ 전쟁 방지와 군비 축소를 논의했기 때문이야.
④ 독일의 국제 연맹 가입을 합의했기 때문이야.
⑤ 국제 연합군 등 군사력을 동원할 수 있었기 때문이야.

현대 세계의
전개와 과제

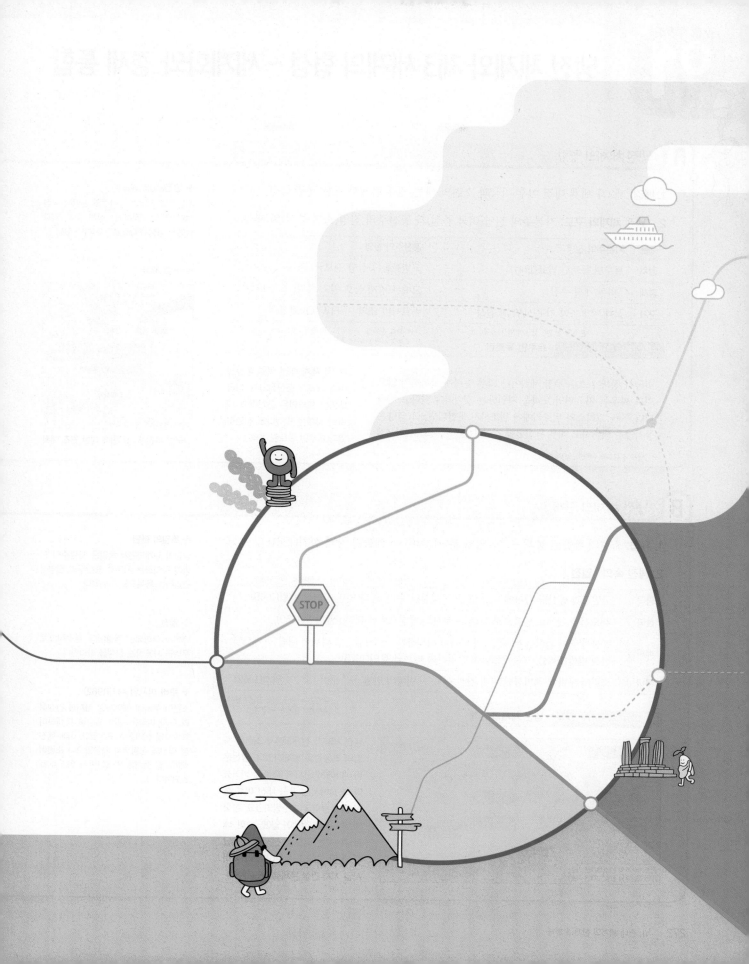

01 냉전 체제와 제3 세계의 형성 ~ 세계화와 경제 통합

A 냉전 체제의 성립

1. 배경: 제2차 세계 대전 이후 미국과 소련의 대립, 동유럽에서 공산 정권 등장

2. ⁺냉전 체제의 구도: 자본주의 진영(미국 중심)과 공산주의 진영(소련 중심)의 대립

구분	자본주의 진영	공산주의 진영
정치	트루먼 독트린 발표(1947)	코민포름(공산당 정보국) 조직
경제	⁺마셜 계획 추진	코메콘(경제 상호 원조 회의) 조직(1949)
군사	북대서양 조약 기구(NATO) 결성	바르샤바 조약 기구(WTO) 결성

└ 자본주의 진영의 집단 방어 체제야.

ⁱ어? 동유럽 공산주의 국가들의 상호 경제 지원을 위해 조직하였어.

📖 **자료로 이해하기** 트루먼 독트린

> 미국의 정책이 소수 무장 세력이나 외부 압력에 굴복하지 않으려고 싸우는 자유민의 노력을 지원하는 것이어야 한다고 믿습니다. …… 그리스와 튀르키예에 원조하지 못한다면, 그 영향은 동서양을 막론하고 매우 광범위할 것입니다. — 트루먼의 연설

└ 당시 공산주의 세력이 성장하였어.

제2차 세계 대전 이후 동유럽 여러 나라가 공산화되자, 미국 대통령 트루먼은 공산주의 세력의 확대를 막겠다고 선언하였다(트루먼 독트린, 1947).

➕ 냉전(Cold War)

자본주의 진영과 공산주의 진영이 직접적인 무력 충돌보다는 정치, 군사, 외교 등에서 경쟁과 대립을 유지하던 상황

➕ 마셜 계획

미국이 추진한 서유럽에 대한 원조 계획

B 냉전 체제의 전개

┌ 소련이 서베를린으로 통하는 통로를 봉쇄하자 미국, 영국 등은 비행기로 서베를린 주민들에게 물자를 공급하였어.

1. 유럽: 소련의 베를린 봉쇄 → ⁺독일의 분단(1949) → 베를린 장벽 설치(1961)

2. 냉전 속의 ⁺열전

┌ 국공 내전이라고 해.   ┌ 전쟁에서 패배한 국민당은 타이완으로 이동하였어.

중국	국민당과 공산당 사이에 내전 발발 → 공산당 승리, 중화 인민 공화국 수립(1949)
한국	38도선을 경계로 남북으로 분단 → 북한의 남침으로 6·25 전쟁 발발(1950)
베트남	공산 정권이 들어선 북베트남과 미국이 지원하는 남베트남으로 나뉘어 대립 → 베트남 전쟁 발발(1964) → 북베트남이 승리하여 베트남 통일(1975)
쿠바	소련이 쿠바에 핵미사일 기지 건설 시도 → 미국의 반발 → ⁺쿠바 미사일 위기(1962)

└ 유엔군과 중국군이 참전하면서 국제전의 양상을 띠었어.

📖 **자료로 이해하기** 냉전 체제의 전개

베를린 봉쇄 (1948~1949)
중화 인민 공화국 수립(1949)
소련
독일
캐나다
대한민국
6·25 전쟁 (1950~1953)
중국
미국
베트남
쿠바
베트남 전쟁 (1964~1975)
쿠바 미사일 위기(1962)
오스트레일리아
■ 자본주의 진영(1977년 기준)
■ 공산주의 진영(1977년 기준)

냉전 체제가 전개되면서 소련은 독일의 베를린을 봉쇄하였다. 냉전은 아시아에서 군사적 충돌로 이어졌다. 중국에서는 국공 내전 이후 중화 인민 공화국이 수립되었고, 한국에서는 6·25 전쟁이 일어났으며, 베트남에서는 베트남 전쟁이 일어났다. 한편, 미국과 소련이 쿠바 핵미사일 기지 건설 문제로 대립하였다.

➕ 독일의 분단

냉전이 전개되면서 독일은 자본주의 진영이 관리하는 서독과 공산주의 진영이 관리하는 동독으로 나뉘었다.

➕ 열전

냉전과 대비되는 개념이다. 본격적으로 무력을 사용하는 전쟁을 가리킨다.

➕ 쿠바 미사일 위기(1962)

소련이 쿠바에 핵미사일 기지를 건설하려 하자 미국은 쿠바 해상을 봉쇄하며 핵미사일 철거를 요구하였다. 이에 핵전쟁 직전의 상황까지 치달았으나 소련이 핵미사일 철거를 약속하면서 위기가 해소되었다.

무엇을 배울까?
- 냉전 체제의 성립과 전개
- 제3 세계의 형성과 냉전 체제의 완화
- 소련의 해체와 중국의 개혁·개방
- 세계화와 신자유주의 경제 체제

1 다음 괄호 안의 내용 중 알맞은 말에 〇표를 하시오.

(1) (미국, 소련)은 공산주의 세력의 확대를 막겠다는 트루먼 독트린을 발표하였다.

(2) 자본주의 진영은 (바르샤바 조약 기구, 북대서양 조약 기구)를 결성하여 공산주의 진영과 군사적으로 대립하였다.

(3) (냉전, 열전)은 자본주의 진영과 공산주의 진영이 직접적인 무력 충돌보다는 정치, 군사, 외교 등에서 경쟁과 대립을 유지하던 상황을 말한다.

2 다음 빈칸에 들어갈 내용을 쓰시오.

(1) 제2차 세계 대전 이후 미국은 (   )을 추진하여 서유럽에 경제 원조를 하였다.

(2) 소련은 동유럽 공산주의 국가들의 상호 경제 지원을 위해 (   )을 조직하였다 (1949).

• 냉전 체제의 성립

제2차 세계 대전 이후 미국과 소련의 대립

자본주의 진영	공산주의 진영
• 미국 중심 • 트루먼 독트린 발표 • 마셜 계획 추진 (서유럽에 원조) • 북대서양 조약 기구(NATO) 결성	• 소련 중심 • 코민포름(공산당 정보국) 조직 • 코메콘(경제 상호 원조 회의) 조직 • 바르샤바 조약 기구(WTO) 결성

1 다음 설명이 맞으면 〇표, 틀리면 ✕표를 하시오.

(1) 공산당과의 내전에서 승리한 국민당은 중화 인민 공화국을 수립하였다. (   )

(2) 베를린 봉쇄 이후 독일은 자본주의 진영인 서독과 공산주의 진영인 동독으로 분단되었다. (   )

2 냉전 체제 성립 이후 다음의 상황이 전개된 국가를 〈보기〉에서 골라 기호를 쓰시오.

[보기]

ㄱ. 중국	ㄴ. 쿠바	ㄷ. 한국	ㄹ. 베트남

(1) 국민당과 공산당 사이에 내전이 일어났다. (   )

(2) 북부의 공산 정권이 전쟁에서 승리하면서 통일을 이루었다. (   )

(3) 38도선을 경계로 하여 남북으로 분단되었으며 6·25 전쟁이 발발하면서 분단이 굳어졌다. (   )

(4) 소련이 핵미사일 기지를 건설하려 하자 미국이 해상을 봉쇄하면서 핵전쟁의 위기가 고조되었다. (   )

• 냉전 체제의 전개

독일	동독·서독으로 분단
중국	국공 내전 → 중화 인민 공화국 수립
한국	6·25 전쟁 발발
베트남	베트남 전쟁 발발
쿠바	쿠바 미사일 위기

C 아시아·아프리카 국가들의 독립

1. 인도와 동남아시아의 독립

인도	영국으로부터 독립(1947) → 종교 갈등으로 ⁺인도(힌두교 국가)와 파키스탄(이슬람교 국가)으로 분리 → 스리랑카 독립 → 동파키스탄이 방글라데시로 독립
동남아시아	• 필리핀: 미국의 지원으로 공화국 수립 → 미국의 간섭에 반발하여 독립운동 전개 • 미얀마: 영국과 협상하여 독립 • 베트남: 호찌민이 베트남 민주 공화국 수립 → 프랑스와의 전쟁에서 승리하여 독립(제네바 협정 체결) → 남북으로⁺분단 → 북베트남에 의해 통일(1975) └ 이후 공산주의 국가가 들어섰어. • 캄보디아·라오스: 프랑스로부터 독립 • 인도네시아: 공화국 수립 선언 → 네덜란드와의 전쟁에서 승리하여 독립

└ 제2차 세계 대전에서 일본이 패배한 이후 수카르노는 인도네시아의 독립을 선언하였어.

2. 서아시아와 아프리카의 독립

서아시아	• 시리아·레바논·요르단 등 독립 • 팔레스타인 지역에서 유대인이 이스라엘 건국(1948) → ⁺중동 전쟁 발발
아프리카	• 리비아의 독립(1951) 이후 각국 독립 → 1960년에 17개국 독립('아프리카의 해') • 이집트의 나세르가 공화정 수립(1952) → 수에즈 운하의 국유화 선언 • 알제리가 독립 전쟁 끝에 프랑스로부터 독립(1962)

└ 이탈리아로부터 독립하였어.

➕ 인도의 독립과 분열

※괄호 안은 독립 연도임

➕ 중동 전쟁(1948~1979)
유대인은 영국, 미국 등의 지원을 받아 팔레스타인 지역에 이스라엘을 세웠다. 이에 아랍 민족이 격렬하게 반발하면서 네 차례 전쟁을 벌였으나 모두 패하였다.

D 제3 세계의 형성과 냉전 체제의 완화

1. ⁺제3 세계: 비동맹 중립 노선을 추구한 아시아와 아프리카의 신생 독립국들이 형성

활동	인도의 네루와 중국의 저우언라이가 '평화 5원칙'에 합의(1954) → 아시아·아프리카 회의(반둥 회의)에서 '평화 10원칙' 결의(1955) → 제1차 비동맹 회의 개최(1961)
영향	국제적인 영향력을 강화하여 냉전 체제의 변화에 영향을 줌

└ 제3 세계 국가들 간에 상호 협력을 다짐하는 한편, 개발 도상국의 이익을 지키기 위해 노력하였다.

2. 냉전 체제의 완화: 1960년대 중반 이후 미국과 소련의 영향력 약화

(1) **국제 질서의 다극화:** 동유럽 국가들의 소련 반대 운동, 중국과 소련이 이념·국경 문제로 갈등, 프랑스의 북대서양 조약 기구(NATO) 탈퇴, 제3 세계 등장, 유럽 통합 운동, 일본의 성장 등 → 미국·소련 중심의 양극 체제가 다극화 체제로 변화

(2) **긴장 완화의 분위기 조성:** 미국의 ⁺닉슨 독트린 발표(1969) → 베트남에서 미군 철수, 닉슨의 중국 방문 및 국교 수립(1979), 미국과 소련의 전략 무기 제한 협정(SALT) 체결, 서독 총리의 동방 정책, 동독과 서독의 국제 연합(UN) 동시 가입

└ 공산권 국가와의 관계 정상화를 위해 실시하였어.

└ 핵무기 감축에 합의하였어.

➕ 제3 세계
미국 중심의 자본주의 진영(제1 세계)과 소련 중심의 공산주의 진영(제2 세계) 중 어느 편에도 가담하지 않은 국가들

➕ 닉슨 독트린
• 미국은 앞으로 베트남 전쟁과 같은 군사적 개입을 피한다.
• 미국은 강대국의 핵 위협을 제외한 내란이나 침략인 경우 아시아 각국이 스스로 협력하여 그에 대처하기를 바란다.

1969년 미국의 닉슨 대통령은 아시아에서 일어나는 군사적 분쟁에 더 이상 개입하지 않겠다는 내용의 닉슨 독트린을 발표하였다.

📖 자료로 이해하기 | 평화 10원칙

1. 기본적인 인권 및 국제 연합의 헌장을 존중한다.
4. 다른 나라의 내정에 간섭하지 않는다.
5. 단독이나 집단적으로 자기 나라를 방위할 권리를 존중한다.
8. 국제 분쟁을 평화적인 방법으로 해결한다.

1955년 아시아와 아프리카 29개국 대표들이 인도네시아의 반둥에 모여 제국주의에 반대하고 제3 세계 국가들이 서로 협력하자는 내용이 담긴 '평화 10원칙'을 결의하였다. 이로써 제3 세계의 형성이 공식화되었다.

1 다음 빈칸에 들어갈 내용을 쓰시오.

(1) 인도는 힌두교 국가인 인도와 이슬람교 국가인 (   )으로 분리되었다(1947).

(2) (   )은 프랑스에 맞서 치열하게 항전한 끝에 제네바 협정 체결로 독립을 이루었다.

2 다음 설명이 맞으면 ○표, 틀리면 ✕표를 하시오.

(1) 캄보디아와 라오스는 영국으로부터 독립하였다. (   )

(2) 팔레스타인 지역에서 유대인이 이스라엘을 건국하였다. (   )

3 다음 인물과 그 활동을 옳게 연결하시오.

(1) 나세르   •

(2) 수카르노 •

                         • ㉠ 인도네시아의 독립 선언

                         • ㉡ 수에즈 운하의 국유화 선언

핵심 콕콕

• 아시아와 아프리카의 독립

아시아	• 인도: 영국으로부터 독립 → 인도와 파키스탄으로 분리 • 베트남: 프랑스로부터 독립 → 남북 분단 → 북베트남에 의해 통일 • 이스라엘: 팔레스타인 지역에서 유대인이 건국 → 중동 전쟁 발발
아프리카	리비아 등 독립 → 1960년에 17개국 독립('아프리카의 해')

---

1 제2차 세계 대전 이후 비동맹 중립 노선을 추구한 아시아와 아프리카의 신생 독립국들이 (   )를 형성하였다.

2 다음 괄호 안의 내용 중 알맞은 말에 ○표를 하시오.

(1) 아시아와 아프리카 29개국 대표들은 (반둥 회의, 제1차 비동맹 회의)에서 평화 10원칙을 결의하였다.

(2) 미국 대통령은 1969년 아시아에서 일어나는 군사적 분쟁에 미국이 개입하지 않겠다는 내용의 (닉슨 독트린, 트루먼 독트린)을 발표하였다.

3 냉전의 완화에 영향을 준 사건만을 〈보기〉에서 있는 대로 골라 기호를 쓰시오.

┌ 보기 ├─────────────────────────────

ㄱ. 코민포름 조직   ㄴ. 마셜 계획 추진

ㄷ. 미국과 중국의 국교 수립   ㄹ. 동독과 서독의 국제 연합 동시 가입

└────────────────────────────────

핵심 콕콕

• 제3 세계의 형성과 냉전 체제의 완화

제3 세계의 형성	아시아·아프리카의 신생 독립국을 중심으로 비동맹 중립 노선 추구
냉전 체제의 완화	• 국제 질서의 다극화: 동유럽 국가들의 소련 반대 운동, 중국과 소련의 갈등, 프랑스의 북대서양 조약 기구(NATO) 탈퇴, 제3 세계 등장 등 • 긴장 완화의 분위기 조성: 닉슨 독트린 발표, 미·소의 전략 무기 제한 협정(SALT) 체결, 동독과 서독의 국제 연합(UN) 동시 가입 등

E 냉전 체제의 해체

1. 소련의 변화와 해체

(1) 배경: 1970년대 이후 사회주의 경제 체제 강화로 사회 경직, 경제 침체

(2) 개혁의 추진: 고르바초프가 개혁(페레스트로이카)·개방(글라스노스트) 정책 추진
  └ 1985년 공산당 서기장에 당선되었어.

목적	사회주의 체제의 한계 극복
내용	시장 경제 제도 도입, 민주화 추진, 공산당의 권력 축소, 언론 통제 완화, 동유럽 국가들에 대한 불간섭 선언, 냉전 종식 선언(몰타 회담) └ 고르바초프는 미국의 부시 대통령과 몰타 회담을 열어 냉전이 끝났음을 공식적으로 선언하였어.

(3) 소련의 해체: 소련 내 공화국들의 독립 선언 → 옐친의 권력 장악 → 소련 해체, 러시아를 중심으로 ⁺독립 국가 연합(CIS) 결성(1991)

2. ⁺동유럽의 변화와 독일의 통일

(1) 동유럽 공산 정권의 붕괴

① 배경: 소련의 동유럽 국가들에 대한 불간섭 선언

② 전개: 동유럽 여러 국가에서 민주화 운동 전개 → 폴란드에서 자유 노조를 이끌던 바웬사가 대통령에 선출, 헝가리에서 대통령제를 규정한 헌법 마련, 체코슬로바키아·불가리아 등에서 민주 정부 수립 등

(2) 독일의 통일: 동독에서 공산당 독재에 반발하는 시위 전개, 동독 주민의 서독 탈출 → 베를린 장벽 붕괴(1989) → 서독과 동독의 통일(1990)
  └ 서독이 동독을 흡수하는 방식으로 통일을 이루었어.

⁺ 독립 국가 연합(CIS)

소련을 구성하고 있던 15개 공화국 중 11개 공화국이 결성하였다. 각기 주권을 가진 독립 국가들의 느슨한 연합체의 성격을 띠었다.

⁺ 동유럽의 변화와 독일의 통일

F 중국의 정치적 변화와 개혁·개방

1. 마오쩌둥의 통치

배경	1950년대 말부터 소련과 사회주의 노선 및 국경 문제로 갈등
내용	• 대약진 운동: 농업의 집단화(인민공사 설립) → 무리한 계획, 자연재해 등으로 실패 • 문화 대혁명: 대약진 운동 실패로 마오쩌둥의 정치적 입지 약화 → ⁺홍위병을 앞세워 마오쩌둥의 사상 강조, 전통문화와 자본주의 부정 → 전통문화 파괴, 수많은 지식인·예술인 탄압

2. 덩샤오핑의 개혁·개방 정책

배경	마오쩌둥 사망 이후 덩샤오핑 집권
내용	1970년대 후반부터 ⁺흑묘백묘론을 바탕으로 시장 경제 제도 도입 → 기업가와 농민의 이윤 보장, 외국인의 투자 허용, 경제특구 설치 등 └ 동남 해안 지역에 경제특구를 설치하여 외국 기업이 자유롭게 경제 활동을 할 수 있도록 하였어.
결과	높은 경제 성장 이룩, 빈부 격차와 관료의 부정부패 심화

3. 톈안먼 사건(1989)
개혁·개방 정책 이후 민주화 요구 확산 → 톈안먼 광장에서 민주화를 요구하는 대규모 시위를 중국 정부가 무력 진압하여 많은 인명 피해 발생

4. 오늘날의 중국
도시와 농촌의 격차와 환경 오염 심화, 경제 성장을 바탕으로 국제 사회에 영향력 확대 → 홍콩과 마카오 환수, 베이징 올림픽 대회 개최(2008)
  └ 영국으로부터 홍콩을 반환받고(1997), 포르투갈로부터 마카오를 반환받았어(1999).

⁺ 홍위병

문화 대혁명의 추진 세력으로, 대체로 중고등학생으로 구성되었다.

⚫ 마오쩌둥의 어록을 든 홍위병

⁺ 흑묘백묘론

덩샤오핑은 "흰 고양이든 검은 고양이든 쥐만 잘 잡으면 된다."라는 흑묘백묘론을 내세우며 중국 인민을 잘 살게 할 수 있다면 자본주의든 공산주의든 가리지 않겠다고 선언하였다.

1 다음 설명이 맞으면 ○표, 틀리면 ×표를 하시오.

(1) 미국과 소련은 몰타 회담을 열어 냉전이 끝났음을 공식적으로 선언하였다. (   )

(2) 소련의 옐친은 개혁(페레스트로이카)과 개방(글라스노스트) 정책을 펼쳐 시장 경제
제도를 받아들이고 민주화를 추진하였다. (   )

2 소련 내 공화국들이 독립을 선언하면서 1991년 러시아를 중심으로 11개국이 모여
(   )을 결성하였다.

3 동유럽 공산 정권과 독일의 변화를 정리한 표이다. ㉠, ㉡에 들어갈 내용을 각각 쓰시오.

폴란드	자유 노조를 이끌던 (㉠)가 대통령으로 선출
헝가리	대통령제를 규정한 헌법 마련
독일	(㉡) 장벽 붕괴 → 서독과 동독의 통일

핵심 콕콕

· **공산 정권의 붕괴**

소련	고르바초프의 개혁(페레스트로이카)과 개방(글라스노스트) 정책 → 소련 해체, 독립 국가 연합(CIS) 결성
동유럽	민주화 운동 전개 → 폴란드, 헝가리 등에서 공산 정권 붕괴
독일	베를린 장벽 붕괴 → 서독과 동독의 통일

1 다음 괄호 안의 내용 중 알맞은 말에 ○표를 하시오.

(1) 마오쩌둥은 홍위병을 앞세워 (대약진 운동, 문화 대혁명)을 추진하였다.

(2) 중국의 (덩샤오핑, 마오쩌둥)은 1970년대 후반부터 시장 경제 제도를 도입하는 개혁·
개방 정책을 실시하였다.

핵심 콕콕

· **중국의 정치적 변화와 개혁·개방**

마오쩌둥의 문화 대혁명 추진

↓

덩샤오핑의 개혁·개방 정책 실시

↓

톈안먼 사건(1989)

2 다음에서 설명하는 사건을 쓰시오.

> 1989년 중국 톈안먼 광장에서 열린 민주화 요구 시위를 중국 정부가 무력 진압
> 하면서 수천 명의 인명 피해가 발생하였다.

3 중국은 1997년 영국으로부터 (㉠   )을 반환받고, 1999년 포르투갈로부터
(㉡   )를 반환받았다.

6 세계화와 신자유주의 경제 체제

1. 세계화의 진전

(1) 세계화: 교통·통신의 발달 → 국가 간에 사람과 물자의 이동이 자유로워지는 세계화가 진행

(2) 자유 무역의 확대

① 브레턴우즈 회의 개최(1944): 제2차 세계 대전 중 연합국 대표들이 개최 → 미국의 달러를 주거래 화폐로 결정, +국제 통화 기금(IMF)과 세계은행 설립에 합의

② '+관세 및 무역에 관한 일반 협정(GATT)' 체결(1947): 자유 무역의 확대

③ 세계 무역 기구(WTO) 결성(1995): 무역과 투자의 자유화를 위해 결성, 이후 자유 무역 협정(FTA) 체결 확산

(3) 신자유주의 경제 체제의 형성 ┌ 국제 석유 가격이 상승하여 석유 소비자들이 경제적 어려움을 겪었어.

배경	1970년대 두 차례 석유 파동 이후 경제 불황
내용	정부의 경제 개입을 줄이고 무역의 자유화와 시장 개방 추구 → 복지 예산 삭감, 세금 감면, 국영 기업 민영화 등의 정책 실시(예 영국의 +대처주의, 미국의 +레이거노믹스)

┌ 사회·경제적 불평등이 심화되는 문제가 발생하였어.

2. 세계화로 인한 변화 ┌ 꼭 세계 각지에 자회사나 지사 등을 두고 생산과 판매 활동을 하는 기업을 말해.

경제적 변화	다국적 기업 성장, 선진국의 자본 투자로 개발 도상국이 경제 성장을 이루기도 함, 국가 간 경제 의존도 증가, 노동자의 국제 이주 증가
문화적 변화	활발한 문화 이동, 문화 획일화 현상과 문화적 차이에 따른 갈등 발생

+ 국제 통화 기금(IMF)
회원국에 달러를 기준으로 환율을 고정하고, 달러가 부족하면 빌려주는 역할을 하는 국제기구

+ 관세 및 무역에 관한 일반 협정 (GATT)
미국을 비롯한 23개 자본주의 국가들이 관세 철폐와 무역 증대를 위해 체결한 국제 무역 협정

+ 대처주의
1979년 영국의 총리가 된 대처가 저비용, 고효율을 목표로 추진한 신자유주의 정책

+ 레이거노믹스
1980년대 미국 레이건 정부가 정부의 기능을 축소해야 경제가 발전할 수 있다며 추진한 신자유주의 정책

H 지역 단위의 협력 노력

1. 지역화의 움직임: 신자유주의와 세계화의 확대로 국가 간 무역 경쟁 치열 → 지역별 경제 협력체 구성의 움직임 대두

2. 지역별 경제 협력체 구성: +유럽 연합(EU), 동남아시아 국가 연합(ASEAN), 아시아·태평양 경제 협력체(APEC), 북미 자유 무역 협정(NAFTA) 등

+ 유럽 연합(EU)
유럽 석탄·철강 공동체(ECSC)를 시작으로 유럽 경제 공동체(EEC), 유럽 공동체(EC)를 거쳐 1993년 출범하였다. 유럽의 정치·경제·통화의 통합을 추구하며, 유로화를 공동 화폐로 사용하고 있다.

자료로 이해하기 **지역별 경제 협력체** ┌ 미국, 캐나다, 멕시코가 속해 있어.

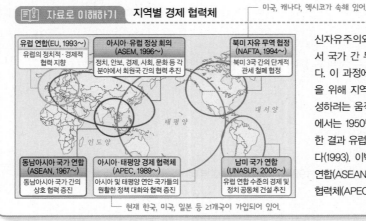

신자유주의와 세계화가 확대되면서 국가 간 무역 경쟁이 치열해졌다. 이 과정에서 지역 공동의 이익을 위해 지역별 경제 협력체를 구성하려는 움직임이 나타났다. 유럽에서는 1950년대부터 통합을 추진한 결과 유럽 연합(EU)이 만들어졌다(1993). 이밖에 동남아시아 국가 연합(ASEAN), 아시아·태평양 경제 협력체(APEC) 등이 성립하였다.

1 다음 빈칸에 들어갈 내용을 쓰시오.

(1) (　　　　　)가 진행되면서 국가 간에 사람과 물자의 이동이 자유로워졌다.

(2) 1995년 무역과 투자의 자유화를 추구하는 국제기구인 (　　　　　)가 결성되면서 이후 자유 무역 협정(FTA) 체결이 늘어났다.

2 다음에서 설명하는 경제 체제를 쓰시오.

> 1970년대 두 차례의 석유 파동 이후 정부의 경제 개입을 줄이고 무역의 자유화와 시장 개방을 추구하는 경제 체제가 형성되었다.

3 세계화에 따른 변화로 옳은 것만을 〈보기〉에서 있는 대로 골라 기호를 쓰시오.

〔 보기 〕
ㄱ. 문화 획일화 현상　　　　　ㄴ. 다국적 기업의 쇠퇴
ㄷ. 노동자의 국제 이주 증가　　ㄹ. 국가 간 경제 의존도 증가

핵심 콕콕

• 세계화

세계화의 진전
• 자유 무역 확대: '관세 및 무역에 관한 일반 협정(GATT)' 체결(1947), 세계 무역 기구(WTO) 결성(1995), 자유 무역 협정(FTA) 체결 확산 • 신자유주의 경제 체제 형성: 정부의 경제 개입 축소, 시장 개방 추구

↓

세계화로 인한 변화
다국적 기업 성장, 국가 간 경제 의존도 증가, 노동자의 국제 이주 증가, 활발한 문화 이동, 문화 획일화 현상 등

1 ㉠, ㉡에 들어갈 내용을 각각 쓰시오.

> 1993년 유럽에서 정치, 경제, 통화의 통합을 추구하는 (㉠　　　　)이 출범하였다. 이에 속한 국가들은 (㉡　　　　)를 공동 화폐로 사용하고 있다.

2 다음에서 설명하는 지역별 경제 협력체를 〈보기〉에서 골라 기호를 쓰시오.

〔 보기 〕
ㄱ. 북미 자유 무역 협정(NAFTA)　　ㄴ. 아시아·태평양 경제 협력체(APEC)

(1) 미국, 캐나다, 멕시코가 지역의 경제 협력을 꾀하고 있다. 　　　(　　)

(2) 한국, 일본, 미국 등 21개국이 경제 협력 증진 방안을 논의하고 있다. 　(　　)

핵심 콕콕

• 지역 단위의 협력 노력

신자유주의		세계화

↓　　　↓

지역별 경제 협력체 구성
유럽 연합(EU), 동남아시아 국가 연합(ASEAN), 아시아·태평양 경제 협력체(APEC), 북미 자유 무역 협정(NAFTA) 등

01 ✪ 시험에 잘 나와! 다음 선언 직후의 국제 정세로 옳은 것은?

> 미국의 정책이 소수 무장 세력이나 외부 압력에 굴복하지 않으려고 싸우는 자유민의 노력을 지원하는 것이어야 한다고 믿습니다. …… 그리스와 튀르키예에 원조하지 못한다면, 그 영향은 …… 매우 광범위할 것입니다.

① 국제 연맹이 창설되었다.
② 제1차 세계 대전이 발발하였다.
③ 미국과 중국이 국교를 수립하였다.
④ 자본주의 진영과 공산주의 진영이 대립하였다.
⑤ 프랑스가 북대서양 조약 기구(NATO)를 탈퇴하였다.

02 (가) 계획이 실시된 배경으로 옳은 것은?

① 신자유주의가 확산되었다.
② 동유럽 국가들이 공산화되었다.
③ 구교와 신교 간 종교 갈등이 심화되었다.
④ 제3 세계의 국제적 영향력이 강화되었다.
⑤ 서독과 동독 사이에 베를린 장벽이 설치되었다.

03 (가)에 들어갈 내용으로 옳은 것은?

> 미국과 서유럽 국가들이 북대서양 조약 기구(NATO)를 결성하여 집단 방어 체제를 구축하자 소련과 동유럽 국가들은 _____ (가)

① 마셜 계획을 실시하였다.
② 반둥 회의를 개최하였다.
③ 페레스트로이카를 추진하였다.
④ 바르샤바 조약 기구(WTO)를 결성하였다.
⑤ 전략 무기 제한 협정(SALT)을 체결하였다.

04 교사의 질문에 대한 학생의 답변으로 옳은 것은?

> 냉전이 전개되는 가운데 중국에서는 어떤 일이 있었을까요?

① 난징 대학살이 일어났어요.
② 영국으로부터 홍콩을 반환받았어요.
③ 국민당과 공산당 사이에 내전이 발발하였어요.
④ 장제스가 군벌을 무너뜨리고 중국을 통일하였어요.
⑤ 베이징 대학생을 중심으로 5·4 운동이 전개되었어요.

05 자료들을 토대로 한 탐구 주제로 가장 적절한 것은?

↑ 6·25 전쟁

↑ 베트남 전쟁

① 냉전 속의 열전
② 제3 세계의 형성
③ 냉전 체제의 완화
④ 아시아의 독립운동
⑤ 전체주의 국가의 출현

06 밑줄 친 '이 사건'으로 옳은 것은?

> 소련 사람과 미국 사람이 핵무기를 깔고 앉아 팔씨름하는 장면으로, 1962년의 이 사건을 풍자하였다. 이 사건으로 소련과 미국이 대립하면서 핵전쟁 직전의 상황까지 치달았다.

① 6·25 전쟁
② 베트남 전쟁
③ 사라예보 사건
④ 제2차 세계 대전
⑤ 쿠바 미사일 위기

07 지도는 냉전의 전개를 나타낸 것이다. (가)~(마)에 들어갈 내용으로 적절하지 <u>않은</u> 것은?

① (가) – 베를린 봉쇄
② (나) – 중화 인민 공화국의 수립
③ (다) – 남북한 간 6·25 전쟁 발발
④ (라) – 호찌민의 베트남 공산당 조직
⑤ (마) – 소련과 미국이 핵미사일 기지 건설 문제로 대립

08 (가)에 들어갈 내용으로 가장 적절한 것은?

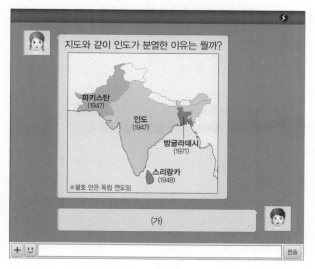

① 종교 갈등이 원인이 되었어.
② 중동 전쟁이 일어났기 때문이야.
③ 자원을 둘러싸고 분쟁이 일어났어.
④ 프랑스와 영국의 위임 통치를 받았기 때문이야.
⑤ 자본주의 진영과 공산주의 진영의 대립이 심화되었어.

09 ㉠ 국가에 대한 설명으로 옳은 것은?

호찌민은 제2차 세계 대전 이후 민주 공화국 수립을 선포하는 등 (㉠)의 독립을 위해 노력하였다.

◀ 호찌민 동상

① 영국과 싸워 독립을 쟁취하였다.
② 종교적 문제로 동서로 분열되었다.
③ 프랑스와 제네바 협정을 맺고 독립을 이루었다.
④ 미국과 소련의 개입으로 수도에 장벽이 설치되었다.
⑤ 수에즈 운하의 국유화를 선언하고 운하 운영권을 되찾았다.

10 제2차 세계 대전 이후 동남아시아 국가들에 대한 설명으로 옳은 것은?

① 미얀마 – 프랑스로부터 독립을 이루었다.
② 라오스 – 영국의 지배에서 벗어나 독립하였다.
③ 필리핀 – 포르투갈의 간섭에 맞서 독립운동을 벌였다.
④ 인도네시아 – 수카르노를 중심으로 독립운동을 펼쳤다.
⑤ 캄보디아 – 네덜란드와의 전쟁에서 승리하여 독립하였다.

11 밑줄 친 '이 국가'에 대한 설명으로 옳은 것은?

팔레스타인 지역에서 유대인들이 <u>이 국가</u>를 건국하자 아랍 민족이 이에 반발하였다.

① 몰타 회담을 열었다.
② 주민의 대다수가 힌두교도이다.
③ 네 차례에 걸친 중동 전쟁에서 승리하였다.
④ 쿠바 핵미사일 기지 건설을 놓고 소련과 대립하였다.
⑤ 공산권 국가와의 관계 개선을 위해 동방 정책을 펼쳤다.

12 (가)에 들어갈 내용으로 옳은 것은?

아프리카 국가들의 독립에 대해 이야기해 보자.

리비아는 이탈리아로부터 독립하였어.

이집트는 (가)

① 네덜란드의 식민 지배에 반발하였어.
② 수에즈 운하의 국유화를 선언하였어.
③ 미국의 지원을 받아 공화국을 수립하였어.
④ 프랑스의 지배에 반발해 독립운동을 벌였어.
⑤ 독립 후 힌두교 국가와 이슬람교 국가로 분열하였어.

13 인터넷 검색창에 들어갈 검색어로 옳은 것은?

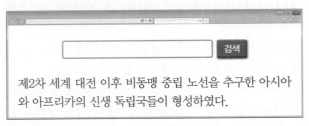

검색

제2차 세계 대전 이후 비동맹 중립 노선을 추구한 아시아와 아프리카의 신생 독립국들이 형성하였다.

① 3국 동맹　　　　② 제3 세계
③ 코민포름　　　　④ 독립 국가 연합(CIS)
⑤ 북대서양 조약 기구(NATO)

14 (가) 시기에 있었던 사실로 옳은 것은?

```
1954                          1961
            (가)
▲                             ▲
인도와 중국의                 제1차 비동맹
'평화 5원칙' 합의             회의 개최
```

① 소련이 해체되었다.
② 북베트남이 베트남을 통일하였다.
③ 영국이 벵골 분할령을 발표하였다.
④ 미국이 트루먼 독트린을 선언하였다.
⑤ 아시아·아프리카 회의(반둥 회의)가 열렸다.

15 다음 원칙에 합의한 세력에 대한 설명으로 옳은 것은?

1. 기본적인 인권 및 국제 연합의 헌장을 존중한다.
5. 단독이나 집단적으로 자기 나라를 방위할 권리를 존중한다.
8. 국제 분쟁을 평화적인 방법으로 해결한다.

① 냉전 체제가 강화되는 데 기여하였다.
② 공산주의 국가들과 연합을 도모하였다.
③ 자본주의 진영 국가들을 중심으로 결성되었다.
④ 선진국의 경제적 이익을 지키기 위해 결성되었다.
⑤ 미국과 소련 중심의 국제 질서에 변화를 가져왔다.

16 다음 변화의 배경으로 옳은 것을 〈보기〉에서 고른 것은?

1960년대 중반 이후 미국과 소련 중심의 양극 체제가 다극화 체제로 변해 갔다.

〔 보기 〕
ㄱ. 유럽 통합 운동이 전개되었다.
ㄴ. 중국과 소련이 이념 논쟁을 벌였다.
ㄷ. 6·25 전쟁, 베트남 전쟁이 일어났다.
ㄹ. 미국이 트루먼 독트린을 발표하였다.

① ㄱ, ㄴ　　② ㄱ, ㄷ　　③ ㄴ, ㄷ
④ ㄴ, ㄹ　　⑤ ㄷ, ㄹ

17 ☆시험에 잘 나와! 다음 외교 정책에 대한 설명으로 옳은 것은?

• 미국은 앞으로 베트남 전쟁과 같은 군사적 개입을 피한다.
• 미국은 강대국의 핵 위협을 제외한 내란이나 침략인 경우 아시아 각국이 스스로 협력하여 그에 대처하기를 바란다.

① 반둥 회의에서 결의한 내용이다.
② 국제 연합(UN) 창설을 결정하였다.
③ 인도, 파키스탄 분열의 계기가 되었다.
④ 냉전 체제가 완화되는 데 영향을 주었다.
⑤ 공산주의 세력의 확대를 막기 위해 발표하였다.

18 밑줄 친 '그'의 활동으로 옳지 <u>않은</u> 것은?

> 그는 개혁(페레스트로이카)과 개방(글라스노스트) 정책을 펼쳐 시장 경제 제도를 받아들이고 민주화를 추진하였다.

① 언론 통제를 완화하였다.
② 공산당의 권력을 축소하였다.
③ 냉전이 끝났음을 공식적으로 선언하였다.
④ 동유럽 국가들에 대한 불간섭을 발표하였다.
⑤ 소비에트 사회주의 공화국 연방을 수립하였다.

19 (가)~(다)를 일어난 순서대로 나열한 것은?

> (가) 고르바초프가 공산당 서기장에 당선되었다.
> (나) 소련 내 여러 공화국들이 독립을 선언하였다.
> (다) 러시아를 중심으로 독립 국가 연합(CIS)이 결성되었다.

① (가) − (나) − (다)　　② (가) − (다) − (나)
③ (나) − (가) − (다)　　④ (다) − (가) − (나)
⑤ (다) − (나) − (가)

20 동유럽에서 다음의 변화가 나타난 배경으로 옳은 것은?

> • 체코슬로바키아: 민주 정부 수립
> • 헝가리: 대통령제를 규정한 헌법 마련
> • 폴란드: 자유 노조를 이끌던 바웬사가 대통령에 선출

① 냉전 체제가 강화되었다.
② 마셜 계획이 실행되었다.
③ 베를린 장벽이 설치되었다.
④ 중화 인민 공화국이 수립되었다.
⑤ 소련이 동유럽에 대한 불간섭을 선언하였다.

21 (가)에 들어갈 탐구 주제로 가장 적절한 것은?

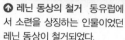

(가)

⬆ **레닌 동상의 철거** 동유럽에서 소련을 상징하는 인물이었던 레닌 동상이 철거되었다.

⬆ **베를린 장벽 붕괴** 독일의 베를린을 동서로 나누던 베를린 장벽이 무너졌다.

① 제3 세계의 형성
② 냉전 체제의 해체
③ 베르사유 체제의 성립
④ 소비에트 정부의 수립
⑤ 러시아 3월 혁명의 과정

22 밑줄 친 '이 운동'을 쓰시오.

> 대약진 운동이 실패로 끝나자 마오쩌둥은 홍위병을 앞세워 이 운동을 추진함으로써 위기에서 벗어나려고 하였다. 이 과정에서 중국의 전통문화가 파괴되고 많은 지식인과 예술인이 탄압받았다.

★ 시험에 잘 나와!

23 덩샤오핑이 추진한 개혁·개방 정책으로 옳은 것을 〈보기〉에서 고른 것은?

> ┤ 보기 ├
> ㄱ. 농촌에 인민공사를 설립하였다.
> ㄴ. 베이징 올림픽 대회를 개최하였다.
> ㄷ. 기업가와 농민의 이윤을 보장하였다.
> ㄹ. 동남 해안 지역에 경제특구를 설치하였다.

① ㄱ, ㄴ　　　② ㄱ, ㄷ　　　③ ㄴ, ㄷ
④ ㄴ, ㄹ　　　⑤ ㄷ, ㄹ

24 (가)에 들어갈 내용으로 옳은 것은?

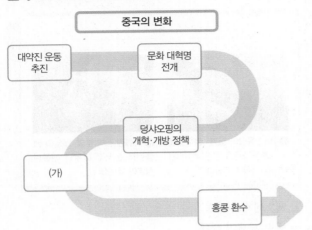

중국의 변화

대약진 운동 추진 → 문화 대혁명 전개 → 덩샤오핑의 개혁·개방 정책 → (가) → 홍콩 환수

① 신해혁명
② 양무운동
③ 톈안먼 사건
④ 제1차 국공 합작
⑤ 중화 인민 공화국 수립

25 (가)에 들어갈 내용으로 적절하지 않은 것은?

• 가현: 자유 무역이 확대되면서 세계화가 촉진되었어.
• 나현: 그렇구나. 사례들로 무엇이 있을까?
• 다현: _____(가)_____

① 세계 무역 기구(WTO)가 결성되었어.
② 자유 무역 협정(FTA) 체결이 확산되었어.
③ 관세 및 무역에 관한 일반 협정(GATT)을 체결하였어.
④ 미국이 생산 활동에 적극 개입하는 뉴딜 정책을 펼쳤어.
⑤ 브레턴우즈 회의에서 달러를 주거래 화폐로 결정하였어.

26 밑줄 친 '경제 체제'가 형성된 배경으로 옳은 것은?

무역의 자유화와 시장 개방을 추구하는 경제 체제가 형성되면서 영국에서는 대처주의, 미국에서는 레이거노믹스를 실시하였다.

① 유럽 연합(EU)이 결성되었다.
② 미국이 닉슨 독트린을 발표하였다.
③ 제3 세계가 형성되어 영향력을 강화하였다.
④ 1970년대 석유 파동으로 인한 경제 불황이 나타났다.
⑤ 자본주의 진영과 공산주의 진영의 대립이 심화되었다.

27 ✦시험에 잘 나와! 세계화에 따른 변화로 옳은 것을 〈보기〉에서 고른 것은?

┌─ 보기 ┐
ㄱ. 노동자의 국제 이주가 감소하였다.
ㄴ. 다국적 기업의 활동이 증가하였다.
ㄷ. 국가 간 경제 의존도가 약화되었다.
ㄹ. 문화적 차이에 따른 갈등이 나타났다.

① ㄱ, ㄴ
② ㄱ, ㄷ
③ ㄴ, ㄷ
④ ㄴ, ㄹ
⑤ ㄷ, ㄹ

28 ㉠ 기구에 대한 설명으로 옳은 것은?

유럽에서는 1950년대부터 통합을 추진한 결과 1993년 (㉠)이/가 출범하였다.

① 평화 10원칙을 결의하였다.
② 유로화를 공동 화폐로 정하였다.
③ 산하에 평화 유지군을 두고 있다.
④ 현재 한국, 미국, 일본 등 21개국이 가입되어 있다.
⑤ 필리핀, 말레이시아, 싱가포르 등이 중심이 되었다.

29 지도에 표시된 기구들의 공통점으로 옳은 것은?

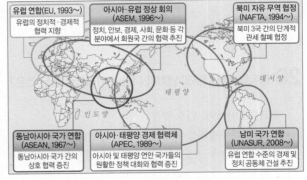

유럽 연합(EU, 1993~) 유럽의 정치적·경제적 협력 지향

아시아·유럽 정상 회의(ASEM, 1996~) 정치, 안보, 경제, 사회, 문화 등 각 분야에서 회원국 간의 협력 추진

북미 자유 무역 협정(NAFTA, 1994~) 북미 3국 간의 단계적 관세 철폐 협정

동남아시아 국가 연합(ASEAN, 1967~) 동남아시아 국가 간의 상호 협력 증진

아시아·태평양 경제 협력체(APEC, 1989~) 아시아 및 태평양 연안 국가들의 원활한 정책 대화와 협력 증진

남미 국가 연합(UNASUR, 2008~) 유럽 연합 수준의 경제 및 정치 공동체 건설 추진

① 군사적 동맹을 우선시한다.
② 민족과 종교를 중심으로 결성되었다.
③ 냉전 체제가 강화되는 데 기여하였다.
④ 지역별 경제 협력을 목적으로 구성되었다.
⑤ 공산주의 국가들의 상호 경제 지원을 목적으로 한다.

서술형 감잡기

01 다음을 읽고 물음에 답하시오.

> 제2차 세계 대전 이후 미국 중심의 자본주의 진영과 소련 중심의 공산주의 진영이 정치, 군사, 외교 등에서 경쟁과 대립을 유지하는 <u>국제 질서</u>가 형성되었다.

(1) 밑줄 친 '국제 질서'를 일컫는 명칭을 쓰시오.

(2) (1)의 국제 질서 하에서 자본주의 진영과 공산주의 진영의 경제적·군사적 대립 양상을 서술하시오.

➡ 자본주의 진영이 서유럽에 경제 원조를 하는 (①   )을 추진하자, 공산주의 진영은 (②   )을 조직하였다. 또한 자본주의 진영은 (③   )를 결성하고, 공산주의 진영은 (④   )를 결성하여 군사적으로 대립하였다.

실전! 서술형 도전하기

02 다음을 읽고 물음에 답하시오.

> 1955년 아시아와 아프리카 29개국 대표들이 아시아·아프리카 회의(반둥 회의)를 열었다. 이 회의에서 제국주의와 식민주의에 반대하고 분쟁의 평화적 해결 등을 강조하는 (㉠)을/를 결의하였다. 이로써 (㉡)의 형성이 공식화되었다.

(1) ㉠에 들어갈 내용을 쓰시오.

(2) ㉡ 국가들의 외교 노선과 이들의 활동이 국제 사회에 미친 영향을 각각 서술하시오.

03 다음을 읽고 물음에 답하시오.

> (㉠)의 페레스트로이카·글라스노스트 정책
> • 동유럽 국가들에 간섭하지 않는다.
> • 언론 통제를 완화하고, 공산당의 권력을 축소한다.

(1) ㉠에 들어갈 인물을 쓰시오.

(2) 위 정책이 소련과 동유럽에 미친 영향을 <u>세 가지</u> 서술하시오.

04 다음과 같이 주장한 인물이 실시한 개혁·개방 정책을 <u>세 가지</u> 서술하시오.

흰 고양이든 검은 고양이든 쥐만 잘 잡으면 된다.

05 (가)에 들어갈 사례를 <u>세 가지</u> 서술하시오.

세계화로 인한 변화
• 경제적 변화: _____(가)_____
• 문화적 변화: 활발한 문화 이동, 문화 획일화 현상, 문화적 차이에 따른 갈등 발생

02 탈권위주의 운동과 대중문화 발달

A 탈권위주의 운동

1. ⁺탈권위주의 운동의 등장: 냉전 체제로 이념 대립 심화, 산업화로 물질 만능주의 확산, 대중 교육 확산에 따른 시민 의식의 성장 등 → 20세기 후반 젊은 학생들이 중심이 되어 기성세대가 만든 권위주의적 질서와 체제에 저항

2. 탈권위주의 운동의 전개

(1) 학생 운동

> 베이비붐 세대에 해당하는 당시 학생들이 탈권위주의 운동을 주도하고 확산시켰어.

배경	⁺베이비붐 세대 등장, 고등 교육 이수 → 1960년대 이후 기성세대에 저항
전개	• 미국·독일: 1964년부터 대학 내 정치 발언의 자유를 요구하는 운동 전개 • 이탈리아: 학생들이 대학의 민주화를 요구하며 대학 점거 • 프랑스: 1968년 대학생들이 중심이 되어 ⁺68 운동(68 혁명) 전개 → 유럽·미국·일본 등으로 확산 　꼭 "금지하는 것을 금지한다" 등의 구호를 내세웠어.
영향	전쟁에 반대하고 국가 권력에 저항하는 운동으로 확대, 민권·여성 운동 등에 영향을 줌

(2) 민권 운동

> 백인들은 학교, 열차, 공공시설 등에서 흑백 분리 정책을 펼쳤어.

흑인 민권 운동	• 배경: 두 차례의 세계 대전을 통한 인종주의 폐해 경험, 흑인 차별 정책 지속 • 미국: 마틴 루서 킹의 주도로 워싱턴 행진 전개(1963) → 민권법 통과(흑인과 백인 사이의 법적 차별 철폐, 1964), 투표권법 발효(흑인의 투표권 보장, 1965) • 남아프리카 공화국: 1950년대부터 넬슨 만델라가 ⁺아파르트헤이트 정책에 저항하는 활동 전개 → 흑인에 대한 인종 차별 금지법 제정 　노벨 평화상을 수상하였으며, 남아프리카 최초의 흑인 대통령이 되었어.
민주화 운동	• 한국: 4·19 혁명(1960) → 이후 독재에 저항하는 운동 전개 • 멕시코: 국민들이 정권의 억압 정책에 항의(1968) • 에스파냐: 1970년대 프랑코의 독재 정권에 맞서 전국적인 시위 전개 • 동유럽: 1980년대 이후 자유와 민주주의를 요구하는 운동 확산

(3) 여성 운동

> Q&? 제2차 세계 대전 기간 동안 여성들은 징집된 남성들을 대신해 사회에 진출하였어.

배경	제2차 세계 대전 이후 여성에 대한 고등 교육 실시, 취업의 기회 확대, 참정권 획득 → 여성에 대한 사회적·문화적 차별 지속 　20세기 초반 독일, 미국, 영국 등이 여성의 참정권을 허용하였어.
전개	1960년대 이후 여성 운동 활발(각종 단체 조직) → 출산·육아를 위한 휴직 보장과 교육·취업의 기회 균등 요구, 직장 내 성 차별에 저항, ⁺신체적 자기 결정권 주장, 동일 노동·동일 임금 등의 개혁 법안 발의 등
결과	1970년대 영국에서 차별 금지법 통과, 미국에서 여성의 평등권을 명시한 헌법 개정 등 여성의 권리와 이익 점차 신장 → 현재까지도 여성 운동 지속

📖 **자료로 이해하기** **마틴 루서 킹의 흑인 민권 운동**

나에게는 꿈이 있습니다. 내 아이들이 피부색을 기준으로 사람을 평가하지 않고 인격을 기준으로 사람을 평가하는 나라에서 살게 되는 꿈입니다. — 마틴 루서 킹의 연설

제2차 세계 대전 이후 국민으로서 자유와 평등한 권리를 보장받기 위한 민권 운동이 일어났다. 미국 남부에서 마틴 루서 킹은 흑인이 백인과 동등한 시민권을 얻을 수 있도록 흑인 민권 운동을 주도하였다.

⁺탈권위주의 운동
오랜 시간 동안 계속되어 오던 관습이나 기존의 정치 체제로부터 벗어나고자 하는 움직임

⁺베이비붐 세대
제2차 세계 대전 이후부터 1960년대에 걸쳐 출생률이 급증하여 인구가 크게 늘어난 세대

⁺68 운동(68 혁명)

1968년 프랑스의 대학생들이 대학 개혁과 민주화를 주장하며 대규모 시위를 벌이자 노동자들도 동참하여 총파업을 벌였다. 이 운동은 당시 세계 곳곳에서 벌어지고 있던 저항 운동과 서로 영향을 주고받으며 전개되었다.

⁺아파르트헤이트 정책
남아프리카 공화국의 백인 정권이 펼친 인종 분리주의 정책이다. 이 정책에 따라 인종별로 거주 지역이 분리되는 등 흑인이 차별을 받았다. 넬슨 만델라가 이에 맞서 흑인 민권 운동을 주도하였다.

⁺신체적 자기 결정권
국가 권력의 간섭에서 벗어나 자기의 몸에 대한 결정을 스스로 내릴 수 있는 권리이다. 여성들은 신체적 자기 결정권을 주장하며 낙태 금지법에 반대하거나 가정 폭력을 공론화하였다.

– 탈권위주의 운동의 등장
– 학생 운동, 민권 운동, 여성 운동의 전개
– 대중 사회의 형성
– 대중문화의 성장

1 20세기 후반 젊은 학생들이 중심이 되어 기성세대가 만든 권위주의적 질서와 체제에 저항하는 움직임을 (   )이라고 한다.

2 다음 설명이 맞으면 ○표, 틀리면 ×표를 하시오.

(1) 제2차 세계 대전 이후 인구가 크게 늘어나면서 형성된 베이비붐 세대는 1960년대 이후 탈권위주의 운동을 주도하였다. (   )

(2) 1968년 한국의 대학생들은 대학 개혁과 민주화를 주장하며 68 운동(68 혁명)을 전개하였고, 노동자들도 동참하여 총파업을 벌였다. (   )

3 ㉠, ㉡에 들어갈 내용을 각각 쓰시오.

미국의 마틴 루서 킹은 흑인이 백인과 동등한 시민권을 얻기 위한 민권 운동을 주도하였다. 그 결과 1964년 (㉠   )이 통과되어 흑인과 백인 사이의 법적 차별이 없어졌다. 남아프리카 공화국에서도 (㉡   )가 흑인 민권 운동을 주도하면서 흑인에 대한 인종 차별을 금지하는 법이 제정되었다.

4 다음 국가와 민권 운동의 내용을 옳게 연결하시오.

(1) 미국 •
(2) 한국 •
(3) 에스파냐 •
(4) 남아프리카 공화국 •

• ㉠ 4·19 혁명
• ㉡ 워싱턴 행진 전개
• ㉢ 아파르트헤이트 정책 반대 운동
• ㉣ 프랑코의 독재에 맞서 시위 전개

5 다음 괄호 안의 내용 중 알맞은 말에 ○표를 하시오.

(1) 여성 운동이 활발히 전개되면서 1970년대 (미국, 인도)에서 여성의 평등권을 명시한 헌법 개정이 이루어졌다.

(2) 1960년대 이후 여성들은 국가 권력의 간섭에서 벗어나 자기 몸에 대한 결정을 스스로 내릴 수 있는 권리인 (참정권, 신체적 자기 결정권)을 주장하였다.

핵심 콕콕

• 탈권위주의 운동

학생 운동	• 1960년대 이후 기성세대에 저항 • 미국·독일에서 대학 내 정치 발언의 자유 요구, 이탈리아에서 대학의 민주화 요구, 프랑스의 68 운동(68 혁명) 등
민권 운동	• 흑인 민권 운동(마틴 루서 킹, 넬슨 만델라 등) • 한국, 멕시코, 에스파냐 등에서 독재에 저항하는 민주화 운동 전개
여성 운동	• 1960년대 이후 여성 운동 활발 • 교육·취업의 기회 균등 요구, 직장 내 성 차별에 저항, 신체적 자기 결정권 주장 등

B 대중 사회의 형성과 대중 매체의 등장

1. 대중 사회의 형성

(1) 배경: 제2차 세계 대전 이후 경제 성장 및 교육 수준 향상, 산업화·도시화의 가속화, 기술 발달로 대량 생산 체제 구축, 대중의 구매력 상승, 보통 선거 확산과 민주주의 발전으로 대중의 정치적 영향력 확대 ┗ Q내? 노동자의 임금이 상승하고 정부의 사회 보장 정책이 확대되었기 때문이야.

(2) 형성: 불특정 다수인 대중이 사회의 주체가 되어 영향력을 행사하는 대중 사회 형성

(3) 사회 문제 대두: 극단적 개인주의 등장, 물질 만능주의 형성 ┗ 경제 성장 과정에서 물질을 중시하게 되었어.

2. ✚대중 매체의 등장: 라디오·텔레비전·인터넷 등 대중 매체를 통해 정보를 얻고 여론 형성 → 정치·경제·사회·문화 등에서 대중의 영향력 증대

✚ **대중 매체**
텔레비전, 신문, 라디오, 잡지, 인터넷 등 많은 사람들에게 대량의 정보를 전달하는 수단이다. 대중 매체는 대중 사회의 성장에 큰 역할을 하였다.

C 대중문화의 성장

1. 대중문화의 등장: 대중 사회의 출현, 대중 매체의 발달 → 특정 계층이 아닌 대다수의 사람들이 쉽게 접하고 즐기는 대중문화 등장

2. 대중문화의 발달

20세기 전반	1920년대 라디오 보급으로 대중문화 전파 시작 → 영화·텔레비전 등장으로 대중문화가 빠르게 확산
20세기 후반	• 탈권위주의 운동 확산 → 젊은이들을 중심으로 청년 문화 형성, ✚히피 문화 확산 ┗ 넥타이, 정장으로 대표되는 기성세대의 옷차림을 거부하고 장발, 청바지 등으로 개성을 표현하였어. • 이동 전화·인터넷 보급으로 실시간 쌍방향 소통 가능 • 기업들이 소비자의 욕구를 자극하는 상품·광고 제작 → 대중 소비 사회 형성 ┗ 꼭! 대중이 문화의 생산자로 적극 참여하게 되었어.

✚ **히피 문화**
1960년대 미국 청년층에서 시작된 문화이다. 기성의 사회 제도, 통념, 가치관을 부정하고 개인의 행복과 자유를 추구하였다.

✚ **포스트모더니즘**
모더니즘(근대주의)에 반대하여 20세기 중반에 일어난 문화 운동이다. 기존의 사상과 가치를 비판하고 개성과 자율성, 다양성을 중시하였다.

3. 대중문화의 영향

(1) 예술과 사상의 변화: 20세기 중반 이후 인간의 자유를 추구하는 철학 발달, ✚포스트모더니즘 경향 등장 ┗ Q내? 특정 지역의 문화가 대중 매체를 통해 전 세계로 확산되었기 때문이야.

(2) 대중문화 발달에 따른 문제점 발생: 문화의 획일화 현상, 문화의 상업적 변질, 문화 생산자의 의도대로 정보 조작 가능, 전통문화와 정신적 가치 파괴로 물질적 가치 중시

📖 **자료로 이해하기** 대중문화의 발달과 문화의 획일화

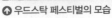
⬆ 우드스탁 페스티벌의 모습

⬆ 앤디 워홀의 「마릴린 먼로」

1960년대 이후 기존 체제에 저항하는 성격을 띤 청년 문화가 형성되었다. 1969년 미국 뉴욕에서 열린 우드스탁 페스티벌은 당시 청년 문화를 잘 반영하고 있다. 한편, 대중문화가 확산되면서 문화의 획일화 현상이 나타났다. '팝 아트'를 이끌었던 앤디 워홀은 유명한 상품이나 유명인을 복제하여 만든 작품을 통해 대중문화의 획일성을 비판하였다.
┗ 우드스탁 페스티벌은 반전과 평화의 메시지를 전달하기 위해 열렸어.

1 대중이 사회의 주체가 되어 영향력을 행사하는 사회를 (　　　　)라고 한다.

2 다음 설명이 맞으면 ○표, 틀리면 ×표를 하시오.

(1) 사람들은 라디오, 텔레비전, 인터넷과 같은 대중 매체를 통해 정보를 얻는다.

(　　)

(2) 산업화와 도시화가 확산되고 대중 사회가 성장하면서 인간의 사회적 연대감이 강해져 개인주의가 점차 쇠퇴하고 있다.

(　　)

핵심 콕콕

• **대중 사회의 형성**

제2차 세계 대전 이후 대중의 영향력 확대, 대중 매체 발달

↓

대중 사회의 형성

↓

극단적 개인주의, 물질 만능주의 형성

---

1 대중 사회의 출현과 대중 매체의 발달로 특정 계층이 아닌 대다수의 사람들이 쉽게 접하고 즐기는 (　　　　)가 등장하였다.

2 ㈎~㈏를 일어난 순서대로 나열하시오.

㈎ 라디오가 보급되었다.
㈏ 영화와 텔레비전이 등장하였다.
㈐ 이동 전화와 인터넷이 보급되었다.

3 20세기 후반의 청년 문화를 상징하는 것만을 〈보기〉에서 있는 대로 골라 기호를 쓰시오.

┤ 보기 ├
ㄱ. 장발　　　　　　ㄴ. 정장
ㄷ. 넥타이　　　　　ㄹ. 청바지

4 다음 설명이 맞으면 ○표, 틀리면 ×표를 하시오.

(1) 20세기 중반 개성과 자율성을 중시하는 모더니즘 경향이 나타났다.　(　　)

(2) 특정 지역의 문화가 대중 매체를 통해 전 세계로 확산되면서 문화의 획일화 현상이 나타났다.　(　　)

(3) 1960년대 기성의 사회 제도, 통념, 가치관을 부정하고 개인의 행복과 자유를 추구하는 히피 문화가 확산되었다.　(　　)

핵심 콕콕

• **대중문화의 성장**

등장	대중 사회의 출현, 대중 매체의 발달 → 대다수의 사람들이 쉽게 접하고 즐기는 대중문화 등장
발달	• 20세기 전반: 라디오 보급 → 영화·텔레비전 등장 • 20세기 후반: 청년 문화 형성, 이동 전화와 인터넷 보급
영향	문화의 획일화 현상, 정보의 조작 가능 등 문제점 발생

01 밑줄 친 '이 운동'에 대한 설명으로 옳지 <u>않은</u> 것은?

> 20세기 후반 젊은 학생들을 중심으로 관습이나 기존의 정치 체제로부터 벗어나고자 하는 이 운동이 전개되었다.

① 냉전 체제가 성립되는 데 영향을 주었다.
② 기성세대가 만든 권위주의에 저항하였다.
③ 민권·여성·학생 운동 등의 형태로 전개되었다.
④ 산업화로 물질 만능주의가 확산되면서 일어났다.
⑤ 대중 교육 확산으로 시민 의식이 성장한 것이 배경이 되었다.

02 (가)에 들어갈 내용으로 옳은 것은?

프랑스의 68 운동에 대해 알고 있니?

(가)

① 한국의 4·19 혁명에 영향을 주었어.
② 미국의 투표법권 발효에 기여하였어.
③ 제2차 세계 대전의 종전을 주장하였어.
④ 대학 개혁과 민주화를 요구하며 일어났어.
⑤ 여성들의 참정권 획득을 최종 목표로 전개되었어.

✬ 시험에 잘 나와!
03 다음 연설을 한 인물에 대한 설명으로 옳은 것은?

> 나에게는 꿈이 있습니다. 내 아이들이 피부색을 기준으로 사람을 평가하지 않고 인격을 기준으로 사람을 평가하는 나라에서 살게 되는 꿈입니다.

① 폴란드의 자유 노조를 이끌었다.
② 남아프리카 최초의 흑인 대통령이 되었다.
③ 프랑코의 독재 정권에 맞서 시위를 벌였다.
④ 페레스트로이카와 글라스노스트 정책을 펼쳤다.
⑤ 워싱턴 행진을 이끌어 민권법 통과에 기여하였다.

04 다음에서 설명하는 인물로 옳은 것은?

> **인물 카드**
> • 출생~사망: 1918~2013년
> • 국적: 남아프리카 공화국
> • 활동: 흑인 민권 운동 주도, 1993년 노벨 평화상 수상, 1994년 흑인 최초로 대통령에 당선

① 나세르   ② 수카르노   ③ 넬슨 만델라
④ 마틴 루서 킹   ⑤ 무함마드 아흐마드

05 ㉠~㉤ 중 옳지 <u>않은</u> 것은?

> ▶ 지식 Q&A
> 세계 각국에서 전개된 민주화 운동에 대해 알려 주세요.
>
> ▶ 답변하기
> ↳ ㉠ 한국에서는 4·19 혁명이 일어났어요.
> ↳ ㉡ 1968년 멕시코 국민들이 정권에 저항하였어요.
> ↳ ㉢ 1980년대 동유럽에서 민주주의 운동이 확산되었어요.
> ↳ ㉣ 에스파냐에서는 프랑코 독재 정권에 맞서 시위가 전개되었어요.
> ↳ ㉤ 프랑스에서는 아파르트헤이트 정책에 반대하는 운동이 펼쳐졌어요.

① ㉠   ② ㉡   ③ ㉢   ④ ㉣   ⑤ ㉤

06 1960년대 이후 전개된 여성 운동에 대한 설명으로 옳은 것을 〈보기〉에서 고른 것은?

> ┌ 보기 ┐
> ㄱ. 직장 내 성 차별에 저항하였다.
> ㄴ. 신체적 자기 결정권 폐지를 주장하였다.
> ㄷ. 출산·육아를 위한 휴직 보장을 요구하였다.
> ㄹ. 독일에서 여성 참정권 획득을 위한 시위가 일어났다.

① ㄱ, ㄴ   ② ㄱ, ㄷ   ③ ㄴ, ㄷ
④ ㄴ, ㄹ   ⑤ ㄷ, ㄹ

07 다음 보고서에 들어갈 내용으로 적절하지 <u>않은</u> 것은?

> **보고서 제출 안내문**
>
> 제2차 세계 대전 이후 대중 사회가 형성된 배경에 대해 조사하여 보고서를 제출하시오.
> • 조사 방법: 문헌 조사, 인터넷 검색 등
> • 제출 일시: 20○○년 ○○월 ○○일

① 극단적 개인주의가 나타났다.
② 산업화와 도시화가 가속화되었다.
③ 대중의 정치적 영향력이 확대되었다.
④ 기술 발달로 대량 생산 체제가 구축되었다.
⑤ 세계 각국의 경제가 성장하고 교육 수준이 향상되었다.

08 다음에서 설명하는 내용을 쓰시오.

> 텔레비전, 신문, 라디오 등 많은 사람들에게 대량의 정보를 전달하는 수단을 일컫는다. 대중 사회가 성장하는 데 큰 역할을 하였다.

09 (가), (나)에 대한 설명으로 옳은 것을 〈보기〉에서 고른 것은?

(가)

(나)

↑ 앤디 워홀의 「마릴린 먼로」 ↑ 우드스탁 페스티벌의 모습

─[보기]─
ㄱ. (가) – 히피 문화를 대표하는 작품이다.
ㄴ. (가) – 대중문화의 획일성을 비판하였다.
ㄷ. (나) – 반전과 평화의 메시지를 전달하기 위해 열렸다.
ㄹ. (나) – 기성세대의 문화와 기존 체제를 옹호하는 성격을 띠었다.

① ㄱ, ㄴ   ② ㄱ, ㄷ   ③ ㄴ, ㄷ
④ ㄴ, ㄹ   ⑤ ㄷ, ㄹ

> **서술형 문제**

01 다음을 읽고 물음에 답하시오.

> **흑인 민권 운동**
> • 남아프리카 공화국: 넬슨 만델라가 ㉠ <u>인종 분리주의 정책</u>에 저항
> • 미국: 마틴 루서 킹이 백인과 흑인을 차별하는 것에 반대하여 ㉡ <u>시위</u> 전개

(1) 밑줄 친 ㉠을 일컫는 명칭을 쓰시오.

(2) 밑줄 친 ㉡의 전개와 결과를 서술하시오.

➡ 미국의 마틴 루서 킹은 인종 차별에 반대하여 흑인과 백인이 함께 시위를 벌이는 (①   )을 이끌었다. 그 결과 1964년 (②   )이 통과되어 흑인과 백인 사이의 법적 차별이 없어졌고, 1965년 (③   )이 발효되어 흑인의 투표권이 보장되었다.

02 다음 구호를 외치며 일어난 프랑스 학생 운동의 전개와 영향을 서술하시오.

> 금지하는 것을 금지한다.

03 대중문화의 발달에 따른 문제점을 <u>세 가지</u> 서술하시오.

03 현대 세계의 문제 해결을 위한 노력

A 분쟁과 국제 갈등

1. 분쟁: 냉전 해체 이후 인종, 종교, 부족의 차이 등으로 분쟁 발생

인종 차별	유학생·이주 노동자들의 차별 문제 등
종교·민족 간 갈등	• ⁺카슈미르 분쟁: 카슈미르 지방을 놓고 인도와 파키스탄 사이에 무력 충돌 • 팔레스타인 분쟁: 이스라엘 건국을 놓고 이스라엘과 팔레스타인의 갈등 • 아프리카의 내전: 르완다·콩고·수단 등에서 내전 발발 → 수많은 주민 희생
기타 분쟁	⁺9·11 테러, 이라크 전쟁 등

> 제1차 세계 대전 중 영국은 유대인과 아랍인에게 각각 독립을 약속하였어.

> 후투족과 투치족의 전쟁으로 많은 난민이 발생하였어.

2. 난민 문제: 박해나 분쟁 등을 피해 다른 지역으로 탈출하는 난민 발생(시리아 난민, 르완다 난민 등) → 피난 과정에서 사상자 발생, 난민 수용국에서 민족 간 갈등 발생

> 정부가 민주화 시위를 진압한 이후 내전이 이어지면서 난민이 발생하였어.

3. 대량 살상 무기의 위협: 핵무기·생화학 무기 개발 및 보유국 증가 → 핵전쟁의 위험, 핵 실험 과정에서 방사능 오염 등 피해 발생 → 세계 곳곳에서 전쟁과 대량 살상 무기 개발에 반대하는 반전 평화 운동 전개

✚ 카슈미르 분쟁
이슬람교도가 대부분이었던 카슈미르 지방이 인도에 강제 편입되면서 인도와 파키스탄이 전쟁을 치렀다. 전쟁의 결과 두 나라가 카슈미르 지방을 분할하였으나 국경선이 명확하지 않아 분쟁이 계속되고 있다.

✚ 9·11 테러
2001년 9월 11일 미국의 세계 무역 센터와 국방부 건물이 항공기 테러로 파괴되면서 수천 명의 사상자가 발생한 사건이다. 이로 인해 미국과 아프가니스탄 탈레반 정부 간에 전쟁이 벌어졌다.

B 빈곤과 질병 문제

1. 빈곤 문제

배경	• 신자유주의와 세계화가 확대되면서 국가 간 경제적 차이 심화 • 내전·장기 독재 등 사회 혼란으로 ⁺개발 도상국의 경제 성장 지체
문제	• 남북문제: 북반구의 선진 공업국과 남반구의 개발 도상국 사이의 경제적 차이로 발생 • 선진국 내 빈부 격차: 산업 구조 조정, 노동 조건 악화, 금융 위기 등으로 빈부 격차 심화

2. 질병 문제

> 에이즈, 에볼라 바이러스 등으로 고통 받는 사람들이 많아.

(1) 아프리카·아시아 개발 도상국의 질병 문제: 각종 질병, 영양실조로 인한 기아 문제, 의료 시설과 의약품 부족 문제 등 발생 → 세계적 차원의 도움 필요

(2) 새로운 질병 확산: 중증 급성 호흡기 증후군(SARS), ⁺조류 인플루엔자 등 확산

✚ 개발 도상국
기술, 지식, 제도가 충분히 보급되지 않아 선진국에 비해 산업의 근대화와 경제 개발이 뒤지고 있는 국가

✚ 조류 인플루엔자
조류가 걸리는 전염성 호흡기 질병으로, 종을 넘어 인간도 감염될 수 있다.

📖 자료로 이해하기 남북문제

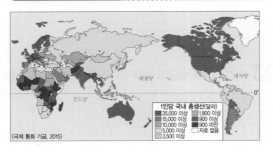

1인당 국내 총생산(달러)
- 35,000 이상
- 15,000 이상
- 10,000 이상
- 5,000 이상
- 3,500 이상
- 1,800 이상
- 900 이상
- 900 미만
- 자료 없음

(국제 통화 기금, 2015)

지도에서 선진국이 몰려 있는 북반구와 개발 도상국이 많은 남반구 간 1인당 국내 총생산의 격차가 큼을 알 수 있다. 높은 기술과 자본을 가진 선진국에 세계의 부가 집중되면서 선진국과 개발 도상국 사이의 경제적 격차가 점점 더 벌어졌다. 이로 인해 발생하는 문제를 남북문제라고 한다.

◀ 1인당 국내 총생산

무엇을 배울까?
- 분쟁과 국제 갈등
- 빈곤과 질병 문제
- 환경 문제
- 현대 세계의 문제 해결을 위한 노력

1 다음 설명이 맞으면 ○표, 틀리면 ×표를 하시오.

(1) 냉전 해체 이후 인종, 종교, 부족의 차이로 인한 분쟁이 사라졌다. (　　)

(2) 박해나 분쟁 등을 피해 다른 지역으로 탈출하는 사람들을 가리켜 난민이라고 한다. (　　)

2 다음 괄호 안의 내용 중 알맞은 말에 ○표를 하시오.

(1) 이슬람교도가 대부분인 (스리랑카, 카슈미르) 지방이 인도에 강제 편입되면서 인도와 파키스탄이 충돌하였다.

(2) 2001년 미국의 세계 무역 센터와 국방부 건물이 항공기 테러로 파괴되는 (9·11 테러, 팔레스타인 분쟁)이/가 일어났다.

• 분쟁과 국제 갈등

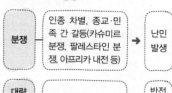

| 분쟁 | 인종 차별, 종교·민족 간 갈등(카슈미르 분쟁, 팔레스타인 분쟁, 아프리카 내전 등) | → | 난민 발생 |

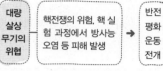

| 대량 살상 무기의 위협 | 핵전쟁의 위험, 핵 실험 과정에서 방사능 오염 등 피해 발생 | → | 반전 평화 운동 전개 |

1 빈곤 문제가 확산된 배경으로 옳은 것만을 〈보기〉에서 있는 대로 골라 기호를 쓰시오.

〈 보기 〉
ㄱ. 신자유주의 확대
ㄴ. 화석 연료의 사용 증가
ㄷ. 개발 도상국의 사회 혼란
ㄹ. 비정부 기구의 활동 증대

• 빈곤과 질병 문제

| 빈곤 문제 | 신자유주의와 세계화의 확대 → 남북문제 발생, 선진국 내 빈부 격차 심화 |
| 질병 문제 | 아프리카와 아시아 개발 도상국에서 각종 질병 문제 발생, 새로운 질병 확산 |

2 북반구의 선진 공업국과 남반구의 개발 도상국 사이의 경제적 차이로 발생하는 문제를 (　　　　)라고 한다.

3 다음 설명이 맞으면 ○표, 틀리면 ×표를 하시오.

(1) 선진국에는 빈곤 계층이 존재하지 않기 때문에 개발 도상국에서만 빈곤 문제가 발생하고 있다. (　　)

(2) 아프리카와 아시아의 개발 도상국에서는 많은 사람들이 각종 질병과 영양실조로 인한 기아 문제 등에 시달리고 있다. (　　)

C 환경 문제

1. 환경 문제의 등장 배경: 산업화와 도시화, 인구 증가로 전 세계의 자원 소비량과 폐기물 양 급증 → 생태계 파괴, 지구의 자정 능력 약화

2. 각종 환경 문제

지구 온난화	화석 연료 사용 등으로 온실가스 배출 증가 → 지구 온난화로 빙하가 녹아 해수면 높이 상승, 생태계 파괴
사막화	무분별한 개발로 세계의 삼림 파괴, 황폐화되는 땅 증가
기상 이변	폭설, 이상 고온, 홍수 등 기상 이변 발생
기타	미세 먼지 발생에 따른 공기 오염, ⁺열대림 파괴와 생물종 감소, 해양 오염, ⁺오존층 파괴 등

아랄해는 농지 개간과 댐 건설 등의 영향을 → 받아 점점 사막으로 변하고 있어.

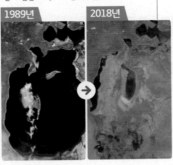

1989년 | 2018년

⬆ 아랄해의 사막화

✛ 열대림 파괴
적도 주변의 열대 우림이 농경지나 목장으로 바뀌면서 이산화 탄소 배출량이 늘고 산소 공급이 줄어들고 있다.

✛ 오존층 파괴
화학 물질의 사용 등으로 대기권 상층에서 유해 광선을 막아 주는 오존층이 파괴되고 있다.

D 현대 세계의 문제 해결을 위한 노력

1. 국제 사회의 노력 ── 분쟁 문제 외에도 세계 각지의 빈곤, 질병, 환경, 인권 문제 해결을 위해 노력하고 있어.

분쟁, 국제 갈등 해결	• 국제 연합(UN)의 활동: 전문 기구와 산하 단체들을 통해 세계 각지의 분쟁 문제 해결을 위해 노력 → 평화 유지군(PKF)을 분쟁 지역에 파견, 난민 기구 조직(1950), 난민 협약 체결(1951), '세계 난민의 날' 지정 등 ┘난민의 지위 및 관리를 정의하였어. • 대량 살상 무기 문제 해결 노력: ⁺핵 확산 금지 조약(NPT)·생물 무기 금지 협약(BWC)·화학 무기 금지 협약(CWC) 등 국제 협약 체결 → 대량 살상 무기의 사용과 개발 금지 • 반전 평화 운동: 1960년대 베트남 전쟁에 반대하는 움직임이 전 세계적으로 확산, 미국의 이라크 침공 반대 운동 등 전개.
빈곤 문제 해결	국제 부흥 개발 은행(IBRD)·국제 통화 기금(IMF)을 통해 개발 도상국에 기술 및 자금 지원, 공적 개발 원조(ODA) 제공, ⁺공정 무역 실시 등
질병 문제 해결	세계 보건 기구(WHO)의 질병 퇴치 연구 활동 및 긴급 구호 활동, 국경 없는 의사회(MSF) 등 비정부 기구(NGO)의 활동 ┘이윤 추구를 목표로 하지 않는 자발적인 단체로, 민간인들이 조직하였어.
환경 문제 해결	• 국제 협상: 환경과 개발에 관한 공동 선언(리우 선언) 발표(1992) → 교토 의정서 체결(선진국에 온실가스 감축 의무 부과, 1997), 파리 기후 협정 체결(온실가스 감축 의무 대상국 확대, 2015) 등 • ⁺신·재생 에너지 개발: 화석 연료를 대체할 신·재생 에너지 개발 사업 추진 • 비정부 기구의 활동: ⁺그린피스, 지구의 벗, 세계 자연 기금(WWF) 등

2. 우리의 자세: 난민에게 관심을 기울이고 열린 마음을 갖도록 함, 빈곤 지역을 돕는 기부에 동참, 국제적인 자원 봉사 활동에 참여, 다문화·다인종 사회에 대한 인정과 존중하는 태도 필요, 사회적 소수자를 차별하지 않는 자세 함양, 에너지 절약 및 재활용품 분리수거 실천 등

✛ 핵 확산 금지 조약(NPT)
핵무기를 보유한 나라들은 핵무기 관련 기술과 관리를 다른 나라에 넘기지 않고, 핵무기 및 관련 산업 축소를 위해 노력하며, 핵무기가 없는 나라들은 핵무기를 만들거나 관련 기술을 개발하지 않겠다고 약속하였다.

✛ 공정 무역
개발 도상국 생산자에게 정당한 가격을 주고 구매한 제품을 소비자가 구입하게 하는 무역

✛ 신·재생 에너지
화석 연료를 재활용하거나 태양, 바람, 물 등의 재생 가능한 자원을 변환하여 이용하는 에너지

✛ 그린피스
1971년에 설립된 국제 환경 보호 단체이다. 지구의 환경을 보존하고 평화를 증진시키기 위한 다양한 활동을 벌이고 있다.

1 다음 설명이 맞으면 ○표, 틀리면 ×표를 하시오.

(1) 세계 각국에서 산업화·도시화가 진행되고 인구가 증가하면서 환경 오염이 심각해지고 있다. ( )

(2) 무분별한 개발로 세계의 삼림이 파괴되고 황폐화되는 땅이 늘어나는 현상을 오존층 파괴라고 한다. ( )

2 밑줄 친 '이 현상'을 일컫는 명칭을 쓰시오.

> 화석 연료 사용 등에 따른 온실가스 배출 증가로 이 현상이 지속되면서 극지방과 고산 지대의 빙하가 녹아 해수면 높이가 상승하고 있다.

핵심 콕콕

• **환경 문제**

산업화와 도시화, 인구 증가 등
↓
환경 문제
지구 온난화, 사막화, 기상 이변, 공기 오염, 해양 오염, 오존층 파괴 등

1 다음 괄호 안의 내용 중 알맞은 말에 ○표를 하시오.

(1) (국제 연맹, 국제 연합)은 분쟁 지역에 평화 유지군(PKF)을 파견하고 있다.

(2) 1960년대 (베트남 전쟁, 이라크 전쟁)에 반대하는 움직임이 전 세계적인 반전 운동으로 확산되었다.

2 세계 각국은 핵무기를 가진 나라들은 핵무기 관련 산업 축소를 위해 노력하며, 핵무기가 없는 나라들은 핵무기를 만들지 않겠다는 내용의 ( )을 체결하였다.

3 현대 세계의 문제와 관련 국제기구를 옳게 연결하시오.

(1) 빈곤 문제 •　　　　　　　　　　　• ㉠ 국제 통화 기금(IMF)

(2) 질병 문제 •　　　　　　　　　　　• ㉡ 세계 보건 기구(WHO)

4 환경 문제 해결을 위한 국제 협상을 정리한 표이다. ㉠, ㉡에 들어갈 내용을 각각 쓰시오.

1992년		1997년		2015년
환경과 개발에 관한 공동 선언(리우 선언) 발표	→	(㉠　　) 체결(선진국에 온실가스 감축 의무 부과)	→	(㉡　　) 체결(온실가스 감축 의무 대상국 확대)

핵심 콕콕

• **현대 세계의 문제 해결을 위한 노력**

분쟁·갈등 해결	국제 연합(UN)의 활동, 대량 살상 무기 문제 해결을 위해 핵 확산 금지 조약(NPT) 체결, 반전 평화 운동 전개 등
빈곤 문제 해결	개발 도상국에 기술 및 자금 지원, 공적 개발 원조(ODA) 제공, 공정 무역 실시 등
질병 문제 해결	세계 보건 기구(WHO)의 활동, 국경 없는 의사회(MSF) 등 비정부 기구의 활동
환경 문제 해결	환경과 개발에 관한 공동 선언(리우 선언) 발표, 교토 의정서·파리 기후 협정 체결, 신·재생 에너지 개발, 그린피스 등 비정부 기구의 활동

⭐ 시험에 잘 나와!

01 학습 목표를 수행하기 위한 탐구 활동으로 적절하지 않은 것은?

- 학습 목표: 세계 곳곳에서 일어나고 있는 인종, 종교, 부족 간의 분쟁과 테러에 대해 알아본다.

① 9·11 테러에 대해 검색한다.
② 남북문제가 발생한 배경을 정리한다.
③ 카슈미르 분쟁이 일어난 이유를 파악한다.
④ 이스라엘과 팔레스타인의 갈등을 조사한다.
⑤ 르완다에서 일어난 내전의 전개 과정을 살펴본다.

02 ㉠, ㉡에 들어갈 내용을 옳게 연결한 것은?

(㉠)를 믿는 주민들이 대부분이었던 카슈미르 지방이 인도에 강제 편입되면서 인도와 (㉡) 간 무력 충돌이 벌어지고 있다.

	㉠	㉡
①	유대교	파키스탄
②	힌두교	파키스탄
③	힌두교	팔레스타인
④	이슬람교	파키스탄
⑤	이슬람교	팔레스타인

03 ㉠에 대한 설명으로 옳은 것을 〈보기〉에서 고른 것은?

박해나 분쟁 등을 피해 다른 지역으로 탈출하는 사람들을 (㉠)(이)라고 한다.

〔 보기 〕
ㄱ. 냉전이 해체되면서 점차 줄고 있다.
ㄴ. 수용 문제를 놓고 갈등이 발생하기도 한다.
ㄷ. 피난 과정에서 많은 사상자가 생기고 있다.
ㄹ. 미국과 탈레반 정부 간 전쟁이 일어나는 원인이 되었다.

① ㄱ, ㄴ　　② ㄱ, ㄷ　　③ ㄴ, ㄷ
④ ㄴ, ㄹ　　⑤ ㄷ, ㄹ

04 밑줄 친 '문제'에 대한 설명으로 옳지 않은 것은?

역사 신문

빈부 격차, 날로 심각해지다

북반구의 선진 공업국과 남반구의 개발 도상국 사이의 경제적 차이로 인한 문제가 점점 심각해지고 있다. 지구 한편에서는 먹을 것이 남아 버려지는 반면, 다른 한편에서는 기아와 빈곤으로 많은 사람들이 고통 받고 있다.

① 남북문제라고 불린다.
② 반전 평화 운동이 전개되는 배경이 되었다.
③ 신자유주의와 세계화가 확대되면서 심화되었다.
④ 개발 도상국의 사회 혼란이 경제 성장을 지체시킨다.
⑤ 선진 공업국과 개발 도상국 간 1인당 국내 총생산의 격차가 크다.

05 아랄해가 다음과 같이 변화한 이유로 옳은 것은?

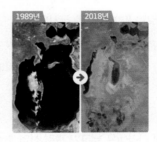

① 오존층이 파괴되었다.
② 방사능 오염이 일어났다.
③ 해수면의 높이가 상승하였다.
④ 미세 먼지가 발생하여 공기가 오염되었다.
⑤ 농지 개간, 댐 건설 등으로 사막화가 진행되었다.

06 다음에서 설명하는 환경 문제로 옳은 것은?

화석 연료 사용 등으로 온실가스 배출이 증가하면서 빙하가 녹아 해수면의 높이가 상승하고 있다.

① 사막화　　　　　② 기상 이변
③ 지구 온난화　　　④ 미세 먼지 발생
⑤ 열대림 파괴와 생물종 감소

07 (가)에 들어갈 내용으로 옳은 것을 〈보기〉에서 고른 것은?

시험에 잘 나와!

- 가현: 분쟁과 대량 살상 무기 문제를 해결하기 위한 노력에는 어떤 것들이 있을까?
- 나현: 국제 연합(UN)은 전문 기구와 산하 단체들을 통해 분쟁 문제 해결을 위해 노력하고 있어.
- 다현: _____ (가) _____

보기

ㄱ. 반전 평화를 위한 연대 활동이 전개되고 있어.

ㄴ. 국경 없는 의사회(MSF)와 같은 비정부 기구가 활동하고 있어.

ㄷ. 핵 확산 금지 조약(NPT)을 맺어 핵무기를 폐기하거나 축소하려 하였어.

ㄹ. 국제 부흥 개발 은행(IBRD)을 통해 개발 도상국에 기술 및 자금을 지원하고 있어.

① ㄱ, ㄴ   ② ㄱ, ㄷ   ③ ㄴ, ㄷ
④ ㄴ, ㄹ   ⑤ ㄷ, ㄹ

08 다음 단체들의 공통점으로 옳은 것은?

- 그린피스   • 세계 자연 기금(WWF)

① 난민의 생계를 지원하고 있다.
② 공정 무역 실시를 위해 노력하고 있다.
③ 질병 퇴치 연구 활동 및 긴급 구호 활동을 한다.
④ 환경 문제 해결을 위해 다양한 활동을 전개한다.
⑤ 분쟁 지역에 평화 유지군(PKF)을 파견하고 있다.

09 현대 세계의 문제 해결을 위한 자세로 바람직하지 않은 것은?

① 사회적 소수자를 차별하지 않도록 한다.
② 난민에게 관심을 기울이는 자세를 갖는다.
③ 에너지 절약 및 재활용품 분리수거를 실천한다.
④ 다문화·다인종 사회에 대해 존중하는 태도를 함양한다.
⑤ 국제 사회에 대한 관심보다는 자신의 역사와 문화를 존중하도록 한다.

서술형 문제

서술형 감잡기

01 지도를 통해 알 수 있는 현대 세계의 문제가 등장한 배경과 그 내용을 서술하시오.

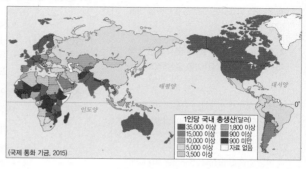

(국제 통화 기금, 2015)

1인당 국내 총생산(달러)
- 35,000 이상
- 15,000 이상
- 10,000 이상
- 5,000 이상
- 3,500 이상
- 1,800 이상
- 900 이상
- 900 미만
- 자료 없음

➜ (①)와 세계화가 확대되면서 국가 간 경제적 차이가 심해지고 있다. 북반구의 선진 공업국과 남반구의 개발 도상국 사이의 경제적 차이로 발생하는 문제를 (②)라고 한다.

실전! 서술형 도전하기

02 세계 곳곳에서 다음과 같은 운동이 일어나고 있는 배경을 서술하시오.

⬆ 이라크 전쟁 반대 시위

⬆ 독일에서 전개된 반핵 시위

03 온실가스 배출량 감축을 위한 기후 변화 협상 내용을 서술하시오.

한눈에 보는 대단원

☑ 핵심 선택지 다시보기

1 미국의 트루먼 대통령은 공산주의 세력의 확대를 막겠다는 트루먼 독트린을 발표하였다. (　)

2 소련과 동유럽 국가들은 군사 동맹인 북대서양 조약 기구(NATO)를 결성하였다. (　)

3 냉전 체제가 전개되는 가운데 한국에서는 국민당과 공산당 간 내전이 발발하였다. (　)

4 비동맹 중립 노선을 추구하는 아시아와 아프리카의 신생 독립국들이 제3 세계를 형성하였다. (　)

5 닉슨 독트린은 냉전 체제의 완화에 영향을 주었다. (　)

6 고르바초프는 개혁(페레스트로이카)과 개방(글라스노스트) 정책을 추진하였다. (　)

7 중국의 덩샤오핑은 홍위병을 앞세워 문화 대혁명을 추진하였다. (　)

8 신자유주의 경제 체제는 정부의 경제 개입을 줄이고 무역의 자유화와 시장 개방을 추구하였다. (　)

9 세계화가 확대되면서 노동자의 국제 이주가 감소하였다. (　)

10 1993년 유럽의 정치, 경제, 통화의 통합을 추구하는 유럽 연합(EU)이 출범하였다. (　)

○ 01 × 6 ○ 8 × ㄴ ○ 9
○ ㄴ○ ㄱ ○ ㄷ × ㄹ ○ ㄱ ○ 1 **답**

01 냉전 체제와 제3 세계의 형성 ~ 세계화와 경제 통합

(1) 냉전 체제의 성립과 변화

냉전 체제의 성립	• 자본주의 진영: 트루먼 독트린 발표(1947), 마셜 계획 추진, 북대서양 조약 기구(NATO) 결성 • 공산주의 진영: 코민포름(공산당 정보국) 조직, 코메콘(경제 상호 원조 회의) 조직, 바르샤바 조약 기구(WTO) 결성
냉전 체제의 전개	독일이 서독과 동독으로 분단(→ 베를린 장벽 설치), 중국 국민당과 공산당 간 내전, 한국의 6·25 전쟁, 베트남 전쟁, 쿠바 미사일 위기 등
냉전 체제의 완화	• 아시아·아프리카 국가들의 독립: 인도가 독립한 이후 인도와 파키스탄으로 분리, 동남아시아와 아프리카 각국의 독립, 유대인의 이스라엘 건국 등 • 제3 세계의 형성: 아시아·아프리카의 신생 독립국들이 비동맹 중립 노선 추구, 아시아·아프리카 회의(반둥 회의)에서 '평화 10원칙' 결의(1955) • 국제 질서의 다극화: 동유럽 국가들의 소련 반대 운동, 중국과 소련의 이념 갈등, 프랑스의 북대서양 조약 기구(NATO) 탈퇴, 제3 세계 등장 등 • 긴장 완화의 분위기 조성: 닉슨 독트린 발표(1969) → 베트남에서 미군 철수, 닉슨의 중국 방문 및 국교 수립, 미국과 소련의 전략 무기 제한 협정(SALT) 체결, 동독과 서독의 국제 연합(UN) 동시 가입

(2) 냉전 체제의 해체

소련의 변화와 해체	• 고르바초프의 개혁: 개혁(페레스트로이카)과 개방(글라스노스트) 정책 추진 • 소련의 해체: 소련 내 공화국들의 독립 선언 → 소련 해체, 러시아를 중심으로 독립 국가 연합(CIS) 결성(1991)
동유럽과 독일의 변화	• 동유럽의 변화: 소련의 동유럽 국가들에 대한 불간섭 선언 → 동유럽 각국에서 민주화 운동 전개 → 공산 정권 붕괴, 민주 정부 수립 • 독일의 변화: 베를린 장벽 붕괴 → 서독과 동독의 통일(1990)
중국의 변화	• 마오쩌둥의 통치: 대약진 운동(농업의 집단화 추진) → 문화 대혁명(홍위병을 앞세워 전통문화와 자본주의 부정) • 덩샤오핑의 개혁·개방 정책: 1970년대 후반부터 시장 경제 제도 도입 • 톈안먼 사건(1989): 톈안먼 광장의 민주화 요구 시위를 정부가 무력 진압

(3) 새로운 세계 질서의 형성

세계화와 신자유주의 경제 체제	• 세계화: 교통·통신의 발달로 국가 간에 사람과 물자의 이동이 자유로워짐 • 자유 무역의 확대: '관세 및 무역에 관한 일반 협정(GATT)' 체결 → 세계 무역 기구(WTO) 결성, 자유 무역 협정(FTA) 체결 확산 • 신자유주의 경제 체제 형성: 1970년대 석유 파동 이후 경제 불황 → 정부의 경제 개입을 줄이고 무역의 자유화와 시장 개방 추구 • 세계화로 인한 변화: 다국적 기업 성장, 국가 간 경제 의존도 증가, 노동자의 국제 이주 증가, 활발한 문화 이동, 문화 획일화 현상 등
지역 단위의 협력	• 배경: 신자유주의와 세계화의 확대로 국가 간 무역 경쟁 치열 → 지역 공동의 이익 추구 • 지역별 경제 협력체 구성: 유럽 연합(EU), 동남아시아 국가 연합(ASEAN), 아시아·태평양 경제 협력체(APEC), 북미 자유 무역 협정(NAFTA) 등

02 탈권위주의 운동과 대중문화 발달

(1) 탈권위주의 운동

학생 운동	미국·독일에서 대학 내 정치 발언의 자유를 요구하는 운동 전개, 프랑스에서 68 운동(68 혁명) 전개 → 반전 및 국가 권력에 저항하는 운동으로 확대
민권 운동	• 흑인 민권 운동: 미국에서 마틴 루서 킹이 주도(→ 민권법 통과, 투표권법 발효), 남아프리카 공화국에서 넬슨 만델라가 주도(→ 인종 차별 금지법 제정) • 민주화 운동: 한국, 멕시코 등에서 독재 정권에 맞선 민주화 운동 전개
여성 운동	• 배경: 제2차 세계 대전 이후 여성에 대한 고등 교육과 취업의 기회 확대 등 • 전개: 1960년대 이후 출산·육아를 위한 휴직 보장과 교육·취업의 기회 균등 요구, 직장 내 성 차별에 저항, 신체적 자기 결정권 주장 등

(2) 대중 사회와 대중문화

대중 사회	제2차 세계 대전 이후 대중의 영향력 확대, 대중 매체 발달 → 대중 사회 형성
대중문화	• 발달: 1920년대 라디오 보급 → 영화·텔레비전 등장 → 1960년대 청년 문화 형성 → 인터넷 보급으로 실시간 쌍방향 소통 가능 • 문제점: 문화의 획일화 현상, 정보의 조작 가능, 물질적 가치 중시 등

03 현대 세계의 문제 해결을 위한 노력

(1) 현대 세계의 당면 문제

분쟁과 국제 갈등	• 분쟁: 냉전 해체 이후 인종, 종교, 부족의 차이 등으로 인한 분쟁 발생(예 카슈미르 분쟁, 팔레스타인 분쟁, 아프리카의 내전, 9·11 테러 등) • 난민 문제: 박해나 분쟁 등을 피해 다른 지역으로 탈출하는 난민 발생 • 대량 살상 무기의 위협: 핵전쟁의 위험, 방사능 오염 피해 등
빈곤 문제	남북문제, 선진국 내 빈부 격차 등
질병 문제	아프리카·아시아 개발 도상국의 각종 질병 문제, 새로운 질병 확산
환경 문제	산업화·도시화·인구 증가 등 → 지구 온난화, 사막화, 기상 이변 등 발생

(2) 현대 세계의 문제 해결을 위한 노력

분쟁과 국제 갈등 해결	국제 연합(UN)의 활동(평화 유지군 파견 등), 핵 확산 금지 조약(NPT)·생물 무기 금지 협약(BWC) 등 국제 협약 체결, 반전 평화 운동 전개 등
빈곤 문제 해결	국제 부흥 개발 은행(IBRD)·국제 통화 기금(IMF)을 통해 개발 도상국에 기술 및 자금 지원, 공적 개발 원조(ODA) 제공, 공정 무역 실시 등
질병 문제 해결	세계 보건 기구(WHO)의 질병 퇴치 연구 활동 및 긴급 구호 활동, 국경 없는 의사회(MSF) 등 비정부 기구(NGO)의 활동
환경 문제 해결	• 국제 협상: 환경과 개발에 관한 공동 선언(리우 선언) 발표 → 교토 의정서 체결 → 파리 기후 협정 체결 • 신·재생 에너지 개발, 그린피스 등 비정부 기구의 활동

01 냉전 체제와 제3 세계의 형성 ~ 세계화와 경제 통합

01 냉전 체제와 관련된 (가), (나) 진영에 대한 설명으로 옳은 것을 〈보기〉에서 고른 것은?

(가) 진영(1977년 기준)
(나) 진영(1977년 기준)

─[보기]─
ㄱ. (가) - 마셜 계획을 추진하였다.
ㄴ. (가) - 쿠바에 핵미사일 기지를 건설하려 하였다.
ㄷ. (나) - 코메콘(경제 상호 원조 회의)을 조직하였다.
ㄹ. (나) - 집단 방어를 위해 북대서양 조약 기구(NATO)를 결성하였다.

① ㄱ, ㄴ   ② ㄱ, ㄷ   ③ ㄴ, ㄷ
④ ㄴ, ㄹ   ⑤ ㄷ, ㄹ

02 (가)에 들어갈 내용으로 옳은 것은?

냉전 체제의 전개
• 중국: 공산당과 국민당 사이에 내전 발발 → 공산당이 중화 인민 공화국 수립
• 한국: 6·25 전쟁 발발
• 베트남: _____(가)_____

① 아랍 민족과 중동 전쟁 전개
② 독립 이후 종교 갈등으로 분열
③ 네덜란드와의 독립 전쟁에서 승리
④ 수도에 장벽이 설치되면서 동서로 분단
⑤ 북부 공산 정권이 전쟁에 승리하면서 공산화

03 ㉠, ㉡ 종교를 옳게 연결한 것은?

오랫동안 영국의 지배에 저항하였던 인도는 제2차 세계 대전이 끝나고 독립하였다. 그러나 독립 과정에서 (㉠) 국가인 인도와 (㉡) 국가인 파키스탄으로 분리되었다.

	㉠	㉡		㉠	㉡
①	불교	이슬람교	②	힌두교	불교
③	힌두교	이슬람교	④	이슬람교	힌두교
⑤	이슬람교	크리스트교			

04 (가)에 들어갈 퀴즈의 정답으로 옳은 것은?

나세르가 수에즈 운하의 국유화를 선언하면서 운하 운영권을 되찾은 나라는?

역사 스피드 퀴즈

(가)

① 리비아   ② 알제리   ③ 이집트
④ 이스라엘   ⑤ 인도네시아

05 밑줄 친 '이 회의'에 대한 설명으로 옳은 것은?

1955년 인도네시아의 반둥에서 열린 이 회의에서 아시아·아프리카 29개국 대표들이 '평화 10원칙'을 결의하였다.

① 제3 세계 국가들의 협력을 결의하였다.
② 독립 국가 연합(CIS) 결성의 계기가 되었다.
③ 미국의 달러화를 주거래 화폐로 결정하였다.
④ 자본주의 진영에 속한 국가들이 개최하였다.
⑤ 온실가스 감축을 위해 열린 기후 변화 협상이다.

06 다음 사실들을 토대로 한 탐구 주제로 옳은 것은?

> • 소련의 고르바초프는 페레스트로이카와 글라스노스트 정책을 추진하였다.
> • 폴란드에서는 자유 노조를 이끌던 지도자인 바웬사가 대통령에 선출되었다.
> • 독일에서는 1989년 베를린 장벽이 무너지고, 이듬해 서독이 동독을 흡수 통일하였다.

① 세계화의 확산
② 냉전 속의 열전
③ 냉전 체제의 해체
④ 신자유주의 경제 체제의 형성
⑤ 트루먼 독트린과 냉전 체제의 성립

07 ＋ 창의·융합

㉠ 인물에 대한 설명으로 옳은 것은?

> **경제 용어 사전**
>
> 흑묘백묘론: "흰 고양이든 검은 고양이든 쥐만 잘 잡으면 된다."라는 뜻으로, 중국의 (㉠)이/가 주장하였다. 자본주의든 공산주의든 상관없이 중국 인민을 잘 살게 하면 그것이 제일이라는 의미를 지니고 있다.

① 문화 대혁명을 추진하였다.
② 아파르트헤이트 정책에 저항하였다.
③ 인도의 네루와 평화 5원칙에 합의하였다.
④ 개혁·개방 정책을 펼쳐 경제특구를 설치하였다.
⑤ 인민공사를 설립하여 농업의 집단화를 꾀하였다.

08 세계화로 인한 변화로 옳지 <u>않은</u> 것은?

① 다국적 기업이 성장하였다.
② 문화 획일화 현상이 나타났다.
③ 노동자의 국제 이주가 늘어났다.
④ 국가 간 경제 의존도가 낮아졌다.
⑤ 개발 도상국이 경제 성장을 이루기도 하였다.

02 탈권위주의 운동과 대중문화 발달

09 교사의 질문에 대한 학생의 답변으로 옳지 <u>않은</u> 것은?

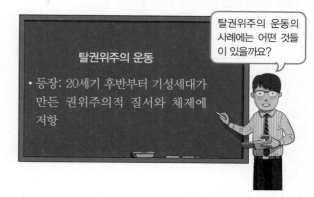

> **탈권위주의 운동**
>
> • 등장: 20세기 후반부터 기성세대가 만든 권위주의적 질서와 체제에 저항

> 탈권위주의 운동의 사례에는 어떤 것들이 있을까요?

① 한국에서 4·19 혁명이 일어났어요.
② 미국 대통령이 닉슨 독트린을 발표하였어요.
③ 마틴 루서 킹이 흑인 민권 운동을 전개하였어요.
④ 에스파냐 국민들이 프랑코의 독재에 저항하였어요.
⑤ 프랑스 대학생들이 민주화를 외치며 68 운동을 벌였어요.

10 1960년대 이후 여성 운동이 활발해진 배경으로 옳은 것을 〈보기〉에서 고른 것은?

> **보기**
> ㄱ. 미국에서 민권법이 통과되었다.
> ㄴ. 여성들에 대한 취업의 기회가 확대되었다.
> ㄷ. 유럽 여성들 대부분이 참정권을 갖지 못하였다.
> ㄹ. 제2차 세계 대전 이후 고등 교육의 혜택을 받는 여성이 늘어났다.

① ㄱ, ㄴ   ② ㄱ, ㄷ   ③ ㄴ, ㄷ
④ ㄴ, ㄹ   ⑤ ㄷ, ㄹ

11 (가)에 들어갈 내용으로 가장 적절한 것은?

배경		대중 사회 형성
(가)	→	대중이 사회의 주체가 되어 영향력 행사

① 남북문제의 발생
② 제3 세계의 형성
③ 사회주의 사상의 등장
④ 제1차 세계 대전의 발발
⑤ 산업화·도시화의 가속화

➕ 창의·융합

12 다음 변화가 사회·문화에 끼친 영향으로 옳지 <u>않은</u> 것은?

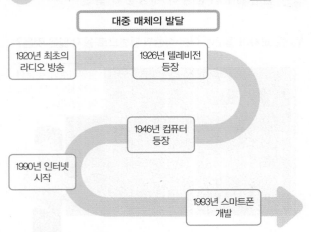

대중 매체의 발달

1920년 최초의 라디오 방송 → 1926년 텔레비전 등장

1946년 컴퓨터 등장

1990년 인터넷 시작

1993년 스마트폰 개발

① 대중의 영향력이 약화되었다.
② 물질 만능주의가 형성되었다.
③ 극단적 개인주의가 등장하였다.
④ 문화의 획일화 현상이 나타났다.
⑤ 문화가 지나치게 상업성을 띠게 되었다.

03 현대 세계의 문제 해결을 위한 노력

13 (가)에 들어갈 내용으로 옳은 것을 〈보기〉에서 고른 것은?

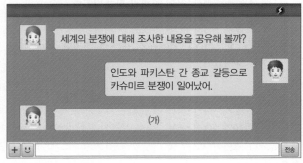

세계의 분쟁에 대해 조사한 내용을 공유해 볼까?

인도와 파키스탄 간 종교 갈등으로 카슈미르 분쟁이 일어났어.

(가)

전송

〔 보기 〕
ㄱ. 선진국과 개발 도상국 사이의 남북문제가 심각해.
ㄴ. 이스라엘 건국을 놓고 팔레스타인 분쟁이 벌어졌어.
ㄷ. 새로운 질병의 확산이 분쟁의 주원인이라 할 수 있어.
ㄹ. 9·11 테러로 미국과 탈레반 정부 간 전쟁이 일어났어.

① ㄱ, ㄴ   ② ㄱ, ㄷ   ③ ㄴ, ㄷ
④ ㄴ, ㄹ   ⑤ ㄷ, ㄹ

14 ㉠, ㉡ 문제에 대한 설명으로 옳지 <u>않은</u> 것은?

• (㉠): 박해나 분쟁을 피해 다른 지역으로 탈출하는 사람들로 인해 나타나는 문제이다.
• (㉡): 북반구의 선진 공업국과 남반구의 개발 도상국 사이의 경제적 차이로 발생하는 문제이다.

① ㉠ – 사례로 시리아 난민, 르완다 난민이 있다.
② ㉠ – 문제 해결을 위해 난민 기구가 조직되었다.
③ ㉠ – 수용을 둘러싸고 민족 간 갈등이 나타나고 있다.
④ ㉡ – 신자유주의와 세계화가 확대되면서 심화되었다.
⑤ ㉡ – 세계 각국이 교토 의정서를 체결하는 등 해결 노력을 펼치고 있다.

15 다음에서 설명하는 단체로 옳은 것은?

전문 기구와 산하 단체들을 두고 세계 각지의 분쟁 문제 등을 해결하기 위해 노력하고 있는 국제기구이다. 분쟁 지역에 평화 유지군(PKF)을 파견하고, '세계 난민의 날'을 지정하는 등의 활동을 펼치고 있다.

① 그린피스   ② 국제 연맹
③ 국제 연합(UN)   ④ 유럽 연합(EU)
⑤ 국경 없는 의사회(MSF)

16 다음과 같은 문제를 해결하기 위한 노력으로 옳지 <u>않은</u> 것은?

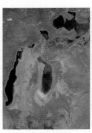

⬆ 아랄해의 사막화   ⬆ 빙하가 녹아 살 곳이 사라지는 북극곰

① 리우 선언을 발표하였다.
② 파리 기후 협정을 체결하였다.
③ 세계 무역 기구(WTO)를 결성하였다.
④ 신·재생 에너지 개발 사업을 추진하고 있다.
⑤ 그린피스, 지구의 벗 등 비정부 기구가 활동하고 있다.

Memo

Memo

15개정 교육과정

· 완벽한 자율학습서 ·

완자

완자네 새주소

자율학습시
비상구

정확한 답과 친절한 해설

정답친해로
53

중등 역사

1

정답친해로
오삼~

📖 **책 속의 가접 별책** (특허 제 0557442호)
'정답친해'는 본책에서 쉽게 분리할 수 있도록 제작되었으므로
유통 과정에서 분리될 수 있으나 파본이 아닌 정상제품입니다.

visang

ABOVE IMAGINATION

우리는 남다른 상상과 혁신으로
교육 문화의 새로운 전형을 만들어
모든 이의 행복한 경험과 성장에 기여한다

· 완벽한 자율학습서 ·

완자

자율학습시
비상구
정답친해로
53

중등 역사 ①

Ⅰ. 문명의 발생과 고대 세계의 형성

01 역사의 의미와 역사 학습의 목적 ~ 세계의 선사 문화와 고대 문명

11, 13, 15, 17쪽

A 1 (1) × (2) ○ 2 (1) – ⊙ (2) – ⓒ
3 (1) 유적 (2) 기록으로서의 역사 4 사료 비판

B 1 (1) ○ (2) × (3) ○ 2 역사적 사고력

C 1 오스트랄로피테쿠스 아파렌시스 2 (1) ㄴ (2) ㄱ

D 1 (1) × (2) × (3) ○ (4) ○ 2 ⊙ 뗀석기 ⓒ 간석기
3 (1) 농경 (2) 평등 (3) 구석기 시대 4 ㄱ, ㄷ

E 1 (1) ○ (2) × (3) × 2 ⊙ 아무르인 ⓒ 함무라비왕 3 ㄱ, ㄹ

F 1 파라오 2 (1) 상형 문자 (2) 나일강 3 (1) – ⓒ (2) – ⊙

G 1 (1) × (2) ○ (3) ○ 2 ㄱ, ㄴ

H 1 (1) 황허강 (2) 갑골 문자 (3) 낙읍 2 주 3 ⊙ 봉건제 ⓒ 혈연

실력 탄탄 핵심 문제

18~21쪽

01 ③ 02 ④ 03 ② 04 ③ 05 ④ 06 ① 07 ④ 08 ①
09 ⑤ 10 ⑤ 11 ③ 12 ⑤ 13 ① 14 ① 15 ⑤ 16 ④
17 ⑤ 18 ③

01 역사의 의미

자료는 역사에 대해 역사가의 해석을 강조한 입장으로, 역사의 두 가지 의미 중 기록으로서의 역사와 관련이 있다. ③ 공민왕의 정책이 자주적이라고 평가한 것은 역사가의 해석이 담긴 것이다.

바로알기 >> ①, ②, ④, ⑤는 과거 사실 그 자체를 쓴 것이다.

02 사료의 의미

⊙은 사료이다. 사료는 과거 사람들이 남긴 흔적으로, 과거의 사실을 짐작하는 근거가 된다. 그러나 사료에는 기록자의 주관이 반영되어 과장되거나, 누락되고 조작된 내용이 있을 수 있다. 따라서 사료는 검토와 비판 과정을 거쳐 역사 서술에 활용해야 한다.

바로알기 >> ④ 사료에는 노래, 설화와 같은 무형의 것도 포함된다.

03 역사 학습의 목적

첫 번째 주장에는 역사 속에서 교훈을 얻어 미래를 잘 대비할 수 있다는 생각이 담겨 있고, 두 번째 주장에는 역사를 알지 못하면 과거의 잘못을 반복하여 변화와 발전을 이루지 못할 것이라는 의미가 담겨 있다. 두 주장을 통해 역사를 학습하면 과거로부터 교훈을 얻고, 미래를 전망하는 안목을 기를 수 있음을 알 수 있다.

바로알기 >> ①, ④는 세계사 학습의 목적과 관련이 있다. ③은 역사 학습의 목적 중 정체성 확인과 관련이 있다. ⑤ 역사 학습을 통해 좋은 전통은 계승하고 잘못된 과거는 반성하여 더 나은 미래를 만들어야 한다.

04 인류의 진화

최초의 인류라는 것을 통해 ⊙이 오스트랄로피테쿠스 아파렌시스임을 알 수 있다. 루시는 1974년 에티오피아에서 발굴된 오스트랄로피테쿠스 아파렌시스의 여자 화석 인류이다. 약 390만 년 전에 등장한 오스트랄로피테쿠스 아파렌시스는 직립 보행을 하고 간단한 도구를 사용하였다.

바로알기 >> ①, ②는 호모 사피엔스, ④는 호모 에렉투스, ⑤는 호모 네안데르탈렌시스의 특징에 해당한다.

05 구석기 시대의 생활 모습

주먹도끼는 뗀석기이고, 라스코 동굴 벽화는 사냥의 성공을 기원하여 그린 그림으로 모두 구석기 시대에 만들어졌다. 구석기 시대 사람들은 무리를 지어 이동 생활을 하면서 동굴이나 바위 그늘, 막집 등에 거주하였다.

바로알기 >> ①, ②, ③은 신석기 시대에 대한 설명이다. ⑤ 청동기 시대부터 계급이 발생하였다.

06 신석기 시대의 생활 모습

제시된 글에서 농경과 목축이 시작되었다는 내용을 통해 밑줄 친 '이 시대'는 신석기 시대임을 알 수 있다. 약 1만 년 전 빙하기가 끝나고 지구의 기온이 상승하면서 작고 빠른 동물들이 번성하였고, 이들을 사냥하기 위한 정교한 간석기가 제작되었는데 이 시기를 신석기 시대라고 한다. 신석기 시대 사람들은 토기를 만들어 식량을 보관하고 음식을 조리하는 데 사용하였고, 주로 움집을 짓고 거주하며 정착 생활을 하였다. 또한 동물의 뼈나 조개껍데기 등으로 몸을 치장하기도 하였다.

바로알기 >> ① 청동기 시대에 도시 국가가 성립되었다.

└ 사람들의 협력이 필요한 관개 농업이 이루어지면서 여러 부족이 통합되어 도시 국가가 형성되었어.

07 수메르인의 도시 국가 건설

메소포타미아 지방에서 우르, 라가시 등의 도시 국가를 세운 ⊙ 민족은 수메르인이다. 수메르인들은 쐐기 문자를 만들어 신에 대한 제사, 왕의 업적, 교역 내용을 점토판에 기록하였다.

바로알기 >> ① 아리아인이 카스트제를 마련하였다. ② 아무르인이 바빌로니아 왕국을 세웠다. ③ 이집트인들이 무덤에 『사자의 서』를 넣었다. ⑤ 카스트제에서 브라만 계급이 『베다』를 경전으로 삼아 복잡한 제사 의식을 만들었다.

08 수메르인의 내세관

자료로 이해하기 >>

> 길가메시여, 당신은 생명을 찾지 못할 것입니다. 신들이 인간을 만들 때 인간에게 죽음도 함께 붙여 주었습니다. 생명만 그들이 보살피도록 남겨 두었지요. 좋은 음식으로 배를 채우십시오. 밤낮으로 춤추며 즐기십시오.
> └ 현세에서의 행복을 추구하고 있어.   – 「길가메시 서사시」

「길가메시 서사시」는 메소포타미아 문명을 일군 수메르인들이 현세의 행복을 추구하였음을 보여 준다. 메소포타미아 지방은 사방이 트인 개방적인 지형이어서 이민족의 침입을 자주 받았다. 그래서 사람들은 죽은 후의 세계보다는 현재의 안정된 삶을 중시하였다.

바로알기 » ②, ③ 이집트는 사막 등으로 둘러싸인 폐쇄적 지형이어서 오랫동안 통일 왕국을 유지할 수 있었다. ④ 아리아인은 인더스강과 갠지스강 지역에 진출하여 원주민을 다스렸다. ⑤ 이집트의 왕이 파라오라고 불렸다.

09 메소포타미아 문명의 특징
제시된 지구라트는 메소포타미아 문명에서 세운 계단식 신전이다. 메소포타미아 사람들은 태음력과 60진법을 사용하였다.

바로알기 » ① 중국의 주에서 봉건제를 실시하였다. ② 인도 지역에 진출한 아리아인이 브라만교를 성립시켰다. ③ 메소포타미아 문명에서는 쐐기 문자가 사용되었다. ④ 이집트 문명에서 죽은 사람을 미라로 만들었다.

10 함무라비 법전의 특징
자료는 바빌로니아 왕국의 함무라비왕이 만든 함무라비 법전의 내용이다. 이 법전을 통해 바빌로니아 왕국이 신분제 사회였으며, 신분에 따라 형벌이 차별적으로 적용되었음을 알 수 있다.

바로알기 » ① 함무라비 법전은 바빌로니아 왕국에서 만들어졌다. ② 신권 정치는 왕이 신의 대리인으로서 백성을 통치하는 것으로, 제시된 내용과는 관련이 없다. ③ 토테미즘은 특정 동물을 부족의 수호신으로 받드는 신앙으로, 신석기 시대에 등장하였다. ④ 함무라비 법전의 내용을 통해 당시에 사유 재산이 인정되었음을 알 수 있다.

11 이집트 문명의 특징
┌ 이집트를 흐르는 나일강은 일정 시기마다 범람하여 강 주변에 비옥한 흙을 날라다 주었어

이집트 문명에서는 사물의 모양을 본떠 만든 그림 문자인 상형 문자를 사용하였다. 이집트인은 나일강의 범람 시기를 알기 위해 천문학을 발전시켰으며, 강이 범람한 뒤 농지를 정리하거나 피라미드를 만들기 위해 수학과 측량법을 발전시켰다.

바로알기 » ㄱ. 헤브라이 왕국에서 유대교를 창시하였다. ㄹ. 하라파는 인더스강 유역에서 형성된 도시 문명이다.

12 피라미드의 건축
제시된 자료는 이집트 문명에서 세운 스핑크스와 피라미드이다. 이집트의 왕인 파라오는 태양신 '라'의 아들이자 살아 있는 최고신으로 신권 정치를 펼쳤다. 거대한 피라미드는 파라오의 무덤으로, 파라오의 절대적인 권력을 상징적으로 보여 준다.

바로알기 » ①『베다』는 아리아인이 만들었다. ② 지구라트는 메소포타미아 문명에서 세운 신전이다. ③ 메소포타미아 문명에서 쐐기 문자를 사용하였다. ④ 신석기 혁명은 신석기 시대에 농경과 목축이 시작되면서 사회가 크게 변화한 현상을 가리킨다.

13 인도 문명의 특징
지도는 인더스 문명이 발생한 지역을 표시한 것이고, 사진은 인더스강 유역에서 형성된 도시 문명인 모헨조다로 유적이다. 따라서 ㈎는 인더스(인도) 문명이다. 기원전 2500년경에는 하라파, 모헨조다로 등에서 발달된 도시 문명이 일어났다. 이들 도시는 주택, 하수 시설 등을 갖춘 계획도시였다.

바로알기 » ② 이집트에서 시신을 미라로 만들었다. ③ 팔레스타인 지방에 정착한 헤브라이인이 헤브라이 왕국을 세웠다. ④ 이집트인들은 파피루스에 「사자의 서」를 적어 무덤에 넣었다. ⑤는 메소포타미아 지방에서 건설된 바빌로니아 왕국에 대한 설명이다.

14 아리아인의 인도 진출
제시된 도표는 카스트제를 나타낸 것이다. 기원전 1000년경 갠지스강 유역에 진출한 아리아인은 원주민을 지배하기 위해 카스트제(바르나)라는 신분제를 만들었다. 이들은 태양, 물, 불 등 자연 현상을 다스리는 신에게 제사를 지냈으며, 신을 찬양하는 경전인 『베다』를 완성하였는데, 이 과정에서 브라만교가 성립하였다.

바로알기 » ② 이집트인들이 왕의 무덤으로 피라미드를 만들었다. ③ 하라파 유적은 아리아인이 진출하기 전에 인도 지역에서 드라비다인이 건설하였다. ④ 수메르인들이 인류 최초의 문명인 메소포타미아 문명을 일으켰다. ⑤ 아리아인은 인도 지역으로 진출하였다.

15 상의 특징
제시된 자료는 상에서 왕이 점을 쳐서 나라의 중요한 일을 결정하였음을 나타낸 것이다. 상의 왕은 전쟁이나 제사 등 나라에 중요한 일이 있을 때 점을 쳐서 결정하는 신권 정치를 펼쳤다. 점을 친 내용과 결과는 거북의 배딱지나 동물의 뼈에 기록하였는데, 이를 갑골 문자라고 한다. ⑤ 상에서는 청동으로 무기와 제사용 도구를 만들어 사용하였다.

바로알기 » ① 상은 주에 멸망하였다. ② 주가 도읍을 호경에서 낙읍(뤄양)으로 옮겼다. ③ 이집트인들이 나일강 유역에서 농사를 지었다. ④ 바빌로니아 왕국의 함무라비왕이 메소포타미아 지방을 통일하였다.
└ 왕은 자신의 권위를 과시하기 위해 크고 화려한 청동기를 만들어 사용하였어

16 상의 발전
지도는 상의 세력 범위를 나타낸 것이다. 기원전 1600년경 황허강 중류 지역에 세워진 상은 해와 달의 움직임을 관찰하여 태음력을 만들었고, 저수지를 축조하였다. 상의 왕은 제사와 정치를 함께 주관하는 제정일치의 신권 정치를 실시하였다. 또한 상은 갑골 문자를 사용하였는데, 이는 오늘날 한자의 기원이 되었다.

바로알기 » ④ 지구라트는 수메르인들이 메소포타미아 지방에 세운 계단식 신전이다.

17 주의 발전
자료로 이해하기 » ┌ 주의 왕은 봉건제를 실시하여 수도 이외의 지역을 제후에게 주고 다스리게 하였어

이 왕조의 왕은 정복한 지역을 돌아본 후, 제후 ○○에게 어느 지역을 다스리도록 명령하였다. 그러면서 "상에서 전해지는 청동 술통, 그릇, 활, 화살을 주노라. 또한 여러 개의 시내와 마을이 있는 토지를 주노라. 그곳에 살고 있는 왕족과 서민들을 주노라."라고 하였다. 이에 제후 ○○은 이 왕조의 왕이 내린 은총을 칭송하면서 조상에게 제사를 드렸다.

└ 주는 상을 무너뜨리고 황허강 일대를 지배하였어

제시된 자료는 주에서 봉건제를 실시하였음을 보여 주는 것으로, 밑줄 친 '이 왕조'는 주이다. 주는 기원전 8세기경에 서북쪽의 유목 민족이 침입해 오자 수도를 서쪽의 호경에서 동쪽의 낙읍(뤄양)으로 옮겼다.

바로알기 » ① 신석기 혁명은 신석기 시대에 일어났다. ② 이집트인들이 사후 세계를 믿어 「사자의 서」를 만들었다. ③ 메소포타미아 문명에서 쐐기 문자를 진흙판에 새겼다. ④ 구석기 시대 사람들이 사냥의 성공을 기원하며 라스코 동굴 벽화를 제작하였다.

18 주의 봉건제

제시된 자료에서 (가)는 왕에게 토지(봉토)를 받고 공납과 군역의 의무를 지고 있으며, 경·대부를 임명하여 토지(봉토)와 관직을 주고 이들로부터 공납과 군역을 받고 있다. 따라서 (가)는 봉건제에서의 제후에 해당함을 알 수 있다. 주 왕실과 제후는 대체로 혈연관계로 맺어졌으며, 제후는 왕에게 지급받은 토지에서 사실상 왕과 같은 권력을 누렸다.

바로알기 >> ㄱ. 이집트의 왕이 태양신 '라'의 아들로 여겨졌다. ㄹ. 카스트에서 최고 신분인 브라만은 『베다』를 바탕으로 복잡한 제사 의식을 주관하며 자신들의 권위를 높였다.

서술형 문제
21쪽

01 고대 문명의 공통점

(1) (가) 이집트 문명, (나) 메소포타미아 문명

(2) ① 큰 강, ② 문자

02 이집트인의 종교관

예시답안 >> 이집트인들은 영혼 불멸과 사후 세계를 믿어 시신을 미라로 만들고 『사자의 서』 등을 관 속에 넣었다.

채점 기준	점수
영혼 불멸과 사후 세계를 믿었다고 서술한 경우	상
영혼 불멸과 사후 세계 중 한 가지만 언급하여 서술한 경우	하

---

02 고대 제국들의 특성과 주변 세계의 성장(1)

23, 25, 27, 29쪽

A 1 (1) × (2) ○ (3) ○

B 1 (1) 마케도니아 (2) 관용적 2 아케메네스 왕조 페르시아
3 ㄱ, ㄷ 4 왕의 길 5 그리스·페르시아 전쟁(페르시아 전쟁)

C 1 (1) × (2) × (3) ○ 2 페르시아어

D 1 (1) × (2) ○ (3) ○ 2 ㉠ 아후라 마즈다 ㉡ 다리우스 1세
3 (1) 아베스타 (2) 사산 왕조 (3) 페르세폴리스

E 1 (1) ○ (2) ○ 2 제자백가 3 (1) - ㉢ (2) - ㉠ (3) - ㉡

F 1 법가 2 ㉠ 황제 ㉡ 군현제 3 (1) ○ (2) × (3) × 4 ㄴ, ㄹ

G 1 (1) 군국제 (2) 신 (3) 호족 2 유교 3 ㄱ, ㄴ, ㄹ
4 (1) 장건 (2) 비단길

H 1 훈고학 2 (1) - ㉡ (2) - ㉠

실력탄탄 핵심 문제
30~34쪽

01 ③ 02 ① 03 ③ 04 ④ 05 ④ 06 ② 07 ⑤ 08 ④
09 ② 10 ⑤ 11 ⑤ 12 ② 13 ① 14 ④ 15 ③ 16 ⑤
17 ④ 18 ① 19 ③ 20 ① 21 ④ 22 ⑤ 23 ③ 24 ④
25 ② 26 ② 27 ①

---

01 아시리아의 성립과 발전

(가)는 서아시아를 최초로 통일한 아시리아이다. 메소포타미아 지역에서 바빌로니아 왕국이 쇠퇴한 후 아시리아가 등장하였다. 아시리아는 기원전 7세기경 우수한 철제 무기와 기마 전술, 전차 등을 바탕으로 이스라엘, 바빌로니아, 이집트 등을 정복하여 서아시아 세계를 최초로 통일하였다.

바로알기 >> ㄱ. 아시리아는 피정복민의 반란으로 멸망하였다. ㄹ. 아시리아는 정복한 지역 주민들을 가혹하게 통치하였다.

02 아시리아의 통치 방식

자료로 이해하기 >> 메소포타미아 지역에 있던 고대 도시 유적으로, 이후 아케메네스 왕조 페르시아가 수도로 삼기도 하였어.

> 수사, 훌륭하고 성스러운 도시, …… 나는 정복하였다. 나는 이 궁전에 들어갔고, 나는 금은보화를 넣어 둔 그들의 보물 창고를 열었다. …… 나는 수사의 지구라트를 부숴 버렸다. …… 나는 엘람의 사원을 파멸로 몰아넣었다. 나는 그들의 조상과 옛 왕의 무덤을 짓밟았고, 그들의 뼈를 꺼내어 아슈르의 영토로 가져갔다.
> - 아시리아의 왕이 엘람 왕국을 정복하고 새긴 문자

정복한 지역을 파괴하고 강압적으로 다스렸음을 알 수 있어.

아시리아는 정복한 지역의 주민들을 강제로 이주시키고 무거운 세금을 매기는 등 강압적으로 통치하였다. 이 때문에 피정복민의 반란이 지속해서 일어나 아시리아는 서아시아를 통일한 지 60여 년 만에 멸망하였다.

② 사산 왕조 페르시아는 이슬람 세력의 침입으로 멸망하였다. ③ 조로아스터교를 국교로 삼은 나라는 사산 왕조 페르시아이다. ④ 파르티아와 사산 왕조 페르시아는 지리적 이점을 바탕으로 동서 무역을 활발히 하였다. ⑤ 아케메네스 왕조 페르시아는 전국 각지에 총독을 파견하였다.

03 아케메네스 왕조 페르시아

지도는 페르세폴리스를 수도로 삼고 인더스강에서 이집트에 이르는 영토를 차지한 것을 통해 아케메네스 왕조 페르시아의 영역을 나타낸 것임을 알 수 있다. 아케메네스 왕조 페르시아는 영토를 확장하고 관용 정책을 펼치며 발전하였으나, 그리스와의 전쟁에서 패배한 이후 총독들의 반란으로 점차 쇠퇴하였다.

①은 바빌로니아 왕국, ②는 중국의 한 등, ④, ⑤는 아시리아에 해당하는 설명이다.

04 다리우스 1세의 정책

지도의 (가)는 수사에서 사르디스까지 연결된 도로인 것을 통해 다리우스 1세가 건설한 '왕의 길'임을 알 수 있다. 다리우스 1세는 전국을 20여 개의 주로 나누어 총독을 파견하였으며, '왕의 눈', '왕의 귀'라고 불리는 감찰관을 보내 총독을 감시하였다. 또한 도로망과 역참을 정비하여 왕명을 빠르게 전달하고 세금과 공물을 효율적으로 거두었으며, 화폐와 도량형도 통일하였다.

④ 사산 왕조 페르시아에서 페르시아어를 공용어로 사용하였다.

05 아케메네스 왕조 페르시아의 통치 방식

제시된 글에서 수사에서 사르디스에 이르는 '왕의 길'이 설치된 것을 통해 ㉠은 아케메네스 왕조 페르시아임을 알 수 있다. 아케메네스 왕조 페르시아는 피정복민의 협조를 받기 위해 정복한 지역에 세금을 거두는 대신 그들의 고유한 풍습을 존중하는 관용 정책을 펼쳤다.

①은 중국의 신에서 펼친 정책이다. ② 중국의 한은 유교를 통치 이념으로 채택하였다. ③ 아케메네스 왕조 페르시아는 피정복민의 자치를 인정해 주었다. ⑤는 춘추 전국 시대에 제후국들이 펼친 정책이다.

06 파르티아의 특징

기원전 3세기 중엽 이란계 유목 민족은 파르티아를 건국하였다. 파르티아는 동서 무역으로 번영하다가 로마, 쿠샨 왕조와의 전쟁으로 쇠퇴하였으며, 결국 사산 왕조 페르시아에 멸망하였다.

07 사산 왕조 페르시아의 발전 ┌ 유럽과 아시아를 잇는 지역에 위치한 장점을 이용하여 동서 무역을 주도하였어.

지도는 사산 왕조 페르시아의 영역을 나타낸 것이다. 사산 왕조 페르시아는 동서 교통의 중심지를 차지하여 중계 무역을 주도하였다.

① 사산 왕조 페르시아는 페르시아(아케메네스 왕조)의 부흥을 내세웠다. ②, ③, ④는 아케메네스 왕조 페르시아에 대한 설명이다.

08 사산 왕조 페르시아의 통치 체제

서아시아에서 인더스강 유역에 이르는 대제국으로 성장한 사산 왕조 페르시아는 페르시아어를 공용어로 사용하였으며, 지방에 총독을 파견하는 등 중앙 집권 체제를 확립하였다.

①은 중국의 주, ②, ③, ⑤는 아케메네스 왕조 페르시아에 대한 설명이다.

09 페르시아의 문화

페르시아는 그리스, 이집트, 아시리아 등 여러 지역의 문화를 받아들여 국제적인 문화를 발전시켰다. 이를 잘 보여 주는 유적이 페르세폴리스 궁전으로, 이곳은 바빌로니아, 아시리아, 이집트 등의 문화로부터 영향을 받아 지어졌다.

① 아케메네스 왕조 페르시아는 정복한 지역의 문화를 존중하여 세금을 바치고 지배에 복종하는 정복지 주민의 법과 종교, 언어의 사용을 인정하였다. ③ 비단길은 한대에 장건의 서역 파견을 계기로 개척되었다. ④는 이집트, ⑤는 춘추 전국 시대의 문화와 관련이 있다.

10 조로아스터교의 특징

제시된 대화에서 아후라 마즈다를 최고신으로 섬겼다는 내용을 통해 ㉠은 조로아스터교임을 알 수 있다. 조로아스터교를 널리 믿은 페르시아인들은 선한 신의 상징인 불을 소중하게 여겼다. 조로아스터교는 아케메네스 왕조 페르시아에서 다리우스 1세의 후원으로 널리 퍼졌고, 사산 왕조 페르시아에서 국교가 되었다. 사산 왕조 페르시아에서는 조로아스터교의 경전으로 『아베스타』를 집대성하기도 하였다.

⑤ 조로아스터교의 최후의 심판, 천국과 지옥 등의 교리가 크리스트교에 영향을 주었다.

11 춘추 전국 시대의 발전

주 왕실의 권위가 약해지자 제후들이 제각기 독립하면서 춘추 전국 시대가 시작되었다. 춘추 전국 시대에는 철기가 보급되어 철제 농기구가 사용되고 소를 이용한 농경이 이루어져 농업 생산력이 크게 늘어났다. 또한 제후국들이 유능한 인재를 등용하여 부국강병을 추진하는 과정에서 제자백가가 나타났다.

ㄱ은 진, ㄴ은 상 왕조 시기에 있었던 일이다.

12 춘추 전국 시대의 경제적·사회적 변화

춘추 전국 시대에는 철기가 보급되면서 사회와 경제가 변화하였다. 철제 농기구가 사용되어 농업 생산력이 늘어났고, 철제 무기가 사용되면서 전쟁의 규모가 커지고 빈도가 늘어났다.

① 춘추 전국 시대에 농업 생산력이 크게 늘어나면서 상업과 수공업이 발달하고 도시가 성장하였다. ③ 봉건제는 주에서 실시되었다. ④ 한대에 장건의 서역 파견을 계기로 비단길이 개척되었다. ⑤ 춘추 전국 시대에는 상업과 수공업이 발달하였다.

13 춘추 전국 시대의 전개

지도는 춘추 전국 시대를 나타낸 것이다. 이 시대에는 상업과 수공업이 발달하여 도시와 시장이 성장하고 다양한 청동 화폐가 사용되었다. 또한 철제 무기가 사용되면서 전쟁에서 평민의 역할이 커졌다. 한편, 각 제후국들이 부국강병을 추진하는 과정에서 제자백가가 나타났다.

① 군국제는 한의 고조가 실시하였다.

14 제자백가의 출현

춘추 전국 시대에는 각국이 경쟁에서 살아남기 위해 유능한 인재를 등용하여 부국강병을 추진하였다. 이 과정에서 공자, 묵자, 한비자, 노자 등과 같은 여러 사상가와 유가, 묵가, 법가, 도가 등 다양한 학파가 나타났는데, 이를 제자백가라고 한다.

`바로알기 >>` ① 제후들은 제자백가의 유능한 인재를 등용하였다. ② 제자백가는 현실 문제를 해결하기 위한 다양한 정치사상을 제시하였다. ③ 시황제는 법가 이외의 사상을 탄압하였다. ⑤ 제자백가는 춘추 전국 시대의 각 제후국들이 부국강병을 추진하면서 등장하였다.

15 제자백가의 주요 사상

(가)는 묵가, (나)는 유가, (다)는 도가에 해당하는 설명이다. (가) 묵가의 대표적 학자인 묵자는 혈연과 신분을 뛰어넘는 차별 없는 사랑을 강조하였다. (나) 공자와 맹자는 인과 예를 중심으로 한 도덕 정치를 강조하여 유가 사상을 발전시켰다. (다) 노자와 장자에서 비롯된 도가는 자연의 순리를 따르는 삶을 추구하였다.

16 법가 사상의 발전

춘추 전국 시대에 한비자가 완성한 법가는 법과 제도를 엄격히 적용하여 백성을 통제해야 한다고 주장하였다. 전국 7웅 중 하나였던 진(秦)은 법가 사상을 토대로 부국강병을 이루었다.

`바로알기 >>` ㄱ. 도가에서는 자연의 순리를 따르는 무위자연을 행하면 다스려지지 않는 것이 없다고 하였다. ㄴ. 공자와 맹자는 유가의 대표적 사상가이다.

17 진의 건국과 발전

지도의 (가)는 진의 영역을 나타낸 것이다. 전국 7웅 중 하나로 서쪽 변방에 있던 진은 법가 사상을 바탕으로 부국강병에 성공하였다. 이에 힘입어 나머지 여섯 나라를 차례로 무너뜨리고 기원전 221년에 중국을 최초로 통일하였다.

`바로알기 >>` ① 왕망은 신을 건국하였다. ② 주에서 봉건제를 실시하였다. ③ 한 무제가 유교를 국교로 삼았다. ⑤ 주는 서북쪽의 유목 민족이 침입해 오자 수도를 서쪽의 호경에서 동쪽의 낙읍(뤄양)으로 옮겼다.

18 시황제의 업적

황제 호칭을 처음 사용한 왕은 진의 시황제이다. 시황제는 법가 사상을 채택하여 통치하면서 자신의 정책에 반대하는 사상이나 학자들을 탄압하였다.

`바로알기 >>` ②는 한 무제의 업적이다. ③ 소를 이용한 농사법은 춘추 전국 시대부터 보급되었다. ④는 아케메네스 왕조 페르시아의 다리우스 1세에 대한 설명이다. ⑤는 상에 해당하는 설명이다.

19 시황제의 중앙 집권 정책

시황제는 중앙 집권을 강화하기 위해 군현제를 실시하였다. 도로망도 정비하여 지방 통제를 강화하고, 황제의 명령이 지방에 빠르게 전달될 수 있도록 하였다. 또한 화폐, 문자, 도량형 등을 통일하여 제국을 하나로 통합하고자 하였으며, 분서갱유를 단행하여 법가 사상 이외의 사상을 탄압하였다.

`바로알기 >>` ③ 신을 세운 왕망이 토지의 국유화를 추진하였다.

20 분서갱유의 단행

제시된 그림은 시황제가 추진한 분서갱유를 그린 것이다. 시황제는 법가 사상 서적과 실용 서적을 제외한 모든 책을 불태우고(분서), 이를 비판하는 유학자들을 산 채로 땅에 묻었다(갱유).

`바로알기 >>` ㄷ. 제자백가는 춘추 전국 시대에 등장하였다. 그중 진은 법가 사상을 채택하였다. ㄹ. 주 왕실의 권위가 약화되면서 제후들이 독립하여 춘추 전국 시대가 시작되었다.

21 진의 통일 정책

제시된 글은 시황제가 화폐와 도량형을 통일한 사실을 설명하고 있다. 시황제는 다양한 화폐를 반량전으로 통일하였고, 전국 시대에 각 나라마다 달랐던 도량형을 통일하였다. 이를 통해 지역 간에 경제 교류가 활발해지고 상업이 발달하였다.

`바로알기 >>` ① 한 고조가 군국제를 실시하였다. ② 한대에 훈고학이 발달하였다. ③ 한대에 대토지를 소유한 호족들이 성장하였다. ⑤ 후한 말에 황건적의 난이 일어났다.

22 진의 멸망

진의 시황제는 만리장성과 같은 대규모 토목 공사에 백성을 자주 동원하였고, 백성을 가혹하게 통치하여 백성들의 불만을 샀다. 결국 시황제가 죽은 후 농민 반란 등이 일어나 진은 멸망하였다.

`바로알기 >>` ① 한 무제가 소금과 철의 전매 제도를 실시하였다. ② 한대에 채륜이 제지술을 개량하였다. ③ 카스트제는 인도 지역에서 만들어졌다. ④ 춘추 전국 시대에 철제 무기가 도입되었다.

23 한 무제의 정책

한 무제는 군현제를 전국적으로 실시하고 유교를 통치 이념으로 채택하여 중앙 집권 체제를 강화하였다. 또한 흉노를 정벌하고 고조선을 정복하였으며, 소금과 철의 전매 제도를 실시하여 국가 재정을 확충하였다.

`바로알기 >>` ③ 황건적의 난은 후한 말기에 일어난 일이다.

24 군국제와 군현제

`자료로 이해하기 >>`

― 한의 군국제는 군현제와 봉건제를 함께 채택하였어.

― 군현제에서는 중앙에서 파견한 관리가 군현을 통치하였어.

(가) 중앙은 관리를 파견하여 직접 다스리고 지방은 제후들에게 맡기겠다.

(나) 내가 직접 임명한 관리가 군현을 다스리게 하겠다.

(가)는 군국제, (나)는 군현제를 나타낸 것이다. 한의 무제는 제후의 세력을 약화하고 군현제를 전국적으로 확대하여 중앙 집권 체제를 강화하였다.

바로알기 » ① 군국제는 한을 세운 고조가 시행하였다. ② 상은 군국제를 실시하지 않았다. ③ 한 무제 때 군현제가 전국적으로 확대되었다. ⑤ (가) 군국제가 (나) 군현제와 봉건제를 절충한 제도이다.

25 신의 건국

한은 무제가 죽은 후 외척과 환관들의 다툼으로 힘이 약해졌다. 이 틈에 외척인 왕망이 한을 멸망시키고 신을 세웠다. 그러나 신은 급진적인 개혁을 추구하다가 무너지고 유수(광무제)가 다시 한을 세웠는데, 이를 후한이라고 한다. 후한 말에는 황건적의 난을 비롯한 농민 반란이 일어났다.

바로알기 » ① 전국 시대는 한이 성립되기 이전에 전개되었다. ③ 한 고조는 무제 이전에 집권하였다. ④ 주는 한 이전에 세워졌다. ⑤ 진의 시황제 때 황제 호칭을 사용하기 시작하였다.

26 흉노와 진·한 관계

> 시황제가 흉노를 몰아낸 후 그들이 다시 침입하는 것을 막기 위해 전국 시대의 성곽을 잇고 부족한 부분을 새롭게 쌓았어.

① 진의 시황제는 흉노의 침입을 막기 위해 만리장성을 완성하였다. ③ 한 무제는 대월지와 손잡고 흉노를 물리치기 위해 장건을 서역에 파견하였다. ④ 한 고조는 흉노를 공격하였으나 실패하고 흉노와 화친 조약을 체결하였다. ⑤ 흉노 정벌 등으로 재정이 악화된 한은 소금과 철의 전매 제도를 실시하였다.

바로알기 » ② 진의 분서갱유는 시황제의 사상 탄압 정책으로, 흉노와는 관계가 없다.

27 한대의 문화

제시된 사마천의 『사기』는 한대에 편찬된 역사서이다. 한대에는 오경박사가 유학 교육을 담당하였고, 유교 경전을 정리·해석하고 주석을 다는 훈고학이 발달하였다. 과학 기술도 발달하여 해시계, 지진계 등이 발명되었으며, 채륜이 제지술을 개량하여 종이를 보급함으로써 유학을 비롯한 학문과 문화 확산에 이바지하였다. 한편, 당시에는 비단길을 통한 문화적·경제적 교류가 일어났는데, 중국에 인도의 불교 등이 전해졌고, 중국의 비단 등이 유럽에까지 수출되었다.

바로알기 » ① 「사자의 서」는 이집트 문명에서 제작하였다.

서술형 **문제**   35쪽

01 아케메네스 왕조 페르시아의 발전
(1) 조로아스터교
(2) ① 세금, ② 관용 정책

02 페르시아 문화의 특징
예시답안 » 페르시아에서는 금속 세공품과 유리 공예품이 발달하였으며, 이는 유럽, 이슬람 세계, 동아시아 지역으로 전파되었다.

채점 기준	점수
금속 세공품 및 유리 공예품이 발달한 사실과 이러한 문화가 다른 지역으로 전파되었음을 서술한 경우	상
금속 세공품 및 유리 공예품이 발달한 사실과 이러한 문화가 다른 지역으로 전파된 것 중 한 가지만 서술한 경우	하

03 진대의 통일 정책
(1) 시황제(진시황제)
(2) **예시답안 »** 진은 중앙 집권 체제를 강화하기 위해 화폐와 도량형을 통일하였다. 이를 통해 지역 간에 경제 교류가 활발해지고 상업이 발달하였다.

채점 기준	점수
통일 정책의 배경(중앙 집권 체제 강화)과 그 영향(지역 간 경제 교류 촉진과 상업 발달)을 모두 서술한 경우	상
통일 정책의 배경과 그 영향 중 한 가지만 서술한 경우	하

04 한의 대외 정책
(1) 흉노
(2) **예시답안 »** 한 무제는 대월지와 손잡고 흉노를 정벌하기 위해 장건 일행을 서역에 파견하였다. 이를 계기로 서역의 사정이 중국에 알려지면서 한에서 서역으로 연결되는 교역로인 비단길이 열리게 되었다.

채점 기준	점수
장건 일행의 서역 파견 목적(흉노 정벌을 위한 대월지와의 군사 동맹)과 그 영향(비단길 개척)을 모두 서술한 경우	상
흉노 정벌을 위해 장건 일행을 서역에 파견하였다고 쓰고, 그 영향을 서술한 경우	중
장건 일행의 서역 파견 목적과 그 영향 중 한 가지만 서술한 경우	하

37, 39, 41, 43쪽

Ⓐ **1** (1) ○ (2) × **2** 올림피아 제전

Ⓑ **1** (1) 아 (2) 스 **2** 도편 추방제 **3** (1) ㄷ (2) ㄱ (3) ㄴ **4** 델로스

Ⓒ **1** (1) 절대적 (2) 호메로스 **2** (1) 헤로도토스 (2) 소피스트 **3** ㄱ, ㄷ

Ⓓ **1** (1) ○ (2) ○ (3) × **2** (1) – ⓒ (2) – ⓒ **3** 헬레니즘

Ⓔ **1** (1) 원로원 (2) 귀족 (3) 호민관 (4) 공화정 **2** 12표법

Ⓕ **1** (1) × (2) ○ **2** ⓒ 포에니 전쟁 ⓒ 대농장(라티푼디움)

3 (1) ㄱ (2) ㄴ

Ⓖ **1** (1) × (2) × (3) ○ **2** 로마의 평화(Pax Romana)

3 (1) ㄴ (2) ㄱ (3) ㄷ

Ⓗ **1** (1) 실용적 (2) 만민법 (3) 유스티니아누스 황제

2 (1) 테오도시우스 (2) 밀라노 칙령 (3) 크리스트교

실력탄탄 핵심 문제

44~48쪽

01 ③ **02** ① **03** ① **04** ④ **05** ⑤ **06** (나)-(가)-(다) **07** ④

08 ② **09** ③ **10** ④ **11** ② **12** ④ **13** ② **14** ④ **15** ②

16 ① **17** ③ **18** ② **19** ② **20** ① **21** ④ **22** ② **23** ②

24 ④ **25** ③ **26** ④ **27** ① **28** ②

01 에게 문명의 발달

기원전 2000년경부터 에게해의 여러 섬과 연안에서 크레타 문명과 미케네 문명 등으로 대표되는 에게 문명이 발달하였다.

(바로알기) ㄱ은 에게 문명 이후의 일이다. ㄹ은 폴리스에 대한 설명이다.

02 폴리스의 발달

(자료로 이해하기)

폴리스의 중심부인 아크로폴리스에는 신을 모시는 신전을 두었어.

신전   아크로폴리스

아고라

아크로폴리스 밑에는 광장과 시장으로 기능한 아고라가 있었어.

제시된 그림은 그리스 폴리스의 구조를 나타낸 것이다. 폴리스는 해안의 평야 지대나 방어하기 좋은 곳을 중심으로 형성된 도시 국가로, 같은 언어를 사용하고 올림피아 제전을 개최하면서 동족 의식을 강화하였다. 대표적인 폴리스로 아테네와 스파르타가 있다.

(바로알기) ① 로마에서 크리스트교를 국교로 삼았다.

03 아테네 민주 정치의 특징

아테네에서 평민들의 정치 참여가 점차 확대되면서 민주 정치가 발달하였다. 이에 따라 아테네에서는 독재자가 될 가능성이 있는 사람을 도기 조각에 쓴 다음 일정 기준 이상 득표한 사람을 10년 동안 추방하는 도편 추방제가 실시되었다.

(바로알기) ② 아테네에서 여성, 노예, 외국인은 정치에 참여할 수 없었다. ③은 로마에 대한 설명이다. ④ 유스티니아누스는 동로마(비잔티움) 제국의 황제이다. 아테네는 페리클레스 때 민주 정치의 황금기를 맞았다. ⑤는 로마 공화정에 대한 설명이다.

04 페리클레스 시기의 아테네

제시된 자료는 아테네의 페리클레스가 한 연설 중 일부이다. 페리클레스 시기 아테네는 민주 정치의 황금기를 맞이하였다. 민회가 실질적인 입법권을 가졌고, 장군직을 제외한 모든 공직자와 배심원은 추첨으로 선출되었으며, 이들에게 공무 수당을 지급하여 가난한 시민의 정치 참여를 보장하였다. 당시에는 모든 시민이 정치에 참여하는 직접 민주 정치가 정착되었으나, 여성, 노예, 외국인은 정치에서 배제되었다.

(바로알기) ④는 솔론 시기에 해당하는 설명이다.

05 스파르타의 특징

도리아인이 원주민을 정복하고 세운 폴리스이며, 군사 통치를 실시한 내용을 통해 ⓒ은 스파르타임을 알 수 있다. 정복 국가로 출발한 스파르타는 소수의 시민이 다수의 피지배층을 다스리기 위해 강력한 군사 통치를 실시하였고, 이를 기반으로 막강한 군사력을 확보할 수 있었다. 스파르타에서 정치는 왕과 귀족들이 담당하였으나, 국가의 중대사는 민회에서 결정하였다.

(바로알기) ① 아테네가 델로스 동맹을 이끌었다. ② 아테네에서 도편 추방제를 실시하였다. ③ 로마가 포에니 전쟁에서 승리하였다. ④ 스파르타는 왕과 귀족들이 정치를 담당하였다.

06 아테네 민주 정치의 발달

아테네에서는 부유해진 평민들이 스스로 무장하여 전쟁에 참여하면서 평민의 지위가 높아졌다. 이에 평민들의 정치 참여 요구가 높아졌고 평민의 정치 참여가 점차 확대되었다. (나) 솔론 시기 재산 정도에 따라 정치 참여가 허용되었고, (가) 클레이스테네스 시기 재산에 관계없이 모든 시민에게 참정권을 주었다. (다) 페리클레스 시기에는 장군직을 제외한 모든 공직자를 추첨으로 뽑고 수당을 주었다.

07 그리스·페르시아 전쟁의 전개

지도는 페르시아가 그리스를 침입하여 일어난 그리스·페르시아 전쟁의 전개 과정을 나타낸 것이다. 이 전쟁에서 그리스의 여러 폴리스들은 힘을 합쳐 마라톤 전투, 살라미스 해전 등에서 페르시아의 침략을 물리쳤다.

(바로알기) ① 펠로폰네소스 동맹은 그리스·페르시아 전쟁이 끝난 이후에 결성되었다. ② 에게 문명은 폴리스들이 등장하기 전에 멸망하였다. ③ 라티푼디움은 로마에서 경영된 대농장이다. ⑤ 그리스·페르시아 전쟁 이후 그리스인들은 아테네를 중심으로 델로스 동맹을 맺었다.

08 그리스 세계의 변천

그리스·페르시아 전쟁에서 승리한 그리스의 폴리스들은 페르시아가 다시 침략해 올 것에 대비하여 아테네를 중심으로 델로스 동맹을 맺었다. 이후 델로스 동맹과 펠로폰네소스 동맹 사이에 펠로폰네소스 전쟁이 일어났다.

바로알기 ≫ ① 포에니 전쟁은 로마와 카르타고 간에 일어난 전쟁이다. ③ 알렉산드로스 제국에서 알렉산드리아를 건설하였다. ④ 『유스티니아누스 법전』은 비잔티움(동로마) 제국에서 편찬되었다. ⑤ 펠로폰네소스 전쟁 이후 그리스는 마케도니아에 정복되었다.

09 그리스 문화의 특징

그리스 사람들은 합리적이면서 인간 중심적인 문화를 발전시켰다. 그리스 신화에 등장하는 신들도 인간의 모습과 감정을 가진 것처럼 묘사하였고, 호메로스가 쓴 『일리아드』 등에도 인간적인 신의 모습이 잘 표현되어 있다.

바로알기 ≫ ① 12표법은 로마에서 제정되었다. ②는 헬레니즘 문화와 관련이 있다. ④ 포에니 전쟁은 로마와 카르타고가 전개하였다. ⑤ 로마에서 콜로세움, 수도교와 같은 대규모 건축물이 세워졌다.

10 헤로도토스의 『역사』 편찬

제시된 자료는 그리스의 역사가 헤로도토스와 관련이 있다. 헤로도토스는 그리스·페르시아 전쟁을 다룬 역사서 『역사』를 저술하여 '역사의 아버지'라는 칭호를 받았다.

바로알기 ≫ ① 호메로스는 『일리아드』, 『오디세이아』 등을 저술하여 인간적인 신의 모습을 표현하였다. ② 소크라테스는 인간의 삶에 객관적이고 절대적인 진리가 있다고 주장하였다. ③ 투키디데스는 펠로폰네소스 전쟁을 다룬 『역사』를 저술하였다. ⑤ 아리스토텔레스는 소크라테스의 철학을 계승하여 서양 철학의 기초를 마련하였다.

11 그리스의 건축

그리스인들은 건축에서 조화와 균형을 강조한 그리스 양식을 발전시켰는데, 파르테논 신전이 대표적이다. 페리클레스 시대에 만들어진 파르테논 신전은 아테나 여신을 모시는 신전으로, 높이와 너비, 길이 사이의 황금 비율을 맞추어 수학적으로 적절한 균형을 이루고 있다.

바로알기 ≫ ① 콜로세움, ③ 카타콤, ④ 수도교는 로마의 건축물이다. ⑤ 지구라트는 메소포타미아 문명의 수메르인들이 세웠다.

12 그리스의 문화 발달

제시된 조각상은 그리스에서 만들어진 『아테나 여신상』이다. 그리스인들은 인간 중심적인 문화를 발전시켰다. 그리하여 그리스 신화에 등장하는 신들도 인간의 모습과 감정을 가진 것처럼 묘사하였다. 철학에서는 철학자 집단인 소피스트가 진리의 상대성을 강조한 반면, 소크라테스는 인간의 삶에는 객관적이고 절대적인 진리가 있다고 주장하며 소피스트를 비판하였다. 의학에서는 히포크라테스가 업적을 남겼다.

바로알기 ≫ ④ 그리스 철학은 초기에 자연 현상을 탐구하는 자연 철학이 발달하였으나, 소피스트가 나타나면서 철학의 관심이 인간과 사회로 확대되었다.

13 알렉산드로스 제국의 발달

지도의 (가)는 알렉산드로스 제국이다. 마케도니아의 왕 알렉산드로스가 동방 원정에 나서 이집트를 점령한 후 페르시아를 무너뜨리고 인더스강까지 진출하여 알렉산드로스 제국을 건설하였다. 그 결과 헬레니즘 세계가 형성되었으며, 제국 아래 모두 같은 시민이라는 세계 시민주의가 발달하였다.

바로알기 ≫ ㄴ. 소수 귀족이 라티푼디움을 경영한 나라는 로마이다. ㄹ. 그리스 폴리스들이 마라톤 전투에서 페르시아를 격퇴하였다.

14 알렉산드로스의 활동

지도의 (나)는 알렉산드로스이다. 그는 정복지 곳곳에 알렉산드리아라는 도시를 세워 그리스인을 이주시키고, 그리스어를 공용어로 삼아 그리스 문화를 여러 지역에 전파하였다.

바로알기 ≫ ① 로마의 콘스탄티누스 대제가 크리스트교를 공인하였다. ② 그리스 폴리스들이 올림피아 제전을 열었다. ③ 바빌로니아 왕국의 함무라비왕이 함무라비 법전을 편찬하였다. ⑤ 아케메네스 왕조 페르시아의 다리우스 1세가 '왕의 눈', '왕의 귀'로 불리는 감찰관을 파견하였다.

15 동서 문화의 융합

제시된 내용은 알렉산드로스가 동서 융합 정책을 추진하였음을 보여 준다. 그는 각지에 알렉산드리아라는 도시를 세워 그리스인을 이주시키고 그리스어를 공용어로 삼아 그리스 문화를 여러 지역에 전파하였다. 알렉산드로스 자신은 동방의 군주정을 계승하였고, 정복지의 사람을 관리로 등용하였다. 이러한 과정에서 그리스 문화와 동방의 문화가 융합된 헬레니즘 문화가 발전하였다.

바로알기 ≫ ①은 로마와 관련이 있다. ③ 그리스 폴리스들이 아테네 중심의 델로스 동맹과 스파르타 중심의 펠로폰네소스 동맹으로 나뉘면서 두 세력 간에 펠로폰네소스 전쟁이 일어났다. ④ 조로아스터교는 페르시아에서 널리 확산되었다. ⑤ 서아시아 세계는 아시리아가 최초로 통일하였다.

16 헬레니즘 문화의 특징

자료의 사진은 헬레니즘 문화의 대표적인 작품인 「라오콘 군상」이다. 따라서 ㉠ 문화는 헬레니즘 문화이다. 그리스 문화와 동방의 문화가 융합되어 발달한 헬레니즘 문화에서는 개인주의 경향이 나타났다. 개인주의는 철학에도 영향을 주어 금욕을 강조하는 스토아학파와 정신적 즐거움을 추구하는 에피쿠로스학파가 등장하였다. 또한 그리스 과학의 영향으로 자연 과학이 발달하여 아르키메데스, 에우클레이데스 등이 활약하였다.

> 폴리스가 해체되고 대제국이 세워지면서 폴리스 중심의 공동체 의식이 줄어든 거야.

바로알기 ≫ ①은 로마의 법률에 대한 설명이다.

17 로마의 발전

제시된 자료에서 집정관, 원로원, 시민(민회 주도)이 공화정을 이루었다는 내용을 통해 밑줄 친 '이 나라'는 로마임을 알 수 있다. 로마에서는 평민들이 중장 보병으로 정복 전쟁에 참여하여 세력을 키우면서 평민들의 정치 참여 요구가 커져 평민권이 점차 신장되었다.

바로알기 ≫ ① 로마는 포에니 전쟁에서 승리하였다. ②는 알렉산드로스 제국에 대한 설명이다. ④ 로마 공화정 초기에는 귀족들이 원로원과 집정관을 독점하였다. ⑤는 아테네에 대한 설명이다.

18 로마 공화정의 특징

자료로 이해하기 ≫

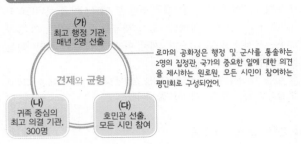

(가) 최고 행정 기관. 매년 2명 선출

견제와 균형

(나) 귀족 중심의 최고 의결 기관. 300명

(다) 호민관 선출. 모든 시민 참여

로마의 공화정은 행정 및 군사를 통솔하는 2명의 집정관, 국가의 중요한 일에 대한 의견을 제시하는 원로원, 모든 시민이 참여하는 평민회로 구성되었어.

(가) 로마의 집정관은 행정과 군사 최고 책임자로, 임기는 1년, 정원은 2명이었다. (나) 원로원은 귀족으로 구성된 최고 의결 기관이었으며, 임기는 종신이었다. (다) 평민회는 모든 시민들이 참여하였으며, 이곳에서 호민관을 선출하였다.

19 로마 평민권의 신장

로마에서는 평민들의 정치 참여 요구가 커지면서 기원전 5세기 초에 평민회가 만들어졌고, 평민의 대표인 호민관을 선출하게 되었다. 또한 기원전 450년에 관습법을 성문화한 12표법이 제정되어 평민도 법의 보호를 받을 수 있게 되었다.

바로알기 ≫ ㄱ. 원로원은 귀족을 중심으로 한 최고 의결 기관이다. ㄹ. 도편 추방제는 아테네에서 독재자의 출현을 막기 위해 실시한 제도이다.

20 포에니 전쟁의 결과

지도는 로마와 카르타고가 벌인 포에니 전쟁(2차)을 나타낸 것이다. 로마가 포에니 전쟁에서 승리하고, 이후 계속된 전쟁을 통해 지중해 일대를 장악하는 과정에서 로마의 유력자들이 많은 노예를 차지하고 노예 노동을 이용한 대농장(라티푼디움)을 경영하였다.

바로알기 ≫ ② 알렉산드로스의 동방 원정으로 헬레니즘 문화가 발달하였다. ③ 펠로폰네소스 동맹은 그리스의 여러 폴리스가 스파르타를 중심으로 맺은 동맹이다. ④ 그리스·페르시아 전쟁 이후 아테네 민주정이 황금기를 맞았다. ⑤ 포에니 전쟁 이후 정복지의 값싼 곡물이 대량으로 로마에 들어왔다.

21 그라쿠스 형제의 개혁

제시된 자료는 그라쿠스 형제의 흉상과 그들이 추진한 개혁의 주요 내용이다. 그라쿠스 형제는 귀족들의 대농장 경영으로 자영농이 몰락하자, 이들의 몰락을 막기 위한 개혁을 추진하였다.

바로알기 ≫ ① 그라쿠스 형제는 공화정을 지키기 위해 개혁을 추진하였다. ② 그라쿠스 형제는 노예제 폐지를 주장하지 않았다. ③ 스파르타가 델로스 동맹을 견제하기 위해 펠로폰네소스 동맹을 결성하였다. ⑤ 그라쿠스 형제의 개혁이 실패한 이후 사회가 혼란하자, 카이사르가 이를 수습하고 정권을 장악하였다.

22 로마 사회의 변천

(가)에는 그라쿠스 형제의 개혁 이후부터 옥타비아누스 집권 이전까지의 사건이 들어갈 수 있다. 그라쿠스 형제가 자영 농민을 육성하기 위한 개혁을 추진하였다가 실패한 이후 카이사르가 강력한 군사력을 기반으로 정권을 장악하였지만 반대파에게 암살당하였다. 카이사르가 죽은 후 옥타비아누스가 정권을 장악하였다.

바로알기 ≫ ① 그라쿠스 형제의 개혁 이전에 평민회가 만들어졌다. ③은 테오도시우스 황제 때의 일이다. ④ 옥타비아누스가 제정을 연 후 로마는 '로마의 평화'라 불리는 최고 전성기를 누렸다. ⑤는 디오클레티아누스 집권기의 일이다.

23 옥타비아누스의 집권

자료로 이해하기 ≫

옥타비아누스는 로마의 제1 시민 (프린켑스)을 자처하였어.

- 기자: 여기는 로마입니다. 오늘은 반대파를 제거하고 권력을 잡은 인물을 만나보겠습니다. 스스로를 제1 시민(프린켑스)으로 부르는 이유가 무엇인가요?
- (㉠): 나는 공화정의 여러 제도를 유지하거나 부활하였기 때문입니다.
- 기자: 그렇지만 군대와 재정 등 전권을 장악하였으니 사실상 황제라고 보아도 무방하겠군요.

옥타비아누스는 로마의 정치·군사권 등을 장악함으로써 사실상 황제가 되었지.

㉠은 로마의 제정을 연 옥타비아누스이다. 반대파를 누르고 정치적 혼란을 수습하여 로마의 정치, 군사권 등 전권을 차지한 옥타비아누스는 원로원으로부터 '아우구스투스(존엄한 자)'라는 칭호를 받았다.

바로알기 ≫ ①, ②는 콘스탄티누스 대제의 업적이다. ③ 동로마 제국(비잔티움 제국)은 로마가 동서로 분열되면서 세워졌다. ④는 유스티니아누스 황제에 대한 설명이다.

24 로마의 발전

지도는 로마의 영역을 나타낸 것으로, (가)는 로마이다. 로마에서는 법률이 발달하였는데, 공화정 초기에 12표법으로 시작하여 이후 로마 시민들에게 적용되는 시민법들이 만들어졌고, 제국이 확대되면서 로마 제국의 모든 민족에게 적용되는 만민법으로 발전하였다.

바로알기 ≫ ①은 그리스 아테네, ②는 사산 왕조 페르시아, ③, ⑤는 알렉산드로스 제국과 관련이 있다.

25 콘스탄티누스 대제의 업적

지도에서 ㉠은 로마 제국의 수도가 로마에서 콘스탄티노폴리스로 이동하였음을 보여 준다. 로마의 콘스탄티누스 대제는 수도를 콘스탄티노폴리스(비잔티움)로 옮기고 밀라노 칙령으로 크리스트교를 공인하는 등 로마 제국을 다시 일으켜 세우기 위해 노력하였다.

바로알기 ≫ ①은 옥타비아누스에 대한 설명이다. ② 12표법은 콘스탄티누스 대제가 집권하기 이전에 만들어졌다. ④는 디오클레티아누스, ⑤는 마케도니아의 알렉산드로스에 대한 설명이다.

26 로마법의 발전

로마는 거대한 제국을 효율적으로 통치하기 위해 법률을 제정하였다. 로마법은 시민 생활을 규제하는 시민법에서 출발하여 차츰 제국의 모든 민족에게 적용되는 만민법으로 발전하였다. 이후 비잔티움 제국의 황제였던 유스티니아누스가 로마의 법률을 집대성하여 『유스티니아누스 법전』을 편찬하였다.

바로알기 ≫ 관습법은 구전으로 전하는 것으로, 문서의 형식을 갖추지 않은 불문법이었다. 그러나 12표법으로 로마 최초의 성문법이 만들어졌다.

27 로마 문화의 특징

제시된 내용은 로마에서 법률이 발달하였고, 수도교, 원형 경기장 등의 대형 건축물과 도로망이 건설되었음을 보여 준다. 이를 통해 로마에서 넓은 제국을 다스리는 데 도움이 되는 실용적인 문화가 발달하였음을 알 수 있다.

바로알기 ≫ ②는 페르시아 문화 등, ③은 그리스 문화, ④, ⑤는 헬레니즘 문화와 관련이 있다.

28 크리스트교의 등장과 확산

㉠에 들어갈 종교는 크리스트교이다. 크리스트교도는 로마 제국의 박해를 받았기 때문에 이를 피해 카타콤에서 예배를 드리기도 하였다. 조로아스터교의 천국과 지옥, 최후의 심판 등의 교리는 크리스트교에 영향을 주었다. 크리스트교는 로마 황제에 대한 숭배를 거부하여 로마 제국의 박해를 받았다. 그러나 사랑과 믿음을 통해 누구든지 구원을 받을 수 있다는 크리스트교의 가르침은 노예, 여성, 하층민을 중심으로 널리 퍼졌다. 결국 테오도시우스 황제는 크리스트교를 로마 제국의 국교로 인정하였다.

바로알기 ≫ ②는 조로아스터교에 대한 설명이다.

서술형 문제
49쪽

01 아테네 민주 정치의 특징

(1) 민주 정치(민주정)
(2) ① 민회, ② 추첨

02 도편 추방제의 실시

예시답안 ▶ 도편 추방제. 아테네에서는 독재자의 출현을 막기 위해 도편 추방제를 실시하였다.

채점 기준	점수
도편 추방제를 쓰고 독재자 출현 방지를 위해 실시하였다고 서술한 경우	상
독재자의 출현을 막기 위함이라는 목적만 서술한 경우	중
도편 추방제만 쓴 경우	하

03 라티푼디움의 경영

(1) **예시답안 ▶** 포에니 전쟁 이후 로마에 외국의 값싼 곡물이 대량으로 들어오고, 유력자들이 노예 노동을 이용한 대농장(라티푼디움)을 경영하여 자영농은 토지를 잃고 몰락하였다.

채점 기준	점수
외국의 값싼 곡물 대량 유입, 대농장(라티푼디움) 경영을 모두 서술한 경우	상
외국의 값싼 곡물 대량 유입, 대농장(라티푼디움) 경영 중 한 가지만 서술한 경우	하

(2) **예시답안 ▶** 그라쿠스 형제는 소수 유력자의 대토지 소유 제한, 농민에게 토지 재분배, 국고 보조금 지원, 빈민에게 싼 가격으로 곡물 분배 등의 개혁을 추진하였다.

채점 기준	점수
제시된 개혁 정책 중 두 가지를 서술한 경우	상
제시된 개혁 정책 중 한 가지만 서술한 경우	하

04 헬레니즘 문화의 특징

예시답안 ▶ 헬레니즘 문화에서는 개인의 행복을 추구하는 개인주의와 제국 아래 모두 같은 시민이라는 세계 시민주의가 발달하였다.

채점 기준	점수
개인주의와 세계 시민주의를 모두 서술한 경우	상
개인주의와 세계 시민주의 중 한 가지만 서술한 경우	하

05 로마 문화의 특징

예시답안 ▶ 로마에서는 넓은 제국을 다스리는 데 도움이 되는 건축물이 많이 세워지는 등 실용적인 문화가 발달하였다.

채점 기준	점수
실용적 문화가 발달하였다는 특징과 넓은 제국을 다스리기 위한 것이라는 배경을 모두 서술한 경우	상
실용적 문화가 발달하였다고만 서술한 경우	하

01 역사 연구 방법

역사가는 역사를 연구할 때 과거 사람들이 남긴 문서, 기록물, 그림, 유물, 유적과 같은 사료를 바탕으로 고고학, 문화 인류학 등의 과학적이고 체계적인 연구 방법과 역사적 상상력을 동원하여 과거 사람들의 삶과 역사적 사건을 밝혀낸다. 이때 사료는 사료 비판을 통해 사료의 내용이 진실인지 아닌지 검증하는 과정을 거쳐야 한다.

바로알기 ≫ ① 역사가는 사료를 분석할 때 역사적 상상력을 동원하여 과거 상황을 분석하기도 한다.

02 구석기 시대의 생활 모습

제시된 자료는 뗀석기를 제작하는 방식을 보여 준다. 구석기 시대 사람들은 돌을 깨뜨려 만든 뗀석기를 사용하였다. 구석기 시대에는 사냥과 물고기잡이, 열매 채집 등을 통해 식량을 마련하였다. 이에 따라 이동 생활을 하였기 때문에 주로 동굴이나 막집에서 생활하였다. 이 시기 사람들은 다산과 풍요, 사냥의 성공 등을 기원하며 조각상을 만들거나 동굴 벽화를 남기기도 하였다.

바로알기 ≫ ㄱ, ㄴ은 신석기 시대의 생활 모습에 대한 설명이다.

03 4대 문명 발생 지역의 공통점

4대 문명은 티그리스강과 유프라테스강 사이의 메소포타미아 지방, 이집트의 나일강 유역, 인도의 인더스강 유역, 중국의 황허강 유역에서 일어났다. 이 지역들의 공통점은 큰 강 유역으로 농경이 발달하였다는 것이다.

바로알기 ≫ ① 문명은 청동기 시대에 발생하였는데, 청동기 시대에는 계급이 생겼다. ②는 이집트 문명 발생지의 특징이다. ③은 그리스 폴리스의 지형적 특징이다. ⑤는 그리스의 아크로폴리스와 관련이 있다.

04 이집트 문명의 특징

제시된 유적은 이집트 문명이 남긴 스핑크스와 피라미드이다. 이집트에서는 나일강의 범람에 대처하면서 천문학과 수학이 발달하였고, 태양력과 10진법을 사용하였다.

바로알기 ≫ ①은 중국 문명의 상, ③은 인도 문명, ④는 바빌로니아 왕국, ⑤는 헤브라이 왕국에 해당한다.

05 상의 발전

제시된 글의 ㉠ 나라는 상이다. 상의 왕은 전쟁이나 제사 등 나라에 중요한 일이 있을 때 점을 쳐서 결정하였는데, 이를 통해 당시가 제정일치 사회였음을 알 수 있다. 점을 친 내용과 결과는 거북의 배딱지나 동물의 뼈에 기록하였는데, 이를 갑골 문자라고 한다.

바로알기 ≫ ① 주에서 봉건제를 실시하였다. ② 아리아인이 믿은 브라만교에서 『베다』를 경전으로 삼았다. ③은 이집트 문명, ④는 인도 문명 등과 관련이 있다.

06 인도 문명의 발달

제시된 인장은 인도 지역에서 발견된 것으로, 인도에서 그림 문자를 사용하였음을 보여 준다. 인도 문명을 건설한 드라비다인은 인더스강 유역의 하라파, 모헨조다로 등에 계획도시를 건설하였다.

바로알기 ≫ ②는 메소포타미아 문명, ③은 바빌로니아 왕국, ④는 상 왕조, ⑤는 이집트 문명에 대한 설명이다.

07 아시리아의 통치 방식

밑줄 친 '이 나라'는 아시리아이다. 아시리아는 기마 전술과 철제 무기, 전차를 앞세워 서아시아 세계를 최초로 통일하였다. 그러나 가혹한 통치로 피지배 민족이 반란을 일으켜 통일한 지 60여 년 만에 멸망하였다.

바로알기 ≫ ①은 사산 왕조 페르시아, ②, ③, ④는 아케메네스 왕조 페르시아에 대한 설명이다.

08 아케메네스 왕조 페르시아의 통치

자료의 키루스 2세는 아케메네스 왕조 페르시아의 황제로, 자료는 아케메네스 왕조 페르시아에서 관용 정책을 펼쳤음을 보여 준다. 아케메네스 왕조 페르시아의 다리우스 1세는 전국을 20여 개 주로 나누어 총독을 파견하였다.

바로알기 ≫ ①은 파르티아, ②, ③은 알렉산드로스 제국, ④는 사산 왕조 페르시아와 관련이 있다.

09 페르시아의 문화

페르세폴리스 궁전 유적은 아케메네스 왕조 페르시아에서 조성하였고, 날개 달린 사자 장식 뿔잔은 페르시아의 공예품이다. 페르시아에서는 아후라 마즈다를 최고신으로 섬기는 조로아스터교를 널리 믿었다.

바로알기 ≫ ②는 이집트 문명, ③은 파르티아, ④는 그리스, ⑤는 페니키아에 대한 설명이다.

10 춘추 전국 시대의 사회 모습

제시된 유가, 묵가, 법가, 도가는 춘추 전국 시대에 등장한 제자백가의 학파이다. 춘추 전국 시대에는 각국이 경쟁에서 살아남기 위해 유능한 인재를 등용하여 부국강병을 추진하였고, 이 과정에서 제자백가가 등장하였다. 춘추 전국 시대에는 철기가 보급되어 철제 농기구와 소를 이용한 농경이 이루어졌고, 농업 생산력이 크게 늘어나면서 상업과 수공업이 발달하여 다양한 화폐가 사용되었다.

바로알기 ≫ ㄴ은 진, ㄹ은 한 고조 시기에 해당한다.

11 시황제의 정책

자료로 이해하기 ≫

시황제는 법가 서적과 실용 서적을 제외한 모든 책을 불태웠어.

그는 탐욕스러웠고, 자만하여 공신을 신임하지 않았다. 선비와 백성을 너그럽게 대하지 않고, 개인의 권력을 앞세워 제자백가의 서적을 불태웠다. 형법을 혹독하게 집행하고, 거짓된 술수를 부리며 폭력을 앞세워 포악한 정치를 펼쳤다. — 사마천, 『사기』

시황제는 법가 사상을 토대로 엄격한 정책을 펼쳤지.

제시된 자료는 진의 시황제에 대한 평가이다. 진의 시황제는 군현제를 실시하고 도로망을 정비하여 중앙 집권을 강화하였다. 또한 화폐, 도량형, 문자, 수레바퀴의 폭 등을 통일하였으며 만리장성을 축조하여 흉노의 침입을 방어하였다.

바로알기 ≫ ⑤는 한 무제에 대한 설명이다.

12 무제 재위 시기의 한

제시된 활동을 펼친 인물은 한 무제이다. 한 무제는 대월지와 손을 잡고 흉노를 공격하기 위해 장건을 서역에 파견하였다.

바로알기 ≫ ①, ⑤는 주, ②는 진, ③은 인도에서 있었던 사실이다.

13 한의 문화

㉠ 왕조는 한이다. 채륜은 한대에 종이 만드는 기술을 개량하여 학문과 문화가 확산되는 데 이바지하였다. 한대에는 사마천이 『사기』를 편찬하였다.

바로알기 ≫ ①은 로마, ②는 춘추 전국 시대, ③은 상, ④는 헬레니즘 문화에 해당한다.

14 폴리스의 발전

㉠은 그리스의 도시 국가인 폴리스이다. 그리스의 폴리스들은 동족 의식을 지녔고, 올림피아 제전을 통해 유대감을 가졌다.

바로알기 ≫ ㄴ. 폴리스는 기원전 10세기경에 등장하였다. ㄹ은 에게 문명에 해당하는 설명이다.

15 그리스 문화의 발전

밑줄 친 '이 나라'는 그리스이다. 그리스 건축에서는 조화와 균형을 강조하였는데, 파르테논 신전이 대표적이다. 파르테논 신전은 높이와 너비, 길이 사이의 황금 비율을 맞추어 수학적으로 적절한 균형을 이루고 있다. 그리스에서는 헤로도토스가 그리스·페르시아 전쟁을 다룬 『역사』를 저술하였다.

바로알기 ≫ ①, ③, ④, ⑤는 모두 로마의 문화에 대한 설명이다.

16 알렉산드로스의 활동

지도에 나타난 원정을 전개한 인물은 알렉산드로스이다. 알렉산드로스는 정복한 지역에 알렉산드리아라는 도시를 세워 그리스인을 이주시키고, 그리스어를 공용어로 삼아 그리스 문화를 여러 지역에 전파하였다.

바로알기 ≫ ①, ②, ④는 사산 왕조 페르시아, ③은 아케메네스 왕조 페르시아에 대한 설명이다.

17 헬레니즘 문화의 특징

알렉산드로스의 동방 원정 과정에서 그리스 문화와 동방의 문화가 융합된 헬레니즘 문화가 발전하였다. 이 시기에는 폴리스가 해체되고 대제국이 세워지면서 폴리스 중심의 공동체 의식이 줄어들고 제국 아래 모두 같은 시민이라는 세계 시민주의가 발달하였다.

바로알기 ≫ ①은 로마 문화, ②는 한 왕조의 문화, ③, ⑤는 그리스 문화와 관련이 있다.

18 포에니 전쟁의 영향

밑줄 친 '전쟁'은 포에니 전쟁이다. 포에니 전쟁에서 승리한 로마는 이후 계속된 정복 전쟁을 승리로 이끌어 지중해 일대를 장악하였다. 그러나 정복지의 값싼 곡물이 대량으로 로마에 유입되고, 소수 귀족이 노예를 이용한 대농장(라티푼디움)을 경영하면서 로마의 자영 농민층은 토지를 잃고 몰락하였다.

바로알기 ≫ ㄷ. 호민관 제도는 포에니 전쟁 이전부터 실시되었다. ㄹ. 디오클레티아누스가 제국을 4분할 통치한 것은 3세기경의 일이다.

19 옥타비아누스의 집권

제시된 자료의 인물은 옥타비아누스이다. 옥타비아누스는 카이사르의 뒤를 이어 로마의 권력을 장악한 후 원로원으로부터 '아우구스투스(존엄한 자)'라는 칭호를 받았고, 군대와 재정을 장악하여 사실상 황제가 되었다. 하지만 그는 스스로를 '제1 시민(프린켑스)'으로 불렀다.

바로알기 ≫ ①은 콘스탄티누스 대제, ②는 테오도시우스 황제에 해당한다. ③은 포에니 전쟁에 대한 설명으로, 옥타비아누스 집권 이전에 일어났다. ④는 카이사르와 관련이 있다.

20 콘스탄티누스 대제의 업적

4세기 초 로마를 다스린 콘스탄티누스 대제는 크리스트교를 공인하고, 수도를 콘스탄티노폴리스(비잔티움)로 옮기는 등 로마 제국을 다시 일으켜 세우기 위해 노력하였다.

바로알기 ≫ ① 카이사르는 기원전 1세기경에 정권을 장악하였다. ② 옥타비아누스는 제정을 열었다. ④ 테오도시우스 황제는 크리스트교를 국교로 채택하였다. ⑤ 디오클레티아누스 황제는 제국을 4분할 통치하였다.

21 로마 문화의 특징

콜로세움과 수도교는 로마에서 남긴 문화유산이다. 로마에서는 크리스트교가 등장하여 발전하였다. 크리스트교는 로마의 전통적 신들과 황제 숭배를 거부하여 로마 제국의 박해를 받았으나, 노예, 여성, 하층민을 중심으로 확산되었다.

바로알기 ≫ ①, ②는 헬레니즘 문화, ④는 그리스 문화와 관련이 있다. ⑤ 헬레니즘 문화는 그리스 문화와 다르게 개인주의, 세계 시민주의 경향을 보였다.

II. 세계 종교의 확산과 지역 문화의 형성

01 불교 및 힌두교 문화의 형성과 확산

59, 61, 63쪽

Ⓐ 1 (1) × (2) ○ 2 (1) 고타마 싯다르타(석가모니) (2) 해탈
Ⓑ 1 ㉠ 알렉산드로스 ㉡ 마우리아 왕조 2 ㄱ, ㄹ 3 상좌부 불교
Ⓒ 1 (1) × (2) ○ (3) ○ 2 대승 불교 3 (1) – ㉠ (2) – ㉡
Ⓓ 1 ㉠ 쿠샨 ㉡ 헬레니즘 문화 2 ㄷ
Ⓔ 1 (1) 찬드라굽타 2세 (2) 에프탈 2 (1) × (2) ○ (3)
Ⓕ 1 ㄴ, ㄷ 2 (1) × (2) ○ 3 ㉠ 앙코르 와트 ㉡ 힌두교

실력탄탄 핵심 문제

64~67쪽

01 ④ 02 ③ 03 ④ 04 ④ 05 ② 06 ③ 07 ⑤ 08 ③
09 ⑤ 10 ③ 11 ① 12 ④ 13 ② 14 ④ 15 ⑤ 16 ③
17 ① 18 ① 19 ②

01 불교의 성립 배경

기원전 7세기경~기원전 6세기경 인도에서 철기 문화가 보급되면서
도시 국가 간 전쟁이 자주 일어났고 이 과정에서 정치와 군사를 담
당한 크샤트리아가 성장하였다. 또한 농업과 상공업이 발달하면서
생산을 담당한 바이샤의 영향력도 확대되었다. 이들은 브라만교의
형식화된 제사 의식과 카스트제의 신분 차별에 반대하였다. 이러한
사회 분위기 속에서 불교가 창시되었다.

바로알기 >> ① 힌두교는 굽타 왕조가 성립한 이후 등장하였다. ② 갑골 문자는
중국의 상 왕조 때 만들어졌다. ③은 1세기경, ⑤는 기원전 4세기경의 일이다.

02 불교의 교리

사진은 고행 중인 석가모니(고타마 싯다르타)의 모습으로, 석가모니
는 불교를 창시하였다. 석가모니는 누구나 욕심을 버리고 올바르게
수행을 하면 번뇌와 윤회의 고통에서 벗어나 해탈할 수 있다고 하
였으며, 자비와 평등을 강조하였다.

바로알기 >> ① 불교에서는 카스트에 따른 신분 차별에 반대하였다. ② 『베다』
는 브라만교의 경전이다. ④, ⑤는 브라만교와 관련된 설명이다.

03 불교의 확산

㉠ 세력은 크샤트리아, ㉡ 세력은 바이샤이다. 불교에서는 브라만교
의 엄격한 권위주의와 카스트에 따른 신분 차별에 반대하고 자비와
평등을 강조하였다. 이러한 불교의 가르침은 브라만 중심의 카스트
사회에 불만을 품고 있던 크샤트리아와 바이샤 세력의 환영을 받았
다. 크샤트리아는 정치와 군사를 담당하였고, 바이샤는 농업과 상
업 등 생산을 담당하였다. 이들의 지원을 받으며 불교는 인도의 여
러 지역으로 퍼져 나갔다.

바로알기 >> 브라만은 제사 의식을 담당한 지배 계급이다. 수드라는 정복당한
민족으로, 각종 노역에 종사하였다.

04 마우리아 왕조의 발전

지도의 (가) 왕조는 마우리아 왕조이다. 기원전 4세기경 찬드라굽타
마우리아는 마우리아 왕조를 세우고 북인도를 처음으로 통일하였
다. 마우리아 왕조는 기원전 3세기경 아소카왕 때 칼링가 왕국을
정복하여 남부를 제외한 인도 대부분을 통일하였다.

바로알기 >> ①은 이집트 문명, ②는 쿠샨 왕조, ③은 로마, ⑤는 인도 문명과 관
련된 내용이다.

05 아소카왕의 정책

자료로 이해하기 >> ┌ 이 전쟁에서 10만 명이 넘는 사람이 사망하였어.

> 칼링가를 정복하면서 나는 결코 돌이킬 수 없는 양심의 가책을
> 느꼈다. 그들의 영토가 시체로 뒤덮인 처참한 광경을 바라보면
> 서 나의 가슴은 찢어졌다. …… 앞으로 나는 오직 진리에 맞는
> 법만을 실천하고 가르칠 것이다. └ 아소카왕은 불교를 믿게 된 후 불교의
> 가르침에 따라 나라를 통치하였어.

자료는 아소카왕의 돌기둥에 새겨진 글로 밑줄 친 '나'는 아소카왕
에 해당한다. 아소카왕은 칼링가 왕국을 정복하는 과정에서 전쟁
의 처참함을 경험하고 이후 부처의 가르침을 바탕으로 나라를 다스
렸다. 그는 도로망과 관개 시설을 정비하고, 전국에 관리를 파견하
는 등 중앙 집권 체제를 강화하였다.

바로알기 >> ①은 카니슈카왕, ③은 콘스탄티누스 대제, ④는 한 무제 등, ⑤는
진의 시황제, 다리우스 1세 등이 실시한 정책이다.

06 마우리아 왕조의 문화

사진은 마우리아 왕조의 아소카왕이 세운 산치 대탑이다. 아소카
왕은 불교 경전을 정리하고, 전국에 사원과 탑을 세우는 등 적극적
으로 불교를 장려하였다. 이 시기 개인의 해탈을 강조하는 상좌부
불교가 발전하여 실론과 동남아시아 등지에 전파되었다.

바로알기 >> ①은 굽타 왕조, ②는 중국의 춘추 전국 시대, ④는 기원전 5세기경
고대 그리스, ⑤는 바빌로니아 왕국의 문화와 관련된 내용이다.

07 쿠샨 왕조의 발달

도표의 (가) 왕조는 쿠샨 왕조이다. 1세기경 이란 계통의 유목민이
세운 쿠샨 왕조는 중국, 인도, 서아시아를 잇는 동서 무역로를 차지
하고 중계 무역으로 번영을 누렸다.

바로알기 >> ①은 기원전 6세기경, ②는 마우리아 왕조, ③은 기원전 5세기경
그리스, ④는 기원전 1000년경에 있었던 일이다.

08 카니슈카왕의 활동

제시된 글에서 2세기경 영토를 확장하여 쿠샨 왕조의 전성기를 이
끌었다고 한 점을 통해 밑줄 친 '그'가 카니슈카왕임을 알 수 있다.
카니슈카왕 시기에 불교가 확산되면서 상좌부 불교 대신 많은 사람
(중생)의 구제를 강조한 대승 불교가 발전하였다. 대승 불교는 카니
슈카왕의 전파 노력에 힘입어 중앙아시아를 거쳐 중국, 한국, 일본
등 동아시아에 전파되었다.

바로알기 >> ①은 한 무제 등, ②는 아케메네스 왕조의 다리우스 1세, ④는 마케
도니아의 알렉산드로스, ⑤는 마우리아 왕조의 아소카왕에 대한 설명이다.

09 대승 불교와 상좌부 불교의 발전

자료로 이해하기 >>

불교의 발생 (기원전 6세기)
대승 불교는 중앙아시아와 중국으로 전파되었고, 중국적 색채가 더해져 한국과 일본에까지 전해졌어.

(가)의 전파 → 대승 불교
(나)의 전파 → 상좌부 불교

지도는 불교의 전파를 나타낸 것이다. 많은 사람(중생)의 구제를 강조한 대승 불교는 쿠샨 왕조 시기에 발전하였으며, 부처를 초월적인 존재로 신격화하여 신앙의 대상으로 삼았다. 대승 불교는 카니슈카왕의 전파 노력에 힘입어 중앙아시아를 거쳐 동아시아 지역으로 전파되었다. 상좌부 불교는 엄격한 수행을 통한 개인의 해탈을 강조하였으며, 마우리아 왕조 시기에 아소카왕의 후원을 받아 실론과 동남아시아 등지로 전파되었다.

바로알기 >> ⑤ 간다라 양식과 함께 비단길을 따라 전파된 것은 대승 불교이다.

10 간다라 양식의 성립

알렉산드로스의 원정 이후 인도의 간다라 지방에 정착한 그리스인들이 신을 인간의 형상으로 조각하는 것을 보고 인도인들도 불상을 만들기 시작하였다. 그리하여 쿠샨 왕조의 간다라 지방에서 인도 문화와 헬레니즘 문화가 융합된 간다라 양식이 발달하여 불상이 활발하게 제작되었다.

바로알기 >> ①, ④ 기원전 1500년경 아리아인이 인도에 정착한 이후 카스트제가 형성되고 브라만교가 성립하였다. ② 중국의 춘추 전국 시대에 제자백가가 등장하였다. ⑤ 기원전 2500년경 하라파, 모헨조다로 등 도시 문명이 일어났다.

11 간다라 양식의 특징

자료에서 인도의 불교문화와 헬레니즘 문화가 융합되어 성립하였음을 통해 (가)가 간다라 양식의 문화유산임을 알 수 있다. 초기 불교도는 불상을 만들지 않고 부처를 보리수, 부처의 발자국 등으로 표현하였으나 헬레니즘 문화의 영향으로 간다라 양식이 발달하면서 불상을 제작하기 시작하였다. 간다라 양식의 불상은 곱슬머리, 오똑한 콧날, 움푹 들어간 눈, 섬세한 옷 주름 등을 특징으로 한다. ①은 간다라 양식의 불상이다.

바로알기 >> ②는 헬레니즘 문화의 『라오콘 군상』, ③은 마우리아 왕조 시대에 아소카왕이 세운 돌기둥, ④는 중국 상 왕조의 갑골 문자(갑골문), ⑤는 모헨조다로에서 출토된 인장이다.

12 찬드라굽타 2세의 영토 확장

굽타 왕조는 찬드라굽타 2세 때 활발한 정복 사업을 펼쳐 북인도 대부분을 차지하고, 인도 중부까지 세력을 넓혀 전성기를 누렸다.

바로알기 >> ①은 이집트 문명, ②는 중국의 상 왕조, ③은 사산 왕조 페르시아, ⑤는 페니키아와 관련된 내용이다.

13 굽타 왕조의 성립과 발전

지도의 (가) 왕조는 굽타 왕조이다. 쿠샨 왕조 멸망 이후 인도에서는 4세기경 찬드라굽타 1세가 인도 북부를 통일하고 굽타 왕조를 세웠으며, 찬드라굽타 2세 때는 영토를 크게 확장하였다. 이 시기 굽타 왕조는 활발한 해상 무역으로 경제적 번영을 누렸다. 그러나 5세기 이후 에프탈의 침략과 왕위 계승 분쟁을 겪다가 6세기 중엽에 멸망하였다. 한편, 굽타 왕조 시기에는 힌두교가 등장하여 발전하였다.

바로알기 >> ②는 마우리아 왕조에 대한 설명이다.

14 마누 법전의 정비

자료에서 굽타 왕조 시대에 정비되었다는 점, 카스트를 비롯한 각종 의례와 관습 및 법을 기록하였다는 점 등을 통해 『마누 법전』에 대한 설명임을 알 수 있다. 『마누 법전』은 힌두교도가 지켜야 할 생활 규범까지 기록하여 힌두교도의 일상생활에 큰 영향을 미쳤다.

바로알기 >> ①은 브라만교의 경전, ②, ③은 로마의 법률, ⑤는 비잔티움 제국의 법전이다.

15 힌두교의 발전 ┌ '힌두'는 인도를 가리키는 페르시아어로 힌두교는 인도인의 종교를 의미해.

㉠ 종교는 힌두교이다. 굽타 왕조 시기에는 브라만교와 인도의 민간 신앙, 불교가 융합하면서 힌두교가 성립하였다. 힌두교는 브라만교의 복잡한 제사 의식이나 값비싼 제물을 요구하지 않고, 요가나 고행, 선행 등을 통해 해탈할 수 있다고 하여 대중화되었다. 굽타 왕조는 곳곳에 사원을 짓는 등 힌두교를 적극 지원하였고 이로 인해 힌두교가 널리 확산되었다.

바로알기 >> ①은 조로아스터교, ②는 불교에 대한 설명이다. ③ 힌두교는 카스트제의 신분 차별을 인정하였다. ④ 힌두교는 굽타 왕조의 보호를 받아 성장하였다.

16 굽타 양식의 특징

사르나트에서 출토된 불상 사진과 대화 내용 중 인도 고유의 특징이 나타난다는 점 등을 통해 밑줄 친 '이 양식'이 굽타 양식임을 알 수 있다. 굽타 왕조 시기에 미술 분야에서는 인물 표현이나 옷차림 등에서 인도 고유의 특징을 반영한 굽타 양식이 나타났다. 아잔타 석굴 사원의 불상과 벽화는 굽타 양식을 대표한다.

바로알기 >> ①은 중국의 진, ②는 쿠샨 왕조, ④는 바빌로니아 왕국, ⑤는 알렉산드로스 제국의 헬레니즘 문화와 관련된 내용이다.

17 인도 고전 문화의 발달

굽타 왕조 시대에는 산스크리트 문학이 발달하면서 『마하바라타』, 『라마야나』와 같은 서사시가 산스크리트어로 정리되었다. 이 시기 미술에서는 간다라 양식과 인도 고유의 양식이 융합된 굽타 양식이 나타났다. 굽타 왕조 시대에는 천문학과 수학도 발달하였다. 원주율을 이용하여 지구의 둘레를 계산하였고, 지구가 둥글고 자전한다는 사실을 밝혀냈다. 최초로 '0(영)'이라는 숫자를 만들었고, 10진법을 사용하였다.

18 인도의 왕조 발전

(가) 인도에서는 기원전 4세기경 찬드라굽타 마우리아가 마우리아 왕조를 세웠다. (나) 마우리아 왕조는 아소카왕 때 전성기를 누렸는데, 아소카왕은 도로망과 관개 시설을 정비하고 전국에 관리를 파견하는 등 중앙 집권 체제를 강화하였다. 마우리아 왕조 멸망 이후 1세기경 쿠샨 왕조가 성립하였다. (다) 2세기경 카니슈카왕은 곳곳에 사원과 탑을 세워 불교 교리를 널리 전파하였다. 쿠샨 왕조 멸망 이후 인도는 다시 여러 나라로 분열되었으나 4세기경 굽타 왕조가 들어서 인도 북부를 통일하였다. (라) 굽타 왕조는 찬드라굽타 2세 때 영토를 넓혀 전성기를 맞이하였다.
└ 벵골만에서 아라비아해까지 영토를 확장하였어.

19 앙코르 와트

사진은 캄보디아의 앙코르 와트이다. 12세기경 앙코르 왕조가 세운 앙코르 와트는 힌두교의 비슈누 신에게 바친 사원이자 왕의 무덤이다. 이후 불교도들이 앙코르 와트에 불상을 두면서 불교 사원으로 이용되기도 하였다. 이를 통해 앙코르 와트가 인도의 힌두교와 불교의 영향을 받았음을 짐작할 수 있다.

바로알기 ›› ② 앙코르 와트는 앙코르 왕조가 세웠다.

서술형 문제
67쪽

01 불교의 창시와 확산

(1) 불교
(2) ① 카스트제, ② 바이샤

02 상좌부 불교와 대승 불교의 전파

예시답안 (가) 상좌부 불교는 실론과 동남아시아 등지로 전파되었고, (나) 대승 불교는 중앙아시아를 거쳐 중국, 한국, 일본 등 동아시아에 전파되었다.

채점 기준	점수
상좌부 불교와 대승 불교의 주요 전파 지역을 모두 서술한 경우	상
상좌부 불교와 대승 불교의 주요 전파 지역 중 한 가지만 서술한 경우	하

03 힌두교의 특징

예시답안 힌두교는 카스트제의 신분 차별을 인정하고 그에 따른 의무 수행을 강조하였다. 이로 인해 인도 사회에 카스트제가 정착되었다.

채점 기준	점수
힌두교가 카스트제의 신분 차별을 인정하고 의무 수행을 강조하였음, 카스트제 정착에 영향을 주었음을 모두 서술한 경우	상
위 내용 중 한 가지만 서술한 경우	하

---

02 동아시아 문화의 형성과 확산

69, 71, 73, 75쪽

A 1 (1) 북위 (2) 위진 남북조 시대 (3) 남조 2 한화 정책

B 1 (1) 9품중정제 (2) 문벌 귀족 2 (1) ○ (2) × 3 도교

C 1 (1) – ㉡ (2) – ㉠ 2 과거제 3 (1) ○ (2) ○

D 1 ㉠ 장안 ㉡ 율령 ㉢ 신라 2 안사의 난 3 ㄱ, ㄹ

E 1 (1) – ㉡ (2) – ㉢ (3) – ㉣ (4) – ㉤ (5) – ㉠ 2 (1) × (2) ○

F 1 (1) 오경정의 (2) 현장 2 (1) ○ (2) × 3 당삼채

G 1 (1) 고조선 (2) 아스카 문화 (3) 당
   2 ㉠ 헤이조쿄(나라) ㉡ 국풍 문화

H 1 (1) × (2) ○ (3) ○ 2 ㄱ, ㄴ, ㄷ, ㄹ 3 ㉠ 3성 6부제 ㉡ 장안성

실력 탄탄 핵심 문제
76~80쪽

01 ④ 02 ③ 03 ⑤ 04 ② 05 ⑤ 06 ④ 07 ① 08 ②
09 ① 10 ④ 11 ⑤ 12 ③ 13 ① 14 절도사 15 ④
16 ① 17 ② 18 ① 19 ④ 20 ⑤ 21 ④ 22 ① 23 ②
24 ③ 25 ① 26 ④ 27 ③

01 5호 16국 시대

도표는 위진 남북조 시대의 전개를 나타낸 것으로, (가) 시대는 5호 16국 시대이다. 삼국을 통일한 진(晉)이 왕위 계승 다툼으로 혼란한 틈을 타 북방 민족이 화북 지방을 차지하고 여러 나라를 세웠다. 이로써 5호 16국 시대가 시작되었다. 화북 지방에 살던 한족은 북방 민족을 피해 강남으로 내려가 동진을 세웠다.

바로알기 ›› ①은 한 고조 시기, ②는 춘추 전국 시대, ③은 한 무제 시기, ⑤는 주대에 있었던 일이다.

02 북위의 한화 정책 실시

도표의 (나) 나라는 북위이다. 화북 지방을 통일한 북위는 북방 민족과 한족의 갈등을 해소하고, 한족을 효과적으로 다스리기 위해 한화 정책을 펼쳤다. 특히 북위의 효문제는 선비족의 복장과 언어를 금지하고, 선비족의 성씨를 한족의 성씨로 바꾸도록 하였으며, 한족과의 결혼을 장려하였다.

바로알기 ›› ①, ④는 수, ②는 송·제·양·진 등 남조의 국가들, ⑤는 당에 대한 설명이다.

03 남조의 강남 개발

지도는 남북조 시대의 형세를 나타낸 것이다. 이 시기 강남에서는 동진의 뒤를 이어 송, 제, 양, 진의 한족 국가들이 세워지면서 남조가 전개되었다. 남조에서는 화북 지방에서 이주해 온 한족이 앞선 농업 기술을 이용하여 강남을 개발하였다. 이에 남조의 농업 생산력이 크게 늘어나면서 경제가 발전하였다.

바로알기 ›› ①, ③은 진, ②는 한, ④는 주대에 있었던 일이다.

04 문벌 귀족 사회의 형성

위진 남북조 시대에는 관리 선발 제도로 9품중정제를 실시하였다. 9품중정제는 각 지방의 중정관이 자기 지역의 인물을 재능과 인품 등에 따라 등급을 매겨 중앙 정부에 추천하는 제도였다. 9품중정제가 실시된 결과 지방의 유력 호족이 중앙 관직을 독차지하게 되면서 문벌 귀족 사회가 형성되었다.

바로알기 >> ① 수에서 과거제를 처음 시행하였다. ③ 북위에서 선비족의 언어를 금지하는 등 한화 정책을 펼쳤다. ④ 당에서는 안사의 난 이후 지방 절도사의 세력이 확대되었다. ⑤ 춘추 전국 시대에 유가 사상이 등장하였다.

05 윈강 석굴 사원

자료로 이해하기 >>

└ 북위의 황제는 부처의 힘을 빌려 황제의 권위를 높이고자 자신의 모습을 본떠 불상을 만들었어.

사진은 윈강 석굴 사원의 불상이다. 중국의 위진 남북조 시대에는 윈강과 룽먼 등에 거대한 석굴 사원이 만들어졌다. 윈강 석굴 사원의 불상은 북위 황제의 모습을 본떠 만들었다고 알려져 있다.

바로알기 >> ㄱ. 굽타 양식은 인도 굽타 왕조 시기에 발달하였다. ㄴ. 윈강 석굴 사원은 당시 불교가 왕실과 귀족의 보호를 받으며 발전하였음을 알려 준다.

06 남조의 귀족 문화 발전

「여사잠도」는 고개지의 그림으로, 위진 남북조 시대에 제작되었다. 위진 남북조 시대에 남조에서는 귀족 문화가 발전하였다. 시에서는 도연명, 회화에서는 고개지, 서예에서는 왕희지가 유명하였다.

바로알기 >> ①은 한, ②는 메소포타미아 문명, ③은 당, ⑤는 이집트 문명의 문화에 대한 설명이다.

07 위진 남북조 시대의 특징

위진 남북조 시대에는 추천으로 관리를 선발하는 9품중정제가 실시되었다. 이 시기 불교가 왕실과 귀족의 보호를 받으며 크게 발전하여 윈강 석굴 사원이 만들어졌다. 남조에서는 화려한 귀족 문화가 발달하였는데, 서예에서는 왕희지의 글씨가 유명하였다. 또한 세속을 떠나 자유로운 정신세계를 추구하는 청담 사상이 유행하였고, 노장사상과 신선 사상, 민간 신앙을 결합한 도교가 성립하였다.

바로알기 >> ① 대운하는 수대에 건설되었다.

08 수 문제의 정책

제시된 글에서 수를 건국하였다는 점, 중국을 다시 통일하였다는 점, 토지 제도와 군사 제도를 정비하였다는 점을 통해 수 문제에 대한 내용임을 알 수 있다. 수를 건국한 문제는 시험을 통해 관리를 선발하는 <u>과거제</u>를 실시하여 문벌 귀족의 관직 독점을 방지하고 왕권을 강화하고자 하였다. └ 신분보다는 능력에 따른 관리 선발을 중시하였어.

바로알기 >> ①은 마우리아 왕조의 아소카왕, ③, ⑤는 진의 시황제, ④는 한의 무제가 실시한 정책이다.

09 수대 대운하의 완성

┌ 6년 동안 건설이 진행되었고, 500만 명 이상이 공사에 동원되었어.

수 양제 때 화북 지방과 강남 지방을 연결하는 대운하를 완성하였다. 대운하의 건설로 강남의 풍부한 물자가 화북 지방으로 원활하게 이동할 수 있었다. 이렇듯 대운하는 물자 유통을 원활하게 하여 남북 간의 교류를 촉진하였고, 정치와 문화의 통합에도 도움이 되었다.

바로알기 >> ② 위진 남북조 시대에 한족이 화북 지방에서 강남 지방으로 이주해 오면서 강남 지방이 개발되기 시작하였다. ③ 당대에 중앙의 권력 다툼이 계속되고 지방 절도사의 권한이 강화되는 상황에서 황소의 난이 일어났다. ④ 춘추 전국 시대에 철기가 보급되면서 생산량이 늘어났다. ⑤ 당에서 7세기 말 이후 균전제가 붕괴하면서 몰락 농민이 증가하였다.

10 수 멸망의 원인

수는 대운하 건설과 같은 대규모 토목 공사에 노동력을 자주 동원하여 백성의 불만을 샀다. 또한 여러 차례에 걸쳐 시도된 고구려 원정이 실패로 끝나면서 점차 쇠퇴하였다. 결국, 수는 각 지역에서 반란이 일어나면서 건국된 지 30여 년 만에 멸망하였다.

바로알기 >> ㄱ. 황건적의 난은 한대에 일어났다. ㄷ. 분서갱유는 진의 시황제가 일으켰다.

11 당의 건국과 발전

㉠에 들어갈 나라는 당이다. 수 멸망 이후 이연(고조)은 장안을 수도로 삼아 당을 건국하였다. 이어 태종은 수의 제도를 이어받아 율령 체제를 완성하였고, 중앙아시아와 동돌궐을 정벌하여 동서 교역로를 확보하였다. 고종은 신라와 연합하여 백제와 고구려를 멸망시켰으며, 서돌궐도 복속시켜 유라시아 대륙 동쪽의 대부분을 거느린 대제국을 건설하였다.

바로알기 >> ①, ③은 한, ②는 수, ④는 북위와 관련된 내용이다.

12 당의 영역

자료로 이해하기 >>

└ 당은 돌궐을 제압하고 중앙아시아까지 진출하여 비단길을 장악하였어. 비단길을 따라 이슬람 제국과도 교류하였지.

지도는 당의 영역을 나타낸 것이다. 당은 활발한 대외 정복에 나서 중앙아시아를 차지하고 서쪽으로 세력을 넓혀 나갔다. 그러던 중 이슬람의 아바스 왕조와 탈라스에서 충돌하였다. 당의 군대는 이슬람 군대와 전투를 벌였지만 패하였고 이로 인해 중앙아시아에서 당의 영향력이 쇠퇴하였다.

13 당의 쇠퇴와 멸망

책의 왼쪽은 당의 건국(618)에 대한 내용이고, 오른쪽은 당의 멸망 (907)에 대한 내용이다. 8세기 중엽 지방의 절도사였던 안녹산과 그 부하인 사사명이 일으킨 안사의 난을 겪으면서 당은 위기를 맞았다. 이후 중앙에서 권력 다툼이 계속되었고, 지방에서 절도사의 권한이 강해졌다. 이러한 상황에서 황소의 난이 일어나자 당은 더욱 쇠퇴하였고, 결국 절도사 세력인 주전충에 의해 멸망하였다.

14 절도사의 성장

제시된 글은 절도사에 대한 설명이다. 당에서는 안사의 난 이후 국경을 수비하던 절도사들이 독립적인 세력으로 성장하였다. 이들은 점차 행정권을 장악하여 중앙 정부에 대항하기도 하였다.

15 당의 통치 체제 정비

당은 통치 체제를 정비하여 중앙에 3성 6부를 운영하고, 지방에서는 주현제를 실시하여 관리를 파견하였다. 또한 수의 과거제를 계승하여 실력에 따른 인재 등용을 꾀하였다.

16 당의 농민 지배

도표는 당의 농민 지배를 나타낸 것으로 (가)는 부병제, (나)는 균전제, (다)는 조용조이다. 당은 균전제를 실시하여 성인 남자에게 일정한 토지를 나누어 주었고 그 대가로 조용조의 세금을 거두었다. 이로 인해 당은 안정적인 재정 수입을 확보할 수 있었다. 또한 농민을 병사로 복무시키는 부병제를 실시하였다.

조(곡물), 용(노동력), 조(직물)를 납부하도록 하였어.

17 당의 통치 체제 변화

당에서는 7세기 말 이후 균전제가 붕괴되고 장원이 증가함에 따라 몰락하는 농민이 늘어났다. 이에 따라 당의 통치 체제는 제대로 운영되지 못하였다. 이러한 가운데 안사의 난 이후 조용조는 양세법으로, 부병제는 모병제로 전환되었다.

18 당의 문화 발달

「예빈도」는 당의 관리들이 외국 사신을 맞이하는 모습을 그린 그림으로, 밑줄 친 '이 나라'는 당이다. 당에서는 화려한 색과 무늬를 지닌 당삼채가 유행하였다. 또한 한대 이래의 훈고학을 집대성한 『오경정의』가 편찬되어 과거 시험의 기준이 되었다.

19 당의 국제적인 문화

자료에서 장안성 내부에 불교, 도교, 경교(네스토리우스교), 조로아스터교의 사원이 있었다는 점, 페르시아의 영향을 받은 물병이 제작된 점, 비잔티움 제국의 마노 잔이 유행한 점을 통해 당대에 국제적인 문화가 발달하였음을 알 수 있다. 당이 제국의 영토를 확대하면서 비단길과 바닷길을 확보하자, 그 길을 통해 외국의 상인, 유학생, 승려 등이 당에 왕래하였다. 당의 수도인 장안은 당시 인구 100만 명이 넘는 대도시로, 세계 각지의 사람들이 모여들었고 조로아스터교, 경교, 마니교, 이슬람교 등 다양한 종교의 사원이 세워졌다. 서역과의 교류가 이루어지면서 페르시아의 문화와 풍속도 인기를 끌었다.

20 당대 불교의 발전

당삼채는 당대에 제작된 대표적인 도자기로 백색, 갈색, 녹색의 세 가지 유약을 사용하여 화려한 색과 무늬를 표현하였다. 당대에는 현장을 비롯한 여러 승려들이 인도를 순례하고 불교 경전을 들여와 번역하면서 불교의 수준이 높아졌다.

21 만주와 한반도의 고대 국가 형성

만주와 한반도에 등장한 최초의 국가는 고조선이다. 고조선은 철기를 받아들여 발전하였지만 한 무제의 공격으로 멸망하였다. 이후 고구려, 백제, 신라의 삼국이 서로 경쟁하며 중앙 집권 국가로 발전하였다. 삼국은 중국으로부터 앞선 문물을 받아들여 문화를 발전시켰다. 7세기에는 신라가 삼국을 통일하였고, 이후 고구려 유민이 발해를 세우면서 남쪽에는 신라, 북쪽에는 발해가 성장하는 남북국 시대가 전개되었다.

22 야마토 정권의 발달

도표의 (가) 시기는 야마토 정권이 성립하여 발전하였던 시기이다. 4세기경 야마토 정권이 등장하여 주변의 여러 소국을 통합하여 통일 국가를 이루었다. 6세기 말 쇼토쿠 태자는 중국과 한반도에서 유교와 불교 등 선진 문물을 받아들여 중앙 집권 체제를 강화하였다. 이에 따라 아스카 지방을 중심으로 불교문화인 아스카 문화가 발전하였다. 7세기 무렵에는 당에 직접 사신과 유학생, 승려를 파견하여 선진 문물을 받아들였다. 이러한 과정에서 7세기 중반 일본에서는 국왕 중심의 중앙 집권 체제를 만들려는 다이카 개신이 일어났다. 일본은 다이카 개신으로 당의 율령을 받아들여 통치 체제를 정비하였다.

23 나라 시대의 특징

밑줄 친 '이 시대'는 나라 시대이다. 8세기 초 일본은 헤이조쿄(나라)를 세우고 이곳으로 수도를 옮겼다(나라 시대). 나라 시대에는 불교가 크게 발전하여 도다이사를 비롯한 대규모 사찰이 건립되었다. 또한 『고사기』, 『일본서기』 등의 역사책과 『만엽집』 등의 시가집이 편찬되었다. 이 시기 견당사를 파견하여 당의 문물을 받아들였으며, 한반도와도 교류하였다.

바로알기 >> ①, ③, ⑤는 헤이안 시대, ④는 야요이 시대에 있었던 일이다.

24 헤이안 시대의 특징

자료로 이해하기 >>

8세기 중반 왕실과 귀족의 대립이 심해지자 이를 해결하기 위해 8세기 말 수도를 헤이조쿄에서 헤이안쿄로 옮겼어.

지도의 (가) 시대는 헤이안 시대이다. 8세기 말 수도를 헤이안쿄(교토)로 옮긴 후 귀족과 지방 세력이 장원을 확대하여 중앙 집권 체제가 무너져 갔다. 정부의 지방 통제가 제대로 이루어지지 못하자 치안과 국방 문제에 대처하기 위해 무사가 등장하여 세력을 키웠다. 9세기 말에는 견당사의 파견이 중단되면서 중국과의 외교 관계가 단절되었다.

바로알기 >> ①은 중국의 당대, ②는 중국의 수대, ④는 아스카 시대, ⑤는 나라 시대와 관련된 내용이다.

25 헤이안 시대의 국풍 문화 발달

헤이안 시대에는 견당사 파견이 중단되면서 중국과의 외교 관계가 단절되었다. 이러한 가운데 일본 고유의 국풍 문화가 발달하였다. 일본 고유의 문자인 가나 문자가 만들어졌고, 가나로 쓰인 문학 작품이 유행하였다. 이 시기 주택과 관복 등에서도 일본 고유의 특색이 나타났다.

바로알기 >> ②는 중국의 위진 남북조 시대, ④는 일본의 아스카 시대, ⑤는 일본에서 다이카 개신이 일어났을 당시의 모습이다. ③ 일본의 헤이안 시대에는 견당사 파견을 중지하는 등 대외 교류에서 소극적인 정책을 펼쳤다.

26 동아시아 문화권의 형성

자료1은 동아시아에 유교가 전파되면서 동아시아 각국에 공자를 모시는 사당인 문묘가 세워졌음을 보여 준다. 자료2는 인도에서 창시된 불교가 중국, 한국, 일본 등에 전래되면서 다양한 불상이 제작되었음을 보여 준다. 이 자료들을 토대로 당대 한자, 율령, 유교, 불교 등의 문화 요소를 공유하는 동아시아 문화권이 형성되었음을 알 수 있다.

바로알기 >> ① 일본의 헤이안 시대에 국풍 문화가 형성되었다. ② 철기는 중국에서는 춘추 전국 시대, 한국에서는 고조선 시기, 일본에서는 야요이 시대에 보급되었다. ③ 중국의 춘추 전국 시대에 제자백가가 등장하였다. ⑤ 중국의 남북조 시대에 한족과 북방 민족 간 호한 융합이 이루어졌다.

27 동아시아 문화권의 특징

당이 제국으로 발전하고 주변국과의 교류가 늘어나면서 한국, 일본, 베트남 등은 사신과 유학생을 파견하여 당의 선진 문화를 수용하였다. 이 과정에서 한자, 율령, 유교, 불교 등을 공통 요소로 하는 동아시아 문화권이 형성되었다. 한자는 동아시아 국가들이 사상과 문화를 교류하는 데 중요한 역할을 하였으며, 율령은 당대에 완성되어 동아시아 국가들이 중앙 집권 체제를 확립하는 데 기여하였다. 유교는 한국, 일본 등에서 정치 이념이자 사회 규범으로 받아들여졌고, 동아시아 각국은 문묘를 세워 공자를 모셨다. 불교가 중국을 거쳐 한반도와 일본 등에 전래되면서 각국에서 사찰과 석굴 사원의 건축이 활발하게 이루어지는 등 예술과 학문이 발달하였다.

바로알기 >> ③ 군국제는 한 고조 때 군현제와 봉건제를 절충하여 실시한 제도로, 동아시아 문화권의 공통 요소와는 거리가 멀다.

서술형 문제 81쪽 ⚙

01 위진 남북조 시대의 사회

(1) 9품중정제
(2) ① 호족, ② 문벌 귀족

02 북위의 한화 정책 실시 목적

(1) 북위
(2) **예시답안 >** 북위는 북방 민족과 한족의 갈등을 해소하고, 한족을 효과적으로 다스리기 위해 한족의 제도와 문물을 적극적으로 받아들이는 한화 정책을 실시하였다.

채점 기준	점수
북방 민족과 한족의 갈등 해소, 한족의 효과적인 통치를 위해 실시하였음을 모두 서술한 경우	상
위 내용 중 한 가지만 서술한 경우	하

03 수대 대운하 건설의 영향

예시답안 > 수대 대운하를 건설하면서 남북 간 물자 유통이 원활해지고, 정치와 문화의 통합에도 도움이 되었다. 반면, 대운하 건설을 비롯한 대규모 토목 공사에 노동력이 자주 동원되면서 백성의 불만이 높아졌고 이는 수 멸망의 배경이 되었다.

채점 기준	점수
물자 유통 원활 및 정치와 문화의 통합, 대규목 토목 공사 동원으로 백성의 불만이 높아져 수 멸망의 배경이 되었음을 모두 서술한 경우	상
긍정적 영향과 부정적 영향 중 한 가지만 서술한 경우	하

04 당의 통치 체제

(1) (가) 조용조, (나) 부병제

(2) **예시답안** 안사의 난 이후 조용조는 양세법으로 전환되었고, 부병제는 모병제로 전환되었다.

채점 기준	점수
조용조가 양세법으로 전환되었음과 부병제가 모병제로 전환되었음을 모두 서술한 경우	상
위 내용 중 한 가지만 서술한 경우	하

05 동아시아 문화권의 형성

(1) 유교

(2) **예시답안** 한자는 한국의 이두, 일본의 가나 문자, 베트남의 쯔놈 문자 형성에 영향을 주었다.

채점 기준	점수
한국의 이두, 일본의 가나 문자, 베트남의 쯔놈 문자 형성에 영향을 주었음을 모두 서술한 경우	상
위 사례 중 두 가지를 서술한 경우	중
위 사례 중 한 가지만 서술한 경우	하

---

03 이슬람 문화의 형성과 확산

83, 85, 87쪽

A 1 비잔티움 제국 2 (1) × (2) ○

B 1 (1) 무함마드 (2) 메카 2 ㄴ, ㄷ 3 헤지라

C 1 칼리프 2 (1) ○ (2) × (3) × (4) ○

    3 (1) 다마스쿠스 (2) 수니파 (3) 탈라스 전투 (4) 아바스 왕조

    4 (1) – ② (2) – ㉡ (3) – ㉠ (4) – ㉢

D 1 ㉠ 쿠란 ㉡ 하디스 2 (1) × (2) ○ (3) ○ (4) ○

E 1 (1) 아랍어 (2) 아라비안나이트 (3) 모스크

    2 (1) 아라비아 숫자 (2) 아라베스크 (3) 의학전범

실력탄탄 핵심 문제

88~91쪽

01 ⑤ 02 ③ 03 ④ 04 ② 05 ② 06 ③ 07 ① 08 ④
09 ⑤ 10 ④ 11 ⑤ 12 ② 13 ② 14 ③ 15 ① 16 ⑤
17 ⑤ 18 아라베스크 19 ①

01 아라비아반도의 변화

지도는 6세기경 아라비아반도의 교역로 변화를 나타낸 것이다. 6세기경 사산 왕조 페르시아와 비잔티움 제국의 대립이 심해지면서 기존의 동서 교역로가 막히게 되었다. 이에 상인들이 아라비아반도를 지나는 새로운 교역로를 이용하여 무역을 전개하면서 메카, 메디나 등 해안 도시들이 번영하였다.

바로알기 ① 포에니 전쟁은 기원전 3세기~기원전 2세기경 로마와 카르타고가 벌인 전쟁이다. ② 인도의 쿠샨 왕조 시기에 대승 불교가 발전하여 동아시아에 전파되었다. ③ 기원전 7세기~기원전 6세기경 인도에 철기 문화가 널리 퍼지면서 크샤트리아와 바이샤 세력이 성장하였다. ④ 아케메네스 왕조 페르시아가 '왕의 길'이라는 도로망을 정비하였다.

02 이슬람교의 특징 ┌─ 유대교와 크리스트교의 영향을 받았어.

밑줄 친 '이 종교'는 이슬람교이다. 아라비아반도의 사회적 갈등이 심해지는 상황에서 7세기 초 메카의 상인 무함마드는 이슬람교를 창시하였다. 그는 우상 숭배를 금지하고, 알라에 대한 절대복종을 강조하였으며, 모든 인간은 신 앞에서 평등하다고 주장하였다.

바로알기 ①은 조로아스터교, ②는 크리스트교, ④, ⑤는 불교에 대한 설명이다.

03 헤지라의 배경

이슬람교는 유일신인 알라에 대한 절대복종과 모든 인간은 신 앞에서 평등함을 주장하였다. 이러한 이슬람교의 교리는 하층민의 지지를 받은 반면 메카 귀족에게는 환영받지 못하였다. 메카의 귀족들이 무함마드를 탄압하자, 무함마드는 신자들과 함께 메카에서 메디나로 근거지를 옮겼다(622). 이를 헤지라라고 하며, 이 해는 이슬람력의 시작 연도가 되었다.

바로알기 ①은 10세기, ②, ⑤는 8세기, ③은 7세기 중반의 일이다.

04 이슬람교의 발전

(가) 시기는 헤지라 이후부터 이슬람 세계가 1대 칼리프를 선출하기 시작한 정통 칼리프 시대 이전까지이다. 헤지라 이후 무함마드는 메디나에서 세력을 키워 종교와 정치가 일체화된 이슬람 공동체를 조직하였다. 이후 메카를 정복한 뒤 아라비아반도의 대부분을 통일하였다.

바로알기 >> ①은 661년, ③은 13세기, ④, ⑤는 우마이야 왕조가 성립한 661년 이후의 일이다.

05 이슬람교도의 다섯 가지 의무

자료로 이해하기 >>

┌─ 이슬람교에서 믿는 유일신이야.
1. 알라 이외에 신은 없고, 무함마드는 알라의 사도라고 신앙 고백을 한다.
2. 하루에 다섯 번 메카를 향해 예배를 드린다.
3. 라마단 기간 동안 해가 떠 있을 때는 음식을 먹지 않는다.
4. 일생에 한 번 이상 성지인 메카를 순례한다.
5. 자기 재산의 일부를 기부하여 가난한 사람을 돕는다.
└─ 이슬람력 9월로, 이슬람교도들은 이 기간 동안 의무적으로 금식을 해.

자료는 이슬람교의 경전인 『쿠란』에 기록되어 있는 이슬람교도가 지켜야 할 다섯 가지 의무로, 이슬람교에서는 이를 5행이라고 하였다. 5행은 이슬람교도의 행동을 규제하였으며, 이슬람 사회 전반에 영향을 미쳤다.

바로알기 >> ② 『베다』는 브라만교의 경전이다.

06 칼리프

무함마드가 죽은 후 이슬람 세계에서는 지도자를 선출하여 칼리프로 삼았다. 칼리프는 종교 지도자면서 정치적·군사적 실권을 장악하였다. 그러나 점차 종교 지도자의 역할만 지니게 되었다.

바로알기 >> ①은 이슬람교의 경전이다. ②는 이슬람교의 예배당이다. ④는 무함마드의 말과 행동을 기록한 책이다. ⑤는 무함마드와 신자들이 메카에서 메디나로 근거지를 옮긴 것을 말한다.

07 정통 칼리프 시대의 특징

제시된 글에서 네 명의 칼리프가 차례로 선출되었다는 내용을 통해 해당 시기가 정통 칼리프 시대임을 알 수 있다. 정통 칼리프 시대에 이슬람 세력은 시리아와 이집트를 점령하고, 사산 왕조 페르시아를 정복하여 영토를 확장하였다. <u>이슬람 세력은 정복한 지역의 주민들에게 이슬람교를 강요하지 않았고, 이슬람교로 개종을 하면 세금을 줄여 주었다.</u>
└ 이를 통해 이슬람 세력은 짧은 시간에 넓은 지역을 정복하였고, 이슬람교도 빠르게 전파될 수 있었어.

바로알기 >> ①은 인도 굽타 왕조 시기의 일이다.

08 우마이야 왕조의 발달

밑줄 친 '이 왕조'는 우마이야 왕조이다. 4대 칼리프인 알리가 살해되고 우마이야 가문에서 칼리프를 세습하면서 우마이야 왕조가 성립되었다(661). 그러자 이슬람교도들은 시아파와 수니파로 나뉘어 대립하였다. 우마이야 왕조는 활발한 정복 활동을 펼쳐 중앙아시아에서 북부 아프리카, 유럽의 이베리아반도까지 영토를 확장하였다.

바로알기 >> ①은 정통 칼리프 시대, ②, ③은 아바스 왕조, ⑤는 중국의 진과 관련된 설명이다.

09 우마이야 왕조의 정책

자료로 이해하기 >>

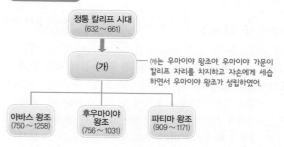

┌─ (가)는 우마이야 왕조야. 우마이야 가문이 칼리프 자리를 차지하고 자손에게 세습하면서 우마이야 왕조가 성립하였어.

우마이야 왕조는 아랍인을 우대하고 비아랍인 이슬람교도를 차별하는 정책을 펼쳐 비아랍인의 불만을 샀다. 아바스 왕조는 이러한 불만 세력의 도움을 받아 우마이야 왕조를 무너뜨렸다.

바로알기 >> ① 헤지라는 무함마드 시대인 622년, ②는 일본의 헤이안 시대, ③은 정통 칼리프 시대. ④는 아바스 왕조 시기와 관련이 있다.

10 아바스 왕조의 발달

제시된 대화 내용에서 수도 바그다드가 국제도시로 번성을 누렸음을 통해 밑줄 친 '이슬람 왕조'가 아바스 왕조임을 알 수 있다. 이란 지방에서 성장한 아바스 왕조는 아랍인 우대 정책을 폐지하여 비아랍인 이슬람교도에게 부과하던 세금을 면제하였고, 비아랍인이라도 유능한 사람은 관리나 군인으로 임명하였다. 아바스 왕조는 당과 벌인 탈라스 전투의 승리를 바탕으로 중앙아시아의 동서 교역로를 장악하여 국제 무역으로 번영하였다. 아바스 왕조가 다스리던 이슬람 세계가 후우마이야 왕조, 파티마 왕조의 성립으로 분열되면서 아바스 왕조는 쇠퇴하였고 결국 13세기 몽골의 침입으로 멸망하였다.

바로알기 >> ④ 우마이야 왕조가 아랍인을 우대하고 비아랍인 이슬람교도를 차별하는 정책을 펼쳤다.

11 아바스 왕조 시기의 모습

지도에 표시된 영역을 차지한 이슬람 왕조는 아바스 왕조이다. 아바스 왕조는 당과 탈라스 전투를 벌여 승리하였다. 이로써 중앙아시아의 동서 교역로를 장악하고 경제적으로 번영을 누렸다.

바로알기 >> ①은 우마이야 왕조, ②는 인도의 굽타 왕조 ③은 정통 칼리프 시대. ④는 무함마드 시대에 볼 수 있었던 모습이다.

12 이슬람 제국의 발전

(가) 7세기 초 메카의 상인 무함마드가 이슬람교를 창시하였다. 무함마드 사후 칼리프를 선출하면서 정통 칼리프 시대가 열렸다. (라) 이 시기 이슬람 세력은 사산 왕조 페르시아를 정복하였다. (나) 이후 우마이야 가문이 칼리프 자리를 차지하고 자손에게 세습하면서 우마이야 왕조가 성립되었다. (다) 아바스 왕조는 우마이야 왕조를 멸망시켰으며, 당과 탈라스 전투를 벌여 승리하였다.

13 이슬람교도의 특징

이슬람교도들은 『쿠란』과 『하디스』의 가르침에 따라 돼지고기를 먹지 않는 식생활, 일정한 시간마다 행하는 예배 의식, 가난한 사람을 돕는 자선 활동 등을 실천하였다.

바로알기 » ㄴ, ㄹ은 힌두교도와 관련된 설명이다.

14 이슬람 상인의 교역

자료에서 비단길과 바닷길을 이용한 점, 바그다드가 번성한 점, 중국의 나침반·화약 등이 유럽에 전파된 점 등을 통해 해당 주제가 이슬람 상인들의 동서 교역과 관련이 있음을 알 수 있다. 이슬람 상인들은 비단길과 바닷길을 이용하여 인도, 동남아시아, 중국은 물론 한반도에까지 진출하여 도자기, 향신료, 비단 등을 거래하였다. 이슬람 세계가 확대됨에 따라 주요 교역로를 중심으로 도시들이 성장하였는데 그중 바그다드는 세계의 시장으로 불릴 만큼 번성하였다. ⌐ 인구 150만 명이 넘는 계획도시이자, 정치와 경제의 중심지였어. 한편, 이슬람 상인들은 제지법, 나침반, 화약과 같은 중국 문물을 유럽에 소개하였다.

바로알기 » ① 중국 한대에 비단길이 개척되었다. ② 신라, 발해, 일본의 나라 시대에 당에 견당사를 파견하였다. ④ 마케도니아의 왕 알렉산드로스가 동방 원정에 나서 대제국을 건설하였다. ⑤ 인도의 쿠샨 왕조 시기에 대승 불교가 발전하여 동아시아에 전파되었다.

15 이슬람 세계의 경제

이슬람 사회에서는 상업 활동을 긍정적으로 여겨 국가적으로 상인들의 상업 활동을 지원하였다. 이슬람 제국은 유럽과 아프리카, 아시아를 잇는 통로에 자리하고 있어 육로(비단길)와 해로(바닷길)를 통한 동서 교역을 활발히 전개하였다. 이슬람 상인들의 무역 활동으로 동서 문화 교류가 촉진되었고, 주요 교역로를 중심으로 도시들이 성장하였다.

바로알기 » ① 알렉산드로스의 원정 이후 그리스인이 신을 인간의 모습으로 조각하는 것을 본 인도인들이 불상을 만들기 시작하면서 쿠샨 왕조 시대에 간다라 양식이 발달하였다.

16 이슬람 문화권의 형성

이슬람 문화권에서는 산문과 설화 문학이 발달하였는데, 아라비아의 민담을 중심으로 페르시아, 인도, 이집트 등지의 설화를 모은 『아라비안나이트』가 유명하였다. 한편, 이슬람 세계에서는 금속을 이용하여 귀한 보석이나 불로장생의 약을 만드는 연금술이 유행하였다. 연금술을 연구하는 과정에서 화학 실험 방법과 합금 기술이 발전하였다.

바로알기 » ①은 후한, ②, ④는 인도의 굽타 왕조, ③은 당을 중심으로 한 동아시아 문화권과 관련된 설명이다.

17 모스크의 발달

왼쪽 사진은 바위의 돔, 오른쪽 사진은 우마이야 모스크로, 해당 건축물들은 이슬람교의 예배당인 모스크들이다. 모스크는 이슬람교도들이 예배를 드리는 공간으로, 둥근 돔과 아치, 뾰족한 탑을 특징으로 한다. 모스크의 내부는 아라베스크와 아랍어 글씨로 장식하였다.

바로알기 » ⑤는 인도의 굽타 양식에 대한 설명이다.

18 아라베스크

밑줄 친 '장식'은 덩굴무늬나 기하학적 무늬 등을 배열한 아라베스크이다. 아라베스크는 우상 숭배를 금지하는 교리로 인해 사실적인 그림을 그릴 수 없었던 이슬람 세계에서 발달하였다.

19 이슬람 문화권의 자연 과학 발달

이슬람 문화권에서는 자연 과학이 크게 발달하였다. 인도에서 숫자 '0(영)'을 받아들여 아라비아 숫자를 만들었고, 연금술을 연구하는 과정에서 화학이 발달하였다. 또한 지리학이 발달하여 이븐 바투타의 『여행기』가 유명하였다. 의학도 높은 수준을 자랑하여 이슬람 제국 내 병원이 설립되었고, 이븐 시나는 이슬람 의학을 집대성하여 『의학전범』을 편찬하였다. 한편, 이슬람 세계에서는 『쿠란』의 내용을 연구하고 적용하는 과정에서 신학과 철학, 법학이 발달하였다.

바로알기 » ① 『아베스타』는 조로아스터교의 경전으로, 이슬람 문화권과는 관련이 없다.

서술형 문제
91쪽 ○

01 시아파와 수니파의 대립

① 우마이야, ② 시아파, ③ 수니파

02 우마이야 왕조와 아바스 왕조의 정책

예시답안 우마이야 왕조는 아랍인 우대 정책을 펼쳐 비아랍인 이슬람교도를 차별하였다. 반면, 아바스 왕조는 아랍인 우대 정책을 폐지하여 비아랍인 이슬람교도에게 부과하던 세금을 면제하고, 비아랍인도 관리나 군인으로 임명하였다.

채점 기준	점수
우마이야 왕조의 아랍인 우대 정책과 아바스 왕조의 아랍인 우대 정책 폐지를 모두 서술한 경우	상
우마이야 왕조와 아바스 왕조의 정책 중 한 가지만 서술한 경우	하

03 『쿠란』의 영향

예시답안 『쿠란』은 아랍어 외 다른 언어로의 번역이 금지되어 이슬람교의 전파와 함께 아랍어가 널리 쓰이게 되는 데 기여하였다. 그 결과 이슬람교와 아랍어를 공통 요소로 하는 이슬람 문화권이 형성되었다.

채점 기준	점수
『쿠란』이 이슬람교의 전파와 아랍어 보급에 기여하였음, 이슬람교와 아랍어를 공통 요소로 하는 이슬람 문화권이 형성되었음을 모두 서술한 경우	상
위 내용 중 한 가지만 서술한 경우	하

04 크리스트교 문화의 형성과 확산 (1)

93, 95, 97쪽

A **1** (1) 게르만족 (2) 서로마 제국 (3) 프랑크 왕국 **2** (1) × (2) ○

B **1** (1) 주군 (2) 주종 관계 (3) 장원 **2** ㄱ, ㄴ, ㅁ, ㅂ

C **1** (1) ○ (2) ○ (3) ×

  2 ㉠ 스콜라 철학 ㉡ 대학 ㉢ 고딕 양식 ㉣ 기사도 문학

D **1** 황제 **2** (1) 유스티니아누스 황제 (2) 그리스 정교 **3** ㄴ, ㄹ

E **1** ㉠ 셀주크 튀르크 ㉡ 십자군 전쟁(십자군 원정) **2** ㄴ, ㄹ, ㅁ

F **1** (1) 한자 동맹 (2) 길드 **2** (1) ○ (2) ×

  3 (1) – ㉡ (2) – ㉠

실력 탄탄 핵심 문제

98~101쪽

01 ⑤ 02 ③ 03 ⑤ 04 ⑤ 05 ④ 06 ① 07 ③ 08 ⑤
09 ② 10 신학대전 11 ④ 12 ⑤ 13 ① 14 ④ 15 ⑤
16 ④ 17 ③ 18 ③ 19 ④ 20 ④ 21 ②

01 게르만족의 이동

자료로 이해하기 》

㉮ 민족은 게르만족이야. 게르만족의 여러 부족은 200여 년에 걸쳐 로마 제국의 영토 내로 이동하였어.

지도는 게르만족의 이동을 나타낸 것이다. 4세기 말 훈족의 압박을 받은 게르만족은 로마 영토로 대규모 이동하여 지중해 연안, 아프리카 등 서로마 제국의 곳곳에 나라를 세웠다. 이 과정에서 서로마 제국은 게르만족 출신 용병 대장에 의해 멸망하였다.

바로알기 》 ①은 노르만족, ②는 쿠샨족, ③은 북위를 세운 선비족, ④는 그리스인에 대한 설명이다.

02 프랑크 왕국의 발전

지도의 ㉯ 왕국은 게르만족이 세운 프랑크 왕국이다. 프랑크 왕국은 5세기 말 크리스트교를 받아들여 로마 교회의 지지를 얻었고, 8세기 초 이슬람 세력의 침입을 격퇴하여 크리스트교 세계를 보호하였다. 8세기 후반 카롤루스 대제 시기에는 영토를 크게 확장하는 등 전성기를 맞았다. 카롤루스 대제가 죽은 뒤 프랑크 왕국은 내부 분열을 겪다가 베르됭 조약과 메르센 조약으로 서프랑크·중프랑크·동프랑크로 분열되었다.

바로알기 》 ③은 비잔티움 제국과 관련된 설명이다.

03 카롤루스 대제의 업적

프랑크 왕국의 카롤루스 대제는 영토를 크게 확장하고, 정복한 지역에 교회를 세우는 등 크리스트교를 전파하였다. 이러한 공로를 인정받아 그는 로마 교황에게서 서로마 황제의 관을 받았다(800). 카롤루스 대제 시기 게르만 문화와 로마 문화, 크리스트교가 융합된 서유럽 문화의 기틀이 마련되었다.

바로알기 》 ①은 토마스 아퀴나스, ②는 비잔티움 제국의 레오 3세, ③은 로마의 옥타비아누스, ④는 비잔티움 제국의 유스티니아누스 황제에 대한 설명이다.

04 프랑크 왕국의 분열

프랑크 왕국은 카롤루스 대제가 죽은 뒤 내부 분열을 겪다가 베르됭 조약(843)과 메르센 조약(870)으로 서프랑크, 중프랑크, 동프랑크로 분열되었다. 이는 각각 오늘날의 프랑스와 이탈리아, 독일의 기원이 되었다.

바로알기 》 ① 크리스트교 세력은 성상 숭배 문제를 놓고 대립하다가 11세기경 동서 교회로 분열되었다. ② 셀주크 튀르크가 예루살렘을 점령하고 비잔티움 제국을 압박하면서 십자군 전쟁이 시작되었다(1096). ③, ④ 훈족의 압박을 받은 게르만족이 이동하여 서로마 제국 곳곳에 나라를 세우는 과정에서 서로마 제국이 멸망하였다(476).

05 중세 서유럽 봉건제의 성립

중세 서유럽에서는 주군과 봉신 사이의 주종 관계와 영주가 토지와 농노를 지배하는 장원제를 바탕으로 지방 분권적인 봉건 사회가 성립되었다.

바로알기 》 ① 칼리프는 이슬람 세계의 지배자이다. ② 호민관은 로마의 평민 대표이다. ③ 3성 6부제는 당 등의 통치 체제와 관련된 내용이다. ⑤ 포에니 전쟁은 로마와 카르타고 간에 일어난 전쟁이다.

06 주종 관계의 특징

예 노르만족, 마자르족, 이슬람 세력 등이 침입하였어.

서유럽 세계는 프랑크 왕국 분열 이후 이민족의 침입으로 혼란에 빠졌고 이러한 상황에서 기사 계급이 성장하였다. 기사들은 자기보다 강한 기사를 주군으로 섬기고 충성과 봉사를 맹세하였으며, 주군은 기사에게 토지(봉토)를 주고 봉신으로 삼았다. 주군과 봉신의 주종 관계는 서로의 의무를 성실히 지킬 것을 약속한 계약 관계였다. 이러한 주종 관계는 지방 분권적인 봉건 사회가 성립하는 데 영향을 주었다.

바로알기 》 ①은 중국 주의 봉건제와 관련된 내용이다.

07 장원의 생활 모습

그림은 중세 서유럽의 장원을 나타낸 것이다. 봉신이 주군에게 받은 봉토는 장원의 형태로 운영되었다. 봉신은 영주가 되어 주군의 간섭을 받지 않고 독자적으로 장원을 다스렸는데, 영주는 농노에 대한 재판권과 세금 징수권을 가졌다. 장원의 농민은 대부분 농노로, 이들은 영주에게 예속되어 마음대로 이사할 수 없었고, 영주의 토지를 경작하였으며, 영주에게 시설물에 대한 사용료를 비롯한 각종 세금을 바쳤다. 단, 결혼하여 가정을 꾸릴 수 있었고, 집과 토지 등 약간의 재산을 소유할 수 있었다. 당시에는 비료가 발달하지 않아 토지를 춘경지, 추경지, 휴경지로 나누어 농사를 지었다.

08 교회 개혁 운동

서유럽에서는 9세기부터 교회가 왕과 봉건 제후들로부터 봉토를 받아 봉신이 되었으며, 국왕이나 제후가 성직자 임명권을 행사하는 일이 많아졌다. 이로 인해 교회는 점차 세속화되어 성직자가 혼인을 하거나 성직을 매매하는 등 부패한 모습이 나타났다. 이에 10세기 초부터 클뤼니 수도원 등을 중심으로 교회 개혁 운동이 일어났다.

└ 청빈과 정결, 복종과 계율, 자급자족을 위한 노동 등 모범적인 신앙생활을 강조하였어.

09 카노사의 굴욕

밑줄 친 '이 사건'은 카노사의 굴욕이다. 교황 그레고리우스 7세가 세속 군주의 성직자 임명을 금지하자 신성 로마 제국의 황제 하인리히 4세는 교황의 조치에 반발하였다. 이에 교황이 황제를 파문하였고 곤경에 처한 황제는 카노사에서 교황에게 용서를 구하였다(카노사의 굴욕, 1077). 이후 몇 차례 대립이 있었지만 교황의 우세로 끝났고, 교황권은 점차 강화되었다.

10 토마스 아퀴나스의 『신학대전』

중세 서유럽에서는 이성적인 사유를 통해 크리스트교 신앙을 이해하려는 스콜라 철학이 유행하였다. 신학자인 토마스 아퀴나스는 『신학대전』을 편찬하여 스콜라 철학을 집대성하였다.

11 중세 서유럽의 문화

중세 서유럽의 문화는 크리스트교를 바탕으로 발달하였다. 학문의 중심은 신학이었고, 스콜라 철학이 유행하였다. 학문이 발달하면서 12세기 이후에는 유럽 각지에 대학이 세워졌다. 문학에서는 기사들의 영웅담이나 사랑을 소재로 한 기사도 문학이 유행하였다.

예 『아서왕 이야기』, 『롤랑의 노래』 등이 대표적이야.

12 고딕 양식의 특징

사진은 고딕 양식을 대표하는 샤르트르 대성당이다. 중세 서유럽에서는 12세기경부터 뾰족한 탑(첨탑)과 화려한 스테인드글라스(색유리)를 특징으로 하는 고딕 양식이 유행하였다. 중세 서유럽 사람들은 고딕 양식의 높이 솟아오른 탑에 천국으로 올라가려는 소망을 담았고, 스테인드글라스에는 크리스트교의 교리를 묘사하였다.

13 비잔티움 제국의 발달

자료로 이해하기 >>

→ 비잔티움 제국은 유럽과 아시아를 잇는 교역로에 위치하여 동서 무역의 중심지로 성장하였어.

지도는 비잔티움 제국의 영역을 나타낸 것이다. 비잔티움 제국은 서로마 제국이 멸망한 뒤에도 약 천 년 동안 지속되었다. 비잔티움 제국에서는 황제가 정치적·군사적 통치권은 물론 종교적 권한도 가지고 있었다. 또한 수도 콘스탄티노폴리스는 동서 무역이 활발하게 전개되어 당시 세계 최대의 도시로 성장하였다. 비잔티움 제국은 6세기 유스티니아누스 황제 때 전성기를 이룩하였다.

14 유스티니아누스 황제의 활동

유스티니아누스 황제는 6세기 비잔티움 제국의 전성기를 이끌었다. 그는 활발한 정복 활동을 펼쳐 옛 로마 제국 영토의 상당 부분을 회복하였다. 또한 로마의 법률을 집대성하여 『유스티니아누스 법전』을 편찬하였고, 성 소피아 대성당을 세웠다.

15 동서 교회의 분열

자료에서 황제 레오 3세가 성상을 파괴할 것을 지시하였다는 점을 통해 (가) 명령이 성상 숭배 금지령임을 알 수 있다. 동서 교회는 성상 숭배 문제를 두고 오랫동안 논쟁을 벌이다가 서유럽의 로마 가톨릭교회와 동유럽의 그리스 정교로 분리되었다.

16 비잔티움 문화의 발전과 영향

비잔티움 제국은 『유스티니아누스 법전』을 완성하였으며, 건축에서는 거대한 돔과 화려한 모자이크 벽화를 특징으로 하는 비잔티움 양식을 발달시켰다. 비잔티움 문화는 슬라브족에게 영향을 끼쳐 오늘날 동유럽 문화의 바탕이 되었다. 특히, 키예프 공국은 비잔티움 제국과 교역하며 그리스 정교 등을 수용하였다.

바로알기 >> 12표법은 로마 최초의 성문법이고, 함무라비 법전은 바빌로니아 왕국의 법전이다. 우마이야 왕조는 우마이야 가문이 세운 이슬람 왕조이다.

17 십자군 전쟁(십자군 원정)의 특징

사진은 클레르몽 공의회에서 교황 우르바누스 2세가 성지 예루살렘의 회복을 호소하고 있는 장면이다. 11세기 후반 셀주크 튀르크가 예루살렘을 점령하고 비잔티움 제국을 압박하자 비잔티움 제국의 황제는 로마 교황에게 도움을 요청하였다. 이에 교황이 예루살렘을 되찾을 것을 호소하면서 십자군 전쟁이 시작되었다. 십자군 전쟁으로 한때 예루살렘을 점령하기도 하였으나 점차 상업적 이익을 중시하는 모습을 보이면서 십자군 전쟁은 실패로 끝났다. 십자군 전쟁 이후 교황과 제후, 기사의 세력이 약화되었으며 지중해 무역이 활발해졌다.

바로알기 >> ③ 십자군 전쟁을 주도한 교황의 권위는 크게 떨어졌다.

18 흑사병의 유행 ─ 사망 직전 피부가 흑색으로 변하여 붙여진 이름이야.

14세기경 유럽에서 흑사병이 크게 유행하면서 인구가 많이 줄었다. 이에 노동력이 부족해지자 영주들은 농노의 처우를 개선해 주었고 농민의 지위는 더욱 향상되었다. 이러한 변화 속에서 자영 농민이 늘어나 장원은 점차 해체되었고, 중세 봉건 사회도 흔들리게 되었다.

바로알기 >> ①, ②, ⑤ 흑사병이 유행할 무렵 장원이 해체되었고, 중세 봉건 사회도 크게 흔들리게 되었다. 또한 화약과 대포가 사용되면서 기사 계급이 몰락하였다. ④ 비잔티움 제국은 15세기 중엽 오스만 제국에게 멸망하였다.

19 도시의 발달과 장원의 해체

11세기부터 유럽에서는 도시가 발달하였다. 지중해 연안의 도시들이 동방 무역으로 번성하였고, 북유럽의 도시들은 한자 동맹을 맺어 북해와 발트해 연안의 무역을 독점하였다. 도시민들의 경제력이 커지자 이들은 영주로부터 특허장을 받아 자치권을 획득하였다. 한편, 도시의 상인과 수공업자들은 동업 조합인 길드를 조직하여 자신들의 이익을 추구하며 도시를 운영하였다. 상업과 도시가 발달하고 화폐가 널리 사용되면서 영주들은 화폐로 지대를 수취하였으며, 돈을 받고 농노를 해방시켜 주기도 하였다. 14세기경 흑사병의 유행으로 많은 사람이 죽어 노동력이 부족해지면서 농민의 지위가 향상되었다.

바로알기 >> ④ 11세기 이후 화폐가 널리 사용되면서 영주들은 노동력과 생산물 대신 화폐로 지대를 받는 경우가 많아졌다.

20 백년 전쟁의 영향

자료에서 잔 다르크가 활약한 점, 프랑스가 승리한 점 등을 통해 ⊙ 전쟁이 백년 전쟁임을 알 수 있다. 백년 전쟁은 왕권 강화를 배경으로 세력을 확대하던 영국과 프랑스가 플랑드르 지방과 왕위 계승 문제를 두고 충돌하면서 일어났다(1337~1453). 이 전쟁에서 승리하면서 프랑스는 국왕 중심의 중앙 집권 국가로 성장하는 기틀을 마련하였다. ─ 모직물 공업의 중심지였어.

바로알기 >> ①은 십자군 전쟁, ②는 게르만족의 이동, ③은 동서 교회의 분열, ⑤는 카노사의 굴욕과 관련된 설명이다.

21 장미 전쟁

15세기 영국에서는 왕위 계승을 둘러싸고 귀족 간 장미 전쟁이 벌어졌다. 전쟁을 벌인 랭커스터 가문과 요크 가문이 장미를 문장으로 하였기 때문에 이 전쟁을 일컬어 장미 전쟁이라고 한다. 장미 전쟁의 과정에서 봉건 귀족이 몰락하고 왕권이 강화되어 영국은 중앙 집권 국가로 성장할 수 있었다.

바로알기 >> ①은 영국과 프랑스가 플랑드르 지방과 왕위 계승 문제를 놓고 벌인 전쟁이다. ③은 11세기 후반 셀주크 튀르크가 점령한 성지 예루살렘을 회복하기 위해 일어난 전쟁이다. ④는 8세기 당과 아바스 왕조가 벌인 전쟁이다. ⑤는 기원전 3세기~기원전 2세기에 로마와 카르타고가 벌인 전쟁이다.

서술형 문제 101쪽

01 십자군 전쟁의 결과

① 십자군 전쟁, ② 교황, ③ 왕권, ④ 지중해

02 중세 농노의 특징

예시답안 > 농노는 영주에게 예속되어 영주의 토지를 경작하였고, 마음대로 이사할 수 없었으며, 영주에게 시설물에 대한 사용료를 비롯한 각종 세금을 바쳐야 했다. 노예와 달리 결혼하여 가정을 꾸릴 수 있었고, 집과 토지 등 약간의 재산을 소유할 수 있었다.

채점 기준	점수
농노의 특징 중 세 가지를 서술한 경우	상
농노의 특징 중 두 가지를 서술한 경우	중
농노의 특징 중 한 가지만 서술한 경우	하

03 비잔티움 양식의 특징

예시답안 > 성 소피아 대성당은 비잔티움 양식을 대표하는 건축물로, 거대한 돔과 모자이크 벽화를 특징으로 한다.

채점 기준	점수
비잔티움 양식의 특징인 거대한 돔과 모자이크 벽화를 모두 서술한 경우	상
위 내용 중 한 가지만 서술한 경우	하

05 크리스트교 문화의 형성과 확산 (2)

103, 105쪽

A 1 르네상스 2 (1) × (2) ○ (3) ○ 3 (1) – ㉡ (2) – ㉠ (3) – ㉢

B 1 (1) ○ (2) × 2 (1) 에라스뮈스 (2) 유토피아

C 1 지동설 2 (1) ○ (2) ×

D 1 ㉠ 면벌부 ㉡ 루터 2 (1) ㄴ (2) ㄷ (3) ㄱ
   3 (1) 로욜라 (2) 30년 전쟁

실력탄탄 핵심 문제

106~107쪽

01 ② 02 ④ 03 ③ 04 ② 05 ② 06 ④ 07 ⑤ 08 ③

01 이탈리아 르네상스의 발달 배경

이탈리아는 고대 로마의 문화유산이 많이 남아 있었고, 지중해 무역으로 경제적 번영을 누렸다. 또한 비잔티움 제국의 멸망 이후 많은 학자가 이주해 오면서 고전 문화 연구가 활발하였다. 이를 배경으로 이탈리아에서 르네상스가 가장 먼저 일어났다.

바로알기 >> ㄴ은 알프스 이북 지역, ㄹ은 영국과 관련된 내용이다.

02 이탈리아 르네상스의 발달

르네상스의 근본정신이야.

르네상스 시기에는 인간의 개성과 가치를 중시하는 인문주의가 발달하였다. 미술에서는 레오나르도 다빈치, 미켈란젤로, 라파엘로, 보티첼리 등의 예술가들이 인체의 아름다움을 사실적으로 표현하였다. 건축에서는 르네상스 양식이 발전하였는데, 성 베드로 대성당이 대표적이다. ①은 레오나르도 다빈치의 「모나리자」, ②는 성 베드로 대성당, ③은 보티첼리의 「비너스의 탄생」, ⑤는 미켈란젤로의 「다비드상」이다.

바로알기 >> ④는 비잔티움 제국에서 건설한 성 소피아 대성당이다.

03 르네상스 시기의 문화 발달

밑줄 친 '이 시기'는 르네상스 시기이다. 르네상스 시기인 14~16세기경 이탈리아에서는 페트라르카가 인간의 사랑과 자연의 아름다움을 서정시로 표현하였고, 보카치오는 「데카메론」에서 인간의 욕망을 사실적으로 묘사하였다.

바로알기 >> ①은 로마 시대, ②는 비잔티움 제국의 유스티니아누스 황제 시기, ④는 헬레니즘 시대, ⑤는 13세기경에 있었던 일이다.

04 알프스 이북의 르네상스

제시된 작품은 네덜란드의 에라스뮈스가 교황과 성직자의 부패를 지적한 「우신예찬」이다. 르네상스는 16세기 이후 알프스 이북으로 확산되었다. 이 지역은 봉건 사회와 교회의 영향력이 강하였기 때문에 이 지역 르네상스는 현실 사회와 교회의 부패를 비판하는 등 사회 개혁적인 경향을 보였다.

바로알기 >> ①은 헬레니즘 시대의 스토아학파, ③은 중세 유럽의 스콜라 철학, ④는 춘추 전국 시대의 도가, ⑤는 이탈리아 르네상스와 관련이 있다.

05 르네상스 시기의 과학 기술 발달

신문 기사에서 구텐베르크가 새롭게 활판 인쇄술을 발명하였다고 한 점을 통해 르네상스 시기임을 알 수 있다. 르네상스 시기에는 세계와 자연에 대한 관심이 커지면서 과학 기술이 발달하였다. 구텐베르크는 활판 인쇄술을 발명하여 학문의 발달과 지식의 보급에 크게 이바지하였다. 한편, 코페르니쿠스와 갈릴레이는 지동설을 주장하여 중세 교회의 천동설을 믿었던 당시 사람들의 우주관에 큰 변화를 주었다.

자신이 만든 망원경으로 천문 현상을 관찰하면서 지동설을 밝혔어.

바로알기 >> ①, ③은 12세기경, ④는 800년, ⑤는 10세기경에 있었던 일이다.

06 루터의 종교 개혁

자료로 이해하기 >>

독일의 루터가 발표한 「95개조 반박문」으로, 교황과 교회를 비판하였어. 그의 주장은 인쇄술의 발달에 힘입어 전국으로 빠르게 퍼졌어.

> 제20조 교황이 모든 벌을 면제한다고 선언한다면 그것은 진정한 의미에서의 모든 벌이 아니라, 단지 교황 자신이 내린 벌을 면제한다는 것뿐이다.
> 제36조 진실로 회개한 크리스트교도는 면벌부가 없어도 벌이나 죄에서 완전히 해방된다.

중세 말 부패한 가톨릭교회를 비판하며 개혁을 요구하는 목소리가 높아지는 상황에서 교황 레오 10세가 성 베드로 대성당의 증축 비용을 마련하기 위해 면벌부를 판매하였다. 루터는 「95개조 반박문」을 발표하여 이를 비판하였다(1517). 루터는 인간의 구원은 오직 믿음과 신의 은총에 의해서만 이루어지며, 신앙의 근거는 성서라고 주장하였다. 그의 주장은 제후와 농민의 지지를 얻어 독일 전역에 확산되었고 마침내 아우크스부르크 화의에서 루터파가 공식적으로 인정을 받았다(1555).

바로알기 >> ④ 영국에서 헨리 8세가 국왕이 영국 교회의 수장임을 선포하면서 이후 영국 국교회가 성립되었다.

07 칼뱅의 종교 개혁

㉠은 스위스의 칼뱅이다. 그는 인간의 구원은 이미 정해져 있다는 예정설을 주장하며 종교 개혁을 일으켰다. 칼뱅은 근면하고 절제 있는 직업 윤리를 강조하며 경제적 성공을 신의 은혜라고 주장하였다. 그의 주장은 상공업자들에게 호응을 얻어 영국과 프랑스, 네덜란드 등으로 퍼져 나갔다.

바로알기 >> ①은 코페르니쿠스와 갈릴레이 등, ②는 로욜라, ③은 세르반테스, ④는 헨리 8세와 관련된 설명이다.

08 30년 전쟁

덴마크, 스웨덴, 프랑스가 신교를 지원하고 에스파냐가 구교를 지원하였어.

제시된 글에서 독일에서 일어났다는 점, 국제 전쟁으로 확대되었다는 점, 전쟁을 끝내기 위해 베스트팔렌 조약이 체결되었다는 점 등을 통해 밑줄 친 '이 전쟁'이 30년 전쟁임을 알 수 있다. 종교 개혁으로 크리스트교 세계가 로마 가톨릭교회(구교)와 신교로 분열하면서 유럽 곳곳에서는 종교 전쟁이 일어났다. 독일에서 일어난 30년 전쟁(1618~1648)은 국제 전쟁으로 확대되었으며, 전쟁의 결과 베스트팔렌 조약이 맺어져 제후가 가톨릭, 루터파, 칼뱅파 중 하나를 선택할 수 있게 되었다.

바로알기 》》 ① 11세기에 동서 교회가 분열하였다. ②는 1077년의 카노사의 굴욕과 관련이 있다. ④ 그라쿠스 형제의 개혁은 기원전 2세기 로마 공화정 시기의 일이다. ⑤ 성상 숭배 금지령은 726년 비잔티움 제국의 황제가 발표하였다.

서술형 문제
107쪽

01 르네상스의 의미
① 르네상스, ② 인문주의

02 알프스 이북 르네상스의 특징
예시답안 알프스 이북의 르네상스는 현실 사회와 교회를 비판하는 등 사회 개혁적 경향이 강하였다.

채점 기준	점수
알프스 이북의 르네상스가 현실 사회와 교회를 비판하는 등 사회 개혁적 경향이 강하였다고 서술한 경우	상
알프스 이북의 르네상스가 사회 개혁적 경향이 강하였다고만 서술한 경우	하

03 루터의 「95개조 반박문」
(1) 면벌부
(2) **예시답안** 루터는 「95개조 반박문」을 발표하여 인간의 구원은 오직 믿음과 신의 은총에 의해서만 이루어지며, 신앙의 근거는 성서라 주장하였다.

채점 기준	점수
인간의 구원은 오직 믿음과 신의 은총에 의해서만 가능함, 신앙의 근거는 성서임을 모두 서술한 경우	상
위 내용 중 한 가지만 서술한 경우	하

시험적중 마무리 문제
110~113쪽

01 ② 02 ④ 03 ① 04 ④ 05 ⑤ 06 ② 07 ⑤
08 현장   09 ④ 10 ⑤ 11 ⑤ 12 ④ 13 ② 14 ①
15 ③ 16 ④ 17 ④ 18 ② 19 ① 20 ① 21 ④ 22 ⑤

01 마우리아 왕조
도표의 (가) 왕조는 마우리아 왕조이다. 마우리아 왕조는 북인도를 통일하였으며, 기원전 3세기경 아소카왕 때 전성기를 맞이하였다. 아소카왕은 불교를 장려하여 전국 각지에 수많은 돌기둥(석주)을 세워 불교의 가르침을 널리 전하였으며, 산치 대탑을 비롯한 여러 탑을 세웠다. └ 현존하는 가장 오래된 불탑이야.
바로알기 》》 ①은 굽타 왕조, ③은 쿠샨 왕조, ④는 비잔티움 제국, ⑤는 우마이야 왕조 시기의 일이다.

02 상좌부 불교와 대승 불교
(가)는 상좌부 불교, (나)는 대승 불교이다. 개인의 해탈을 강조한 상좌부 불교는 마우리아 왕조 시기에 발전하였으며, 실론과 동남아시아로 전파되었다. 많은 사람(중생)의 구제를 강조한 대승 불교에서는 부처를 초월적인 존재로 신격화하여 신앙의 대상으로 삼았다. 대승 불교는 쿠샨 왕조의 카니슈카왕의 전파 노력에 힘입어 중앙아시아를 거쳐 동아시아에 전파되었다.
바로알기 》》 ①은 이슬람교, ②, ③은 대승 불교에 대한 설명이다. ⑤ 대승 불교 측에서 개인의 구제에 치우진 상좌부 불교를 소승이라고 비판하였다.

03 힌두교의 특징
제시된 글에서 설명하는 종교는 힌두교로, 굽타 왕조 시기에 성립하여 발전하였다. 힌두교의 주요 세 신으로 브라흐마, 비슈누, 시바가 있다. 힌두교에서는 비슈누가 왕의 모습으로 세상에 나타났다고 주장하여 왕의 권위를 높였기에 힌두교가 왕실의 보호를 받아 성장하였다. 힌두교는 카스트제의 신분 차별을 인정하여 힌두교가 확산되면서 인도 사회에 카스트제가 정착하였다. 이 시기 카스트에 따른 의무와 규범을 규정한 『마누 법전』이 정비되어 인도인의 생활에 큰 영향을 주었다.
바로알기 》》 ①은 이슬람교와 관련된 내용이다.

04 굽타 왕조의 문화
자료의 『마하바라타』, 『라마야나』 등 산스크리트 문학 작품의 명칭을 통해 ⊙ 왕조가 굽타 왕조임을 알 수 있다. 굽타 왕조 시대에는 인도 고유의 언어인 산스크리트어가 공용어로 사용되면서 산스크리트 문학이 발달하였다. 미술에서는 간다라 양식과 인도 고유의 양식이 융합된 굽타 양식이 등장하였는데, 아잔타 석굴 사원과 엘로라 석굴 사원의 불상과 벽화에서 그 특징을 확인할 수 있다. 굽타 왕조 시대에는 최초로 '0(영)'이라는 숫자를 만들었고, 10진법을 사용하였다.
바로알기 》》 ①은 일본의 나라 시대, ②는 중국의 당, ③은 중세 서유럽, ⑤는 이슬람 문화권의 문화에 대한 설명이다.

05 북위의 정책

원강 석굴 사원의 불상은 북위 황제의 모습을 본떠 만들었다고 알려져 있다. 북위에서는 효문제 때 한화 정책을 적극적으로 실시하여 한족의 언어와 의복을 사용하고, 선비족의 성씨를 한족의 성씨로 바꾸도록 하였으며, 한족과 선비족의 결혼을 장려하였다.

바로알기 >> ① 과거제는 중국의 수대에 처음 실시되었다. ②는 로마, ③은 중국의 당, ④는 중세 서유럽에서 볼 수 있었던 모습이다.

06 수대 대운하 건설과 고구려 원정

제시된 글에서 양제 때 대운하를 건설하였다는 내용을 통해 밑줄 친 '이 나라'가 수임을 알 수 있다. 수에서는 대운하를 건설하여 남북 간의 교류를 촉진하였다. 한편, 이 시기 여러 차례에 걸쳐 고구려 원정이 시도되었다. 대운하 건설과 같은 대규모 토목 공사에 노동력이 징발되면서 백성의 불만이 높아졌고 수차례에 걸친 고구려 침략마저 실패로 돌아가면서 수는 점차 쇠퇴하였다.

바로알기 >> ①은 영국, ③은 중국의 한, ④는 비잔티움 제국, ⑤는 중국의 진에서 있었던 일이다.

07 당의 통치 체제

자료로 이해하기 >> 중서성에서 정책을 수립하면 문하성이 심의하여 결정한 뒤 상서성으로 전달하여 6부가 집행하였어.

수 멸망 이후 성립한 이 나라는 도표와 같이 통치 체제를 정비하였어요. 이 나라에 대해 말해 볼까요?

당은 수의 제도를 이어받아 통치 체제를 정비하였다. 중앙에 3성 6부를 운영하고, 지방에 주현을 두어 관리를 파견하였다. 또한 균전제를 실시하여 농민에게 토지를 지급하고 그 대가로 조용조의 세금을 거두었으며, 부병제를 실시하여 농민을 병사로 복무시켰다. 이러한 당의 제도는 동아시아 각국에 영향을 끼쳤다.

바로알기 >> ①은 위진 남북조 시대의 국가들, ②는 일본의 나라 시대, ③은 중국의 진, ④는 인도의 굽타 왕조와 관련된 내용이다.

08 당의 현장

당대에는 불교가 발전하여 현장을 비롯한 승려들이 서역과 인도를 순례하고 불교 경전을 들여왔다. 특히, 현장은 인도의 날란다 사원에 들어가 불교 연구를 하고 돌아왔으며, 『대당서역기』라는 여행기를 남겼다.

09 나라 시대의 특징

마인드맵에서 헤이조쿄로 수도를 옮기고, 도다이사를 건립하였으며, 견당사를 파견하였다는 내용을 통해 (가) 시대가 일본의 나라 시대임을 알 수 있다. 나라 시대에는 『일본서기』, 『고사기』와 같은 역사책을 편찬하였다.

바로알기 >> ①, ②는 헤이안 시대, ③, ⑤는 나라 시대 이전의 야마토 정권이 발전하던 시대에 있었던 일이다.

10 동아시아 문화권의 특징

당과 주변국이 긴밀한 외교 관계를 맺으면서 한자, 율령, 유교, 불교를 공통 요소로 하는 동아시아 문화권이 형성되었다. 한자는 동아시아 국가들이 사상과 문화를 교류하는 데 중요한 역할을 하였으며, 율령은 동아시아 국가들이 중앙 집권 체제를 성립하는 데 기여하였다. 유교는 동아시아 각국에서 정치 이념이 되었고, 각국에서는 공자를 모시는 문묘를 세우기도 하였다. 동아시아 국가들에서 사찰과 석굴 사원의 건축도 활발하게 이루어졌다.

바로알기 >> ㄱ은 중세 서유럽 봉건 사회, ㄴ은 이슬람 문화권에 대한 설명이다.

11 이슬람교의 성립과 발전

이를 헤지라(622)라고 해.

7세기 초 무함마드가 알라를 유일신으로 하는 이슬람교를 창시하였다. 메카의 귀족들이 무함마드를 탄압하자, <u>무함마드와 신자들은 메카에서 메디나로 근거지를 옮겼다.</u> 이후 무함마드는 메디나에서 이슬람 공동체를 조직하여 세력을 키우고 메카를 정복한 뒤 아라비아반도의 대부분을 통일하였다. 무함마드가 죽은 후 이슬람 공동체는 칼리프를 선출하였는데, 이 시기를 정통 칼리프 시대(632~661)라고 한다.

바로알기 >> ①은 11세기, ②는 10세기, ③은 기원전 1800년경, ④는 4세기경의 일이다.

12 우마이야 왕조와 아바스 왕조

지도의 (가) 왕조는 우마이야 왕조, (나) 왕조는 아바스 왕조이다. 우마이야 왕조는 다마스쿠스를 수도로 삼고 정복 활동을 펼쳐 중앙아시아에서 북부 아프리카, 이베리아반도에 걸친 대제국을 건설하였다. 아바스 왕조는 아랍인 우대 정책을 폐지하고, 탈라스 전투의 승리를 바탕으로 동서 교역로를 장악하였다. 그 결과 수도 바그다드는 국제 교역과 문화의 중심지로 번영을 누리게 되었다.

바로알기 >> ①, ⑤는 정통 칼리프 시대, ②, ③은 아바스 왕조에 대한 설명이다.

13 이슬람 상인의 활약

우마이야 왕조, 아바스 왕조 등 이슬람 제국은 유럽과 아프리카, 아시아를 잇는 통로에 자리하고 있었다. 이 시기 이슬람 상인들은 비단길과 바닷길을 이용하여 동서 교역을 주도하였다. 이들은 인도, 동남아시아, 중국은 물론 한반도에까지 진출하여 도자기, 향신료, 비단 등을 거래하였다. 또한 유럽과 아프리카에 진출하여 모피, 금, 노예 등을 거래하면서 많은 이익을 차지하였다.

바로알기 >> ①은 중국의 한, ③은 중국의 북위, ④는 인도의 쿠샨 왕조와 관련된 설명이다. ⑤ 『마누 법전』은 힌두교도의 일상생활에 큰 영향을 주었다.

14 이슬람 문화권

우함마드가 받은 알라의 계시를 정리한 이슬람교의 경전이야.

학생들의 대화에서 메카를 향해 예배를 드린다는 점, 천문학과 지리학이 발달하였다는 점 등을 통해 밑줄 친 '이 문화권'이 이슬람 문화권임을 알 수 있다. 이슬람 사회에서 『쿠란』의 가르침은 일상생활을 지배하였다. 『쿠란』은 다른 언어로 번역하는 것이 금지되었기 때문에 이슬람교가 확산되면서 아랍어도 널리 퍼지게 되었다. 그 결과 이슬람교와 아랍어를 공통 요소로 하는 이슬람 문화권이 형성되었다.

바로알기 >> ②는 중국의 춘추 전국 시대, ③은 중세 서유럽, ④는 일본의 헤이안 시대, ⑤는 인도의 굽타 왕조와 관련된 내용이다.

15 이슬람의 모스크

이슬람 세계에서는 돔과 아치, 뾰족한 탑을 특징으로 하는 이슬람교의 예배당인 모스크가 많이 만들어졌다. 이슬람교에서는 우상숭배를 금지하였기 때문에 모스크의 내부를 아라베스크와 아랍어 글씨로 장식하였다. ③은 이슬람의 모스크인 바위의 돔이다.

바로알기 >> ①은 캄보디아 앙코르 왕조의 앙코르 와트, ②는 르네상스 양식의 성 베드로 대성당, ④는 고딕 양식의 샤르트르 대성당, ⑤는 그리스의 파르테논 신전이다.

16 봉건제의 성립

자료로 이해하기 >>

그대를 나의 봉신으로 임명하노라. 앞으로 나를 주군으로 섬기도록 하라.

세력이 약한 기사는 자기보다 강한 기사를 주군으로 섬기고 충성과 봉사를 맹세하였어. 주군은 그 대가로 봉신에게 토지를 주었어.

사진은 주종 관계의 서약을 맺는 장면이다. 9세기 이후 서유럽에서는 주군과 봉신이 서로의 의무를 성실하게 지킨다는 계약을 맺고 주종 관계를 형성하면서 봉건 사회가 성립하였다.

바로알기 >> ①은 7세기경 이슬람 세계, ②는 4세기경 서유럽, ③은 5세기경 서유럽, ⑤는 기원전 4세기경 알렉산드로스 제국과 관련이 있다.

17 카노사의 굴욕

밑줄 친 '이 사건'은 카노사의 굴욕이다. 11세기 후반 교황 그레고리우스 7세와 신성 로마 제국의 황제 하인리히 4세가 성직자 임명권을 둘러싸고 대립하였다. 교황은 성직자 임명권을 교회가 가져야 한다고 주장하였고, 황제는 이에 반발하였다. 교황이 황제를 파문하자 황제가 카노사에서 교황에게 용서를 구하는 카노사의 굴욕이 일어났다.

황제는 이곳에서 3일 동안 교황에게 참회를 구하였어.

바로알기 >> ① 프랑스와 영국이 백년 전쟁을 벌였다. ② 셀주크 튀르크와 서유럽 세계가 십자군 전쟁을 벌였다. ③ 로마 교황과 프랑스 국왕이 대립하다가 교황청이 아비뇽으로 옮겨진 사건을 아비뇽 유수라고 한다. ⑤ 성상 숭배 문제를 두고 대립하던 동서 교회가 로마 가톨릭교회와 그리스 정교로 분리되었다.

18 비잔티움 제국의 발달

자료에서 옛 로마 제국의 영토 대부분을 회복하였다는 점, 로마법을 집대성한 법전을 편찬하였다는 점 등을 통해 비잔티움 제국의 유스티니아누스 황제에 대한 인터뷰임을 알 수 있다. 비잔티움 제국은 그리스 정교를 바탕으로 비잔티움 제국만의 독특한 문화를 발전시켰다. 비잔티움 제국에서는 그리스어를 공용어로 사용하였다.

바로알기 >> ① 비잔티움 제국의 레오 3세가 성상 숭배 금지령을 발표하였고, 로마 교회가 이에 반발하였다. ③은 아케메네스 왕조 페르시아, ④는 로마 제국, ⑤는 중세 서유럽 세계에 대한 설명이다.

19 십자군 전쟁의 결과

십자군 전쟁 이후 전쟁을 주도한 교황의 권위는 크게 떨어졌고, 전쟁에 참전하였던 제후와 기사의 세력도 약화되었다. 반면, 왕권은 상대적으로 강화되었다. 또한 십자군 전쟁을 계기로 지중해 무역이 활발해져 상업이 발달하고 도시가 번성하였다. 한편, 비잔티움과 이슬람 문화가 서유럽 세계에 전해져 서유럽 문화가 발전하는 계기가 마련되었다.

바로알기 >> ① 장원은 9세기 프랑크 왕국의 분열과 노르만족 등 이민족의 침략으로 서유럽이 혼란에 빠진 상황에서 주종 관계가 성립하며 형성되었다. 십자군 전쟁 이후 상업과 도시가 발달하고 화폐가 널리 사용되면서 장원은 점차 해체되었다.

20 백년 전쟁과 장미 전쟁

㉠은 백년 전쟁, ㉡은 장미 전쟁이다. 영국과 프랑스는 플랑드르 지방의 지배권과 왕위 계승 문제로 대립하다가 백년 전쟁을 벌였다. 영국에서는 랭커스터 가문과 요크 가문이 왕위 계승을 놓고 장미 전쟁을 벌였다.

랭커스터 가문은 붉은 장미, 요크 가문은 흰 장미를 문장으로 하였어.

바로알기 >> 30년 전쟁은 독일에서 일어난 종교 전쟁이다. 십자군 전쟁은 성지 예루살렘을 되찾기 위해 크리스트교 세계가 이슬람 세력과 벌인 전쟁이다.

21 르네상스 시기의 문화

제시된 글은 지동설의 내용으로, 르네상스 시기 코페르니쿠스, 갈릴레이가 주장하였다. 중세 사람들은 천동설을 믿고 있었는데, 지동설의 제기는 당시 사람들의 우주관에 큰 영향을 주었다. 한편, 르네상스 시기 알프스 이북 지역에서는 토머스 모어가 『유토피아』를 저술해 영국 사회의 현실을 비판하였다.

바로알기 >> ①은 기원전 6세기경 인도, ②는 인도의 쿠산 왕조 시기, ③은 12세기경 앙코르 왕조, ⑤는 12~13세기경 중세 서유럽의 문화와 관련된 내용이다.

22 칼뱅의 종교 개혁

제시된 글에서 예정설을 주장하였다는 점, 근면과 절약을 강조하였다는 점을 통해 ㉠ 인물이 칼뱅임을 알 수 있다. 스위스에서는 칼뱅이 인간의 구원은 신이 미리 정해 놓았으므로 구원을 믿고 성서에 따라 생활해야 한다는 예정설을 주장하며 종교 개혁을 이끌었다. 그의 주장은 프랑스, 영국, 네덜란드 등지로 퍼졌다. 이후 베스트팔렌 조약을 통해 칼뱅파가 공식적으로 인정받았다.

바로알기 >> ①은 에라스뮈스, ②는 루터, ③은 헨리 8세, ④는 구텐베르크와 관련된 내용이다.

01 몽골 제국과 문화 교류

117, 119, 121쪽

A **1** (1) × (2) × (3) ○ **2** (1) 왕안석 (2) 금 (3) 태조(조광윤)

B **1** (1) 금 (2) 야율아보기 **2** (1) ㄷ (2) ㄴ (3) ㄱ

　　3 ㉠ 부족제 ㉡ 군현제

C **1** (1) ○ (2) × (3) ○ **2** (1) 교자 (2) 창장강 (3) 행 **3** 시박사

D **1** (1) 사대부 (2) 나침반 (3) 서민 **2** ㉠ 성리학 ㉡ 화이론

E **1** (1) ○ (2) × (3) ○ **2** (1) 한족의 반란 (2) 잡극 (3) 쿠빌라이 칸

　　3 ㉠ 색목인 ㉡ 남인

F **1** (1) 수시력 (2) 비단길 (3) 역참 **2** (1) – ㉠ (2) – ㉡

실력 탄탄 핵심 문제

122~125쪽

01 ⑤ **02** ② **03** ④ **04** ③ **05** ③ **06** ① **07** ④ **08** ④
09 ③ **10** ⑤ **11** ② **12** ④ **13** ④ **14** ③ **15** ① **16** ⑤
17 ② **18** ①

01 문치주의 정책의 결과

송의 황제 태조는 절도사의 권한을 빼앗고 문신을 우대하는 문치주의 정책을 실시하였다. 이 정책으로 사대부가 지배층으로 성장한 한편, 국방력이 약화된 틈을 타 요, 서하 등 북방 민족이 송을 압박하였다.

바로알기 >> ㄱ, ㄴ. 문치주의 정책으로 군사력이 약화되어 북방 민족의 압박을 받자, 그들에게 평화의 대가로 물자를 제공하고 국방비 등이 증가하면서 송의 재정이 악화되었다.

02 태조의 정책

밑줄 친 '그'는 송을 건국한 조광윤(태조)이다. 그는 중앙 집권 체제를 강화하기 위해 중앙군을 황제 직속으로 두었고, 과거제를 개혁하여 과거의 최종 단계인 3차 시험에서 황제가 직접 시험을 주관하도록 하였다.

바로알기 >> ① 9품중정제는 위진 남북조 시대에 실시되었다. ③ 천호제는 몽골 제국의 군사 조직이자 행정 조직이었다. ④ 북방 민족이 부족제와 군현제로 각각 자신의 부족과 한족을 다스렸다. ⑤ 한화 정책은 위진 남북조 시대에 효문제가 실시하였다.

03 왕안석의 신법

제시된 개혁은 송의 신종 시기에 왕안석이 추진한 신법의 내용이다. 송대에는 국방력이 약화되어 북방 민족의 압박을 받자, 북방 민족에게 많은 양의 비단과 은을 주고 평화를 유지하여 재정이 악화되었다. 이에 신종은 왕안석을 등용하여 민생 안정과 부국강병을 위한 개혁을 추진하였다.

바로알기 >> ④ 왕안석의 개혁은 보수파 관료들의 반대로 실패하였다.

04 북방 민족의 성장 과정

(나) 10세기 초 야율아보기가 부족을 통합하여 거란(요)를 건국하였다. (가) 12세기에 수립된 금은 송과 연합하여 요를 정복하였다. (다) 이후 금은 송의 수도 카이펑을 함락하여 송을 남쪽으로 몰아내고 화북 지방을 차지하였다.

05 서하의 건국과 발전

지도의 (가)는 서하이다. 송의 서북 지역에 있던 탕구트족은 11세기에 서하를 건국하였다. 서하는 비단길을 통한 동서 무역의 이익을 장악하여 번영하였으며, 송을 압박하였다.

바로알기 >> ① 원이 남송을 정복하였다. ②, ④ 거란은 발해를 멸망시켰고, 연운 16주를 차지하였다. ⑤ 금은 송의 수도 카이펑을 함락하여 송을 남쪽으로 몰아냈는데, 이때의 송을 남송이라고 한다.

06 요과 금의 통치 방식

첫 번째 글은 거란(요), 두 번째 글은 금에 대한 설명이다. 정복 왕조로 발전한 요와 금은 한족을 효율적으로 다스리기 위해 이중적인 통치 방식을 사용하여 고유의 부족제로 유목민을 다스리고 중국식 군현제로 한족을 다스렸다.

바로알기 >> ② 송에서 사대부가 지배층으로 성장하였다. ③ 수, 당, 송 등 한족 왕조에서 과거제를 실시하였다. ④ 3성 6부의 중앙 행정 조직을 갖춘 나라는 당이다. ⑤ 수는 화북과 강남을 연결하는 대운하를 건설하여 물자 유통을 원활하게 하였다.

07 거란 문자의 제작 목적

제시된 자료의 거란 문자는 요에서 자신들만의 문자를 만든 것이다. 요, 금, 서하는 중국식 한자와는 다른 자신들만의 문자를 만들어 고유의 전통과 문화를 지키기 위해 노력하였다.

바로알기 >> ① 고유 문자 제작은 자기 부족의 고유한 문화를 지키기 위해서였다. ② 송에서 성리학이 성립하여 발달하였다. ③ 한족을 효율적으로 다스리기 위해 이중 통치 방식을 취하였다. ⑤는 과거제 실시의 목적이다.

08 송의 농업 발전

송대에는 강남의 저습지가 농지로 개발되어 경지 면적이 크게 늘어났으며, 재배 기간이 짧은 벼가 도입되고 모내기법이 보편화되어 농업 생산력이 크게 증가하였다.

바로알기 >> ㄱ. 우경은 춘추 전국 시대에 시작되었다. ㄷ. 철제 농기구는 춘추 전국 시대부터 사용되기 시작하였다.

09 송의 경제적 상황

지도는 송의 대외 무역을 나타낸 것으로 (가)는 송이다. 송대에는 경제가 크게 발전하였다. 창장강 하류 지역을 개간하여 농지가 늘어났고 모내기법이 보편화되는 등 농업 기술이 발달하여 농업 생산력이 증가하였다. 상공업도 발달하여 상인과 수공업자들은 행, 작 등의 동업 조합을 만들었으며, 각지에 도시와 시장이 들어섰다. 해상 무역도 활발하게 이루어져 취안저우, 광저우 등의 항구에 무역 사무를 맡아보던 시박사를 설치하였다.

바로알기 >> ③ 송대에 사용된 지폐는 교자이다. 교초는 원대에 사용된 지폐이다.

10 송의 발전

제시된 「청명상하도」는 북송 말에 장택단이 송의 수도 카이펑의 번화한 모습을 그린 것으로, ㉠에 들어갈 왕조는 송이다. 송대에는 조선술과 항해술, 지도 제작 기술 등이 발전하면서 해상 교역이 활발히 이루어졌다.

바로알기 >> ① 훈고학은 한대에 발달하였다. ② 9품중정제는 위진 남북조 시대에 실시되었다. ③ 당삼채는 당에서 제작된 도자기이다. ④ 몽골 제일주의는 원의 통치 방식이다.

11 사대부의 성장

제시된 글은 사대부에 대한 설명이다. 송대에는 과거제가 정비되면서 유교적 소양을 갖춘 사대부가 사회의 지배층으로 등장하였다. 사대부들은 경전의 글자나 문구 해석에 치중하던 종래의 훈고학을 비판하고 인간과 우주 만물의 본질을 탐구하려는 성리학을 발전시켰다.

바로알기 >> ① 한대에 지방에서 호족들이 대토지를 소유하고 농민을 지배하였으며, 중앙 관리로도 진출하였다. ③ 색목인은 원대에 지배 계층을 이루었다. ④ 절도사는 당대에 변방 지역을 지키기 위해 마련된 직책이다. ⑤ 위진 남북조 시대에 중앙 관리로 진출한 지방 호족들이 대대로 관직을 독차지하면서 문벌 귀족으로 성장하였다.

12 송의 문화 발달

송대에는 남송의 주희가 완성한 성리학이 유행하였다. 과학 기술도 발달하여 화약 무기, 나침반, 활판 인쇄술이 발명되고 실용화되었으며, 이들은 이후 세계 여러 지역에 전파되었다. 특히 화약 무기는 이슬람 세계를 거쳐 유럽에 전해져 중세 유럽 기사 계급의 몰락과 봉건 사회의 붕괴에 영향을 주었다. 송대에는 서민들의 생활 수준이 높아지면서 서민 문화가 발달하였는데, 대도시에 전문 공연장이 발달하여 만담, 곡예, 인형극 등 다양한 공연이 이루어졌다.

바로알기 >> ④ 현장은 당의 승려로, 서역과 인도를 순례하고 불교 경전을 들여왔다.

13 활판 인쇄술의 발명

제시된 발명품은 송대의 점토 활자판으로, 당시 활판 인쇄술이 발전하였음을 보여 준다. 송대에 활판 인쇄술이 개발되어 지식 보급과 문화 발전에 기여하였으며, 이들 기술은 이슬람 세계를 거쳐 유럽에까지 전파되었다.

바로알기 >> ㄱ. 채륜은 한대에 제지술을 개량하였다. ㄷ. 나침반의 발명이 해상 교역의 활성화에 기여하였다.

14 몽골 제국의 군사력

몽골 제국은 천호제로 편성된 강력한 기마 군단의 군사력에 힘입어 짧은 기간에 대제국을 건설할 수 있었다. 또한 이슬람 상인들이 정복지에 대한 정보를 제공한 것도 몽골의 대제국 건설에 도움이 되었다.

바로알기 >> ① 송대에는 문치주의 정책을 실시하여 군사력이 약화되었다. ② 왕안석의 신법은 송에서 추진되었다. ④ '왕의 길'은 아케메네스 왕조 페르시아에서 건설되었다. ⑤ 부병제는 당대에 실시되었다.

15 원의 건국과 발전

자료로 이해하기 >>
몽골 제국은 여러 울루스로 분열되었어.
쿠빌라이 칸은 수도를 대도로 옮기고 나라 이름을 원으로 바꾸었어.
차가타이 울루스에 병합(1306)
주치 울루스
우구데이 울루스
차가타이 울루스
훌라구 울루스
카라코룸
(가)
대도
항저우
아라비아해
벵골만
태평양
□ 몽골 제국의 최대 영역

지도의 (가)는 원이다. 원은 남송을 멸망시키고 중국 전역을 지배하였다. 이로써 중국 역사상 처음으로 유목민이 전 중국을 지배하게 되었다.

바로알기 >> ② 조광윤(태조)은 송을 세웠다. ③ 송의 태조가 5대 10국의 분열을 수습하였다. ④ 원은 파스파 문자를 사용하였다. ⑤ 원은 한족의 반란으로 북쪽으로 밀려났다.

16 원의 통치 방식

제시된 자료는 원대의 신분 구성으로, (가)는 몽골인, (나)는 색목인, (다)는 한인, (라)는 남인이다. 몽골은 몽골 제일주의에 따라 신분을 네 개로 나누어 대외 정복 전쟁 때 협력한 정도에 따라 각 민족을 차별적으로 대우하였다.

바로알기 >> ① (가)는 몽골인이 차지하였다. ② 몽골인과 색목인은 지배 계층을 형성하였고, 한인과 남인이 피지배 계층을 형성하였다. ③은 (라) 남인, ④는 (다) 한인에 대한 설명이다.

17 원의 경제와 문화

교초가 사용된 ㉠ 나라는 원이다. 원대에는 교통로의 발달로 서역 상인이 자주 왕래하여 물자의 교류가 왕성하였다. 이에 힘입어 대도, 임안 등의 도시가 번영을 누렸으며 화폐의 사용이 늘었다. 상업이 발전하면서 서민 문화가 더욱 발달하였는데, 『삼국지』와 같은 구어체로 쓴 소설이 인기를 얻었고, 노래와 연극이 어우러진 형태의 잡극이 크게 유행하였다.

바로알기 >> ② 성리학은 송대에 남송의 주희가 완성하였다.

18 동서 교류의 확대

지도는 몽골 제국 시기 동서 교류를 나타낸 것이다. 몽골 제국이 역참제를 실시하고 해상 운송로를 정비하여 동서 무역이 활발해졌고, 그 결과 항저우, 취안저우 등은 국제적인 무역항으로 번성하였다. 또한 동서 교류를 통해 송에서 발명된 화약 무기, 나침반, 인쇄술과 같은 과학 기술이 유럽에 전해졌다. 한편, 이슬람의 역법, 천문학 등이 중국에 전해져 원의 곽수경은 이를 토대로 수시력이라는 달력을 만들었다.

바로알기 >> ① 대진 경교 유행 중국비는 당대에 대진사에 세워진 비석으로, 당에 전해진 경교의 주요 교리와 역사가 기록되어 있다.

01 몽골 제국의 동서 교역

① 역참, ② 바닷길

02 문치주의의 영향

(1) 문치주의

(2) 예시답안 송대에는 문치주의 정책을 펴면서 군사력이 약해지자 북방 민족의 침입이 잦아졌다. 송은 이들에게 은과 비단 등 막대한 물자를 주었고 이로 인해 재정이 악화되었다.

채점 기준	점수
문치주의 정책으로 군사력이 약화되고 재정이 악화되었다고 서술한 경우	상
군사력 약화와 재정 악화 중 한 가지만 서술한 경우	하

03 나침반이 끼친 영향

예시답안 나침반은 송의 해상 교역이 확대되는 데 기여하였으며, 이슬람 상인을 거쳐 유럽에 전해져 유럽인들의 신항로 개척에 활용되었다.

채점 기준	점수
나침반이 송의 해상 교역 확대와 유럽인의 신항로 개척에 영향을 주었음을 모두 서술한 경우	상
송의 해상 교역 확대와 유럽인의 신항로 개척 중 한 가지 영향만 서술한 경우	하

02 동아시아 지역 질서의 변화

127, 129, 131쪽

> **A** 1 (1) – ㉠ (2) – ㉡ 2 이갑제 3 (1) × (2) ○ (3) × (4) ○
> **B** 1 (1) 홍타이지(태종) (2) 만한 병용제 2 (1) ㄷ (2) ㄱ (3) ㄴ
> **C** 1 (1) ○ (2) ○ (3) × 2 (1) – ㉡ (2) – ㉠ 3 신사
>   4 (1) 양명학 (2) 고증학
> **D** 1 (1) 아담 샬 (2) 공행 2 마테오 리치
> **E** 1 봉건제 2 (1) ○ (2) × (3) × 3 (1) ㄱ (2) ㄷ (3) ㄴ
> **F** 1 (1) 통신사 (2) 네덜란드 (3) 우키요에 2 산킨코타이 제도
>   3 (1) – ㉠ (2) – ㉡

실력탄탄 **핵심 문제**   132~135쪽

> 01 ① 02 ② 03 ④ 04 ⑤ 05 ③ 06 ③ 07 ④ 08 ①
> 09 ④ 10 ③ 11 ⑤ 12 ④ 13 ① 14 ③ 15 ④ 16 ⑤
> 17 ① 18 ② 19 ① 20 ②

01 명의 건국과 발전

밑줄 친 '이 나라'는 주원장(태조, 홍무제)이 세운 명이다. 명은 임진왜란 때 조선에 군대를 파견하여 국가 재정이 악화되었다.

바로알기 >> ② 만주족은 청을 세웠다. 명은 한족이 세운 왕조이다. ③ 만한 병용제는 청에서 실시하였다. ④ 송대에 사대부 계층이 형성되었다. ⑤ 황소의 난은 당에서 일어났다.

02 홍무제의 업적

제시된 글은 홍무제(태조)가 시행한 이갑제에 대한 설명이다. 홍무제는 재상제를 폐지하였고, 토지 대장과 호적 대장을 만들어 세금 징수에 활용하였다. 또한 과거제와 학교 교육을 중시하고 육유를 반포하여 한족의 유교적 전통을 회복하고자 하였다.

바로알기 >> ② 영락제가 적극적인 대외 팽창 정책을 펼쳐 남으로 베트남까지 정복하였다.

03 육유 반포의 목적

자료로 이해하기 >>   여섯 가지 유교 윤리로, 황제가 백성에게 유교 윤리를 가르치고자 제정한 여섯 가지 가르침이야.

> 부모에게 효도하라. / 웃어른을 공경하라. / 이웃과 화목하라. / 자손들을 잘 교육시켜라. / 자신의 일에 최선을 다하라. / 나쁜 짓을 하지 마라. ─ 홍무제가 반포한 육유의 내용이야.

홍무제는 한족의 유교 전통을 회복하기 위해 육유를 반포하여 백성에게 유교의 가르침을 전하였다.

바로알기 >> ①, ② 송대에 절도사 세력을 약화하기 위해 문치주의 정책을 실시하였다. ③ 홍무제는 세금을 효과적으로 징수하기 위해 토지 대장과 호적 대장을 제작하였다. ⑤ 선비족이 세운 북위의 효문제가 한화 정책을 펼쳐 유목 민족의 문화와 한족의 문화가 융합되었다.

04 정화의 항해

지도는 정화의 항해로를 나타낸 것이다. 명의 영락제는 명 중심의 국제 질서를 확대하기 위해 정화에게 대규모 항해를 추진하게 하였다. 그 결과 명은 30개에 이르는 국가와 조공 관계를 맺었다.

바로알기 » ㄱ. 정화의 항해는 중국의 중화사상을 약화하지 않았다. ㄴ. 청이 중국을 지배하면서 만주족이 한족을 다스리게 되었다.

05 청의 전성기

청은 강희제, 옹정제, 건륭제가 다스린 130여 년 동안 최고 전성기를 누렸다. 강희제는 반청 세력을 진압하였으며, 러시아와 네르친스크 조약을 맺어 국경을 확정하였다. 옹정제는 새로운 화이사상을 제시하여 청의 통치를 정당화하였다. 건륭제는 최대 영토를 확보하였는데, 이 시기 영토는 오늘날 중국의 영토와 거의 일치한다.

바로알기 » ③은 명이 멸망한 1644년의 일로, 강희제의 집권 이전에 해당한다.

06 청의 발전

(나) 청은 명이 멸망하자 베이징으로 입성하여 이곳을 수도로 삼았다. (가) 이후 강희제는 타이완을 정복하여 반청 세력을 진압하였고, (다) 옹정제는 군기처를 설치하여 황제권을 강화하였다. 그리고 (라) 건륭제 때 티베트, 신장, 몽골의 남은 세력을 정복하여 최대 영토를 확보하였다.

07 명·청 교체와 동아시아 세계관의 변화

자료로 이해하기 »

┌ 한족 왕조인 명이 멸망하자 조선에서는 조선이
│ 중화 문명의 계승자라는 인식이 널리 퍼졌어.

- 조선에서 소중화 의식이 발달하였다.
- 일본은 자국을 동아시아 문화의 중심으로 여겼다.
- 청은 명을 이어받은 새로운 중화라고 주장하였다.
 옹정제는 새로운 화이사상을 제시해서 청의 통치를 정당화하였어.

명이 멸망하고 청이 중국 전역을 지배하게 되면서 동아시아 각국의 세계관에 변화가 나타났다. 청은 자신들이 명을 이어받은 새로운 중화라고 주장하였고, 조선과 일본은 자국을 동아시아 문화의 중심으로 여기게 되었다. 이처럼 명·청 교체 이후에 동아시아에서는 각국이 자국을 중심으로 세계를 위계적으로 이해하는 현상이 강화되었다.

바로알기 » ① 일본은 임진왜란을 일으켰으나 실패하였다. ② 명·청대에 은이 대량 유입되어 경제적 변화가 일어났다. ③ 북로남왜는 명대 외적의 침입을 가리키는 것으로 명의 쇠퇴에 영향을 주었다. ⑤ 서양 선교사가 명과 청에서 활동하면서 중국인들의 세계에 대한 인식을 넓혀 주기도 하였다.

08 청의 한족 통치

제시된 내용은 청이 강압책과 회유책을 병행하여 한족을 지배하였음을 보여 준다. 청은 만한 병용제로 중요 관직에 만주족과 한족을 함께 등용하였고, 『사고전서』를 만드는 대규모 편찬 사업에 한족 지식인을 참여시켜 중국 전통문화를 집대성하는 회유책을 시행하였다. 한편으로는 한족에게 청 비판을 금지하고 변발과 호복을 강요하는 강압책도 시행하였다.

바로알기 » ② 청은 한족 중심의 중화사상을 금지하였다. ③ 일본에서 봉건제가 시행되었다. ④는 몽골의 통치에 대한 설명이다. ⑤는 송대의 문치주의 정책에 대한 설명이다.

09 명·청대의 경제 발전

명·청대에는 이모작이 확대되었고 신대륙에서 고추, 담배, 감자, 옥수수, 고구마와 같은 새로운 작물이 들어왔다. 수공업이 발달하여 비단과 면직물 등이 생산되었으며 징더전을 비롯한 각지에서 도자기 생산이 증가하였다. 당시에는 상업도 발달하면서 대상인 집단이 성장하였다.

바로알기 » ④ 명·청대에는 쌀의 주산지가 창장강 중·상류 지역으로 이동하였다.

10 은의 유입과 경제 변화

지도는 명·청대에 은의 유통 경로를 보여 준다. 명·청대에 유럽 상인들이 주로 비단, 도자기, 차, 면직물 등의 중국산 상품을 아메리카 및 일본에서 생산된 은과 교환하였다. 이에 따라 중국에 은이 대량으로 유입되어 기본 화폐가 되었고, 중국 정부는 세제 개혁을 단행하여 은으로 세금을 납부하는 일조편법(명)과 지정은제(청)를 시행하였다.

바로알기 » ③ 교자는 송대에 제작된 지폐이다.

11 신사의 성장

명·청대에는 학생, 과거 합격자, 관직 경험자 등 유교적 소양을 갖춘 지식인인 신사가 사회 지배 계층을 형성하였다. 이들은 중앙 관리로 진출하거나 지방관을 도와 향촌 질서를 유지하는 데 힘썼다. 신사는 요역을 면제받고 형벌상의 특권을 누리기도 하였다.

바로알기 » ⑤는 당대 절도사에 대한 설명이다.

12 명·청대의 학문

명대에는 왕양명이 지행합일의 실천을 강조하는 양명학을 제창하였다. 한편, 청에서는 정부가 사상을 통제하자 현실 정치를 멀리하고 경전을 실증적으로 연구하는 고증학이 발달하였다.

바로알기 » 한대에 유교 경전을 정리하고 연구하는 훈고학이 발달하였으며, 송대에 주희가 우주의 원리와 인간의 본성을 탐구하는 성리학을 완성하였다.

13 청의 문화 발달

지도는 청의 최대 영역을 나타낸 것으로, (가)는 청이다. 청대에는 서민 문화가 발달하여 경극이 서민들의 환영을 받았으며, 『홍루몽』 등의 소설이 인기를 끌었다.

바로알기 » ㄷ. 「곤여만국전도」는 명대에 처음 제작되었다. ㄹ은 송대에 있었던 일이다.

14 청의 대외 교류

청은 잠시 해금 정책을 실시하였으나 17세기 후반에 일부 항구를 개항하고 해외 무역을 허용하였다. 18세기 중반 이후에는 광저우 한 곳만을 개방하였고, 이곳에서 청 정부로부터 허가를 받은 공행이라는 특허 상인만 외국 상인과 무역할 수 있었다.

① 청대에는 서양과의 교역 과정에서 은이 대량 유입되었다. ② 곽 수경이 수시력을 만든 것은 원대의 일이다. ④ 명에서 마테오 리치가 명의 학자 서광계와 함께 유클리드의 『기하원본』을 번역하였다. ⑤는 원대의 대외 교류와 관련이 있다.

15 일본 봉건제의 운영

(가)는 다이묘(영주)이다. 다이묘들은 쇼군으로부터 토지를 받았으 며, 쇼군에게 충성을 맹세하고 군사적 봉사를 하였다.

①은 쇼군에 대한 설명이다. ② 다이묘가 하급 무사들에게 토지를 주었다. ③은 서양 중세 봉건제와 관련이 있다. ⑤는 명·청대의 지배층인 신사와 관련이 있다.

16 가마쿠라 막부의 쇠퇴

밑줄 친 '이 정권'은 가마쿠라 막부이다. 12세기 말 미나모토노 요리 토모가 최고 무사의 자리인 쇼군의 지위에 올라 가마쿠라 막부를 세우면서 무사 정권이 수립되었다. 가마쿠라 막부는 원의 침략을 막아낸 후 재정 부담으로 쇠퇴하였고, 무로마치 막부가 그 뒤를 이어 실권을 장악하였다.

①은 아스카 시대에 대한 설명이다. ② 에도 막부에서 산킨코타이 제도를 실시하였다. ③은 7세기경의 일이다. ④는 무로마치 막부가 쇠퇴한 이후 에 전개된 전국 시대에 대한 설명이다.

17 무로마치 막부의 특징

(가)에 들어갈 막부는 무로마치 막부이다. 무로마치 막부는 명과 조공 관계를 맺고 명으로부터 일본 국왕의 칭호를 받았으며, 조선과도 국 교를 맺었다.

②, ③은 에도 막부에 대한 설명이다. ④ 전국 시대를 통일한 도요 토미 히데요시가 조선을 침략하여 임진왜란을 일으켰다. ⑤는 가마쿠라 막부 때 의 일이다.

18 임진왜란의 영향

임진왜란은 동아시아 정세에 큰 영향을 주었다. 일본에서는 도요토 미 히데요시 정권이 무너지고 에도 막부가 성립되었으며, 중국에서 는 명의 국력이 쇠약해지고 이를 틈타 여진족이 성장하여 후금을 세웠다. 조선은 강성해진 후금과 쇠퇴한 명 사이에서 외교적 갈등 을 겪었다.

① 가마쿠라 막부는 임진왜란 이전에 세워진 정권이다. ③ 임진왜 란 중 조선에 지원군을 보냈던 명은 전쟁 이후 쇠퇴하였다. ④ 조선은 전쟁을 겪 으면서 인구가 감소하고 재정이 궁핍해졌다. ⑤ 도요토미 히데요시가 전국 시대 를 통일한 후 임진왜란을 일으켰다.

19 에도 막부의 발전

제시된 자료는 에도 막부에서 유행한 우키요에와 가부키이다. 에도 시대에는 도시와 상업이 발전하면서 경제적 여유를 얻은 상공업자 인 조닌 계층이 성장하였다. 이들의 경제적 지원을 바탕으로 조닌 문화가 발달하여 우키요에, 가부키 등이 유행하였다.

② 도요토미 히데요시 정권이 몰락한 이후 에도 막부가 세워졌다. ③ 에도 막부는 해금 정책을 통해 무역을 통제하였다. ④는 헤이안 시대, ⑤는 가 마쿠라 막부 때의 일이다.

20 에도 막부의 대외 교류

에도 막부는 나가사키를 개항하여 네덜란드 상인의 활동을 허가하 였다. 이들에 의해 서양의 의학, 천문학, 포술 등의 학문과 기술이 전래되어 난학(란가쿠)이 발달하였다.

① 막번 체제는 에도 막부의 통치 체제로 네덜란드 상인의 활동과 는 관련이 없다. ③ 도시 상공업자인 조닌의 후원으로 우키요에와 가부키가 발달 하였다. ④ 에도 막부는 크리스트교를 금지하였다. ⑤ 전국 시대는 에도 막부가 수립되기 이전에 전개되었다. └─ 네덜란드 상인들은 크리스트교를 포교하지 않았기 때문에 에도 막부와 교역할 수 있었어.

서술형 문제   135쪽

01 에도 막부의 통치 체제

① 산킨코타이 제도, ② 다이묘(영주)

02 명·청대의 세제 개혁

예시답안 (가) 일조편법, (나) 지정은제. 명·청대에 유럽 상인들과의 교역으로 은이 대량 유입되면서 세금을 은으로 납부하는 제도 개혁 이 이루어졌다.

채점 기준	점수
(가), (나) 제도의 명칭을 쓰고, 제도 실시의 배경을 서술한 경우	상
(가), (나) 중 한 제도의 명칭을 쓰고, 제도 실시의 배경을 서술한 경우	중
(가), (나) 제도의 명칭만 쓰거나 제도 실시의 배경만 서술한 경우	하

03 「곤여만국전도」의 영향

예시답안 「곤여만국전도」. 마테오 리치가 만든 세계 지도인 「곤여 만국전도」는 자신들이 세계의 중심이라고 믿었던 중국인들의 세계 에 대한 인식을 넓혀 주었다.

채점 기준	점수
지도의 명칭을 쓰고, 중국인의 세계관에 끼친 영향을 서술한 경우	상
지도가 중국인의 세계관에 끼친 영향만 서술한 경우	중
지도의 명칭만 쓴 경우	하

03 서아시아와 북아프리카 지역 질서의 변화

137, 139, 141쪽

A 1 술탄 2 (1) × (2) ○

B 1 (1) 이슬람교 (2) 페르시아 제국 (3) 페르시아인
   2 (1) ㄴ (2) ㄷ (3) ㄱ 3 아바스 1세

C 1 (1) 메흐메트 2세 (2) 술탄 칼리프 (3) 술레이만 1세
   2 (1) ㄱ (2) ㄷ (3) ㄴ 3 (1) × (2) ○

D 1 (1) 이스탄불 (2) 이슬람 문화 2 술탄 아흐메트 사원

E 1 델리 술탄 시대 2 (1) × (2) × (3) ○ 3 (1) ㄱ (2) ㄷ (3) ㄴ

F 1 은 2 (1) 타지마할 (2) 무굴 회화 3 ⊙ 시크교 ⓒ 카스트제

실력 탄탄 핵심 문제

142~145쪽

01 ② 02 ① 03 ⑤ 04 ⑤ 05 ③ 06 ④ 07 ② 08 ②
09 ⑤ 10 ① 11 ② 12 ③ 13 ⑤ 14 ② 15 ② 16 ⑤
17 ① 18 ④ 19 ①

01 셀주크 튀르크의 발전

자료로 이해하기 ≫ — 셀주크 튀르크는 비잔티움 제국과 자주
충돌하다가 십자군 전쟁을 벌였어.

제1차 십자군
(가)의 근거지
비잔티움 제국
셀주크 튀르크는 중앙아시아의 유목 민족이었어.
바그다드
이스파한
예루살렘
(가)의 영역
(가)의 진출 방향
바그다드 정복
셀주크 튀르크는 11세기경 바그다드를 정복했어.

지도의 (가) 왕조는 셀주크 튀르크이다. 셀주크 튀르크는 바그다드를 정복한 후 아바스 왕조의 칼리프로부터 이슬람 세계의 정치적 지배자를 뜻하는 술탄의 칭호를 얻어 이슬람 세계의 실질적인 지배자가 되었다.

바로알기 ≫ ① 무굴 제국이 델리 술탄 왕조를 무너뜨렸다. ③ 오스만 제국은 관용 정책을 펼쳐 지즈야(인두세)만 내면 밀레트를 허용하였다. ④ 사파비 왕조는 시아파 이슬람교를 국교로 정하여 이슬람 문화를 발전시켰다. ⑤ 예니체리는 오스만 제국 국왕의 친위 부대이다.

02 훌라구 울루스의 발전

칭기즈 칸의 손자였던 훌라구는 아바스 왕조를 정복하고 훌라구 울루스를 세웠다. 이들은 몽골 제국의 일부였지만 이슬람교를 국교로 정하고 이슬람 문화를 발전시켰다.

바로알기 ≫ ② 훌라구 울루스는 내부 분열로 쇠퇴하다가 멸망하였다. ③은 셀주크 튀르크 등에 해당하는 설명이다. ④는 아바스 왕조에 대한 설명이다. ⑤ 훌라구 울루스는 이슬람교를 국교로 정하였다.

03 티무르 왕조의 특징

14세기 후반 칭기즈 칸의 후예를 자처한 티무르는 몽골 제국의 부활을 내세우며 중앙아시아에서 서아시아에 이르는 티무르 왕조를 건설하였다. 티무르 왕조의 수도인 사마르칸트는 유럽과 중국을 잇는 동서 교역로에 위치하여 중계 무역으로 번영하였다.

바로알기 ≫ ① 무굴 제국은 티무르의 후손 바부르가 건국하였다. ② 사파비 왕조는 페르시아 제국의 부활을 내세웠다. ③ 아바스 왕조는 티무르 왕조가 건국되기 이전에 멸망하였다. ④ 오스만 제국은 콘스탄티노폴리스를 정복하여 수도로 삼고 이스탄불이라고 불렀다.

04 티무르 왕조의 발전

지도의 영역은 티무르 왕조의 최대 영역을 나타낸 것이다. 티무르 왕조에서는 페르시아·튀르크·이슬람 문화 등을 융합한 학문과 문예가 발달하였다.

바로알기 ≫ ①, ④는 무굴 제국, ②, ③은 오스만 제국에 대한 설명이다.

05 사파비 왕조의 발전

아바스 1세의 명령에 따라 이스파한을 건설한 ⊙ 왕조는 사파비 왕조이다. 이스마일 1세가 페르시아 제국의 부활을 내세우며 세운 사파비 왕조는 시아파 이슬람교를 국교로 삼고 페르시아의 군주 칭호인 '샤'를 사용하는 등 페르시아 문화 부흥에 힘썼다. 아바스 1세 때는 군사 제도를 개혁하여 오스만 제국의 바그다드를 점령하고 포르투갈을 격퇴하면서 전성기를 이루었다.

바로알기 ≫ ③은 무굴 제국의 문화에 대한 설명이다.

06 티무르 왕조와 사파비 왕조의 경제

티무르 왕조의 수도 사마르칸트와 사파비 왕조의 수도 이스파한은 모두 동서 교역로에 위치하여 두 왕조는 중계 무역을 통해 경제적 번영을 누렸다.

바로알기 ≫ ① 술탄 칼리프 제도는 오스만 제국에서 실시하였다. ②는 정통 칼리프 시대에 대한 설명이다. ③ 티무르 왕조는 몽골 제국의 부활을 내세웠고, 사파비 왕조는 페르시아 제국의 부활을 내세웠다. ⑤는 오스만 제국에 해당하는 설명이다. 티무르 왕조와 사파비 왕조는 아프리카 지역을 차지하지 못하였다.

07 오스만 제국의 발전 과정

(가) 오스만 제국은 비잔티움 제국을 멸망시키고, 콘스탄티노폴리스를 수도로 삼았다(1453). (나) 이후 오스만 제국의 술탄은 이집트를 정복하면서 아바스 왕조의 마지막 후손으로부터 칼리프의 칭호까지 이어받아 술탄 칼리프로 불리게 되었다. (나) 술레이만 1세 때는 헝가리를 정복하고, 유럽의 연합 함대를 무찔러 지중해 해상권을 장악하였다.

08 오스만 제국의 통치 정책

제시된 글은 오스만 제국에서 실시한 티마르 제도에 대한 설명이다. 오스만 제국은 지즈야(인두세)만 내면 종교, 언어, 풍습을 인정하여 종교적 자치 공동체인 밀레트를 허용하였다. 또한 데브시르메 제도를 통해 정복지의 크리스도교 중 우수한 인재를 뽑아 이슬람교로 개종시키고 훈련을 거쳐 예니체리에 배속하였다.

ㄴ. 오스만 제국은 공용어로 튀르크어를 사용하게 하였으나, 일상 생활에서는 각 민족이 자신들의 언어를 자유롭게 쓸 수 있도록 하였다. ㄹ. 비이슬람교도가 인두세인 지즈야를 내고 종교를 인정받았다.

09 오스만 제국의 인재 등용

제시된 글은 오스만 제국에서 혈통과 출신에 관계없이 유능한 사람들을 인재로 등용하였음을 보여 준다.

① 오스만 제국의 술탄이 칼리프의 지위까지 획득하면서 술탄 칼리프제가 확립되었다. ②는 사파비 왕조와 관련이 있다. ③ 무굴 제국의 아우랑제브 황제는 이슬람 제일주의 정책을 펼쳤다. ④ 우마이야 왕조는 아랍인 중심 정책을 추진하였다.

10 오스만 제국의 발전

(가)는 오스만 제국이다. 오스만 제국은 영토를 확장한 후 술탄이 직접 통치하는 지역과 총독을 통해 간접 통치하는 지역으로 나누어 관리하였다. 또한 데브시르메 제도를 실시하여 우수한 인재를 육성하였다. 오스만 제국은 동서 무역을 전개하면서 오스만 제국의 자연 과학과 커피 등을 유럽에 전파하는 등 번영하였으나 17세기 이후 서양 세력의 침략으로 쇠퇴하였다.

① 유럽과 십자군 전쟁을 벌인 나라는 셀주크 튀르크이다.

11 오스만 제국의 관용 정책

오스만 제국에서는 지즈야(인두세)만 내면 각 민족의 언어와 풍습을 허용하는 관용 정책을 펼쳤다. 이에 힘입어 오스만 제국에서는 다양한 민족과 종교가 공존할 수 있었다.

①은 무굴 제국의 아크바르 황제가 추진한 정책이다. ③ 티마르 제도는 관용 정책의 직접적인 사례는 아니다. ④는 사파비 왕조, ⑤는 우마이야 왕조에 대한 설명이다.

12 오스만 제국의 문화

제시된 자료는 술탄 아흐메트 사원으로, 오스만 제국의 건축물이다. 오스만 제국에서는 페르시아 문화의 영향을 받은 세밀화와 아라베스크 무늬가 발달하였다.

① 무굴 제국에서 우르두어가 널리 사용되었다. ② 굽타 왕조에서 산스크리트 문학이 발전하였다. ④는 이슬람 제국 시기, ⑤는 무굴 제국에 해당하는 설명이다.

13 오스만 제국의 경제적 번영

제시된 자료의 바자르, 커피 판매점의 유럽 전파 내용을 통해 '이 나라'는 오스만 제국임을 알 수 있다. 오스만 제국의 수도 이스탄불은 세계 여러 나라의 선박과 상인들이 모여드는 동서 무역의 중심지로 번영하였다.

①은 티무르 왕조, ②는 셀주크 튀르크, ③은 정통 칼리프 시대, ④는 사파비 왕조에 대한 설명이다.

14 무굴 제국의 성립과 발전

지도는 무굴 제국의 최대 영역을 나타낸 것이다. 티무르의 후손 바부르는 델리 술탄 왕조를 멸망시키고 인도 지역에 무굴 제국을 세웠다. 무굴 제국은 대외 교역이 활발히 이루어져 인도양 무역을 주도하였는데, 특히 면직물은 인도의 대표적인 수출품으로 아시아와 유럽에서 큰 인기를 얻었다.

② 힌두교는 굽타 왕조 시기에 등장하였다.

15 아크바르 황제의 업적

㉠에 들어갈 황제는 아크바르 황제이다. 아크바르는 관용 정책을 펼쳐 힌두교도를 여왕으로 맞이하고 군인과 관료로 등용하였다. 또한 힌두교도에게 걷던 지즈야(인두세)를 폐지하였다.

①은 바부르, ③, ⑤는 아우랑제브 황제, ④는 샤자한에 대한 설명이다.

16 아우랑제브 황제의 업적

무굴 제국의 아우랑제브 황제는 데칸고원을 넘어 남인도까지 차지하여 무굴 제국의 최대 영토를 확보하였다.

① 아크바르 황제가 지즈야를 폐지하였다. ② 산치 대탑은 마우리아 왕조의 아소카왕이 세웠다. ③ 오스만 제국의 메흐메트 2세가 콘스탄티노폴리스를 정복하여 이름을 이스탄불로 고치고 수도로 삼았다. ④ 오스만 제국의 술레이만 1세는 유럽의 연합 함대를 격파하였다.

17 이슬람 제일주의 정책

무굴 제국에서는 아우랑제브 황제가 이슬람 제일주의를 내세워 비이슬람교도에게 다시 세금을 거두고 이슬람교가 아닌 다른 종교를 탄압하자 각지에서 반란이 일어났다.

②는 사파비 왕조에 대한 설명이다. ③은 아크바르 황제의 정책이다. ④ 예니체리는 오스만 제국의 부대이다. ⑤는 오스만 제국의 티마르 제도에 대한 설명이다.

18 타지마할의 특징

제시된 건축물은 타지마할이다. 타지마할은 무굴 제국의 황제 샤자한이 황후 뭄타즈 마할의 넋을 기리기 위해 20여 년에 걸쳐 만든 묘당이다. 인도 양식과 이슬람 양식이 절충된 인도·이슬람 양식으로 세워졌다. 건축물의 흰색 대리석 벽, 꽃 문양, 격자무늬 창, 돔 옆의 작은 탑은 인도 양식이고, 돔형 지붕, 아치 입구, 뾰족한 탑, 벽면의 『쿠란』 구절, 아라베스크는 이슬람 양식이다.

ㄱ. 타지마할은 샤자한 때 건립되었다. ㄷ. 타지마할은 황후의 묘당으로, 황제가 거처하는 궁전이 아니었다.

19 인도·이슬람 문화의 발달

무굴 제국에서는 인도 고유 문화와 이슬람 문화가 융합한 인도·이슬람 문화가 발전하였다. 종교에서는 힌두교와 이슬람교를 절충한 시크교가 발전하였는데, 시크교는 유일신을 섬기고 인간의 평등을 주장하였다.

바로알기 ② 간다라 불상은 쿠샨 왕조 시기에 만들어졌다. ③ 아잔타 석굴 벽화는 굽타 왕조에서 만들어졌다. ④ 술탄 아흐메트 사원은 오스만 제국의 건축물이다. ⑤ 오스만 제국이 콘스탄티노폴리스를 정복한 이후 성 소피아 대성당에 네 개의 첨탑을 세우고 이슬람 사원으로 사용하였다.

서술형 **문제**   145쪽

01 오스만 제국의 관용 정책
① 지즈야(인두세), ② 밀레트

02 아크바르 황제의 정책
(1) 아크바르 황제
(2) **예시답안** 아크바르 황제는 종교적·사회적으로 분열되어 대립하던 사람들을 화해시키기 위해 관용 정책을 펼쳤다.

채점 기준	점수
관용 정책을 실시하였음을 그 목적과 함께 서술한 경우	상
관용 정책의 실시 목적만 서술하거나 관용 정책을 실시하였다고만 서술한 경우	하

03 인도·이슬람 문화의 특징
예시답안 종교에서 힌두교와 이슬람교를 절충한 시크교가 등장하였고, 언어에서 힌두어, 페르시아어, 아라비아어가 혼합된 우르두어가 널리 사용되었으며, 미술에서 페르시아의 세밀화와 인도 미술이 어우러진 무굴 회화가 발달하였다.

채점 기준	점수
세 분야에서 인도·이슬람 문화의 사례를 서술한 경우	상
두 분야에서 인도·이슬람 문화의 사례를 서술한 경우	중
한 분야의 인도·이슬람 문화의 사례를 서술한 경우	하

---

04 신항로 개척과 유럽 지역 질서의 변화

147, 149, 151쪽

A 1 (1) × (2) × (3) ○ 2 ㄱ, ㄷ 3 (1) - ⓒ (2) - ⊙ (3) - ⓛ
B 1 (1) 삼각 무역 (2) 신항로 개척 2 가격 혁명
C 1 (1) ㄱ (2) ㄴ 2 (1) 코르테스 (2) 피사로 3 (1) ○ (2) × (3) ○
D 1 (1) 상비군 (2) 시민 (3) 왕권신수설 2 ⊙ 관세 ⓛ 식민지
E 1 (1) ○ (2) ○ (3) × 2 (1) - ⊙ (2) - ⓛ (3) - ⓒ
3 (1) 프리드리히 2세 (2) 에스파냐 (3) 마리아 테레지아
4 ⊙ 엘리자베스 1세 ⓛ 동인도 회사
F 1 (1) 뉴턴 (2) 바로크 양식 (3) 계몽사상

실력탄탄 **핵심 문제**   152~155쪽

01 ④ 02 ③ 03 ② 04 ② 05 ④ 06 ③ 07 ① 08 ⑤
09 ④ 10 ⑤ 11 ③ 12 ⑤ 13 ⑤ 14 ④ 15 ② 16 ④
17 ④ 18 ⑤ 19 ②

01 신항로 개척의 배경
지도는 신항로 개척의 전개를 나타낸 것이다. 십자군 전쟁으로 동방 무역이 활발해져 동방의 산물이 유럽에 전해지자 동방에 대한 유럽인의 관심이 커졌다. 그러나 이슬람과 이탈리아 상인들이 동방 무역을 독점하였기 때문에 유럽인들은 동방과 직접 교역하기 위한 새로운 항로를 찾아 나섰다. 이 무렵 과학 기술의 발달로 먼 거리 항해가 가능해지면서 신항로 개척은 더욱 활기를 띠었다.

바로알기 ④ 신항로 개척 이후 포르투갈과 에스파냐는 아시아 여러 나라와 직접 교역하였고, 뒤를 이어 네덜란드, 영국 등도 동인도 회사를 앞세워 아시아 시장에 진출하였다.

02 마젤란 일행의 항로 개척
지도의 (가)는 마젤란 일행이 성공한 세계 일주 항로에 해당한다. 마젤란 일행은 아메리카를 돌아 태평양과 인도양을 거쳐 귀국하면서 최초의 세계 일주에 성공하였으며, 이를 통해 지구가 둥글다는 사실을 입증하였다.

바로알기 ㄱ. 마젤란 일행은 에스파냐의 후원을 받았다. 포르투갈은 바르톨로메우 디아스와 바스쿠 다 가마를 후원하였다. ㄹ. 바르톨로메우 디아스는 아프리카 남쪽 끝 희망봉에 도착하였다.

03 콜럼버스의 항해
제시된 글은 콜럼버스에 대한 설명이다. 에스파냐의 지원을 받은 콜럼버스는 대서양 서쪽에 인도가 있다고 믿고 항해하여 오늘날의 서인도 제도에 도착하였다.

바로알기 ① 마젤란의 함대는 세계 일주에 성공하였다. ③ 마르코 폴로는 『동방견문록』을 남겼다. ④ 바스쿠 다 가마는 희망봉을 돌아 인도에 도착하였다. ⑤ 바르톨로메우 디아스는 희망봉에 도착하였다.

04 과학 기술의 발달

유럽인은 이슬람의 선박 제조 기술을 받아들여 사각형과 삼각형의 돛을 달아 자유롭게 항해할 수 있는 카라벨선을 만들었으며, 나침반을 항해용으로 개발하여 사용하였다. 당시 유럽에는 천문학과 지리학 등이 발전하여 아스트롤라베와 같은 천문 관측 기구로 위도, 경도 등을 측정하였으며, 정확한 항해 지도를 작성하였다. 이러한 상황에 힘입어 먼 거리 항해가 가능해졌다.

바로알기 》》 ② 과학 혁명은 17세기 전후 과학의 발전을 지칭하는 용어로, 신항로 개척 이후에 일어났다.

05 삼각 무역의 전개

지도는 신항로 개척 이후에 전개된 삼각 무역을 나타낸 것이다. 이 무역으로 아메리카 대륙에서 많은 양의 금과 은이 유럽으로 유입되어 유럽에서 물가가 크게 오르는 가격 혁명이 일어났다.

바로알기 》》 ① 무역의 중심지가 지중해에서 대서양으로 바뀌면서 에스파냐와 포르투갈 등 대서양 연안의 국가들이 무역을 주도하였다. ② 삼각 무역은 대서양을 중심으로 이루어졌다. ③ 신항로 개척을 배경으로 삼각 무역이 이루어졌다. ⑤ 삼각 무역을 통해 아프리카 노예 무역이 확대되었다.

06 신항로 개척의 영향

제시된 글은 신항로 개척에 대한 설명이다. 신항로 개척이 일어나면서 유럽, 아메리카, 아프리카를 잇는 삼각 무역이 발달하였다. 이에 따라 아메리카 대륙에서 담배, 감자, 코코아, 옥수수 등의 새로운 작물이 유럽으로 들어왔다. 또한 유럽은 상공업과 금융업이 크게 발달하였고, 유럽의 경제 성장에 힘입어 상공업자들이 자본을 축적하였다.

바로알기 》》 ③ 신항로 개척으로 대서양 연안의 국가들이 번영하였다.

07 삼각 무역의 내용

신항로 개척 이후 삼각 무역이 전개되면서 유럽인은 무기, 모직물 등을 싣고 아프리카로 가서 흑인 노예와 교환하였고, 흑인 노예를 아메리카의 농장에 팔았다.

바로알기 》》 유럽인은 무기와 모직물을 들고 아프리카에 가서 노예와 교환하였고, 아메리카 농장에서 재배된 담배, 설탕(사탕수수)을 유럽에 가서 팔았다. 또한 유럽인은 동남아시아의 향신료, 중국의 도자기, 차 등을 대량으로 구매하고 많은 양의 은을 지급하였다.

08 아메리카 고대 문명의 쇠퇴

(가)는 테노치티틀란을 수도로 삼은 아스테카 제국, (나)는 수도 코스코를 중심으로 발전한 잉카 제국이다. 두 제국은 각각 에스파냐의 코르테스와 피사로에게 정복당하였다.

바로알기 》》 ①, ②는 잉카 제국, ③은 마야 문명, ④는 아스테카 제국에 대한 설명이다.

09 신항로 개척 이후 아메리카의 변화

신항로 개척 이후 아메리카에는 유럽인들이 침입하였다. 유럽은 아메리카의 고대 제국을 정복하고, 아메리카 원주민을 동원하여 금과 은을 채굴하거나 대농장에서 사탕수수와 담배를 재배하였다.

바로알기 》》 ① 신항로 개척 이후 에스파냐의 코르테스가 아스테카 제국을 멸망시켰다. ② 아메리카에서 대량의 금과 은이 유럽으로 빠져나갔다. ③ 아프리카인들이 아메리카에 노예로 팔려 갔다. ⑤ 유럽인들의 노동력 착취와 전염병 등으로 인해 아메리카의 인구수가 크게 감소하였다.

10 아메리카 인구수의 감소

제시된 그래프는 아메리카 원주민의 수가 급격히 감소하였음을 보여 준다. 신항로 개척 이후 아메리카 원주민은 유럽인이 건설한 사탕수수, 담배 등을 재배하는 대농장에 끌려가 가혹한 노동에 시달렸고, 유럽인이 옮긴 천연두, 홍역 등의 전염병까지 퍼져 많은 사람들이 목숨을 잃었다.

바로알기 》》 ㄱ. 아메리카 원주민의 인구 감소는 해외 이주로 인한 것이 아니다. ㄴ. 아메리카 원주민의 수가 급감하자 유럽인들은 아프리카인을 아메리카에 노예로 파는 노예 무역을 전개하였다.

11 절대 왕정의 구조

(가)는 왕권신수설, (나)는 시민 세력이다. 왕권신수설은 왕권은 신이 내려 준 것이므로 왕의 명령에 절대복종해야 한다는 주장으로 왕권 강화의 사상적 기반이 되었다. 시민 세력은 주로 상공업자들로, 관료제와 상비군을 유지하는 데 필요한 재정을 지원하여 왕권 강화에 기여하였다.

바로알기 》》 ③ 농노는 봉건 영주에게 예속된 농민이다. 시민 세력은 주로 상공업 활동에 종사하였다.

12 절대 왕정의 특징

16~18세기 유럽에서는 중앙 집권 체제가 강화되면서 국왕이 강력한 권한을 행사하는 절대 왕정이 등장하였다. 절대 왕정은 군주의 명령을 효율적으로 시행하기 위하여 관료제와 상비군을 운영하였다. 이를 유지하는 데 드는 비용을 마련하기 위하여 국왕은 새롭게 성장한 시민 계층의 상공업 활동을 보호하고, 그들로부터 재정 지원을 받았다.

바로알기 》》 ㄱ. 절대 왕정에서는 국가가 무역 활동을 통제하는 중상주의 정책을 펼쳤다. ㄴ은 중세 서유럽의 봉건 사회에 대한 설명이다. 절대 왕정은 중앙 집권적 통일 국가를 형성하였다.

13 중상주의 정책

자료로 이해하기 》》

절대 왕정은 국내 산업을 보호하고 육성하여 수출을 늘리려고 하였어.

절대 왕정은 완성품의 수입을 어렵게 하기 위하여 관세를 높였어.

절대 왕정은 더 넓은 시장과 원료 공급지를 확보하기 위해 식민지 획득에 적극적으로 나섰어.

원료 · 공장 건설 · 도로 정비 · 도량형 통일 · 원료 수입 · 완성품 수입 금지 · 완성품 수출 · 식민지 제시된 그림은 절대 왕정의 중상주의 정책을 나타낸 것이다. 절대 왕정은 넓은 시장과 원료 공급지를 얻기 위해 해외 식민지 확보에 적극적으로 나섰다.

바로알기 ① 중상주의 정책은 서유럽에서 먼저 실시되었다. ② 중상주의 정책에서는 수입 상품에 대한 관세를 높여 수입을 억제하였다. ③ 계몽사상은 낡은 관습과 미신을 없애야 한다고 주장한 것으로 절대 왕정 성립 이후에 등장하였다. ④ 중상주의는 국가가 경제에 적극 개입하는 정책이다.

14 에스파냐의 절대 왕정

에스파냐에서 절대 왕정을 확립한 국왕은 펠리페 2세이다. 그는 아메리카 식민지에서 들어온 금, 은을 바탕으로 무적함대를 만들어 지중해 해상권을 장악하였다.

바로알기 ①은 프랑스, ③은 러시아, ④는 프로이센, ⑤는 영국의 절대 왕정을 이룬 국왕이다.

15 엘리자베스 1세의 활동

제시된 자료는 영국의 절대 군주 엘리자베스 1세의 초상화와 그가 한 말이다. 엘리자베스 1세는 에스파냐의 무적함대를 격파하여 해상권을 장악하였고, 동인도 회사를 설립해 인도에 진출하였다. 국내에서는 영국 국교회를 확립하였으며, 모직물 공업 등 국내 산업을 육성하였다.

바로알기 ②는 프로이센의 프리드리히 2세에 대한 설명이다.

16 루이 14세의 업적

제시된 베르사유 궁전을 건축한 ㉠ 왕은 프랑스의 루이 14세이다. 루이 14세는 재무 장관으로 콜베르를 등용하여 중상주의 정책을 강화하고, 관료제와 상비군을 정비하여 프랑스의 절대 왕정을 확립하였다.

바로알기 ① 루이 14세는 상비군을 육성하였다. ②는 비잔티움 제국의 유스티니아누스 황제, ③은 프로이센의 프리드리히 2세, ⑤는 러시아의 표트르 대제에 대한 설명이다.

17 러시아의 절대 왕정

밑줄 친 '이 군주'는 러시아의 표트르 대제이다. 그는 서유럽의 제도와 문물을 적극 수용하였는데, 서구화 정책의 하나로 모든 귀족에게 귀족의 상징인 긴 수염을 자르라고 명령하였다. 또한 표트르 대제는 스웨덴과의 전쟁에서 승리하여 발트해를 확보하였고, 상트페테르부르크를 건설하였다.

바로알기 ①은 프로이센, ②는 프랑스, ③은 에스파냐의 절대 왕정에서 있었던 일이다. ⑤ 에스파냐가 콜럼버스의 항로 개척을 지원하였다.

18 17~18세기 유럽의 문화

17~18세기 유럽에서는 만유인력의 법칙을 발견한 뉴턴 등의 활약에 힘입어 과학 혁명이 전개되었다. 철학에서는 계몽사상이 확산되어 볼테르, 몽테스키외, 루소 등이 불합리한 제도와 전통의 개혁을 주장하였다. 건축에서는 화려하고 웅장한 바로크 양식이 유행하였고 뒤를 이어 로코코 양식이 등장하였다.

바로알기 ⑤ 르네상스는 14~16세기에 이탈리아에서 등장하였다.

19 계몽사상의 발달

밑줄 친 '사상'은 계몽사상이다. 볼테르, 몽테스키외, 루소 등 계몽사상가들은 무지와 미신을 타파하고, 불합리한 제도와 전통의 개혁을 주장하였다. 이들의 주장은 미국 혁명과 프랑스 혁명의 사상적 기반이 되었다.

바로알기 ①, ③은 중세 유럽의 문화와 관련이 있다. ④ 과학 혁명은 과학적 사고방식을 확립하는 데 기여하였다. ⑤는 왕권신수설과 관련이 있다. 계몽사상은 불합리한 제도와 관습의 타파를 주장하였다.

서술형 문제

155쪽

01 중상주의 정책의 추진

(1) 중상주의

(2) ① 관료제, ② 상비군

02 삼각 무역의 전개

(1) 아프리카

(2) 예시답안 유럽에서는 아메리카의 금과 은이 대량으로 들어와 유통되면서 물가가 크게 오르는 가격 혁명이 일어났고, 이로 인해 도시 상공업자들이 크게 성장하였다.

채점 기준	점수
가격 혁명 발생과 상공업자들의 성장을 모두 서술한 경우	상
가격 혁명 발생과 상공업자들의 성장 중 한 가지만 서술한 경우	하

01 문치주의의 영향

송 태조는 문치주의를 실시하여 과거제를 개혁하는 등 황제권을 강화하였다. 그러나 지나친 문치주의로 군사력이 약화되어 요, 서하 등 북방 민족이 송을 압박하였다. 송은 평화를 유지하는 대가로 이들에게 매년 많은 양의 비단과 은을 주었고, 이로 인해 재정이 어려워졌다.

바로알기 >> ④ 송대에는 문치주의 실시로 사대부 계층이 형성되었다.

02 금의 발전

밑줄 친 '나라'는 금이다. 아구다는 여진족을 통합하여 금을 건국하였다. 금은 송의 수도 카이펑을 함락하였다.

바로알기 >> ①, ②는 거란(요)에 대한 설명이다. ④는 몽골에 대한 설명이다. ⑤ 금은 군현제로 한족을 다스리고 고유의 부족제로 부족민을 통치하였다.

03 송의 경제

송대에는 창장강 하류 지역을 개간하여 농지가 늘어났고, 모내기법이 확산되었으며, 재배 기간이 짧은 벼의 도입 등이 이루어져 쌀 생산이 크게 늘었다. 또한 도자기, 비단 등 수공업이 발달하면서 상업이 활성화되어 상인층이 늘어났다. 도시의 상인과 수공업자들은 자신들의 이익을 보호하고자 행, 작 등의 동업 조합을 만들었다.

바로알기 >> ② 송은 주로 바다를 통하여 여러 나라와 교류하였다.

04 성리학의 발달

제시된 글은 성리학에 대한 설명이다. 송대에 사대부들은 종래의 훈고학을 비판하고 우주의 원리와 인간의 본성을 탐구하려는 성리학을 발전시켰다. 성리학은 대의명분과 화이론을 중시하였다.

바로알기 >> ①은 고증학, ②, ⑤는 양명학, ③은 훈고학에 대한 설명이다.

05 몽골 제국의 동서 교류

자료로 이해하기 >>

몽골 제국은 역참을 세우고 관리나 사신에게 숙식과 말을 제공하였어.

> 수도(베이징)로부터 각 지방으로 많은 도로가 나 있다. 각 도로에는 행선지의 이름을 따서 명칭이 붙어 있다. 주요 도로에는 약 40km 간격으로 역참이 있다. 여기에는 넓고 근사한 침대가 있어 칸의 사신이 숙박할 때 제공된다. …… 또한 각 역참에는 300~400마리의 말이 사신을 위해 준비되어 있다.
> – 마르코 폴로, 「동방견문록」

이탈리아의 상인 마르코 폴로는 몽골 제국을 다녀간 후 「동방견문록」을 남겼어.

몽골 제국은 활발한 동서 교류를 전개하였다. 이를 바탕으로 당시에는 이슬람의 수학, 역법, 천문학 등이 유입되었다.

바로알기 >> ②는 송, ③은 한, ④는 명, ⑤는 청에 해당하는 설명이다.

06 몽골 제국의 성립과 발전

(가) 테무친이 몽골 부족을 통일한 후 칭기즈 칸으로 추대되어 몽골 제국을 세웠다. (나) 후대 칸들은 금과 서하를 정복하고, 유럽을 공격하는 등 정복 활동을 벌여 아시아에서 유럽에 이르는 대제국을 건설하였다. 그 뒤 몽골 제국은 여러 개의 울루스가 분할 통치하였다. (다) 왕위 계승 다툼에서 승리한 쿠빌라이 칸은 수도를 대도로 옮기고 나라 이름을 원으로 바꾸었다. 이어 그는 남송을 멸망시키고 중국 전역을 지배하였다.

07 정화의 원정이 끼친 영향

지도는 정화의 항해로를 나타낸 것이다. 명의 영락제는 정화의 함대를 해외로 파견하여 국력을 과시하고 여러 나라와 조공 관계를 맺었다. 한편 정화의 항해는 한족의 동남아시아 진출이 더욱 활발해지는 계기가 되었다.

바로알기 >> ① 명은 환관 득세와 정치적 혼란, 북로남왜, 군사비 지출로 인한 재정 위기, 농민 반란 등으로 인해 국력이 약화되었다. ② 홍무제가 베이징을 차지하였다. ③ 지정은제는 청에서 실시한 제도이다. ⑤ 청의 건륭제 때 오늘날 중국 영토의 대부분을 확보하였다.

08 청의 전성기

청은 강희제 때 타이완을 정복하여 반청 세력을 진압하고 러시아와 네르친스크 조약을 맺어 국경을 확정하였다. 옹정제는 군기처를 설치하여 황제권을 강화하였고 새로운 화이사상을 제시하였다. 건륭제는 티베트, 신장과 몽골의 남은 세력을 정복하여 최대 영토를 확보하였다.

바로알기 >> ②는 강희제가 집권하기 이전의 일이다.

09 명·청대의 사회와 경제

명·청대에는 감자, 옥수수 등 새로운 작물이 들어왔고, 상업이 발달하면서 대상인 집단이 성장하였다. 또한 경제가 발전함에 따라 서민들의 지위가 향상되어 서민 문화가 발달하였다. 한편 명·청대에는 신사층이 사회를 주도하였다.

바로알기 >> ④ 활판 인쇄술은 송대에 발명되었다.

10 청의 대외 무역

청은 초기에 해금 정책을 실시하였지만 17세기 후반에 일부 항구를 개항하였다. 18세기 중반 이후에는 광저우 한 곳만을 개방하였는데, 이곳에서는 청 정부로부터 허가를 받은 공행이라는 특허 상인만 외국 상인과 무역할 수 있었다.

11 중국 유학의 발달

(가) 고증학은 청대에 발달한 학문으로 현실 정치를 멀리하고 경전을 실증적으로 연구하였다. (나) 성리학은 송대에 주희가 집대성한 학문으로 우주의 원리와 인간의 본성을 탐구하였다. (다) 양명학은 명대에 등장한 학문으로 이론과 형식에 치우친 성리학을 비판하고 올바른 지식과 행동의 일치(지행합일)를 강조하였다.

바로알기 >> ⑤ '(나) – (다) – (가)'의 순서로 발달하였다.

12 에도 막부의 통치 체제

㉠ 막부는 에도 막부이다. 에도 막부는 크리스트교를 금지하고 무역을 통제하는 해금 정책을 실시하였지만, 중국과 네덜란드 상인에게는 나가사키를 개항하여 무역을 허가하였다. 이에 따라 나가사키의 데지마는 네덜란드 상인의 활동 무대가 되었다. ③ 에도 막부는 산킨코타이 제도를 실시하여 다이묘들을 엄격히 통제하였다.

바로알기 >> ①은 전국 시대를 통일한 도요토미 히데요시, ②는 무로마치 막부, ④, ⑤는 가마쿠라 막부에 대한 설명이다.

13 셀주크 튀르크의 발전

밑줄 친 '이들'은 셀주크 튀르크이다. 셀주크 튀르크는 비잔티움 제국을 위협하여 크리스트교 세계와 마찰을 빚었다. 이로 인해 십자군과 전쟁을 벌여 국력이 약해졌고, 결국 13세기 중반 몽골군의 침입으로 쇠퇴하였다.

바로알기 >> ㄷ, ㄹ은 사파비 왕조에 대한 설명이다.

14 사파비 왕조의 발전

이스파한은 사파비 왕조의 아바스 1세가 건설한 도시이다. 아바스 1세는 오스만 제국의 바그다드를 점령하고 포르투갈을 격퇴하였으며, 이스파한을 수도로 삼고 상업 발달을 촉진하였다.

바로알기 >> ①, ②, ④는 오스만 제국, ⑤는 티무르 왕조에 대한 설명이다.

15 오스만 제국의 통치 체제

㉠은 오스만 제국이다. 오스만 제국은 메흐메트 2세 때 비잔티움 제국을 정복하였다. 이후 오스만 제국의 술탄이 칼리프의 지위까지 얻어 술탄 칼리프라고 불리게 되었다. 오스만 제국은 관용 정책을 펼쳐 지즈야만 내면 자치 공동체인 밀레트를 형성할 수 있게 하였다. 또한 티마르 제도를 실시하여 정부 관료나 군인에게 티마르를 나누어 주고 봉급으로 그 토지에 대한 세금을 거둘 수 있는 권리를 주었다.

바로알기 >> ④ 시크교는 무굴 제국에서 성립하였다.

16 아우랑제브 황제의 통치

무굴 제국의 아우랑제브 황제는 이슬람 제일주의를 내세우며 힌두교 사원을 파괴하고 비이슬람교도에 대한 인두세를 부활하였다.

바로알기 >> ①은 무굴 제국의 아크바르 황제, ②는 사파비 왕조, ④는 오스만 제국, ⑤는 셀주크 튀르크에 대한 설명이다.

17 무굴 제국의 문화

제시된 사진은 무굴 제국 때 만들어진 타지마할이다. 무굴 제국에서는 인도 문화와 이슬람 문화가 융합된 인도·이슬람 문화가 발달하였다. 종교에서 힌두교와 이슬람교를 절충한 시크교가 발전하였다. 언어로는 페르시아어를 공용어로 하였으며, 힌두어와 페르시아어 등이 혼합된 우르두어를 널리 사용하였다. 회화에서는 페르시아의 세밀화에 인도의 회화 기법이 융합된 무굴 회화가 발달하였다.

바로알기 >> ③ 15세기 무렵 오스만 제국에서 커피를 음료로 널리 마시기 시작하였고, 이후 오스만 제국을 통해 유럽에 커피 판매점이 전파되었다.

18 신항로 개척의 전개

지도의 (가)는 바르톨로메우 디아스의 항로, (나)는 콜럼버스의 항로, (다)는 바스쿠 다 가마의 항로, (라)는 마젤란 일행의 항로이다. 신항로 개척은 대서양 연안에 있는 포르투갈과 에스파냐가 앞장섰다. 바르톨로메우 디아스는 아프리카 남쪽 끝에 있는 희망봉에 도착하였고, 콜럼버스는 처음으로 아메리카의 서인도 제도에 도착하였으며, 바스쿠 다 가마는 희망봉을 돌아 인도에 도착하였다. 한편, 마젤란 일행은 아메리카를 돌아 태평양을 가로질러 최초로 세계 일주에 성공하였다.

바로알기 >> ① (가)는 바르톨로메우 디아스가 개척한 항해로이다.

19 신항로 개척 이후 아메리카의 변화

신항로 개척 이후 아메리카 원주민은 유럽인에게 동원되어 금과 은을 채굴하고 대농장에서 사탕수수와 담배를 재배하면서 가혹한 노동에 시달렸다. 게다가 유럽인들이 들여온 전염병까지 아메리카에 퍼졌다. 그 결과 아메리카 원주민의 수가 크게 감소하였다.

바로알기 >> ㄱ. 아메리카 인구가 감소하여 노동력이 부족해지자 유럽인들은 아프리카 원주민을 노예로 동원하였다. ㄷ. 신항로 개척 이후 유럽인에 의해 아스테카 제국, 잉카 제국이 무너졌다.

20 절대 왕정의 기반

16~18세기에는 중앙 집권적 통일 국가가 등장하면서 국왕이 강력한 권한을 행사하는 절대 왕정이 성립하였다. 이들은 왕권신수설, 관료제, 상비군을 왕권 강화의 기반으로 삼았다. 또한 상공 시민 계층의 상공업 활동을 보호하고, 시민 계층으로부터 재정적 지원을 받았다.

바로알기 >> ② 절대 왕정은 경제 활동에 적극적으로 개입하여 수출을 늘리고 수입을 억제하려 하였다.

21 절대 군주의 등장

(가)는 프로이센의 프리드리히 2세이다. 그는 계몽사상의 영향을 받아 '국가 제일의 심부름꾼'을 자처하며 산업을 장려하고 사회 개혁을 추진하였다. (나)는 프랑스의 루이 14세이다. 스스로를 '태양왕'이라 칭하였던 루이 14세는 콜베르를 등용하여 중상주의 정책을 강화하고, 베르사유 궁전을 완성하여 막강한 권력과 부를 과시하였다.

22 계몽사상의 영향

제시된 글은 계몽사상에 대한 설명이다. 절대 왕정기에 인간의 이성과 인류의 진보를 믿는 계몽사상이 확산되어 낡은 제도와 관습을 타파하고자 하였다. 계몽사상은 훗날 시민 혁명에 영향을 미쳐 미국 혁명과 프랑스 혁명의 사상적 기반이 되었다.

바로알기 >> ① 르네상스는 14세기경, ③ 종교 개혁은 16세기경, ④ 신항로 개척은 15세기경, ⑤ 절대 왕정은 16세기경에 시작되었고, 계몽사상은 18세기경에 등장하였다.

Ⅳ. 제국주의 침략과 국민 국가 건설 운동

01 유럽과 아메리카의 국민 국가 체제(1)

165, 167, 169, 171쪽

A 1 (1) × (2) ○ 2 (1) 항해법 (2) 권리 청원

B 1 (1) 권리 장전 (2) 입헌 군주제 2 내각 책임제 3 (1) - ⓒ (2) - ⓐ

C 1 (1) × (2) ○ (3) ○ 2 파리 조약 3 ㄱ, ㄴ
　4 (1) 조지 워싱턴 (2) 삼권 분립

D 1 (1) - ⓐ (2) - ⓒ 2 (1) × (2) ○

E 1 (1) ○ (2) × (3) ○ 2 인간과 시민의 권리선언(인권 선언)
　3 (나) - (다) - (가) - (라)

F 1 (1) 공화제 (2) 나폴레옹 2 로베스피에르

G 1 (1) × (2) ○ (3) ○ 2 ㄴ, ㄹ, ㅁ

H 1 (다) - (라) - (나) - (가) 2 (1) 나폴레옹 (2) 자유주의

실력 탄탄 핵심 문제

172~177쪽

01 ⑤　02 ④　03 ④　04 ③　05 ⑤　06 ②　07 ④　08 ⑤
09 ③　10 ③　11 ①　12 ②　13 ①　14 ⑤　15 ⑤　16 ④
17 ③　18 ③　19 ①　20 ④　21 ①　22 ②　23 ④　24 ⑤
25 ②　26 ⑤

01 권리 청원의 제출

㉠은 권리 청원이다. 제임스 1세와 찰스 1세가 청교도를 탄압하고 의회의 권리를 무시하자, 의회는 '의회의 동의 없이 세금을 징수할 수 없다.'라는 내용의 권리 청원을 제출하였다.

바로알기 ① ①, ②, ③은 권리 장전에 해당한다. ④는 프랑스 혁명 때 국민 의회가 발표한 '인간과 시민의 권리선언(인권 선언)'에 대한 설명이다.

02 크롬웰의 정치

밑줄 친 '이 인물'은 크롬웰이다. 영국의 크롬웰은 찰스 1세의 전제 정치에 반발하여 일어난 왕당파와의 내전에서 의회파를 지휘하여 승리로 이끌었다. 그는 찰스 1세가 처형되고 공화정이 수립된 이후 집권하여 항해법을 제정하고 대외 무역을 확대하였다. 하지만 청교도 윤리에 입각한 독재 정치를 실시하여 국민의 반감을 샀다.

바로알기 ① ①, ③은 프랑스의 나폴레옹, ②는 프랑스 혁명 당시 국민 공회, ⑤는 앤 여왕에 대한 설명이다.

03 청교도 혁명의 발발

밑줄 친 '혁명'은 청교도 혁명을 가리킨다. 영국에서 제임스 1세와 찰스 1세가 전제 정치를 이어 가자 의회파와 왕당파 사이에 내전이 일어났다. 크롬웰이 이끄는 의회파는 왕당파를 격파한 후 찰스 1세를 처형하고 공화정을 수립하였다(청교도 혁명).

바로알기 ① ①, ②는 미국 혁명의 전개와 관련이 있다. ③ 프랑스 혁명 당시 국민 공회의 로베스피에르는 공안 위원회와 혁명 재판소를 설치하는 등 공포 정치를 실시하였다. ⑤ 프랑스 루이 16세가 소집한 삼부회에서 제1, 2신분과 제3 신분 간의 표결 방식에 대한 갈등이 커져 프랑스 혁명이 시작되었다.

04 권리 장전의 승인

제시된 자료는 권리 장전의 일부이다. 영국에서 찰스 2세의 뒤를 이은 제임스 2세가 전제 정치를 강화하자, 이에 맞서 의회는 제임스 2세를 몰아내고 메리와 윌리엄을 공동 왕으로 세웠다(명예혁명). 이듬해 영국 의회가 공동 왕에게 권리 장전을 승인받음으로써 영국에서는 의회를 중심으로 한 입헌 군주제의 토대가 마련되었다. 권리 장전은 미국의 독립 선언문에 영향을 주었다.

바로알기 ① ㄱ은 미국 헌법, ㄹ은 미국의 독립 선언문에 대한 설명이다.

05 청교도 혁명의 전개

(가) 시기 영국에서는 제임스 1세와 찰스 1세가 청교도를 탄압하는 등 전제 정치를 강화하자 이에 반발하여 의회파와 왕당파 사이에 내전이 일어났다. 크롬웰이 이끄는 의회파는 왕당파를 격파한 후 찰스 1세를 처형하고 공화정을 수립하였다(청교도 혁명). 이후 크롬웰은 공화정을 선포하고 청교도 윤리에 기초한 철저한 독재 정치를 실시하였다. 크롬웰의 사망 후 영국은 왕정으로 복귀하였으나 제임스 2세가 다시금 전제 정치를 실시하자, 의회는 메리와 그의 남편 윌리엄을 영국의 공동 왕으로 추대한 후 제임스 2세를 폐위시켰다. 의회는 공동 왕에게 권리 장전을 요구하였으며 왕이 이를 승인함에 따라 입헌 군주제의 전통이 수립되었다. 이후 앤 여왕은 스코틀랜드와 잉글랜드를 합병하면서 대영 제국을 수립하였다. 앤 여왕 사후 하노버 왕조가 수립되었다.

바로알기 ① ⑤는 청교도 혁명 발발 이전의 일이다.

06 명예혁명

명예혁명은 별다른 충돌 없이 제임스 2세의 딸 메리와 남편인 윌리엄이 공동 왕으로 추대된 후 피를 흘리지 않고 정치 형태를 바꾼 혁명이라는 의미에서 '명예혁명'이라고 불린다. 이후 의회가 요구한 권리 장전을 공동 왕이 승인하게 되면서 영국에서는 입헌 군주제의 토대가 마련되었다.

바로알기 ① ① 구제도의 모순에 반발하며 일어난 혁명은 프랑스 혁명이다. ③ 자유, 평등, 저항권을 기본 이념으로 내세운 혁명은 프랑스 혁명이다. ④ 크롬웰을 중심으로 한 의회파가 주도한 혁명은 청교도 혁명이다. ⑤ 영국에 대항하여 북아메리카 식민지인들이 일으킨 혁명은 미국 혁명이다.

07 대영 제국의 성립

명예혁명을 성공시킨 메리와 윌리엄이 후계자가 없이 사망하게 되면서 제임스 2세의 둘째 딸이었던 앤 여왕이 즉위하였다. 앤 여왕은 잉글랜드와 스코틀랜드를 병합하고 식민지를 확대하여 대영 제국을 수립하였다. 앤 여왕 사후 독일 하노버의 공작인 조지 1세가 대영 제국의 국왕으로 즉위하게 되면서 하노버 왕조가 시작되었다.

바로알기 ① ①, ②, ③, ⑤는 모두 대영 제국이 수립되기 이전에 일어났다.

08 미국 혁명의 배경

영국은 프랑스와의 7년 전쟁으로 재정이 어려워지자 중상주의 정책을 펼치며 북아메리카 식민지에 간섭하기 시작하였다. 영국이 인지세를 비롯한 각종 세금을 부과하자 식민지인들은 이에 저항하였다. 곧이어 식민지 민병대와 영국군이 충돌하면서 독립 전쟁이 발발하였다.

바로알기 》 ㄱ은 미국 혁명이 일어난 이후의 일이다. ㄴ은 청교도 혁명의 배경과 관련이 있다.

09 보스턴 차 사건의 발발

제시된 글은 보스턴 차 사건(1773)에 대한 설명이다. 영국은 18세기 7년 전쟁으로 재정이 어려워지자 식민지에 대해 중상주의 정책을 강화하여 인지세를 비롯한 각종 세금을 부과하였다. 이에 식민지인들이 반발하였고 이는 보스턴 차 사건으로 이어졌다. 영국이 보스턴 항을 봉쇄하는 등 강압적인 태도를 취하자 식민지 대표들은 대륙 회의를 열어 영국에 항의하였다. 이후 식민지 민병대와 영국군이 충돌하면서 독립 전쟁이 발발하였다.

바로알기 》 ①, ④는 프랑스 혁명, ②, ⑤는 영국 혁명과 관련이 있다.

10 미국 혁명의 전개

(가) 미국 혁명의 시작을 알린 렉싱턴 전투는 1775년에 발생하였다. 이후 영국의 공세에 밀리던 식민지 군대는 프랑스 등의 지원을 받아 전세를 역전시켰으며, 요크타운 전투(1781)의 승리를 끝으로 혁명을 마무리 지었다. (나) 이후 1783년에 영국과 체결한 파리 조약으로 미국의 독립이 인정되었다. 따라서 (가), (나) 사이에 있었던 사실은 1776년 13개 식민지 대표들이 독립 선언문을 발표한 ③번이다.

바로알기 》 ① 미국의 대륙 횡단 철도는 1869년 개통되었다. ② 영국의 제임스 1세가 청교도를 탄압한 것은 그의 재위 기간인 1567~1625년 사이다. ④ 미국의 남북 전쟁은 1861년에 일어났다. ⑤ 조지 워싱턴이 미국의 초대 대통령으로 선출된 것은 독립 이후이다.

11 미국의 독립 선언

자료로 이해하기 》

> 모든 인간은 평등하게 태어났고, 창조주는 ┌기본권┐양도할 수 없는 권리를 인간에게 부여하였으며, 거기에는 생명권과 자유권 및 행복 추구권이 포함되어 있다. 이러한 권리를 보장하기 위해 인간은 정부를 만들었으며, 정부의 정당한 권력은 통치를 받는 사람들의 동의로부터 나온다. 어떤 정부라도 이 목적을 훼손하는 경우에는 언제든지 새로운 정부를 수립할 수 있는 권리가 국민에게 있다. └저항권┘

제시된 선언문은 미국 혁명 당시 13개의 식민지 대표들이 발표한 독립 선언문이다. 이 독립 선언문에는 국민 주권 사상을 바탕으로 인간의 기본권(생명·자유·행복 추구권), 천부 인권, 저항권 등 근대 민주주의의 기본 원리가 담겨 있다. 식민지인들은 민주주의 원칙이 보장받는 사회를 이루고자 하였다.

바로알기 》 ① 입헌 군주제를 규정한 문서는 영국의 명예혁명 이후 승인된 권리 장전 등이 있다.

12 미국 혁명의 전개 과정

영국은 프랑스와의 전쟁으로 발생한 재정 문제를 해결하기 위해 인지세를 비롯한 각종 세금을 부과하는 등 식민지에 간섭하였다. (나) 이에 식민지 주민들은 '대표 없는 곳에 과세할 수 없다.'라며 저항하였고, 이러한 저항은 보스턴 차 사건으로 이어졌다. (가) 보스턴 차 사건 이후 영국이 보스턴 항구를 봉쇄하는 등 강압적인 태도를 취하자 식민지 대표들은 대륙 회의를 열어 영국에 항의하였다. 곧이어 식민지 민병대와 영국군이 충돌하면서 독립 전쟁이 발발하였다. (라) 이후 식민지 대표들은 조지 워싱턴을 총사령관으로 임명하고 독립 선언문을 발표하였다. 식민지 군대는 처음에 열세에 몰렸으나 워싱턴의 활약과 프랑스를 비롯한 여러 나라의 지원으로 전세를 역전시켜 승리를 거두고 독립을 인정받았다. (다) 1789년 세계 최초의 민주 공화국인 미국이 수립되었으며, 이듬해 조지 워싱턴이 초대 대통령으로 선출되었다. 따라서 일어난 순서대로 나열하면 '(나) – (가) – (라) – (다)'가 된다.

13 미국 헌법의 제정

미국 혁명으로 독립을 달성한 북아메리카 13개 주는 각 주에 자치를 허용하는 연방제를 특징으로 하는 헌법을 제정하였다. 이 헌법은 주권이 국민에게 있음을 밝히고 행정·입법·사법권을 나누는 삼권 분립의 원칙을 규정하였다. 이로써 세계 최초의 민주 공화국인 미국이 수립되었으며, 이듬해 조지 워싱턴이 초대 대통령으로 선출되었다.

바로알기 》 ㄷ. 미국 헌법은 대통령제를 채택하였다. ㄹ. 미국 헌법은 연방제를 규정하여 각 주의 자치권을 보장하였다.

14 남북 전쟁의 배경

독립 이후 미국 남부는 노예를 이용하여 목화를 재배하는 대농장 경영이 발달한 반면, 북부는 임금 노동에 기초한 공업이 발달하였다. 이러한 경제 구조의 차이는 남부와 북부의 갈등을 심화하여 남북 전쟁으로 이어졌다.

바로알기 》 ① 남북 전쟁 초기에는 남부가 우세하였다. ② 남부는 노예를 이용하여 목화를 재배하였기 때문에 노예제 유지를 주장하였다. ③ 미국 혁명 당시 열세에 몰린 식민지 군대는 조지 워싱턴의 활약과 프랑스 등의 지원으로 전세를 역전하였다. ④ 남북 전쟁 당시 북부의 노예 해방 선언으로 여론이 북부를 지지하였다.

15 남북 전쟁 이후 미국의 상황

미국은 남북 전쟁 이후 빠른 속도로 국민적 단합을 이루었으며 1869년에는 대륙 횡단 철도가 개통되었고, 이민자가 유입되어 노동력이 풍부해졌다. 이를 바탕으로 미국은 19세기 말 세계 최대의 공업국으로 성장하였다.

바로알기 》 ⑤ 국민 주권의 원리를 처음 명시한 미국 헌법은 남북 전쟁 이전에 제정되었다.

16 구제도하의 제3 신분

제시된 자료에서 대다수의 국민으로 전 인구의 약 98%를 차지하는 (가)는 제3 신분인 평민이다. 18세기 후반까지 프랑스는 전체 인구의 2%에 불과한 성직자와 귀족이 정치적·경제적 특권을 독점하고 평민들을 차별하였고 이러한 구조를 '구제도의 모순'이라고 불렀다. 상공업 활동으로 부를 축적하고 계몽사상과 미국 혁명의 영향을 받은 제3 신분은 구제도를 무너뜨리고자 하였다.

바로알기 》 ①, ②, ③은 성직자와 귀족에 대한 설명이다. ⑤ 영국의 찰스 1세의 전제 정치에 대항한 것은 영국의 젠트리를 비롯한 의회 세력이다.

17 프랑스 혁명의 배경

프랑스 혁명은 계몽사상과 미국 혁명의 영향을 받은 시민 계급이 구제도의 모순을 무너뜨리고자 한 혁명이었다.

바로알기 》 ① 영국의 찰스 1세가 청교도를 탄압하고 전제 정치를 강화하자 의회파를 중심으로 청교도 혁명이 일어났다. ② 영국이 중상주의 정책을 실시하고 북아메리카 식민지에 각종 세금을 부과하자, 식민지인들이 반발하였다. ④ 영국의 찰스 2세와 제임스 2세가 전제 정치를 강화하자 의회는 제임스 2세를 추방하고 메리와 윌리엄을 공동 왕으로 추대하였다(명예혁명). ⑤ 17세기부터 영국인이 북아메리카로 이주하여 식민지를 건설하고, 영국이 중상주의 정책을 실시하며 식민지에 과도한 세금을 부과하자 미국 혁명이 일어났다.

18 입법 의회 시기 혁명전쟁

자료는 (다) 입법 의회 시기에 대한 내용이다. 입법 의회가 소집된 이후 혁명이 자국으로 번질 것을 두려워한 오스트리아, 프로이센 등이 프랑스를 위협하자 입법 의회는 이들과 전쟁을 벌였다. 전쟁으로 물가가 오르고 식량이 부족해지자 파리 민중은 국왕의 퇴위를 요구하며 왕궁을 습격하였다.

19 프랑스 혁명의 전개 과정

루이 16세가 소집한 전국 삼부회에서 제3 신분은 머릿수에 따른 투표를 주장하였다. (가) 이 요구가 받아들여지지 않자 제3 신분은 국민 의회를 결성하고 새로운 헌법이 제정될 때까지 해산하지 않겠다고 선언하였다(테니스코트의 서약). (나) 이에 국왕이 국민 의회를 탄압하려 하자 시민들은 구제도의 상징인 바스티유 감옥을 습격하였다. 이후 혁명전쟁으로 물가가 오르고 식량이 부족해지자 혁명은 더욱 과격화되었다. 그 결과 왕권이 정지되고 입법 의회 대신 국민 공회가 들어섰다. (다) 국민 공회는 로베스피에르를 비롯한 급진파의 주도로 루이 16세를 처형하였다. 이후 로베스피에르는 공안 위원회와 혁명 재판소를 설치하는 등 공포 정치를 실시하였다. (라) 하지만 공포 정치가 지속되자 많은 사람들이 불만을 품게 되었고 온건파가 로베스피에르를 처형함으로써 공포 정치는 중단되었다.

20 인간과 시민의 권리선언(인권 선언)

제시된 문서는 '인간과 시민의 권리선언(인권 선언)'이다. 프랑스 혁명 당시 국민 의회는 인간의 자유와 평등, 국민 주권, 저항권 등 프랑스 혁명의 기본 이념을 담은 '인간과 시민의 권리선언(인권 선언)'을 발표하였다.

바로알기 》 ㄱ은 권리 청원, ㄷ은 미국 독립 선언문에 대한 설명이다.

21 국민 공회

(가)는 국민 공회이다. 이 시기에는 공화정이 선포되고 로베스피에르를 비롯한 급진파의 주도로 루이 16세가 처형되었다.

바로알기 》 ②, ⑤는 국민 의회 시기, ③은 총재 정부 시기, ④는 입법 의회 시기에 일어난 일이다.

22 로베스피에르의 공포 정치

자료로 이해하기 》

> 로베스피에르가 중심이 된 국민 공회는 징병제, 의무 교육, 최고 가격제 등을 시행하였어.

> 국민 공회를 주도하면서 봉건적 제도를 폐지하고, 귀족의 토지와 국유지를 몰수하여 분배 하는 등 급진적 개혁을 추진하였다. 또한 혁명 재판소를 설치하여 혁명 반대 세력을 처형하는 공포 정치를 실시하였다.

제시된 글의 '국민 공회 주도', '공포 정치 실시'라는 내용을 통해 로베스피에르에 대한 설명임을 알 수 있다. 로베스피에르는 공안 위원회와 혁명 재판소를 설치하여 공포 정치를 실시하였다.

바로알기 》 ①, ④, ⑤는 나폴레옹, ③은 크롬웰과 관련된 탐구 활동이다.

23 나폴레옹의 활동

나폴레옹은 쿠데타로 총재 정부를 무너뜨리고 통령 정부를 수립하여 제1 통령에 취임하였다. 이후 새로운 시민 사회의 규범을 담은 『나폴레옹 법전』을 편찬하는 등 내정 개혁을 추진하였다. 1804년 국민 투표로 황제에 즉위한 나폴레옹은 영국을 굴복시키기 위해 대륙 봉쇄령을 내렸다. 러시아가 이를 어기고 영국과 무역을 계속하자 나폴레옹은 러시아 원정에 나섰지만 실패하였다.

바로알기 》 ④는 영국의 크롬웰에 대한 설명이다.

24 나폴레옹 전쟁의 영향

총재 정부를 무너뜨리고 황제가 된 나폴레옹은 1799년 정권을 장악하고 프랑스의 팽창을 견제하려는 주변국을 차례로 정복해 나갔다. 이 과정에서 유럽에서는 나폴레옹의 지배에 대항하면서 민족의 단결을 주장하는 민족주의 의식이 자라나기 시작하였다.

바로알기 》 ① 15세기경에 신항로 개척이 시작되었다. ② 16~18세기 유럽에서는 국왕이 강력한 권한을 행사하는 절대 왕정이 나타났다. ③ 십자군 전쟁은 1096년에 시작되었다. ④ 프랑스 혁명은 나폴레옹 집권 이전에 일어났다. 따라서 ①~④는 모두 나폴레옹 시대 이전에 일어난 일이다.

25 나폴레옹 정복 전쟁의 전개

황제가 된 나폴레옹은 유럽 정복 전쟁을 전개하였다. 트라팔가르 해전에서 영국군에게 패하였지만 지상에서는 오스트리아와 프로이센 등을 격파하였다. 나폴레옹은 영국을 고립시키기 위해 대륙 봉쇄령을 내렸다. 러시아가 이를 어기고 영국과 교역을 계속하자 러시아 원정에 나섰지만 실패하였고, 이후 대프랑스 동맹이 공세를 강화하여 프랑스군을 격파함으로써 나폴레옹은 몰락하였다.

바로알기 》 ①은 입법 의회 시기, ③은 1628년, ④는 국민 의회 시기, ⑤는 1789년의 일로 모두 트라팔가르 해전(1805)보다 먼저 일어났다.

26 나폴레옹 정복 전쟁의 영향

나폴레옹의 정복 전쟁 과정에서 유럽 각국에 프랑스 혁명의 이념인 자유주의가 확산되었다. 또한 나폴레옹의 지배에 대항하면서 민족의 단결을 주장하는 민족주의 의식이 자라기 시작하였다.

바로알기 >> ① 영국의 명예혁명 이후 앤 여왕은 대영 제국을 수립하였고, 앤 여왕 사후 하노버 왕조가 수립되었다. ②, ③은 미국 혁명, ④는 영국의 명예혁명의 영향에 해당한다.

서술형 문제 177쪽

01 권리 장전의 결과

(1) 권리 장전
(2) ① 절대 왕정, ② 입헌 군주제

02 남북 전쟁의 원인

예시답안 > 북부는 풍부한 자원과 인구를 바탕으로 공업 중심의 산업 구조가 발달하여 노예제에 반대하고 보호 무역을 주장하였다. 반면 남부는 많은 노예를 바탕으로 대농장을 경영하는 농업 중심의 산업 구조가 발달하여 노예제에 찬성하면서 자유 무역을 주장하였다. 이러한 남부와 북부의 대립이 격화되어 남북 전쟁이 일어났다.

채점 기준	점수
북부와 남부의 경제적 차이와 노예제에 대한 입장 차이를 모두 서술한 경우	상
위 내용 중 한 가지만 서술한 경우	하

03 미국 독립 선언문의 의미

예시답안 > 미국의 독립 선언문에는 인간의 기본권, 저항권, 국민 주권, 천부 인권 등 근대 민주주의의 기본 원리가 담겨 있다.

채점 기준	점수
인간의 기본권, 저항권, 국민 주권, 천부 인권 중 세 가지를 서술한 경우	상
위 내용 중 두 가지를 서술한 경우	중
위 내용 중 한 가지만 서술한 경우	하

04 나폴레옹 정복 전쟁의 영향

(1) 나폴레옹
(2) **예시답안 >** 유럽에서는 나폴레옹의 정복 전쟁 과정에서 프랑스 혁명의 이념인 자유주의가 확산되었으며, 나폴레옹의 지배에 대항하면서 민족의 단결을 주장하는 민족주의 의식이 자라나기 시작하였다.

채점 기준	점수
프랑스 혁명의 이념인 자유주의가 확산되고, 민족의 단결을 주장하는 민족주의 의식이 자라기 시작하였다고 서술한 경우	상
위 내용 중 한 가지만 서술한 경우	하

02 유럽과 아메리카의 국민 국가 체제(2)

179, 181, 183쪽

A 1 메테르니히 2 (1) ○ (2) ✕

B 1 (1) ㄴ (2) ㄱ 2 (1) ○ (2) ○ (3) ✕ 3 인민헌장

C 1 (나) – (다) – (라) – (가) 2 ㉠ 비스마르크 ㉡ 철혈 정책
3 (1) – ㉡ (2) – ㉠ (3) – ㉢

D 1 흑해 2 ㄱ, ㄴ

E 1 ㉠ 미국 ㉡ 먼로주의(먼로 선언) 2 (1) ✕ (2) ○
3 (1) – ㉡ (2) – ㉠ (3) – ㉢

F 1 크리오요 2 ㄷ, ㄹ

실력탄탄 핵심 문제 184~187쪽

01 ⑤ 02 ③ 03 ② 04 ③ 05 ④ 06 ③ 07 ⑤ 08 ④
09 가리발디 10 ① 11 ① 12 ④ 13 ③ 14 ④ 15 ①
16 ③ 17 ① 18 ① 19 ③

01 빈 회의와 빈 체제

㉠에 들어갈 회의는 빈 회의이다. 나폴레옹이 몰락한 이후 유럽의 주요 국가들은 유럽의 질서를 재편하기 위해 오스트리아의 수도 빈에서 회의를 개최하였다. 빈 회의의 결과 각국의 대표는 유럽의 영토와 지배권을 프랑스 혁명 이전으로 되돌리는 것에 합의하였다.

바로알기 >> ①은 1783년에 체결된 파리 조약의 내용이다. ②는 미국의 남북 전쟁 당시 북부 및 링컨 대통령의 입장이다. ③은 1648년에 체결된 베스트팔렌 조약에 대한 설명이다. ④는 영국의 명예혁명 이후 의회의 요구로 승인된 권리 장전의 내용이다.

02 프랑스 7월 혁명의 전개

자료로 이해하기 >>

정장을 입은 부르주아 남성과 셔츠를 풀어 헤친 노동자, 하층민으로 보이는 소년이 그려져 있는 것을 통해 당시 혁명에 여러 계층이 참여하였음을 알 수 있어.

그림은 19세기 프랑스 화가인 들라크루아가 그린 「민중을 이끄는 자유의 여신」이다. 이는 샤를 10세의 전제 정치에 저항하여 1830년 프랑스에서 일어난 7월 혁명의 모습을 그린 작품으로 밑줄 친 '이 혁명'은 프랑스 7월 혁명이다. 부르봉 왕조의 샤를 10세가 전제 정치를 펼치자 자유주의자들과 파리 시민들은 7월 혁명을 일으켰다. 7월 혁명으로 프랑스에서는 샤를 10세가 쫓겨나고 루이 필리프가 왕에 오르면서 입헌 군주제가 수립되었다.

바로알기 » ① 「나폴레옹 법전」은 나폴레옹이 제1 통령으로 취임하였던 시기에 편찬되었다. ② 프랑스 2월 혁명의 영향을 받은 독일의 자유주의자들이 프랑크푸르트 의회를 개최하여 독일의 통일 방안을 논의하였다. ④ 프랑스 혁명 당시 국민 공회는 로베스피에르를 비롯한 급진파의 주도로 루이 16세를 처형하였다. ⑤ 프랑스 혁명 때 로베스피에르의 공포 정치가 계속되자 이에 대한 불만이 커지면서 결국 온건파가 로베스피에르를 처형하였다.

03 프랑스 2월 혁명의 영향

프랑스 2월 혁명(1848)의 영향으로 유럽의 여러 나라에서 자유주의와 민족주의 운동이 일어났다. 이탈리아에서는 2월 혁명에 영향을 받은 마치니와 가리발디 등이 통일 운동을 전개하기도 하였다.

바로알기 » ① 빈 체제는 나폴레옹의 몰락 이후 수립되었다. 2월 혁명의 결과 오스트리아에서 혁명이 일어나 메테르니히가 쫓겨나면서 빈 체제는 사실상 무너졌다. ③ 인민헌장 발표는 1838년에 이루어졌다. ④ 루이 14세는 17세기에 즉위하였다. ⑤ 유럽 국가들이 대프랑스 동맹을 결성한 것은 프랑스 혁명 시기의 일이다.

04 프랑스 7월 혁명과 2월 혁명

(가)는 7월 혁명, (나)는 2월 혁명이다. 빈 체제의 성립 이후 부르봉 왕조가 부활한 프랑스에서는 샤를 10세가 혁명 이전의 보수적인 정치를 실시하면서 시민들의 불만이 고조되었다. 의회를 해산하고 언론의 자유를 억압하자 이에 반발한 시민들이 7월 혁명을 일으켰다. 그 결과 시민들은 입헌 군주제를 바탕으로 루이 필리프를 프랑스의 왕으로 추대하였다. 그러나 새 왕정이 여전히 부유한 소수 시민에게만 선거권을 부여하자 파리의 중소 시민과 노동자들이 선거권 확대를 요구하였다. 그 결과 1848년에 2월 혁명이 일어나 프랑스에서 왕정이 폐지되고 공화정이 수립되었다.

바로알기 » ① 7월 혁명의 결과 소수의 부유한 시민들에게만 제한적으로 선거권이 부여되었다. ②, ④, ⑤는 프랑스 혁명에 대한 설명이다.

05 프랑스의 자유주의 운동

빈 회의의 결과 성립된 빈 체제에 따라 프랑스에서는 부르봉 왕조가 부활하였다. 부르봉 왕조의 샤를 10세는 의회를 해산하고 시민의 자유를 제한하는 등의 보수적인 정책을 펼쳤다. 그러자 자유주의자들과 파리 시민들이 7월 혁명을 일으켰다.

바로알기 » ① 2월 혁명은 1848년에 일어났다. ② 입법 의회는 1791년에 수립되었다. ③ 총재 정부는 1795년에 수립되었다. ⑤ 대륙 봉쇄령은 나폴레옹 시대인 1806년에 선포되었다.

06 차티스트 운동의 배경

밑줄 친 '서명 운동'은 차티스트 운동이다. 1832년 제1차 선거법 개정으로 도시의 신흥 상공업자를 비롯한 중산 계급까지 선거권이 확대되었으나 여전히 노동자들은 선거권을 갖지 못하였다. 이에 노동자들은 선거법 개정을 주장하면서 1838년 인민헌장을 발표하였고, 이를 의회에 제출하기 위해 차티스트 운동을 벌였다.

바로알기 » ① 남북 전쟁은 차티스트 운동 이후인 1861년에 시작되었다. ② '인간과 시민의 권리선언(인권 선언)'은 1789년 프랑스 혁명 당시에 국민 의회에서 발표한 선언문이다. ④ 「나폴레옹 법전」은 1799년 나폴레옹의 쿠데타 이후 만들어진 프랑스의 법전이다. ⑤ 미국은 1775년 렉싱턴 전투를 계기로 영국과 독립 전쟁을 벌였다.

07 영국의 자유주의 운동

19세기 영국은 점진적으로 자유주의 개혁을 실시하였다. 이 과정에서 가톨릭교도에 대한 차별을 폐지하였으며, 공장법을 제정하여 어린이와 부녀자의 노동 시간에 제한을 두었다. 1832년 제1차 선거법 개정을 통해 도시의 상공업 계층에게까지 선거권을 부여하였지만, 노동자들은 선거권을 얻지 못하였다. 이에 1838년 노동자들은 선거법 개정을 주장하면서 21세 이상 남성의 선거권 인정 등의 요구 사항을 담은 인민헌장을 발표하였으며, 이를 의회에 제출하기 위해 차티스트 운동을 벌였다.

바로알기 » ⑤ 영국은 19세기에 곡물법과 항해법을 폐지하여 정부의 경제 규제를 완화하였다.

08 카보우르와 이탈리아의 통일 — 마치니, 가리발디와 함께 이탈리아 통일의 주역이야.

자료는 카보우르에 대한 인물 카드이다. 사르데냐 왕국의 재상인 카보우르는 안으로는 산업을 육성하고 군대를 개편하는 등 내정 개혁을 추진하는 한편, 밖으로는 프랑스의 지원을 받아 오스트리아에 맞서 전쟁을 일으켰다. 이 전쟁으로 사르데냐 왕국은 중북부 이탈리아를 병합하였다.

바로알기 » ① 빈 회의(1814~1815)에는 19세기 초에 활동한 유럽 각국의 대표가 참여하였다. 카보우르는 19세기 중반부터 정치 활동을 시작하였다. ②는 프로이센의 비스마르크, ③은 러시아의 알렉산드르 2세의 활동이다. ⑤는 가리발디의 활동으로 가리발디는 의용대를 이끌고 시칠리아와 나폴리를 점령하였다. 이후 자신이 점령한 지역을 사르데냐 국왕에게 바쳐 이탈리아 왕국이 탄생하는 데 기여하였다.

09 가리발디와 이탈리아의 통일

㉠에 들어갈 인물은 가리발디이다. 프랑스 2월 혁명의 영향을 받은 가리발디는 마치니와 함께 이탈리아 통일 운동을 전개하였으나 실패하였다. 이후 사르데냐 왕국이 이탈리아 중북부 지역을 병합하자 가리발디는 의용대를 이끌고 이탈리아 남부를 점령하였다. 그는 자신의 점령지를 사르데냐 국왕에게 바쳤다.

10 비스마르크의 철혈 정책

자료로 이해하기 » — 독일의 통일을 의미해.

독일이 현재의 과제를 수행하기 위해 눈여겨보아야 할 것은 군비입니다. 우리는 힘을 모아 국가를 튼튼하게 만들고 때를 기다려야 합니다. 독일의 문제는 연설이나 다수결로 해결할 수 없으며, 오직 철과 피에 의해서만 해결할 수 있습니다.

└ 철은 군비, 피는 전쟁을 의미해.

제시된 글은 비스마르크의 의회 연설 내용이다. 비스마르크는 독일의 통일 문제를 강력한 군사력을 통해서만 해결할 수 있다고 주장하였다. 프로이센은 비스마르크의 철혈 정책에 따라 군사력을 키웠으며, 이를 바탕으로 통일을 방해하던 오스트리아를 격파하고 북독일 연방을 세웠다. 뒤이어 프랑스와의 전쟁에서도 승리하여 통일된 독일 제국을 수립할 수 있었다.

바로알기 » ②는 라틴 아메리카의 볼리바르와 산마르틴 등, ③은 프랑스의 루이 필리프, ④는 프로이센의 빌헬름 1세, ⑤는 프랑스의 로베스피에르에 대한 설명이다.

11 독일의 통일 과정

독일은 30년 전쟁 이후 오랫동안 여러 나라로 분열되어 통일 국가로서의 힘을 발휘하지 못하였다. 당시 프로이센과 오스트리아를 중심으로 연방을 형성하였던 독일에서는 1834년에 프로이센의 주도로 관세 동맹이 체결되어 경제적 통합을 이루었다. 1848년에는 자유주의자들이 프랑크푸르트 의회에서 독일의 통일 방안을 논의하였지만 큰 성과는 없었다. 이후 비스마르크의 철혈 정책에 따라 강력한 국력을 갖춘 프로이센이 오스트리아와의 전쟁에서 승리하여 북독일 연방을 결성하였다. 뒤이어 프랑스와의 전쟁에서도 승리하여 남독일의 여러 나라를 연방에 참여시켰다. 이후 프로이센의 빌헬름 1세가 황제로 즉위하면서 통일된 독일 제국이 성립되었다.

바로알기 >> ㄷ. 이탈리아 왕국은 베네치아와 교황령을 병합하였다. ㄹ. 러시아는 19세기 중반 흑해로 진출하기 위해 오스만 제국을 공격하여 크림 전쟁을 일으켰다. 이 전쟁에 오스만 제국을 돕기 위해 영국과 프랑스가 참여하면서 러시아는 패배하였다.

12 독일과 이탈리아의 통일

(가)는 독일, (나)는 이탈리아이다. 여러 나라로 분열되어 있었던 독일과 이탈리아는 19세기에 자유주의·민족주의 운동이 확산되면서 통일 운동이 시작되었다. 독일에서는 1848년 프랑크푸르트 의회에서 통일 방안에 대해 구체적인 논의가 시도되었으나 별다른 성과를 거두지 못하였다. 이후 철혈 정책을 바탕으로 군사력을 키운 프로이센이 통일 운동을 주도하였으며, 오스트리아와 프랑스를 연이어 격파하면서 독일의 통일을 완성시켰다. 이탈리아는 사르데냐 왕국을 중심으로 통일 운동을 전개하였다. 사르데냐 왕국의 재상 카보우르는 오스트리아와의 전투에서 승리를 거두면서 중북부 이탈리아를 병합하였다. 가리발디는 의용군을 이끌고 시칠리아와 나폴리 등을 점령하였으며, 이후 점령한 지역을 사르데냐 왕국에 바쳤다. 이로써 1861년에 이탈리아 왕국이 탄생하였다.

바로알기 >> ④ 관세 동맹을 추진한 국가는 독일의 프로이센이다.

13 알렉산드르 2세의 개혁

전제 정치와 농노제가 유지되고 있던 러시아는 19세기 중반에 흑해로 진출하기 위해 영국과 프랑스, 오스만 제국을 상대로 크림 전쟁을 일으켰으나 패배하였다. 이후 러시아가 낙후되어 있다고 생각한 알렉산드르 2세는 개혁을 실시하였다. 그는 1861년에 농노 해방령을 발표하였으며, 이외에도 지방 의회를 구성하고 군사 제도를 개혁하는 등의 정책을 실시하였다. 그러나 알렉산드르 2세가 일부 급진주의자들에게 암살당하자 러시아에서는 다시 전제 정치가 강화되었고 자유주의 운동이 탄압을 받았다.

바로알기 >> ① 빈 회의는 오스트리아의 재상인 메테르니히의 주도로 개최되었다. ② 관세 동맹은 프로이센의 주도로 체결되었다. ④는 프랑스의 나폴레옹, ⑤는 17세기 러시아의 표트르 대제가 실시한 정책이다.

14 브나로드 운동

㉠에 들어갈 사건은 브나로드 운동이다. 이 운동은 러시아 지식인들이 농민을 계몽하고 혁명 정신을 전파하기 위해 펼친 운동이었으나, 큰 성과를 얻지 못하였다.

바로알기 >> ① 르네상스는 14세기경부터 유럽에서 일어난 문예 부흥 운동이다. ② 종교 개혁은 16~17세기 유럽에서 타락한 교회를 비판하며 등장하였던 개혁 운동이다. ③ 신항로 개척은 15~16세기 에스파냐와 포르투갈을 중심으로 지중해를 거치지 않고 동방으로 가는 새로운 항로를 찾으려는 움직임이다. ⑤ 차티스트 운동은 19세기 영국의 노동자 계층이 선거권을 얻기 위해 벌인 사회 운동이다.

15 라틴 아메리카 독립운동의 배경

신항로 개척 이후 라틴 아메리카는 에스파냐, 포르투갈 등의 식민 지배에 시달렸다. 그러나 미국의 독립과 프랑스 혁명의 영향을 받아 19세기부터 독립운동이 확산되었다.

바로알기 >> ㄷ. 영국이 에스파냐의 무적함대를 격파한 것은 16세기 후반 영국의 엘리자베스 1세 시대의 일이다. ㄹ. 데카브리스트의 봉기는 19세기 러시아에서 일부 젊은 장교들이 입헌 군주제를 지향하며 일으킨 봉기이다.

16 아이티의 독립

제시된 퀴즈의 정답은 아이티이다. 북아메리카의 남동쪽 카리브해에 있는 섬나라 아이티는 원래 에스파냐의 식민지였다가 18세기 말 프랑스의 지배를 받았다. 당시 아이티에는 아프리카 출신의 흑인 노예들이 사탕수수 농장에서 힘들게 일하고 있었다. 프랑스에서 혁명이 일어났다는 소식이 전파되자 이에 자극을 받은 아이티의 흑인 노예들은 투생 루베르튀르를 중심으로 프랑스에 저항하였다. 결국 1804년에 아이티는 라틴 아메리카에서 최초로 독립에 성공한 국가가 되었다.

바로알기 >> ① 쿠바는 1898년에 미국이 에스파냐와의 전쟁에서 승리하여 보호국으로 삼은 나라이다. ② 포르투갈의 지배를 받고 있었던 브라질은 나폴레옹을 피해 망명한 포르투갈의 황태자를 국왕으로 세워 독립하였다. ④ 볼리비아는 볼리바르의 주도로 독립하였다. ⑤ 아르헨티나는 산마르틴의 활약으로 독립하였다.

17 볼리바르와 라틴 아메리카의 독립

┌ 신대륙 발견 후 라틴 아메리카에 이주한 에스파냐인의 후손이야.

㉠에 들어갈 인물은 볼리바르이다. 크리오요 출신인 그는 어린 시절 유럽에 건너가 계몽사상을 접한 후 본국으로 돌아와 에스파냐에 맞서 라틴 아메리카의 독립운동을 이끌었다. 그 결과 베네수엘라, 콜롬비아, 볼리비아 등을 해방시켰다. 이러한 공적으로 그는 라틴 아메리카의 여러 나라에서 '해방자'라 불리며 존경받고 있다.

바로알기 >> ② 아르헨티나의 독립운동을 이끈 인물은 산마르틴이다. ③ 이달고 신부 등의 활약으로 멕시코는 에스파냐로부터 독립하였다. ④ 투생 루베르튀르가 이끄는 아이티의 흑인 노예들이 프랑스의 식민 지배에 저항하였다. ⑤ 조지 워싱턴이 이끈 북아메리카 동부의 식민지군은 1783년 영국군과의 전쟁에서 승리를 거두고 독립을 인정받았다.

18 미국의 먼로주의(먼로 선언)

먼로주의는 1823년 미국의 먼로 대통령이 발표한 외교 방침이다. 라틴 아메리카의 독립운동이 확산되자 유럽의 보수 세력들은 라틴 아메리카를 식민지로 되돌리려고 하였다. 이에 미국은 아메리카가 유럽 문제에 개입하지 않는 대신, 유럽 국가들도 아메리카의 정치에 간섭하지 말아야 한다는 내용의 먼로주의를 발표하였다. 미국은 이를 계기로 라틴 아메리카에서 영향력을 확대하고자 하였다.

바로알기 >> ① 먼로주의는 라틴 아메리카의 독립운동 확산에 영향을 미쳤다.

19 독립 이후의 라틴 아메리카

라틴 아메리카에서는 19세기 중반까지 많은 국가가 독립을 이루었다. 그러나 라틴 아메리카의 독립을 주도한 크리오요가 부와 권력을 독점하였으며 군부를 중심으로 독재 정권이 등장하기도 하였다. 라틴 아메리카는 독립 이후에도 유럽과 미국에 경제적으로 의존하였으므로. 특히, 미국은 파나마 운하의 운영권을 획득하고 쿠바를 보호국으로 삼는 등 라틴 아메리카에 대한 영향력을 점차 강화하였다.

바로알기 >> ③ 라틴 아메리카 각국은 공업적 기반이 취약하였다.

└ 군부를 형성한 크리오요를 카우디요라고 불러.

서술형 문제
187쪽

01 차티스트 운동의 전개

(1) 인민헌장

(2) ① 제1차 선거법 개정, ② 노동자, ③ 차티스트 운동

02 이탈리아의 통일 과정

예시답안 > 사르데냐 왕국의 재상 카보우르는 프랑스의 도움을 얻어 오스트리아와의 전쟁에서 승리하였다. 그 결과 사르데냐 왕국은 중북부 이탈리아를 병합하였다. 이후 가리발디가 시칠리아, 나폴리 등 남부 이탈리아를 점령하였다. 가리발디는 사르데냐 왕국에 자신이 점령한 지역을 바쳤으며, 그 결과 남북이 통일된 이탈리아 왕국이 탄생하였다.

채점 기준	점수
사르데냐 왕국, 카보우르, 가리발디를 활용하여 이탈리아의 통일 과정을 정확히 서술한 경우	상
제시된 단어 중 두 개만 활용하여 이탈리아의 통일 과정을 서술한 경우	중
제시된 단어 중 한 개만 활용하여 이탈리아의 통일 과정을 서술한 경우	하

03 라틴 아메리카의 변화

예시답안 > 라틴 아메리카 각국은 공업적 기반이 취약하여 농산물이나 광물 자원 등을 미국과 유럽에 수출하고, 미국과 유럽으로부터 공업 제품 등을 수입하였기 때문이에요.

채점 기준	점수
라틴 아메리카의 취약한 공업적 기반, 라틴 아메리카와 유럽·미국과의 무역 관계를 모두 서술한 경우	상
위 내용 중 한 가지만 서술한 경우	하

---

03 유럽의 산업화와 제국주의

189, 191, 193, 195쪽

A 1 산업 혁명 2 (1) × (2) ○

B 1 (1) 공장제 기계 공업 (2) 증기 기관 2 (1) – ⓒ (2) – ㉠ (3) – ⓒ

  3 ㉠ 프랑스 ⓒ 미국 ⓒ 러시아

C 1 (1) ○ (2) × (3) ○ 2 (1) 사회주의 사상 (2) 러다이트 운동

  3 ㉠ 오언 ⓒ 마르크스

D 1 (1) × (2) ○ (3) × (4) ○ 2 낭만주의

E 1 제국주의 2 (가) 사회 진화론 (나) 인종주의 3 (1) × (2) ○ (3) ○

F 1 (가) 영국 (나) 프랑스 (다) 네덜란드 2 대농장(플랜테이션)

G 1 베를린 회의 2 (1) ㄷ (2) ㄴ (2) ㄱ

  3 ㉠ 영국 ⓒ 프랑스 ⓒ 파쇼다

H 1 에티오피아 2 (1) ○ (2) ○ (3) ×

실력탄탄 핵심 문제
196~200쪽

01 ③ 02 ④ 03 ④ 04 ② 05 ⑤ 06 ③ 07 ② 08 ①
09 러다이트 운동 10 ③ 11 ⑤ 12 ② 13 ① 14 ②
15 ① 16 ④ 17 ④ 18 ③ 19 ⑤ 20 ⑤ 21 ① 22 ④
23 ⑤ 24 ④ 25 ③

01 산업 혁명의 배경

└ 청교도 혁명, 명예혁명을 가리켜.

영국은 다른 유럽의 국가보다 일찍 시민 혁명을 겪어 정치적으로 안정되었기 때문에 경제 발전에 전념할 수 있었다. 모직물 공업이 발달하여 자본과 기술이 많이 축적되었고, 석탄·철 등 공업 발달에 필요한 지하자원이 풍부하였다. 또한 인클로저 운동으로 토지에서 쫓겨난 농민들이 도시로 이동하면서 도시에 풍부한 노동력이 제공되었다. 이를 바탕으로 18세기 후반부터 영국에서 산업 혁명이 시작될 수 있었다.

바로알기 >> ③ 영국은 민간 주도로 산업 혁명을 시작하였다. 정부가 적극적으로 산업화를 주도한 국가로는 독일, 일본 등이 있다.

02 인클로저 운동

└ 인클로저(Enclosure)는 '(땅에) 울타리를 친다.'라는 뜻이야.

㉠은 인클로저 운동이다. 인클로저 운동은 지주들이 농민의 경작지나 공유지 등에 울타리를 쳐서 자신의 소유지로 삼은 운동을 말한다. 16세기에는 양 사육지를 확대하기 위해 1차 인클로저 운동이 일어났다. 반면, 18세기에는 대규모 상업적 농업을 목표로 2차 인클로저 운동이 전개되었다. 이 과정에서 많은 농민들이 농촌을 떠났고, 도시로 몰려든 농민들은 자본가에게 고용되어 공장에서 일을 하는 노동자가 되었다.

바로알기 >> ① 명예혁명은 1688년 영국에서 일어난 시민 혁명이다. ② 산업 혁명은 기계의 발명과 기술의 혁신으로 경제와 사회 구조에 나타난 변화이다. ③ 브나로드 운동은 19세기 후반 러시아에서 일어난 농민 계몽 운동이다. ⑤ 차티스트 운동은 19세기에 영국에서 일어난 자유주의 운동이다.

03 산업 혁명의 전개

제시된 두 기계는 산업 혁명 시기인 18세기 후반에 발명되었다. 왼쪽의 뮬 방적기는 수력을 이용해 여러 가닥의 실을 동시에 생산하는 기계이다. 오른쪽의 증기 기관은 제임스 와트가 개량한 것으로 광산, 직조 공장 등 여러 산업 분야에 동력으로 사용되었다. 이와 같이 산업 분야에 새로운 기계와 동력을 사용하면서 공장제 기계 공업이 발달하게 되었다.

바로알기 》 ① 종교 개혁은 16세기에 일어났다. ② 계몽사상은 17세기에 등장하였다. ③ 공장제 기계 공업이 발달하면서 중상주의 정책은 점차 폐지되었다. ⑤ 새로운 기계와 동력이 사용되면서 면직물 공업이 성장하였다.

04 교통·통신 수단의 발달

모스는 전기를 이용하여 신호를 주고받는 유선 전신을 발명하였다. 미국의 풀턴은 증기선을 제작하여 운항에 성공하였다. 영국의 스티븐슨이 증기 기관차를 제작한 이후에는 각지에 철도가 건설되기 시작하였다.

바로알기 》 하그리브스는 제니 방적기를 발명하여 1인당 면실 생산을 8배 가까이 늘렸다. 에디슨은 가정용 전구와 축음기를 발명하여 인류 생활에 큰 변화를 가져왔다. 제임스 와트는 증기 기관을 개량하였는데, 제임스 와트의 증기 기관이 기계의 동력으로 사용되면서 생산량이 크게 증가하였다.

05 산업 혁명의 확산

자료로 이해하기 》

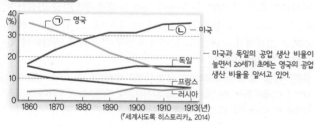

미국과 독일의 공업 생산 비율이 늘면서 20세기 초에는 영국의 공업 생산 비율을 앞서고 있어.

(『세계사록록 히스토리카』, 2014)

19세기 후반에 ⓛ의 공업 생산 비율이 ⓐ을 앞지르는 것을 통해 ⓐ은 영국, ⓛ은 미국임을 유추할 수 있다. 영국에서 시작된 산업 혁명은 19세기 이후 유럽과 미국 등지에 확산되었다. 특히, 미국은 남북 전쟁 이후 풍부한 지하자원과 노동력을 바탕으로 산업이 빠르게 발전하여 19세기 말 최대 공업국으로 성장하였다.

바로알기 》 ① 제2차 산업 혁명은 독일과 미국이 주도하였다. ②는 프랑스의 산업 혁명에 대한 설명이다. ③, ④는 러시아에 대한 설명이다.

06 산업 혁명에 따른 사회 변화

그래프는 19세기 영국의 도시화에 따른 인구 증가를 보여 준다. 이 시기에 영국에서는 증기 기관차가 발명되고 철도가 부설되면서 면직물, 철강, 기계와 같은 제품을 무역항으로 수송하기 쉬워져 무역량이 증가하였다. 이에 따라 대학이 들어선 전통적인 도시보다 대규모 공장과 무역항이 들어선 지역을 중심으로 도시가 성장하고 인구가 급격하게 증가하였다.

바로알기 》 ① 길드는 중세 서유럽에서 발달한 상인과 수공업자의 동업 조합이다. ② 보스턴 차 사건은 1773년에 일어났다. ④ 중상주의 정책은 17세기 절대 왕정 시기에 실시되었다. ⑤ 17세기에 제정된 항해법은 19세기에 폐지되었다.

07 산업 혁명의 결과

보석 맵에 적힌 질문에서 영국에서 먼저 시작하여 다른 국가로 확산된 점, 방직기 등의 기계가 발명된 점을 통해 밑줄 친 ⓐ은 산업 혁명의 결과를 묻는 것임을 유추할 수 있다. 산업 혁명으로 자본주의 체제가 형성되었으며, 이 체제에서 자본가와 노동자라는 새로운 계급이 등장하게 되었다. 산업 혁명의 결과 농업 사회에서 산업 사회로 전환되었으며, 기계를 통해 상품을 대량 생산하는 공장제 기계 공업이 자리 잡게 되었다.

바로알기 》 ② 자본가들은 더 큰 이윤을 얻기 위해 성인 남성보다 임금이 낮은 여성들을 고용하기도 하였다.

08 산업 혁명으로 발생한 사회 문제

두 사람의 대화는 영국 의회가 방직 공장의 아동 노동 실태를 조사한 보고서의 내용을 재구성한 것으로, 당시 영국에서 발생한 노동 문제를 보여 준다. 산업 혁명이 전개되면서 자본가가 노동자를 고용하여 상품을 생산하는 자본주의 체제가 확립되었다. 이에 저임금과 장시간 노동, 아동 고용 등의 노동 문제가 대두되었다. 도시에 모여든 노동자들로 도시에서는 주택 부족, 환경 오염, 위생 문제 등이 발생하였다. 이와 같은 상황에서 자본주의 체제의 모순을 비판하는 사회주의 사상이 등장하였다.

바로알기 》 ① 산업 혁명이 전개되면서 자본가와 노동자의 빈부 격차는 점차 심화되었다.

09 러다이트 운동의 발발

ⓐ에 들어갈 내용은 러다이트 운동이다. 산업 혁명으로 공장제 기계 공업이 확산되면서 일부 노동자들은 기계가 자신의 일자리를 빼앗아 간다고 여겨 공장의 기계를 파괴하는 운동을 전개하였다. 이때 노동자들은 '러드'라는 가상의 인물이 기계를 부수고 도망쳤다고 말하였기 때문에 이 운동을 러다이트 운동이라고 불렀다.

10 사회주의 사상의 등장

산업 혁명으로 다양한 사회 문제가 대두되면서 이를 해결하기 위해 사회주의 사상이 등장하였다. 오언은 대표적인 초기 사회주의자로 자본가와 노동자의 협력을 통해 새로운 사회를 건설할 수 있다고 주장하였다. 마르크스는 노동자의 투쟁을 통해 사유 재산 제도가 없는 사회를 건설해야 한다고 주장하였다.

바로알기 》 ① 공리주의는 벤담이 제시한 사상이다. ② 민족주의는 민족을 중심으로 통일 국가를 이루어야 한다는 사상이다. ④ 실증주의는 콩트가 제시한 사상으로, 관찰과 경험을 통해 사회를 분석해야 한다는 주장이다. ⑤ 자유주의는 개인의 존엄성과 표현의 자유를 중시하는 사상이다.

11 다윈의 진화론

영국의 생물학자인 다윈은 『종의 기원』을 발표하여 적자생존(자연 선택)에 따른 종의 진화를 주장하였다. 그의 주장은 이후 우수한 사회가 열등한 사회를 지배하는 것을 당연한 것으로 받아들이는 사회 진화론에 영향을 주었다.

바로알기 》 ①은 뢴트겐, ②는 애덤 스미스, ③은 콩트, ④는 에디슨에 대한 퀴즈 질문이다.

12 19세기 예술(낭만주의)

19세기 초반 유럽에서는 계몽사상에 대한 비판이 일어나면서 인간의 감정과 상상력을 중시하는 낭만주의가 유행하였다.

바로알기 » ① 인상파는 화가의 주관적 인상을 강조하는 예술 경향이다. ③, ⑤ 사실주의와 자연주의는 낭만주의에 대한 반발로 19세기 후반에 나타난 예술 경향이다. 현실을 있는 그대로 묘사하는 것을 중시하였다. ④ 인문주의는 르네상스의 근본정신으로, 인간의 개성과 가치를 중시하였다.

13 제국주의의 등장

자료로 이해하기 » 산업 혁명의 발전으로 나타난 국내 문제를 해결하기 위해 식민지를 개척하는 제국주의 정책을 실시할 것을 주장하고 있어.

> 나는 런던 이스트엔드의 실업자 집회에 가서 "빵을 달라."라는 절절한 연설만 듣고 오다가 문득 이 정책의 중요성을 깨달았다. 우리는 영국의 4천만 국민을 피비린내 나는 내란으로부터 구하기 위해 새로운 영토를 개척해야만 한다. ― 세실 로즈, 『유언집』

자료는 세실 로즈가 식민지의 필요성을 주장한 내용으로 밑줄 친 '이 정책'은 제국주의이다. 산업 혁명으로 자본주의가 발전한 서양의 열강들은 자국의 산업 발전을 위해 원료 공급지와 상품 판매 시장을 확보할 곳을 찾고자 하였다. 이 과정에서 경제력과 군사력을 앞세워 약소국을 침략하여 식민지로 삼았는데 이러한 대외 팽창 정책을 제국주의라고 한다. 제국주의는 열강이 아시아와 아프리카 지역을 침탈하는 것에 영향을 끼쳤다. 이러한 침략 활동에서 제국주의 국가들은 사회 진화론과 인종주의를 바탕으로 열등한 인종을 문명화시킨다는 명분을 내세웠다.

바로알기 » ①은 빈 체제에 대한 설명이다.

14 제국주의 풍자화

화면에 나온 그림은 제국주의 국가가 식민지를 수탈하는 모습을 풍자하고 있다. 그림 왼쪽에 있는 자본가는 원주민의 입에 자본으로 상징되는 럼주(술의 종류)를 붓고 있으며, 가운데 있는 군인은 기계를 이용하여 원주민의 몸을 쥐어짜 금화(상품)를 만들고 있다. 기계로 고통 받고 있는 원주민은 아시아, 아프리카 등지의 식민지 주민들을 상징한다. 오른쪽에 있는 선교사는 성경을 읽으며 원주민에게 '이 모든 것은 신의 뜻'이라고 설교하면서 제국주의 침략을 정당화하고 있다.

바로알기 » ② 제1 신분은 혁명 이전 프랑스의 구제도 하에서 최고 신분이었던 성직자 계층을 말한다. 이들은 귀족과 더불어 대토지 소유와 면세 등의 특권을 누렸다.

15 사회 진화론

밑줄 친 '이론'은 사회 진화론이다. 19세기 후반 허버트 스펜서가 주장한 사회 진화론은 다윈의 생물학적 진화론을 사회에 적용한 사상으로, 더 발달된 사회가 덜 발달된 사회를 지배할 수 있다고 주장하였다. 이는 인종주의와 함께 강대국이 약소국을 침략하여 지배하는 제국주의를 정당화하는 것에 이용되었다.

바로알기 » ② 빈 체제는 19세기 초반에 성립되었다. ③은 사회주의, ④는 자유방임주의에 대한 설명이다. ⑤ 나폴레옹 전쟁이 전개되면서 유럽에서는 프랑스 혁명의 이념인 자유주의가 확산되었다.

16 열강의 동남아시아 침략

(가) 지역은 타이(태국)이다. 영국은 인도를 직접 지배한 이후 동남아시아의 미얀마, 말레이반도를 차지하였으며, 프랑스는 인도차이나반도에서 베트남, 캄보디아를 식민지로 삼았다. 타이는 지리적으로 영국과 프랑스 세력 사이에 위치하였기 때문에 이를 이용한 외교 활동으로 동남아시아에서 유일하게 독립을 유지할 수 있었다.

바로알기 » ① 독일은 태평양의 마셜 제도, 캐롤라인 제도 등을 차지하였다. ② 네덜란드는 인도네시아 대부분을 식민지로 삼았다. ③은 필리핀, ⑤는 인도에 대한 설명이다.

17 프랑스의 동남아시아 침략

프랑스는 이 지역을 인도차이나 연방으로 불렀어.

(나) 지역을 지배한 국가는 프랑스이다. 프랑스는 인도에서 영국에 밀린 이후 동남아시아 지역에서 베트남, 캄보디아 등 인도차이나반도로 세력을 확장하였다. 아프리카 지역에서는 북아프리카의 알제리를 차지한 후 이를 거점으로 사하라 사막에서 마다가스카르까지 잇는 횡단 정책을 추진하였다.

바로알기 » ①, ②는 독일, ③은 네덜란드, ⑤는 영국에 대한 설명이다.

18 열강의 아시아·태평양 침탈

㉠은 네덜란드, ㉡은 영국이다. 영국, 네덜란드 등은 신항로 개척 이후 무역을 목적으로 아시아에 진출하였는데 영국은 인도 지역에, 네덜란드는 인도네시아 지역에 진출하였다. 19세기경 인도네시아를 식민지로 삼은 네덜란드는 이곳에 대농장(플랜테이션)을 건설하여 차, 사탕수수, 고무 등을 재배하였다. 영국은 인도를 둘러싸고 프랑스와의 경쟁에서 승리한 뒤 19세기 후반부터 총독을 파견하여 인도를 직접 지배하였다.

바로알기 » 벨기에는 아프리카의 콩고 지역을 지배하였으며, 미국은 에스파냐와의 전쟁에서 승리하여 괌, 필리핀을 차지하였다. 프랑스는 인도차이나반도로 세력을 확장하여 베트남, 캄보디아를 점령하였다.

19 영국과 프랑스의 식민지 쟁탈

지도에서 (가)는 영국, (나)는 프랑스이다. 영국은 이집트의 카이로에서 남아프리카의 케이프타운을 잇는 종단 정책을 펼쳤으며, 프랑스는 북아프리카의 알제리를 거점으로 마다가스카르까지 세력을 진출하는 횡단 정책을 펼쳤다. 두 국가는 수단의 파쇼다에서 충돌하였으나 프랑스의 양보로 전쟁이 일어나기 전에 마무리되었다. 한편, 프랑스는 19세기 후반에 식민지 쟁탈에 나선 독일과 모로코를 둘러싸고 대립하기도 하였다.

바로알기 » ㄱ. 독일은 베를린, 비잔티움, 바그다드를 연결하는 3B 정책을 펼쳤다. ㄴ. 벨기에는 중앙아프리카의 콩고를 식민지로 삼았다.

20 열강의 아프리카 침탈

19세기 후반 제국주의 열강들은 베를린 회의에서 합의한 내용을 바탕으로 아프리카 지역을 본격적으로 침략하였다. 그 결과 아프리카에서는 20세기 초까지 라이베리아와 에티오피아를 제외한 대부분이 열강의 식민지가 되었다.

바로알기 » ㄱ, ㄴ. 북아프리카의 모로코와 알제리는 프랑스가 차지하였다.

21 수단의 민족 운동

㉠에 들어갈 국가는 수단이다. 19세기 말 영국과 이집트의 이중 지배를 받았던 수단에서는 무함마드 아흐마드가 스스로를 '마흐디(구세주)'라 칭하면서 외국인들을 몰아내고 모든 사람이 평등한 이슬람 세계를 만들자는 마흐디 운동을 전개하였다.

22 에티오피아의 민족 운동

게임 화면에 나온 메넬리크 2세는 에티오피아의 국왕으로, 이를 통해 밑줄 친 '이 국가'가 에티오피아임을 알 수 있다. 메넬리크 2세는 근대적 개혁을 추진하여 강력한 군대를 육성하는 등 국력을 향상시켰다. 이후 19세기 말에 이탈리아가 침략해 오자 신식 무기로 무장한 에티오피아군은 아도와 전투에서 이탈리아를 물리치고 독립을 유지할 수 있었다.

> **바로알기 >>** ① 대프랑스 동맹은 영국을 중심으로 유럽의 주요 국가들이 참여하여 결성되었다. ②는 러시아에 대한 설명이다. ③ 남아프리카의 줄루 왕국은 이산들와나 전투에서 영국군을 물리쳤으나 신식 무기로 무장한 영국군의 공세를 버티지 못하고 결국 패배하였다. ⑤ 남아프리카의 나미비아에서는 헤레로족이 독일군에 맞서 봉기하였다.

23 베트남의 민족 운동

베트남에서는 판보이쩌우가 청년들을 일본으로 유학 보내 근대 문물과 제도를 배우도록 한 동유 운동을 전개하였다. 또한 그는 프랑스로부터의 독립과 입헌 군주제 수립을 지향하는 베트남 유신회를 결성하였다.

> **바로알기 >>** ①은 영국의 엘리자베스 1세, ②는 에티오피아의 메넬리크 2세, ③은 아이티의 투생 루베르튀르에 대한 설명이다. ④ 브나로드 운동은 러시아 지식인들의 주도로 전개되었다.

24 필리핀의 민족 운동

자료에서 필리핀 민족 동맹을 결성하였다는 내용을 통해 ㉠에 들어갈 인물은 호세 리살임을 알 수 있다. 에스파냐의 지배를 받고 있었던 필리핀에서는 호세 리살이 민족 운동을 주도하였다. 에스파냐는 그를 혁명의 주모자로 지목하여 처형하였다. 이후 아기날도가 필리핀 혁명군을 이끌고 에스파냐와 전쟁을 벌였다.

> **바로알기 >>** ① 카르티니는 인도네시아에서 여성들을 위한 학교를 설립하여 교육을 통한 독립운동을 주도하였다. ② 라마 5세는 타이의 근대적 개혁을 주도한 인물이다. ③ 샤카 줄루는 남아프리카의 줄루 왕국을 세운 인물이다. ⑤ 판보이쩌우는 베트남의 민족 운동을 주도한 인물이다.

25 동남아시아의 민족 운동

프랑스의 지배를 받던 베트남에서는 지식인들이 근대 문물을 수용하는 한편, 독립 정신을 키우기 위한 민족 운동을 전개하였다. 특히, 판보이쩌우는 근대화에 성공한 일본의 사례를 보고 도움을 얻고자 베트남의 청년들을 일본에 유학 보내 근대 문물과 제도를 배우도록 하는 동유 운동을 전개하였다. 에스파냐의 지배를 받던 필리핀에서는 호세 리살이 민족 운동을 주도하였다. 에스파냐 정부는 그를 혁명의 주모자로 지목하여 처형하였지만, 호세 리살이 처형된 뒤에는 아기날도가 필리핀 혁명군을 이끌고 에스파냐와 전쟁을 벌였다.

> **바로알기 >>** ①, ⑤는 인도네시아, ②는 타이의 민족 운동에 대한 설명이다. ④는 멕시코의 독립운동에 대한 설명이다.

서술형 문제
201쪽

01 산업 혁명의 배경

① 식민지, ② 지하자원, ③ 인클로저 운동

02 산업 혁명으로 발생한 사회 문제

예시답안 산업화가 진행되면서 도시의 인구가 증가하자 주택 부족, 비위생적인 주거 환경 등의 도시 문제가 발생하였다. 또한 노동자들이 저임금을 받으며 장시간 노동에 시달렸으며, 자본가들이 성인 남성보다 임금이 적었던 여성과 아동을 고용하는 등 노동 문제가 대두되었다.

채점 기준	점수
도시 문제와 노동 문제의 사례를 각각 한 가지씩 서술한 경우	상
도시 문제와 노동 문제의 사례 중 한 가지만 서술한 경우	하

03 사회주의 사상의 등장

예시답안 사회주의 사상가들은 사유 재산 제도를 부정하고 생산 수단을 공동으로 분배하여 평등 사회를 건설해야 한다고 주장하였다.

채점 기준	점수
사유 재산 제도의 부정, 생산 수단의 공동 분배를 모두 서술한 경우	상
위 내용 중 한 가지만 서술한 경우	하

04 제국주의의 지배 논리

예시답안 제국주의 열강은 식민 통치를 우월한 백인종이 열등한 황인종, 흑인종을 문명화시키는 과정이라고 주장하며 제국주의를 정당화하였다.

채점 기준	점수
인종주의를 내세워 문명화시키는 과정이라 주장하였다고 서술한 경우	상
문명화시키는 과정이라 주장하였다고만 서술한 경우	하

05 열강의 아프리카 침탈

(1) 3C 정책

(2) **예시답안** 영국은 이집트의 카이로와 남쪽의 케이프타운을 잇는 종단 정책을 추진하였고, 프랑스는 아프리카의 알제리에서 마다가스카르까지 동서로 연결하는 횡단 정책을 펼쳤다. 이 과정에서 두 나라가 충돌하여 파쇼다 사건이 일어났다.

채점 기준	점수
종단 정책, 횡단 정책의 내용을 모두 서술한 경우	상
위 내용 중 한 가지만 서술한 경우	하

04 서아시아와 인도의 국민 국가 건설 운동

203, 205, 207, 209쪽

- **A** 1 (1) × (2) ○ 2 탄지마트(은혜 개혁)
  3 ㉠ 압둘 하미드 2세 ㉡ 청년 튀르크당
- **B** 1 (1) × (2) ○ 2 아랍 문화 부흥 운동
- **C** 1 ㉠ 영국 ㉡ 알 아프가니 2 (1) × (2) ○
- **D** 1 ㉠ 오스만 제국 ㉡ 무함마드 알리
  2 (1) 수에즈 운하 (2) 아라비 파샤 3 (나) – (가) – (다)
- **E** 1 ㉠ 동인도 회사 ㉡ 플라시 전투 2 (1) ○ (2) × (3) ○ 3 힌두교
- **F** 1 (1) × (2) ○ (3) ○ 2 (다) – (가) – (나)
- **G** 1 (1) × (2) ○ 2 인도 국민 회의
- **H** 1 (가) 힌두교 (나) 이슬람교 2 스와라지(자치)

실력 탄탄 핵심 문제

210~213쪽

01 ⑤ 02 ① 03 ③ 04 ③ 05 ⑤ 06 ⑤ 07 ① 08 ①
09 ③ 10 ④ 11 아라비 파샤 12 ③ 13 ⑤ 14 ② 15 ④
16 ③ 17 ⑤ 18 ③

01 오스만 제국의 쇠퇴

19세기 영국과 러시아 등 유럽 국가들이 오스만 제국의 민족 문제에 개입하면서 오스만 제국은 쇠퇴하기 시작하였다.

바로알기 >> ① 세포이의 항쟁은 인도에서 일어났으며 영국군에게 진압되었다. ② 프랑스의 나폴레옹은 영국을 굴복시키기 위해 대륙 봉쇄령을 선포하였다. ③ 이집트는 수에즈 운하의 건설 비용 때문에 재정이 악화되어 영국과 프랑스의 내정 간섭을 받았다. ④ 라틴 아메리카에서는 독립 후 크리오요가 정권을 장악하면서 대지주로 성장하기도 하였다.

02 탄지마트의 실시

자료로 이해하기 >> ┌ 미드하트 파샤를 비롯한 오스만 제국의 혁신적인
관료들의 주도로 제정된 헌법이야.

- 모든 오스만인은 개인의 자유를 누린다.
- 출판은 법률이 허용하는 범위 내에서 자유이다.
- 적법하게 취득한 재산은 보장을 받는다.
- 제국 의회는 원로원과 대의원의 양원제로 구성된다.
  – 1876년 발표된 헌법의 주요 내용

제시된 헌법은 오스만 제국이 탄지마트를 추진하면서 제정한 근대식 헌법이다. 오스만 제국은 1839년부터 탄지마트라고 불리는 근대적 개혁을 추진하였다. 이에 따라 민족과 종교에 따른 차별을 폐지하고, 세금 제도와 교육 제도를 서구식으로 바꾸었다. 또한 서양식 의회를 개설하고 근대적 헌법을 제정하였다.

바로알기 >> ㄷ. 이란의 카자르 왕조는 근대화 자금을 마련하기 위해 영국 상인에게 담배 독점 판매권을 주었다. ㄹ. 아프리카를 남북으로 잇는 종단 정책은 영국의 제국주의 정책에 해당한다.

03 오스만 제국의 근대화 운동

탄지마트는 1839년부터 1876년까지 실시되었으나 보수 세력의 반발과 유럽 열강의 간섭으로 큰 성과를 얻지 못하였다. 이후 술탄 압둘 하미드 2세는 헌법을 폐지하고 의회를 해산한 뒤 전제 정치를 강화하였다. 이에 반발한 젊은 장교와 관료, 지식인들은 청년 튀르크당을 결성하였다. 청년 튀르크당은 1908년 무력 혁명으로 정권을 잡은 뒤 헌법을 부활하였다.

바로알기 >> ① 와하브 운동은 18세기 중엽에 전개되었다. ② 오스만 제국의 술레이만 1세는 16세기에 헝가리 지역을 정복하였다. ④ 그리스는 1830년에 독립하였다. ⑤ 1453년 오스만 제국의 메흐메트 2세는 비잔티움 제국을 멸망시키고 콘스탄티노폴리스를 수도로 삼았다.

04 청년 튀르크당의 주장

청년 튀르크당은 술탄 압둘 하미드 2세의 전제 정치에 반발한 이들을 중심으로 결성되었다. 1908년에 정권을 잡은 이들은 헌법을 부활하고 근대적 개혁을 추진하는 한편, 튀르크 민족주의를 내세우면서 외세 배척 운동을 벌였다.

바로알기 >> ①은 영국의 벵골 분할령 발표 이후 인도 국민 회의가 채택한 4대 강령 중 하나이다. ② 이집트는 19세기 전반에 오스만 제국으로부터 자치를 인정받았다. ④는 산업 혁명 시기 사회주의자들의 주장이다. ⑤ 청년 튀르크당은 튀르크 민족주의를 내세우고 아랍어 사용을 금지하여 아랍 민족을 비롯한 다른 민족의 반발을 샀다.

05 와하브 운동의 전개

밑줄 친 '이 운동'은 18세기 중엽에 전개된 와하브 운동이다. 와하브 운동은 아랍 민족주의와 결합하여 오스만 제국의 지배에 저항하는 운동으로 발전하였다.

바로알기 >> ①은 청년 튀르크당에 대한 설명이다. ②, ③ 이란에서는 20세기 초 카자르 왕조의 전제 정치에 반대하는 입헌 혁명이 일어났다. ④는 탄지마트, 청년 튀르크당의 혁명 등에 대한 설명이다.

06 와하브 운동의 영향

┌ 「쿠란」의 가르침대로 생활
하자고 주장하였어.

18세기 중엽 아라비아반도에서 이븐 압둘 와하브는 이슬람교 본래의 순수성을 되찾자고 주장하며 와하브 운동을 전개하였다. 와하브 운동이 아라비아반도 전역으로 전파되면서 사우디아라비아 왕국이 건설되는 계기가 되었다. 사우디아라비아 왕국의 국기는 와하브 운동 당시 사용되었던 깃발에 칼을 추가하여 제작되었다.

바로알기 >> ① 이집트는 프랑스와 영국의 자금을 빌려 수에즈 운하를 건설하였다. ② 오스만 제국은 제국 내 여러 민족의 독립 요구와 유럽 열강의 개입으로 쇠퇴하기 시작하였다. ④ 오스만 제국의 청년 튀르크당은 1908년 혁명을 일으켜 헌법을 부활하고 근대적 개혁을 추진하였다. ⑤ 19세기 이란의 카자르 왕조가 근대화 자금을 마련하기 위해 영국 상인에게 담배 독점 판매권을 넘겨주자 담배 불매 운동이 확산되었다.

07 이란의 담배 불매 운동

러시아와 영국에게 영토와 이권을 빼앗겼다는 점과 담배 불매 운동이 일어난 점을 통해 ㉠에 들어갈 국가가 이란임을 유추할 수 있다. 이란 국왕이 영국 상인에게 담배 독점 판매권을 넘기자 알 아프가니와 이슬람 성직자들은 담배 불매 운동을 이끌었다.

08 이란의 민족 운동

㈎는 이란 지역이다. 19세기 이란에서는 담배 불매 운동이 일어났고, 그 영향으로 이란에서는 20세기 초 입헌 혁명이 일어나 의회가 구성되고 입헌 군주제 헌법이 제정되었다. 그러나 입헌 혁명은 영국과 러시아의 간섭으로 좌절되었다. 이후 영국과 러시아는 이란을 3등분하여 남부는 영국이, 북부는 러시아가 차지하였다.

(바로알기 ≫) ① 와하브 왕국은 와하브 운동의 결과 아라비아반도에서 건설되었으나 오스만 제국에 의해 멸망하였다.

09 무함마드 알리의 이집트 근대화 추진

밑줄 친 '이 인물'은 무함마드 알리이다. 19세기 초 오스만 제국은 무함마드 알리를 이집트의 총독으로 임명하였다. 그는 근대적인 군대를 창설하고 유럽식 행정 기구와 교육 제도를 도입하는 등 적극적으로 이집트의 근대화를 추진하였다.

(바로알기 ≫) ① 아라비 파샤는 이집트의 군부 세력을 모아 '이집트인을 위한 이집트의 건설'이라는 구호를 내세워 혁명을 일으켰다. ② 알 아프가니는 이란에서 담배 불매 운동을 주도하였다. ④ 미드하트 파샤는 오스만 제국에서 의회 설립, 헌법 제정 등의 근대적 개혁을 주도하였다. ⑤ 이븐 압둘 와하브는 아라비아반도에서 와하브 운동을 전개하였다.

10 수에즈 운하 건설의 영향

자료의 ㉠은 수에즈 운하이다. 19세기 중엽 이집트는 영국과 프랑스의 자금을 빌려 수에즈 운하를 건설하였다. 그러나 이 과정에서 많은 빚을 지게 된 이집트는 영국과 프랑스의 내정 간섭을 받게 되었다.

(바로알기 ≫) ㄱ. 수에즈 운하의 운영권은 영국에게 넘어갔다. ㄷ. 세포이의 항쟁은 영국의 지배 방식에 대한 인도인의 불만이 고조되면서 일어났다.

11 아라비 파샤의 민족 운동

㉠에 들어갈 인물은 아라비 파샤이다. 아라비 파샤는 이집트 최초의 민족 운동인 아라비 혁명을 이끈 지도자로 '이집트인을 위한 이집트의 건설'이라는 구호를 내세워 혁명을 일으켰다.

12 영국의 인도 지배

19세기 중엽 인도의 거의 모든 지역을 점령한 영국은 인도인에게 아편과 면화 재배를 강요하였으며, 영국산 면직물을 인도에 수출하였다. 또한 힌두교와 이슬람교 간의 종교적 대립을 부추겼다.

(바로알기 ≫) ㄱ. 영국과 러시아는 이란 영토의 상당 부분을 분할 점령하였다. ㄹ. 영국은 수에즈 운하를 빌미로 이집트에 대한 내정 간섭을 강화하였다.

13 세포이의 항쟁

제시된 글은 인도에서 있었던 세포이의 항쟁(1857~1859)에 대한 설명이다. 영국은 세포이의 항쟁을 진압한 후 동인도 회사를 해체하고 인도를 직접 지배하였다. 1877년에는 영국 여왕이 인도를 직접 통치하는 영국령 인도 제국이 수립되었다.

(바로알기 ≫) ① 무굴 제국은 16세기 초에 수립되었다. ② 플라시 전투는 1757년 영국과 프랑스 간에 벌어졌다. ③ 이집트에서 수에즈 운하가 건설되었다. ④ 오스만 제국에서 청년 튀르크당이 봉기하였다.

14 영국의 인도 침략과 인도의 민족 운동

영국령 인도 제국의 수립은 1877년의 일이고, 영국의 벵골 분할령 발표는 1905년의 일이다. 영국령 인도 제국 수립 이후 영국은 인도인의 불만을 잠재우기 위해 중상류층 인도인을 중심으로 1885년 인도 국민 회의를 결성하였다.

(바로알기 ≫) ① 무굴 제국은 세포이의 항쟁이 진행 중이었던 1858년에 멸망하였다. ③, ④ 1859년 세포이의 항쟁을 진압한 영국은 동인도 회사를 해체하였다. ⑤ 인도 국민 회의는 벵골 분할령에 반발하여 콜카타 대회를 개최하고 4대 강령을 채택한 후 반영 운동에 앞장섰다.

15 인도 국민 회의의 활동

㉠ 단체는 인도 국민 회의이다. 1885년에 결성된 인도 국민 회의는 초기에는 영국의 통치에 협조적이었으나 점차 영국의 식민 지배에 대한 비판 의식이 높아지면서 인도인의 이익을 대변하는 단체로 발전하였다.

(바로알기 ≫) ①은 오스만 제국의 청년 튀르크당. ②는 영국의 동인도 회사에 대한 설명이다. ③ 무굴 제국의 아크바르 황제는 다른 종교도 존중하는 관용 정책을 펼쳐 힌두교도에게 거두던 인두세인 지즈야를 없앴다. ⑤는 오스만 제국의 예니체리에 대한 설명이다.

16 영국의 벵골 분할령 발표

밑줄 친 '영국의 조치'는 벵골 분할령의 발표이다. 영국은 벵골 지역을 이슬람교도가 다수인 동벵골과 힌두교도가 다수인 서벵골로 분할하기로 발표하였다. 그러나 이 조치는 두 종교 간의 갈등을 부추겨 인도인의 민족 운동을 분열시키려는 시도였다.

(바로알기 ≫) ① 영국의 종단 정책은 아프리카에서 실시되었다. ②, ⑤는 세포이의 항쟁의 결과 영국이 실시한 정책들이다. ④ 영국은 인도인의 불만을 잠재우기 위해 인도 국민 회의 결성을 지원하였다.

17 벵골 분할령과 반영 운동의 전개

지도는 영국의 벵골 분할령 발표에 따라 벵골을 동서로 분할한 모습을 나타내고 있다. 1905년 벵골 분할령이 발표되자 인도 국민 회의는 콜카타 대회를 개최하여 반영 투쟁에 나섰다. 인도 국민 회의는 이 대회에서 영국 상품 배척, 스와라지(자치), 스와데시(국산품 애용), 국민 교육 실시의 4대 강령을 채택하였다.

(바로알기 ≫) ① 철혈 정책은 프로이센의 재상 비스마르크가 제시하였다. ② 브나로드 운동은 19세기 러시아에서 지식인들이 농민을 계몽하기 위해 펼친 운동이다. ③ 인도 국민 회의는 벵골 분할령 발표 이전인 1885년에 창립되었다. ④ 크리오요는 라틴 아메리카로 이주한 에스파냐인의 후손으로 19세기 라틴 아메리카의 독립운동을 주도하였다.

18 열강의 인도 침략과 인도의 민족 운동

18세기에 무굴 제국이 내부 반란과 재정 파탄으로 쇠퇴하자 이 틈을 타 유럽 열강들이 인도 침략을 시작하였다. 열강의 인도 침략 경쟁은 플라시 전투 이후 영국이 인도 지역의 통치권을 장악하면서 마무리되었다. 영국은 중상류층 인도인을 회유하기 위해 인도 국민 회의의 결성을 지원하였지만, 벵골 분할령 발표 이후 인도 국민 회의는 콜카타에서 4대 강령을 채택하여 반영 운동에 앞장섰다.

(바로알기 ≫) ③은 세포이의 항쟁의 결과이다.

01 수에즈 운하 건설의 영향

① 수에즈 운하, ② 영국

02 인도 면직업의 몰락

예시답안 영국은 공장에서 대량 생산된 면직물을 인도에 수출하였다. 그 결과 19세기부터 영국과 인도의 면직물 수출량이 역전하게 되었으며, 인도의 면직업은 몰락하였다.

채점 기준	점수
19세기 인도와 영국의 면직물 교역 변화의 배경과 결과를 모두 서술한 경우	상
19세기 인도와 영국의 면직물 교역 변화의 배경과 결과 중 한 가지만 서술한 경우	하

03 인도 국민 회의의 반영 운동

예시답안 인도 국민 회의는 영국 상품 배척, 스와라지(자치), 스와데시(국산품 애용), 국민 교육 실시의 4대 강령을 채택하였다.

채점 기준	점수
영국 상품 배척, 스와라지(자치), 스와데시(국산품 애용), 국민 교육 실시를 모두 서술한 경우	상
위 내용 중 두 가지 또는 세 가지만 서술한 경우	중
위 내용 중 한 가지만 서술한 경우	하

---

05 동아시아의 국민 국가 건설 운동

215, 217, 219, 221쪽

A 1 (가) 영국 (나) 아편 2 난징 조약 3 ㄷ, ㄹ

B 1 (1) 크리스트교 (2) 난징 2 천조 전무 제도

C 1 (1) – ㉡ (2) – ㉠ 2 (1) ㄴ (2) ㄱ

D 1 (1) 부청멸양 (2) 신축 조약 2 (1) 우창 (2) 공화국 3 쑨원

E 1 (1) 페리 (2) 미일 수호 통상 조약

　 2 (가) 최혜국 대우 (나) 존왕양이 운동

F 1 ㉠ 도쿄 ㉡ 현 2 이와쿠라 사절단 3 자유 민권 운동, 천황

G 1 (1) × (2) ○ 2 (1) – ㉠ (2) – ㉡ 3 (가) – (다) – (나)

H 1 (1) 강화도 조약 (2) 위정척사 운동 2 (1) ㄹ (2) ㄷ (3) ㄱ (4) ㄴ

실력탄탄 **핵심 문제** 222~226쪽

01 ④ 02 ③ 03 ⑤ 04 ③ 05 ⑤ 06 ⑤ 07 ④ 08 ④
09 ⑤ 10 ④ 11 ④ 12 ① 13 ② 14 ③ 15 ⑤ 16 ②
17 ② 18 ③ 19 ① 20 ① 21 ② 22 ④ 23 ③ 24 ②
25 ③ 26 ④

01 청과 영국의 무역 변화

자료로 이해하기 >>

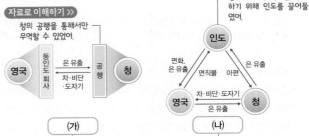

(가)는 17~18세기 청과 영국의 무역을 나타내고 있다. 이 시기에 청은 광저우 한 곳만 개방하고, 정부의 허가를 받은 상인 조합인 공행을 통해서만 교역할 수 있게 하였다. 청은 영국에 차, 비단, 도자기 등을 수출하여 큰 경제적 이익을 얻을 수 있었다. (나)는 19세기에 나타난 삼각 무역이다. 이 시기에 영국은 대청 무역 적자를 만회하기 위해 인도에서 재배한 아편을 청에 밀무역하여 큰 경제적 이익을 보았다.

바로알기 >> ㄱ. (가) 무역이 행해지던 시기 영국은 청과의 무역에서 적자를 기록하였다. ㄷ. (나) 무역이 행해지던 시기 영국은 아편 밀무역으로 청과의 무역 적자를 줄여 나갔다.

02 삼각 무역의 영향

청과의 무역에서 적자를 면치 못하였던 영국은 (나)와 같은 삼각 무역을 통해 인도에서 재배한 아편을 청에 몰래 팔기 시작하였다. 이로 인해 청에서는 많은 양의 은이 영국으로 유출되고 아편 중독자가 늘었다.

03 제1차 아편 전쟁의 결과

밑줄 친 '이 조약'은 난징 조약이다. 영국은 제1차 아편 전쟁에서 승리한 후 청과 난징 조약(1842)을 체결하였다. 난징 조약의 결과 청은 상하이 등 5개 항구를 개항하고, 홍콩을 영국에 할양하였다. 청은 영국에 막대한 양의 배상금을 지불하였으며, 서양과의 무역을 주관하던 공행을 폐지하였다.

바로알기 >> ⑤는 제2차 아편 전쟁의 결과 체결된 조약의 내용이다.

04 제2차 아편 전쟁의 결과

제2차 아편 전쟁에서 패한 청은 톈진 조약과 베이징 조약을 체결하였다. 그 결과 청은 항구를 추가로 개항하였으며, 외국 공사의 베이징 주재와 크리스트교 포교를 허용하였다.

바로알기 >> ①, ④는 미일 수호 통상 조약의 주요 내용이다. ②는 청과 일본이 체결한 시모노세키 조약, ⑤는 의화단 운동의 결과 청이 체결한 신축 조약에 대한 내용이다.

05 태평천국 운동의 전개

자료로 이해하기 >>

지도의 (가)는 태평천국 운동 세력이다. 크리스트교의 영향을 받은 홍수전은 상제회를 조직하여 만주족을 몰아내고 한족의 국가를 세우자는 태평천국 운동을 일으켰다.

바로알기 >> ① 캉유웨이 등이 주도한 변법자강 운동은 서태후 등 보수파의 정변으로 100여 일 만에 중단되었다. ②는 의화단 운동에 대한 설명이다. ③ 일본의 개항 이후 일부 지방의 하급 무사들은 천황을 받들고 외세를 몰아내자는 존왕양이 운동을 전개하였다. ④ 양무운동은 정부의 체계적인 계획 없이 지방 관료가 제각기 추진하면서 일관성이 없었다.

06 양무운동의 추진

양무운동은 중국의 전통적인 체제를 유지하면서 서양의 기술만을 받아들이자는 '중체서용'을 내세우며 진행된 근대화 운동이다. 이에 따라 금릉 기기국을 비롯한 각종 산업 시설을 세우고, 유학생을 파견하였으며, 근대식 해군을 창설하였다.

바로알기 >> ㄱ. 메이지 유신을 모델로 진행된 근대화 운동은 변법자강 운동이다. ㄴ. 자유 민권 운동은 메이지 유신 이후 일본에서 전개된 운동이다.

07 변법자강 운동의 추진

제시된 글에서 '청일 전쟁 패배', '캉유웨이', '근본적인 정치 개혁' 등을 통해 밑줄 친 '이 운동'이 변법자강 운동이라는 것을 알 수 있다. 캉유웨이, 량치차오 등 변법자강 운동을 주도한 세력은 의회 설립, 입헌 군주제 확립, 근대 교육 실시, 신식 군대 양성 등의 개혁을 추진하였다.

바로알기 >> ① 중체서용은 양무운동에서 강조하였다. ②는 신해혁명에 대한 설명이다. ③, ⑤ 태평천국 운동 세력은 천조 전무 제도를 통한 토지 균등 분배, 남녀평등, 악습 폐지 등을 주장하였다. └─ 신분이나 남녀 차이 없이 토지를 골고루 나누어 주는 제도야.

08 양무운동과 변법자강 운동

양무운동은 이홍장·증국번 등 한인 관료들이 주도하였으며, 변법자강 운동은 캉유웨이·량치차오 등 개혁적인 지식인들이 주도하였다. 양무운동을 추진한 세력은 중국의 전통적인 체제를 유지하면서 서양의 기술만을 받아들이자는 중체서용을 주장하였으며, 변법자강 운동을 추진한 세력은 일본의 메이지 유신을 모방하여 정치 제도를 개혁할 것을 주장하였다.

바로알기 >> ㄱ. 서태후는 보수파의 대표로 변법자강 운동에 반대하였다. ㄷ. 변법자강 운동은 입헌 군주제 수립을 추구하였다.

09 의화단 운동의 전개

㉠ 단체는 산둥성을 중심으로 결성된 비밀 결사인 의화단이다. 의화단은 '청을 도와 서양 세력을 멸하자.'라는 부청멸양의 구호를 내걸고 서양 선교사와 교회, 철도 등을 공격하였다. 이들은 베이징까지 진출하여 외국 공관을 습격하였으나, 영국, 일본, 러시아를 비롯한 8개국 연합군에게 공격을 받고 진압되었다.

바로알기 >> ①은 1905년에 조직된 중국 동맹회이다. ②는 태평천국 운동 세력의 활동이다. ③ 의화단 운동이 실패한 이후 청 정부는 입헌파의 주장을 받아들여 의회 설립과 헌법 제정을 준비하였다. ④는 상제회에 대한 설명이다.

10 쑨원의 삼민주의

쑨원이 주장한 삼민주의는 민족주의, 민권주의, 민생주의를 의미한다. 민족주의는 만주족이 세운 청을 타도하고 한족의 국가를 세우는 것이고, 민권주의는 공화제 국가를 수립하는 것이다. 민생주의는 토지 균등 분배와 같은 제도적 개혁을 통해 민생의 안정을 추구하는 것이다.

11 신해혁명의 전개

지도는 신해혁명의 전개 과정을 나타낸 것이다. 의화단 운동이 실패한 이후 청 정부는 신식 군대의 편성, 상공업 진흥, 의회 설립과 헌법 제정 준비 등의 개혁을 추진하였다. 청 정부는 개혁을 추진할 비용과 신축 조약에 따른 배상금 지불 등으로 경제적인 어려움에 빠지자 철도를 국유화하고 이를 담보로 외국 자본을 빌리려고 하였다. 이에 반대하는 움직임이 확산되는 가운데 1911년 우창에서 신식 군대가 봉기를 일으키면서 신해혁명이 시작되었다.

바로알기 >> ① 부청멸양은 '청을 도와 서양 세력을 멸하자.'는 의미로 의화단이 제시한 구호이다. ② 신축 조약은 의화단 운동의 결과 체결되었다. ③은 양무운동, ⑤는 태평천국 운동에 대한 설명이다.

12 위안스카이

⊙ 인물은 위안스카이이다. 신해혁명 세력이 중화민국 수립을 선언하자 청 정부는 혁명 세력을 진압하기 위해 위안스카이를 파견하였다. 그러나 그는 오히려 혁명파와 타협하고 청 황제를 퇴위시켰다. 그는 중화민국의 대총통으로 선출되자 태도를 바꾸어 혁명파를 탄압하고, 황제 체제의 부활을 시도하였다.

바로알기 ≫ ① 상제회는 홍수전이 조직한 단체이다.

13 중국의 근대화 운동

신축 조약 체결은 1901년, 중화민국 수립은 1912년이다. 1905년 쑨원은 도쿄에서 중국 동맹회를 조직하여 혁명 운동을 주도하였다.

바로알기 ≫ ① 1898년 전개된 변법자강 운동은 서태후를 비롯한 보수파의 정변으로 100여 일 만에 중단되었다. ③은 중화민국 수립 이후의 일이다. ④ 톈진 조약과 베이징 조약은 제2차 아편 전쟁(1856~1860)의 결과 체결되었다. ⑤ 태평천국 운동은 1851년부터 1864년까지 전개되었다.

14 페리의 내항

그림은 1853년 미국 페리 제독이 이끄는 함대가 일본에 개항을 강요하는 장면을 나타낸 것이다. 에도 막부는 미국의 무력시위에 굴복하여 1854년 미일 화친 조약을 체결하였다.

바로알기 ≫ ① 애로호 사건은 1856년에 중국에서 일어났다. ② 일본 제국 헌법은 1889년에 제정되었다. ④ 제1차 아편 전쟁은 1840년에 발발하였다. ⑤ 이와쿠라 사절단은 1871년에 파견되었다.

15 일본의 문호 개방

에도 막부는 1854년에 미일 화친 조약을, 1858년에 미일 수호 통상 조약을 차례로 체결하여 미국에 문호를 개방하였다. 불평등 조약이었던 이 두 조약에 따라 일본은 미국에 최혜국 대우와 영사 재판권 등을 인정하였다.

바로알기 ≫ ① 러일 전쟁은 1904년에 발발하였다. ② 자유 민권 운동은 메이지 유신 이후 1880년대에 전개되었으며 일본 정부의 탄압을 받았다. ③ 1895년 일본은 삼국 간섭에 굴복하여 랴오둥반도를 청에 되돌려 주었다. ④ 류큐 병합은 메이지 유신 이후인 1870년대에 있었던 사실이다.

16 메이지 유신 ┬ 새로 즉위한 천황이 새 연호로 '메이지'를 내세웠어.

메이지 정부는 중앙 집권화와 근대화를 목표로 대대적인 개혁을 추진하였다. 에도를 도쿄로 개명하여 수도로 삼았으며, 지방의 다이묘가 다스리던 번을 폐지하고 현을 설치하여 중앙에서 지방관을 파견하였다. 신분제를 폐지하였으며, 토지와 조세 제도를 개혁하였다. 서양식 교육 제도와 징병제를 실시하고, 미국과 유럽에 유학생과 사절단도 파견하였다.

바로알기 ≫ ② 미일 수호 통상 조약은 1858년에 체결되었다.

17 이와쿠라 사절단

⊙은 이와쿠라 사절단이다. 메이지 정부는 1871년에 이와쿠라 사절단을 파견하여 서양과 체결한 불평등 조약을 개정하고자 하였다. 이와쿠라 사절단은 불평등 조약 개정에는 실패하였지만 서양의 상황을 파악하고 돌아와 일본의 근대화 정책에 영향을 주었다.

바로알기 ≫ 미일 화친 조약 체결은 1854년, 메이지 유신 시작은 1868년, 일본 제국 헌법 제정은 1889년, 청일 전쟁 발발은 1894년, 삼국 간섭은 1895년, 러일 전쟁 발발은 1904년의 일이다.

18 메이지 정부의 정책

제시된 동영상은 메이지 유신 시기 일본의 도쿄 중심가를 다루고 있다. 메이지 정부 수립 이후 일본은 근대 문물을 적극적으로 수용하고 대대적인 개혁을 추진하였다. 천황 중심의 중앙 집권 체제를 수립하였으며, 토지와 조세 제도를 개혁하였다. 서양식 교육 제도를 도입하여 소학교를 설치하고, 의무 교육을 실시하였다. 아울러 서양의 과학 기술을 도입하고 상공업 육성에도 힘을 기울였으며, 철도를 부설하였다.

바로알기 ≫ ③은 메이지 유신 이전에 볼 수 있는 모습이다.

19 일본 제국 헌법의 특징

자료로 이해하기 ≫

> 제4조 천황은 국가의 원수로 통치권을 총괄하고 헌법의 조항에 따라 이를 행한다. ― 일본의 정치 체제를 입헌 군주제로 규정
>
> 제7조 천황은 제국 의회를 소집하고, 그 개회, 폐회, 정회 및 의회의 해산을 명할 수 있다. ― 천황의 의회 개입 허용

자료는 메이지 정부가 1889년에 선포한 일본 제국 헌법이다. 이 헌법에서는 일본의 정치 체제를 입헌 군주제로 규정하고 있으나 입법권, 군 통수권, 의회 해산권 등을 천황의 권한으로 명문화하여 천황의 절대적인 권한을 규정하였다.

바로알기 ≫ ② 신해혁명은 1911년에 중국에서 일어났다. ③ 일본 제국 헌법은 일본의 정치 체제를 입헌 군주제로 규정하였다. ④ 일본 제국 헌법은 국가의 주권이 천황에게 있음을 선포하였다. ⑤ 일본 제국 헌법은 자유 민권 운동을 탄압한 일본 정부가 제정하였다.

20 청일 전쟁의 결과

자료로 이해하기 ≫

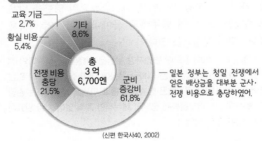

교육 기금 2.7%
황실 비용 5.4%
기타 8.6%
전쟁 비용 충당 21.5%
총 3억 6,700엔
군비 증강비 61.8%
― 일본 정부는 청일 전쟁에서 얻은 배상금을 대부분 군사·전쟁 비용으로 충당하였어.

(신편 한국사40, 2002)

밑줄 친 '이 전쟁'은 청일 전쟁이다. 일본 정부는 청일 전쟁에서 얻은 배상금의 대부분을 군비 확장과 전쟁 비용 충당에 사용하여 제국주의 국가로 성장할 수 있는 발판을 마련하였다. 또한 타이완과 랴오둥반도를 청에게 할양받았으나, 랴오둥반도는 러시아가 주도한 삼국 간섭 이후 청에게 반환하였다.

바로알기 ≫ ②, ④, ⑤는 러일 전쟁에 대한 설명이다. ③ 청일 전쟁은 동학 농민 운동을 배경으로 일어났다.

21 러일 전쟁의 풍자화

자료로 이해하기 >>

— 러시아
— 중국
— 서구 열강들
— 일본

제시된 그림은 1904년에 일어난 러일 전쟁의 모습을 풍자한 것이다. 미국, 영국, 독일 등 열강이 지켜보는 가운데 경기장 안에는 거대한 체격의 러시아와 왜소한 체격의 일본이 대결하고 있다. 중국 대표는 경기장에 들어오지 못하고 밖에서 지켜보고 있는데, 이는 중국이 청일 전쟁의 패배로 한반도에 대한 종주권을 포기하였기 때문이다.

바로알기 >> ②는 1895년에 일어난 삼국 간섭과 관련된 내용이다. 청일 전쟁에서 승리한 일본이 랴오둥반도를 넘겨받자 만주를 노리던 러시아는 프랑스와 독일을 끌어들여 일본에 압력을 가하는 삼국 간섭을 주도하였다. 일본은 삼국 간섭에 굴복하여 랴오둥반도를 청에 반환하였다.

22 동아시아 3국의 개항

제시된 지도는 동아시아 3국이 최초로 체결한 근대적 조약과 조약 체결에 따라 개항한 항구들을 나타낸 것이다. ⓒ 난징 조약은 1842년, ⓒ 미일 화친 조약은 1854년, ⑤ 강화도 조약은 1876년에 체결되었다.

23 동아시아 3국의 불평등 조약

동아시아 3국은 강대국의 강요에 굴복하여 조약을 체결하면서 개항하였다. 이 조약들은 근대적 조약이었지만 약소국에 불리한 내용을 담은 불평등 조약이었다.

바로알기 >> ①, ④는 난징 조약에만 해당하는 내용이다. ② 제2차 아편 전쟁의 결과 청은 톈진·베이징 조약을 체결하여 크리스트교의 포교를 허용하였다. ⑤는 난징 조약, 미일 화친 조약에만 해당하는 설명이다. 강화도 조약은 조선과 일본이 체결하였다.

24 임오군란의 배경

㉠에 들어갈 사건은 임오군란이다. 개항 이후 조선 정부는 조약 체결, 사절단 파견, 별기군 창설 등의 개화 정책을 추진하였다. 이 과정에서 소외된 구식 군대의 군인들은 도시의 하층민과 함께 임오군란을 일으켰다.

바로알기 >> ① 갑신정변은 김옥균 등 급진 개화파 세력이 일으킨 정변이다. ③ 운요호 사건은 일본 군함 운요호가 강화도를 불법 침입하여 발생한 포격 사건이다. ④ 위정척사 운동은 개화 정책에 반대하는 보수적인 유생들이 주도한 개화 반대 운동이다. ⑤ 동학 농민 운동은 전봉준 등이 지배층의 횡포와 외세에 저항하며 일으킨 봉기이다.

25 개항 이후 조선의 상황

동학 농민 운동 발발은 1894년, 대한 제국 수립은 1897년, 을사늑약의 체결은 1905년이다. 동학 농민 운동이 일어나자 청과 일본은 이를 진압한다는 구실로 조선에 군대를 파견하였다. 이후 일본이 청의 군대를 기습 공격하여 청일 전쟁을 일으켰다. 일본은 동학 농민 운동을 계기로 조선의 내정에 간섭하고 개혁을 강요하였다. 조선은 갑오개혁을 실시하였으나 을미사변으로 위협을 느낀 고종은 아관 파천을 단행하였다. 아관 파천 이후 고종은 1년 만에 경운궁(덕수궁)으로 돌아왔다. 그리고 국호를 '대한 제국'으로 바꾸고 근대적 개혁을 실시하였다. 한편, 청일 전쟁에서 승리한 일본은 만주와 한반도에 영향력을 확대하던 러시아와 대립하여 1904년에 러일 전쟁을 일으켰다. 러일 전쟁에서 승리한 일본은 한반도에 대한 지배권을 인정받아 대한 제국과 을사늑약을 체결하였다.

바로알기 >> 제1차 아편 전쟁은 1840~1842년, 제2차 아편 전쟁은 1856~1860년에 전개되었다.

26 동아시아 3국의 근대 국민 국가 건설 운동

동아시아 3국은 개항 이후 서양 문물을 수용하여 근대화 정책을 실시하였다. 중국은 양무운동의 일환으로 서양 무기를 생산하는 공장인 금릉 기기국을 건설하였으며, 일본은 미국과 유럽 등지에 이와쿠라 사절단을 파견하여 서양의 상황을 파악하고자 하였다. 대한 제국은 군사 제도 개혁과 상공업 진흥 정책, 근대적 교육 시설 확립을 포함한 근대적 개혁을 실시하였다. 한편, 이 시기에는 지식인들을 중심으로 의회 설립 운동이 전개되었다. 중국에서는 캉유웨이, 량치차오 등이 변법자강 운동을 통해 의회 설립을 시도하였으며, 일본에서는 1880년대에 의회 개설을 요구하는 자유 민권 운동이 전개되었다. 조선에서도 독립 협회가 입헌제 도입을 위한 의회 개설 운동을 전개하였다.

바로알기 >> ④ 중국에서 비밀 결사로 조직된 의화단은 부청멸양이라는 구호를 내걸고 선교사, 교회, 철도 등을 공격하는 반외세 운동인 의화단 운동을 전개하였다.

서술형 문제   227쪽 ○

01 중국의 개항

① (제1차) 아편 전쟁, ② 홍콩, ③ 불평등

02 중국의 양무운동

(1) 양무운동

(2) **예시답안** 양무운동을 주도한 세력은 중국의 전통적인 체제를 유지하면서 서양의 기술만을 받아들이자는 '중체서용'을 주장하였다.

채점 기준	점수
중국의 전통 체제 유지, 서양의 기술 수용을 모두 서술한 경우	상
위 내용 중 한 가지만 서술한 경우	하

03 쑨원의 삼민주의

예시답안 삼민주의는 만주족이 세운 청을 타도하고 한족의 국가를 세우자는 민족주의, 봉건 체제를 타파하고 공화국을 건설하자는 민권주의, 토지 균등 분배와 같은 제도적 개혁을 통해 민생을 안정시키자는 민생주의를 의미한다.

채점 기준	점수
민족주의, 민권주의, 민생주의의 내용을 모두 서술한 경우	상
민족주의, 민권주의, 민생주의의 내용 중 두 가지를 서술한 경우	중
민족주의, 민권주의, 민생주의의 내용 중 한 가지만 서술한 경우	하

04 일본의 메이지 유신

예시답안 메이지 정부는 에도를 도쿄로 개명하고 수도로 삼았으며, 지방의 번을 폐지하고 현을 설치하여 지방관을 파견하였다. 신분제를 폐지하고 조세 제도를 개혁하였으며, 징병제를 실시하였다. 또한 미국과 유럽에 사절단과 유학생을 파견하였다. 서양의 과학 기술을 도입하였으며 상공업을 육성하였고, 철도 등의 근대 시설도 설치하였다.

채점 기준	점수
메이지 유신의 구체적인 내용 중 세 가지를 서술한 경우	상
메이지 유신의 구체적인 내용 중 두 가지를 서술한 경우	중
메이지 유신의 구체적인 내용 중 한 가지만 서술한 경우	하

05 동학 농민 운동과 청일 전쟁

(1) 동학 농민 운동

(2) 예시답안 동학 농민 운동이 일어나자 청과 일본은 이를 진압한다는 구실로 조선에 군대를 파견하였다. 이후 일본이 청의 군대를 기습 공격하여 청일 전쟁을 일으켰다.

채점 기준	점수
동학 농민 운동의 진압을 구실로 조선에 청과 일본의 군대 파견, 일본의 청 군대 기습 공격을 모두 서술한 경우	상
동학 농민 운동의 진압을 구실로 조선에 청과 일본의 군대를 파견하였다고만 서술한 경우	하

시험적중 마무리 문제   230~233쪽

01 ⑤ 02 ② 03 ⑤ 04 ① 05 ③ 06 ④ 07 ① 08 ④
09 ⑤ 10 ② 11 ⑤ 12 ① 13 ④ 14 ② 15 ② 16 ⑤
17 ① 18 ④ 19 ⑤ 20 ⑤ 21 ②

01 명예혁명과 권리 장전

㉠에 들어갈 법률은 권리 장전이다. 영국에서는 크롬웰이 죽은 후 다시 왕정이 등장하였고, 찰스 2세와 그의 뒤를 이은 제임스 2세가 전제 정치를 강화하였다. 이에 맞서 의회는 1688년 제임스 2세를 몰아내고 메리와 윌리엄을 공동 왕으로 추대하였다. 이듬해 왕은 의회의 권한을 강조한 권리 장전을 승인하였고 이는 영국에서 입헌 군주제가 확립되는 토대가 되었다.

바로알기 ≫ ① 국민 공회는 프랑스 혁명 때 등장한 의회이다. ② 북아메리카에서 독립을 달성한 13개 주는 연방제를 주요 내용으로 하는 새로운 헌법을 제정하였다. ③ 보스턴 차 사건은 영국이 식민지에 대한 중상주의 정책을 강화하고 각종 세금을 부과한 것을 배경으로 발생하였다. ④ 청교도 혁명은 권리 장전의 승인 이전인 1642년에 시작되었다.

02 미국 독립 선언문

제시된 선언문은 미국 독립 선언문이다. 프랑스와의 전쟁으로 재정이 어려워진 영국이 식민지에 각종 세금을 부과하자, 식민지인들은 '대표 없는 곳에 과세할 수 없다.'라며 저항하였다. 이에 영국과 식민지 간의 긴장감이 고조되었고 보스턴 차 사건을 계기로 독립 전쟁이 발발하였다. 식민지 대표들은 워싱턴을 총사령관으로 임명하고 1776년에 독립 선언문을 발표하였다. └ 이후 미국의 초대 대통령으로 선출돼

바로알기 ≫ ① 1789년 루이 16세는 삼부회를 소집하여 국가 재정 문제를 해결하려고 하였다. ③ 나폴레옹의 러시아 원정은 1812년에 시작되었다. ④ 프랑스에서 혁명 재판소를 설치한 시기는 국민 공회를 구성한 이후인 1793년이다. ⑤ 남북 전쟁은 19세기 중반에 전개되었다.

03 미국의 남북 전쟁

㉠에 들어갈 전쟁은 남북 전쟁이다. 독립 이후 미국이 경제 성장을 이루어 가는 과정에서 남부와 북부의 갈등이 심해졌다. 미국 남부에서는 노예를 이용하여 목화를 재배하는 대농장 경영이 발달한 반면, 북부에서는 임금 노동에 기초한 공업이 발달하였다. 이러한 가운데 노예제 확대에 반대하였던 링컨이 대통령에 당선되자 남부 7개 주가 연방을 탈퇴하면서 1861년에 남북 전쟁이 시작되었다.

바로알기 ≫ ① 빈 체제는 프랑스 2월 혁명의 영향으로 오스트리아의 메테르니히가 추방되면서 붕괴되었다. ② 명예혁명은 1688년에 일어났다. ③은 17세기에 일어난 30년 전쟁에 대한 설명이다. ④는 미국 독립 전쟁에 대한 설명이다.

04 프랑스 혁명의 전개

밑줄 친 '이 시기'는 프랑스 혁명이 전개된 시기이다. 루이 16세가 국민 의회를 탄압하려 하자 분노한 시민들은 구제도의 상징인 바스티유 감옥을 습격하였다. 이후 국민 의회는 자유와 평등의 이념을 담은 '인간과 시민의 권리선언'을 발표하였다. 국민 의회가 해체되고

새로운 헌법에 따라 입법 의회가 소집되었는데, 혁명이 자국으로 번질 것을 두려워한 오스트리아, 프로이센 등이 프랑스를 위협하자 입법 의회는 이들과 전쟁을 벌였다. 전쟁으로 물가가 오르고 생활이 어려워지자 혁명은 과격화되었고, 그 결과 왕권이 정지되고 국민 공회가 들어섰다. 국민 공회는 공화정을 선포한 뒤 로베스피에르를 비롯한 급진파의 주도로 루이 16세를 처형하였다.

`바로알기 >>` ① 베르사유 궁전은 루이 14세가 즉위하였던 17세기 말에 완공되었다.

05 나폴레옹의 정책

나폴레옹은 국민 교육 제도를 도입하는 등의 개혁을 추진하였으며, 황제에 즉위한 후에는 프랑스의 팽창을 견제하는 주변국을 차례로 정복하였다. 그는 끝까지 저항하는 영국을 굴복시키기 위해 대륙 봉쇄령을 내렸다.

`바로알기 >>` ㄱ. 항해법은 영국으로 들어오는 수입품의 수송은 영국이나 상품 생산국의 선박을 이용하도록 규정한 법으로, 크롬웰이 제정하였다. ㄹ. 19세기 영국에서는 공장법을 제정하여 어린이와 부녀자의 노동 시간에 제한을 두었다.

06 프랑스 2월 혁명

1848년에 일어난 프랑스 2월 혁명의 영향으로 유럽의 여러 나라에서 자유주의와 민족주의 운동이 확산되었다. 또한 오스트리아에서 메테르니히가 추방되면서 빈 체제가 사실상 붕괴되었다.

`바로알기 >>` ① 영국의 절대 왕정은 명예혁명을 계기로 무너졌다. ② 먼로주의는 1823년에 발표되었다. ③ 국민 공회는 1792년에 들어섰다. ⑤ 그리스의 독립은 1830년에 이루어졌다.

07 차티스트 운동

자료는 19세기 영국의 노동자들이 정치적 권리를 얻기 위해 발표한 인민헌장이다. 영국에서는 1832년 제1차 선거법 개정으로 도시의 신흥 상공업자를 비롯한 중산 계급에게 선거권이 확대되었다. 그러나 여전히 선거권을 갖지 못한 영국의 노동자 계층을 중심으로 인민헌장을 의회에 제출하기 위해 차티스트 운동이 일어났다.

`바로알기 >>` ②는 청교도 혁명에 대한 설명이다. ③ 영국의 부패 선거구는 제1차 선거법 개정으로 폐지되었다. ④는 데카브리스트의 봉기에 대한 설명이다. ⑤ 프랑스 7월 혁명은 1830년에 일어났다.

08 가리발디와 이탈리아의 통일

가리발디는 프랑스 2월 혁명의 영향을 받아 마치니와 함께 이탈리아의 통일 운동을 전개하였지만 실패하였다. 이후 사르데냐 왕국의 재상 카보우르가 통일 운동을 주도하며 중북부 이탈리아를 병합하자 가리발디는 이탈리아 남부에서 의용대를 이끌고 시칠리아와 나폴리를 점령하였다. 이어 가리발디가 자신의 점령지를 사르데냐 국왕에게 바침으로써 이탈리아 왕국이 탄생하였다.

`바로알기 >>` ① 철혈 정책은 프로이센의 재상 비스마르크가 추진한 부국 강병 정책이다. ② 브나로드 운동은 19세기 러시아 지식인들의 주도로 전개된 농민 계몽 운동이다. ③은 카보우르에 대한 설명이다. ⑤ 프랑크푸르트 의회는 프랑스 2월 혁명의 영향을 받은 자유주의자들의 주도로 열렸다.

09 라틴 아메리카의 독립운동

크리오요의 활약, 먼로 선언 등을 통해 두 학생의 대화 주제가 라틴 아메리카의 독립운동임을 알 수 있다. 에스파냐와 포르투갈의 식민 지배에 시달리던 라틴 아메리카 국가들은 미국 혁명, 프랑스 혁명 등의 영향을 받아 잇달아 독립을 선포하였다. 미국 역시 아메리카에 대한 유럽의 간섭을 배제한다는 먼로 선언을 발표하였다. 이러한 상황에 힘입어 라틴 아메리카의 독립운동은 가속화되었는데, 크리오요가 주도적 역할을 하였다. 특히, 볼리바르는 에스파냐에 맞서 베네수엘라, 콜롬비아, 볼리비아 등의 독립을 이루었다.

`바로알기 >>` ① 빈 체제는 오스트리아의 재상 메테르니히의 주도로 열린 빈 회의의 결과 성립되었다. ② 프랑스 2월 혁명은 자유주의 운동의 일환으로 일어났다. ③ 19세기에 프로이센의 주도로 독일의 통일 운동이 전개되었다. ④ 19세기 러시아에서는 알렉산드르 2세의 주도로 근대적 개혁이 시도되었다.

10 산업 혁명의 영향

신문 기사에 소개된 19세기 런던 주택가의 모습은 산업화로 발생한 도시 문제를 보여 주고 있다. 산업화가 진행되면서 인구가 증가하고 사람들이 도시로 몰려들자 주택 문제, 환경 문제, 위생 문제 등 각종 도시 문제가 발생하였다.

`바로알기 >>` ① 장원제를 바탕으로 한 봉건 사회는 중세 서유럽에서 성립되었다. ③은 프랑스 혁명의 배경과 관련된 설명이다. ④ 아메리카를 식민 지배한 유럽인은 아메리카 원주민의 인구가 감소하자 광산 개발과 대농장 경영에 필요한 노동력을 얻기 위해 아프리카 원주민을 노예로 동원하였다. ⑤ 14세기에 유럽에서 흑사병이 유행하여 많은 사람들이 목숨을 잃었다. 이에 노동력이 부족해지자 영주들은 농노의 처우를 개선해 주었고, 농민의 지위는 더욱 향상되었다.

11 제국주의의 등장

㉠에 들어갈 내용은 제국주의이다. 산업 혁명의 확산으로 자본주의가 발전하면서 서양 열강들은 값싼 원료의 공급지, 상품 판매 시장, 자본 투자 시장으로 식민지를 필요로 하였다. 이 과정에서 서양 열강들은 군사력과 경제력을 앞세워 다른 나라를 침략하여 식민지를 건설하는 제국주의 정책을 실시하였다.

`바로알기 >>` ① 계몽주의(계몽사상)는 근대 철학을 토대로 인간의 이성에 의한 진보를 믿는 사상이다. ② 민족주의는 이민족의 지배와 간섭에서 벗어나 민족을 중심으로 통일 국가를 이루어야 한다는 사상이다. ③ 사회주의는 자본주의 체제를 비판하면서 생산 수단의 공동 분배를 통해 빈부의 차이를 없애는 것을 지향한 사상이다. ④ 자유주의는 개인의 자유를 중시하여 국가나 신분에 얽매이지 않고 압제로부터 벗어날 것을 강조한 사상이다.

12 영국과 프랑스의 제국주의 침략

`자료로 이해하기 >>`

— 프랑스는 이 그림에서 영국을 할머니 가면을 쓴 늑대로 표현하여 영국이 파쇼다를 빼앗으려 한다고 풍자하였어.

— 프랑스를 '파쇼다' 쿠키를 들고 있는 소녀로 나타냈어.

㉠은 영국, ㉡은 프랑스이다. 동인도 회사를 통해 인도에 진출한 영국과 프랑스는 인도 무역의 주도권을 놓고 다투었다. 플라시 전투에서 영국이 승리하자 프랑스는 인도차이나반도에 진출하여 세력을 확장하였다. 한편, 프랑스는 아프리카에서 독일과 모로코를 둘러싸고 두 차례 대립하기도 하였다. 동아시아에서 영국은 애로호 사건을 구실로 프랑스와 연합하여 청과 제2차 아편 전쟁을 벌였다.

바로알기 >> ① 횡단 정책은 프랑스가 추진한 정책이다. 영국은 남아프리카의 케이프타운과 이집트의 카이로를 연결하는 종단 정책을 추진하였다.

13 필리핀의 민족 운동

밑줄 친 '이 나라'는 필리핀이다. 에스파냐의 지배를 받던 필리핀에서는 호세 리살이 에스파냐인과 필리핀인의 동등한 대우를 요구하며 민족 운동을 주도하였다. 에스파냐 정부는 그를 혁명의 주모자로 지목하여 처형하였다. 호세 리살이 처형된 이후에는 아기날도가 필리핀 혁명군을 이끌고 에스파냐와 전쟁을 벌였다.

바로알기 >> ①은 베트남, ②는 에티오피아, ③은 인도네시아의 민족 운동에 대한 설명이다. ⑤ 마흐디 운동은 아프리카의 수단에서 전개되었다.

14 청년 튀르크당의 혁명

밑줄 친 '혁명'은 1908년에 일어난 청년 튀르크당의 혁명이다. 오스만 제국에서 개혁이 실패하고 러시아와의 전쟁에서도 패하자 술탄 압둘 하미드 2세는 헌법을 정지하고 의회를 해산하는 등 전제 정치를 폈다. 이에 반발하여 청년 장교와 지식인, 관료 등이 주축이 된 청년 튀르크당은 입헌 정치를 요구하며 무력 혁명을 일으켰다. 정권을 장악한 이들은 헌법을 부활하고 근대적 개혁을 추진하였다.

바로알기 >> ①은 인도, ③은 아라비아반도, ④는 이집트, ⑤는 이란에 대한 설명이다.

15 이집트의 민족 운동

이집트에서는 19세기 중엽에 영국과 프랑스의 자금을 빌려 철도를 부설하고 수에즈 운하를 건설하였다. 그러나 이 과정에서 재정이 악화되어 영국과 프랑스의 내정 간섭을 받게 되었다. 이러한 열강의 간섭이 계속되자 아라비 파샤가 이끄는 군부가 혁명을 일으켰으나, 영국에 진압되었다.

바로알기 >> ① 탄지마트는 오스만 제국에서 실시한 개혁이다. ③은 인도 국민 회의의 반영 운동에 대한 설명이다. ④ 입헌 혁명은 이란에서 일어났다. ⑤는 아라비아반도에서 전개된 와하브 운동에 대한 설명이다.

16 인도 국민 회의의 반영 운동

벵골 분할령을 계기로 반영 운동에 나선 인도 국민 회의는 콜카타 대회에서 4대 강령을 채택하였다. 4대 강령은 영국 상품 배척, 스와라지(자치), 스와데시(국산품 애용), 국민 교육 실시를 가리킨다.

바로알기 >> ⑤ 『쿠란』의 가르침대로 생활하자는 내용은 와하브 운동을 전개한 이븐 압둘 와하브의 주장이다.

17 태평천국 운동 세력의 주장

아편 전쟁 이후 청 정부가 영국에 배상금을 내기 위해 세금을 늘리면서 농민들의 불만이 커졌다. 이때 홍수전이 만주족을 몰아내고 한족의 국가를 세우자고 주장하며 태평천국 운동을 일으켰다.

바로알기 >> ②의 주장은 의화단의 구호인 부청멸양이다. ③ 쑨원은 공화제 국가를 수립하자는 민권주의를 주장하였다. ④ 청일 전쟁 이후 캉유웨이를 비롯한 개혁적인 지식인들은 일본의 메이지 유신을 모방하여 제도 개혁을 해야 한다고 주장하였다. ⑤ 양무운동을 주도한 이홍장 등은 전통적인 체제를 유지하면서 서양의 기술만을 받아들이자는 중체서용을 내세웠다.

18 변법자강 운동의 추진

변법자강 운동을 추진한 인물로는 캉유웨이, 량치차오 등의 지식인들이 있다. 이들은 일본의 메이지 유신을 참고하여 제도 개혁을 해야 한다고 주장하였다.

바로알기 >> ① 쑨원은 신해혁명 당시 중화민국의 임시 대총통에 취임하였다. ② 서태후는 보수파를 내세워 변법자강 운동을 탄압하였다. ③ 이홍장은 양무운동을 주도한 한족 출신 관료이다. ⑤ 위안스카이는 신해혁명 세력을 진압하기 위해 청 정부가 파견한 인물이었으나, 오히려 혁명파를 탄압하고 청 황제를 퇴위시킨 후 중화민국의 대총통으로 선출되었다.

19 메이지 정부의 개혁

에도 막부를 무너뜨리고 수립된 메이지 정부는 대대적인 개혁을 단행하였다. 이 시기에는 중앙 집권 체제 확립, 신분 차별 철폐, 서양식 교육 제도 실시, 근대적 산업 육성 등의 대대적인 근대화 정책이 추진되었다. 또한 메이지 정부는 이와쿠라 사절단을 미국과 유럽에 파견하여 근대 문물을 익히도록 하였다. 1889년에는 일본 제국 헌법을 제정하여 입헌 군주국의 모습을 갖추었다.

바로알기 >> ①, ②, ④는 에도 막부에서 실시한 정책이다. ③ '일본'이라는 국호를 최초로 사용한 시기는 7세기 말이다.

20 일본의 제국주의 침략

청일 전쟁의 발발은 1894년, 러일 전쟁의 발발은 1904년이다. 청일 전쟁이 일본의 승리로 끝나면서 1895년에는 시모노세키 조약이 체결되어 일본이 청에게 타이완과 랴오둥반도를 할양받았다. 그러나 만주를 노리던 러시아는 프랑스와 독일을 끌어들여 삼국 간섭을 일으켰으며, 그 결과 일본은 랴오둥반도를 청에 반환하게 되었다. 이후 만주와 한반도를 둘러싸고 러시아와 일본의 대립이 심화되었으며, 이는 러일 전쟁의 배경이 되었다.

바로알기 >> ① 운요호 사건은 1875년에 일어났다. ② 러일 전쟁에서 승리한 일본은 1905년 러시아와 포츠머스 조약을 체결하였다. ③ 일본 제국 헌법은 1889년에 제정되었다. ④ 미일 수호 통상 조약은 1858년에 체결되었다.

21 조선의 국민 국가 건설 운동

㈎에 들어갈 내용은 갑오개혁이다. 일본은 동학 농민 운동을 구실로 조선의 내정에 간섭하고 개혁을 강요하였다. 이후 조선은 신분제와 과거제 폐지, 왕실과 국가 재정 분리 등을 내용으로 하는 갑오개혁을 단행하였다.

바로알기 >> ① 갑신정변은 김옥균 등 급진 개화파 세력이 일으킨 정변이다. ③ 아관파천은 을미사변으로 신변의 위협을 받던 고종이 러시아 공사관으로 피신한 사건이다. ④ 을미사변은 일본이 조선의 명성 황후를 시해한 사건이다. ⑤ 임오군란은 1880년대 조선 정부의 근대화 정책에서 소외되었던 구식 군대의 군인들이 일으킨 봉기이다.

V. 세계 대전과 사회 변동

01 세계 대전과 국제 질서의 변화(1)

237, 239, 241, 243쪽

Ⓐ 1 (1) × (2) ○ 2 발칸반도

Ⓑ 1 (1) 이탈리아 (2) 러시아 2 무제한 잠수함 작전
　 3 ㉠ 총력전 ㉡ 참호전

Ⓒ 1 (1) ○ (2) × 2 (1) 11 (2) 3 (3) 3 3 (다) – (나) – (가) – (라)

Ⓓ 1 신경제 정책(NEP) 2 (1) – ㉡ (2) – ㉠

Ⓔ 1 (1) ○ (2) × (3) ○ 2 (1) 베르사유 체제 (2) 베르사유 조약
　 (3) 민족 자결주의

Ⓕ 1 ㄱ, ㄴ 2 (1) 독일 (2) 켈로그·브리앙 조약

Ⓖ 1 3·1 운동 2 (1) 태국 (2) 5·4 운동 3 (1) ㄷ (2) ㄴ (3) ㄱ (4) ㄹ

Ⓗ 1 (1) ○ (2) × 2 (1) 무스타파 케말 (2) 범아프리카주의

실력탄탄 핵심 문제

244~247쪽

01 ⑤ 02 ② 03 ③ 04 ① 05 ⑤ 06 ② 07 ④ 08 ③
09 ④ 10 ① 11 ① 12 ② 13 ① 14 ③ 15 ③ 16 ④
17 ②

01 제1차 세계 대전 직전 유럽의 정세

지도의 (가)는 프랑스, (나)는 오스트리아·헝가리 제국이다. 19세기 후반 독일이 프랑스를 고립시키기 위해 이탈리아, 오스트리아·헝가리 제국과 3국 동맹을 맺자, 이에 맞서 영국과 프랑스는 러시아를 끌어들여 3국 협상을 맺었다. 한편, 오스만 제국이 쇠퇴하고 발칸반도의 여러 민족이 독립하는 과정에서 대립과 충돌이 심해졌다. 이 시기 범게르만주의를 내세운 오스트리아·헝가리 제국이 슬라브족 국가인 보스니아 헤르체고비나를 합병하여 범슬라브주의를 내세운 나라들과 대립하였다. 이처럼 발칸반도에서 긴장이 높아지는 가운데 사라예보에 방문한 오스트리아·헝가리 제국의 황태자 부부가 세르비아계 청년에게 암살당하는 사건이 일어났다. 이를 계기로 제1차 세계 대전이 발발하였다.

바로알기 》 ①은 영국에 대한 설명이다. ② 프랑스는 제1차 세계 대전 당시 연합국 편에 섰다. ③은 독일에 대한 설명이다. ④ 오스트리아·헝가리 제국은 범게르만주의를 내세웠다.

02 제1차 세계 대전의 배경

지도는 제1차 세계 대전의 전개 과정을 보여 주고 있다. 19세기 후반 제국주의 국가들은 이해관계에 따라 3국 동맹과 3국 협상을 맺어 서로 대립하였다. 그러던 중 사라예보에 방문한 오스트리아·헝가리 제국의 황태자 부부가 세르비아계 청년에게 암살당하는 사라예보 사건이 일어났다. 이를 계기로 1914년 제1차 세계 대전이 발발하였다.

바로알기 》 ㄴ. 1917년 레닌이 이끄는 볼셰비키가 무장봉기를 일으킨 결과 소비에트 정부가 수립되었다(11월 혁명). ㄹ은 중국 5·4 운동의 배경이다.

03 독일의 무제한 잠수함 작전

제1차 세계 대전 중 영국이 해상을 봉쇄하여 독일로 들어가는 물자를 통제하자 독일은 무제한 잠수함 작전을 펴 중립국 선박까지 공격하였다. 이 작전으로 피해를 본 미국이 연합국의 일원으로 참전하면서 전쟁은 연합국에 유리하게 전개되기 시작하였다.

바로알기 》 ①, ②, ④, ⑤는 독일의 무제한 잠수함 작전의 결과와 관련이 없다.

04 제1차 세계 대전의 전개

(가) 1914년 사라예보에 방문한 오스트리아·헝가리 제국의 황태자 부부가 세르비아계 청년에게 암살당한 사라예보 사건을 계기로 제1차 세계 대전이 발발하였다. (나) 독일의 무제한 잠수함 작전으로 1917년 미국이 연합국 편으로 참전하였다. (다) 이후 국내에서 혁명이 일어난 러시아는 독일과 조약을 맺고 전쟁을 그만두었다. (라) 1918년 독일에서 혁명으로 들어선 새 정부가 항복을 선언함으로써 제1차 세계 대전은 끝이 났다. 따라서 일어난 순서대로 나열한 것은 '(가) – (나) – (다) – (라)'이다.

05 연합국과 동맹국

제1차 세계 대전이 시작되자 영국, 프랑스, 러시아, 이탈리아 등이 연합국을 이루었고, 독일, 오스트리아·헝가리 제국, 오스만 제국, 불가리아 등은 동맹국을 이루었다.

06 제1차 세계 대전의 특징

제1차 세계 대전은 전쟁에 국가의 모든 힘과 자원이 투입되는 총력전으로 전개되었다. 이에 여성들도 간호병으로 참전하는 등 전쟁에 동원되었다. 또한 전쟁 초기 참호를 깊게 파고 대치하는 참호전이 전개되었으며, 탱크, 기관총 등 신무기의 등장으로 막대한 인적·물적 피해가 발생하였다.

바로알기 》 ② 제1차 세계 대전은 주로 유럽과 그 식민지를 중심으로 전개되었다.

07 피의 일요일 사건

밑줄 친 '시위'는 피의 일요일 사건과 관련이 있다. 1905년 러시아에서는 러일 전쟁으로 생활이 어려워진 노동자들이 개혁을 요구하며 평화 시위를 벌였다. 그러나 정부가 이를 무력으로 진압하면서 많은 사람이 죽었다(피의 일요일 사건). 차르는 상황을 진정시키기 위해 언론과 집회의 자유, 입법권을 가진 의회의 설립을 약속하였지만 이를 지키지 않고 전제 정치를 강화하였다.

바로알기 》 ①은 청일 전쟁, ②, ③은 러시아 11월 혁명, ⑤는 러시아 3월 혁명에 대한 설명이다.

08 러시아 혁명의 전개 과정

(가) 시기에는 레닌이 이끄는 볼셰비키가 임시 정부를 무너뜨리고 소비에트 정부를 세웠다. 소비에트 정부는 러시아의 경제난이 심해지자 자본주의 요소를 일부 도입한 신경제 정책(NEP)을 실시하였다.

이 정책으로 러시아의 전체 생산량이 제1차 세계 대전 이전 수준까지 회복되었다.

바로알기 >> ① 소비에트는 3월 혁명 중에 결성되었다. ②는 1904년의 일이다. ④ 3월 혁명의 결과 전제 군주제가 붕괴되었다. ⑤는 1905년의 일이다.

09 레닌의 정책
제시된 내용은 레닌에 대한 것이다. 소비에트 정부를 세운 레닌은 독일과 강화 조약을 맺고 전쟁을 중단하였다. 그리고 사회주의의 확산을 위해 코민테른을 결성하였다. 또한 공산당 일당 독재를 선언하고 토지와 산업을 국유화하는 등 사회주의 개혁을 추진하였다. 1922년에는 러시아를 비롯한 15개의 소비에트 공화국으로 구성된 소비에트 사회주의 공화국 연방(소련)을 세웠다.

바로알기 >> ④는 레닌의 뒤를 이은 스탈린의 활동이다.

10 베르사유 조약
자료로 이해하기 >> ┌ 민족 자결주의의 원칙으로, 아시아·아프리카의
민족 운동이 활발해지는 데 영향을 주었어.

제5조	모든 식민지 문제는 식민지 주민의 의사를 존중하여 공평무사하고 자유롭게 처리되도록 한다.
제119조	독일은 해외 식민지에 관한 모든 권리와 소유권을 연합국에 넘겨준다.
제235조	독일은 …… 1921년 4월까지 200억 마르크에 해당하는 액수를 지불해야 한다.

└ 이후 도스안과 영안을 통해 독일의 배상금 부담이 감소하였지.

자료는 파리 강화 회의의 결과 연합국과 독일이 체결한 베르사유 조약이다. 베르사유 조약은 전쟁의 책임이 독일에 있다는 것을 분명히 하였으며, 독일의 해외 식민지 상실, 군비 축소, 막대한 배상금 지불 등을 규정하여 독일에 대한 보복적 성격이 강하였다.

바로알기 >> ㄷ. 베르사유 조약으로 패전국인 독일이 전쟁의 책임을 지게 되었다. ㄹ은 켈로그·브리앙 조약(부전 조약)에 대한 설명이다.

11 국제 평화를 위한 노력
제1차 세계 대전이 종결된 이후 세계 각국은 평화를 유지하기 위해 노력하였다. 1912년 워싱턴 회의가 개최되어 전쟁 방지와 군비 축소를 위한 논의가 진행되었다. 유럽 각국은 1925년 로카르노 조약을 체결하여 독일의 국제 연맹 가입과 국제 분쟁의 평화적 해결에 합의하였다. 1928년 켈로그·브리앙 조약을 체결하여 국제 분쟁을 해결하는 수단으로 전쟁을 사용하지 않겠다고 규정하였다. 또한 독일의 배상금 부담을 경감해 주기 위해 미국 등이 나서 도스안과 영안을 결의하였다.

바로알기 >> ① 3국 동맹은 독일이 프랑스를 고립시키기 위해 오스트리아·헝가리 제국, 이탈리아와 맺은 것으로, 평화 유지를 위한 노력과는 관련이 없다.

12 중국의 5·4 운동
신문 기사는 중국의 5·4 운동에 대한 것이다. 제1차 세계 대전이 종결된 후 열린 파리 강화 회의에서 산둥반도의 이권을 포함한 일본의 21개조 요구가 연합국의 승인을 받았다. 이에 베이징 대학생들이

중심이 되어 일본의 21개조 요구 철회와 산둥반도의 이권 반환을 요구하는 5·4 운동을 전개하였다.

바로알기 >> ① 양무운동은 이홍장 등 한인 관료들이 중체서용을 내세우며 추진한 중국의 근대화 운동이다. ③ 태평천국 운동은 홍수전이 청 왕조 타도를 주장하며 일으켰다. ④는 1924년 쑨원이 이끄는 국민당과 공산당의 연합을 가리킨다. ⑤는 1937년 일본이 중일 전쟁을 일으키자, 국민당과 공산당이 다시 연합한 것을 말한다.

13 쑨원과 장제스
5·4 운동 이후 쑨원은 국민당을 만든 뒤 공산당과 손을 잡고 군벌과 제국주의 세력을 타도하려 하였다(제1차 국공 합작). 쑨원의 뒤를 이어 집권한 장제스는 군벌을 무너뜨리고 중국을 통일하였다. 그러나 이 과정에서 장제스가 공산당을 배척하여 제1차 국공 합작은 결렬되었다.

14 인도네시아의 민족 운동
오랫동안 네덜란드의 통치를 받던 인도네시아에서는 수카르노가 결성한 인도네시아 국민당과 이슬람 동맹이 네덜란드에 맞서 독립 운동을 전개하였다.

바로알기 >> ①은 인도, ②는 베트남, ④는 중국, ⑤는 오스만 제국의 민족 운동을 이끌었다.

15 아시아·아프리카의 민족 운동
인도인들은 영국으로부터 자치를 약속받고 제1차 세계 대전 때 영국을 지원하였다. 그러나 전후 영국이 약속을 지키지 않고 식민 지배를 강화하자 간디는 영국 상품 불매와 납세 거부 등 비폭력·불복종 운동을 전개하였다. 이집트에서 반영 운동이 일어나자 영국은 수에즈 운하 관리권과 군대 주둔을 유지하는 조건으로 이집트의 독립을 인정하였다. 모로코는 에스파냐로부터 자치권을 얻어 냈고, 미국의 지배를 받던 필리핀은 독립운동을 전개하여 미국으로부터 자치를 인정받았다.

바로알기 >> ③ 아랍 민족을 비롯한 서아시아 각국에서는 독립운동이 전개되어 이라크가 독립하고 사우디아라비아가 통일 왕국을 수립하였다.

16 오스만 제국의 민족 운동
㉠은 무스타파 케말이다. 제1차 세계 대전에서 동맹국 측에 가담하였던 오스만 제국은 영토를 상실하고 연합국의 내정 간섭을 받았다. 이러한 상황에서 무스타파 케말은 튀르키예 공화국을 수립한 뒤 칼리프 제도를 폐지하여 정치와 종교를 분리하였고, 여성에게 참정권을 부여하는 등 근대화 정책을 추진하였다.

바로알기 >> ㄱ은 인도의 간디, ㄷ은 이븐 압둘 와하브에 대한 설명이다.

17 베트남의 민족 운동
밑줄 친 '이 나라'는 베트남이다. 베트남에서는 호찌민이 베트남 공산당을 조직하고 프랑스에 맞서 민족 운동을 전개하였다.

바로알기 >> ①, ③은 인도의 민족 운동, ④는 태국의 민족 운동, ⑤는 중국의 변법자강 운동에 대한 설명이다.

01 피의 일요일 사건의 영향

(1) 피의 일요일 사건

(2) ① 의회(두마), ② 전제 정치

02 베르사유 조약의 특징

(1) 베르사유 조약

(2) 예시답안 베르사유 조약은 승전국의 이익을 중시하고, 패전국인 독일에 전쟁 책임을 묻는 보복적 성격이 강하였다는 한계점을 갖는다.

채점 기준	점수
승전국의 이익을 중시하고, 패전국인 독일에 대한 보복적 성격이 강하였다는 내용을 모두 서술한 경우	상
위 내용 중 한 가지만 서술한 경우	하

02 세계 대전과 국제 질서의 변화 (2)

249, 251쪽

A 1 (1) ○ (2) ○ 2 루스벨트

B 1 전체주의 2 (1) 히틀러 (2) 군국주의 3 (1) - ⓒ (2) - ⓛ (3) - ㉠

C 1 (1) 영국 (2) 미드웨이 해전 (3) 경제 봉쇄 2 (1) ○ (2) ×

3 (라) - (나) - (다) - (가)

D 1 대서양 헌장 2 ㄷ, ㄹ

실력 탄탄 **핵심 문제**

252~253쪽

01 ④ 02 ③ 03 ⑤ 04 ⑤ 05 ① 06 ② 07 ④ 08 ⑤

01 대공황의 시작

미국은 제1차 세계 대전 중에 무기를 만들어 수출하고, 전후 복구 과정에서 유럽에 자금을 빌려주면서 세계 경제 시장을 주도하였다. 경제적으로 번영하자 기업은 생산을 늘려 나갔지만 소비가 생산을 따라가지 못하면서 재고가 쌓여 갔다. 결국, 1929년 뉴욕 증권 거래소의 주가 폭락을 시작으로 수많은 기업과 은행이 파산하는 등 대공황이 일어났다. 이러한 경제 위기는 미국 경제에 의존하던 유럽을 비롯한 전 세계로 퍼져 나갔다.

바로알기 ④ 미국 루스벨트 대통령은 대공황을 극복하기 위해 자유방임의 경제 원칙을 수정하여 정부가 생산 활동에 적극 개입하는 뉴딜 정책을 펼쳤다.

02 뉴딜 정책의 추진

미국은 대공황을 극복하기 위해 정부가 적극적으로 생산 활동에 개입하는 뉴딜 정책을 추진하였다. 이에 따라 생산량을 조절하고, 테네시강 유역 개발 공사와 같은 대규모 공공사업을 시행하여 실업자를 구제하였다. 또한 노동자의 권리를 보장하고 사회 보장 제도 등을 실시하여 구매력을 향상하는 등 경제 회복을 위해 노력하였다.

바로알기 ㄱ. 대공황 전후 식민지가 적고 경제적 기반이 약하였던 독일, 이탈리아, 일본은 국제 연맹을 탈퇴하고 군사 동맹을 체결하는 등 추축국을 형성하여 결속력을 강화하였다. ㄹ은 영국, 프랑스가 실시한 보호 무역 정책에 대한 설명이다.

03 블록 경제의 형성

대공황으로 인한 미국의 경제 위기는 미국 경제에 의존하던 유럽을 비롯한 여러 나라로 퍼져 나갔다. 이에 따라 영국과 프랑스는 대공황을 극복하기 위해 본국과 식민지의 경제를 하나로 묶는 블록 경제를 형성하였다. 이들은 과잉 생산된 상품을 식민지에 팔고 수입품에 높은 관세를 물려 수입량을 억제하는 보호 무역 정책을 실시하였다.

바로알기 ① 식민지가 적고 경제 기반이 약하였던 독일, 이탈리아, 일본 등에서는 대공황 전후 사회적 불안을 틈타 전체주의 세력이 권력을 잡았다. ②, ③은 미국의 대공황 극복을 위한 노력과 관련이 있다. ④ 일본은 대공황 속에서 군부가 정권을 장악하여 군국주의를 강화하였다.

04 히틀러의 활동

밑줄 친 '이 인물'은 독일의 히틀러이다. 독일에서는 대공황을 계기로 히틀러가 이끄는 나치스가 인기를 얻어 일당 독재 체제를 수립하고 게르만 우월주의를 앞세워 인종 차별 정책을 펼쳤다.

바로알기 >> ①, ④는 이탈리아의 무솔리니, ②는 프랑스의 드골 장군, ③은 러시아의 레닌의 활동이다.

05 제2차 세계 대전의 전개

지도는 제2차 세계 대전의 전개 과정을 보여 주고 있다. 독일이 소련과 불가침 조약을 체결하고 폴란드를 침공하자, 영국과 프랑스가 독일에 전쟁을 선포하면서 제2차 세계 대전이 시작되었다. 독일은 전쟁이 길어질 조짐을 보이자 식량과 석유를 확보하기 위해 불가침 조약을 깨고 소련을 공격하였다(1941). 한편, 일본이 자원 확보를 위해 동남아시아를 침략하자 미국은 일본에 철강과 석유 수출을 금지하면서 경제 봉쇄로 맞섰다. 이에 일본이 미국의 하와이 진주만 기지를 기습 공격하면서 태평양 전쟁이 시작되었다. 1945년 8월 일본이 무조건 항복하면서 제2차 세계 대전은 연합군의 승리로 끝이 났다. 제2차 세계 대전 이후 전쟁 범죄자 처벌을 위해 일본 도쿄와 독일의 뉘른베르크에서 재판이 열렸다.

바로알기 >> ① 국제 연맹은 제1차 세계 대전 이후 국제 평화와 안전을 확보하기 위해 창설되었다.

06 태평양 전쟁의 발발

자료로 이해하기 >>

> — 1941년 12월 일본은 하와이 진주만의 미군 기지를 공격하였어.
>
> 1941년 12월 7일, …… 일본의 해군과 공군은 미합중국을 용의주도하게 기습 공격하였습니다. …… 간밤에 일본군은 필리핀 제도와 웨이크섬을 공격하였습니다. 오늘 아침에 일본군은 미드웨이 제도를 공격하였습니다. 일본은 태평양 전역을 기습 공격한 셈입니다.
> — 루스벨트 대통령이 미국 의회에 선전 포고를 요청하며 한 연설
> └ 일본이 미국을 공격하자 미국이 참전하면서 태평양 전쟁이 시작되어 전 세계로 전선이 확대되었어.

제시된 자료는 일본이 미국의 하와이 진주만 기지를 기습 공격한 이후 루스벨트 대통령이 발표한 연설문이다. 제2차 세계 대전 당시 일본은 자원 확보를 목적으로 동남아시아를 침략하였다. 미국이 이를 저지하기 위해 일본에 철강과 석유 수출을 금지하는 등 경제 봉쇄로 대응하자 일본은 하와이의 진주만을 기습 공격하였다. 이에 미국이 참전하면서 1941년 태평양 전쟁이 시작되었다.

바로알기 >> ①은 1937년, ③은 1936년, ④는 제1차 세계 대전 종결 이후, ⑤는 1939년의 일로 모두 제시된 연설 이전에 있었던 일이다.

07 미국의 미드웨이 해전

일본이 미국의 하와이 진주만을 기습 공격하자 미국이 참전하면서 1941년 태평양 전쟁이 시작되었다. 1942년 미국이 미드웨이 해전에서 일본군을 물리치고, 다음 해 소련이 스탈린그라드 전투에서 독일군을 몰아내면서 연합국이 승기를 잡았다. 이후 1944년 연합군이 노르망디 상륙 작전에 성공하면서 프랑스를 해방하였다.

바로알기 >> ①은 1940년, ②는 1931년, ③, ⑤는 1945년의 일이다.

08 제2차 세계 대전의 특징

제2차 세계 대전은 수많은 인명 피해와 재산 피해를 남겼다. 전쟁 중에 유대인 학살을 비롯한 반인륜적인 범죄가 일어났고 이에 전쟁이 끝난 후 독일과 일본에서 전쟁 범죄자 처벌을 위한 재판이 진행되었다. 한편, 미국과 영국은 대서양 헌장을 발표하여 전후 평화 수립 원칙을 정하고 국제 연합(UN) 창설을 결정하였다. 또한 독일은 미국, 영국, 프랑스, 소련에 의해 분할 점령되었으며, 일본은 미군정의 관리를 받다가 샌프란시스코 강화 회의의 결정에 따라 주권을 되찾았다.

바로알기 >> ⑤ 제1차 세계 대전 당시 탱크, 독가스 등 새로운 무기가 처음 등장하였다.

서술형 문제   253쪽 ○

01 대공황을 극복하기 위한 각국의 노력

(1) 대공황

(2) ① 뉴딜 정책, ② 보호 무역 정책

02 히틀러의 정책

(1) 히틀러

(2) 예시답안 히틀러는 극단적인 민족주의와 인종주의를 앞세워 대외 침략에 나섰다.

채점 기준	점수
극단적인 민족주의와 인종주의를 앞세워 대외 침략에 나섰다는 내용을 모두 서술한 경우	상
위 내용 중 한 가지만 서술한 경우	하

03 민주주의의 확산
~ 인권 회복과 평화 확산을 위한 노력

255, 257, 259쪽

A 1 (1) ○ (2) ○ (3) × 2 바이마르 헌법 3 튀르키예 공화국
B 1 (1) ○ (2) ○ (3) ×
C 1 (1) – ⓛ (2) – ㉠ 2 (1) × (2) ○ (3) ○ (4) ○ (5) ○
　　3 국제 노동 기구(ILO)
D 1 (1) 나치스 (2) 프랑스 2 인민 전선
E 1 (1) × (2) ○ (3) ○ 2 홀로코스트
F 1 (1) 뉘른베르크 재판 (2) 국제 연맹
　　2 (1) × (2) ○ 3 국제 연합(UN)

실력탄탄 핵심 문제

260~263쪽

01 ② 02 ③ 03 ④ 04 ⑤ 05 ③ 06 ④ 07 ③ 08 ⑤
09 ③ 10 ① 11 ④ 12 ⑤ 13 ④ 14 ② 15 ⑤ 16 ④
17 ⑤ 18 ③ 19 ④

01 민주주의의 발전
제1차 세계 대전 이후 유럽 대부분 국가들은 왕정을 폐지하고 헌법과 의회를 갖춘 공화정을 채택하였다. 이러한 과정에서 민주주의가 더욱 발전하였고 재산이나 성별에 제한 없이 누구에게나 선거권이 주어지는 보통 선거가 정착되어 갔다.

02 제1차 세계 대전 이후 유럽의 정치적 변화
제1차 세계 대전에서 연합국이 승리한 후 민주주의가 더욱 발전하였다. 독일에서는 독일 제국이 무너지고 독일 의회가 바이마르 공화국 수립을 선포하였다. 오스트리아·헝가리 제국은 베르사유 조약으로 해체되어 왕정이 사라졌고 많은 민주 공화국이 탄생하였다. 또한 오스만 제국은 시리아, 이라크, 팔레스타인 등으로 분리되었으며, 아나톨리아반도의 오스만 제국에서는 튀르키예 공화국이 세워졌다.
바로알기 ③ 제1차 세계 대전의 패전국이 지배한 식민지들은 민족 자결주의 원칙에 따라 독립하였다. 하지만 민족 자결주의 원칙은 승전국의 식민지에는 적용되지 않아 승전국 식민지들은 독립을 이루지 못하였다.

03 바이마르 헌법의 특징
제시된 헌법은 바이마르 헌법이다. 독일에서는 제1차 세계 대전 중 혁명이 일어나 독일 제국이 붕괴되었다. 이후 남녀 20세 이상 보통 선거를 통해 구성된 제헌 의회에서 바이마르 헌법을 제정하였다 (1919). 바이마르 헌법은 주권 재민, 보통 선거, 노동권 보장 등 국민의 기본적인 권리를 보장한 민주적인 헌법이었다.
바로알기 ① 바이마르 헌법은 독일 제국이 붕괴된 이후 제정되었다. ② 바이마르 헌법은 제헌 의회에서 제정하였다. ③ 바이마르 헌법은 제1차 세계 대전 이후 제정되었다. ⑤는 대서양 헌장에 대한 설명이다.

04 공화국의 수립
제1차 세계 대전 이후 오스트리아·헝가리 제국은 베르사유 조약으로 해체되어 왕정이 사라졌고 많은 민주 공화국이 수립되었다.

05 대공황 이후 유럽의 경제적 변화
제1차 세계 대전 이후 유럽은 전쟁으로 큰 경제적 피해를 입은 반면, 미국은 연합국에 군수 물자를 판매하면서 경제적으로 번영하였고 세계 경제 질서를 주도해 나갔다. 한편, 대공황 이전에는 정부가 경제 활동에 개입하는 것을 가급적 억제하였으나, 대공황 이후 경제 운영에 있어서 정부의 역할이 확대되었다.
바로알기 ㄱ. 미국에서는 많은 인구, 풍부한 자원, 높은 소득 수준을 바탕으로 1920년대에 자본주의가 본격적으로 발전하였다. ㄹ. 유럽은 전후 각종 평화 조약과 배상금 삭감 등으로 정치가 안정되자 대량 생산 방식을 받아들여 경제를 발전시켰다.

06 여성의 권리 확대
제1차 세계 대전은 총력전으로 전개되어 여성들이 전쟁에 직간접적으로 참여하였고, 전쟁 전후 자본주의가 확대되는 과정에서 여성 노동자의 수도 늘었다. 이처럼 여성의 사회적·경제적 역할이 커지자 여성의 참정권 요구가 힘을 얻었다. 여성들이 참정권 운동을 전개하고 여러 나라에서 민주적인 제도가 확산되면서 여성의 참정권이 확대되었다.

07 여성의 참정권 획득
— 제1차 세계 대전 중에 여성들이 공장에서 무기를 만들거나 간호사로 일하는 등 직간접적으로 전쟁에 참여하였기 때문이야.
제1차 세계 대전 전후로 여성의 사회적·경제적 역할이 커지자 여성의 참정권 요구가 힘을 얻었다. 여성들이 참정권 운동을 벌이고 여러 나라에서 민주적인 제도들이 확산되자 마침내 각지에서 여성의 참정권이 허용되었다. 1920년 미국은 성별에 관계없이 누구나 선거할 수 있다고 헌법에 명시하였다. 영국에서는 1918년 참정권이 부분적으로 허용되다가 1928년 전면적으로 허용되었다.

08 국제 노동 기구(ILO)의 설립
㉠은 국제 노동 기구(ILO)이다. 국제 연맹의 하위 기구인 국제 노동 기구는 노동 조건을 개선하여 사회 정의를 확립하기 위한 목적으로 세워졌으며, 노동자들의 권리를 확보하는 데 중요한 역할을 담당하였다.
바로알기 ①은 히틀러가 조직하였다. ②는 프랑스 혁명 당시 조직되었다. ③은 레닌이 조직한 국제 공산당 연합 조직이다. ④는 무솔리니가 파시즘을 내세우며 결성하였다.

09 여성의 참정권 운동
자료는 영화 「서프러제트」의 장면과 여성의 참정권 획득을 위해 연설 중인 팽크허스트의 모습이다. 초창기 여성 참정권 운동은 영국과 미국에서 전개되었다. 20세기 초 영국에서는 서프러제트 집단이 언론 이용, 단식 농성 등을 벌이며 여성의 참정권을 요구하였다. 당시 서프러제트 집단의 지도자인 팽크허스트는 "노예로 사느니 반란군이 되겠다."라며 무력시위를 전개하였다. 전후 여러 나라에서 민주적인 제도들이 확산되면서 여성 참정권 운동은 점차 확대되었다.

V. 세계 대전과 사회 변동　65

바로알기 >> ①, ②는 노동자의 권리 보호와 관련이 있다. ④, ⑤는 전후 자본주의의 발전과 관련이 있다.

10 노동자의 권리 확대

제1차 세계 대전을 전후하여 자본주의가 발달하면서 노동자의 경제적 역할이 커졌다. 전쟁 중에는 각국의 노동자들이 자기 나라의 승리를 위해 적극 협조하면서 노동자들의 사회적 지위가 상승하였다. 한편, 유럽 각국에서는 노동조합이 결성되고 노동자의 이익을 대변하는 정당이 등장하였다. 노동자들의 사회적 지위가 올라가자 일부 국가에서는 노동자, 기업가, 정부 대표가 회의체를 구성하기도 하였다. 미국은 뉴딜 정책을 시행하면서 노동자의 단결권과 단체 교섭권을 인정한 와그너법을 제정하였다. 국제적으로는 국제 연맹의 하위 기구로 국제 노동 기구(ILO)가 설립되었다. 이 단체는 노동 조건을 개선하여 사회 정의를 확립하기 위한 목적으로 세워졌으며, 노동자의 권리를 확보하는 데 중요한 역할을 담당하였다.

바로알기 >> ① 워싱턴 회의는 제1차 세계 대전 이후 전쟁 방지와 군비 축소를 논의하기 위해 개최된 것으로 노동자의 권리 확대와는 관련이 없다.

11 전체주의를 극복하기 위한 노력

대공황 이후 전체주의 정권이 등장하여 시민의 자유를 제한하고 일당 독재를 강화하자 민주주의는 위기에 처하게 되었다. 이에 각지에서 민주주의를 지키기 위한 저항 운동이 전개되었다. 프랑스에서는 사회주의와 민주주의 여러 세력들을 연합하여 전체주의에 대항하는 인민 전선이 수립되었다. 에스파냐에서는 파시즘 군부에 반대하는 사람들이 인민 전선 정부를 수립하였고, 독일에서도 히틀러와 나치스의 억압에 맞서 국민들이 저항 운동을 전개하였다.

바로알기 >> ①은 제1차 세계 대전 이후 평화 유지를 위한 노력이다. ②는 노동자의 권리 강화와 관련이 있다. ③ 나치스는 비밀경찰을 조직하여 저항 운동을 어렵게 만들었다. ⑤ 영국과 프랑스는 대공황을 극복하기 위해 블록 경제를 형성하였다.

12 대량 학살

두 차례 세계 대전에서 대량 살상 무기가 사용되면서 많은 사람들이 목숨을 잃거나 다쳤다. 제1차 세계 대전에서는 독가스, 탱크, 전투기 등 신무기가 사용되어 많은 사람이 희생되었다. 제2차 세계 대전 중에는 민간인 거주 지역에서도 폭격이 일어났다. 독일의 공격으로 영국의 런던과 주변 도시가 파괴되었고 연합국의 폭격으로 독일의 드레스덴이 초토화되었다. 한편, 제2차 세계 대전 중에 독일의 나치스는 유대인을 수용소로 끌고 가 가스실에서 유대인을 학살하였다.

바로알기 >> ⑤는 러시아의 3월 혁명 이전에 발생한 '피의 일요일 사건'이다.

13 일본의 난징 대학살

밑줄 친 '이 만행'은 난징 대학살이다. 1930년대 적극적인 대외 침략에 나선 일본은 1937년 중국 본토를 침략하여 중일 전쟁을 일으켰다. 이때 난징을 점령한 일본군은 중국군을 잡는다는 구실로 중국군 포로뿐 아니라 민간인 및 부녀자에 대한 폭행과 학살을 자행하였다(난징 대학살).

바로알기 >> ① 일본이 만주에 설치한 731 부대는 조선과 중국인 등을 대상으로 각종 실험을 자행하였다. ② 5·4 운동은 중국의 민족 운동 중 하나이다. ③ 포츠머스 조약은 러일 전쟁의 결과 체결되었다. ⑤는 독일의 홀로코스트와 관련이 있다.

14 홀로코스트의 사례

자료로 이해하기 >>

> 유대인 친구들이 한꺼번에 열 명, 열다섯 명씩 사라지고 있어. 이들은 비밀경찰에게 구박을 받으며 가축용 트럭에 실려, 드렌테에 있는 가장 큰 유대인 수용소로 끌려가고 있는 거래. 그곳은 말만 들어도 소름이 끼쳐 …… 여러 사람들이 한 곳에 뒤섞여 지내며 탈출도 불가능하대. – 「안네의 일기」

└ 나치스는 반유대주의 정책을 펼쳐 유대인을 유럽 각지의 수용소로 끌고 갔어. 안네가 쓴 일기를 통해 유대인들의 삶을 엿볼 수 있어.

제2차 세계 대전 중 독일 나치스는 유대인을 폴란드의 아우슈비츠를 비롯한 유럽 각지의 수용소로 끌고 가 강제 노동을 시키거나 가스실에서 학살하였다. 이와 같이 제2차 세계 대전 중에 독일 나치스가 행한 유대인 대학살을 '홀로코스트'라고 한다.

15 뉘른베르크 재판

㉠에 해당하는 지역은 뉘른베르크이다. 제2차 세계 대전 이후 연합국 대표들은 런던에 모여 침략 전쟁과 비인간적인 행위를 범죄로 규정하였다. 이에 따라 1945년 11월부터 약 1년 동안 열린 뉘른베르크 재판에서는 독일의 주요 전쟁 범죄자를 재판하여 나치스 전범 12명이 사형을 당하는 등 처벌을 받았다.

16 인권 회복을 위한 노력

사진은 홀로코스트가 자행된 작센하우젠 수용소이다. 인류는 큰 피해와 상처를 남긴 전쟁을 잊지 않고 경각심을 갖도록 하기 위해 전쟁의 피해를 입은 장소에 박물관, 기념관, 추모관 등을 세우고 있다.

17 평화 확산을 위한 노력

두 차례 세계 대전 이후 수많은 인적·물적 피해를 입은 세계 각국에서는 평화를 유지하기 위한 많은 노력이 전개되었다. 전쟁과 비인간적인 행위를 주도한 전쟁 범죄자를 처벌하기 위해 독일과 일본에서 국제 전범 재판이 열렸다. 한편, 제2차 세계 대전에서 원자 폭탄의 위력을 경험한 사람들은 세계 곳곳에서 핵무기를 반대하는 운동을 펼쳤다.

바로알기 >> ㄱ. 제1차 세계 대전이 끝나자 연합국은 전후 문제를 처리하기 위해 파리 강화 회의를 열었다. ㄴ은 11월 혁명 이후 러시아의 경제난이 심해지자 레닌이 실시한 정책이다.

18 대서양 헌장

(가)는 대서양 헌장이다. 제2차 세계 대전이 진행되는 동안 연합국 대표들은 전후 처리에 관해 논의하였다. 미국과 영국은 두 나라의 영토를 확대하지 않고 타국민의 권리를 존중한다는 내용을 담은 대서양 헌장을 발표하였다. 1941년 발표된 대서양 헌장에서 국제 연합(UN) 창설의 기초가 마련되었다.

바로알기 ≫ ①은 독일이 프랑스를 고립시키기 위해 오스트리아·헝가리 제국, 이탈리아와 맺은 동맹이다. ②는 제2차 세계 대전의 전후 처리 문제를 해결하기 위해 열렸다. ④는 제1차 세계 대전 이후 연합국과 독일이 맺은 조약이다. ⑤는 미국과 프랑스의 제안으로 15개의 나라가 전쟁을 국가 분쟁의 해결 수단으로 사용하지 않기로 합의한 조약이다.

19 국제 연합(UN)의 창설

국제 연합(UN)은 제2차 세계 대전 이후 대서양 헌장의 정신에 따라 창설되었다. 국제 평화와 안전 유지, 국제 협력을 목표로 하고 있으며, 그 산하에 평화 유지군과 같은 전문 기구를 두고 있다. 국제 분쟁을 해결하기 위해 군사력을 동원할 수 있도록 한 점에서 국제 연맹과 차이가 있다.

바로알기 ≫ ④는 국제 연맹에 대한 설명이다.

서술형 문제
263쪽

01 바이마르 헌법의 특징
(1) 바이마르 헌법
(2) ① 주권 재민, ② 보통 선거

02 극동 국제 군사 재판의 한계
(1) 극동 국제 군사 재판
(2) **예시답안** 극동 국제 군사 재판은 전쟁의 책임자인 천황을 제외한 채 진행되었고, 731 부대의 범죄 행위를 덮었다는 한계점을 갖는다.

채점 기준	점수
전쟁의 책임자인 천황을 제외한 채 진행되었고, 731 부대의 범죄 행위를 덮었다는 내용을 모두 서술한 경우	상
위 내용 중 한 가지만 서술한 경우	하

01 제1차 세계 대전 이전 유럽의 상황

19세기 후반부터 제국주의 국가들은 이해관계에 따라 서로 대립하였다. 독일은 프랑스를 고립시키기 위해 오스트리아·헝가리 제국, 이탈리아와 3국 동맹을 맺었다. 이에 맞서 영국이 프랑스와 러시아를 끌어들여 3국 협상을 맺으면서 제국주의 국가들의 대립은 더욱 심해졌다. 한편, 오스만 제국의 지배를 받던 발칸반도는 유럽 열강들이 충돌하는 지역이었기 때문에 '유럽의 화약고'라고 불렸다. 이 시기 러시아와 세르비아가 중심이 된 범슬라브주의와 독일과 오스트리아·헝가리 제국이 중심이 된 범게르만주의가 충돌하면서 대립이 심해졌다.

바로알기 ≫ ㄱ은 제1차 세계 대전 이후의 일이다. ㄴ. 베르사유 체제는 제1차 세계 대전 이후 독일과 연합국이 베르사유 조약을 체결하면서 성립되었다.

02 제1차 세계 대전의 전개

1914년 보스니아의 사라예보에 방문한 오스트리아·헝가리 제국의 황태자 부부가 암살되는 사건이 일어났다(사라예보 사건). 이 사건을 계기로 오스트리아·헝가리 제국이 세르비아에 선전 포고를 하면서 제1차 세계 대전이 시작되었다. 제1차 세계 대전이 시작되자 이탈리아는 3국 동맹을 떠나 연합국 편에 섰다. 전쟁 중에 국내에서 혁명이 일어난 러시아는 독일과 조약을 맺고 전쟁을 그만두었다. 한편, 영국이 독일로 가는 물자를 통제하기 위해 해상을 봉쇄하자 독일은 중립국 선박까지 공격하는 무제한 잠수함 작전을 펼쳤다. 이를 계기로 미국이 연합국 편으로 참전하면서 연합국이 전쟁에서 유리한 위치를 차지하게 되었다. 이후 독일의 동맹국들이 차례로 연합국에 항복하였고, 독일에서도 혁명으로 들어선 새 정부가 항복을 선언함으로써 제1차 세계 대전은 끝이 났다.

바로알기 ≫ ③은 제2차 세계 대전 중에 일어난 일이다.

03 독일의 무제한 잠수함 작전

제1차 세계 대전 중에 영국이 해상을 봉쇄하여 독일로 들어가는 물자를 통제하자 독일은 무제한 잠수함 작전을 펴 중립국 선박까지 공격하였다. 이를 계기로 미국이 연합국 편으로 참전하면서 연합국이 전쟁에서 유리한 위치를 차지하게 되었다.

바로알기 ≫ ①은 1914년 오스트리아·헝가리 제국의 황태자 부부가 세르비아계 청년에게 암살당한 사건이다. ②는 1773년 북아메리카 식민지인들이 보스턴항에 정박 중이던 영국 동인도 회사의 배를 습격한 뒤 차 상자를 바다에 던져 버린 사건이다. ③은 1905년 러시아 노동자들의 평화 시위를 정부가 무력으로 진압한 사건이다. ④는 제2차 세계 대전 중 독일과 소련 사이에 벌어졌던 전투이다.

04 러시아 혁명

19세기경 러시아는 농업 중심의 경제와 전제 정치가 유지되었다.

이러한 가운데 러일 전쟁으로 생활이 어려워진 노동자들이 개혁을 요구하며 평화 시위를 벌이자 정부군의 발포로 많은 사람들이 죽었다(피의 일요일 사건). 이에 노동자와 군인들은 소비에트를 결성하여 전제 군주제를 무너뜨리고 임시 정부를 수립하였다(3월 혁명). 그러나 임시 정부가 개혁을 미루고 전쟁을 지속하자 레닌이 이끄는 볼셰비키가 임시 정부를 무너뜨리고 소비에트 정부를 세웠다(11월 혁명).

바로알기 >> ⑤ 코민테른은 11월 혁명 이후 소비에트 정부를 세운 레닌이 결성한 국제 공산당 연합 조직으로 11월 혁명의 의의와 관련이 없다.

05 레닌의 활동

제시된 대화에서 '이 인물'은 레닌이다. 레닌은 러시아 임시 정부의 정책에 반대하여 11월 혁명을 이끌고 소비에트 정부를 세웠다. 또한 공산당 일당 독재를 선언하고, 토지와 산업을 국유화하는 등 사회주의 개혁을 추진하였다. 이후 경제난이 지속되자 자본주의 요소를 일부 도입한 신경제 정책(NEP)을 실시하였고 1922년에는 여러 소비에트 정부를 묶어 소비에트 사회주의 공화국 연방(소련)을 세웠다.

바로알기 >> ①은 무스타파 케말, ②는 캉유웨이 등, ④는 스탈린, ⑤는 히틀러에 대한 내용이다.

06 베르사유 조약의 특징

밑줄 친 '이 조약'은 베르사유 조약이다. 파리 강화 회의의 결과 연합국과 독일은 베르사유 조약을 체결하였다. 연합국은 베르사유 조약에서 전쟁의 책임이 독일에 있다는 것을 분명히 하였으며, 독일의 식민지를 빼앗고 군비를 제한하였다.

바로알기 >> ①은 카이로 회담, ②는 대서양 헌장, ③은 도스안과 영안, ⑤는 켈로그·브리앙 조약(부전 조약)에 대한 설명이다.

07 도스안과 영안

미국은 독일에 부과된 배상금에 대한 독일인의 불만을 줄여 주고자 하였다. 이에 도스안과 영안을 결의하여 독일의 배상금을 축소하였다.

바로알기 >> ① 제노바 회의에서는 전쟁 배상금 문제와 외교 관계 수립에 대해 논의하였다. ② 포츠담 회담은 제2차 세계 대전의 전후 처리와 평화를 위한 방안을 모색하기 위해 개최되었다. ③ 국제 연합(UN)은 대서양 헌장 정신에 따라 국제 평화와 안전 유지, 국제 협력을 목표로 창설되었다. ⑤ 켈로그·브리앙 조약은 전후 미국과 프랑스의 제안으로 전쟁을 국가 분쟁의 해결 수단으로 사용하지 않기로 한 조약이다.

08 인도의 민족 운동

제시된 글은 간디의 주장이다. 인도인들은 영국으로부터 자치를 약속받고 제1차 세계 대전 당시 영국을 지원하였다. 그러나 전쟁이 끝난 후 영국은 약속을 지키지 않고 오히려 식민 지배를 강화하였다. 이에 간디는 완전한 자치를 요구하며 폭력을 쓰지 않고 영국의 법률이나 명령을 따르지 않는 비폭력·불복종 운동을 전개하였다. 간디는 피켓 들기, 영국계 학교 자퇴 등 비폭력적인 방법으로 반영 운동을 전개하였다.

바로알기 >> ①, ③은 중국의 쑨원, ④는 오스만 제국의 무스타파 케말, ⑤는 러시아의 레닌에 대한 설명이다.

09 중국의 민족 운동

자료로 이해하기 >>

> 베르사유 평화 회담이 열렸을 때 우리가 희망하고 경축한 것은 세계에 정의가 있고 공리가 있다고 한 것이 아니었겠습니까? …… 산둥이 망하면 중국도 망합니다. …… 국민 대회를 열고 뜻을 굽히지 않겠다고 전국에 전보로 알리는 것이 오늘의 급무입니다.
> ─ 전 베이징 학생 선언

└ 파리 강화 회의에서 산둥반도의 이권을 포함한 21개조 요구가 연합국의 승인을 받자 베이징의 학생들이 주도하는 반일 시위가 일어났어.

제시된 자료는 중국에서 5·4 운동이 일어난 당시에 발표된 선언문이다. 파리 강화 회의에서 산둥반도의 이권이 일본에 넘어가자 중국에서 21개조 요구 철폐와 산둥반도의 이권 반환을 요구하는 5·4 운동이 일어났다.

바로알기 >> ① 수카르노는 인도네시아 국민당을 결성하여 네덜란드에 맞서 독립운동을 벌였다. ③, ④는 중국의 양무운동에 대한 설명이다. ⑤는 태국의 민족 운동 등과 관련된 설명이다.

10 대공황 극복 노력

(가)는 대공황이다. 1929년 뉴욕 증권 거래소의 주가가 폭락하면서 대공황이 일어났다. 이에 미국은 정부가 생산 활동에 적극 개입하는 뉴딜 정책을 펼쳤다. 이를 통해 미국은 테네시강 유역 개발 공사와 같은 대규모 공공사업을 벌여 실업자를 구제하였고, 사회 보장 제도 등을 실시하였다.

바로알기 >> ㄱ. 식민지가 적고 경제적 기반이 약하였던 독일, 이탈리아 등에서는 대공황 전후 전체주의 세력이 권력을 잡았고 대외 침략에 나섰다. 이에 독일은 오스트리아를 병합하였다. ㄷ. 일본은 독일, 이탈리아와 함께 방공 협정을 체결하여 파시즘 국가 간의 결속력을 강화하였다.

11 전체주의의 등장

제시된 자료는 이탈리아의 무솔리니가 발표한 『파시즘 독트린』으로 전체주의 사상이 담겨 있다. 대공황의 영향으로 유럽을 비롯한 전 세계의 경제 상황이 어려워지자 식민지가 적고 경제 기반이 약하였던 독일, 이탈리아, 일본에서는 민족이나 국가 전체의 이익을 최우선으로 내세우며 개인의 희생을 강요하는 전체주의가 등장하였다. 전체주의의 영향으로 이탈리아에서는 무솔리니가 이끄는 파시스트당이 정권을 장악하였다.

바로알기 >> ① 국제 연맹은 파시즘이 확산되기 이전에 창설되었다. ② 민족 자결주의는 식민지 민족의 주권 문제는 식민지 주민의 이익과 손해가 반영되어야 한다는 원칙으로 파시즘과 관련이 없다. ③은 러시아 3월 혁명의 배경, ④는 러시아 3월 혁명의 결과와 관련이 있다.

12 히틀러의 활동

㉠은 히틀러이다. 히틀러가 이끄는 나치스는 일당 독재를 수립하고, 게르만 우월주의를 앞세워 유대인을 박해하는 등 인종 차별 정책을 펼쳤다. 또한 비밀경찰과 친위대를 동원하여 국민을 감시하고 언론을 통제하였다.

바로알기 >> ①은 러시아의 레닌, ②는 오스만 제국의 무스타파 케말, ③은 이탈리아의 무솔리니, ⑤는 중국의 쑨원에 대한 설명이다.

13 제2차 세계 대전의 전개

1939년 독일이 비밀리에 소련과 불가침 조약을 체결하고 폴란드를 침공하자 영국과 프랑스가 독일에 전쟁을 선포하면서 제2차 세계 대전이 시작되었다. 전쟁 초기 독일은 유럽 대부분 지역을 점령하였다. 프랑스의 드골 장군은 영국에 임시 정부를 구성하여 항전하며 독일의 공세에 맞섰다. 독일은 전쟁이 길어질 조짐이 보이자 불가침 조약을 깨고 소련을 공격하였다. 한편, 일본이 미국의 하와이 진주만 기지를 기습 공격하자 미국이 참전하면서 태평양 전쟁이 시작되었다. 소련이 1943년 스탈린그라드 전투에서 독일에 승리하고, 연합군의 노르망디 상륙 작전이 성공하면서 전세가 연합군으로 기울게 되었다. 1945년 미국이 히로시마와 나가사키에 원자 폭탄을 떨어뜨리자, 일본이 무조건 항복을 선언하여 전쟁이 끝이 났다.

바로알기 ≫ ⑤ 제1차 세계 대전 당시 러시아는 국내에서 혁명이 일어나 독일과 조약을 맺고 전쟁을 그만두었다.

14 태평양 전쟁의 발발

제시된 자료는 일본이 미국의 하와이 진주만 기지를 기습 공격한 이후 루스벨트 대통령이 발표한 연설문이다. 제2차 세계 대전 당시 일본은 중국과의 전쟁이 장기화되자 자원을 확보하기 위해 동남아시아를 침략하였다. 미국이 이를 저지하기 위해 일본에 철강과 석유 수출을 금지하는 등 경제 봉쇄로 대응하자 일본은 하와이의 진주만을 기습 공격하였다. 이로써 태평양 전쟁이 발발하여 전선이 전 세계로 확대되었다.

바로알기 ≫ ①은 중국의 의화단 운동, ③은 일본의 메이지 유신, ④는 중국의 5·4 운동, ⑤는 베르사유 조약과 관련이 있다.

15 공화국 수립과 신생 독립국의 탄생

제1차 세계 대전이 끝난 후 식민 지배를 받던 국가들의 독립 요구가 강하게 나타났다. 패전국의 식민지였던 폴란드, 체코슬로바키아 등은 민족 자결주의 원칙에 따라 독립하였으며 신생 독립국은 대부분 민주주의 헌법을 채택하였다.

바로알기 ≫ ① 제2차 세계 대전 당시 연합국과 대립한 독일, 이탈리아, 일본은 방공 협정을 체결하여 추축국을 형성하였다. ②는 러시아, 세르비아 등의 나라를 말한다. ③ 대공황 이후 식민지가 적고 경제적 기반이 약한 독일, 이탈리아, 일본 등에서는 전체주의 세력이 권력을 장악하였다. ⑤ 1919년 러시아에서 결성된 코민테른이 공산당의 활동을 지원하자 독일, 오스트리아 등지에서 사회주의자들의 봉기가 일어났다.

16 제1차 세계 대전 이후 유럽의 정치적 변화

제1차 세계 대전에서 연합국이 승리한 후 민주주의가 더욱 발전하였다. 독일에서는 제1차 세계 대전이 끝나기 직전 독일 제국이 무너졌고 이후 바이마르 공화국이 수립되었다. 오스트리아·헝가리 제국은 베르사유 조약으로 해체되어 왕정이 사라졌고 많은 민주 공화국이 탄생하였다. 오스만 제국은 시리아, 이라크, 팔레스타인 등으로 분리되었으며, 아나톨리아반도의 오스만 제국에서는 제정이 무너지고 튀르키예 공화국이 세워졌다.

바로알기 ≫ ③은 1868년에 시작된 일본의 메이지 유신과 관련이 있다.

17 여성의 정치적 권리 확대

제1차 세계 대전은 여성의 권리가 확대되는 데 큰 영향을 주었다. 전쟁이 국가가 가진 모든 힘과 자원이 동원되는 총력전으로 전개되면서 여성들은 공장에서 무기를 만들거나 전쟁터에서 간호사로 일하는 등 직간접적으로 전쟁에 참여하였다. 이처럼 여성의 사회적·경제적 역할이 커지자 여성의 참정권 요구가 힘을 얻어 참정권 운동이 전개되었다. 한편, 제1차 세계 대전을 전후하여 자본주의가 발달하면서 노동자들의 경제적 역할이 커졌다. 이에 일부 국가에서는 노동자, 기업가, 정부 대표가 모여 회의체를 구성하기도 하였다. 또한 노동자의 권리를 보장하기 위해 프랑스에서는 5월 1일을 메이데이(노동절)로 정하였다.

바로알기 ≫ ① 차티스트 운동은 1830년대에 전개된 영국 노동자의 참정권 확대 운동이다.

18 전체주의를 극복하기 위한 노력

1929년 대공황 이후 전체주의 정권이 등장하여 국민의 생활을 통제하고 일당 독재를 강화하자 민주주의를 지키기 위한 저항 운동이 전개되었다. 프랑스에서는 사회주의와 민주주의 세력들을 연합하여 전체주의에 대항하는 인민 전선이 수립되었다. 에스파냐에서는 파시즘 군부에 반대하는 사람들이 인민 전선 정부를 수립하였다.

바로알기 ≫ ①은 1688년, ②는 1919년, ③은 1917년, ⑤는 1908년의 일이다.

19 전쟁의 참상

제2차 세계 대전 중에는 인권을 짓밟는 일들이 많이 일어났다. 일본은 전쟁을 치르는 동안 일본군이 주둔한 지역에 군대 위안소를 설치하였다. 그리고 한국, 중국, 필리핀 등의 점령지에서 수많은 여성들을 강제로 끌고 가 일본군 '위안부'의 끔찍한 삶을 강요하였다. 한편, 독일과 일본은 전쟁 중에 의학적 지식을 얻는다는 명분을 내세워 살아 있는 사람을 상대로 실험을 행하였다.

바로알기 ≫ ㄱ. 미국에서 일어난 대공황은 인권 유린과 관련이 없다. ㄴ은 대량 학살의 사례이다.

20 국제 연맹과 국제 연합(UN)

제1차 세계 대전이 끝난 후에 창설된 국제 연맹은 강대국의 불참과 군사적 제재 수단이 없다는 한계가 있었다. 제2차 세계 대전 이후 대서양 헌장 정신에 따라 창설된 국제 연합(UN)은 국제 분쟁을 해결하기 위해 국제 연합군과 같은 군사력을 동원할 수 있게 한 점에서 국제 연맹과 큰 차이가 있다.

바로알기 ≫ ①은 국제 연맹, ②는 제노바 회의, ③은 워싱턴 회의, ④는 로카르노 조약과 관련이 있다.

VI. 현대 세계의 전개와 과제

01 냉전 체제와 제3 세계의 형성 ~ 세계화와 경제 통합

273, 275, 277, 279쪽

A 1 (1) 미국 (2) 북대서양 조약 기구 (3) 냉전
2 (1) 마셜 계획 (2) 코메콘(경제 상호 원조 회의)

B 1 (1) × (2) ○ 2 (1) ㄱ (2) ㄹ (3) ㄷ (4) ㄴ

C 1 (1) 파키스탄 (2) 베트남 2 (1) × (2) ○ 3 (1) – ㉡ (2) – ㉠

D 1 제3 세계 2 (1) 반둥 회의 (2) 닉슨 독트린 3 ㄷ, ㄹ

E 1 (1) ○ (2) × 2 독립 국가 연합(CIS) 3 ㉠ 바웬사 ㉡ 베를린

F 1 (1) 문화 대혁명 (2) 덩샤오핑 2 톈안먼 사건
3 ㉠ 홍콩 ㉡ 마카오

G 1 (1) 세계화 (2) 세계 무역 기구(WTO) 2 신자유주의 (경제 체제)
3 ㄱ, ㄷ, ㄹ

H 1 ㉠ 유럽 연합(EU) ㉡ 유로화 2 (1) ㄱ (2) ㄴ

실력 탄탄 핵심 문제
280~284쪽

01 ④ 02 ② 03 ④ 04 ④ 05 ① 06 ⑤ 07 ④ 08 ①
09 ③ 10 ④ 11 ③ 12 ② 13 ② 14 ⑤ 15 ⑤ 16 ①
17 ④ 18 ⑤ 19 ① 20 ⑤ 21 ② 22 문화 대혁명 23 ⑤
24 ③ 25 ④ 26 ④ 27 ④ 28 ② 29 ④

01 냉전 체제의 성립

자료는 1947년 미국의 트루먼 대통령이 공산주의 세력의 확대를 막겠다는 내용으로 발표한 트루먼 독트린이다. 트루먼 독트린 발표 이후 미국은 마셜 계획을 추진하고, 자본주의 진영의 집단 방어 체제인 북대서양 조약 기구(NATO)를 결성하였다. 이에 맞서 소련은 코민포름(공산당 정보국)을 조직하고, 공산주의 국가들의 경제 지원을 위한 코메콘(경제 상호 원조 회의), 군사 동맹인 바르샤바 조약 기구(WTO)를 결성하였다. 이러한 과정을 거치면서 자본주의 진영과 공산주의 진영으로 나뉘어 대립하는 냉전 체제가 성립되었다.

바로알기 ≫ ① 제1차 세계 대전이 끝난 후 국제 연맹이 창설되었다. ② 냉전 체제는 제2차 세계 대전 이후 미국과 소련이 대립하면서 형성되었다. ③, ⑤ 냉전 체제가 완화되는 과정에서 프랑스가 북대서양 조약 기구(NATO)를 탈퇴하였으며, 미국과 중국이 국교를 수립하였다.

02 마셜 계획의 추진

지도의 (가) 계획은 미국이 추진한 마셜 계획이다. 제2차 세계 대전 이후 소련이 세력을 확대하면서 동유럽에서는 공산 정권이 등장하였다. 이에 미국은 트루먼 독트린을 발표하고 이를 구체화하여 서유럽에 경제적 지원을 하는 마셜 계획을 추진하였다.

└ 소련이 자기 나라의 영향권에 있던 국가의 참여를 막아 경제 지원 대상이 서유럽 국가로 한정되었어.

바로알기 ≫ ① 1970년대 석유 파동 이후 신자유주의가 확산되면서 여러 나라에서는 정부의 개입을 줄이고, 시장 개방을 추진하였다. ③ 구교와 신교 간 종교 갈등이 심화되면서 30년 전쟁을 비롯한 종교 전쟁이 일어났다. ④ 제3 세계의 형성과 영향력 강화는 냉전의 완화에 영향을 주었다. ⑤ 1961년 베를린 장벽이 설치되면서 동독과 서독의 교류가 단절되었다.

03 바르샤바 조약 기구(WTO)의 결성

소련과 동유럽 공산주의 국가들은 미국과 서유럽 등 자본주의 진영이 조직한 북대서양 조약 기구(NATO)에 대응하여 바르샤바 조약 기구(WTO)를 결성하였다.

바로알기 ≫ ① 미국이 서유럽 경제 원조 계획인 마셜 계획을 실시하였다. ② 아시아와 아프리카 29개국 대표들이 1955년 아시아·아프리카 회의(반둥 회의)를 열었다. ③ 소련의 고르바초프가 시장 경제 체제를 도입하기 위해 페레스트로이카(개혁)를 추진하였다. ⑤ 미국과 소련은 전략 무기 제한 협정(SALT)을 체결하여 핵무기 감축에 합의하였다.

04 중국의 공산화

제2차 세계 대전 이후 냉전이 전개되는 가운데 중국에서는 국민당과 공산당 사이에 내전이 일어났다. 이 전쟁에서 승리한 마오쩌둥의 공산당이 1949년 중화 인민 공화국을 수립하면서 중국은 공산화되었다. 이때 패배한 국민당은 타이완으로 밀려났다.

바로알기 ≫ ① 난징 대학살은 1937년 난징을 점령한 일본군이 중국의 민간인 및 부녀자에 대한 폭행과 학살을 자행한 사건이다. ② 1997년 중국은 영국에게 홍콩을 반환받았다. ④ 1928년 중국의 장제스가 군벌을 무너뜨리고 중국을 통일하였다. ⑤ 1919년 베이징 대학생을 중심으로 21개조 요구 철회와 산둥반도의 이권 반환을 요구하는 5·4 운동이 일어났다.

05 냉전 속의 열전

냉전은 아시아 지역에서 무력으로 충돌하는 열전으로 확산되었다. 1945년 광복을 맞은 한국은 냉전의 영향을 받아 38도선을 경계로 남북으로 분단되었다. 이후 소련의 지원을 받은 북한이 남한을 침입하면서 6·25 전쟁이 일어났다. 베트남은 프랑스로부터 독립한 이후 공산 정권이 들어선 북베트남과 미국이 지원하는 남베트남으로 나뉘어 대립하였고 이후 베트남 전쟁을 벌였다.

바로알기 ≫ ② 아시아와 아프리카의 신생 독립국들이 비동맹 중립 노선을 내세우며 제3 세계를 형성하였다. ③ 6·25 전쟁과 베트남 전쟁은 냉전 체제가 확대되는 가운데 일어났다. ④ 6·25 전쟁은 한국이 광복을 맞이한 이후, 베트남 전쟁은 베트남이 프랑스로부터 독립한 이후 일어났다. ⑤ 대공황 무렵 독일, 이탈리아, 일본 등에서 전체주의 세력이 권력을 장악하였다.

06 쿠바 미사일 위기

풍자화의 내용, 1962년에 일어났다는 점, 소련과 미국이 대립하면서 핵전쟁 직전의 상황까지 치달았다는 점 등을 통해 밑줄 친 '이 사건'이 쿠바 미사일 위기임을 알 수 있다. 미국이 튀르키예와 중동 지역에 핵무기를 배치하자, 소련은 쿠바에 핵미사일 기지를 건설하려 하였다. 이를 자국에 대한 위협으로 여긴 미국이 반발하면서 세계는 핵전쟁이 일어나기 직전의 상황까지 치달았다(쿠바 미사일 위기, 1962). 이러한 위기 상황은 소련이 핵미사일 철거를 결정하면서 해소되었다.

① 1950년 한국에서 6·25 전쟁이 일어났다. ② 공산당이 지원하는 북베트남과 미국이 지원하는 남베트남이 베트남 전쟁을 벌였다. ③ 사라예보 사건은 보스니아의 사라예보에 방문한 오스트리아·헝가리 제국의 황태자 부부가 세르비아계 청년에게 암살당한 사건이다. ④ 영국과 프랑스가 독일에 전쟁을 선포하면서 1939년 제2차 세계 대전이 시작되었다.

07 냉전의 전개

냉전에 따른 미국과 소련의 대립은 세계 각지에 영향을 주었다. 독일은 베를린 봉쇄 이후 서독과 동독으로 분단되었고 이후 서독과 동독 사이에 베를린 장벽이 설치되었다. 중국에서는 국민당과 공산당이 내전을 벌인 결과 공산당이 승리하여 중화 인민 공화국을 수립하였다. 한국에서는 북한이 남한을 침입하면서 6·25 전쟁이 일어났고, 베트남에서는 북베트남과 남베트남이 대립하면서 베트남 전쟁이 일어났다. 한편, 쿠바에서는 소련과 미국이 핵미사일 기지 건설 문제로 서로 대립하면서 국제적 긴장감이 높아졌다.

④ 프랑스의 식민 지배를 받던 시기에 호찌민이 베트남 공산당을 조직하여 프랑스에 대항하였다.

08 인도의 독립과 분열

인도는 1947년 영국의 식민 지배에서 벗어났으나 종교 갈등이 지속되어 힌두교 국가인 인도와 이슬람교 국가인 파키스탄으로 분리되었다. 이후 불교도가 많은 스리랑카가 독립하였으며, 동파키스탄은 방글라데시로 독립하였다.

② 중동 전쟁은 유대인의 이스라엘 건국에 아랍 민족이 반발하면서 일어났다. ③ 인도의 분열은 자원 분쟁보다는 종교 갈등을 원인으로 하였다. ④ 인도는 영국의 식민 지배를 받았다. ⑤ 자본주의 진영과 공산주의 진영의 대립은 냉전 체제의 형성과 관련된 것으로 인도의 분열과는 거리가 멀다.

09 베트남의 독립

제시된 글에서 호찌민이 독립을 위해 노력하였다는 점을 통해 ㉠ 국가가 베트남임을 알 수 있다. 제2차 세계 대전 이후 베트남은 호찌민 주도로 베트남의 독립과 베트남 민주 공화국 수립을 선포하였다. 그러나 프랑스가 베트남의 독립을 부정하면서 전쟁이 일어났고 전쟁 끝에 베트남은 1954년 프랑스와 제네바 협정을 맺고 독립을 이루었다. 이후 베트남은 남북으로 분단되었다가 북베트남에 의해 통일되었다.

① 영국으로부터 독립을 쟁취한 국가는 인도, 미얀마 등이 있다. ② 인도는 독립 이후 종교적 문제로 인도와 파키스탄으로 분열되었다. ④ 미국과 소련의 개입으로 독일의 수도 베를린에 장벽이 설치되었다. ⑤ 이집트는 영국과 프랑스가 차지하고 있던 수에즈 운하의 국유화를 선언하고 운하 운영권을 되찾았다.

10 동남아시아의 독립

제2차 세계 대전 이후 동남아시아의 여러 나라들이 서구 열강으로부터 독립하였다. 네덜란드의 식민 지배를 받던 인도네시아는 수카르노가 공화국 수립과 독립을 선포하였다. 그러나 이를 인정하지 않는 네덜란드와 전쟁을 벌여 승리함으로써 결국 독립을 이루었다.

① 미얀마는 영국으로부터 독립을 이루었다. ② 라오스는 프랑스의 지배에서 벗어나 독립하였다. ③ 필리핀은 미국의 간섭에 반발하여 독립운동을 벌였다. ⑤ 캄보디아는 프랑스로부터 독립하였다.

11 이스라엘의 건국

밑줄 친 '이 국가'는 이스라엘이다. 팔레스타인 지역에서 유대인이 영국, 미국 등의 지원을 받아 이스라엘을 세웠다. 그러자 팔레스타인과 주변 아랍 국가들이 이에 격렬하게 반발하면서 네 차례에 걸쳐 중동 전쟁이 일어났다. 그러나 이 전쟁에서 아랍 국가들은 모두 패하였다.

① 몰타 회담은 소련과 미국이 열었다. ② 이스라엘을 세운 유대인들은 대부분 유대교를 믿는다. ④ 쿠바 핵미사일 기지 건설을 놓고 소련과 미국이 대립하였다. ⑤ 서독의 총리가 동방 정책을 펼쳤다.

12 아프리카의 독립

아프리카에서는 리비아가 이탈리아로부터 독립한 것을 시작으로 많은 나라가 독립을 이루었다. 1960년에는 17개국이 독립하여 이 해는 '아프리카의 해'라고 불렸다. 이집트에서는 나세르가 공화정을 세웠으며, 영국과 프랑스가 차지하고 있던 수에즈 운하의 국유화를 선언하였다. ┐
중동 전쟁에서 패배한 왕정을 몰아내고 공화정을 세웠어.

①은 인도네시아 등, ③은 필리핀 등, ④는 알제리 등, ⑤는 인도와 관련된 내용이다.

13 제3 세계의 형성

인터넷 검색창에 들어갈 검색어는 제3 세계이다. 제2차 세계 대전 이후 독립을 이룬 아시아와 아프리카의 신생 독립국들은 자본주의 진영과 공산주의 진영 중 어느 편에도 가담하지 않겠다는 비동맹 중립 노선을 내세웠다. 이 국가들을 가리켜 제3 세계라고 한다.

① 3국 동맹은 독일, 오스트리아·헝가리 제국, 이탈리아가 맺은 동맹 체제이다. ③ 코민포름은 소련이 조직한 국제 공산당 정보기관이다. ④ 독립 국가 연합(CIS)은 소련을 구성하고 있던 15개 공화국 중 11개 공화국이 결성한 정치 공동체이다. ⑤ 북대서양 조약 기구(NATO)는 자본주의 진영이 결성한 집단 방어 체제이다.

14 아시아·아프리카 회의(반둥 회의)의 개최

1954년 인도의 네루와 중국의 저우언라이가 만나 서로 침범하지 않을 것, 평화롭게 공존할 것 등의 내용을 담은 '평화 5원칙'에 합의하였다. 이듬해에는 '평화 5원칙'을 기초로 아시아와 아프리카 29개국 대표들이 아시아·아프리카 회의(반둥 회의)를 열었다. 이 회의에서 제국주의와 식민주의에 반대하고 분쟁의 평화적 해결 등을 강조하는 '평화 10원칙'을 결의하였다. 이후 유고슬라비아, 인도, 이집트의 주도로 제1차 비동맹 회의가 개최되어 제3 세계 국가들 간의 협력을 다짐하였다.

①은 1991년, ②는 1975년, ③은 1905년, ④는 1947년의 일이다.

15 제3 세계의 성장

┌ '평화 10원칙'은 제국주의와 식민주의에 반대하고 분쟁의 평화적 해결을 강조하였어.

1. 기본적인 인권 및 국제 연합의 헌장을 존중한다.
5. 단독이나 집단적으로 자기 나라를 방위할 권리를 존중한다.
8. 국제 분쟁을 평화적인 방법으로 해결한다.

자료는 아시아와 아프리카 29개국 대표들이 아시아·아프리카 회의(반둥 회의)를 열어 발표한 '평화 10원칙'의 일부이다. 반둥 회의에서의 '평화 10원칙' 발표로 제3 세계의 형성이 공식화되었다. 이후 제3 세계 국가들은 국제적으로 영향력을 강화하면서 미국과 소련 중심의 냉전 체제가 흔들리는 데 영향을 주었다.

바로알기 >> ① 제3 세계의 등장은 냉전 체제의 완화에 영향을 주었다. ②, ③ 제3 세계는 공산주의 진영, 자본주의 진영 중 어느 편에도 가담하지 않았다. ④ 제3 세계는 개발 도상국의 이익과 권리를 지키기 위해 노력하였다.

16 국제 질서의 다극화

1960년대 중반 이후 동유럽 국가들이 소련에 반대하는 운동을 벌이고, 중국과 소련이 이념과 국경 문제로 대립하면서 공산주의 진영에서의 소련의 영향력이 약화되었다. 자본주의 진영에서는 프랑스가 북대서양 조약 기구(NATO)를 탈퇴하고 독자 노선을 추구하면서 미국의 영향력이 감소하였다. 이와 더불어 제3 세계의 등장, 유럽 통합 운동의 전개, 일본의 경제 성장 등으로 국제 질서는 양극 체제에서 다극화 체제로 변해 갔다.

바로알기 >> ㄷ. 6·25 전쟁과 베트남 전쟁은 냉전이 전개되는 가운데 일어난 군사적 충돌이다. ㄹ. 공산주의 세력의 확대를 막겠다는 트루먼 독트린의 발표로 미국과 소련의 대립이 심화되었다.

17 닉슨 독트린의 발표

자료로 이해하기 >>

이후 베트남에서 미군이 철수하였어. ㄱ

- 미국은 앞으로 베트남 전쟁과 같은 군사적 개입을 피한다. ㄴ
- 미국은 강대국의 핵 위협을 제외한 내란이나 침략인 경우 아시아 각국이 스스로 협력하여 그에 대처하기를 바란다.

아시아의 방위는 아시아의 힘으로 한다는 원칙을 담았어. ㄴ

자료는 미국의 닉슨 대통령이 1969년 아시아에서 일어나는 군사적 분쟁에 미국이 더 이상 개입하지 않겠다는 내용으로 발표한 닉슨 독트린이다. 닉슨 독트린 발표 이후 미국은 공산주의 국가인 중국과 관계를 개선하여 1979년 국교를 수립하였다. 또한 소련과는 전략 무기 제한 협정(SALT)을 체결하여 핵무기 감축에 합의하였다. 이처럼 긴장 완화의 분위기가 조성되면서 냉전 체제는 점차 완화되었다.

바로알기 >> ① 반둥 회의에서 '평화 10원칙'을 결의하였다. ② 대서양 헌장에서 국제 연합(UN)의 창설을 결정하였다. ③ 인도는 종교 갈등이 지속되면서 인도와 파키스탄으로 분리되었다(1947). ⑤는 트루먼 독트린에 대한 설명이다.

18 고르바초프의 활동

고르바초프는 소련의 공산당 서기장에 당선된 이후 개혁(페레스트로이카)과 개방(글라스노스트) 정책을 펼쳐 시장 경제 제도를 받아들이고 민주화를 추진하였다. 그는 공산당의 권력을 축소하고, 언론 통제를 완화하였으며, 동유럽 국가들에 대해 간섭하지 않겠다고 발표하였다. 이어 미국의 부시 대통령과 몰타 회담을 열어 냉전이 끝났음을 공식적으로 선언하였다.

바로알기 >> ⑤는 레닌의 활동이다. 1922년 레닌은 여러 소비에트 정부를 묶어 소비에트 사회주의 공화국 연방(소련)을 세웠다.

19 소련의 해체

(가) 고르바초프는 1985년 소련의 공산당 서기장에 당선된 이후 시장 경제 제도를 도입하고 정치 민주화를 추구하는 개혁·개방 정책을 펼쳤다. 또한 동유럽 국가들에 간섭하지 않겠다고 선언하였다. (나) 이를 계기로 소련 내의 여러 공화국들이 독립을 선언하였다. (다) 이후 소련이 해체되고 러시아를 중심으로 11개국이 모여 독립 국가 연합(CIS)을 결성하였다(1991).

20 동유럽 공산 정권의 붕괴

소련이 동유럽 국가들에 대한 불간섭을 선언하자, 동유럽 국가들에서 민주화 운동이 일어나 공산 정권이 붕괴되었다. 체코슬로바키아, 불가리아 등에서는 공산 정권이 붕괴되고 민주적인 정부가 세워졌다. 헝가리에서는 대통령제를 규정한 헌법이 마련되었고, 폴란드에서는 자유 노조를 이끌던 바웬사가 대통령에 선출되었다.

바로알기 >> ① 냉전 체제가 완화되면서 동유럽 공산 정권이 붕괴하였다. ②, ③, ④는 냉전 체제가 강화되면서 나타난 일들로 동유럽 공산 정권 붕괴의 배경과는 거리가 멀다.

21 냉전 체제의 해체

첫 번째 자료는 동유럽에서 공산 정권이 붕괴되면서 소련을 상징하는 인물이었던 레닌의 동상이 철거되는 장면이다. 두 번째 자료는 베를린 장벽이 붕괴되는 장면으로 베를린 장벽 붕괴 이후 서독이 동독을 흡수하는 방식으로 독일이 통일되었다. 냉전 체제가 해체되는 가운데 레닌 동상의 철거, 베를린 장벽 붕괴 등의 상황이 나타났다.

바로알기 >> ① 제2차 세계 대전 이후 냉전에 가담하지 않고 비동맹 중립 노선을 내세운 아시아, 아프리카의 개발 도상국들이 제3 세계를 형성하였다. ③ 제1차 세계 대전 이후 열린 파리 강화 회의의 결과 베르사유 체제가 성립하였다. ④ 러시아에서 레닌이 이끄는 볼셰비키가 소비에트 정부를 세웠다(11월 혁명). ⑤ 러시아의 노동자와 군인들이 소비에트를 결성하여 전제 군주제를 무너뜨리고 임시 정부를 수립하였다(3월 혁명).

22 문화 대혁명의 추진

밑줄 친 '이 운동'은 문화 대혁명이다. 1950년대 말 중국은 대약진 운동을 추진하였으나 실패하였다. 마오쩌둥은 이를 극복하기 위해 사회주의 사상으로 무장한 홍위병을 앞세워 문화 대혁명을 일으켰다. 문화 대혁명은 마오쩌둥의 사상을 강조하고 중국의 전통문화와 자본주의를 부정한 운동이었다. 이로 인해 중국의 전통문화가 파괴되었고, 중국 사회는 큰 혼란에 빠졌다.

23 덩샤오핑의 개혁·개방 정책

중국 인민이 잘 살 수 있다면 자본주의든 공산주의든 가리지 않겠다는 뜻이야. ㄱ

중국의 덩샤오핑은 "흰 고양이든 검은 고양이든 쥐만 잘 잡으면 된다."라는 흑묘백묘론을 주장하며 1970년대 후반부터 개혁·개방 정책을 추진하였다. 이에 따라 기업가와 농민의 이윤을 보장하고, 외국인의 투자를 허용하였으며, 동남 해안 지역에 경제특구를 설치하였다. 그 결과 중국 경제가 빠르게 성장하였다.

바로알기 >> ㄱ. 마오쩌둥은 1950년대 말 대약진 운동을 추진하여 인민공사를 설립하였다. ㄴ. 중국은 2008년 베이징 올림픽 대회를 개최하였다.

24 중국의 변화

마오쩌둥은 대약진 운동을 추진하였으나 실패하자 홍위병을 동원하여 문화 대혁명을 추진하였다. 마오쩌둥 사망 이후 집권한 덩샤오핑은 개혁·개방 정책을 추진하여 중국의 경제를 크게 발전시켰다. 그러나 이 과정에서 빈부 격차와 관료들의 부정부패가 심화되었다. 1989년 수많은 군중이 톈안먼 광장에서 민주화를 요구하며 시위를 벌였지만 중국 정부가 이를 무력 진압하면서 많은 인명 피해가 발생하였다(톈안먼 사건). 이후 중국은 1997년 영국으로부터 홍콩을 반환받았다.

바로알기 >> ① 1911년 우창 봉기가 일어나자 전국의 성들이 호응하여 독립을 선언하였다(신해혁명). ② 1860년대 한인 출신 관료들이 중체서용을 표방하며 양무운동을 추진하였다. ④ 1920년대 국민당과 공산당이 제1차 국공 합작을 펼쳤다. ⑤ 마오쩌둥이 이끈 공산당이 1949년 중화 인민 공화국을 수립하였다.

25 자유 무역의 확대

제2차 세계 대전 중 연합국 대표들은 브레턴우즈 회의를 열어 미국의 달러를 주거래 화폐로 정하고, 국제 통화 기금(IMF)과 세계은행 설립에 합의하였다. 1947년에는 자본주의 국가들이 '관세 및 무역에 관한 일반 협정(GATT)'을 체결하여 자유 무역이 확대되었다. 1995년에는 무역과 투자의 자유화를 추구하는 세계 무역 기구(WTO)가 결성되었고, 이후 특정 국가 간에 관세를 없애는 자유 무역 협정(FTA) 체결이 확산되었다.

바로알기 >> ④ 1929년 대공황이 일어나자 이를 극복하기 위해 미국 루스벨트 대통령은 자유방임의 경제 원칙을 수정하여 정부가 생산 활동에 적극 개입하는 뉴딜 정책을 펼쳤다.

26 신자유주의 경제 체제의 형성

밑줄 친 '경제 체제'는 신자유주의 경제 체제이다. 1970년대 전 세계는 두 차례의 석유 파동과 장기간의 경기 침체 및 물가 상승 등으로 경제 불황을 맞이하였다. 이를 극복하기 위한 과정에서 신자유주의 경제 체제가 형성되어 정부의 경제 활동 개입과 규제를 줄이고 민간과 시장에 자유를 최대한 보장하는 정책들을 실시하였다.

> 다시 자유주의로 돌아가야 한다는 주장으로, 민간의 자유를 보장해 주고자 하였어.

바로알기 >> ① 유럽 연합(EU)은 신자유주의 경제 체제가 확대되는 가운데 지역끼리의 협력을 강화하면서 결성되었다(1993). ②, ③ 제3 세계의 형성과 닉슨 독트린의 발표는 냉전의 완화에 영향을 주었다. ⑤ 자본주의 진영과 공산주의 진영의 대립이 심화되면서 베를린 장벽 설치, 쿠바 미사일 위기, 베트남 전쟁, 6·25 전쟁 등이 일어났다.

27 세계화로 인한 변화

세계화가 빠르게 진행되면서 세계를 무대로 활동하는 다국적 기업이 성장하였고, 선진국에서 개발 도상국에 자본을 투자하고 기술을 제공하면서 개발 도상국이 경제 성장을 이루기도 하였다. 또한 노동자들이 일자리를 찾아 다른 나라로 활발하게 이주하는 현상이 나타나고 있다. 이러한 이주민의 증가로 문화의 이동이 활발해지면서 문화가 융합·창조되기도 하였다. 그러나 문화 획일화 현상과 문화적 차이에 따른 갈등이 나타나기도 하였다.

바로알기 >> ㄱ. 노동자의 국제 이주가 증가하였다. ㄷ. 국가 간 경제 의존도가 높아져 특정 지역의 경제 문제가 전 세계에 영향을 주는 현상이 자주 나타나고 있다.

28 유럽 연합(EU)의 출범

유럽은 1950년대부터 통합을 추진하였다. 유럽 석탄·철강 공동체(ECSC)를 시작으로 유럽 경제 공동체(EEC), 유럽 공동체(EC)를 거쳐 1993년에는 유럽 연합(EU)이 만들어졌다. 유럽 연합은 유럽의 정치, 경제, 통화의 통합을 추구하고 있다. 유럽 연합에 속한 국가들은 각종 사안을 함께 논의하고 유로화를 공동 화폐로 사용하는 등 긴밀한 관계를 형성하고 있다.

바로알기 >> ①은 아시아·아프리카 회의(반둥 회의), ③은 국제 연합(UN), ④는 아시아·태평양 경제 협력체(APEC), ⑤는 동남아시아 국가 연합(ASEAN)에 대한 설명이다.

29 지역별 경제 협력체 구성

지도에 표시된 유럽 연합(EU), 아시아·태평양 경제 협력체(APEC), 동남아시아 국가 연합(ASEAN) 등은 지역별 경제 협력체들이다. 신자유주의와 세계화가 확대되면서 국가 간 무역 경쟁이 치열해지자 지역 공동의 이익을 추구하는 경제 협력체가 형성되었다.

바로알기 >> ①, ② 지역별 경제 협력체들은 경제적 이익과 협력을 목적으로 구성되었다. ③ 지역별 경제 협력체들은 냉전 체제가 완화될 무렵부터 형성되기 시작하였다. ⑤ 공산주의 국가들의 상호 경제 지원을 위해 코메콘(경제 상호 원조 회의)이 조직되었다.

〔 서술형 문제 〕   285쪽 ○

01 냉전 체제의 성립

(1) 냉전 (체제)

(2) ① 마셜 계획, ② 코메콘(경제 상호 원조 회의), ③ 북대서양 조약 기구(NATO), ④ 바르샤바 조약 기구(WTO)

02 제3 세계의 형성과 영향

(1) 평화 10원칙

(2) **예시답안** 제3 세계 국가들은 자본주의 진영과 공산주의 진영 중 어느 편에도 가담하지 않는 비동맹 중립 노선을 추구하였다. 이들은 국제적인 영향력을 강화하면서 냉전 체제의 변화에 영향을 주었다.

채점 기준	점수
비동맹 중립 노선 추구, 냉전 체제의 변화에 영향을 주었음을 모두 서술한 경우	상
외교 노선과 영향 중 한 가지만 서술한 경우	하

03 고르바초프의 정책

(1) 고르바초프

(2) **예시답안** 소련 내 공화국들이 독립을 선언하면서 소련이 해체되고, 러시아를 중심으로 독립 국가 연합(CIS)이 결성되었다. 소련이 동유럽에 대한 불간섭을 선언하자 동유럽 여러 국가들에서 민주화 운동이 일어나 공산 정권이 붕괴되었다.

채점 기준	점수
소련의 해체, 독립 국가 연합(CIS) 결성, 동유럽 공산 정권 붕괴를 모두 서술한 경우	상
위 내용 중 두 가지를 서술한 경우	중
위 내용 중 한 가지만 서술한 경우	하

04 덩샤오핑의 개혁·개방 정책

예시답안 덩샤오핑은 개혁·개방 정책을 펼쳐 기업가와 농민의 이윤을 보장하고, 외국인의 투자를 허용하였으며, 경제특구를 설치하였다.

채점 기준	점수
기업가와 농민의 이윤 보장, 외국인의 투자 허용, 경제특구 설치를 모두 서술한 경우	상
위 내용 중 두 가지를 서술한 경우	중
위 내용 중 한 가지만 서술한 경우	하

05 세계화로 인한 변화

예시답안 세계화가 진행되면서 다국적 기업이 성장하였고, 선진국의 투자로 개발 도상국이 경제 성장을 이루기도 하였다. 그러나 국가 간 경제 의존도가 높아지기도 하였다. 한편, 일자리를 찾아 다른 나라로 이주하는 노동자들이 증가하였다.

채점 기준	점수
다국적 기업의 성장, 개발 도상국의 경제 성장, 국제 간 경제 의존도 증가, 노동자의 국제 이주 증가 중 세 가지를 서술한 경우	상
위 내용 중 두 가지를 서술한 경우	중
위 내용 중 한 가지만 서술한 경우	하

02 탈권위주의 운동과 대중문화 발달

287, 289쪽

A 1 탈권위주의 운동 2 (1) ○ (2) × 3 ㉠ 민권법 ㉡ 넬슨 만델라

4 (1) – ㉡ (2) – ㉠ (3) – ㉣ (4) – ㉢

5 (1) 미국 (2) 신체적 자기 결정권

B 1 대중 사회 2 (1) ○ (2) ×

C 1 대중문화 2 ㈎ – ㈏ – ㈐ 3 ㄱ, ㄹ 4 (1) × (2) ○ (3) ○

실력 탄탄 핵심 문제

290~291쪽

01 ① 02 ④ 03 ⑤ 04 ③ 05 ⑤ 06 ② 07 ①

08 대중 매체 09 ③

01 탈권위주의 운동의 특징

밑줄 친 '이 운동'은 탈권위주의 운동이다. 20세기 후반 냉전 체제로 이념 대립이 깊어지고 산업화로 물질 만능주의가 확산되었다. 대중 교육이 확산되면서 시민 의식도 성장하였다. 이러한 상황에서 젊은 학생들을 중심으로 기성세대가 만든 권위주의적 질서와 체제에 저항하는 탈권위주의 운동이 일어났다. 탈권위주의 운동은 민권 운동, 여성 운동, 학생 운동 등의 형태로 전개되었다.

바로알기 >> ① 탈권위주의 운동은 냉전 체제로 이념 대립이 심화되는 상황에서 등장하였다.

02 프랑스의 68 운동(68 혁명)

1968년 프랑스 대학생들은 학생의 자유를 제한하는 대학의 조치에 저항하여 대학 개혁, 민주화를 요구하며 시위를 벌였다(68 운동). 이에 노동자들은 총파업을 벌이며 동참하였다. 68 운동은 다른 유럽 국가와 미국, 일본 등으로 퍼져 나가 젊은이들의 탈권위주의 운동에 영향을 주었다.

바로알기 >> ① 한국의 4·19 혁명은 1960년에 일어났다. ② 미국의 마틴 루서 킹이 흑인 민권 운동을 주도하면서 투표권법이 발효되어 흑인의 투표권이 보장되었다. ③ 제2차 세계 대전은 1945년에 끝이 났다. ⑤ 프랑스 여성들은 제2차 세계 대전 직후 참정권을 획득하였다.

03 마틴 루서 킹의 흑인 민권 운동

자료로 이해하기 >>

미국에서는 노예제 폐지 이후에도 흑인들이 여전히 차별 받았어. 마틴 루서 킹은 흑인과 백인 사이의 차별을 없애고자 하였어.

나에게는 꿈이 있습니다. 내 아이들이 피부색을 기준으로 사람을 평가하지 않고 인격을 기준으로 사람을 평가하는 나라에서 살게 되는 꿈입니다.

자료는 마틴 루서 킹의 연설이다. 마틴 루서 킹은 미국에서 흑인이 백인과 동등한 시민권을 얻기 위한 민권 운동을 주도하였다. 그는 1963년 워싱턴 행진을 이끌었고, 마침내 1964년 민권법이 통과되어 흑인과 백인 사이의 법적 차별이 없어졌다.

04 넬슨 만델라의 활동

인물 카드에서는 넬슨 만델라에 대해 설명하고 있다. 넬슨 만델라는 남아프리카 공화국의 백인 정권이 펼친 아파르트헤이트 정책에 맞서 흑인 민권 운동을 주도하였다. 그는 흑인 민권 운동을 이끈 공로를 인정받아 노벨 평화상을 수상하였으며, 남아프리카 공화국 최초의 흑인 대통령에 당선되었다.

05 세계 각국의 민주화 운동

세계 각국에서는 독재 정권에 대항한 민주화 운동이 일어났다. 한국에서는 1960년 4·19 혁명을 시작으로 민주화 운동이 꾸준히 전개되었고, 멕시코에서는 1968년 국민들이 정권의 억압 정책에 항의하였다. 1980년대 이후 동유럽 곳곳에서는 자유와 민주주의를 요구하는 운동이 일어났고, 에스파냐에서는 1970년대 프랑코의 독재 정권에 맞서 전국적인 시위가 전개되었다.

06 여성 운동의 전개

제2차 세계 대전 이후 여성들에게 고등 교육의 혜택과 취업의 기회가 확대되었다. 또한 여성들이 참정권을 획득하여 표면상으로 남성과 동등한 정치적 지위를 인정받았다. 그러나 여성에 대한 사회적·문화적 차별은 지속되었다. 이에 여성들은 남성 중심의 사회 질서와 성 차별에 반대하여 여성 운동을 전개하였다. 각종 단체를 조직하여 출산·육아를 위한 휴직 보장과 교육·취업의 기회 균등을 요구하였다. 또한 직장 내 성 차별에 저항하고, 신체적 자기 결정권을 주장하였다.

07 대중 사회의 형성 배경

제2차 세계 대전 이후 세계 각국에서 경제가 성장하고 교육 수준이 향상되었다. 산업화와 도시화가 가속화되었고, 기술이 발달하면서 대량 생산이 이루어졌으며, 대중의 구매력도 높아졌다. 이와 더불어 보통 선거가 확산되고 민주주의가 발전하면서 대중은 확대된 선거권을 바탕으로 활발히 정치에 참여하였다. 이를 배경으로 비슷한 생활 양식과 생각을 공유하는 대중이 사회의 주체가 되어 영향력을 행사하는 대중 사회가 형성되었다.

08 대중 매체의 특징

제시된 글에서 설명하고 있는 것은 대중 매체이다. 사람들은 라디오, 텔레비전 등과 같은 대중 매체를 통해 정보를 얻고 여론을 형성하는 데 참여하였다. 특히, 인터넷의 보급으로 쌍방향 정보 검색이 가능해졌고 신속하게 정보를 공유하고 전파하는 일이 가능해졌다.

09 대중문화의 발달과 문화의 획일화

(가) 미국의 '팝 아트'를 이끌었던 앤디 워홀은 마릴린 먼로 등 유명인을 복제하여 만든 작품을 통해 대중문화의 획일성을 비판하였다. (나) 1960년대 젊은이들은 기존 사회 질서에 저항하는 성격을 띤 청년 문화를 형성하였다. 1969년 미국 뉴욕에서 열린 우드스탁 페스티벌에서 청년들은 반전 평화를 의미하는 꽃을 달거나 자유를 상징하는 장발 등의 모습으로 자신의 생각을 표현하였다.

서술형 문제

291쪽

01 흑인 민권 운동의 전개와 결과

(1) 아파르트헤이트 정책
(2) ① 워싱턴 행진, ② 민권법, ③ 투표권법

02 68 운동(68 혁명)의 전개와 영향

예시답안 ▶ 1968년 프랑스의 대학생들이 대학 개혁과 민주화를 주장하며 68 운동(68 혁명)을 전개하자 노동자들도 동참하여 총파업을 벌였다. 68 운동은 유럽, 미국, 일본 등으로 확산되었다.

채점 기준	점수
68 운동의 전개와 영향을 모두 서술한 경우	상
68 운동의 전개와 영향 중 한 가지만 서술한 경우	하

03 대중문화 발달에 따른 문제점

예시답안 ▶ 대중문화가 발달하면서 각 지역의 문화가 고유성을 잃는 문화 획일화 현상이 나타나기도 하였고, 지나치게 흥미를 추구하여 상업성을 띠거나, 문화 생산자의 의도대로 정보가 조작되기도 하였다. 또한 전통문화와 정신적 가치의 파괴로 물질적 가치를 중시하는 경향이 확산되었다.

채점 기준	점수
문화 획일화 현상, 지나친 상업성, 정보의 조작 가능, 물질적 가치 중시 중 세 가지를 서술한 경우	상
위 내용 중 두 가지를 서술한 경우	중
위 내용 중 한 가지만 서술한 경우	하

03 현대 세계의 문제 해결을 위한 노력

293, 295쪽

A 1 (1) × (2) ○ 2 (1) 카슈미르 (2) 9·11 테러

B 1 ㄱ, ㄷ 2 남북문제 3 (1) × (2) ○

C 1 (1) ○ (2) × 2 지구 온난화

D 1 (1) 국제 연합 (2) 베트남 전쟁 2 핵 확산 금지 조약(NPT)
　3 (1) – ㉠ (2) – ㉡ 4 ㉠ 교토 의정서 ㉡ 파리 기후 협정

실력 탄탄 핵심 문제

296~297쪽

01 ② 02 ④ 03 ③ 04 ② 05 ⑤ 06 ③ 07 ② 08 ④
09 ⑤

01 분쟁과 국제 갈등

냉전 해체 이후에도 세계 곳곳에서 분쟁, 테러가 지속되고 있다. 오늘날 많은 나라에서 인종 차별로 인해 유학생이나 이주 노동자가 차별받는 문제가 발생하고 있다. 종교나 민족 갈등도 일어나 인도와 파키스탄 간 카슈미르 분쟁, 이스라엘과 팔레스타인 간 팔레스타인 분쟁이 벌어지고 있다. 아프리카의 르완다, 콩고, 수단 등에서 발생한 내전으로 수많은 주민이 희생되었고, 9·11 테러와 이라크 전쟁 등도 일어났다.

바로알기 》 ② 북반구의 선진 공업국과 남반구의 개발 도상국 사이의 경제적 차이로 발생하는 문제를 남북문제라고 한다. 남북문제는 빈곤 문제에 해당한다.

02 카슈미르 분쟁

㉠은 이슬람교, ㉡은 파키스탄이다. 인도가 분리 독립할 당시 이슬람교도가 대부분이었던 카슈미르 지방이 인도에 강제 편입되면서 인도와 파키스탄이 전쟁을 치렀다. 전쟁의 결과 카슈미르 지방은 인도령과 파키스탄령으로 분할되었으나 국경선이 명확하지 않아 이후에도 분쟁이 계속되고 있다.

03 난민 문제

난민을 수용해야 한다는 인도주의적 관점부터 이들과 함께 생활할 수 없다는 인종주의적 관점까지 다양한 의견이 제시되고 있어.

㉠은 난민이다. 종교, 인종, 부족 간의 갈등과 분쟁이 계속되면서 수많은 난민이 생겨나고 있다. 난민들이 주변 나라로 피난하면서 사상자가 생기고 난민을 수용한 국가에서 민족 간 갈등이 발생하기도 한다.

바로알기 》 ㄱ. 냉전이 해체된 이후에도 분쟁이 계속되면서 난민들은 더욱 늘어나고 있다. ㄹ. 9·11 테러로 인해 미국과 아프가니스탄 탈레반 정부 간에 전쟁이 벌어졌다.

04 남북문제의 특징

밑줄 친 '문제'는 남북문제이다. 신자유주의와 세계화가 확대되면서 국가 간 빈부 격차가 심화되었고, 아프리카와 아시아의 개발 도상국에서는 내전, 장기 독재 등 사회 혼란이 지속되면서 경제 성장이 지체되었다. 선진국이 몰려 있는 북반구와 개발 도상국이 몰려 있는

남반구 간의 경제적 격차는 남북문제라고 불리며 국제적 문제로 대두되었다. 선진 공업국의 1인당 국내 총생산이 개발 도상국에 비해 훨씬 높은 것과 같이 선진국에 세계의 부가 집중되고 있는 반면, 개발 도상국들은 가난과 기아, 질병의 고통에 시달리고 있다.

바로알기 》 ② 전쟁과 대량 살상 무기의 위협이 지속되자 이에 반대하는 반전 평화 운동이 전개되었다.

05 아랄해의 사막화

자료로 이해하기 》

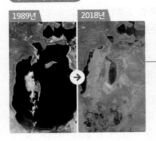

1989년 　2018년

아랄해는 한때 세계에서 네 번째로 큰 호수였어. 하지만 농지 개간, 댐 건설로 하천의 수량이 감소하면서 점차 사막으로 변하고 있어.

사진은 중앙아시아의 아랄해가 농지 개간, 댐 건설 등의 영향을 받아 점점 사막으로 변하고 있는 상황을 보여 준다. 이처럼 무분별한 개발로 사막화의 피해가 점차 가속화되고 있다.

바로알기 》 ① 산업화 과정에서 발생하는 화학 물질의 사용으로 대기권 상층에서 유해 광선을 막아 주는 오존층이 파괴되고 있다. ② 핵 실험의 과정에서 방사능 오염에 따른 피해가 발생하고 있다. ③ 지구 온난화로 빙하가 녹으면서 해수면의 높이가 상승하고 있다. ④ 산업화와 도시화로 미세 먼지가 발생하면서 공기 오염이 심각해지고 있다.

06 지구 온난화

화석 연료 사용 등에 따른 온실가스 배출로 지구 온난화 현상이 지속되고 있다. 지구 온난화로 지구의 기온이 높아지면서 빙하가 녹아 해수면의 높이가 점차 상승하고 있다. 이로 인해 일부 지역이 침수되는 한편, 동식물의 서식 환경에도 영향을 미쳐 생태계가 파괴되고 있다.

바로알기 》 ① 사막화는 무분별한 개발로 삼림이 파괴되고 황폐화되는 땅이 증가하는 현상이다. ② 폭설, 이상 고온, 홍수 등 예측하기 어려운 기상 이변이 늘고 있다. ④ 화석 연료, 자동차 배기가스 등에서 발생하는 미세 먼지로 공기가 오염되고 있다. ⑤ 적도 주변의 열대 우림이 농경지나 목장으로 바뀌면서 이산화 탄소 배출량이 늘고 많은 생물의 종이 사라지고 있다.

07 분쟁과 대량 살상 무기 문제 해결 노력

국제 연합(UN)은 평화 유지군(PKF)을 분쟁 지역에 파견하거나 난민 기구를 통해 난민들의 생계를 지원하고 있다. 또한 세계 각국은 핵 확산 금지 조약(NPT)을 비롯한 생물 무기 금지 협약(BWC), 화학 무기 금지 협약(CWC) 등 국제 협약을 체결하여 대량 살상 무기 문제를 해결하기 위해 노력하고 있다. 이와 더불어 개인과 민간단체는 비정부 기구(NGO)를 통해 반전 평화 운동을 전개하며 평화를 이루기 위한 연대 활동을 지속하고 있다.

바로알기 》 ㄴ. 국경 없는 의사회(MSF)는 질병 문제 해결을 위해 노력하고 있다. ㄹ. 국제 부흥 개발 은행(IBRD)을 통해 개발 도상국에 기술 및 자금을 지원하는 것은 빈곤 문제 해결을 위한 노력에 해당한다.

08 환경 문제 해결을 위한 단체들

그린피스는 1971년에 설립된 국제 환경 보호 단체이고, 세계 자연 기금(WWF)은 1961년에 설립된 세계 최대의 자연 보호 단체이다. 이들 단체는 환경 문제 해결을 위해 다양한 활동을 벌이고 있다.

바로알기 >> ①, ⑤는 국제 연합(UN), ③은 세계 보건 기구(WHO)와 관련이 있다. ② 공정 무역은 개발 도상국 생산자에게 정당한 가격을 주고 구매한 제품을 소비자가 구입하게 하는 무역으로, 환경 단체들과는 직접적인 관련이 없다.

09 현대 세계 문제 해결을 위한 우리의 자세

현대 세계의 문제들은 한 국가나 개인이 해결하기 어렵고, 세계가 함께 고민하고 협력해야 해결이 가능하다. 우리는 난민들에게 관심을 기울이고 열린 마음을 가져야 한다. 또한 기아와 빈곤에 시달리는 여러 지역을 돕는 기부에 동참하거나 국제적인 자원 봉사 활동에 참여하도록 한다. 사회적 소수자에게 편견을 갖지 않고, 다른 나라의 역사와 문화를 존중하는 태도를 기르도록 하는 것도 중요하다. 이와 더불어 환경 문제 해결을 위해 에너지 절약, 재활용품 분리수거 등을 실천해야 한다.

바로알기 >> ⑤ 현대 세계의 문제를 해결하기 위해서는 국제 사회에 대한 관심을 바탕으로 이를 해결하기 위해 노력하는 자세가 필요하다.

서술형 문제   297쪽

01 남북문제

① 신자유주의, ② 남북문제

02 반전 평화 운동의 배경

예시답안 ▶ 핵무기, 생화학 무기 등 대량 살상 무기를 개발하고 보유하는 나라들이 늘어나 평화를 위협하고 전쟁 발발의 위험이 사라지지 않자 세계 곳곳에서 전쟁과 대량 살상 무기 개발에 반대하는 반전 평화 운동이 전개되었다.

채점 기준	점수
대량 살상 무기 개발에 따른 평화 위협과 전쟁 발발 가능성으로 반전 평화 운동이 전개되고 있음을 서술한 경우	상
대량 살상 무기의 위협을 언급하지 않고 반전 평화 운동이 전개되고 있음만 서술한 경우	하

03 기후 변화 협상

예시답안 ▶ 산업 국가들의 온실가스 배출량 감축을 위해 1997년 교토 의정서를 체결하여 선진국에 온실가스 감축 의무를 부과하였다. 2015년에는 파리 기후 협정을 체결하여 온실가스 감축 의무 대상국을 확대하였다.

채점 기준	점수
교토 의정서 체결 내용과 파리 기후 협정 체결 내용을 모두 서술한 경우	상
위 내용 중 한 가지만 서술한 경우	하

시험적중 마무리 문제   300~302쪽

01 ② 02 ⑤ 03 ③ 04 ③ 05 ① 06 ③ 07 ④ 08 ④
09 ② 10 ④ 11 ⑤ 12 ① 13 ④ 14 ⑤ 15 ③ 16 ③

01 자본주의 진영과 공산주의 진영의 대립

자료로 이해하기 >> 자본주의 진영과 공산주의 진영이 정치, 군사, 외교 등에서 경쟁과 대립을 유지하던 상황을 냉전 체제라고 해.

(개) 진영(1977년 기준)
(내) 진영(1977년 기준)
└ (개): 자본주의 진영, (내): 공산주의 진영

지도는 냉전 체제를 나타낸 것이다. 제2차 세계 대전 이후 미국 중심의 자본주의 진영과 소련 중심의 공산주의 진영이 대립하면서 냉전이 전개되었다. 미국은 공산주의 세력의 확대를 막겠다는 트루먼 독트린을 발표하고 곧이어 마셜 계획을 추진하여 서유럽에 경제적 지원을 하였다. 이에 맞서 소련은 코민포름(공산당 정보국)을 조직하고, 동유럽 공산주의 국가들의 상호 경제 지원을 위해 코메콘(경제 상호 원조 회의)를 만들었다.

바로알기 >> ㄴ. 소련이 쿠바에 핵미사일 기지 건설을 시도하면서 미국과 대립하였고 이로 인해 세계는 핵전쟁이 일어나기 직전의 상황까지 치닫기도 하였다. ㄹ. 북대서양 조약 기구(NATO)는 자본주의 진영의 집단 방어 체제이다. 공산주의 진영은 바르샤바 조약 기구(WTO)를 결성하였다.

02 동아시아의 열전

냉전으로 인한 대립이 아시아로 확대되면서 군사적 충돌이 이어졌다. 중국에서는 공산당과 국민당 사이에 내전이 일어나 중화 인민 공화국이 수립되었고, 한국은 남과 북으로 나뉘어 6·25 전쟁을 벌였다. 베트남은 프랑스의 식민 지배에 맞서 독립 전쟁을 벌인 끝에 프랑스로부터 독립할 수 있었다. 그러나 곧 북부의 공산 정권과 미국이 지원하는 남베트남으로 나뉘어졌다. 이어진 베트남 전쟁에서 북베트남이 승리를 거두면서 베트남은 통일되었으며 이후 공산주의 국가가 들어섰다.

바로알기 >> ①은 이스라엘, ②는 인도 등, ③은 인도네시아 등, ④는 독일에 대한 내용이다.

03 인도의 독립과 분열

인도는 1947년 영국의 식민 지배에서 독립하였는데, 독립 직후 종교적 대립이 지속되었다. 이에 힌두교 국가인 인도와 이슬람교 국가인 파키스탄으로 분리되었다. 이후 불교도가 많은 스리랑카도 분리 독립하였으며, 동파키스탄은 독립 투쟁을 벌여 방글라데시로 독립하였다.

04 이집트의 수에즈 운하 국유화 선언

이집트에서는 나세르가 중동 전쟁에서 패배한 왕정을 몰아내고 공화정을 세웠다. 이후 나세르는 영국과 프랑스가 차지하고 있던 수에즈 운하의 국유화를 선언하고 운하 운영권을 되찾았다.

(바로알기 »») ① 리비아는 이탈리아로부터 독립하였다. ② 알제리는 독립 전쟁 끝에 프랑스로부터 독립하였다. ④ 이스라엘은 유대인이 팔레스타인 지역에 건국하였다. ⑤ 인도네시아는 네덜란드와의 전쟁에서 승리하여 독립하였다.

05 아시아·아프리카 회의(반둥 회의)의 결의

밑줄 친 '이 회의'는 아시아·아프리카 회의(반둥 회의)이다. 이 회의에 참여한 각국 대표들은 제국주의에 반대하고 제3 세계 국가들이 서로 협력하자는 내용이 담긴 '평화 10원칙'을 결의하였다. 이로써 제3 세계의 형성이 공식화되었다.

(바로알기 »») ② 소련 내 공화국들이 독립을 선언하면서 독립 국가 연합(CIS)이 결성되었다. ③ 브레턴우즈 회의에서 미국의 달러화를 주거래 화폐로 결정하였다. ④ 반둥 회의는 자본주의 진영과 공산주의 진영 중 어느 편에도 가담하지 않는 제3 세계 국가들이 개최하였다. ⑤ 온실가스 감축을 위해 교토 의정서, 파리 기후 협정 등이 체결되었다.

06 냉전 체제의 해체

소련의 고르바초프는 개혁(페레스트로이카)과 개방(글라스노스트) 정책을 추진하며 동유럽 국가들에 대해 소련이 간섭하지 않겠다고 선언하였다. 이후 동유럽 국가들에서 민주화 운동이 일어나 폴란드에서는 바웬사가 대통령에 선출되는 등 공산 정권이 붕괴되었다. 한편, 독일에서는 베를린 장벽이 붕괴되고 서독과 동독이 통일하였다. 이와 같은 상황은 냉전 체제의 해체를 의미하였다.

(바로알기 »») ① 세계화는 교통과 통신의 발달로 국가 간 사람과 물자의 이동이 자유로워지는 것을 의미한다. ② 냉전 체제가 전개되는 가운데 아시아에서는 6·25 전쟁, 베트남 전쟁 등 열전이 일어났다. ④ 신자유주의 경제 체제는 1970년대 석유 파동 이후 경제 불황이 지속되면서 이를 극복하기 위해 형성되었다. ⑤ 미국 대통령 트루먼이 공산주의 세력의 확대를 막겠다는 트루먼 독트린을 발표하면서 자본주의 진영과 공산주의 진영의 대립이 심화되었다.

07 덩샤오핑의 개혁·개방 정책

㉠은 중국의 덩샤오핑이다. 마오쩌둥이 사망한 이후 집권한 덩샤오핑은 시장 경제 제도를 도입하는 개혁·개방 정책을 추진하여 기업가와 농민의 이윤을 보장하고, 동남 해안 지방에 경제특구를 설치하였다. 이에 힘입어 중국의 경제는 빠르게 성장하였다.

(바로알기 »») ①, ⑤는 마오쩌둥, ②는 넬슨 만델라, ③은 저우언라이에 대한 설명이다.

08 세계화로 인한 변화

세계화가 진행되면서 선진국이 개발 도상국에 자본을 투자하고 기술을 제공하면서 개발 도상국이 경제 성장을 이루기도 하였다. 또한 세계를 무대로 활동하는 다국적 기업이 성장하고, 다른 국가로 이주하는 노동자들이 증가하였다. 이주민의 증가로 문화의 이동이 활발해졌고, 이에 따라 문화가 융합·창조되었다. 그러나 문화 획일화 현상이 나타나거나 문화적 차이에 따른 갈등이 나타나기도 하였다.

(바로알기 »») ④ 세계화가 진행되면서 국가 간 경제 의존도가 높아졌다.

09 탈권위주의 운동

20세기 후반부터 탈권위주의 운동이 학생 운동, 민권 운동, 여성 운동 등의 형태로 전개되었다. 프랑스에서는 대학생들이 중심이 되어 68 운동(68 혁명)을 전개하였는데, 이러한 학생 운동은 전쟁에 반대하고 국가 권력에 저항하는 운동으로 이어졌다. 미국에서는 마틴 루서 킹, 남아프리카 공화국에서는 넬슨 만델라가 흑인 민권 운동을 주도하였다. 한편, 독재 정권에 저항한 민주화 운동도 일어나 한국에서는 4·19 혁명이 전개되었고, 에스파냐에서는 프랑코 독재 정권에 맞선 시위가 일어났다. 멕시코와 동유럽 곳곳에서도 민주화 운동이 확산되었다.

(바로알기 »») ② 닉슨 독트린은 미국의 닉슨 대통령이 아시아에서 일어나는 전쟁에 미국이 참여하지 않겠다는 내용으로 발표한 외교 방침으로, 냉전의 완화에 영향을 주었다.

10 여성 운동의 배경

제2차 세계 대전 이후 여성들에게 교육 기회가 확대되면서 고등 교육의 혜택을 받는 여성들이 늘어났고, 취업의 기회도 확대되었다. 또한 여성들이 참정권을 획득하여 표면상 남성과 동등한 정치적 지위를 인정받았다. 그러나 여성에 대한 차별이 계속되자 1960년대부터 여성들은 각종 단체를 조직하여 여성의 권리를 보장받기 위한 여성 운동을 펼쳤다.

(바로알기 »») ㄱ. 마틴 루서 킹이 주도한 흑인 민권 운동으로 민권법이 통과되어 흑인과 백인 사이의 법적 차별이 없어졌다. ㄷ. 두 차례의 세계 대전 전후로 여성들이 참정권 운동을 전개한 결과 많은 국가에서 여성들의 참정권을 인정하였다. 20세기 중반 이후부터는 남성 중심의 사회 질서와 성 차별에 반대하는 여성 운동이 일어났다.

11 대중 사회의 형성

Q•? 노동자의 임금이 올라가고, 정부의 사회 보장 정책이 확대되었어.

제2차 세계 대전 이후 산업화와 도시화가 가속화되면서 제품의 대량 생산이 이루어지고, 대중의 구매력이 상승하였다. 이와 더불어 보통 선거가 확산되고 민주주의가 발전하면서 대중의 정치적 영향력이 확대되었다. 이에 대중이 사회의 주체가 되어 영향력을 행사하는 대중 사회가 형성되었다.

(바로알기 »») ① 남북문제는 선진 공업국과 개발 도상국의 경제적 격차가 커지면서 나타나는 현대 세계의 문제이다. ② 제3 세계의 형성은 냉전의 완화에 영향을 주었다. ③ 자본주의 체제를 비판하면서 사회주의 사상이 등장하였고 이는 유럽의 사회주의 운동에 영향을 주었다. ④ 대중 사회의 형성은 제2차 세계 대전 이후의 경제 성장을 배경으로 한다.

12 대중 사회와 대중문화

대중 매체는 대중 사회의 성장에 큰 역할을 하였다. 사람들은 라디오, 텔레비전, 인터넷과 같은 대중 매체를 통해 정보를 얻고 여론을 형성하는 데 참여하였다. 그러나 대중 사회가 성장하면서 극단적 개인주의가 나타났고, 물질 만능주의가 형성되었다. 한편, 대중 사회의 출현과 대중 매체의 발달로 대다수의 사람들이 쉽게 접하고 즐기는 대중문화가 등장하였다. 대중문화의 발달로 문화 획일화 현상이 나타났으며, 문화가 지나치게 상업성을 띠거나 문화 생산자의 의도대로 정보가 조작되는 문제점이 발생하였다.

13 세계의 분쟁

냉전 체제가 해체된 이후에도 세계 각국에서는 종교, 인종, 부족 간에 갈등과 분쟁이 끊임없이 일어나고 있다. 이슬람교도가 대부분이었던 카슈미르 지역이 인도에 강제 편입되면서 인도와 파키스탄 간 카슈미르 분쟁이 일어났고, 중동 전쟁을 벌였던 이스라엘과 팔레스타인도 여전히 갈등을 일으키고 있다. 또한 르완다, 콩고, 수단 등 아프리카에서 발생한 내전으로 수많은 주민이 희생되었다. 그 밖에도 2001년에는 미국의 세계 무역 센터 빌딩과 국방부 건물이 항공기 테러로 파괴되는 9·11 테러가 일어나 미국과 탈레반 정부 간 전쟁이 벌어졌으며, 이라크 전쟁을 비롯하여 분쟁이 끊이지 않고 있다.

14 난민 문제와 남북문제

┌ 주로 분쟁이 잦은 아프리카와
└ 서아시아 지역에서 나타나.

㉠은 난민 문제, ㉡은 남북문제이다. 난민은 인종, 종교상의 차이로 발생하는 박해나 분쟁 등을 피해 다른 지역으로 탈출하는 사람들이다. 시리아, 르완다 등 세계 여러 지역에서 분쟁이 일어나면서 난민의 수는 증가하고 있으며, 난민 수용 문제로 민족 간 갈등이 발생하기도 한다. 난민 문제를 해결하기 위해 국제 연합(UN)은 난민 기구를 조직하여 난민의 생계를 지원하고 있다. 한편, 신자유주의와 세계화의 확대로 활발한 국제 교역이 이루어지면서 북반구의 선진 공업국과 남반구의 개발 도상국 사이의 남북문제가 발생하고 있다. 자원과 기술력을 앞세운 선진국은 더욱 부유해지고, 그렇지 못한 빈곤 국가들은 가난과 기아, 질병의 고통에 시달리고 있다. 이를 해결하기 위해 국제 부흥 개발 은행(IBRD)과 국제 통화 기금(IMF)이 개발 도상국에 기술 및 자금을 지원하고 있으며, 공정 무역 실시 등을 행하고 있다.

15 국제 연합(UN)의 활동

국제 연합(UN)은 세계 각지의 분쟁, 빈곤, 질병, 환경, 인권 등과 관련된 문제를 해결하기 위해 노력하고 있다. 평화 유지군(PKF)을 국제 분쟁 지역에 파견하여 분쟁 지역의 평화와 질서 유지를 위해 노력하고 있다. 또한 난민 문제를 해결하기 위해 난민 기구를 조직하고, 난민 협약을 체결하여 난민의 지위 및 권리를 규정하였으며, '세계 난민의 날'을 지정하는 등 난민에 대한 세계인의 관심을 높이려 하고 있다.

16 환경 문제 해결을 위한 노력

왼쪽 사진은 중앙아시아의 아랄해가 점점 사막으로 변화하는 모습으로, 사막화의 피해를 나타낸 것이다. 오른쪽 사진은 지구 온난화로 지구의 기온이 높아지면서 빙하가 녹아 살 곳이 사라지고 있는 북극곰의 모습을 나타낸 것이다. 사막화, 지구 온난화 등은 현대 세계가 당면한 환경 문제들에 해당한다. 환경 문제를 해결하기 위해 국제 사회는 환경과 개발에 관한 공동 선언(리우 선언)을 발표하고 교토 의정서, 파리 기후 협정 등 온실가스 배출량을 줄이기 위한 국제 협약을 체결하였다. 또한 화석 연료를 재활용하거나 태양, 바람, 물 등 재생 가능한 자원을 변환하여 에너지를 얻는 신·재생 에너지 개발 사업을 벌이고 있다. 그린피스, 지구의 벗 등 비정부 기구(NGO)도 환경 문제 해결을 위해 노력하고 있다.